第 3 版

刑 法 總 論

鄭 英 一 著

博 英 社

第3版 머리말

본서의 改訂版을 출간한 지도 3년이 지나면서 형

여기저기서 발전·변화한 고로 책을 손보지 않을 수 없 간 틈틈이 계속 수정·보완작업을 해온 내용도 쌓이게 출간하게 되었다. 기실 초판과 개정판은 습작 수준에 그 불구하고 책 욕심으로 무리하여 출간한 것이었음은 저지 는 점이었고, 공부하는 학생들이나 학계의 여러 분들을 제대로 내놓아야겠다는 마음이 컸다. 때마침 법학전문대 강의준비도 새롭게 해야 되고 하여 겸사겸사 책의 보완작 계로 금번에 이 정도로나마 제 모습을 갖춘 기본서로 빛을

물론 본판도 여기저기 미흡한 점이 적지 않은 실정 법학전문대학원에서 또는 시험을 위하여 혼자 형법학을 수험생들에게는 부담 없이 읽힐 수 있도록 저자 나름대로 리·설명하였다. 그리고 초판 이래로 저자의 일관된 입장 깊은 학문적 내용은 가급적 제외하고 분량도 너무 많아지 였다. 그렇게 하였지만 부득이 개정판에 비하여 면수가 50 된 점 양해를 바란다.

본판의 출간에 있어서 정성어린 도움을 주신 박영사 장님과 강상희 선생, 그리고 기획부 조성호 부장님과 영업부 안상준 팀장께 감사드린다. 특히 강상희 선생께서는 저자의 이래 발견하지 못했던 오자들을 찾아내 본서의 결함을 크게 한 근래 법학분야 서적의 어려운 출판현실에도 불구하고 물 주신 안종만 회장님과 황인욱 전무님께도 깊은 감사의 말씀을

2010년 1월 嚴冬의

改訂版 머리말

본 개정판 출간의 직접적인 이유는 '형법'과 관련법률의 개폐이다. '형법'서 경합범과 집행유예에 관한 일부 규정이 2005년에 개정되었고, 같은 해 사회보호법'이 폐지되면서 새로이 '치료감호법'이 시행되었고 아울러 이에 반하여 '특정범죄가중처벌 등에 관한 법률'이 개정되었다. 새로운 법규정에 한 보완과 이에 따른 수정이 불가피하였다. 이러한 개정작업을 준비하다보 책 전반에 걸쳐 다시 한번 정리·보완할 필요성을 느끼게 되어, 다소 시간이 더 걸리더라도 새로운 작업을 하는 것이 나을 것 같아 본서의 내용을 면부터 꼼꼼히 읽어가면서 나름대로 성의를 기울여보았다. 개정의 내용에 있어서는 실질적으로 '全訂版'에 가깝다고 할 수 있다. 원래 계획은 '형법총론'과 '형법각론'을 출간한 후 '형법개론'의 전정판을 준비할 생각이었으나, 이러한 사정으로 '형법개론'의 작업은 당분간 뒤로 미룰 수밖에 없게 되었다.

본서의 초판을 준비하면서도 가능한 한 책의 분량을 줄여보는 방향으로 노력하였지만, 독자들의 이해를 위하여 꼭 필요한 부분은 분량이 다소 늘어나더라도 보완함이 마땅하다고 생각하여 이번 개정판의 면수를 좀 늘리게 되었다. 또한 본판에서는 초판의 내용과 견해를 달리한 부분도 몇 곳 있는데, 이는 전적으로 저자의 무능으로 인한 이해부족에 기인하는 것이다. 독자 여러분의 넓은 혜량(惠諒)을 믿는다.

애초에 저서의 집필을 욕심내기 어려운 처지에서 무모하게 작업을 시작한 후 많은 번뇌와 후회를 경험하였는데, 그래도 기왕에 벌려놓은 일이니 지금부터라도 차츰 추슬러가는 것이 저자 자신이나 독자와 주위 분들에 대한 도리라고 생각하여 능력되는 데까지는 나름대로 노력을 기울였다. 여건이 허락한다면 앞으로도 꾸준히 보완을 해나갈 생각이다. 본서는 다른 분들의 저서와는 달리 밑바닥에서부터 차츰 키워 올려놓은 것이라고 할 수 있는데, 이는 형법공부를 시작하는 학생들에게는 오히려 부담을 덜 주는 점이라는 생각도 든다. 본판의 집필에 있어서도 주로 다른 분들의 저서와 논문을 읽으면서 좋은 내용을 많이 참조하였으며, 그들 문헌으로도 이해가 가지 않는 부분

은 저자 나름대로 해석·정리해 보았다. 독자들께서 본서의 내용에 관하여 혹 의견을 갖고 저자(cyoung@khu.ac.kr)에게 연락을 주신다면 고마운 마음으로 참조하도록 할 것이다. 기실 저자 자신도 학교 강의시간에 우리 학생들의 질문에서 많은 것을 깨닫기도 하였는데, 저자와 독자도 서로에게서 배우는 과정을 통하여 형법학에 관한 좀 더 깊은 이해를 얻게 될 것이라고 믿고 있다. 부족한 저자가 이만한 책을 낼 수 있게 된 것은 과분한 축복이라고 생각하며, 그 간 음양으로 격려를 해주신 학계의 선배·동료 분들과 친구 그리고 주위의 모든 분들께 깊은 감사를 드리는 바이다.

금번 개정판의 출간 실무에 있어서는 박영사의 허유협 편집위원님께서 성심으로 작업을 맡아 해주셨으며, 이원일 차장님께서는 여전히 여러 번잡한 일들을 묵묵히 처리해주셨다. 저자의 그 동안의 저서의 편집을 계속하여 총괄해주신 송일근 주간님께서도 격려와 도움을 아끼지 않으셨다. 깊은 감사의 마음을 전한다. 또한 그 동안의 출간작업을 뒤에서 지켜봐주신 안종만 회장님께도 다시 한번 감사의 마음을 전한다.

2007년 1월

著 者

머 리 말

첫 저서인 '刑法槪論'을 출간한 지도 2년여가 지났다. 旣刊의 '刑法槪論' 책은 아무래도 저자가 집필의 기본방향을 명확히 하지 못한 상태에서 마련된 책이어서 기본서로 보기도 어렵고, 다른 한편으로는 이름 그대로의 개론서로도 보기가 어려운 어중(於中)된 내용이었다. 출간 시 본래 저자의 생각은 간결하고 쉽게 서술된 개론서를 내어 법대생들이 초학단계에서 형법의 내용을 일별(一瞥)하면서 기본적 이해를 얻을 수 있도록 돕자는 것이었지만 저자의 공부와 필력이 부족하여 기대에 제대로 못 미치는 결과가 되고 말았다. 이런 연유(緣由)로 저자 자신도 '형법개론'의 全訂版을 준비할 필요성을 크게 느꼈지만, 그 작업은 기본서인 '형법총론'과 '형법각론'의 출간을 완료한 후에 전면적으로 새로운 체제로 진행하는 것이 나을 것 같은 생각을 갖게 되었다.

저자가 이와 같은 계획을 세우고 실현할 수 있게 된 가장 큰 계기는 2004년 1년간의 硏究年 혜택이었다. 대학교수생활 19년 만에 처음으로 받은 연구년이라 외국에서의 연구계획도 가져보았다. 예전에 대학원에서 공부를 하면서 석사학위논문을 록신(C. Roxin)의 학위논문을 토대로 하여 썼고, 박사학위논문은 칠린스키(D. Zielinski)와 쉬트루엔제(Eb. Struensee)의 이론을 소개하는 내용으로 썼던 저자의 학문적 이력이나 영미법상의 형사구조제도에 관한 개인적인 관심 때문에 독일이나 미국으로의 연구여행을 구체적으로 생각해 왔다. 그러나 개인적인 사정 때문에 부득이 마음을 접고 그냥 가까운 데 여행이나 하면서 집에서 쉬기로 하고 지내게 되었다. 그런데 그런 생활도 얼마 못가 하는 일 없이 그냥 노는 것도 보통 어려운 일이 아니라는 것을 깨닫게 되어 消日거리를 찾다가 결국은 이런 마음을 먹게 된 것이다. 송충이는 솔잎을 먹고 살아야 한다는 말처럼 대학교수라는 직업상 어쩔 수 없는 인생의 행로라 허전함을 느끼면서 한편으로는 편안한 마음도 갖게 되었다.

본서를 준비하는 데 있어서도 다른 분들의 저서를 읽으면서 저자 나름대로 이해한 것을 자신의 글로 보완하여 서술하는 방식을 취했다. 무엇보다도 저자 자신의 부족한 공부를 하나 하나 메워나간다는 생각으로 학생의 입장에서 한 문장 한 문장 읽고 이해해보았다. 남을 가르친다고 하기보다는 저자 자신의 공부를 위해 책 작업을 했다고 하는 것이 솔직한 말이 될 것이다. 본서의 집필에 있어서도 適正한 分量을 유지하기 위하여 불필요한 언급은 가급적 자제하였다. 두툼한 책의 외관을 의식하지 않을 수 없었지만, 본서를 갖고 공부할 학생들의 이해를 돕기 위한 학습상 편의의 관점에서 내용을 채워나가다 보니 분량이 다른 책들에 비하여 적게 되었지만 내용에 있어서는 별 차이가 없을 것으로 본다. 판례 원문의 소개는 중요한 몇 몇 경우로 국한하였고 나머지는 요지를 본문 중에 소개하였으며, 이론의 설명에 있어서도 논문에나 실을 만한 세부적이고 난해한 것은 간단한 언급으로 마무리하였다.

저자의 공부가 부족한 형편이기 때문에 본서의 내용도 아직 많은 부분에 있어서 미진(未盡)할 수밖에 없다. 본서의 집필은 논문 몇 편과 수업준비 정도로 안일하게 자족하고 있었던 저자에게는 커다란 깨달음과 배움의 기회였다. 다른 저자 분들에게도 감사의 마음을 전한다. 저자 분들을 모두 각주에 인용하는 것이 도리이지만 게으름 때문에 몇 분만을 인용하는 데 그친 것이 마음에 걸리고, 다음에 기회가 되면 차츰 많은 문헌을 참고하여 인용하도록 할 생각이다. 우리 학계의 분위기가 아직은 저서에 큰 비중을 두고 있는 형편이기 때문에 주로 저서의 참고와 인용에 치중하였지만, 깊이 있는 좋은 논문도 앞으로는 많이 참고할 생각이다. 훌륭한 논문이 많이 나옴으로써만 우리 형법학의 깊이 있는 발전도 기약할 수 있다고 믿는다. 한 가지 첨언한다면, 금년 들어 社會保護法과 國家保安法의 개폐논의가 있는 상황이라 혹 입법상 변화가 생기게 되면 독자들이 해당부분에 손을 보아주기를 부탁한다. 그다지 큰 부분이 아니므로 다소의 수고만 있으면 족할 것으로 생각한다.

금번의 출간에 있어서도 저자의 제자인 李보람 군은 고시준비 중인 바쁜 시간임에도 틈을 내어 사항색인의 작업을 도와주었다. 군의 성공을 바라는 마음이다.

본서의 편집을 맡아주신 박영사의 李一成 편집위원님께서는 적은 분량의 원고를 갖고 보기 좋은 책을 만들어 주시기 위해 크게 애써주셨으며, 李元一 선생께서는 번잡한 사무를 변함없는 성실한 마음으로 처리해주셨다. 두 분의 노력을 통해서 본서는 빛을 보게 되었다. 두 분과 宋逸根 주간님께 감사를 드린다. 아울러 이 모든 작업을 뒤에서 돌봐 주신 安鍾萬 회장님께도 감사의 마음을 전한다.

2005년 5월 新綠의 高凰山 기슭에서

著 者

차　　례

제 1 편　序　　論

제3장 罪刑法定主義

제 2 편　犯 罪 論

제5장 責 任

제6장 未遂犯

제 3 편　刑 罰 論

제 1 장　基本理論

제3장 刑의 執行

제4장 刑의 時效·消滅·期間

參考文獻

<[ ] 안은 略語임>

〈國　　內〉

金成敦, 刑法總論, 현암사, 2006 [김성돈]

김일수 - 서보학, 형법총론, 제 9 판, 博英社, 2002 [김일수/서보학]

朴相基, 刑法總論, 제 6 판, 博英社, 2004 [박상기]

裵鍾大, 刑法總論, 제 6 판, 弘文社, 2002 [배종대]

손동권, 刑法總論, 제 2 개정판, 율곡출판사, 2005 [손동권]

신동운, 형법총론, 法文社, 2001 [신동운]

吳英根, 刑法總論, 보정판, 博英社, 2005 [오영근]

劉基天, 改稿 刑法學 [總論講義], 一潮閣, 1980 [유기천]

李在祥, 刑法總論, 제 5 판(보정판), 博英社, 2005 [이재상]

李廷元, 刑法總論, 문영사, 1999 [이정원]

李炯國, 刑法總論研究 Ⅰ, 法文社, 1984; 刑法總論研究 Ⅱ, 法文社, 1986 [이형국]

任雄, 刑法總論, 개정판, 法文社, 2002 [임웅]

鄭盛根 - 朴光玟, 刑法總論, 三知院, 2001 [정성근/박광민]

鄭榮錫, 刑法總論, 제 5 전정판, 法文社, 1983 [정영석]

曺俊鉉, 刑法總論, 法元社, 1998 [조준현]

黃山德, 刑法總論, 제 7 정판, 邦文社, 1983 [황산덕]

權五杰, 刑法總論, 형설, 2006

김성천 - 김형준, 형법총론, 제 3 판, 東玄出版社, 2005

金日秀, 韓國刑法 Ⅰ [總論 上], 개정판, 博英社, 1996; 韓國刑法 Ⅱ [總論 下], 개정판, 博英社, 1997

孫海睦, 刑法總論, 法文社, 1996

安銅準, 刑法總論, 學現社, 1998

陳癸鎬, 刑法總論, 제 6 판, 大旺社, 2000

車鏞碩, 刑法總論講義 [Ⅰ], 考試研究社, 1984

〈獨 逸〉

Hans－Heinrich Jescheck－Thomas Weigend, Lehrbuch des Strafrechts AT, 5. Aufl., 1996 [Jescheck/Weigend]

Claus Roxin, Strafrecht AT Ⅰ, 3. Aufl., 1997 [Roxin Ⅰ]; Strafrecht AT Ⅱ, 2003 [Roxin Ⅱ]

Adolf Schönke－Horst Schröder－Peter Cramer/Lenckner－Eser－Stree－Eisele－Heine－Perron－Lieben, Strafgesetzbuch Kommentar, 27. Aufl., 2006 [Schönke/Schröder]

Hans Welzel, Das Deutsche Strafrecht, 11. Aufl., 1969 [Welzel]

Johannes Wessels－Werner Beulke, Strafrecht AT, 33. Aufl., 2003 [Wessels/Beulke]

제 1 편

序　論

본편에서는 형법의 의의와 형법이론, 죄형법정주의의 원리, 형법의 효력의 범위에 관하여 고찰한다.

주지하는 대로, 근대시민혁명을 거치면서 법 일반은 군주의 命令으로서의 성격을 탈피하고 국민 스스로의 約束으로서의 의미를 갖는 규범체계로 변화되었다. 특히 종래 국민의 사회생활을 옥죄는 통치의 도구로서의 역할을 주로 수행해온 刑法에 있어서 그 성격의 변화는 가장 두드러졌다고 할 수 있다. 우리가 형법을 공부함에 있어서 항상 염두에 두어야 할 점이 바로 이러한 근대형법의 새로운 성격이다. 이러한 변화에 기하여 죄형법정주의 등의 새로운 원리가 등장하게 되었다.

제 1 장

序　　說

제 1 절　刑法의 意義

I. 槪　　念

刑法은 어떠한 행위가 범죄이고 그 범죄에 대한 법률효과로서 어떠한 형벌을 과할 것인가를 규정한 법규범을 가리키는 것이 본래의 의미이다. 그런데 소년법·치료감호법 등에 의하여 범죄에 대한 법률효과로서 형벌 이외에 보안처분이 포함됨에 따라 오늘날에 이르러 형법의 개념은 일반적으로 보안처분제도까지 포함하는 넓은 의미로 사용되고 있다.

'범죄'란 형벌이 과하여지는 대상이 되는 행위이고 또 '형벌'이란 범죄에 대한 법률효과로서 범인에게 과하여지는 제재라고 할 수 있는데, '형법'은 형벌을 중심으로 하면 '刑法'(刑罰法, Strafrecht)으로 불려질 수도 있고 또 범죄를 중심으로 하면 '犯罪法'(criminal law)으로 불려지기도 한다. 일반적으로 규범적 색채가 짙은 독일법계에서는 '형법'으로, 영미법계에서는 '범죄법'으로 일컬어지고 있다.

학문상 '형법'의 의의는 형식적·실질적 두 가지 의미로 사용되고 있다.

형식적 의미의 형법은 '형법'이라는 명칭이 붙어 있는 법전 상의 현행형법(1953. 9. 18. 법률 제293호)을 가리킨다.

실질적 의미의 형법은 범죄와 형벌을 규정한 제반 법률을 통틀어 가리키는 개념으로서, 이에는 형법의 일반법으로서의 '형법'과 제반 특별형법이 포함된다. 특별형법에는 국가보안법, 조세범처벌법, '특정범죄가중처벌 등에 관한 법률', 소년법, 군형법, '환경범죄의 단속에 관한 특별조치법' 등의 狹義

의 特別刑法과 식품위생법 등 각종 행정단속법규에 개별적으로 마련되어 있는 벌칙규정인 이른바 附隨刑法이 포함된다. '특정범죄가중처벌 등에 관한 법률'과 같은 일련의 특별형법은 일반형법의 제정 이후에 사회적 변화를 반영하여 일반형법을 보완 혹은 대체하기 위해 제정되는 것으로, 그 용도는 제한적이어야 할 것이다.[1] 일반형법으로서의 '형법'의 '총칙'편 규정은 형식적 의미의 형법에 대해서만 적용되는 것이 아니고, 실질적 의미의 형법 전반에 대하여 적용되는 것이다(제 8 조 참조). 형법의 법전 상 규정들 중에는 친고죄, 반의사불벌죄 등 소송조건이나 형의 집행에 관한 규정들도 포함되어 있는데, 이들 규정은 실질적 의미의 형법의 내용이 되지 못한다.

일정한 위법적 행태에 대하여 '형벌'(형사벌)이 아닌 과태료나 범칙금·과징금 등 이른바 秩序罰로 제재하고 있는 법률은 行政刑法, 즉 이른바 秩序違反法(Ordnungswidrigkeitenrecht)의 분야에 속하는 것이며, 이도 실질적 의미의 형법에 포함되지 못한다. 원래 질서벌은 경미한 범법행위에 대하여 형벌이 아닌 과태료나 범칙금·과징금 등을 부과함으로써 해당 행위를 범죄의 범주에서 제외하여 행위자를 형벌의 제재에서 벗어나게 하여 사회생활에 큰 장애를 주지 않도록 한다는 취지에서 마련된 제도이다. 그러나 우리 법제에는 질서벌을 이행하지 아니한 자에 대하여는 즉결심판을 통하여 형벌을 부과하도록 하는 예들이 있는데,[2] 이는 형벌과 질서벌이 혼재하고 있는 모습이라고 할 수 있다. 질서위반법은 실질적 의미의 형법에 포함되지 못하므로 질서위반법상의 질서위반행위와 형법상 범죄행위가 '하나의 행위'에 의해 행해졌다 하더라도 이론상 질서벌과 형벌은 병과되어도 무방하다고 볼 수 있다.[3] 하지만 질서벌과 형벌은 법적 제재의 내용에 있어서 일반적으로 공통되므로 이런 경우에는 질서벌은 배제되고 형벌만이 부과되는 것으로 봄이 옳다고 생각한다.[4] 형벌과 질서벌을 따로 독립시켜 중요한 법익침해가 아닌 한 질

1) 헌결 1992. 4. 28, 90헌바24; 헌결 2003. 11. 27, 2002헌바24.
2) 도로교통법 제165조 등 참조.
3) 하지만 교통사고처리특례법 제 3 조 제 2 항 단서의 신호위반 등 범칙행위와 동법 제3조 제1항 위반죄에 해당하는 업무상 과실·중과실치상죄는 '별개의 행위'라고 보아야 하므로 범칙금과 형벌이 병과될 수 있다(대판 2002. 11. 22, 2001도849; 대판 2007. 4. 12, 2006도4322).
4) 상법 제635조 제 1 항 단서, 독일 질서위반법 제21조 참조.
우리 도로교통법에서는 일정한 범칙행위를 한 자가 경찰서장의 범칙금납부통고처분에 기해 범칙금을 납부한 경우에는 그 자에 대하여 벌금·구류·과료 등 형벌을 부과할 수 없도록 규정하고 있다(동법 제164조 제 3 항 참조).

서벌로만 제재하는 이른바 非犯罪化(Entkriminalisierung)의 추세가 현대 형법의 특징 중 하나이다. 우리나라에서도 이러한 추세에 맞추어 '질서위반행위규제법'을 2007년에 입법하여 시행하고 있다.

Ⅱ. 法體系上 位置

본서의 연구대상인 형법은 국가와 국민간의 형사상의 법률관계를 규율하는 國內法으로서 국가와 국가사이의 관계에서 적용되는 국제법으로서의 국제형사법과 구별된다.

국내법의 실정법질서의 체계는 일차적으로 공법과 사법(私法)으로 대별하는 것이 일반적이다. 이 구분에 따르면 형법은 公法에 속한다. 예컨대, 살인죄(제250조 제 1 항)와 같이 범죄로 인하여 침해된 법익이 생명 등 피해자의 개인적 법익인 경우에도, 범죄의 성립과 처벌은 국가와 범죄인 사이의 법률관계이므로 공법관계로서의 성질을 가진다. 형사절차에 있어서 피해자는 법률관계의 당사자가 아닌 제 3 자로서 증인의 지위를 갖는 데 불과하고, 형사책임은 민사책임과는 달리 당사자의 합의에 의한 자율적 조정이 원칙적으로 불가능하다. 형벌권은 국가에 귀속되어 있는 것이기 때문이다. 그런 연유로 형벌권을 특히 '公'刑罰權이라고 부르기도 한다.

법체계는 그 통치수단으로서의 내용에 초점을 맞추어 입법법·행정법·사법법으로 나눌 수도 있는데, 이 경우 형법은 재판에 적용되는 법이라는 의미에서 司法法에 속한다.

사법법은 사실관계의 실체적 내용을 규율하는 실체법과 법적용의 절차를 규율하는 절차법으로 다시 구분된다. 이 경우 형법은 사실관계의 실체적 내용에 대하여 적용되는 實體法이란 점에서 실체형법을 실현하기 위한 절차법인 형사소송법과 구별된다.

제2절 沿 革

Ⅰ. 制定 前

우리나라에서는 조선시대까지 전통적인 中國法系의 형사법체계를 유지하여왔다. 조선시대에는 1649년에 완성된 經國大典의 '刑典'이 기본 성문법으로 적용되어왔고, 1894년 갑오경장(甲午更張)의 개혁조치에 따라 1905년에 '刑法大典'이 제정됨으로써 근대적 의미의 형법전이 등장하게 되었다. 그 후 일제강점기에 들어서면서부터 1912년에 공포된 조선총독부의 제령(制令)인 '朝鮮刑事令'을 통하여 서구 대륙법계인 일본형법을 의용(依用)함으로써 서양법체계를 받아들이게 되었고, 이로써 이른바 '依用刑法'시대가 열리게 되었다. 日本에서는 명치유신(明治維新) 후 전통적인 법체계를 버리고 프랑스 학자 브와소나드(Boissonade)의 초안을 토대로 하여 서구적 의미의 근대적 형법전을 제정하였는데, 이것이 일본의 이른바 '구형법'이다. 우리나라에 의용된 일본형법은 1871년의 독일제국형법을 토대로 하여 1907년에 제정된 일본의 이른바 '신형법'으로서, 일본에서는 이 형법이 오늘날까지 존속하고 있다.

Ⅱ. 制定 以後

일제하 우리의 형법체계는 광복 후에도 지속되어 우리 형법이 제정되기 전까지 우리의 이른바 '舊刑法'시대를 이루었고, 그 후 1953년에 현행형법이 제정되어 몇 번의 개정을 거치면서 '新刑法'(制定刑法)시대가 지속되고 있다.[1)]

현행형법은 1953년 9월 18일 법률 제293호로 제정·공포되어 그 해 10월 3일부터 시행되었다. 그 후 유신체제하인 1975년에 '국가모독죄'의 규정을 신설하였다가 1988년 그 규정을 다시 폐지한 것 외에는 제정 당시의 모습을 40년 이상 그대로 유지해오다가, 1995년에 이르러 그 동안 변화된 사회의 실상

---

1) '의용형법'과 '구형법'은 그 실체의 내용에 있어선 거의 같지만, '신(현행)·구형법'이라는 표현은 우리나라가 주권국가로서 적용한 법률을 가리킨다는 점에서 양자는 구별되어야 한다('민법'에 관한 설명이지만 同旨: 곽윤직, 민법총칙, 2002, 25면 참조).

을 반영하여 큰 규모의 개정을 하게 되었다.

1995년 개정에 의한 현행형법의 주요 변화내용은 다음과 같다.

1. 보호관찰 등 제도의 확대 실시

종전에 보호관찰법에 의하여 소년범에 한해 실시해오던 보호관찰·사회봉사명령·수강명령의 제도를 성인범에 대하여도 전면 실시함(제59조의2, 제61조 제2항, 제62조의2 등)

2. 신종범죄에 대한 처벌규정 마련

(1) 컴퓨터범죄

(가) 컴퓨터 등 정보처리장치를 이용한 사기죄·업무방해죄·비밀침해죄, 전자기록 위작·변작 및 동행사죄의 신설

(나) 몰수의 대상(제48조 제3항), 공용서류 등 무효죄(제141조 제1항), 공정증서원본부실기재죄(제228조 제1항), 위조 등 공문서행사죄(제229조), 손괴죄(제366조) 등의 객체로 전자기록 등 특수매체기록을 추가함

(2) 인질범죄

(가) 약취강도죄를 인질강도죄(제336조)로 변경하면서 새로운 구성요건요소를 추가함

(나) 인질강요죄 등(제324조의2 내지 제324조의5)의 신설

(다) 해방감경제도(제295조의2, 제324조의6)의 도입

(3) 기 타

(가) 부동산강제집행효용침해죄(제140조의2), 가스·전기 등 방류죄(제172조의2), 자동차 등 불법사용죄(제331조의2), 편의시설부정이용죄(제348조의2)의 신설

(나) 복사문서의 문서성 인정(제237조의2)

(다) 인지·우표위조 등 죄의 객체로 '우편요금을 표시하는 증표'를 추가함

3. 법정형의 조정

(1) 공무집행방해죄, 사문서 위조·변조죄, 존속상해죄, 체포·감금죄, 출판물 등에 의한 명예훼손죄 등의 선택형으로 벌금형을 추가함

(2) 벌금형의 현실화

(3) 결과적 가중범의 치상죄와 치사죄의 법정형을 따로 규정함(제301조·제301조의2 등)

(4) 존속살해죄의 법정형을 완화하고, 현주건조물 등 일수죄·교통방해치사

상죄·음용수혼독치사상죄의 사형을 폐지함

(5) 신설된 강간 등 살인죄(제301조의2 前文)에 사형을 규정하고, 가스·전기 등 공급방해치사죄, 특수공무집행방해죄의 법정형을 상향함

4. 과실범처벌규정의 추가

폭발성물건파열죄, 가스·전기 등 방류죄, 가스·전기 등 공급방해죄의 과실범, 업무상 과실·중과실범의 처벌(제173조의2)

5. 용어 등의 정리

일부 章과 條의 제목을 수정·보완하고, 어려운 한자어를 일상용어로 바꾸고, 조문의 표현을 문법에 맞춤

제 3 절 北韓의 刑法

Ⅰ. 沿 革

북한(조선민주주의인민공화국)에서는 1948년 정권수립 후 舊蘇聯의 법제를 그대로 모방하여 1950년에 형법을 제정하였다. 그 후 1972년 헌법이 개정되면서 이른바 主體思想이 헌법에 규정되게 되었고, 1974년에는 주체사상과 김일성유일체제 그리고 조선노동당의 프롤레타리아독재를 강화하기 위하여 형법을 전면 개정하였고, 구 소련에서 형사법개혁이 진행되던 시점인 1987년에 다시 형법이 크게 개정되었다. 그 후 1995년, 1999년에 부분적 개정이 행해진 후, 2004년에 최근의 경제개방에 따른 사회변화에 대처하기 위한 큰 개정이 있었다.

Ⅱ. 內 容

북한의 '형법'은 '조선에 세워진 사회주의제도와 국가주권을 전복하거나 혁명위업의 실현을 반대하는 반국가범죄자들을 진압하고, 사회주의제도의 공고한 발전을 방해하는 일반범죄자들을 제재할 목적으로 범죄 및 형벌을 규

정한 법규범의 총체'로 정의되고 있다. 또한 형법의 임무는 범죄와의 투쟁을 통하여 국가주권과 사회주의제도를 보위하며 인민들의 자주적이며 창조적인 생활을 보장하는 데 있다고 규정하고 있다(동법 제 1 조 참조).

형법의 내용은 혁명의 기본(제 1 장), 범죄 및 형벌에 관한 일반규정(제 2 장), 반국가범죄(제 3 장), 국방관리질서를 침해하는 범죄(제 4 장), 사회주의경제를 침해하는 범죄(제 5 장), 사회주의문화를 침해하는 범죄(제 6 장), 국가의 일반행정질서를 침해하는 범죄(제 7 장), 사회주의적 공동생활질서를 침해하는 범죄(제 8 장), 공민의 생명·재산을 침해하는 범죄(제 9 장) 등 전체 9장 303조로 구성되어 있다. 제 1 장과 제 2 장이 총칙에 해당하는 부분이다. 범죄유형은 크게 反國家犯罪와 一般犯罪로 구분되고, 공민(국민)의 생명·재산 등 개인적 법익에 대한 범죄가 맨 뒤의 장에 규정되고 있는 점이 특색이다.

북한형법상 범죄구성요건은 대부분 매우 추상적인 문구로 규정되어 있어 별도의 특별형법의 입법이 없어도 새로운 유형의 범죄행위에 대하여 무리 없이 적용될 수 있게끔 되어 있다. 유추해석도 원칙적으로 허용되고 있다. 그리고 범죄의 성립요소로 '사회적 위험성'이라는 모호한 개념이 도입되어 유추해석과 결합될 경우 처벌의 범위가 거의 무제한적으로 확대될 가능성을 갖고 있다.

2004년의 개정에서는 반국가범죄의 각 구성요건의 법정형을 높였고,[1] 경제관련범죄에 있어서 개인재산을 강제로 빼앗을 경우와 대규모국가재산절도죄, 화폐위조죄 등의 법정형을 높이고 상표권침해죄를 신설하여 재산권보호를 강화하였으며, 외화관리질서위반죄와 탈세죄를 신설, 경제개방에 대비하여 제도를 정비하였다. 그밖에도 사회생활질서를 지키기 위하여 매음죄를 신설하였고, 퇴폐적이고 색정적인 녹화물과 씨디롬 같은 기억매체의 유포와 공화국을 반대하는 방송의 보관·유포를 새로이 처벌대상으로 규정하였다. 한편 罪刑法定主義의 규정을 새로이 마련한 점은, 비록 북한의 현행형법 하에서는 유명무실할 수밖에 없기는 하지만, 인권보호의 측면에서 긍정적인 발전으로 볼 수 있다. 또한 단순탈북자에 대한 처벌을 완화하고 있는 점은 북한

1) 북한에는 우리의 '국가보안법'과 같은 성격의 특별형사법이 존재하지는 않는다. 하지만 북한형법에서는 유추해석이 일반적으로 허용되고 있기 때문에, '형법'에 규정되어 있는 국가전복음모죄, 반국가선전·선동죄, 민족반역죄 등 반국가 및 반민족범죄의 규정만으로도 사회통제가 엄하게 행해질 수 있는 실정이다.

주민의 실정을 정권 스스로 인식하고 있다는 점을 반영하고 있다.

Ⅲ. 性　　格

북한의 형법은 기본적 성격에 있어서 정권의 체제의 유지·강화를 위한 수단으로 기능할 뿐 주민의 기본권보장과는 무관한 입법이라고 할 수 있으며, 인권침해의 소지를 크게 갖고 있다. 우선 구성요건의 내용이 일반적으로 불명확하며, 보호법익에 있어서도 개인적 법익보다 국가적·사회적 법익을 훨씬 더 중시함으로써 공동체우선의 전체주의적 형법으로서의 특성을 보이고 있다. 國家와 主席의 법적 지위를 거의 대등하게 인식하고 있는 데에서는 그들의 전제적 국가관이 나타난다. 형법이론의 측면에서는 전반적으로 주관주의적 색채를 농후하게 드러내고 있다.

북한형법의 제정과 개정은 그 사회의 실정이나 주민의 법의식의 변화에 기인한 것이라기보다는 거의 전적으로 권력자의 정치적 필요성에 기해 행해졌다고 할 수 있다.

북한형법의 이런 문제점들은 앞으로 남·북한 형법의 통합과정에서 커다란 장애가 될 것이며 또한 당장 남북교류의 원활한 발전을 위해서도 극복되어야 할 과제이므로 북한사회의 법현실, 주민의 법의식과 관습 등에 관한 연구가 본격적으로 행해져야 할 것이다.

제 4 절　刑法의 規範的 性格

형법은 當爲的 法規範의 영역에 속하는 것으로서, 범죄현상에 관한 사실적 연구를 내용으로 하고 있는 범죄학·형사정책과 구별된다.

형법의 '規範'으로서의 성격은 다음과 같은 몇 가지로 나누어 살펴볼 수 있다.

Ⅰ. 假說的 規範

형법은 일정한 범죄행위를 조건으로 하여 이에 대한 일정한 법률효과를 규정하는 가설적 규범이다. 예컨대 종교나 윤리의 규범이 "사람을 살해하지 말라", "남의 물건을 훔치지 말라"는 식의 命令的·定言的 形式을 취하는 데 비하여, 형법은 "사람을 살해한 자는 … 에 처한다", "타인의 재물을 절취한 자는 … 에 처한다"라는 가설적 형식을 취하고 있다.

Ⅱ. 裁判規範과 行爲規範

형법은 살인죄(제250조 제1항)의 규정을 둠으로써 법관에게 "살인죄를 범한 자에게는 … 형에 처하라"고 명령하는 한편(재판규범), 일반인에게는 "살인죄를 범하지 말라"고 명령하고 있다(행위규범).

따라서 형법규범의 受命者는 법관과 일반인 양자를 지칭하지만 受命의 의미는 상호간에 차이가 있다. 즉, 법관에게는 규범에 위반한 행위를 한 자를 법에 규정된 절차에 따라 그 법정형의 범위내에서 처벌하라는 명령을 하는 것이고, 일반인에게는 형법의 규범에 반하는 행위를 하지 말라는 명령을 하는 것이다.

Ⅲ. 評價規範과 意思決定規範

1. 의　　의

형법이 일정한 행위를 범죄로 규정하고 그에 대해 형벌이라는 법률효과를 과하는 것은 그 행위가 법질서에 반하는 것으로 평가하였기 때문이다(평가규범). 다른 한편으로 형법은 일반인에게 형법에 범죄로 규정되어 있는 행위를 결의·수행하여서는 안 된다는 의무를 부과함으로써 일반인의 의사를 결정하는 규범으로서의 역할도 반사적으로 수행하게 된다(의사결정규범). 예를 들어, 형법이 절도죄(제329조) 규정을 두고 있는 것은 우리 형법이 타인의 재물에 대한 절도행위를 우리 법질서에 반하는 것으로 평가하였기 때문이며, 다른 한편으로 절도행위에 대해 형벌을 부과함으로써 일반인으로 하여금 절도행위를 하지 않는 방향으로 의사를 결정하도록 강제하는 것이다.

2. 오늘날 형법의 성격

형법은 기본적으로 법규범의 하나로서, 종교나 윤리·도덕의 규범과는 달리, 사람의 외적 행위를 규율하는 것을 1차적 임무로 하고 있다. 즉, 內心의 意思는 종교나 윤리·도덕의 규율대상에 속하는 것이며, 오늘날 근대형법의 성격에 비추어 보면 형법의 기본적 사명은 사람의 外的 行爲에 대한 評價라고 할 수 있다. 형법규범에 의하여 사람의 내심까지 다스리려고 한다면 형법은 규범으로서의 실효성과 타당성을 모두 상실하게 되어 그 법적 효력과 권위를 잃게 된다. 그러므로 오늘날 형법은 기본적으로 평가규범으로서의 성격을 갖는 것이며, 그에 부수하여 의사결정규범으로서의 기능도 수행하는 것으로 봄이 타당하다. 예를 들어, "남의 아내를 탐내는 자는 1년 이하의 징역에 처한다"는 형법규정이 있다고 상정해 보면, 우리는 그 규정이 법규범으로서의 성격을 갖기 어렵다는 점을 쉽게 이해할 수 있다. 내심의 의사나 양심·사상은 법 이외의 사회규범인 종교나 윤리·도덕 등의 규율대상이라고 보아야 하며, 법에 의해서는 단지 간접적으로만 규율되는 데 그치는 것이다.

법과 종교·윤리가 혼합된 형태인 倫理刑法이 근대 이전 형법의 일반적 특성이라면, 근대 민주주의형법의 기본적 성격은 종교·윤리와의 분화라고 할 수 있다.

제 5 절 刑法의 機能

오늘날 형법은 일반적으로 보호적 기능, 보장적 기능, 사회질서유지기능을 수행한다.

Ⅰ. 保護的 機能

1. 의 의

형법의 保護的 機能이란 형법이 일정한 행위를 범죄로 규정하고, 이에 형벌을 과함으로써 일정한 가치 또는 이익을 범죄적 침해나 침해의 위험으로부터 보호하는 기능을 의미한다. 형법에 의하여 보호되는 가치 또는 이익을 '法益'(Rechtsgut)이라고 한다. 보호적 기능을 형법의 제 1 차적 기능이라고 할 수 있다.

2. 내 용

형법의 보호적 기능의 내용에는 두 가지 면이 있다. 즉 형법은 범죄의 피해자가 될 수 있는 법익의 주체에 대해서는 그들의 법익을 보호해주며, 잠재적 범죄인으로서의 일반인에 대해서는 그들의 윤리적 行爲價値(Aktwerte)를 보호해주는 것이다. 예를 들어 살인죄(제250조 제 1 항)의 처벌규정은 국민의 생명이라는 법익을 보호해 주는 한편, 살인죄를 저지를 수 있는 잠재적 범죄인으로서의 일반인에 대해서는 살인행위를 저지르지 않도록 하여 그들의 윤리적 행위가치를 지켜주는 기능을 수행하는 것이다. 시대에 따라 사회적 가치기준이 변하고, 이에 따라 형법이 보호하는 법익에도 변화가 있게 된다. 또한 법익의 보호는 사회일반인의 윤리적 행위가치의 보호를 통해서만 궁극적으로 달성될 수 있는 것이다.[1)]

형법은 보호적 기능을 갖고 있지만, 사회생활에 있어서 불가결한 중요한 법익을 보호하는 것이 형법 이외의 다른 수단에 의하여서는 불가능한 경우에만 '최후의 수단'(*ultima ratio*)으로 적용될 것을 요한다는 점에서 형법의 보호적 기능은 '補充性'을 갖는다. 이는 형법의 '겸억성'(謙抑性)이라고도 불리운다. 간통죄의 존폐에 관한 논의[2)]도 이 문제와 관련을 갖는다고 볼 수 있다.

---

1) 同旨 : Welzel, 3면.
2) 헌결 2001. 10. 25, 2000헌바60 참조.

Ⅱ. 保障的 機能

1. 의　의

형법의 保障的 機能이란 형법이 국가 형벌권의 발동을 제한하여 개인의 자유를 보장하는 기능을 의미하는 것이다. 보호적 기능은 적극적 의미를 갖는 형법의 제1차적 기능이지만, 보장적 기능은 형법의 부작용을 막아야 한다는 소극적 의미를 갖는 기능이라고 할 수 있다.[1)]

형법의 보장적 기능은 무고(無辜)한 일반인이 국가권력에 의하여 전단적·자의적으로 쉽사리 범죄인으로 취급되어 형벌의 고초를 겪었던 불행한 시대를 지나오면서 형법에 부여되게 된 새로운 기능이라고 할 수 있다. 그러므로 보장적 기능은 본래적인 한계를 갖고 있는 것이며, '인권보장'이라는 미명 하에 만연히 범죄인을 보호하자는 취지는 아니라고 할 수 있다. 형법의 보장적 기능은 인권보장의 수준이 낮은 시대나 국가에 있어서 상대적으로 큰 의미를 갖는 것이고, 범죄로부터 일반인의 기본적 인권을 보호해주는 것이야말로 형법의 제1차적 기능이라고 보아야 한다.[2)]

2. 내　용

형법의 보장적 기능의 내용도 두 가지 면을 갖고 있다. 우선 형법은 잠재적 범죄인으로서의 一般人에 대하여서는 형법에 범죄로 규정된 행위 이외에는 어떠한 행위를 하여도 처벌받지 않는다는 것을 보장한다. 다른 한편, 형법은 犯罪人에 대하여서는 그들도 형법에 규정된 형벌의 종류와 범위 안에서만 형사소송법상의 절차에 따라서 처벌받도록 함으로써 국가나 사인에 의한 형벌권의 자의적 행사로부터 범죄인의 인권을 보장한다. 이런 점에서 "형법은 범죄인의 마그나 카르타"라고도 불리는 것이다.[3)] 예를 들어, 자기 부모를 살해한 원수를 붙잡은 사람이, 형법상의 "사람을 살해한 자는 사형, 무기 또는 5년 이상의 징역에 처한다"(제250조 제1항)는 규정에 토대하여, 그 원수를 자신이 직접 살해하거나 또는 자기 집 창고에 가두어 놓았다면, 그것

---

1) 同旨 : 김성돈, 10면.
2) 최근 들어 활발해지는 피해자학(victimology)의 연구는 이런 인식의 반영이라고 할 수 있다.
3) 리스트(Franz v. Liszt)의 "형법은 형사정책이 넘을 수 없는 장벽"이라는 언급도 형법의 보장적 기능을 설파한 것으로 볼 수 있다.

은 국가에 의한 적법한 형벌권의 집행이라고 볼 수가 없다. 그러한 행동은 私刑(lynch)으로서, 그 자체가 이미 범죄로서의 성격을 갖게 되는 것이다.

Ⅲ. 社會秩序維持機能

형법은 형벌이라는 수단에 의하여 범죄로부터 社會秩序를 지켜 유지하고 보호하는 기능도 갖는다. 형법의 사회질서유지기능은 '사회보호적 기능'으로 이해할 수도 있다.

사회질서유지기능은 전체로서의 사회질서를 그 대상으로 하는 기능이라는 점에서 개별적·구체적 법익을 대상으로 하여 형법의 기능을 파악하고 있는 '보호적 기능'과 구별된다. 보호적 기능에서도 개인적 법익뿐만 아니라 사회적·국가적 법익을 그 보호의 대상으로 삼고는 있지만, 그 법익은 사회경제생활에서의 신용이나 거래의 안전 또는 국가의 존립 등과 같은 개별적·구체적 내용의 법익을 의미하는 것인데 대하여, 사회질서유지기능에서는 전체로서의 사회질서 그 자체를 보호의 대상으로 삼고 있다는 점에서 차이를 찾아볼 수 있다.

사회질서유지기능에 토대하여 保安處分의 제도가 현대형사법체계에 본격적으로 도입되게 되었다.

Ⅳ. 機能 間의 調和

형법이 항상 보호적 기능, 보장적 기능과 사회질서유지기능을 모두 같은 수준으로 수행하는 것은 아니다. 형법의 세 가지 기능 중 어느 것에 특히 중점을 둘 것인가는 시대상황이나 정치이념에 의하여 좌우된다. 전제정치나 전체주의가 지배하는 국가의 형법에서는 보호적 기능과 사회질서유지기능이 특히 강조되나, 개인주의·자유주의가 지배하는 국가의 형법에서는 보호적 기능과 사회질서유지기능 외에 보장적 기능도 크게 중시된다. 형법의 목적을 원활히 달성하기 위하여서는 이러한 기능들이 적절히 조화되어야 할 것이고, 그 중 어느 하나가 부당히 강조되거나 또는 무시되어서는 아니 된다.

우리 헌법의 '자율과 조화를 바탕으로 자유민주적 기본질서를 더욱 확고히' 할 것을 천명한 前文과 "모든 국민은 인간으로서의 존엄과 가치를 가지며, 행복을 추구할 권리를 가진다. 국가는 개인이 가지는 불가침의 기본적 인권을 확인하고 이를 보장할 의무를 진다"(同 제10조)는 기본권보장규정의 정신에 비추어 볼 때 우리 헌법질서는 개인주의이념에 토대한 自由民主主義를 기본적 성격으로 삼고 있다고 볼 수 있다. 그렇기 때문에 헌법의 하위법인 형법의 입법과 해석에 있어서는 기본적으로 保障的 機能의 토대 위에서 새로운 시대상황에 부응할 수 있는 보호적 기능과 사회질서유지기능을 함께 고려해나가야 한다고 생각한다.

제 6 절 刑法의 發達

Ⅰ. 發達의 過程

형법의 역사는 형벌사상이나 형벌제도의 기본적 입장에 따라 복수시대, 위하시대, 박애시대, 과학시대로 구분되며, 형법은 각 시대를 거치면서 발달되어 오늘에 이르고 있다.

1. 복수시대

형법의 초기시대라고 할 수 있는 이른바 復讐時代는 유사(有史) 이래 중세까지의 기간이다.

'눈에는 눈, 이에는 이'라는 同害報復의 思想, 즉 '탈리오의 법'(Lex Talionis)이 지배하고, 배상금·속죄금의 제도와 사형(私刑)이 행해졌다. 함무라비(Hammurabi)법전, 모세의 율법 등이 그 예이다.

2. 위하시대

威嚇時代는 형벌권이 국가에 귀속된 시대로서, 중세부터 18세기 초까지를 가리킨다.

私的 刑罰이 公的·國家的 刑罰로 바뀌었고, 형벌은 준엄·잔혹하고, 규

문(糺問)주의 형사절차가 지배하였다. 독일의 프로이센시대인 1532년에 칼(Karl) 5세에 의하여 제정된 '카롤리나 형사법전'(Constitutio Criminalis Carolina)과 프랑스의 1539년 '프랑소아 1세의 조례' 등이 대표적인 예이다.

3. 박애시대

博愛時代는 근대시민혁명을 통하여 의회에 의한 刑罰權의 立法化가 이루어진 시대로서, 18세기 초부터 19세기 중엽까지를 가리킨다.

個人主義 · 自由主義가 이 시대 형법의 사상적 배경이 되었으며, 罪刑法定主義가 형법상의 근본원칙으로 자리 잡았다. 이 시대에 이르러 人道的 刑罰, 형벌의 완화, 범죄와 형벌의 균형 등이 추구되었다. 이 시대의 학자로는 베카리아(Beccaria), 포이어바흐(Feuerbach), 칸트(Kant), 헤겔(Hegel) 등이 있다.

4. 과학시대

科學時代에 이르러서는 刑罰의 個別化가 추구되었으며, 19세기 후반부터 현대까지를 가리킨다.

범죄의 격증과 누범 · 상습범의 증가에 대처하기 위해 형벌의 개별화를 통한 犯罪人의 교화 · 개선이 형벌의 목표로 되어 保安處分과 刑事政策을 통한 특별예방이 강조되었다. 롬브로조(Lombroso), 페리(Ferri), 가로팔로(Garofalo) 등의 이탈리아학파와 리스트(Liszt) 등의 학자가 특히 이에 기여하였다.

Ⅱ. 近代刑法學의 成立

형법의 발달의 과정상 박애시대와 과학시대의 형법학을 지칭하는 '근대형법학'은 사상적으로는 계몽주의시대의 자연법사상을 배경으로 하여 刑罰의 본질 · 목적 · 내용 · 양(量) · 대상 등에 대한 기초적 이론이 연구됨에 따라 태동하게 되었다.

근대형법학은 '범죄와 형벌'을 저술하여 계몽사상을 처음으로 형법학에 도입한 이탈리아의 베카리아에 의하여 태동되었다. 그 후 심리강제설을 주장하여 죄형법정주의의 이론적 기초를 확립한 독일의 포이어바흐(Paul Johann

Anselm von Feuerbach)가 독일 형법교과서[1])를 저술하여 형법학을 정연한 체계 속에 자리 잡게 함으로써 기본적인 틀을 갖추게 되었으며, 그 후 많은 대립과 논쟁을 통하여 형법이론이 발전하여 오늘의 형법학에 이르고 있다.

대륙법계의 형법학은 일본제국주의시대를 거치면서 우리나라에도 수용되었다. 20세기 일본의 형법학은 오노(小野清一郎)의 객관주의이론과 마끼노(牧野英一)의 주관주의이론의 대립을 거쳐 단도(團藤重光)에 의해 절충적 발전이 이루어졌다.[2]) 이런 연유로 우리 형법학은 오늘날까지도 대륙법계, 특히 독일 형법학의 영향을 지대하게 받고 있다고 할 수 있다.[3]) 이러한 토대 위에서 학자들의 많은 연구를 통하여 우리의 형법이론도 차츰 정립되었고, 그에 따라 학설의 대립도 활발해졌다. 특히 1950년대 金鍾源 교수에 의해 목적적 행위론이 소개되면서 형법학계의 논쟁이 본격화되었다. 그 후 1970년대 이후로는 국내의 학자들과 독일 등 외국에서 공부하고 돌아온 학자들의 수효가 크게 증가하면서 그들에 의하여 우리 형법규정에 관한 본격적인 분석작업이 행해져 오늘에 이르고 있다.

하지만 우리 형법학계는 그 연구를 아직 서구의 형법학에만 절대적으로 의존하고 있으며, 우리 고유의 전통적 형법질서에 관하여는 한국법제사분야에서 개론적인 소개가 행해지고 있는 정도에 그치고 있다. 앞으로 우리 형법학이 명실상부한 '韓國刑法學'으로서 한 차원 높은 모습을 갖기 위해서는 우리의 전통적 형법의 사상과 제도에 관한 연구가 반드시 행해져야 할 것이다. 현행형법의 제정과정에 관한 최근의 연구[4])는 우리 형법의 正體性을 추구하기 위한 의미 있는 노력이라고 할 수 있다.

---

1) Feuerbach, *Lehrbuch des gemeinen, in Deutschland geltenden peinlichen Rechts*, 1801.

2) 황산덕, 22면; 平野龍一, 刑法總論 Ⅰ, 1981, 14-16면.

3) 김종원, "형법제정 50주년과 한국형법학의 과제", 형사법연구 20, 2003, 2면.

4) 신동운/허일태, 효당엄상섭형법논집, 2003.

하지만 우리 현행형법이 군국주의시대의 산물이라고 할 수 있는 일본의 1940년 '改正刑法假案'에 크게 의존하여 제정된 만큼, 새로운 시각을 갖고 형법개정작업에 임할 필요성이 크다고 생각한다(同旨 : 차용석, "한국형법 및 형법학의 정체성을 찾아서", 형사법연구 18, 2002, 2면).

제2장

刑法理論

제1절 意　　義

형법을 해석·적용하고 그 입법의 방향을 논하는 데 있어서는 형법의 원리가 되는 기본이론이 토대가 되어야 한다. 형법의 기본개념인 범죄와 형벌의 본질에 관한 기본이론을 刑法理論이라고 부른다.

형법이론은 刑罰理論과 犯罪理論으로 이루어진다. 형벌이론으로는 응보형주의와 목적형주의, 일반예방주의와 특별예방주의가 서로 대립하고, 범죄이론으로는 객관주의와 주관주의가 대립한다. 형벌이론상의 응보형주의나 일반예방주의와 범죄이론상의 객관주의는 이른바 舊派의 입장이며, 형벌이론상의 특별예방주의와 범죄이론상의 주관주의는 新派의 입장이다.

제2절 舊派와 新派

Ⅰ. 舊　派

구파는 18세기 계몽철학의 기조인 개인주의·자유주의를 배경으로 하고 있으며, 칸트와 포이어바흐의 이론을 바탕으로 하여 18세기 말엽에서 19세기에 걸쳐 성립·발달하였다. 古典學派라고도 한다.

구파의 이론은 自由意思를 지닌 抽象的 理性人(Person)으로서의 人間像을 전제로 한다(의사자유론). 죄형법정주의의 원칙상 과형의 중점을 범죄의 외부에 나타난 객관적 해악의 부분, 즉 외적인 행위와 결과에 두고, 형벌의 종류와 경중도 이에 상응하여야 한다고 본다(객관주의). 형벌의 본질에 관해서는 형벌을 범행에 대한 필연적 응보라고 보며, 그 응보의 내용은 범죄와 균형을 이루는 고통이어야 한다고 한다(응보형주의). 형벌의 목적은 입법으로 형벌을 예고하거나 또는 범인에게 형벌을 부과함으로써 사회일반인에게 경고하여 장래의 범죄발생을 방지하는 것이며(일반예방주의), 범죄인이 자유의사에 기하여 범죄행위를 한 것에 대한 도덕적 비난이 바로 형법상 책임의 핵심이라고 본다(도의적 책임론).

Ⅱ. 新　派

신파는 19세기 후반 자본주의의 모순이 심화됨에 따라 나타난 급격한 범죄의 증가와 누범 및 청소년범죄의 격증에 합리적으로 대처하지 못한 구파이론에 대한 반동으로 출발하였다. 신파이론은 범죄의 원인을 과학적으로 규명하여 그 방지대책을 마련하는 것을 형법의 중심적 과제로 삼았다. 近代學派라고도 한다.

신파의 입장에서는 인간이 자유의사를 가졌다고 하는 것은 주관적 환상에 불과하다고 보며, 인간은 先天的·遺傳的 '素質'과 後天的 '環境'의 지배를 받는 현실의 사람(Mensch)으로 파악되고 있다. 신파이론의 토대에는 이러한 인간상이 깔려 있다. 그리고 범죄인은 정상인과는 달리 선천적 또는 후천적으로 육체와 정신이 비정상적인 변태인이라고 본다(의사결정론). 의사결정론의 입장에서 범죄의 본질을 생각함으로써, 형벌의 대상은 소질과 환경으로 인하여 숙명적으로 인도되는 行爲가 아니고 행위로 인하여 징표된 사회적 위험성을 가진 犯罪人 그 자체라고 한다(주관주의). 형벌은 그 본질상 사회를 보전·방위하기 위하여 범죄인을 개선·교화하여 再社會化(rehabilitation)하는 것을 목적으로 한다고 보는데(목적형주의), 형벌의 목적으로는 일반인에 대한 위하·경고보다는 범죄인 자체의 개선을 통한 범죄의 예방을 중시한다(특별예방주의). 또한 범죄인은 자유의사를 가져서가 아니라, 사회에 해악을 끼칠 위험성이 있기 때문에 그 범죄인으로부터 사회를 방위하기 위하여 형벌을 가한다고 주장한다(사회적 책임론).

제 3 절 刑罰理論

Ⅰ. 應報刑主義와 目的刑主義

형벌의 본질에 대하여는 두 가지 입장이 대립하고 있다. 즉 형벌의 본질을 범죄행위에 대한 응보라고 이해하는 '응보형주의'와 범죄로부터 사회를 방위·보호하려는 목적을 실현하기 위한 수단으로 보는 '목적형주의'가 대립하고 있다. 형벌의 본질에 관한 논의에 따라 형벌의 근거와 내용에 관한 설명도 달라지게 된다.

1. 응보형주의

應報刑主義는 범죄에 대해 형벌을 가하는 것은 필연적 응보라고 생각하는 입장이다.

형벌의 목적으로 응보(Vergeltung) 이외의 다른 것을 인정하지 않고, 응보적 해악으로서의 형벌 그 자체를 형벌의 목적으로 삼는다(절대주의). 다만 오늘날의 응보형주의자들 중에서는 형벌의 본질과 목적을 구별하여, 형벌의 본질은 응보이지만 형벌의 목적은 응보 이외의 요소, 즉 사회질서의 유지와 국가권위의 보호 또는 일반예방에 있다고 주장하는 입장(상대적 응보형주의)도 나타나고 있다.

형벌의 내용은 악에 대한 보복적 반동으로서의 고통이다. 형벌의 종류 및 내용도 범죄에 의한 법익침해의 결과에 상응함을 요한다(죄형균형주의). 하지만 범죄에 의한 법익침해의 결과도 그것을 판단하는 관점에 따라 달리 파악될 수 있으므로 명확한 기준이 되기는 어렵다고 볼 수 있다.

칸트(Immanuel Kant)는 형벌은 범죄에 대한 응보로서만 의미를 갖는다고 보는 絶對的 刑罰論과 同害報復論을 주장하였다. 그의 동해보복론은 원시적 동해보복론인 '탈리오의 法'(Lex Talionis)[1]과는 달리 철학적 근거 위에서 주장되고

1) 구약성서에서는 살인과 과실치사·과실치상, 절도 등의 죄에 관하여 응보의 원리에 입각한 형벌을 선언하고 있다. 특히 과실치사·과실치상에 관하여 "… 목숨을 앗았으면 제 목숨으로 갚아야 한다. 눈은 눈으로, 이는 이로, 손은 손으로, 발은 발로, 화상은 화상으로, 상처는 상처로, 멍은 멍으로 갚아야 한다"(출애굽기 제21장 23-25)고 천명하고 있다.

있는 것이다. 그는 형벌의 근거를 실천이성의 至上命令에서 구하고 있다.

헤겔(Friedrich Hegel)은 변증법적 관점에서 범죄는 '法의 否定'이므로 형벌은 다시 그에 대한 否定으로서의 의미를 갖는다고 보았다. 즉 그는 국가지상주의의 입장에서 국가제도로서의 법의 권위를 훼손하는 범죄행위를 행한 사람을 형벌로 보복함으로써 법, 나아가서 국가의 권위를 되찾아야 한다고 주장하였다. 또한 그는 형벌의 내용에 관해서는 이른바 同價値應報論을 제시하였다. 즉 형벌의 정당성은 단순한 동해보복이 아니라 범죄와 형벌의 동가치성에서 찾을 수 있다고 보았다. 응보로서의 형벌의 내용은 범죄인이 피해자에게 입힌 해악과 동일한 것이어야 한다고 한 동해보복론과는 달리, 그의 동가치응보론에서는 형벌이 범죄인에 대해서 갖는 의미나 가치가 범죄인이 피해자에게 입힌 해악과 같으면 된다고 보고 있는 점에서 동해보복론에 비해 발전된 이론이라고 할 수 있다. 또한 헤겔은 범죄와 형벌의 동가치성은 현실사회의 상황에 따라 그 의미를 달리하여 적용되는 것으로 이해하여 형벌제도의 융통성을 강조하였다. 하지만 형벌의 응보로서의 기본성격은 절대적인 것이기 때문에 형벌에 위하나 개선 등의 다른 목적을 부여하는 것은 몽둥이로 개를 다루는 것이나 다름없는 비이성적 만행이라고 비판하였다. 이런 이유로 헤겔의 이론은 哲學的·理性的 應報刑主義로 불리운다.

그 밖에도 쉬타알(Stahl)의 '종교적 응보형주의', 메르켈(Merkel)의 '윤리적 응보형주의', 벨링(Beling)과 빈딩(Binding)의 '법률적 응보형주의' 등이 제시되었다.

응보형주의의 여러 견해는 인간의 自由意思를 전제로 하여 이를 형사책임의 기초로 삼는다는 점에서 일치한다.

2. 목적형주의

目的刑主義는 형벌의 본질의 문제에 있어서 형벌은 범죄로부터 사회를 방위·보호하려는 목적을 실현하기 위한 수단이라고 보는 입장이다(상대주의). 예방형주의로도 불리운다.

형벌의 내용은 범죄인의 반사회적 성격에 대한 개선·교육이어야 한다고 보며(교육형주의), 범죄인의 개선·교육을 통하여 범죄로부터 사회를 방위한다고 한다(사회방위주의).

목적형주의는 일반예방주의와 특별예방주의로 나누어진다.

Ⅱ. 一般豫防主義와 特別豫防主義

목적형주의, 즉 예방형주의는 다시 형벌의 작용의 중점을 사회일반인과 범죄인 중 어느 쪽에 둘 것인가의 문제와 관련하여 일반예방주의와 특별예방주의로 입장이 나누어진다. 일반예방주의는 응보형주의와 결합할 여지가 크므로 협의의 목적형주의는 특별예방주의만을 가리킨다.

1. 일반예방주의

(1) 의 의

一般豫防主義는 형벌의 사회적 작용에 중점을 두어 형벌의 목적은 범죄인의 처벌을 통하여 사회일반인을 위하하여 그들로 하여금 장차 범죄에 빠지는 것을 예방함에 있다고 보는 입장이다.

근대 이전에는 잔혹한 형벌의 공개적 집행에 의해 일반예방의 목적을 달성하고자 하였으나, 근대에 들어서서는 입법에 의하여 법률에 형벌을 예고하여 사회일반인을 위하함으로써 일반예방의 목적을 추구한다. 이와 같이 전통적인 일반예방주의는 범죄의 발생을 방지한다는 消極的 一般豫防의 취지를 갖고 있다.

(2) 내 용

일반예방주의적 형벌관은 일찍이 고대 그리스의 프로타고라스(Protagoras), 아리스토텔레스(Aristoteles) 등과 근대의 그로티우스(Hugo Grotius), 홉스(Hobbes) 등에 의해서도 주장되었다. 특히 베카리아(Cesare Beccaria)는 18세기 계몽주의 형벌이론을 전개한 구파의 선구자로서 자신의 저서 '범죄와 형벌'(dei delitti e delle pene, 1764)에서 일반예방주의, 사형폐지론, 죄형균형론 등을 제창하였다.[1] 포이어바흐는 형벌은 단순한 응보를 넘어서 형벌의 위하를 통한 일반예방을 목적으로 삼고 있다고 보아, 심리강제설과 죄형법정주의를 주장하였다. 포이어바흐는 범죄에의 충동은 신체적 강제가 아닌 형벌의 위하에 의한 심리강제를 통해서만 억제될 수 있다고 보았다. 즉 형벌의 위하는 정과 부정에 관한 일반인의 판단에 기준이 되고 그들로 하여금 법을 준수하도록 하는 점에

---

1) 체사레 벡카리아(이수성/한인섭 공역, 1995), 범죄와 형벌, 31면 이하, 85면 이하, 113-115면 등 참조.

있어서 일반예방적 효과를 갖는 것이다.

(3) 현대적 발전

현대의 일반예방주의에서는 근대적 일반예방주의의 소극적 취지를 넘어서서 법질서에 대한 국민의 신뢰를 유지·강화함으로써 법질서의 권위와 안정을 지켜주는 것이 형벌제도의 목적이 되어야 한다는 積極的 一般豫防의 관점에서 전개되고 있다. 이러한 소극적·적극적 일반예방의 입장은 형법의 입법론에서 구체적인 차이를 보일 수 있을 것이다. 소극적 일반예방의 입장을 따르면 중형주의로 기울 수밖에 없지만, 적극적 일반예방의 관점에서는 형법질서의 권위를 지키기 위해 형법의 실효성을 고려하게 되며 따라서 형벌의 입법에 있어서도 신중한 태도를 취하게 된다.

요컨대 일반예방주의는 형벌의 목적을 '예방'에서 찾는다는 점에서 '형벌' 그 자체에서 형벌의 목적을 찾는 응보형주의와 구별된다. 그러나 형벌의 내용을 해악으로서의 고통으로 이해하는 점에 있어서는 응보형주의와 공통된 면을 보이고 있다. 특히 후에 특별예방주의가 대두하여 목적형주의를 본격적으로 강조하게 됨에 따라, 이에 대항하기 위하여 응보형주의도 형벌의 목적을 일반예방에 두게 되었고, 여기서 일반예방주의와 응보형주의의 결합을 통하여 이른바 相對的 應報刑主義가 등장하였다.

2. 특별예방주의

(1) 의 의

特別豫防主義는 형벌의 특정범죄인에 대한 작용에 중점을 두어, 형벌의 목적은 구체적인 범죄인을 개선·교육하여 그로 하여금 다시 범죄에 빠지지 않도록 예방함에 있다고 보는 입장이다.

여기서는 범인을 교육하여 그의 반사회적 성격을 교화·개선함으로써 사회적 적응을 도와주고(교육형주의), 범인을 분류하여 그의 반사회적 성격에 따라 그에 적합한 형벌을 부과하고자 한다(형벌의 개별화).

(2) 이탈리아학파

근대적 의미의 특별예방주의이론은 이탈리아학파에 의해 창시되었다. 롬브로조, 페리, 가로팔로가 이탈리아학파를 구성한다.

이탈리아학파의 시조인 롬브로조(Cesare Lombroso)는 자신의 저서 '犯罪人

論'(L'uomo delinquente, 1876)에서 生來的 犯罪人論과 隔世遺傳을 주장하였다. 페리(Enrico Ferri)는 자신의 저서 '犯罪社會學'(1880)에서 범죄사회학적 견지에서 犯罪飽和의 法則, 즉 범죄는 모든 사회의 공통현상이며 또 사회현상에 수반되는 필연적 산물이라고 보는 견해를 내세웠다. 1921년에 변호사인 그가 개인적으로 연구하여 발표한 이른바 페리형법초안은 범죄인의 위험성에 토대한 社會防衛處分을 형벌의 대체개념으로 제시하였으며, 후에 소비에트형법의 모델이 되었다. 가로팔로(Raffaele Garofalo)는 자신의 저서 '犯罪學'에서 범죄를 自然犯과 法定犯으로 구분하였으며, 범죄심리학적 연구를 강조하였다.

롬브로조는 젊은 시절부터 군의관으로서 군대내의 사형수 부검 등의 경험을 통하여 범죄인의 인류학적 특징에 관심을 가져왔다. 그러던 중, 당시 이탈리아의 롬바르디아지방에서 종횡무진 흉악범죄를 저지르던 빌렐라(Vilella)의 사형집행 후 그 정밀부검을 맡아 행하면서 유인원(類人猿)에게서나 존재했던 후두와(後頭窩)의 특징 등을 그 사체에서 발견하고는, 범죄의 인류학적 원인에 관하여 확신을 갖게 되었고, 이러한 그의 경험과 판단이 '범죄인론'에 서술되게 되었다.

(3) 현대적 발전

독일에서는 18세기 말에서 19세기 초에 이르는 동안 쉬튀벨(Stübel), 그롤만(Grolmann) 등에 의하여 경찰국가적 형벌이론으로서의 특별예방주의가 전개된 바 있다. 이 이론은 그 후 독일 근대사회학파에 큰 영향을 끼치게 되었으며, 그 창설자인 리스트(Franz v. Liszt, 1851-1919)는 目的刑論을 주장하여, 범죄에 대한 투쟁수단으로서의 형벌은 범죄인의 개선을 그 목적으로 삼아야 한다고 했다. 형벌은 그 대상인 범죄인의 상태에 따라 목적을 달성하기 위하여 그 내용과 수단을 달리하여야 한다는 '형벌의 개별화'에 관한 이론을 전개하였다. 즉 우발적 순간범인(기회범인)에게는 위하를 가하고, 개선가능한 상태범인에게는 改善措置를 해야 하며, 개선불가능한 상태범인은 사회에서 除去하여야 한다는 것이 그의 '형벌의 개별화'에 관한 주장이다. 리스트는, 그 시대 목적법학의 주창자인 예링(Rudolf v. Jhering)의 영향을 받아, 자신의 마르부르크강령(Marburger Program, 1882)에서 이러한 목적형론을 제창하였다.

목적형론은 후에 형벌의 보안처분으로의 대체를 주장하는 사회방위이론과 교육형론으로 발전하였다. 즉 리스트의 사상은 그의 제자인 라드브루흐

(Gustav Radbruch)를 거쳐서, 그라마띠까(Fillipo Gramatica)와 앙셀(Marc Ancel) 등에 의하여 '형벌 없는 형법전' 내지는 '형법의 폐지'에 관한 구상으로 발전하여 社會防衛理論으로 체계화되었다. 사회방위이론에서는 형벌의 개선이 아니라, 형벌보다 더 나은 제도인 보안처분으로의 대체가 주장되었다. 리프만(Moritz Liepmann), 란자(Lanza), 살다냐(Saldana)와 페스탈로찌(Pestalozzi) 등은 형벌은 범죄인을 선량한 국민으로 개선할 수 있는 교육이어야 한다고 보는 이른바 教育刑論을 주장하였다. 이 입장에서는 학교는 '문맹자'를 깨우치는 교육을 행하는 곳이며, 교도소는 이성적 문맹자인 '범죄인'을 선량한 국민으로 개선하는 교육기관이라고 봄으로써 교도소의 기능은 기본적으로 학교와 같다고 생각하였다. 특히 스위스의 페스탈로찌는 현대교육학의 기반을 세운 학자로서, 사람을 사람답게 키우고 가르치는 이른바 인간교육·인성교육이야말로 교육의 기본목표라고 생각했다.

Ⅲ. 오늘날의 刑罰理論

1. 종래 형벌이론의 검토

應報刑主義는 형벌과 책임의 균형을 기하여 책임주의를 구현할 수 있다는 점에 그 가장 큰 장점이 있다. 하지만 형벌이 사회적 제도·장치로서 갖는 사회개선기능을 망각하고 있다는 점을 부인하기는 어렵다. 실제의 행형에 있어서도 많은 경우 오히려 역효과를 빚는 문제점을 안고 있다.

一般豫防主義는 사회의 수많은 잠재적 범죄인의 범죄에의 충동을 억제할 수 있다는 일면의 장점을 갖고는 있으나, 범죄인을 사회일반인을 위한 수단으로 취급하고 있다는 점에 근본적인 맹점이 있다. 아울러 범죄인의 재사회화를 위한 대책을 결하고 있으며, 책임주의 원칙과 어긋나는 문제점을 갖고 있다.

特別豫防主義는 범죄인의 사회복귀라는 형사정책적 측면에서는 큰 장점을 갖고 있다. 그러나 근본적으로 책임주의의 몰각이라는 위험성을 갖고 있다. 또한 범죄인과 병자를 동일시한 구 소련형법의 경우를 보더라도 쉽게 알 수 있듯이 이 이론에 철저하게 되면 자칫 형법이 정치적·사상적 탄압의 명분으로 악용될 여지가 매우 크다고 할 수 있다.

2. 응보와 예방의 결합

오늘날에 와서는 형벌의 본질에 관하여 응보형주의나 목적형주의 중 어느 하나의 입장에 입각하여서만 이해하지는 않고, 그 각 입장의 장점을 결합하여 형벌의 본질을 파악하여 그 이념을 실현하자고 하는 것이 일반적인 견해이다. 형벌이론의 각 입장은 모두가 장·단점을 갖고 있기 때문이다. 행위자의 책임에 토대하면서 장래의 위험성을 예방하는 방향으로 형벌의 내용을 구성할 필요성이 여기서 대두된다.

응보형주의는 행위자가 저지른 해악에 상응하는 범위 내에서만 형벌이 정당화되는 것으로 보므로, 이는 責任主義의 원칙에 부합하는 생각이다. 그러므로 기본적으로 응보로서의 형벌을 上限으로 하여, 그 한도 내에서 구체적인 행위자의 정상에 따라 일반예방과 특별예방의 목적에 부합하는 내용의 형벌을 정함이 타당하다는 이른바 結合說(Vereinigungstheorie) 내지는 절충설의 견해가 오늘날 일반적으로 받아들여지고 있다.[1)]

하나의 예를 들어 생각해 보도록 하자. 상습적으로 음주운전을 해오던 A가 어느 날 또 음주운전을 하다가 행인 B를 치어 불구가 되게 하고 자신도 두 다리를 모두 못 쓰는 불구가 되어 다시는 운전을 할 수 없게 된 경우를 상정해 본다. 이 경우 A에 대하여 正當한 刑罰의 내용을 정함에 있어서는, 우선 응보의 관점에서 그가 B에게 입힌 해악으로서의 불구라는 상해에 상응하는 내용의 형을 상한으로 삼아야 하는 것이 응보형주의의 입장이며, 그것이 책임주의 원칙에 부합한다. 그러므로 A에 대해서 사형을 부과할 수는 없게 되고, B가 입은 불구라는 상해와 가치적으로 부합하는 징역형이나 벌금형 등이 부과되어야 할 것이다. 다음으로 일반예방의 관점에서 보면 그에게는 당연히 일정한 형벌이 부과되어야 하는 것이 마땅한 귀결이 된다. 경우에 따라서는 응보로서의 형벌을 초과하는 정도의 형벌도 이 일반예방의 관점에 비추어 보면 정당화될 수 있지만, 응보가 형벌의 상한을 결정하는 기본원리가 되어야 하므로 설사 일반예방을 강조하더라도 그 상한을 넘어서는 것은

---

1) 이재상, §4, RN 31; 이형국, 73면; 임웅, 48면; Jescheck/Weigend, 77면; Roxin Ⅰ, §3, RN 55; Schönke/Schröder, Vor §§38, RN 3.
결합설에 대한 비판적 견해에 관해서는 박상기, 19-20면 참조.

책임주의 원칙에 반하는 부당한 형벌이 되는 것이다. 마지막으로 특별예방의 관점에서 생각해 보면, A는 B에게 커다란 해악을 끼쳤지만 그 자신도 불구가 되어 다시 운전을 할 수 없게 되었으므로, A가 앞으로 다시는 음주운전을 하지 못하도록 만든다는 의미의 특별예방의 이념에 비추어 보면 그에 대하여서는 아무런 형벌을 부과하지 않을 수도 있다는 결론이 도출된다. 즉 결합설에 입각하여 보면, A에 대하여서는 범죄의 성립, 즉 유죄는 인정하여야 겠지만, 형벌을 집행하지는 않는 재판을 법관이 할 수 있게 되는 것이다.

록신(Roxin)도 이 문제를 사례에 의하여 쉽게 설명하고 있다.[1)]

> 그는 한 남자 A가 자기 아내 B의 不貞을 알고는 극도로 흥분하여 B를 살해하고는 경찰에 자수한 예를 들고 있다. 응보형주의에 따르면, 이 경우 A에게 부과할 형벌을 결정하기 위하여는 우선 그의 책임을 판단하여야 한다. B의 부정, A의 자수와 그의 흥분된 상태에 따른 한정책임능력 등이 고려되면 A에게는 아마도 1년 정도의 징역형이 부과될 것이라고 본다. 다음으로 특별예방주의에 입각하면, A의 행위가 다시 되풀이될 수 없는 내적 갈등에 기한 것이고 또 그가 다시 이러한 범죄를 범할 우려도 없다고 보아야 할 것이므로, 그에게는 형의 면제가 가능하다고 한다. 하지만 일반예방주의의 입장에서는 이 문제를 전혀 다른 관점에서 보게 된다. 즉 부정을 저지른 아내를 살해한 경우에는 형이 가볍거나 면제된다는 사실이 알려지게 되면 수많은 아내들이 희생될 것이기 때문에, 일반사회인들에게 살인의 마음을 먹지 않도록 위하의 효과를 기하기 위해서는 앞의 다른 입장들보다는 훨씬 더 중한 형벌, 예컨대 10년 정도의 징역형을 요구하게 될 것이라고 한다.

1) 록신(강구진/장영민 공역, 1984), 형법학입문, 11-12면.
하지만 록신 자신은 형벌의 본질을 이해함에 있어서 이른바 豫防的 結合說에 입각하여 응보의 관점은 배제하고 일반예방과 특별예방의 관점에서만 파악하고 있다. 이에 대하여 응보의 관점도 포괄하여 형벌의 본질을 이해하는 결합설의 일반적 입장을 應報的 結合說이라고도 칭한다.

제 4 절 범죄理論

Ⅰ. 客觀主義와 主觀主義

형법상 범죄의 본질을 파악함에 있어서는 객관주의와 주관주의의 두 입장이 대립하고 있다. 즉 행위로 인하여 발생한 외적·객관적 범죄사실을 중시하는 것이 객관주의의 입장이며, 범죄를 범하는 행위자의 성격이나 주관적인 내심의 악성을 중시하는 것이 주관주의의 입장이다. 이 두 입장의 대립은 범죄이론 전반에 걸쳐 많은 차이를 가져오고 있다.

형벌이론은 전통적인 형법학과 형사정책학에 의해서 많이 정비되었으므로, 오늘날의 형법학에서는 범죄이론이 논의의 중점이 되고 있다고 할 수 있다. 범죄의 성립에 관한 판단이 올바르게 된 다음에야 정당한 형벌도 실현될 수 있는 것이라는 점에서 범죄이론의 중요성을 볼 수가 있다.

1. 객관주의

客觀主義는 범죄의 본질적 요소를 외적·객관적으로 나타난 행위와 결과에서 찾고 있는 입장이다. 근대 계몽주의 법사상의 개인주의와 자유주의의 영향 아래 국가형벌권의 적정을 기하고 개인의 자유와 권리를 보장하려 한다. 또한 객관주의는 객관적 사실을 중시함으로써 내심적 생각과 사상의 자유를 보장한다는 자유주의의 구현에 기여하게 되며, 형벌은 객관적으로 나타난 犯罪事實에 따라 경중이 결정되어야 한다고 본다.

2. 주관주의

主觀主義는 행위자의 內心의 惡性을 범죄의 본질적 요소로 파악하는 입장이다. 즉 특정 행위가 범죄로 인정되는 이유는 그것이 행위자의 내심의 악성, 나아가서 그 사회적 위험성을 徵表하여 나타내 보여주는 것이기 때문이라는 것이다. 행위자의 내심의 악성이 범죄의 본질적 요소인 만큼, 설사 행위나 법익침해의 결과가 존재하지 않는 경우에 있어서도 내심의 악성이 입증되기만 하면 국가는 그 행위자를 얼마든지 범죄인으로 취급할 수 있게 된다. 개인의 자유보장보다 사회의 안정을 중시하여 범죄의 원인을 탐구하고 범죄의 예방을 추구한 20세기 문화국가의 사회적 복지주의사상을 그 배경으로 한다.

오늘날의 주관주의 범죄이론은 근대 시민사회의 형법이 토대하고 있는 객관주의를 전적으로 부정하는 것은 아니며, 이 점에서 近代 以前의 主觀主義的인 恣意的 刑法觀과는 다르다. 客觀主義的 基調에 토대하여 개인의 기본권보장을 당연한 과제로 하면서 범죄현상과 범죄인에 대한 과학적이며 합리적인 이해를 추구하고 있는 이론이라고 할 수 있다.

주관주의 범죄이론은 意思決定論으로 이어져서, 인간의 의사는 자유가 아니고 개인적 소질과 사회적 환경에 의해 결정되는 것으로 본다. 또 범죄행위는 행위자의 반사회적 성격이 외부에 징표된 것으로서, 그에 대한 형벌의 양과 내용은 그 반사회적 성격의 대소와 특징에 따라 결정된다고 한다.

Ⅱ. 우리 刑法의 立場

우리 형법의 범죄이론상의 입장은 객관주의와 주관주의 중 어느 하나로 딱히 찍어 말할 수는 없다. 예를 들면, 범죄의 실행에 착수하여 행위를 종료하지 못하였거나 결과가 발생하지 아니한 범죄유형인 未遂犯에 관하여 우리 형법은 各本條(각칙상의 개별규정)에서 그에 대한 처벌규정을 두고 있는 경우에 한하여 처벌할 수 있도록 하고 있다(제25조 제1항 참조). 객관주의에 따르면 미수범은 범죄가 완성된 경우로 인정될 수 없지만, 우리 형법은 이를 범죄의 한 유형으로 인정하면서 다만 각본조에 규정이 마련되어 있는 경우에 한하여서만 처벌함으로써 折衷的 立場을 보여주고 있다. 그리고 "미수범의 형은 기수범보다 감경할 수 있다"(제25조 제2항)고 하여 미수범을 형의 임의적 감경의 대상으로 규정하고 있는데, 객관주의의 입장에 따르면 미수범은 불벌이거나 또는 기수범에 비하여 반드시, 즉 필요적으로 감경된 형으로 처벌되어야 할 것이고 또 주관주의의 입장에 따르면 미수범이라도 그 행위자의 내심의 악성이 징표된 이상은 법적으로 기수범과 마찬가지로 취급되어 두 범죄유형은 같은 형으로 처벌되어야 할 것이지만, 우리 형법은 미수범을 예외적으로 처벌하면서 형의 임의적 감경을 규정함으로써 역시 절충적 입장을 보여주고 있다.

범죄이론상의 두 입장은 비단 미수론뿐만 아니라 구성요건착오이론, 공범론, 죄수론 등에서 많은 차이를 보여주고 있는데, 우리 형법은 전체적으로 볼 때 절충적 입장을 취하고 있는 것으로 판단된다.

제3장

罪刑法定主義

[헌　　법]

제12조 [신체의 자유, 자백의 증거능력]　① 모든 국민은 신체의 자유를 가진다. 누구든지 법률에 의하지 아니하고는 체포·구속·압수·수색 또는 심문을 받지 아니하며, 법률과 적법한 절차에 의하지 아니하고는 처벌·보안처분 또는 강제노역을 받지 아니한다.

제1절 意　　義

"법률 없으면 범죄 없고, 형벌도 없다"라는 근대 형법의 기본원리를 罪刑法定主義라고 한다. 즉 어떤 행위가 범죄로 되는지 또 그 범죄에 대하여 어떤 형벌을 과할 것인지는 미리 성문의 법률에 규정되어 있어야 한다는 원칙을 의미한다. 죄형법정주의는 법치주의와 개인주의·자유주의의 사상을 바탕으로 성립한 근대 형법의 기본원리이다.

죄형법정주의의 원칙 아래서 국가는 아무리 사회적으로 비난받아야 할 행위라도 법률이 이를 범죄로 규정하지 아니하는 한 벌할 수 없게 된다. 따라서 죄형법정주의는 국가의 형벌권의 남용으로부터 국민의 자유를 보장하는 기능을 수행한다. 죄형법정주의의 원칙은 처벌의 대상인 행위뿐만 아니라 그 행위에 대해 부과되는 형벌의 종류와 양도 행위 이전에 법률에 의해 확정되어 있어야 한다는 것을 그 내용으로 한다. 근대 이전의 죄형전단주의(罪刑專斷主義) 또는 죄형천단주의(罪刑擅斷主義)에 대립하는 개념이다.

사람이 살아가는 데 있어서 기본적인 필수요건이 되는 것으로 생명, 신체와 재산을 들 수 있는데, 국가의 공권력에 의하여 이들 법익을 침해하는 형벌과 조세의 처분은 국민의 대의기관인 의회에 의하여 마련된 법률에 그 근거를 두어야만 한다. 이런 면에서 죄형법정주의와 조세법률주의는 그 뿌리를 같이 하고 있다고 볼 수 있다.

현행 형법은 죄형법정주의의 원칙에 관한 직접적 규정을 두진 않았지만, 헌법 제12조 제 1 항은 "… 누구든지 법률에 의하지 아니하고는 체포·구속·압수·수색 또는 심문을 받지 아니하며, 법률과 적법한 절차에 의하지 아니하고는 처벌·보안처분 또는 강제노역을 받지 아니한다"고 규정하고 있으며, 동 제13조 제 1 항에 "모든 국민은 행위시의 법률에 의하여 범죄를 구성하지 아니하는 행위로 소추되지 아니하며…"라고 하고 있다. 또한 형법 제 1 조 제 1 항에서는 "범죄의 성립과 처벌은 행위시의 법률에 의한다"라고 형법불소급의 원칙을 규정하고 있다.[1] 이들 규정들은 죄형법정주의를 천명한 내용이라고 볼 수 있다. 또한 "형의 선고를 하는 때에는 판결이유에 법령의 적용을 명시하여야 한다"고 규정한 형사소송법 제323조 제 1 항도 죄형법정주의의 원칙을 간접적으로 언급한 것이라 하겠다.

제 2 절 沿 革

'죄형법정주의'(nullum crimen, nulla poena sine lege : 법률 없으면 범죄 없고, 형벌도 없다)의 개념은 포이어바흐가 1801년에 처음 라틴어로 표현한 데서 유래한다.

沿革的으로 보면 英國의 1215년 존(John)왕의 대헌장(Magna C(h)arta) 제39조에서 그 기원을 찾을 수 있다. 그 후 영국의 1628년 권리청원(Petition of Rights), 1689년 권리장전(Bill of Rights) 등과 美國의 1776년 독립선언, 1776년 버지니아(Virginia)주 헌법, 1787년 연방헌법의 '刑事事後法(ex post facto penal law)의 금지', '법의 적정한 절차'(due process of law)의 조항을 거쳐, 프랑스의 1789년 인권선언(동 제 8 조 참조)과 1810년 나폴레옹형법(동법 제 4 조 참조)에서 오늘날과 같은 형식의 죄형법정주의의 원칙이 입법되기에 이르렀다.

1) 형법 제 1 조 제 1 항의 규정은 문언상 형벌불소급의 원칙을 천명하고 있다(강구진, "죄형법정주의와 적정절차의 원칙", 고시연구 1983. 5, 26면). 하지만 그 규정은 실질적으로는 "범죄의 성립과 처벌은 법률에 의한다"는 의미를 담고 있는 것으로 볼 수 있다(김성돈, 42면; 김일수/서보학, 57면; 박상기, 22면; 배종대, 93면; 유기천, 43면; 이재상, § 2, RN 2; 정영석, 70면).

현대에 들어와서 1926년 소비에트형법(동법 제26조 참조)이나 1935년 나치스형법(동법 제 2 조 참조)과 같이 죄형법정주의에 명시적으로 반하는 원칙을 규정한 예도 있지만, 1910년 바이마르헌법이나 1948년 UN의 세계인권선언(동 제11조 참조)을 비롯한 오늘날 거의 모든 국가의 입법이 이 원칙을 천명하고 있다.

[영국 大憲章]

제39조 "모든 자유인은 자신과 같은 신분을 가진 자의 적법한 재판이나 국법(per legem terrae)에 의거하여서만 체포·구금되고, 재산(특히 부동산)이나 법적 보호를 박탈당하고, 추방·사형·폭력·투옥을 당할 수 있다."

— 이 규정은 '자유인'의 신분을 갖는 귀족·승려·시민에 대해서만 적용되었고, 내용에 있어서도 주로 절차적 관점에서 규율하고 있기 때문에[1] 오늘날의 죄형법정주의와는 큰 차이를 보이고 있다. 이 규정은 단지 죄형법정주의의 起源으로서의 의미를 가질 뿐이다.

존왕(1199-1216)은 영국역사상 최악의 군주로 불리우며, 그는 자신의 여러 失政에 반발한 귀족들의 요구로 63개 조항의 대헌장에 서명하게 된다.

제 3 절 理論的 背景

죄형법정주의는 18세기의 계몽주의(Enlightenment) 내지 인권사상의 소산으로 법치주의와 개인주의·자유주의의 사상이 그 배경이 되고 있다.

法理論的으로는 삼권분립론과 심리강제설이 토대가 되고 있다.

Ⅰ. 三權分立論

몽테스키외(Charles-Louis Montesquieu)의 三權分立論에 의하면 국가권력의 작용을 입법·사법·행정으로 구분하여 각각 독립한 국가기관으로 하여금 분장케 하는 것이 요구된다. 따라서 사법기관인 법원은 입법기관인 의회가 제정

---

1) 同旨 : Jescheck/Weigend, 117면.

한 법률을 구체적인 사안에 대해 기계적으로 적용하여야 하며, 법원이 법률의 해석을 통하여 그 적용의 범위를 확장하는 것은 실질적인 입법권의 행사이므로 용납되지 않는다. 그러므로 국가의 형벌권이 발동됨에 있어서는 미리 범죄와 형벌의 관계를 의회가 엄격히 규정한 법률의 존재가 필요하게 된다.

> 입법·사법·행정의 권력이 한 부(府)에 집중됨으로써 야기된 恣意的인 法運用과 그로 인한 기본권침해의 엄청난 폐해를 겪은 전제시대를 거치면서 등장한 사상이 바로 권력분립론이다. 권력분립론은 로크(John Locke)의 입법·집행(사법·행정) 이권분립론을 거쳐 몽테스키외에 이르러 삼권분립론으로 자리 잡았다. 물론 국정의 효율성이라는 측면에서 보면 권력의 분립을 통한 각 부 사이의 견제와 균형은 바람직스럽지 못한 면이 있지만, 다른 한 편 국민의 기본적 인권의 보호를 충실히 함으로써 장래의 국정을 보다 튼튼한 토대 위에서 발전시켜 나갈 수 있게끔 해주는 順機能을 권력분립론은 수행하는 것이다. 이러한 점은 비단 권력분립론에 국한된 것이 아니고, 법 일반에 있어서 공통된 문제점이라고도 볼 수가 있다. 국정운영의 효율성과 인권의 보호라는 두 가지 바람을 모두 채워줄 수 있는 제도가 있다면 그보다 더 바람직한 것이 없겠지만, 인간의 유한한 지혜로는 차선책으로서의 권력분립론을 택할 수밖에 없다고 할 것이다.

Ⅱ. 心理强制說

포이어바흐의 心理强制說(Theorie vom psychologischen Zwang)은 일반 국민에게 범죄를 행함으로써 얻는 쾌감보다 범죄 후에 받게 되는 형벌의 고통이 더 크다는 것을 미리 알림으로써 인간의 합리적인 판단에 의하여 범죄를 스스로 억제하게끔 심리적으로 강제해야 한다는 주장이다. 이렇게 하기 위해서는 국가가 어떠한 행위가 범죄이고 그에 대한 형벌이 무엇인가를 미리 형벌법규로써 정확히 명시할 것이 요구된다. 형법은 쾌감을 위한 범죄에의 충동을 억제할 수 있는 정도의 형벌을 과하도록 입법되어야 하며 또한 입법의 내용은 일반 국민에게 주지되어야 하는 것이므로 이러한 사고는 자연히 죄형법정주의의 토대가 되게 되었다. 이러한 입장에서는 쾌감보다 형벌의 고통을 더 크게 함으로써 범죄의 예방을 도모하게 되는 것이므로 형법의 입법에 관해서는 자연히 重刑主義로 기울게 된다.

제4절 內　容

죄형법정주의의 원칙은 궁극적으로는 法治主義의 한 내용에 불과하지만, 범죄와 형벌을 규정하고 있는 형법의 성격상 다른 법분야와는 몇 가지 차이를 보인다. 예를 들어, 관습법은 법 일반에 있어선 중요한 법원(法源)이 되고 있으나 형법에서는 법률주의의 원칙에 기하여 관습형법이 원칙적으로 금지되고 있고, 유추해석은 유용한 법해석방법으로 일반적으로 채택되고 있으나 형법에서는 원칙적으로 금지되고 또 신법우선의 원칙도 법 일반에서와는 달리 형법에서는 원칙적으로 배제되어 형법소급효금지의 원칙이 등장되고 있다.

이 외에도 형법규정의 명확성, 형법규정의 적정성 등이 죄형법정주의의 원칙의 내용을 이루고 있다.

Ⅰ. 法律主義

법률주의(Gesetzlichkeit)라 함은 범죄의 인정과 형벌의 부과에 관해서는 성문법인 법률에 의해 규정할 것을 요한다는 원칙을 가리킨다. 여기서 '法律'은 국회에 의해 입법된 형식적 의미의 법률을 가리킨다.[1] 즉 관습법이나 명령·규칙 등에 의하여 범죄를 인정하거나 형벌을 부과하는 것은 원칙적으로 금지된다. 법률주의에 기하여 관습형법이 원칙적으로 금지되며, 형법상 위임입법의 타당성이 문제된다.

1. 관습형법의 금지

(1) 원　칙

慣習刑法의 禁止라 함은 형법의 법원은 성문법인 법률에 국한되고 관습법은 형법의 법원이 될 수 없다는 원칙을 가리킨다.

관습법(Gewohnheitsrecht)은 민법, 상법 등에 있어서는 중요한 법원으로 기능하고 있지만, 만약 관습법이 형법의 법원이 된다면 그 존재와 내용이 불분명한 법에 의하여 국민이 처벌될 수 있고 또 자연히 법관의 자의를 초래하

---

1) 대판 2003. 11. 14, 2003도3600.

게 되어 죄형법정주의의 근본 취지에 어긋나게 되기 때문에 형법에 있어선 관습법이 원칙적으로 금지되게 된다. 즉 관습형법에 의한 새로운 범죄행위유형이나 형벌·보안처분의 창설·가중 등은 금지된다.

[민 법]

제 1 조 [법원] 민사에 관하여 법률에 규정이 없으면 관습법에 의하고 관습법이 없으면 조리에 의한다.

[상 법]

제 1 조 [상사적용법규] 상사에 관하여 본법에 규정이 없으면 상관습법에 의하고 상관습법이 없으면 민법의 규정에 의한다.

(2) 예 외

관습형법금지의 원칙은 형법해석에 있어서 관습법의 적용을 절대적으로 금한다는 취지는 아니다. 성문의 형법규정을 피고인에게 유리한 관습법에 의하여 폐지하거나 형을 감경하는 것은 이 원칙에 반하는 것이 아니다. 이 경우 피고인에게 유리한 관습형법이 적용되기 위해서는 객관적으로 관행이 계속 반복된 것이어야 하고 또 일반인이 그 관행에 대해 법적 확신을 갖고 있어야 하는 등 慣習法으로서의 일반적 요건을 갖추고 있어야 하며, 해당사항에 관하여 실정법상 명문의 규정이 없어야 한다.

피고인에게 유리한 내용으로서 성문법에 내재하는 목적과 정신에서 벗어나지 않는 한 補充的 慣習法은 형법해석에 있어 불가결한 요소로 기능한다.[1] 형법은 범죄의 성부(成否)를 명문규정 이외의 요소에 의하여 결정하도록 예정하는 경우도 있다. 예를 들어, 도박죄의 규정에 따르면 재물로써 도박한 자일지라도 그 도박이 "일시 오락 정도에 불과한 때에는 예외로"(제246조 제 1 항 단서) 하는데, 여기서 '一時 娛樂 程度'인지의 여부는 사회현실과 경제수준, 피고인의 직업·재력 등과 관련하여 형성된 관습법에 의하여 판단되는 것이며, 이는 보충적 관습법의 한 예가 된다.

위법성조각사유로서 정당행위(제20조) 규정은 관습형법의 발전을 뒷받침해주는 중요한 제도이다. 부진정부작위범의 작위의무(제18조)나 원인에 있어

1) 김일수/서보학, 78면; 이재상, § 2, RN 16; 이형국, 60면; 임웅, 19면; Roxin I, § 5, RN 48; Schönke/Schröder, § 1, RN 10.

서 자유로운 행위(제10조 제3항)의 책임의 근거, 간접정범(제34조 제1항)의 성립범위 등을 이해하는데 있어서도 관습형법은 큰 의미를 갖는다. 또한 수리방해죄(제184조)에 있어서 수리권(水利權)의 내용,[1] 업무상 횡령·배임죄(제356조) 등 업무상 범죄에 있어서 '업무'의 한계에 관하여서도 관습법이 해석의 기준을 제공하고 있다.

2. 형법상 위임입법

법률에서 처벌대상과 형벌의 종류와 범위를 정한 후, 그 구체적인 내용에 관하여 일정한 범위를 정하여 하위법(下位法)인 명령·규칙이나 조례에 위임하는 委任立法도 허용될 수 있다. 하지만 하위법이 법률보다 처벌대상을 확대하거나 형벌을 강화하는 것은 허용되지 않는다. 예를 들어, "총포·도검(刀劍)·화약류 등 단속법시행령"이 총의 부품까지 '총포'에 속하는 것으로 규정한 것은 처벌대상을 확대하는 것으로 위임입법의 한계를 벗어난 것으로 보아야 한다.[2] 광범위한 包括的 委任도 헌법상 권력분립의 원칙과 형법상 법률주의·명확성의 원칙에 위배하는 것으로서 금지된다.[3]

대판 2000. 10. 27, 2000도1007 "사회현상의 복잡다기화(複雜多岐化)와 국회의 전문적·기술적 능력의 한계 및 시간적 적응능력의 한계로 인하여 형사처벌에 관련된 모든 법규를 예외 없이 형식적 의미의 법률에 의하여 규정한다는 것은 사실상 불가능할 뿐만 아니라 실제에 적합하지도 아니하기 때문에, 특히 긴급한 필요가 있거나 미리 법률로써 자세히 정할 수 없는 부득이한 사정이 있는 경우에 한하여 授權法律(즉 위임법률)이 '구성요건'의 점에서는 처벌대상인 행위가 어떠한 것인지 이를 예측할 수 있을 정도로 구체적으로 정하고, '형벌'의 점에서는 형벌의 종류 및 그 상한과 폭을 명확히 규정하는 것을 전제로 위임입법이 허용된다."[4]

— 이 판례에서는 구성요건과 형벌의 점과 관련하여 형법상 위임입법의 허용조건이 설시되고 있다.

---

1) 대판 1968. 2. 20, 67도1677.
2) 대판 1999. 2. 11, 98도2816.
3) 헌결 2000. 7. 20, 99헌가15.
4) 同旨: 대판 2006. 6. 15, 2004도756.

Ⅱ. 類推解釋의 禁止

1. 원 칙

유추해석의 금지라 함은 형법의 규정은 그 문언에 따라 문리해석과 논리해석의 방법에 토대하여 엄격히 해석하여야 하고, 유추해석은 허용되지 아니한다는 원칙을 가리킨다.

법 일반의 해석에 있어서 유추해석은 유용한 해석방법으로 채택되고 있지만, 만약 형법의 해석에 있어서도 유추해석이 허용된다면 법률에 명시되어 있지 아니한 행위가 자칫 恣意的으로 범죄로 인정되어 행위자가 처벌됨으로써 개인의 자유와 권리를 부당하게 침해할 우려가 있기 때문이다.

유추해석은 법의 형성·창조의 작용이기 때문에 기본적으로 입법작용에 해당하는 것이다. 따라서 유추해석이 행해지면 법원이 의회의 입법권을 침해하는 결과가 되므로 私的 自治가 허용되지 아니하는 형법의 해석에 있어선 원칙적으로 금지된다. 즉 형법의 구성요건요소나 위법성조각사유, 책임요소, 인적처벌조각사유와 객관적 처벌조건 그리고 보안처분에 관한 규정의 해석에 있어서 유추해석은 원칙상 금지된다.[1] 형벌법규의 적용대상에 관하여 행정법규가 규정하고 있는 경우에 그 행정법규를 해석하는 데 있어서도 마찬가지이다.[2]

대결 1994. 12. 20, 94모32 [다수의견] 형법 제170조 제 2 항에서 말하는 '자기의 소유에 속하는 제166조 또는 제167조에 기재한 물건'이라 함은 '자기의 소유에 속하는 제166조에 기재한 물건 또는 자기의 소유에 속하든, 타인의 소유에 속하든 불문하고 제167조에 기재한 물건'을 의미하는 것이라고 해석하여야 하며, 제170조 제 1 항과 제 2 항의 관계로 보아서도 제166조에 기재한 물건(일반건조물 등) 중 타인의 소유에 속하는 것에 관하여는 제 1 항에서 규정하고 있기 때문에 제 2 항에서는 그 중 자기의 소유에 속하는 것에 관하여 규정하고, 제167조에 기재한 물건에 관하여는 소유의 귀속을 불문하고 그 대상으로 삼아 규정하고 있는 것이라고 봄이 관련조문을 전체적·종합적으로 해석하는 방법일 것이고, 이렇게 해석한다고 하더라도 그것이 법규정의 가능한 의미를 벗어나 법형성이나 법창조행위에 이른 것이라고는 할 수 없어 죄형법정주의의 원칙상 금지되는 유추해석이나 확장해석에 해당한다고 볼 수는 없을 것이다.

---

1) 대판 1997. 3. 20, 96도1167.

2) 대판 2007. 6. 29, 2006도4582.

[반대의견] 형법 제170조 제2항은 명백히 '자기의 소유에 속하는 제166조 또는 제167조에 기재한 물건'이라고 되어 있을 뿐 '자기의 소유에 속하는 제166조에 기재한 물건 또는 제167조에 기재한 물건'이라고는 되어 있지 아니하므로, 우리말의 보통의 표현방법으로는 '자기의 소유에 속하는'이라는 말은 '제166조 또는 제167조에 기재한 물건'을 한꺼번에 수식하는 것으로 볼 수밖에 없고, 같은 규정이 '자기의 소유에 속하는 제166조에 기재한 물건 또는 아무런 제한이 따르지 않는 단순한 제167조에 기재한 물건'을 뜻하는 것으로 볼 수는 없다. 과실로 인하여 타인의 소유에 속하는 일반물건을 소훼하여 공공의 위험을 발생하게 한 경우 그 처벌의 필요성이 있다는 점에는 의견을 같이 할 수 있으나, 그 처벌의 필요성은 법의 개정을 통하여 이를 충족시켜야 할 것이고 법의 개정에 의하지 아니한 채 형법의 처벌규정을 우리말의 보통의 표현방법으로는 도저히 해석할 수 없는 다른 의미로 해석하는 것에 의하여 그 목적을 달성하려고 한다면 그것은 죄형법정주의의 정신을 훼손할 염려가 크다고 아니할 수 없다.

— 본 판례에서 [반대의견]은 종래의 판례(대결 1982. 8. 16, 82모24)의 결정을 따른 것이지만, 대법원은 본 전원합의체 결정에서 그 입장을 바꾸었다. [반대의견]에서도 과실로 인하여 타인의 소유에 속하는 일반물건을 소훼하여 공공의 위험을 발생하게 한 경우에 대한 처벌의 필요성을 인정하고는 있으나, 법규정의 문리해석상 그 처벌이 불가능하다고 판단하고 있다. 반면에 [다수의견]에서는 그 처벌을 법규정에 관한 무리한 해석을 통하여 실현하고 있다.

유추해석은 법문언상의 표현과는 아무 관련이 없는 사항에 대하여 '언어의 가능한 의미'를 벗어나 단지 해당법규의 입법취지 내지는 입법자의 의도를 고려하여 그 법규를 해석·적용하는 것으로서 새로운 형태의 구체적 입법이며 법의 형성·창조라고 볼 수 있다. 형법규정의 해석은 기본적으로 '언어의 통상적 의미'에 따라 행해져야 하며, 일정한 경우에는 그것을 넘어서 '언어의 가능한 의미'의 범위 안에서 행해질 수 있다. 즉 '言語의 可能한 意味'(der mögliche Wortsinn)가 통상의 '解釋'(Auslegung)과 '類推'(Analogie)의 구분경계가 되는 것이다.[1] 법관은 법규정의 문언상 한계를 넘어서는 안 되고 언어의 가능한 의미의 범위 내에서 법률을 해석하여야만 법률의 예방적 효과를 기대할 수 있고 범죄행위에 대한 비난도 가능하게 된다.[2] '언어의 가능한 의

1) 대판 1997. 3. 20, 96도1167; 대판 2004. 11. 18, 2004도1228.
BGHSt 4, 148.

2) Roxin Ⅰ, § 5, RN 30.

미'의 범위와 한계는 사회통념에 기한 법관의 합리적·양심적 판단에 의해 결정된다고 할 수 있다.[1)]

예비행위의 중지에 대하여 중지미수(제26조)의 규정을 적용할 수 있는지도 유추해석금지의 원칙과 관련된 문제의 한 예이다.

2. 구 별

유추해석은 확장해석, 목적론적 축소해석과 개념상 구별되어야 한다.

(1) 확장해석

擴張解釋은 법문언상의 표현에 대한 해석을 좀더 넓게 하여 해당 사항에 그 법을 직접 적용하는 '해석'의 한 방법으로서 이는 형법의 해석에서도 원칙적으로 허용되는 것이다. 하지만 현실적으로 유추해석과 확장해석이 '언어의 가능한 의미'를 벗어나는 것인지의 여부에 의해 구별되기는 어렵다고 할 수 있는 만큼,[2)] 확장해석도 피고인에게 불리한 방향으로 지나치게 행해지는 경우에는 죄형법정주의에 반하는 것으로 봄이 타당하다.[3)]

구체적으로는 유기죄(제271조 제1항)의 해석에 있어서 조리상 보호의무를 법문언상의 '법률상 의무'에 포함시키는 것이 유추해석이냐, 확장해석이냐가 문제되고 있다. 우리 판례[4)]는 사회상규상, 즉 조리상 보호의무를 '법률상 의무'에 포함시키지 않고 있는데, 이는 조리상 보호의무를 '법률상 의무'에 포함시키는 해석을 유추해석으로 보는 입장이라고 할 수 있다. 또한 법규정상 '타인'의 개념에는, '사람'의 개념과는 달리, 생존하는 개인뿐만 아니라 사자(死者)도 포함되는 것으로 해석하는 것은 죄형법정주의에 부합한다고 봄이 타당하다.[5)]

(2) 목적론적 해석

법해석의 방법으로서의 目的論的 解釋이라 함은 법규정을 그 입법의 배

---

1) '언어의 가능한 의미'의 개념상 불명확성에 토대하여, 이 개념은 '해석'과 '유추'의 구별기준이 될 수 없으며 양자는 결국 구조상 동일한 것으로 볼 수밖에 없다는 견해(Arthur Kaufmann, *Analogie und "Natur der Sache"*, 2. Aufl., 1982, 61면 이하)도 있다.

2) Hassemer, *Tatbestand und Typus*, 1968, 164면.

3) 대판 1995. 4. 7, 95도94; 대판 2004. 2. 27, 2003도6535; 대판 2005. 11. 24, 2002도4758; 대판 2006. 6. 2, 2006도265.

4) 대판 1977. 1. 11, 76도3419.

5) 대판 2007. 6. 14, 2007도2162.

경이나 연혁을 고려하여 그 규정의 입법취지와 목적에 입각하여 그 때 그 때의 사회현실에 부합하게끔 해석하는 것을 가리킨다. 법 일반의 해석에 있어서 목적론적 해석은 필수적인 해석방법이며, 형법의 해석에 있어서도 목적론적 해석은 일정한 범위 안에서 허용된다고 봄이 타당하다. 왜냐하면 형벌법규상의 개념 일반이 변함없이 입법 당시의 취지와 부합하는 의미로만 사용될 수는 없는 것이며, 변화하는 사회생활 속에서 일반국민이 형벌법규의 의미를 명확히 이해하도록 해주기 위해서는 법치국가의 요청에 어긋나지 않는 범위 내에서 법관의 목적론적 해석이 불가피하기 때문이다. 우리 판례[1]도 목적론적 해석을 채택하고 있다. 형법해석에 있어서 목적론적 해석이 어느 범위까지 허용될 수 있는가의 문제는 목적론적 축소해석과 목적론적 확장해석의 경우로 나누어 고찰하여야 한다.

(가) 목적론적 축소해석

目的論的 縮小解釋은 입법의 취지와 목적에 입각하여 법규정의 의미를 언어의 통상적 의미보다 더 축소하여 해석하는 방법이다. 이는 유추해석과는 구별되는 것으로서, 처벌의 범위를 축소하는 방향의 목적론적 축소해석은 죄형법정주의에 반하지 않는 것으로서 허용된다고 보아야 한다.[2] 영아살해죄(제251조)의 법정형이 살인죄에 비하여 감경된 것은 출산 당시 산모의 심신미약상태에 기한 책임능력감경이 그 입법목적이라고 보는 입장에서 영아살해죄의 주체인 '직계존속'의 의미를 *産母*에 국한시켜 해석하는 것이 목적론적 축소해석의 한 예이다.

대판 1997. 3. 20, 96도1167 [다수의견] "형법 제52조나 국가보안법 제16조 제1호에서도 공직선거법 제262조에서와 같이 모두 '범행발각 전'이라는 제한 문언 없이 '자수'라는 단어를 사용하고 있는데 형법 제52조나 국가보안법 제16조 제1호의 '자수'에는 범행이 발각되고 지명수배 된 후의 자진출두도 포함되는 것으로 판례가 해석하고 있으므로 이것이 자수라는 단어의 관용적 용례라고 할 것인 바, 공직선거법 제262조의 '자수'를 '범행발각 전에 자수한 경우'로 한정하는 풀이는 '자수'라는 단어가 통상 관용적으로 사용되는 용례에서 갖는 개념 외에 '범행발각 전'이라는 또 다른 개념을 추가하는 것으로서 결국은 '언

1) 대판 2002. 2. 21, 2001도2819; 대판 2003. 1. 10, 2002도2363; 대판 2006. 5. 12, 2005도6525.
2) 김성돈, 64면; Jescheck/Weigend, 156면; Schönke/Schröder, § 1, RN 43.

어의 가능한 의미'를 넘어 공직선거법 제262조의 '자수'의 범위를 그 문언보다 제한함으로써 공직선거법 제230조 제1항 등의 처벌범위를 실정법 이상으로 확대한 것이 되고, 따라서 이는 단순한 목적론적 축소해석에 그치는 것이 아니라, 형면제사유에 대한 제한적 유추를 통하여 처벌범위를 실정법 이상으로 확대한 것으로서 죄형법정주의의 파생원칙인 유추해석금지의 원칙에 위반된다."

— 이 판례에서는 목적론적 축소해석과 유추해석을 '자수'의 의미를 통해 구분하고 있다. '자수'는, 그것이 어느 법률에 규정되어 있든지, 범행발각의 전후를 불문하는 의미로 해석하여야 한다고 판시한 판례의 태도는 타당하다고 할 것이다. 하지만 '자수'의 범위를 제한하는 것이 유추해석에 해당되는 것은 아니며, 그것은 어디까지나 목적론적 축소해석이지만 그로 인하여 처벌범위가 부당하게 확대되기 때문에 금지되는 것으로 보아야 한다.1)

㈏ 목적론적 확장해석

目的論的 擴張解釋은 형벌법규의 명문에 포함되지 않는 행위에 대하여 목적론적 해석을 통하여 형벌을 부과하는 해석방법이다. 이는 형법해석에 있어서는 유추해석과 다름없는 것으로서 허용될 수 없다고 생각한다. 혹 입법상의 과오에 의해 법의 흠결에 기한 처벌의 공백이 야기될 수 있는 경우에도 그런 문제점은 입법적 보완을 통하여 해결되어야 하는 것이며, 공익과 입법목적을 명분으로 한 목적론적 확장해석은 허용될 수 없다고 생각한다.2)

3. 예 외

(1) 피고인에게 유리한 유추해석

형법의 해석에 있어서도 유추해석이 절대적으로 금지되는 것은 아니다. 즉 피고인에 유리한 유추해석과 법률상 근거가 있고 사회적으로 상당한 유추해석은 허용된다. 따라서 형벌을 감경하거나 조각하는 방향으로의 유추해석은 허용되는 것이다.3) 하지만 유추해석을 비롯한 모든 해석은 기본적으로 형법규정상 명백한 문언상의 내용에 토대한 문리해석이어야 하며, 그 범위를 벗어나는 것은 이미 '해석'이 아니라 엄연한 입법작용이라고 보아야 한다.

---

1) 同旨: 장영민, "유추금지와 목적론적 축소해석", 형사판례연구 7, 1999, 13면.
2) 反旨: 허일태, "형법상 해석원칙과 그 한계", 형사판례연구 13, 2005, 39면.
3) 김일수/서보학, 75면; 이재상, §2, RN 31; 이형국, 62면; 정성근/박광민, 15면.

대판 1978. 4. 25, 78도246 "형법 제55조 제1항 제6호의 벌금을 감경할 때의 그 '다액'의 2분의 1이라는 문구는 '금액'의 2분의 1이라고 해석하여 그 상한과 함께 하한도 2분의 1로 내려가는 것으로 해석하여야 한다. … 형법조문을 엄격하게 해석해야 한다는 요청은 이를 자의로 해석함으로써 국민들에게 불이익하게 법률을 적용하는 것을 막자는 데 있는 것이지(소위 죄형법정주의의 일 단면), 입법정신을 해하지 않는 범위 내에서 국민들에게 불이익이 되지 않는 방향으로 그리고 합리적으로 해석하는 것까지도 절대적으로 금하려는 것은 아닌 것으로 생각된다. 또 사회현상이 급속도로 변천되고 법률이 미처 그 사회변천에 따라가지 못하여 그 법률과 사회실상과의 괴리(乖離)가 심하게 되어서 해석 여하에 따라서 그 결과가 심히 부당하게 혹은 국민에게 가혹한 결과를 가져온다고 보일 때에 이를 완화하는 방향으로 해석함은 형법해석에서도 불가능한 것이 아닐 뿐 아니라 필요한 것이라고 할 것이다. 도대체 모든 법은 법규정의 본질을 바꾸는 정도의 것이 아닌 한도에서 이를 합리적으로 해석함으로써 뒤처진 법률을 앞서가는 사회현상에 적응시키는 일방 입법기관에 대하여 법률의 개정 등을 촉구하는 것은 오히려 법원의 임무에 속하는 일이고 법률개정이라는 입법기관의 조치가 있을 때까지는 그 뒤처진 법규정의 재래적 해석·적용이 부당한 결과를 초래한다는 것을 뻔히 알면서 이를 그대로 따를 수밖에 없다고 체념해버리는 것은 온당치 않은 태도라고 생각한다. 더구나 이 사건에 있어서는 앞서 본 바와 같이 형법 제55조 제1항 제6호의 '다액'이라는 문구는 '금액'이라고 규정할 것을 단지 그 표현상의 착오로 그렇게 되었다고 보는 다수설의 입장에서는 위와 같이 해석하는 것은 극히 자연스러운 귀결이라고 하겠다."

— 이 판례에서는 '국민들에게 불이익이 되지 않는', '합리적'인 해석이라는 근거 하에 입법정신을 추측하여서 형법상 명문의 표현에 반하는 해석을 하고 있는 바, 이는 사법부의 기능의 범위를 벗어난 무리한 해석이라고 볼 수밖에 없다.

(2) 소송법규정에 대한 유추해석

訴訟法規定에 대하여도 유추해석은 원칙적으로 허용된다고 봄이 타당하다.[1)]

1) Jescheck/Weigend, 136면; Schönke/Schröder, § 1, RN 34.

Ⅲ. 刑法遡及效의 禁止

제 1 조 [범죄의 성립과 처벌] ① 범죄의 성립과 처벌은 행위시의 법률에 의한다.
② 범죄 후 법률의 변경에 의하여 그 행위가 범죄를 구성하지 아니하거나 형이 구법보다 경한 때에는 신법에 의한다.
③ 재판확정 후 법률의 변경에 의하여 그 행위가 범죄를 구성하지 아니하는 때에는 형의 집행을 면제한다.

[헌 법]
제13조 [형벌불소급, 일사부재리, 소급입법의 제한, 연좌제금지] ① 모든 국민은 행위시의 법률에 의하여 범죄를 구성하지 아니하는 행위로 소추되지 아니하며, 동일한 범죄에 대하여 거듭 처벌받지 아니한다.

1. 원 칙

형법소급효의 금지라 함은 형법은 그 시행 이후의 행위에만 적용되고, 시행 이전의 행위에 대하여는 소급하여 적용되지 아니한다는 원칙을 가리킨다. 형벌불소급 또는 형법불소급의 원칙으로도 불린다.

법 일반의 적용에 있어서는 신법(재판시법)우선, 즉 신법의 소급적용이 원칙이 되고 있다. 하지만 만일 형법의 적용에 있어서도 소급효(Rückwirkung)를 인정한다면, 행위 당시에는 범죄가 아니었던 행위가 행위 후의 법률에 의하여 새로이 범죄로 인정되어 처벌받음으로써 국민의 사회생활상 법적 예측가능성이 박탈되어 죄형법정주의의 기초가 무너지게 된다. 소급입법에 의한 처벌은 형사정책적 측면에서도 범죄예방의 효과를 갖지 못한다.[1] 이러한 연유로 법 일반에서와는 달리 형법상으로는 소급효금지의 원칙, 즉 舊法(行爲時法)優先이라는 특별원칙이 적용되는 것이다.

형법은 범죄의 성립과 처벌은 행위시의 법률에 의한다고 함으로써 行爲時法主義의 원칙을 천명하고 있다(제 1 조 제 1 항). 범죄 후 법률의 변경에 의하여 그 행위가 범죄를 구성하지 아니하거나 형이 구법보다 경한 때에는 신법에 의하게끔 하여(제 1 조 제 2 항)[2] 행위자에게 유리한 경우에는 예외적으로

---

1) Schönke/Schröder, § 2, RN 1.
2) 제 1 조 제 3 항과의 관계에 비추어, 제 1 조 제 2 항은 범죄 후 '재판확정 전'까지 적용되는

裁判時法主義를 채택하고 있다. 더 나아가 재판확정 후에도 법률의 변경에 의하여 그 행위가 범죄를 구성하지 아니한 때에는 형의 집행을 면제하도록 하고 있다(제1조 제3항).

오늘날에 와서는 이 원칙의 성격을 시대적 상황과 해당 범죄의 종류에 따라 재검토하여야 할 필요성이 대두되고 있다. 즉 소급효금지의 원칙을 비롯한 죄형법정주의의 내용들은 국가통치권의 정상적 존재를 전제로 하여 정립된 것이기 때문에 부정한 폭력에 의해 통치권이 침탈·왜곡된 상황 하에서 처벌할 수 없었던 불법에 대해서는 예외적으로 사후의 소급입법에 의한 처벌이 용인되어야 하는 것이다.[1)]

2. 적용범위

(1) 범죄의 성립과 형벌의 부과

소급효금지의 원칙은 犯罪의 성립과 刑罰의 부과에 관한 規定을 적용대상으로 하고 있다. 즉 이 원칙은 범죄의 성립요건과 처벌조건 등을 소급적으로 행위자에게 불리하게 변경하는 것에 대해서 전적으로 적용된다. 형벌에 관한 규정에 있어서도, 그 내용은 사형·자유형·자격형 또는 재산형[2)]을 불문하며, 주형·부가형을 묻지도 않는다. 선고유예나 집행유예의 요건의 변경에 대해서도 적용된다.

(2) 관련문제

형벌과 간접적인 연관을 맺고 있는 보안처분, 소송법규정, 판례의 변경과 관련하여서도 이 원칙이 적용되는지가 논의되고 있다.

㈎ 보안처분

소급효금지의 원칙은 保安處分에 관해서도 마찬가지로 적용된다고 본다. 국민의 기본적 인권의 침해라는 실질적인 면에서 보안처분은 형벌과 크게 다를 바 없으므로, 이 원칙은 보안처분에 관한 규정의 변경에 있어서도 적용된다고 보는 것이 우리의 일반적 입장[3)]이며, 타당하다고 생각한다. 헌법 제

것으로 보아야 한다.

1) 同旨: 반야 아드레아스 벨케(한상훈 譯), "소급효금지의 원칙과 한계", 민주법학 10, 1998, 131면 이하.

2) 대판 1960. 11. 16, 4293형상445.

3) 김일수/서보학, 62면; 박상기, 31면; 이재상, §2, RN 19; 임웅, 21면.

12조 제 1 항에서도 '보안처분'을 명시적으로 규정하고 있다.

판례[1]에서는 보안처분의 일종인 보호관찰과 관련하여, 보안처분은 과거의 불법에 대한 제재가 아니라 장래의 위험성으로부터 행위자를 보호하고 사회를 방위하기 위한 합목적적인 조치라는 점에 근거하여, 행위시법에는 보호관찰에 관한 규정이 마련되어 있지 않았다가 재판시법에 새로이 보호관찰에 관한 입법이 행해진 경우 재판시법의 소급효를 인정하여 보호관찰의 부과를 인정하고 있는데, 이는 잘못된 판단이라고 생각한다.

(나) 소송법규정

소급효금지의 원칙이 訴訟法規定이 개정된 경우에도 적용되는지에 관해서는 견해가 갈리고 있다. 친고죄를 비친고죄로 개정한 경우나 공소시효를 법개정을 통하여 연장·폐지하는 경우 등이 그 예이다. 물론 비친고죄가 친고죄로 되거나 공소시효가 단축된 법의 개정은 행위자에게 유리한 것이기 때문에 당연히 신법이 적용되어 그 소급효가 인정되게 된다.

예를 들어, 강간죄를 범한 당시에는 그 죄가 친고죄로 규정되어 있었는데 피해자의 고소가 없는 상태에서 형법이 개정되어 그 죄가 비친고죄로 된 경우에 있어서 그 범인에 대하여 고소가 없는 상태에서 신법의 규정에 의하여 그대로 검사가 소추를 할 수 있는지에 관하여는 의견이 대립된다.

1) 긍정설 긍정설에서는 소송법규정이 개정된 경우에 있어서도 소급효금지의 원칙은 전면적으로 적용된다고 본다.[2]

2) 부정설 부정설은 친고죄규정이나 공소시효[3]는 소송조건에 불과하고 범죄의 성립과 처벌은 행위시의 법률에 의해 이미 확정되어 있기 때문에 이에 관한 법개정에 있어선 소급효금지의 원칙이 적용되지 않는다고 보는 견해이다. 우리의 소수설[4]의 입장이다. 즉 부진정소급효뿐만 아니라 진정소급효도 인정된다는 것이다.

---

1) 대판 1997. 6. 13, 97도703.
同旨 : Jescheck/Weigend, 139면; Schönke/Schröder, § 2, RN 42, Wessels/Beulke, RN 50.

2) 김영환, "공소시효와 형벌불소급의 원칙", 형사판례연구 5, 1997, 25면; Jescheck/Weigend, 139-140면; Schönke/Schröder, § 2, RN 7; Welzel, 24면.

3) 공소시효에 관하여는 정지제도(형사소송법 제253조)가 마련되어 있기 때문에 시효제도에 의한 신뢰의 보호가 상대적이라고 할 수 있으므로 소급효금지의 원칙이 부정될 수밖에 없다고 보는 견해(김일수/서보학, 형법총론, 2006, 62면)도 있으나, 공소시효정지제도는 소급효금지의 원칙과는 무관하다고 생각한다.

4) 임웅, 22면; Wessels/Beulke, RN 49.

3) 절충설　　절충설에서는 이 경우 신법이 소급하여 적용된다고 하더라도, 그것은 친고죄의 고소기간(형사소송법 제230조 제 1 항)이 아직 도과하지 않았거나 또는 공소시효기간(형사소송법 제249조)이 도과하지 않은 경우(이른바 不眞正遡及效)에 국한되는 것이고, 그 기간이 이미 도과한 경우에는 그 후에 그에 관한 법의 개정이 있더라도 행위자의 이익을 침해하는 신법의 소급적용(이른바 眞正遡及效)은 부정된다고 본다. 우리 다수설[1)]의 입장이다. 판례는 원칙적으로 절충설의 입장을 취하고 있지만, 단지 일반적으로 국민이 소급입법을 예상할 수 있었거나, 법적 상태가 불확실하고 혼란스러워 보호할 만한 신뢰이익이 적은 경우와 소급입법에 의한 당사자의 손실이 없거나 아주 경미한 경우, 신뢰보호의 요청에 우선하는 심히 중대한 공익상의 사유가 소급입법을 정당화하는 경우 등에 있어서 소급효금지의 원칙이 부정되는 것으로 판단하고 있다.[2)]

대판 1997. 4. 17, 96도3376 [다수의견]　　"'5·18민주화운동 등에 관한 특별법' 제 2 조는 제 1 항에서 그 적용대상을 '1979년 12월 12일과 1980년 5월 18일을 전후하여 발생한 헌정질서파괴범죄의 공소시효 등에 관한 특례법' 제 2 호의 헌정질서파괴범죄라고 특정하고 있으므로, 그에 해당하는 범죄는 동 특별법 시행 당시 이미 형사소송법 제249조에 의한 공소시효가 완성되었는지 여부에 관계없이 모두 그 적용대상이 됨이 명백하다고 할 것인데, 위 법률조항에 대하여는 헌법재판소가 1996. 2. 16, 96헌가2, 96헌바7·13 사건에서 위 법률조항이 헌법에 위반되지 아니한다는 합헌결정을 하였으므로, 위 법률조항의 적용범위에 속하는 범죄에 대하여는 이를 그대로 적용할 수밖에 없다.

[반대의견]　　동 특별법이 적용대상으로 삼는 헌정질서파괴범죄를 처벌하기 위한 공익의 중대성과 그 범죄혐의자들에 대하여 보호해야 할 법적 이익을 교량할 때 동 특별법 제 2 조는 그 정당성이 인정된다. 그러나 공소시효가 이미 완성한 다음에 소급적으로 공소시효를 정지시키는 이른바 진정소급효를 갖는 법률규정은 형사소추권이 소멸함으로써 이미 법적·사회적 안정성을 부여받아 국가의 형벌권행사로부터 자유로워진 범죄혐의자에 대하여 실체적인 죄형의 규정을 소급적으로 신설하여 처벌하는 것과 실질적으로 동일한 결과를 초래하게 되어, 행위시의 법률에 의하지 아니하고는 처벌받지 아니한다는 헌법상의 원칙에 위배되므로, 공소시효에 관한 것이라 하더라도 공소시효가 이미 완성된

---

1) 김일수/서보학, 61면; 박상기, 31면; 신동운, 30면; 이재상, §2, RN 20; 정성근/박광민, 17면; Roxin Ⅰ, §5, RN 55.

2) 대판 1997. 4. 17, 96도3376; 헌결 1997. 6. 26, 96헌바94.

경우에 다시 소추할 수 있도록 공소시효를 소급하여 정지하는 내용의 법률은 그 정당성이 인정될 수 없다. 따라서 동 특별법 제 2 조는 그 시행 당시 공소시효가 완성하지 않은 범죄에 대하여만 한정하여 적용되고, 이미 공소시효가 완성된 범죄에 대하여까지 적용되는 것은 아니라고 해석하는 것이 옳다."

— 이 판례의 [다수의견]에서는 형사소송법상의 공소시효가 이미 완성된 경우라 하더라도 위 특례법 소정의 헌정질서파괴범죄에 대해서는 위 특별법의 적용이 가능하다고 판시하고 있다.[1] 하지만 [반대의견]에서는 이러한 범죄에 대해서도 진정소급효와 부진정소급효를 구별하여 적용하는 대법원의 기본입장을 관철하여야 한다고 주장하고 있다.

4) 검 토 진정소급효까지 인정함은 국민의 사회생활에 있어서의 신뢰와 법적 안정성을 지나치게 훼손하는 결과를 야기하므로 부진정소급효만을 인정하는 절충설의 입장이 타당하다고 본다.

(다) 판 례

1) 학 설 刑法判例[2]의 變更에 관하여서도 형법소급효금지의 원칙이 적용되는지에 관하여는 소급효긍정설, 소급효부정설, 금지착오원용설 등이 대립하고 있다.

a) 소급효긍정설 遡及效肯定說에서 판례의 변경은 소급효금지의 원칙의 적용을 받지 않는 것으로 보아, 행위자에게 불리한 방향으로 종래의 판례를 변경하여 재판을 하여도 헌법상 평등의 원칙이나 소급효금지의 원칙에 반하는 것이 아니라고 본다.[3] 우리 판례[4]도 이 입장에 서있다.

b) 소급효부정설 遡及效否定說에서는 헌법 제13조 제 1 항과 형법 제 1 조 제 1 항이 '법률'만을 금지의 대상으로 규정하고 있지만 실질적인 면에서 판례변경이 경우에 따라서는 피고인에게 불리한 새로운 입법이 소급적용되는 것과 같은 의미를 가질 수도 있으므로 국민의 법생활에 있어서의 신뢰와 예측가능성을 보호하기 위하여 유추해석에 의하여 '판례'도 '법률'에 포함시켜야 한다고 해석한다.[5]

1) 同旨 : 헌결 1997. 6. 26, 96헌바94.
2) 형사소송법판례의 변경에 대해서는 당연히 소급효금지의 원칙이 적용되지 않는다고 볼 것이다.
3) 김성돈, 56면; 박상기, 32면; 손동권, § 3, RN 44; 오영근, § 3, RN 43; 이재상, § 2, RN 21; Roxin Ⅰ, § 5, RN 59; Wessels/Beulke, RN 51.
4) 대판 1999. 9. 17, 97도3349.
5) 신동운, 33면; 정성근/박광민, 18면; Schönke/Schröder, § 2, RN 8.

c) 금지착오원용설 禁止錯誤援用說에서는 판례변경으로 인하여 새롭게 형사처벌을 받거나 또는 가중처벌을 받게 될 피고인을 구제하기 위하여 금지착오의 법리를 원용하여 피고인이 변경 전의 판례가 계속 유효할 것으로 신뢰한 것은 형법 제16조의 '정당한 이유'에 해당한다고 본다.[1] 행위자가 신뢰한 종전의 판례가 변경된 경우에 있어서는 금지착오에 해당될 수도 있다. 이 설은 기본적으로 소급효긍정설에 토대하고 있는 입장으로서, 변경된 판결을 내릴 수 있지만 행위자의 오인에 정당한 이유가 있을 때에는 그 책임이 조각되는 것으로 보는 것이다.

독일 형법에서는 금지착오에 관하여 "행위자가 불법을 행한다는 통찰을 결한 채 범죄행위를 수행한 경우 그 착오를 피할 수 없었던 경우에는 책임이 인정되지 않는다"(동법 제17조 前文)고 규정하여 '不法을 행한다는 洞察'을 결할 것을 요구하고 있으므로, 판례에 대한 신뢰를 금지착오의 문제로 파악함에 별 무리가 없다. 그러나 우리 형법은 금지착오에 관하여 행위자가 자신의 행위가 '법령에 의하여 죄가 되지 아니하는 것으로 오인'(제16조)하였을 것을 요하고 있으므로 '법령'(法令)이 아닌 '판례'에 대한 신뢰를 금지착오의 문제로 다룰 수 있는지에 관하여 의문이 생길 수 있다. 하지만 학설의 일반적 입장은 판례에 대한 신뢰도 금지착오의 문제에 포함시켜 파악하고 있다.

2) 검 토 생각건대 우리 법원조직법은 대법원에서 '종전에 대법원에서 판시한 헌법·법률·명령 또는 규칙의 해석적용에 관한 의견을 변경할 필요가 있음을 인정하는 경우'에는 부(部)가 아니라 전원합의체(全員合議體)에서 심판권을 행사할 수 있는 것으로 규정하고 있는데(동법 제7조 제1항 제3호 참조), 이 규정은 단순히 대법원의 부와 전원합의체의 관할을 분배하는 의미를 갖는 데 그치는 것이 아니고, 대법원이 전원합의체의 심판이라는 신중한 절차를 거치면 종전의 판례의 입장을 변경하여 바로 당해 사건에 적용할 수 있다는, 즉 새 판례의 소급효를 긍정한다는 의미를 갖고 있다고 볼 수 있다. 이런 명문규정이 있는 이상 판례변경에 있어서는 국민의 신뢰보호의 필요성을 부정할 수도 있는 것이다. 소급효금지의 원칙은 일차적으로는 입법자의 정치적·자의적 입법활동을 규제하자는 취지를 갖는 것이므로 이 원칙을

1) 안동준, 형법총론, 1998, 19면.

법관의 합리적·양심적 재판활동에 대해서까지 유추적용하는 것은 논리상 무리이다. 특히 종전의 판례가 명백히 잘못된 내용인 경우에는 그것을 올바르게 변경하여 당해 사건에 적용하는 것이 법원의 임무라고 할 것이다. 즉 판례변경에 있어서는 그 소급효를 긍정하는 것이 타당하다고 생각한다. 법원조직법의 규정과 형법 제 1 조 제 1 항은 법관에 의한 정당한 법형성과 법발전을 뒷받침해 주는 제도라고 할 수 있다.

대판 1999. 7. 15, 95도2870 [다수의견의 보충의견] "형사처벌의 근거가 되는 것은 법률이지 판례가 아니고, 구 건축법 제57조에 관한 판례의 변경은 그 법률조항의 내용을 확인하는 것에 지나지 아니하여 이로써 위 법률조항 자체가 변경된 것이라고 볼 수는 없으므로, 행위 당시의 판례에 의하면 처벌대상이 되지 아니하는 것으로 해석되었던 행위를 판례의 변경에 따라 확인된 내용의 위 법률조항에 근거하여 처벌한다고 하여 그것이 형벌불소급의 원칙에 반한다고 할 수 없다.

[소수의견] 종래 대법원판례가 구 건축법의 양벌규정이 행위자처벌의 근거규정이 될 수 없다고 일관되게 해석하여옴으로써 국민의 법의식상 그러한 해석이 사실상 구속력 있는 법률해석으로 자리 잡게 되었다고 할 수 있음에도 불구하고 단지 다른 법률의 양벌규정과 해석을 같이하려는 취지에서 국민에게 불이익한 방향으로 그 해석을 변경하고 그에 따라 종전 대법원판례들을 소급적으로 변경하려는 것은 형사법에서 국민에게 법적 안정성과 예측가능성을 보장하기 위하여 소급입법금지의 원칙을 선언하고 있는 헌법의 정신과도 상용(相容)될 수 없는 점 등에 비추어 구 건축법의 양벌규정 자체가 행위자처벌의 근거규정이 될 수는 없다."

— 이 판례에선 판례변경과 관련한 소급효긍정설과 소급효부정설의 대립된 견해가 잘 개진되고 있다.

Ⅳ. 刑法規定의 明確性

1. 의 의

형법규정의 명확성(Bestimmtheit)이라 함은 입법자는 형법규정을 가능한 한 구체적으로 명확하게 규정하여야 한다는 원칙을 말한다. 즉 형법규정은 사물변별능력을 갖춘 일반인이 규정의 입법목적이나 내용·구조 등을 고려하여 구성요건적 행위유형을 정형화하거나 한정할 수 있는 합리적 해석기준을 찾을 수 있도록 입법되어야 한다는 원칙이다.[1] 처벌법규의 내용이 불명확하고 애매하여 그 내용을 객관적으로 파악할 수 없을 때는 국민의 사회생활에 있어서 법적 예측가능성을 박탈하고 법집행기관에 의한 자의적 법적용을 초래할 위험이 있기 때문이다.

법률이 어느 정도 명확하여야 하는가에 관하여는 일률적으로 정할 수 없고, 개별 구성요건의 특성과 법적 규제의 원인이 된 여건, 처벌의 정도 등을 종합적으로 고려하여,[2] 통상의 판단능력을 가진 국민의 건전한 상식과 법감정에 입각하여 판단하여야 한다.[3]

2. 내 용

명확성의 원칙은 범죄의 성립요건과 형벌규정에 관하여 요구된다.

(1) 범죄의 성립요건의 명확성

범죄성립요건은 가능한 한 명확히 입법되어야 한다. 형법상 처벌규정에 개념의 의미가 지나치게 광범위하고 불명확한 일반적 규정을 사용하는 것은 금지되는 것이다.[4]

하지만 성문법에 의하여 현실의 구체적인 성립요건들을 개별적으로 명확하게 규정하는 것은 입법기술상으로도 그렇고, 입법·사법작용의 구분에 관한 권력분립원칙에 비추어 보아도 불가능하므로 이 원칙에는 한계가 있게 된다. 통상의 사물변별능력, 판단능력과 법감정을 갖고 있는 사람이 해당 법률의 입법목적과 전체적 내용·구조에 토대하여 건전한 상식에 의하여 구성요건해당행위의 유형을 정형화하거나 한정할 합리적 해석기준을 찾을 수 있다면 그 법률은 명확성을 갖추고 있다고 하여야 할 것이다.[5] 따라서, 예를 들어 형법상 음화반포 등 죄(제243조) 등의 '음란한'[6]이나 업무방해죄(제314조)의 '위력'·'업무'·'방해',[7] 사기죄(제347조 제 1 항)의 행위인 '기망'[8]의 요소와

---

1) 대판 2003. 11. 14, 2003도3600.
2) 헌결 1990. 1. 15, 89헌가103.
3) 대판 2000. 1. 27, 2000도1007; 헌결 1997. 9. 25, 96헌가16.
4) 대판 1998. 6. 18, 97도2231.
5) 대판 2000. 11. 16, 98도3665; 대판 2003. 4. 11, 2003도451; 대판 2009. 4. 23, 2008도11017.
6) 대판 1995. 6. 16, 94도2413.
7) 헌결 1998. 7. 16, 97헌바23.
8) 대판 2006. 5. 11, 2006도1715; 헌결 2006. 11. 30, 2006헌바53.

군형법상 추행죄에서 '기타 추행'을 처벌한다고 규정한 것[1] 등은 죄형법정주의에 반하지 않는다고 보아야 한다. 법의 해석에 있어서 추상적 법규범의 정신과 현실사회의 요청을 조화시키기 위해서는 궁극적으로 법관의 양심과 이성이 크게 요구된다고 할 수 있다.

범죄의 성립요건 중에는 경우에 따라 '正常의'(제14조), '社會常規'(제20조), '相當한 理由'(제21조 제 1 항 등) 등과 같은 불명확한 개념이 규정되어 있기도 하나, 이는 성문입법의 한계적 상황에서 법관의 양심에 따른 합리적 판단을 구하는 것으로서 성문법의 내용에 현실적인 구체적 타당성을 부여하는 탄력적 조정장치라고 볼 수 있다.

(2) 형벌규정의 명확성

명확성의 원칙은 형벌규정의 명확성도 요구한다.[2] 그렇지만 형의 집행단계에서의 구체적 결정을 전적으로 불허하는 絕對的 定期刑은 입법정책과 형사정책의 면에서 바람직스럽지 못하므로 명확성의 원칙에 대해 적절한 수정이 필요하게 된다.

여기서 부정기형제도가 문제된다. 不定期刑이라 함은 그 형기가 형의 선고시에 확정되지 않고 형의 집행단계에 가서 확정되는 형을 가리킨다. 원래 법정형에 상당한 폭을 두는 것은 범정(犯情)에 따른 양형의 구체적 타당성을 위하여 필요하고 또 현실의 형벌규정 자체도 대부분의 경우 부정기형의 형태로 규정되어 있다. 하지만 형기의 장기와 단기 모두 또는 장기만이 확정되어 있지 않은 絕對的 不定期刑은 선고형에 대한 예측을 곤란하게 하므로 허용될 수 없다. 이와 관련하여 무기형제도의 문제도 검토될 필요가 있다. 그러나 형의 장기와 단기를 정하는 相對的 不定期刑은 형벌개별화와 교육형주의의 사상에 토대하여 일정한 경우에 채택되고 있다. 형법상의 많은 규정이 법정형에 관하여 상대적 부정기형의 형태로 규정해 놓고 있으며, 이에서 더 나아가 소년법은 소년범에 대한 형의 선고에 있어서도 상대적 부정기형을 인정하고 있다(동법 제60조 제 1 항 참조).[3]

---

1) 헌결 2002. 6. 27, 2001헌바70.

2) 장래의 범죄의 위험성에 대비한 합목적적 처분인 保安處分에 관하여는 명확성의 원칙이 적용되지 않는다고 봄이 타당하다(反旨 : 김성돈, 48면; 박상기, 29면).

3) 다만, 형의 집행유예나 선고유예에 있어서는 소년범에 대해서도 상대적 부정기형은 인정되지 아니한다(소년법 제60조 제 3 항 참조).

V. 刑法規定의 適正性

1. 의 의

형법규정의 적정성(Gerechtigkeit)이라 함은 범죄와 형벌을 규정하고 있는 법률의 실질적 내용이 헌법상 인간의 존엄과 가치, 기본권의 보장과 자유민주주의의 원리에 부합하는 적정한 것이어야 한다는 원칙을 말한다.

적정성의 원칙은 특히 제2차 세계대전 이후 헌법상 實質的 法治主義原理가 등장하면서 부각된 원칙이다. 현대적 의미의 법치국가이념인 실질적 법치주의원리는 예전의 전제왕권에 못지않은 현대의 새로운 형태의 권력의 횡포와 독재로부터 시민의 권리와 자유를 지키기 위한 것이다. 초기 시민민주주의사회에서 시민의 권리와 자유를 지켜주기에 충분했던 근대적 의미의 형식적 법치주의원리와 초기 죄형법정주의의 원칙의 시대적 가치는 현대의 새로운 정치적·경제적 세력에 의하여 뿌리부터 흔들리게 되었다. 나치스 등 전체주의와 소비에트정권 등 공산국가의 등장, 재벌의 횡포 등이 그 예이다. 이러한 상황에서 초기 죄형법정주의의 원칙에 대한 수정·보완원리로 등장한 것이 적정성의 원칙이라고 할 수 있다.

죄형법정주의의 내용에 있어서 법률주의, 유추해석의 금지, 형법소급효의 금지, 형법규정의 명확성 등의 원칙이 형법의 '형식'에 관한 원칙이라면, 적정성의 원칙은 형법의 '실질' 즉 '내용'에 관한 원칙이라고 할 수 있다.

2. 내 용

형법규정의 적정성의 원칙은 필요성의 원칙과 죄형균형의 원칙을 내용으로 하고 있다.

(1) 필요성의 원칙

必要性의 原則이라 함은 형벌법규의 내용은 진정으로 처벌할 가치가 있는 행위를 대상으로 하는 적정한 것이어야 한다는 원칙을 의미한다. 형벌이 필요성을 갖추지 못한 때에는 형벌권의 남용이 된다.

刑法의 補充性의 원칙이 필요성의 원칙과 관련을 맺고 있다. 간통죄,[1] 음행매개죄, 도박죄 등의 존폐문제가 필요성의 원칙과 관련하여 논의되고 있다.

---

1) 헌결 1990. 9. 10, 89헌마82 참조.

(2) 죄형균형의 원칙

罪刑均衡의 原則이라 함은 범죄행위에 의하여 침해된 법익과 형벌에 의하여 박탈되는 법익 사이에 적정한 균형이 유지되어야 한다는 원칙을 의미한다. 過剩禁止의 原則 또는 比例性의 原則으로도 불리운다.

형벌은 책임을 전제로 과하여지며, 책임 없는 형벌은 죄형법정주의와 일치할 수 없는 가혹한 보복이며 그 자체가 하나의 범죄행위가 되는 것이다. 예컨대, 신체나 명예·정조 등의 법익을 해한 범죄에 대하여 사형을 부과하거나 또는 과실범에 대하여 동일한 결과에 대한 고의범의 경우와 동일하거나 또는 더 중한 형벌을 부과하는 처벌규정이 있다면[1] 그 규정은 죄형균형에 어긋나 적정성의 원칙에 반하여 죄형법정주의에 위배되는 것으로 보아야 할 것이다.

대판 2006. 5. 12, 2005도5428 "어떤 범죄를 어떻게 처벌할 것인가 하는 문제, 즉 법정형의 종류와 범위의 선택은 그 범죄의 죄질과 보호법익에 대한 고려뿐만 아니라 우리의 역사와 문화, 입법 당시의 시대적 상황, 국민 일반의 가치관 내지 법감정 그리고 범죄예방을 위한 형사정책적 측면 등 여러 가지 요소를 종합적으로 고려하여 입법자가 결정할 사항으로서 광범위한 立法裁量 내지 形成의 自由가 인정되어야 할 분야이다. 따라서 어느 범죄에 대한 법정형이 그 범죄의 죄질 및 이에 따른 행위자의 책임에 비하여 지나치게 가혹한 것이어서 현저히 형벌체계상의 균형을 잃고 있다거나 그 범죄에 대한 형벌 본래의 목적과 기능을 달성함에 있어 필요한 정도를 일탈하였다는 등 헌법상의 평등의 원칙 및 비례의 원칙 등에 명백히 위배되는 경우가 아닌 한, 쉽사리 헌법에 위반된다고 단정하여서는 아니 된다. 그리고 형법규정의 법정형만으로는 어떤 범죄행위를 예방하고 척결(剔抉)하기에 미흡하다는 입법정책적 고려에 따라 이를 가중처벌하기 위하여 특별형법법규를 제정한 경우에는 형법규정의 법정형만을 기준으로 하여 그 특별형법법규의 법정형의 과중 여부를 쉽사리 논단해서도 안 될 것이다."[2]

— 이 판례에서는 이러한 판지에 토대하여, '폭력행위 등 처벌에 관한 법률' 제 2 조 제 2 항 중 '2인 이상이 공동하여' 형법 제257조 제 1 항, 형법 제366조의 각 죄를 범한 경우 각 형법 본조에 정한 형의 2분의 1까지 가중하도록 하는 규정 부분이 형벌과 책임 간의 비례성의 원칙, 형벌의 체계정당성,

---

1) 헌결 1992. 4. 28, 90헌바24.

2) 同旨 : 헌결 2001. 11. 29, 2001헌가16; 헌결 2006. 4. 27, 2005헌가2.

평등의 원칙에 어긋난다고 할 수 없다고 판시하고 있다.

누범가중의 입법이 비례성의 원칙에 반하는지에 관하여도 판례(대판 2005. 4. 14, 2005도1258; 대판 2006. 5. 26, 2006도1640)는 같은 취지의 판단을 하고 있다.

제 5 절 罪刑法定主義의 試鍊과 現代的 意義

죄형법정주의의 원칙은 근대 법치주의원리와 함께 등장하였다. 전제질서를 무너뜨린 시민민주주의 초기의 사회에선 시민들의 대표자인 代議士 즉 議員들로 구성된 의회에서 마련한 법률에 근거하여 행해진 국가행위는 모두가 국민의 의사에 부합하는 것으로 받아들여졌다. 의회의 행위는 바로 국민들 자신의 행위로 받아들여지는 이른바 自同性(identity)의 原理가 국민과 의회의 관계를 지배하였기 때문이다. 그러므로 이 시대의 사회적·정치적 상황하에선 국가의 제반 통치행위가 법률에 그대로 따르기만 하면 그 행위는 아무런 조건 없이 '민주적'이라는 평가를 받을 수 있었던 것이다. 이것이 근대적 의미의 법치주의의 모습이라고 할 수 있다. 근대 이전의 전제적 지배 하에서 일반 국민은 피지배자로서 형사사법에 있어서도 죄형전단주의 아래에서 늘 규문(糺問)의 객체가 되는 불리한 지위에 처하게 되었던 바, 근대 시민혁명을 거치면서 일반 국민을 이러한 열악한 법적 지위로부터 벗어나게 해주는 것이 법제도의 지상과제로 인식되게 되었다. 죄형법정주의의 원칙은 이러한 시대적 여건 하에서 형법의 기본원리로 확립되게 되었다. 하지만 국민에게 유리한 경우에는 죄형법정주의의 여러 내용에 대해서도 예외를 허용하고 있는데, 이는 이제 형법이 국민의 기본적 인권을 보장하는 안전판(安全瓣)으로서의 역할을 수행할 수 있는 단계에 이르렀기 때문이라고 할 수 있다.

그러나 시대가 바뀌면서 차츰 이러한 법치주의의 원리를 악용하려는 집단이나 세력이 등장하게 되었고, 그럼으로써 시민민주주의 초기의 순수한 모습은 그 빛을 잃기 시작하였다. 시민의 뜻에 따라 국가권력의 집행권을 담당하게 된 개인이나 집단은, "일단 권력을 잡은 사람은 그 누구든 예외 없이 독재와 부패, 타락으로 치닫는 경향을 보이는 것은 인류역사의 가르침이다"라는 몽테스키외의 말처럼, 차츰 권력의 맛에 빠지게 되어 기존의 제도를 그 본래의 취지와는 다른 방향으로 왜곡하여 악용하게 되었다. 그 가장 타락한 모습이 20세기 들어 등장하였던 독일의 나치스정권, 러시아의 소비에트정권, 북한과 중국의 권력자들이었다. 이들은 '법치'의 허울을 쓴 채 독재와 횡포를 일삼았고, 결국은 전쟁 등을 통하여 인류사회에 막심한 불행을 초래하였다. 이들 정권들도 모두가 자신들의 행위를 '민주'·'법치'로 치장하였던 것이며, 여기서 시민들은 근대 시민민주주의의 산물인 '법치주의'가 국가의 법을 운용하는 사람이 어떤 사람인가에 따라서 얼마든지 악용되고 타락할 수 있는 취약한 제도임을 비싼 대가를 치르고 나서 비로소 깨닫게 되었다. 이에 이르러 이제 근대 시민민주주의 초기의 법치주의원리는 '형식적 법치주의'로 불리게 되었다.

이제 사람들은 법치주의원리를 한 차원 더 높은 원리로 발전시킬 필요를 느끼게 되었고, 그리하여 민주주의원리는 법의 '형식'만을 규율해서는 안 되고 법의 실질적 '내용'까지도 규율해야 하는 것으로 인식되게 되었다. 이를 '실질적 법치주의'라고 할 수 있다. 즉 법률은 그 형식이 민주주의원리에 따라야 할 뿐만 아니라, 그 내용에 있어서도 국민의 기본적 인권을 보장하는 장치로서 기능할 수 있어야 하고, 그러한 법률만이 국민이 존중하고 마땅히 따라야 할 規範인 正法[1]으로서의 權威를 갖는다는 것이다. 또한 다른 한편으로 현실의 사회생활에 있어서 국민 상호간에 범죄로 피해를 주는 경우가 크게 늘어나고 있기 때문에 범죄의 피해자인 국민을 보호해야 한다는 것도 법제도의 중요한 과제가 되고 있는 만큼 피고인에게 유리한 사법의 운용이 전적으로 정의에 부합하는 것만도 아님은 오늘날 누구라도 인정할 수 있게 되었다. 이런 맥락에서도 죄형법정주의의 원칙은 이제 變容의 要求에 당면하게 되었다.

하지만 죄형법정주의의 원칙의 내용들은 오늘날에 와서도 여전히 그 의미를 갖는다. 비록 근대 이전과 같은 전제세력이 오늘날에는 거의 자취를 감추었다 하더라도, 정당이나 파벌 또는 재벌 등 그에 못지않은 권력집단이나 세력이 나타나게 되었다. 그러면서 형식적 법치주의시대에 형성된 죄형법정주의의 내용들은 현대에 들어서면서도 새로운 방향에서 또다시 그 본래의 인권보장적 기능을 발휘하고 있는 것이다. 이 점이 죄형법정주의의 현대적 의의라고 할 수 있다.

1) 심재우, "죄형법정주의의 현대적 의의", 고시계 1978. 1, 18면.

제4장

刑法의 效力의 範圍

실정법인 형법은 일정한 범위의 시간적·장소적·인적 관계에 있는 사실에 대하여만 효력을 갖는다. 그러므로 형법의 효력의 범위는 바로 형법의 적용범위의 문제라고 할 수 있다.

제 1 절 時間的 範圍

제 1 조 [범죄의 성립과 처벌] ① 범죄의 성립과 처벌은 행위시의 법률에 의한다.
② 범죄 후 법률의 변경에 의하여 그 행위가 범죄를 구성하지 아니하거나 형이 구법보다 경한 때에는 신법에 의한다.
③ 재판확정 후 법률의 변경에 의하여 그 행위가 범죄를 구성하지 아니하는 때에는 형의 집행을 면제한다.

형법의 효력의 시간적 범위란 형법의 시간적 적용범위를 말한다.

형법은 다른 모든 법률과 같이 그 發效時로부터 失效時까지 적용되는 것을 원칙으로 한다. 범죄 후 법률의 변경이 있는 경우에 관하여 우리 형법은 원칙적으로 행위시법주의를 채택하고 있다.

Ⅰ. 原 則

법 일반에 있어서는 신법우선의 원칙에 의하여 신법인 재판시법이 1차적으로 적용된다. 하지만 형법에서는 "범죄의 성립과 처벌은 행위시의 법률에 의한다"(제 1 조 제 1 항)고 규정함으로써 行爲時法(舊法)主義를 명시하고 있다. 이는 죄형법정주의의 당연한 결론으로서, 이른바 事後法, 즉 행위가 있은 후에 제정된 법률로써 소급하여 그 행위를 처벌하여서는 아니 된다는 遡及效禁止의 原則도 내포하고 있다고 봄이 옳다.

행위 당시에 관련처벌규정이 없는 경우에는 그 행위자에게 아무런 범죄의 고의를 인정할 수 없으므로 사후입법에 의한 처벌은 그 처벌 자체가 불법이 될 수 있는 것이다.

Ⅱ. 例　外

1. 의　의

형법 제 1 조 제 2 항에서는 "범죄 후 법률의 변경에 의하여 그 행위가 범죄를 구성하지 아니하거나 형이 구법보다 경한 때에는 신법에 의한다"고 규정하고 있다. 이것은 형법의 행위시법주의와 소급효금지의 원칙에 대한 예외를 규정한 것으로 법률의 변경으로 행위자에게 유리하게 된 경우에는 죄형법정주의의 근본취지에 입각하여 행위자의 이익을 보호하려는 것이다.

여기서 "신법에 의한다" 함은 해당 범죄에 대해 신법의 법정형이 적용된다는 의미이다. 따라서 해당 범죄의 공소시효기간도 신법의 법정형을 기준으로 하여 정하게 된다.[1)]

2. 적용요건

(1) 범죄 후

'犯罪 後'라는 것은 범죄의 실행행위, 즉 구성요건해당행위의 종료를 의미하고, 중간현상 및 결과의 발생을 포함하지 않는다. 예비죄에 있어서는 예비도 여기의 실행행위에 포함된다. 다만 1개의 죄가 현행형법 시행 전후에 걸쳐서 행하여진 때에는 현행형법 시행 전에 범한 것으로 간주하여 舊法으로 처벌하므로(부칙 제 4 조 제 1 항), 예를 들어 포괄일죄가 현행형법 시행 전후에 걸쳐서 행해진 때에는 구법을 적용해야 할 것이다.[2)] 하지만 이 부칙 규

1) 대판 2008. 12. 11, 2008도4376.
2) 대판 1985. 7. 9, 85도740.

정은 현행형법 시행일(1953년 10월 3일) 당시의 경과규정이므로, 현행형법 시행시점과 관계없는 그 후의 형법·특별형법의 개정시점을 전후하여 행해진 일죄에 대해서는 그 죄의 실행행위가 종료된 시점의 법인 신법이 적용되는 것으로 봄이 타당하다.[1]

(2) 법률의 변경

'法律의 變更'이라 함은 행위의 가벌성에 관한 법령 일체의 개폐(改廢)를 의미한다. 형법 등 법률뿐만 아니라 명령·규칙의 변경도 이에 포함된다.[2] 하지만 예컨대 '주식회사의 외부감사에 관한 법률'에서 규정하고 있는 회계처리기준의 변경은 이에 포함되지 않는다.[3]

행위시법에 의하면 범죄를 구성하였지만 그 법률의 변경으로 인하여 더 이상 처벌할 수 없게 된 경우에도 판례[4]에서는 법률의 변경이 '법률이념의 변천'에 기한 경우에만 제 1 조 제 2 항에 따라 신법을 적용할 수 있다고 판시하고 있다. 하지만 이는 행위자에게 불리한 유추해석으로서 부당한 견해라고 생각한다. 또한 판례[5]는 종전의 법률을 폐지하고 제정된 새 법률의 부칙에서 "신법 시행 전의 행위에 대한 벌칙에 관하여서는 종전의 법률규정에 의한다"는 경과규정을 두고 있음에도 불구하고 법관이 이를 간과하고 신법을 적용하였다 하더라도 신법의 형이 구법보다 가벼운 경우에는 그 위법을 상고이유로 삼을 수 없다고 판시하고 있는데, 이는 명문의 법률규정에 위배되는 판결이라고 보아야 한다.

(3) 행위가 범죄를 구성하지 아니하거나 형이 구법보다 경한 때

법률의 변경에 의하여 행위가 범죄를 구성하지 아니하거나 형이 구법보다 경하게 되었어야 한다. 그러므로 범죄의 구성이나 형의 경중과 관계없는 법령의 개폐의 경우에는 본 규정이 적용되지 아니한다. 예를 들어, 법률 시행령의 규정의 변경으로 인하여 법률의 적용요건이 축소되어 범죄로 인한 피해자의 피해가 줄어든 데 불과한 경우에는 본 규정이 적용되지 않는다고 본다.[6]

---

1) 대판 1986. 7. 22, 86도1012.
2) 박상기, 43면; 이재상, § 3, RN 6; 임웅, 51면; 정성근/박광민, 44면.
3) 대판 2007. 6. 1, 2006도1813.
4) 대판 1984. 12. 11, 84도413; 대판 2003. 10. 10, 2003도2770 등.
5) 대판 2003. 5. 16, 2003도1399.
6) 대판 2006. 5. 11, 2006도1715.

㈎ 행위가 범죄를 구성하지 아니하는 때

'行爲가 犯罪를 構成하지 아니한다'는 것은 특정 행위의 구성요건해당성[1]이나 위법성, 책임이 조각되는 것을 의미한다.

㈏ 형이 구법보다 경한 때

행위가 신법에 의해서도 범죄를 구성하지만, 단지 '刑이 舊法보다 輕한 때'에는 신법이 적용되게 된다. '형'은 法定刑을 의미한다. 법률의 변경이 있더라도 형의 경중에 변화가 없을 때에는 구법이 적용된다.[2] 법정형 중에 병과형이나 선택형이 있을 때에는 그 중 가장 중한 형을 기준으로 하여 경중을 판단한다.[3] 동일한 형종·형기인 경우에도 신법에 경한 선택형이 있는 경우에는 신법에 의한다.[4] 또한 형의 임의적 감경이 임의적·필요적 감면 또는 필요적 감경으로 변경되거나 형의 필요적 감경이 임의적·필요적 감면으로 변경된 때에는 신법이 경한 것으로 보아야 한다. 범죄 후 여러 차례 법률이 변경되어 행위시법과 재판시법 사이에 中間時法이 있는 경우에는 그 중 가장 형이 가벼운 법률을 적용해야 한다.[5]

3. 형법 제 1 조 제 3 항의 규정

형법 제 1 조 제 3 항에서는 "재판확정 후 법률의 변경에 의하여 그 행위가 범죄를 구성하지 아니하는 때에는 형의 집행을 면제한다"고 규정하고 있다.

본 규정은, 재판확정에 의하여 기판력이 발생한 후이더라도, 재판이 확정된 자와 재판이 확정되지 아니한 자 사이의 형평을 기하려는 취지를 갖고 있는 것이다. 또한 본 규정은 '행위가 범죄를 구성하지 아니하는 때'에만 적용되는 것이고, 행위가 범죄를 구성하지만 '형이 구법보다 경한' 데 그치는 경우에는 적용되지 아니한다.

1) 대판 1991. 1. 8, 90도2485.
2) 대판 1960. 11. 16, 4293형상445.
3) 대판 1992. 11. 13, 92도2194.
4) 대판 1954. 10. 16, 4289형상43.
5) 대판 1968. 12. 17, 68도1324.

Ⅲ. 限時刑法

1. 의 의

한시형법이란 제정시에 미리 그 시행기간 즉 유효기간을 예정하여 그 기간의 경과에 의하여 당연히 실효될 것을 정하고 있는 형벌법규를 말한다.

명시적으로 유효기간을 규정해놓은 법규 외에, 유효기간에 관한 명문의 규정은 없지만 해당 법률의 내용이나 목적에 비추어 현실의 사정이 변경되면 그 법률의 처벌규정도 효력을 잃는 것으로 보아야 하는 이른바 臨時刑法도 한시형법의 한 경우로 보는 견해[1]도 있다. 이는 근본적으로는 법과 사실의 관계, 사실의 규범력과 관련된 규범본질론의 한 문제라고 할 수 있는데, 죄형법정주의의 원칙에 비추어 이 임시형법은 한시형법에 포함되지 않는 것으로 봄이 옳다.

경제통제법령에서 한시형법의 예를 주로 볼 수 있다. 예를 들어, 여름철의 기상이변으로 인하여 채소류의 작황이 나빠져 상인들에 의한 매점매석에 따른 수급불균형으로 인한 채소류가격의 급등이 우려되어 "금년도 6월 1일부터 9월 30일까지 채소류를 매점매석하는 자는 1천만원 이하의 벌금에 처한다"는 처벌법규가 마련되었다고 상정한다면 그러한 법규를 한시형법이라고 할 수가 있다. 여기서 상인 A가 금년도 5월 15일에 채소류를 매점매석하였다면, 설사 그의 행위가 금지기간 중인 7월 1일에 기소되었더라도 그는 행위시법주의의 원칙(제1조 제1항)에 의하여 처벌되지 아니한다. 문제가 되는 경우는 A가 금지기간 중인 7월에 채소류를 매점한 후 금지기간 종료 후인 10월에 가서 기소된 경우인데, 이 때 A를 그 법규에 의하여 처벌할 것인지가 한시형법의 追及效認否의 문제라고 할 수 있다.[2]

2. 효 력

(1) 학 설

현행법상 행위시의 법이 후에 변경되어 재판시에 그 형이 폐지되었을

---

1) Schönke/Schröder, § 2, RN 37.

2) '소급효'가 현재의 법률이 과거의 사실로 거슬러 올라가 그 효력을 발생하는 것을 의미하는데 반하여, '추급효'는 과거의 법률이 현재의 사실로 따라 내려와 그 효력을 발생하여 적용되는 것을 가리킨다.

때에는 이를 처벌할 수 없고(제 1 조 제 2 항), 이에 따라 형사소송법도 범죄 후의 법령개폐로 인하여 형이 폐지되었을 때는 면소의 판결을 선고할 것을 규정하고 있다(동법 제326조 제 4 호). 한시형법의 효력에 관해서도 이 규정을 그대로 적용하게 되면 법의 폐지시기에 가까워질수록 위반행위가 많아지고 또 그 위반행위를 실제로 처벌할 수 없게 되기 때문에 한시형법의 입법의 실효를 기할 수 없게 되는 현실적인 문제가 생긴다. 이런 연유로 한시형법의 유효기간 중의 위반행위의 처리에 대해서는 추급효인정설, 동기설, 추급효부정설 등으로 견해가 갈린다.

㈎ 추급효인정설

追及效認定說에서는 한시형법의 실효를 기하기 위해서는 그 법이 폐지된 다음에 위반행위에 대한 재판이 행해지더라도 법의 효력을 추급하여 행위자를 처벌해야 한다고 주장한다.[1)]

독일 형법에서는 한시형법의 추급효를 인정하는 명문의 규정(동법 제 2 조 제 4 항)을 두고 있다.

㈏ 동 기 설

動機說[2)]에서는 법률변경의 동기 여하에 따라서 경우를 구분하여 만일 그 법률변경이 일반인의 법적 견해, 즉 法律理念의 변화에 기인한 경우에는 추급효를 부정하고, 그 법률변경이 경제사정 등 단순한 事實關係의 변화에 기인할 뿐인 경우에는 추급효를 인정한다.[3)] 우리 판례[4)]의 태도이다.

판례상 도로운송차량법시행규칙의 자동차점검정비기간을 길게 개정한 것,[5)] 계엄령의 해제,[6)] 부동산등기법에 의하여 등기하여야 할 부동산으로서 그 소유권보존등기가 되어 있지 아니하거나 등기부기재가 실제 권리관계와 일치하지 아니하는 부동산을 간이한 절차에 의하여 등기할 수 있게 함을 목적으로 하여 한시적으로 제정된 '부동산소유권이전등기 등에 관한 특별조치

1) 정영석, 65면.
2) 동기설은 원래 프랑크(R. v. Frank)에 의하여 최초로 주장되었다고 한다(이형국, 85면; 木村龜二, 限時法の效力, 刑法の基本問題, 1979, 87면).
3) 이재상, § 3, RN 17; Schönke/Schröder, § 2, RN 35.
BGHSt 6, 39.
4) 대판 1985. 5. 14, 85도529; 대판 1991. 1. 8, 90도2485; 대판 1994. 4. 12, 94도221.
5) 대판 1980. 7. 22, 79도2953.
6) 대판 1985. 5. 28, 81도1045.

법'의 폐지,[1] 수입식품의 유통기한의 표시를 자율화하도록 식품위생법령이 변경된 것,[2] 사용이 금지되었던 식품첨가물이 '건강기능식품에 관한 법률' 및 이에 의하여 고시된 규정 등에 의하여 그 제한적 사용이 가능하도록 변경된 것[3]과 도로교통법상 지정차로제도의 폐지,[4] 단란주점 등 일반음식점에 대한 영업시간제한규정의 폐지,[5] 부동산중개업자의 중개보조원 고용인원수 제한규정의 폐지[6] 등이 단순한 사실관계의 변화에 기인한 법률변경의 예이다. 반면에 축산물가공처리법시행규칙상 식육점 경영자가 사전검사를 받아야 할 대상에서 견육(犬肉)을 판매목적으로 진열한 행위를 삭제한 것,[7] '특정범죄가중처벌 등에 관한 법률'의 가중처벌대상인 세금포탈금액의 변경[8]이나 뇌물수수의 가액의 변경,[9] 청소년보호법의 개정으로 청소년의 숙박업소출입행위가 처벌대상에서 제외된 것,[10] 자동차관리법상 자동차폐차에 있어서는 원동기를 파쇄(破碎)하도록 되어 있던 것을 동법 시행규칙의 개정을 통해 일정 조건 하에 재사용할 수 있도록 변경한 것[11] 등은 법률이념의 변화에 기인한 법률변경의 예로 판시되고 있다.

여기서 특이한 점은 우리 판례가 비단 한시형법의 경우에 국한하지 않고 더 나아가 형법의 시간적 효력범위 일반에 관하여 동기설에 입각한 판단을 하고 있다는 점이다.[12] 즉 제 1 조 제 2 항의 규정은 법률이념의 변화에 따라 법령이 개폐된 경우에만 적용된다고 보는 것이다. 이러한 해석은 죄형법정주의에 대한 커다란 위협이라고 할 수 있다.[13]

---

1) 대판 1988. 3. 22, 87도2678.
2) 대판 1997. 2. 28, 96도2247.
3) 대판 2005. 12. 23, 2005도747.
4) 대판 1999. 11. 12, 99도3567.
5) 대판 2000. 6. 9, 2000도764.
6) 대판 2000. 8. 18, 2000도2943.
7) 대판 1979. 2. 27, 78도1690.
8) 대판 1983. 9. 13, 80도902.
9) 대판 1991. 1. 8, 90도2485.
10) 대판 2000. 12. 8, 2000도2626.
11) 대판 2003. 10. 10, 2003도2770.
12) 오히려 '한시형법'의 경우는 보기 드물다. 1985년 1월 1일부로 실효된 '부동산소유권이전등기 등에 관한 특별조치법'의 폐지에 관한 판례(대판 1988. 3. 22, 87도2678)에서 동법을 '限時的으로 制定된' 것으로 언급하고 있는데, 이러한 경우를 한시형법의 예로 볼 수 있을 것이다.
13) 장영민, "한시법의 효력", 형사판례연구 1, 1993, 8-9면.
反旨 : 이재상, §3, RN 10; 이정원, 42-43면.

대판 1984. 12. 11, 84도413 "형법 제 1 조 제 2 항의 규정은 형벌법령제정의 이유가 된 法律理念의 變遷에 따라 과거에 있어서 범죄로 본 행위에 대한 현재의 평가가 달라짐에 따라 이를 범죄로 인정한 그 자체가 부당하였다거나 또는 과형이 과중하였다는 반성적 고려에서 법령을 개폐하였을 경우에 적용되어야 하고, 이와 같이 법률이념의 변경에 의한 것이 아닌 다른 情勢의 變遷에 따라 그 때 그 때의 특수한 필요에 대처하기 위하여 법령을 개폐하는 경우에는 이미 그 전에 성립한 위법행위를 현재로서 관찰하여도 행위 당시의 행위로서는 가벌성이 있는 것이어서 그 법령이 개폐되었다 하여도 그에 따른 형이 폐지된 것이라고는 할 수 없다."

— 이 판례에서와 같이 우리 법원은 비단 한시형법에 국한하지 않고 '법령의 개폐' 일반에 있어서 그 개폐의 동기를 '법률이념의 변천'과 '다른 정세의 변천'으로 나누어 그 개폐된 법령의 추급효 인부를 판단하고 있다.[1)]

㈐ 추급효부정설

追及效否定說에서는 이러한 경우에도 형법 제 1 조 제 2 항의 원칙규정에 의하여 추급효는 부정된다고 본다. 다수설[2)]의 입장이다.

(2) 검 토

추급효인정설은 우리 형법상 법적 근거를 갖지 못하는 견해라고 할 수 있다.

독일 형법에서는 한시형법의 추급효를 인정하는 명문의 규정을 두고 있으면서도 판례와 학설에서 동기설을 채택하고 있는 바, 한시형법의 추급효에 관한 명문규정을 두고 있지 않은 우리 형법의 해석상 동기설은 독일의 경우와 상반된 기능을 수행하고 있다고 본다. 즉 독일에서는 동기설이 추급효를 인정하는 형법규정의 적용범위를 제한하여 행위시법주의의 원칙의 적용을 확대하는 기능을 수행하는 것이다. 그에 반하여 우리나라에서는 제 1 조 제 2 항의 규정에 의해 부정되는 추급효를 행위자에게 불리한 방향으로 다시 넓혀 인정하는 기능을 동기설이 수행하는 것이므로 우리 형법의 해석에 있어서는 죄형법정주의의 내용인 행위시법주의의 원칙에 비추어 볼 때 동기설을 채택하는 것은 바람직하지 못하다고 생각한다.[3)] 또한 동기설도 역시 법적

1) 同旨 : 대판 1997. 12. 9, 97도2682; 대판 2005. 1. 14, 2004도5890; 대판 2005. 12. 23, 2005도747.
2) 김성돈, 74면; 박상기, 46면; 배종대, 98면; 서보학, "법령의 개폐와 형법 제 1 조 제 2 항의 적용", 형사판례연구 13, 2005, 20면; 이형국, 86면; 임웅, 55면; 정성근/박광민, 49면; 조준현, 77면.
3) 이승호, "형법의 시간적 적용범위에 관한 동기설의 문제점", 형사판례연구 6, 1998, 1면 이

근거를 갖지 못할뿐더러, 법률변경의 동기에는 대부분의 경우 법률이념의 변화와 사실관계의 변화가 혼재하고 있으며, 양자의 구별이 명백하다고 볼 수 없다.[1] 법은 분명 폐지되었는데도 불구하고 국민의 法意識上 그 법적 견해에 변경이 없는 한 한시형법의 추급효를 인정한다는 동기설의 견해는 기본적으로 規範理論에 토대한 주관주의 형법이론의 잔재(殘滓)라고 생각한다. 따라서 한시형법의 추급효는, 해당 법률에서 추급효를 인정하는 명문의 규정을 두고 있지 않은 한, 부정함이 타당하다고 본다.

3. 백지형법

(1) 의 의

白地刑法(Blankettstrafgesetz)이란 형벌규정상의 구성요건의 내용 중 전부 또는 일부를 다른 법률이나 명령 등의 補充規範에 의해 보충해야만 구성요건으로서 기능할 수 있는 처벌법규를 말한다. 최근에 각종 경제·환경분야의 법령에서 법률상의 백지규정을 명령·규칙·고시(告示) 등으로 보충·변경하는 입법형식이 많이 등장하고 있다. 형법상으로는 중립명령위반죄(제112조)를 그 예로 들 수 있다. 보충규범의 내용은 행위의 가벌성의 존부와 정도에 관련된 것이어야 한다는 점에서 행위의 가벌성과 직접 관련되어 있지 않은 단순한 關聯規範과는 구별되어야 한다.

원래 죄형법정주의의 명확성의 원칙에 비추어 형법은 법규정상 범죄의 성립과 처벌에 관한 요건을 모두 규정하고 있어야 함이 당연한 요청이다. 그러나 긴급한 필요성이나 입법상의 전문성·기술성 때문에 부득이한 경우에 있어서는 백지형법의 입법형식이 채택될 수 있다. 백지형법의 형식을 취하는 경우에 있어서는 그 규정 자체만으로도 처벌대상이 되는 행위의 내용에 대해 객관적으로 예측할 수 있어야 하고, 보충규범도 법률의 위임범위를 벗어나 그 처벌의 대상을 확장할 수 없으며, 법률의 입법목적과 사회통념에 기해 법관의 합리적 해석에 의하여 판단될 수 있는 내용이어야 한다.[2]

하 참조.

1) 이건호, "한시법의 적용", 고시계 1975. 8, 32면.

2) 이인영, "백지형법 및 보충규범의 제한 및 고시의 변경과 추급효", 고시연구 2002. 12, 63면.

(2) 보충규범 개폐의 효력

(가) 문 제 점

백지형법에 있어서 보충규범 개폐(改廢)의 효력문제, 즉 예를 들어 중립명령위반죄에 있어서 보충규범인 '中立에 관한 命令'의 유효기간 동안 그 명령에 위반되는 행위를 한 자를 그 명령의 실효 후 처벌할 수 있는지의 문제는 보충규범인 중립명령을 한시형법으로 볼 수 있는가에 따라 결론이 달라진다. 예컨대, 中·日 사이에 선전포고에 의하여 개전된 경우를 상정하여 우리 대통령이 우리 국민에 대하여 중·일 간의 전쟁에 관하여 중립명령을 발한 때에 그 중립명령과 형법상의 중립명령위반죄의 규정을 갖고 이 문제를 생각해볼 수 있을 것이다.

(나) 학 설

이 문제에 관해서는 적극설과 소극설이 대립하고 있다.

1) 적극설 적극설에서는 보충규범을 한시형법의 한 부분으로 보고, 백지형법의 문제를 한시형법의 일반원리에 따라 해결한다.[1] 즉 보충규범인 중립명령과 형법상의 규정이 포괄적으로 하나의 한시형법을 구성하는 것으로 이해하여, 중립명령이 실효하게 되면 한시형법이 실효한 것으로 보아, 중립명령의 유효기간 중 행해진 위반행위에 대하여 중립명령실효 후 재판이 행해지는 경우 한시형법의 일반원리에 의하여 해결하는 것이다. 다수설[2]의 입장이다.

2) 소극설 소극설에서는 보충규범을 한시형법의 한 부분으로 보지 않는다.[3] 따라서 형법상 처벌규정인 구성요건이 존재하는 이상은, 설사 보충규범이 개폐되더라도, 공소시효가 만료하기 이전까지는 보충규범에 대한 위반행위는 항상 처벌할 수 있게 된다고 해석한다.

3) 사 견 형법상 구성요건의 내용의 변경을 가져오는 보충규범의 개폐는 '법률의 변경'(제 1 조 제 2 항)에 해당된다고 봄이 당연한 이치이므로, 보충

---

1) 김성돈, 78면; 박상기, 48면; 배종대, 102면; 신동운, 56면; 이재상, § 3, RN 24; 이형국, 87면; 장영민, "한시법의 효력", (앞), 11면; 정성근/박광민, 51면.

2) 보충규범의 내용이 행위의 가벌성과 관련이 있는지의 여부에 따라 달리 파악하는 절충적 견해(김일수/서보학, 50면)도 있으나, 보충규범의 내용이 가벌성과 무관한 경우는 현실적으로 찾아보기 어려울 것이므로 이 견해도 적극설과 별 차이가 없다고 생각한다.

3) 진계호, 형법총론, 1996, 90면; 황산덕, 35면.

규범은 백지형법규정과 합체하여 하나의 형벌규정을 구성하는 것으로 보는 적극설의 입장이 타당하다고 생각한다. 따라서 백지형법에 있어서 보충규범의 개폐는 한시형법의 원리에 의해 해결함이 타당하다. 즉 보충규범의 개폐에 의하여 형이 폐지된 경우에는 제 1 조 제 2 항의 취지에 따라 개폐 전의 보충규범이 적용되지 않고, 면소의 판결(형사소송법 제326조 제 4 호)을 하여야 한다고 본다.

제 2 절 場所的 範圍

제 2 조 [국내범] 본법은 대한민국영역 내에서 죄를 범한 내국인과 외국인에게 적용한다.

제 3 조 [내국인의 국외범] 본법은 대한민국영역 외에서 죄를 범한 내국인에게 적용한다.

제 4 조 [국외에 있는 내국선박 등에서 외국인이 범한 죄] 본법은 대한민국영역 외에 있는 대한민국의 선박 또는 항공기 내에서 죄를 범한 외국인에게 적용한다.

제 5 조 [외국인의 국외범] 본법은 대한민국영역 외에서 다음에 기재한 죄를 범한 외국인에게 적용한다.

1. 내란의 죄 2. 외환의 죄 3. 국기에 관한 죄 4. 통화에 관한 죄 5. 유가증권, 우표와 인지에 관한 죄 6. 문서에 관한 죄 중 제225조 내지 제230조 7. 인장에 관한 죄 중 제238조

제 6 조 [대한민국과 대한민국국민에 대한 국외범] 본법은 대한민국영역 외에서 대한민국 또는 대한민국국민에 대하여 전조에 기재한 이외의 죄를 범한 외국인에게 적용한다. 단, 행위지의 법률에 의하여 범죄를 구성하지 아니하거나 소추 또는 형의 집행을 면제할 경우에는 예외로 한다.

형법의 효력의 장소적 범위라 함은 형법이 어떠한 장소에서 발생한 범죄에 대하여 적용되는가의 문제를 말한다. 이는 외국 또는 외국인과 일정한 관련성을 갖는 범죄에 대한 우리 형법의 적용범위에 관한 논의를 가리키는 것으로서, 협의의 國際刑法의 문제라고 할 수 있다.

Ⅰ. 立法上 原則

형법을 포함한 법일반의 효력의 장소적 범위에 대하여는 속지주의, 속인주의, 보호주의, 세계주의가 적용되고 있다.

1. 속지주의

屬地主義는 범죄인의 국적이 내국인이건 외국인이건 묻지 않고 自國領土 내에서 발생한 일체의 범죄에 대하여 자국의 형법을 적용한다는 원칙이다. 이 원칙은 범죄가 행하여진 국가 및 범죄인의 이익보호라는 견지에서 나온 것이다.

국외를 운항중인 자국의 선박 또는 항공기 안에서 행하여진 범죄에 대하여 자국의 형법을 적용한다는 원칙인 이른바 旗國主義도 속지주의의 한 경우라고 할 수 있다.

2. 속인주의

屬人主義는 범죄지의 여하를 불문하고 설사 국외에서의 행위라도 自國民, 즉 자국국적인의 범죄에 대하여는 자국의 형법을 적용한다는 원칙이다. 이 원칙은 자국민의 이익보호의 견지에서 나온 것으로서, 범죄인의 국적에 따라서 형법의 효력이 미치는 국적주의를 말한다.

속인주의는 형법의 인적 효력범위를 확정하는데 있어서도 원칙의 하나로 적용될 수 있다.

3. 보호주의

保護主義는 자국의 이익보호의 견지에서 범죄지 및 범죄인의 국적의 여하를 불문하고 자국과 자국민의 법익을 침해하는 범죄에 대하여 자국의 형법을 적용할 수 있다는 원칙이다. 속지·속인주의를 보충하는 기능을 한다고 볼 수 있다.

보호주의는 그 내용에 따라서 국가보호주의와 개인보호주의의 두 가지로 분류된다. 國家保護主義는 자국, 즉 국가의 법익을 침해하는 범죄에 대해서만 자국의 형법을 적용하는 원칙이며, 個人保護主義는 자국 국민의 법익을 침해하는 범죄에 대해서만 적용하는 원칙을 의미한다.

보호주의의 원칙은 국가간 갈등과 마찰을 야기할 소지가 크므로 국제조약에 의한 입법적 보완이 요구된다.

4. 세계주의

世界主義는 범죄에 대한 사회방위의 국제적 연대성이라는 견지에서 범죄지, 범죄인의 국적, 침해법익의 주체 여하를 묻지 않고 자국의 형법을 적용하여야 한다는 원칙이다. 전쟁범죄, 항공기·선박납치 등 국제테러, 마약범죄, 인종차별·학살, 인신매매, 통화위조 등 국제적 공동질서와 인도적 질서를 해하는 범죄에 대하여 국제사회가 공동으로 대처한다는 취지에서 등장한 원칙이다.

보호주의에 있어서는 자국과 자국 국민의 이익의 보호에 의하여 형법의 효력범위가 제한되나, 세계주의에 있어서는 이러한 제한은 없고 외국이익의 보호를 위해서도 자국의 형법을 적용하게 된다.

Ⅱ. 우리 刑法의 立場

현행 형법은 속지주의를 기본원칙으로 삼고(제 2 조, 제 4 조), 이를 보충하기 위하여 일정한 범죄에 대하여는 속인주의(제 3 조)와 보호주의(제 5 조, 제 6 조) 및 세계주의(제207조 제 3 항, 제 4 항과 제214조, 제217조, 제218조)를 인정하고 있다.

1. 속지주의의 원칙

형법은 屬地主義에 입각하여 대한민국 영역 내에서 죄를 범한 내국인과 외국인에게 적용한다(제 2 조). 예를 들어, 대한민국 영역 내에서 배우자 있는 자가 간통한 이상 간통한 자나 배우자 또는 상간한 자가 간통죄를 처벌하지 않는 국가의 국적을 가진 외국인이라 하더라도 우리 형법상 간통죄는 성립하며 배우자도 고소권을 갖는 것이다.1)

‘大韓民國 領域’이라 함은 영토·영해·영공을 포괄하는 의미이다. 헌법

1) 同旨 : 대판 2008. 12. 11, 2008도3656.

이 대한민국의 영토를 '한반도와 부속도서(附屬島嶼)'로 규정하고 있기 때문에(동법 제 3 조 참조), 北韓地域도 형법의 적용에 있어서 '대한민국 영역'에 포함되는지가 문제될 수 있다. 우리 헌법 제 3 조의 규정이 입법된 1948년과 오늘의 상황은 여러 면에서 크게 다르므로 북한은 외국에 준하는 지역으로서 대한민국 영역에 포함시킬 수 없다고 보는 견해[1]도 있다. 하지만 헌법 제 3 조는 오늘날에 있어서도 여전히 한반도에 있어서 대한민국의 정통성을 선언하는 규정이며 또 정책적 측면에서 보더라도 장래 통일의 시기에 가서 중국이나 일본 등 주변국가와의 국경문제에 있어서 실로 중요한 의미를 갖는 규정이라고 보아야 한다. 따라서 우리의 최고 법규범으로서의 헌법의 규정에 따라 북한은 대한민국 영역에 포함되고, 따라서 형법도 북한지역에 적용되는 것으로 봄이 타당하다.[2] 따라서 북한지역의 주민도 형법의 적용에 있어서는 '내국인'에 해당된다고 할 것이다. 판례[3]도 북한을 '대한민국 영역'에 포함시키고 있다. 國內에 있는 外國의 外交公館도, 외교면제에 저촉되지 않는 한도 내에서, 원칙적으로 '대한민국 영역'에 포함되는 것으로 봄이 타당하다.[4]

대한민국 영역 외에 있는 대한민국의 선박 또는 항공기 내에서 죄를 범한 외국인에게도 대한민국 영역에 준하여 우리 형법이 적용된다는 기국주의(제 4 조)도 속지주의의 한 형태이다. 이는 영토주권의 당연한 요청이라고 할 수 있다.

2. 예 외

(1) 속인주의

형법은 屬人主義에 따라 대한민국 영역 외에서 죄를 범한 내국인에게 적용한다(제 3 조). 여기서 '內國人'이라 함은 대한민국의 국적을 가진 자로서 범행 당시 대한민국 국민임을 요건으로 한다.

---

1) 김성돈, 81면; 박상기, 39면.
2) 同旨 : 신양균, "외교공관에서의 범죄행위에 대한 재판권", 형사판례연구 2, 1994, 4면.
3) 대판 1997. 11. 20, 97도2021.
4) 김성돈, 82면.
대한민국 영역내의 외국의 치외법권지역은 '대한민국 영역 외'로 보는 판례(대판 1986. 6. 24, 86도403)도 있다.

(2) 보호주의

형법은 속지주의 및 속인주의를 보충하기 위하여 광범위하게 保護主義를 채용함으로써 외국인의 국외범으로부터 대한민국과 대한민국 국민의 일정한 법익을 보호하고 있다(제 5 조, 제 6 조 참조). 현실주의라고도 부른다. 외국인의 국외범에 대해서는 제 5 조, 제 6 조의 요건이 적용되지 않는 경우에는 우리 형법이 적용되지 않는다.[1]

보호주의는 국가보호주의와 개인보호주의로 세분된다. 우리 형법은 국가보호주의와 개인보호주의를 모두 채용하고 있다.

㈎ 국가보호주의

國家保護主義란 외국인의 국외범에 의하여 대한민국의 중요한 국가적·사회적 법익이 침해된 경우에만 우리 형법을 적용하는 원칙을 가리킨다. 이 원칙에 입각하여 형법상 내란의 죄, 외환의 죄, 국기에 관한 죄, 문서·인장에 관한 죄 중 일정한 경우, 유가증권·우표·인지에 관한 죄에 있어서는 외국인의 국외범에게도 우리 형법이 적용된다(제 5 조).

㈏ 개인보호주의

個人保護主義란 외국인의 국외범에 의하여 대한민국과 대한민국 국민의 개인적 법익이 침해된 경우에 우리 형법을 적용하는 원칙을 가리킨다. 이 원칙에 입각하여 대한민국과 대한민국 국민에 대하여 제 5 조에 기재한 죄 이외의 죄를 범한 외국인의 국외범도 우리 형법에 따라 처벌된다(제 6 조 본문).[2] 다만 이 경우에는 그 죄가 행위지의 법률에 의해 범죄를 구성하지 아니하거나 소추나 형의 집행이 면제될 때에 우리 형법이 적용되지 못하게 되어 처벌할 수 없다는 점이 제 5 조의 경우와 다르다(제 6 조 단서 참조).

제 5 조에 기재한 죄는 그 범죄행위에 의하여 대한민국의 중요한 국가적·사회적 법익이 바로 침해되는 것이지만, 제 5 조에 기재한 죄 이외의 죄에 있어서는 그 범죄가 '대한민국과 대한민국 국민에 대하여' 행해진 경우에만 우리 형법에 따라 처벌되는 것이다. 예를 들어, 私印僞造罪(제239조 제 1 항)는 '제 5 조에 기재한 이외의 죄'에 해당하지만 중국인이 중국에서 대한민국국적 주식회사의 인장을 위조한 경우에는 제 6 조에서 의미하는 '대한민국 또는 대한

1) 대판 2008. 4. 17, 2004도4899.
2) 대판 1997. 7. 25, 97도1142.

민국 국민에 대하여' 범한 죄가 아니므로 우리 법에 따라 처벌할 수 없게 된다.[1] 그러나 우리 국민의 인장이 객체가 되었다면 우리 법이 적용될 수 있을 것이다.[2]

(3) 세계주의

형법은 세계주의에 관한 일반적 규정을 두고 있지 않다. 하지만 외국통용 외국통화 등 위조·변조죄(제207조 제 3 항)와 동행사죄(제207조 제 4 항), 외국유가증권 위조·변조죄(제214조 제 1 항)와 동행사죄(제217조), 외국우표·인지 위조·변조죄(제218조 제 1 항)와 동행사죄(제218조 제 2 항) 등의 죄를 대한민국 영역 외에서 범한 외국인에게도 우리 형법이 적용되므로(제 5 조 제 4 호, 제 5 호 참조) 이들 죄의 규정은 世界主義에 입각한 것으로 봄이 타당하다. 판례[3]는 국내법과 같은 효력을 갖는 각종의 조약(헌법 제 6 조 제 1 항)을 근거로 하여 세계주의의 도입가능성을 인정하고 있다.

국제간의 교류와 유대가 긴밀해진 현대사회에선 중요한 법익에 관하여는 세계주의에 따른 처벌규정을 마련하는 것이 바람직하다. 독일 형법[4]과 일본 형법[5]은 세계주의에 관한 일반규정을 두고 있다.

Ⅲ. 外國에서 받은 刑의 執行

형법은 위와 같은 제 원칙을 채용하고 있으므로 외국에서 범한 범죄에 대하여 외국의 형법과 우리나라의 형법의 적용이 경합되는 경우가 생길 수 있다. 즉 동일한 행위에 대하여 외국에서 확정재판을 받은 자라 하더라도 다시 우리 형법으로 처벌할 수 있다. 다만 범인이 이미 외국에서 선고된 형의 전부 또는 일부의 집행을 받았을 때에는 법관이 형을 감경 또는 면제할 수

1) 대판 2002. 11. 26, 2002도4929.

2) 물론 이 경우에도 행위지인 중국의 법률상 그러한 행위가 범죄를 구성하거나 소추나 형의 집행이 면제되지 않을 것을 전제로 한다.

3) 대판 1984. 5. 22, 84도39(중국민항기사건판결).

4) 독일 형법은 명문으로 인종학살, 원자력·폭발물·방사선범죄와 항공기·선박 운항방해·파괴, 인신매매, 향정신성의약품거래, 음란물반포, 통화·유가증권 등 위조·유포, 보조금사기 등의 범죄 및 구속력을 갖는 국가간 조약상의 범죄 등에 대하여 세계주의를 적용하고 있다(동법 제 6 조 제 1 호 내지 제 9 호 참조).

5) 일본 형법은 외국인의 국외범에 대해서도 조약에 따라 자국 형법을 적용하고 있다(동법 제 4 조의2 참조). 이는 우리 판례의 입장과 같은 취지라고 할 수 있다.

있다(제 7 조). 이는 형의 임의적 감면사유이므로 외국에서의 형과 관계없이 국내에서 다시 형을 선고하여 집행할 수도 있음은 물론이다.[1] 그리고 외국에서 형의 일부의 집행을 받은 자에 대해서도 면제가 가능하다고 본다.

제 3 절　人的 範圍

Ⅰ. 原　則

형법은 그 효력의 장소 및 시간에 관한 효력이 미치는 범위내에서는 원칙적으로 우리 국적을 갖는 모든 사람의 범죄에 대해 적용된다. 그러므로 형법의 인적 효력의 범위의 문제는 결국 우리 영역내에서 예외적으로 우리 형법의 적용을 받지 않는 자의 범위에 관한 문제로 이해할 수도 있다.

형법의 효력의 장소적 범위와 관련하여 언급된 속인주의는 기본적으로 '領域'을 기준으로 하여 내국인의 대한민국 '領域 外'(제 3 조)에서의 행위에 대한 우리 형법의 적용문제를 의미하는 것이라는 점에서 이 인적 범위의 문제와는 구별할 필요가 있다.

Ⅱ. 例　外

1. 국내법상 예외

(1) 대 통 령

대통령은 내란 또는 외환의 죄를 범한 경우를 제외하고는 재직 중 형사상의 소추를 받지 아니한다(헌법 제84조).

대통령이 내란 또는 외환의 죄를 범한 경우에는 재직중이라도 형사상의 소추를 받을 수 있지만, 수뢰, 절도, 공문서위조, 강간 등의 일반범죄를 범한 경우엔 재직 중 형사상의 소추를 받지 아니하며, 퇴임 후 그 죄의 공소시효가 완성되기 전에는 소추될 수 있을 것이다. 하지만 현실적으로 대통령이 내

1) 대판 1979. 4. 10, 78도831.

란 또는 외환의 죄를 범하는 경우를 생각하기는 어려우며, 설사 그러한 죄를 범하였다 하더라도 형사상의 소추를 기대하기가 지난하므로 이 규정은 실효성을 갖지 못한다고 생각한다. 오히려 대통령의 헌법상 지위, 직무상 의무와 모순 되는 불합리한 제도라고 본다.

대통령의 범행 종료 후 퇴임시까지의 기간 동안 公訴時效의 진행이 停止되는지의 문제가 제기될 수 있는데, 그 기간 동안은 공소시효의 진행이 정지되고 퇴임시부터 그 진행이 개시된다고 봄이 타당하다. 예를 들어, 대통령이 재임기간 중에 절도 등의 일반범죄를 범한 경우 재임기간 중에는 그 죄로 기소되지 못하므로 그 죄의 공소시효는 퇴임시부터 진행된다고 보는 것이 타당하다.

(2) 국회의원

국회의원은 국회에서 직무상 행한 발언과 표결에 관하여 국회 외에서 책임을 지지 아니한다(헌법 제45조). 여기의 '책임'에 형사책임도 포함됨은 물론이다.

직무상 행위에 대해서는 영구히 국회 외에서 책임을 지지 아니한다고 본다. 직무와 무관한 행위에 대해서는 당연히 책임을 지게 된다.

2. 국제법상 예외

외국의 元首와 그 隨員 및 從者, 外交使節과 그 수원 및 종자는 국제법의 원칙에 따라 일체의 범죄행위에 대하여 우리 형법이 적용되지 아니한다. 여기서 '從者'는 내국인이 아닌 경우에만 예외로 취급된다. 이를 外交免除라고도 부른다. 외교관의 지위에 관한 빈(Wien)협약(1961)에 근거를 두고 있다.

우리나라와 외국 사이의 조약에 의하여 우리나라 영역내에 주둔하는 외국군대의 구성원과 군함의 소속원에 대하여도 형사소추를 할 수 없다. 우리나라가 미국과 맺은 韓·美行政協定의 본협정인 '대한민국과 아메리카합중국간의 상호방위조약 제 4 조에 의한 시설과 구역 및 대한민국에서의 합중국軍隊의 地位에 관한 협정'(Status of Forces Agreement : SOFA)과 동 협정의 합의의사록은 우리나라에 주둔하는 미군의 직무상 범죄에 대하여 일정한 범위에서 우리 형법의 적용을 배제하고 있다.

[同 협정]

제22조 [형사재판권] 1. 본조의 규정에 따를 것을 조건으로, ㈎ 합중국 군 당국은 합중국 군대의 구성원, 군속 및 그들의 가족에 대하여 합중국 법령이 부여한 모든 형사재판권 및 징계권을 대한민국 안에서 행사할 권리를 가진다.

㈏ 대한민국 당국은 합중국 군대의 구성원, 군속 및 그들의 가족에 대하여 대한민국의 영역 안에서 범한 범죄로서 대한민국 법령에 의하여 처벌할 수 있는 범죄에 관하여 재판권을 가진다.

……

7. ㈎ 사형의 판결은 대한민국의 법령이 같은 경우에 사형을 규정하고 있지 아니한 때에는 합중국 군 당국이 대한민국 안에서 이를 집행하여서는 아니 된다.

㈏ 대한민국 당국은 합중국 군 당국이 본조의 규정에 따라 선고한 자유형을 대한민국 영역 안에서 집행함에 있어서 합중국 군 당국이 조력을 요청하면 이 요청에 대하여 호의적 고려를 하여야 한다. 대한민국 당국은 또한 대한민국 법원이 선고한 구금형에 복역하고 있는 합중국 군대의 구성원, 군속 또는 그들의 가족의 구금·인도를 합중국 당국이 요청하면 이 요청에 대하여 호의적 고려를 하여야 한다. 이와 같이 구금이 합중국 군 당국에 인도된 경우에는 합중국은 구금형의 복역이 종료되거나 또는 이러한 구금으로부터의 석방이 대한민국 관계당국의 승인을 받을 때까지 합중국의 적당한 구금시설 안에서 그 개인의 구금을 계속할 의무를 진다. 이러한 경우에 합중국 당국은 대한민국 당국에 관계정보를 정규적으로 제공하여야 하며, 또한 대한민국 정부의 대표는 대한민국 법원이 선고한 형을 합중국의 구금시설 안에서 복역하고 있는 합중국 군대의 구성원, 군속 또는 그들의 가족과 접견할 권리를 가진다.

— 우리나라는 미군이 주둔하고 있는 여러 나라들 중에서도 주둔미군의 범죄에 대한 기소율이 가장 낮은 것으로 알려져 있다. 위 협정의 내용을 개선하는 것 못지않게 중요한 것이 우리 형사사법기관과 국민 개개인의 확고한 자주적 권리의식이라고 할 수 있다.

제 2 편

犯 罪 論

제 1 편 序論에서 형법의 개념을 설명하면서도 보았지만, 형법은 범죄와 형벌에 관한 규정을 내용으로 하고 있다. 그리고 형법의 '총론'에서는 각칙상의 여러 범죄유형의 법규정을 해석함에 있어서 공통적으로 적용되는 通則的 原理를 고찰하고 있다.

우리 형법학의 관례를 보면, 총론에서는 주로 犯罪論에 큰 비중을 두고 논하고 있다. 우리 대륙계 형사법학은 형벌론을 형사정책학에서 본격적으로 논하는 것이 그 큰 이유라고 할 수 있다. 형벌을 형사정책학상 범죄대책의 가장 중요한 내용으로 생각하고 있기 때문이다.

본서에서도 총론을 범죄론과 형벌론으로 나누어 개설하고자 한다.

犯罪論은 형법상 범죄의 성립요건에 관한 논의를 그 내용으로 한다. 범죄의 성립요건은 구성요건해당성, 위법성, 책임의 셋으로 이루어져 있으므로 구성요건, 위법성, 책임의 이론이 범죄론의 기본내용이 된다. 이론상 구성요건 전단계에서 형법상 행위개념을 검토할 필요가 있으므로 구성요건론 앞에서 행위에 관하여 논하기로 한다.

범죄론에서는 그 외에도 특수한 범죄유형인 미수범, 공범, 수죄(數罪)의 문제에 관하여서도 검토된다. 원래 범죄의 성립요건들은 기수범, 단독범, 일죄(一罪)를 대상으로 하여 논해지는 것이므로, 범죄의 특수한 유형인 미수범, 공범, 수죄에 있어선 구성요건, 위법성, 책임의 이론에서 논해진 바가 그대로 적용되지는 못한다. 그러므로 미수범, 공범, 수죄에 있어서 나타나는 수정원리와 특수한 문제점들에 관해서는 미수범론, 공범론, 죄수론에서 개별적으로 더 검토되게 된다.

제1장

犯罪의 基本概念

제1절 犯罪의 意義

犯罪(Verbrechen, crime)는 국가형벌권의 발생요건이 되는 행위이다. 범죄 없이는 형벌을 과할 수 없다는 죄형법정주의의 요청상 이 범죄개념의 확정은 국가형벌권의 발생을 위한 전제요건이 되고 있다.

범죄의 개념은 학문상 실질적 의의와 형식적 의의 두 가지로 사용되고 있다.

犯罪의 實質的 意義는 실질적으로 국가가 보호하는 사회생활상의 이익·가치를 침해 내지 위협하는 反社會的 行爲 일체(一切)를 가리킨다. 즉 범죄는 그것이 해당국가의 사회질서에 반하는 행위이기 때문에 그에 대해 형벌이 과해지는 것으로 보는 것이다. 특히 형사정책에 있어서는 범죄를 일종의 사회현상으로 보아 이 실질적 의의의 범죄를 연구의 대상으로 하여 그에 대한 방지·방알(防遏)의 대책을 강구하고 있으므로, 범죄의 실질적 의의는 바로 범죄의 刑事政策的 意義를 의미하는 것이다. 입법자는 이 실질적 의의의 범죄유형들 중에서 그 판단에 따라 일정한 유형을 골라 형법상의 범죄구성요건을 입법하는 것이다.

犯罪의 形式的 意義는 범죄의 刑法的 意義를 가리키는 것으로서, 실정법인 형법에 의한 형벌부과의 대상이 되는 행위를 의미한다. 즉 '구성요건에 해당하고, 위법하며, 행위자에게 책임이 인정되는 행위'를 가리키는데, 법관은 이 형식적 범죄개념에 토대하여 죄형법정주의의 원칙에 따라 범죄의 성립 여부를 판단하는 것이다. 형법학에서 논하는 범죄의 개념은 형식적 의의라고 할 수 있다.

제2절 犯罪의 成立과 處罰

일정한 행위가 범죄로 인정되어 그에 대해 형벌이 부과되기 위해서는 성립요건, 처벌조건, 소송조건 등 몇 가지 법적 요건을 갖추어야 한다. 형법상 범죄로 성립하기 위하여 갖추어야 하는 요건을 成立要件이라고 하며, 성립요건을 갖추어 범죄로서 성립한 행위에 대해서는 원칙적으로 국가의 형벌권이 발동된다. 그러나 범죄로서 성립한 행위에 있어서도 특별한 이유로 인하여 다른 요건을 더 갖춤으로써만 국가의 형벌권이 발동되는 경우들이 있는데, 이 경우 그 요건을 處罰條件이라고 한다. 訴訟條件은 해당 범죄사실에 대하여 국가가 공소를 제기하는 데 있어서 요구되는 요건을 가리킨다. 소송조건에는 모든 범죄유형에 있어서 요구되는 것과 특별한 범죄유형에 있어서만 요구되는 두 가지 유형이 있다. 형법에서 논의되는 소송조건의 문제는 친고죄와 반의사불벌죄에 국한된다.

Ⅰ. 犯罪의 成立要件

형법상 범죄가 성립하기 위하여는 다음의 세 가지 요건이 갖추어져야 한다.

일정한 행위가 구성요건에 해당하고(構成要件該當性) 또 위법성조각사유에 해당하지 아니하여 위법성이 인정되어야 하며(違法性), 행위자가 그 행위 당시의 구체적 상황에서 법적으로 비난가능하여야 한다(責任). 즉 구성요건에 해당하고, 위법하며, 행위자에게 책임이 인정되는 행위가 형법상 범죄로 된다.

구성요건해당성, 위법성 및 책임의 세 요건을 범죄의 成立要件 또는 범죄의 일반적 구성요건이라고 한다. 즉 형법상 모든 유형의 범죄에 있어서 공통적으로 요구되는 요건이다. 이 세 요건은 '구성요건해당성—위법성—책임'의 순서대로 심사되어야 한다. 그러므로 구성요건에 해당한 행위에 대해서만 위법성이 심사될 수 있으며 또 위법성까지 인정된 행위를 수행한 사람에 대해서만 책임의 유무가 검토되는 것이다. 즉 구성요건해당성을 갖추지 못한 행위에 대해서는 위법성이 인정될 수 없으며, 구성요건해당성이나 위법성을 갖추지 못한 행위를 수행한 행위자에 대해서는 책임 유무가 심사될 수 없게 된다. 이 세 요건 중 어느 하나라도 결여되면 범죄는 성립되지 못하고, 따라서 법원은 무죄판결을 하게 된다.

1. 구성요건해당성

構成要件該當性(Tatbestandsmäßigkeit)이란 구체적인 행위가 범죄의 구성요건에 해당한다는 것을 의미하는 요건이다.

형법 각본조(各本條)가 규정하는 구성요건은 형법상 금지 또는 요구되는 행위가 무엇인지를 추상적·유형적으로 규정하고 있는데, 이를 '법적 구성요건'이라고 한다. 입법자는 실질적 의의의 범죄유형들 중에서 사회생활상 금지할 필요가 있는 犯罪類型 즉 不法類型을 골라내어 형법전에 '범죄'로 규정하게 되는데 이를 '法的 構成要件'이라고 할 수 있다. 법관의 사실인정을 거쳐 확인된 구체적 범죄사실, 즉 '構成要件的 事實'이 법적 구성요건을 충족시킬 때 '構成要件該當性'이 인정된다. 구성요건해당성의 인부에 관한 판단은 논리적 삼단논법의 과정을 밟는다고 할 수 있다. 따라서 아무리 반사회적·반도덕적인 행위라 할지라도 구성요건해당성을 갖추지 못할 때에는 죄형법정주의의 원칙상 범죄를 구성하지 못한다.

2. 위 법 성

違法性(Rechtswidrigket)이란 구성요건에 해당하는 행위가 전체 법질서의 입장에서 허용되지 않는 성질을 말한다.

범죄가 성립하기 위하여 위법성이 인정되어야 한다. 그런데 구성요건은 '違法한 行爲', 즉 不法을 유형화하여 규정한 것이므로, 불법유형으로서의 구성요건에 해당하는 행위는 원칙적으로 위법성을 갖는다고 할 수 있다. 그러므로 구체적인 행위에 대한 위법성판단은 구성요건의 판단에서 비롯된다. 이런 근거에서 형법은 위법성의 요건을 적극적으로 규정하지 않고, 소극적으로 위법성조각사유를 규정하고 있는 것이다. 즉 구성요건에 해당하는 행위도 형법에 규정된 정당행위, 정당방위, 긴급피난, 자구행위, 피해자의 승낙 등의 위법성조각사유(제20조 내지 제24조)에 해당하는 때에는 법적으로 허용된 행위로 평가된다.

'위법성'과 '불법'의 개념은 구분하여 사용하여야 한다. 違法性은 구성요건해당행위가 전체 법질서에 어긋나는 상치(相馳)관계를 가리키는 관계개념인데 반하여, 不法(Unrecht)은 구성요건에 해당하며 또 위법한 행위 그 자체를 가리키는 실질개념이다.

위법성과 구성요건해당성은 둘 다 '행위'에 대하여 요구되는 요건이라는 점에서 공통되기 때문에 이 둘을 '불법'이라는 하나의 개념 속에 뭉뚱그려 파악함으로써, 범죄의 성립요건을 不法과 責任의 두 가지로 파악하는 이원적 범죄체계론도 제시되고 있다. 즉 '불법'은 행위에 대한 요건이고, '책임'은 행위자에 대한 요건인 것이다.

3. 책　　임

責任(Schuld)이란 행위자가 행위 당시의 구체적 상황에서 법규범에 맞추어 행동하지 않고 규범위반적 행위를 한 데 대한 非難可能性을 말한다.

객관적으로 구성요건에 해당하고 위법한 행위라 할지라도 그 행위자에게 책임이 인정되지 않을 때에는 범죄가 성립되지 못한다. 예를 들어 14세 미만의 형사미성년자(제 9 조)나 심신상실자(제10조 제 1 항)의 행위 또는 강요된 행위(제12조) 등은 책임조각사유에 해당되어 행위자에게 책임이 인정되지 않기 때문에 범죄로 되지 않는다.

우리 형법은 '책임'에 관하여서도 적극적으로 책임의 성립요건을 규정하지 않고, 소극적으로 책임감경·조각사유들을 규정하고 있는 바, 이러한 면에서 보면 우리 형법은 구성요건에 해당하고 위법한 행위를 한 행위자에게는 책임을 인정하는 것을 원칙적 입장으로 삼고 있다고 할 수 있다.

Ⅱ. 犯罪의 處罰條件

범죄의 처벌조건이란 범죄의 성립요건을 갖추어서 범죄로서는 성립된 행위에 있어서 행위자의 특별한 개인적 사정에 기해 단지 행위의 可罰性만을 좌우하는 요건이다. 즉 범죄행위에 대해 형벌권이 발동되기 위하여 요구되는 요건을 가리킨다.

범죄의 성립요건이 갖추어지지 않은 경우엔 무죄판결이 내려지지만, 처벌조건이 결여된 경우엔 범죄의 성립은 인정되어 유죄가 선고되면서 단지 형의 선고만이 없는 '형의 면제'의 판결(형사소송법 제322조)이 내려진다.[1] 이 경우 범죄의 성립은 인정된 것이므로 '형의 면제'의 판결은 유죄판결의 일종이다.[2] '처벌조건'은 특별한 개인적 사정에 기해 개별적으로 적용되는 것이므로 공범자의 경우에도 사유가 인정되는 자에게만 효과가 발생하게 된다.

범죄의 처벌조건은 객관적 처벌조건과 인적 처벌조각사유로 분류되고 있다.

1. 객관적 처벌조건

客觀的 處罰條件이라 함은 범죄 그 자체는 성립하였음에도 불구하고 그 성립된 범죄의 가벌성만을 좌우하는 객관적 사유를 말한다. 즉 그것이 구비되지 아니하면 국가의 형벌권이 발생하지 아니하여 처벌할 수 없는 경우이다. 객관적 처벌조건이 결여된 경우를 '객관적 처벌조각사유'라고 할 수 있다.

事前收賂罪에 있어서 '공무원 또는 중재인이 된 사실'(제129조 제 2 항), 破産犯罪에 있어서 '파산의 선고의 확정'(파산법 제366조 내지 제368조) 등이 여기에 해당한다고 봄이 일반적이다.[3]

2. 인적 처벌조각사유

人的 處罰阻却事由라 함은 일단 성립한 범죄에 대하여 행위자의 특수한

---

1) '형의 면제'의 판결은 범죄의 처벌조건이 결여된 경우뿐만 아니라 과잉방위(제21조 제 2 항), 중지미수(제26조), 불능미수(제27조 단서), 자수(제90조 제 1 항 단서, 제101조 제 1 항 단서) 등 다른 사유에 기해서도 내려질 수가 있다. 즉 '형의 면제'의 사유가 모두 처벌조건의 경우에 해당하는 것은 아니다.

2) '형의 면제'는 '형집행의 면제'와 구별되어야 하는데, '형집행의 면제'(제 1 조 제 3 항, 제 7 조 등)에 있어선 형의 선고도 하지만 그 판결이 확정된 후의 사유로 인하여 단지 그 집행만을 면제하는 것이다.

3) 이 두 경우는 해당 범죄의 구성요건요소로 보면서, '自首'(제52조 제 1 항)와 중지미수에서의 '自意的 中止'(제26조)를 객관적 처벌조건으로 파악함이 타당하다고 주장하는 견해(이승호, "객관적 처벌조건사유의 재구축", 고시연구 2001. 12, 77면 이하)도 있다.

신분적 관계로 인하여 형벌권이 발생이 발생하지 않는 경우를 말한다.

친족간 범행특례에 있어서 직계혈족·배우자·동거친족·가족 또는 그 배우자(제328조 제 1 항), 면책특권이 인정되는 국회의원(헌법 제45조), 외교특권이 인정되는 외교사절 등의 신분이 여기에 해당한다.

Ⅲ. 訴訟條件

소송조건이라 함은 해당 범죄사실에 대하여 공소를 제기하는데 있어서 요구되는 법적 요건을 가리킨다. 소추조건 또는 공소제기요건으로도 불리운다.

소송조건은 범죄의 성립요건 및 처벌조건과 구별되어야 한다. 성립요건과 처벌조건이 실체적 요건이라고 한다면, 소송조건은 절차적 요건이라 할 수 있다. 소송조건은 실체법인 형법에 명시되어 있는 경우에도 범죄의 성립 및 가벌성과는 상관없고, 단지 공소제기와 관련해서만 요구되는 요건이다.

소송조건에 관한 논의는 당연히 형사소송법학의 내용이지만 실체법인 형법에도 규정된 경우가 있다. 親告罪에 있어서의 '告訴'(제306조 등), 反意思不罰罪에 있어서 '被害者의 明示한 意思'(제110조, 제260조 제 3 항 등), '告發'(조세범처벌법 제 6 조 등) 등이 실체법인 형법에 규정되어 있는 소송조건의 예이다.

범죄의 성립요건을 결여하는 때에는 실체적 재판인 무죄판결을 선고하여야 하고 또 처벌조건을 결여한 때에는 형의 면제의 판결을 내려야 하나, 소송조건을 결여한 경우에는 공소기각의 형식적 재판을 하게 된다(형사소송법 제327조 제 2 호, 제 5 호, 제 6 호).

범죄의 성립과 처벌의 과정을 보면, 일단 수사를 거친 해당 사실에 관하여 공소가 제기된 다음에 법원에 의하여 사실인정을 거쳐 범죄로서의 성립 여부가 판단되게 되며, 다음에 처벌조건 등의 심사에 의하여 그에 대한 형벌권의 발동 여부가 검토되는 것이다. 그러므로 절차상으로는 소송조건의 존재가 확인된 다음에 성립요건과 처벌조건이 심사되게 된다.

제 3 절 犯罪의 主體와 客體

Ⅰ. 犯罪의 主體

범죄의 주체는 '者'(제87조 등), 즉 '사람'(Mensch)이다.[1)]

민법상 권리의 주체인 '人'에는 자연인과 법인이 있다. 형법상 범죄의 주체인 '자'는 보통 자연인을 의미한다. 자연인이 범죄의 주체인 일반적인 경우에 있어서는 책임능력 외에 총론상 특별히 검토될 문제점은 없다고 할 수 있다. 여기서 오늘날 법인의 사회경제적 중요성이 부각됨에 따라서 法人도 형법상 범죄의 주체로 될 수 있는가 또 형벌의 부과대상은 될 수 있는가 등의 문제가 제기된다. 前者가 法人의 犯罪能力의 문제이며, 後者는 刑罰能力에 관한 논의이다.[2)]

1. 법인의 범죄능력

(1) 학 설

법인이 범죄의 주체가 될 수 있는지, 즉 범죄능력을 갖는지에 관하여는 긍정설, 부분적 긍정설과 부정설이 대립하고 있다.[3)]

> 대륙법계에서는 私法上 法人의 本質에 관하여 일반적으로 법인실재설을 취하지만, 형법상으로는 법인의 범죄능력을 부인하는 것이 일반적인 경향이다. 이에 반해 영미법계에서는 사법상 일반적으로 법인의제설을 취하지만, 형법상으로는 법인의 범죄능력을 긍정하는 것이 일반적이다.

---

1) 형법각칙의 개별구성요건상 '사람'은 일반적으로 행위자 이외의 他人을 의미하는 개념으로 사용되고 있으나, 여기서의 '사람'은 自然人을 가리키는 개념이다.

2) 여기서 사용되는 '범죄능력'과 '형벌능력'의 의미는 책임론상 責任能力의 本質에 관한 논의에서 사용되는 의미와는 다르다. 본절에서 '범죄능력'은 책임능력을 포함하는 의미로서 범죄를 실현시킬 수 있는 능력을 의미하며, '형벌능력'은 책임능력과는 무관한 것으로서 범죄를 실현·성립시킨 것을 전제로 하여 그에 대한 법률효과로서의 형벌을 부과 받을 수 있는 적격을 의미한다.

3) 물론 각칙상 전시공수계약불이행죄(제117조)의 주체에는 자연인 외에 법인도 포함되는 것으로 봄이 일반적인 해석이지만, 여기서 논의되는 것은 범죄 일반의 주체가 될 수 있는지의 문제이다.

㈎ 긍 정 설

肯定說에서는 법인의 경우 기관(機關)을 통하여 의사가 형성될 수 있으며, 법인에 대하여도 재산형이나 자격형의 부과는 가능하므로 범죄능력을 인정함이 타당하다고 한다.[1] 법인이 설립목적의 범위 내에서 행위를 하다보면 형법에 위배되는 행위도 행할 수 있다는 현실론에 토대하고 있다.

하지만 긍정설에서는 기관을 통하여 법인의 의사와 행위가 형성·수행될 수 있다고 하지만, 이는 사법상의 의제에 불과한 것이지 형법상의 의사·행위와는 전혀 성질을 달리 하는 것이라는 점을 간과하였다고 할 수밖에 없다.

㈏ 부분적 긍정설

部分的 肯定說에서는 범죄의 유형을 반윤리적인 본래의 범죄유형인 刑事犯[自然犯]과 행정상의 합목적성을 추구하기 위한 제재로서의 行政犯[法定犯]으로 구분하여, 행정범의 경우에는 법인의 범죄능력을 인정함이 옳다고 주장한다.[2] 양벌규정과 같이 실정법상 법인을 처벌하는 규정이 있는 경우는 형법 제8조의 '다른 법령에 특별한 규정이 있는 경우'에 해당되어 형법의 총칙상 규정이 적용되어야 하므로, 법인의 범죄능력을 인정함이 타당하다고 보는 견해[3]도 이에 속한다.

부분적 긍정설에 의할 경우에는 범죄유형을 형사범과 행정범으로 구분하는 기준이 불명확하고, 양자의 성격이 혼재하는 범죄유형에 대해선 설명이 불가능하다는 문제점이 나타난다. 또한 법인에 대한 처벌규정이 있는 경우에 있어서는 법인의 범죄능력을 인정하자는 입장은 실정법규정에 대한 맹목적 합리화에 불과하고 아무런 이론적 근거도 갖지 못한다고 생각한다.

㈐ 부 정 설

否定說에서는 범죄개념의 기본적 속성에 비추어 법인은 그 주체가 될 수 없으며, 법인은 생명형이나 자유형의 부과대상이 되지 못하고, 법인을 처벌한 결과가 행위자 이외의 다른 구성원들에게 미치는 것은 책임주의의 원칙에 반한다는 점 등에 토대하여 법인의 범죄능력을 부정하고 있다.

---

1) 김일수/서보학, 135면; 정성근/박광민, 90면; 藤木英雄, 行政刑法, 1976, 46면; 西原春夫, 刑法總論, 1980, 77면.
2) 유기천, 108면; 임웅, 77면.
3) 김성돈, 156면; 신동운, 87면; 오영근, §9, RN 13.

(2) 사 견

법인은 기관인 자연인을 통하여서만 행위하므로 법인 고유의 의사와 행위는 인정하기 어렵다. 또한 행위자에 대한 사회윤리적 비난이 형법상 책임의 본질이라는 점에 비추어 보면 법인의 책임능력도 부정되는 것이 당연하며, 현실적으로도 법인의 반사회적 활동에 대해서는 민법·상법과 행정법규 등에서 효과적으로 대처하고 있으므로 법인의 범죄능력을 인정하여 형벌까지 부과하자는 주장은 형법의 보충성의 원칙에 반한다고 할 수 있다. 따라서 그 범죄능력을 부정하는 否定說의 입장이 타당하다고 생각한다. 우리나라의 다수설[1]과 판례도 부정설의 입장이다.

대판 1984. 10. 10, 82도2595 [다수의견] "배임죄에 있어서의 타인의 사무를 처리할 의무의 주체가 법인이 되는 경우라도 법인은 다만 사법상의 의무주체가 될 뿐 범죄능력이 없는 것이며 그 타인의 사무는 법인을 대표하는 자연인인 대표기관의 의사결정에 따른 대표행위에 의하여 실현될 수밖에 없어 그 대표기관은 마땅히 법인이 타인에 대하여 부담하고 있는 의무내용대로 사무를 처리할 의무가 있다고 할 것이므로 법인이 처리할 의무를 지는 타인의 사무에 관하여는 법인이 배임죄의 주체가 될 수 없고 그 법인을 대표하여 사무를 처리하는 자연인인 대표기관이 바로 타인의 사무를 처리하는 자, 즉 배임죄의 주체가 된다.

[소수의견] 법인은 사법상의 의무주체가 될 뿐 범죄능력이 없다고 하나 바로 이 사법상의 의무주체가 배임죄의 주체가 되는 것이므로 이것을 떠나서 배임죄는 성립할 수 없다 할 것이고 법인의 대표기관은 법인이 타인에 대하여 부담하고 있는 의무내용대로 사무를 처리할 임무가 있다는 그 임무는 법인에 대하여 부담하는 임무이지 법인의 대표기관이 직접 타인에 대하여 지고 있는 임무는 아니므로 그 임무에 위배하였다 하여 이를 타인에 대한 배임죄가 성립한다고 할 수 없다."

— 이 판례의 [다수의견]에서는 '사법(私法)상 의무의 주체'인 법인과 '타인의 사무를 처리하는 자'로서의 대표기관을 분리하여 파악하고 있다. 즉 법인의 범죄능력에 관해 부정설에 충실하게 해석하면 이런 경우 형사처벌의 공백이 생길 수밖에 없으므로 자연인인 대표기관에게 배임죄의 주체성을 인정하여 그를 처벌함으로써 형사정책적 요청에 부합하고자 하고 있는 것이다.[2] 양벌규정이 마련되어 있는 범죄에 있어서는 행위자와 법인 모두가 처

1) 박상기, 71면; 이재상, §7, RN 13; 정영석, 78면; 조준현, 120면; 황산덕, 78면.

2) 법인의 범죄능력을 부정하고 있다는 점에서는 이 판례도 종전의 판례(대판 1982. 2. 9, 80도

벌됨으로써 그 입법의 목적을 도모할 수 있지만, 배임죄와 같이 법인이 주체가 될 수 있는 범죄유형에 있어서 양벌규정도 마련되어 있지 않은데 법인의 범죄능력을 부정하게 되면 형사처벌의 공백을 메울 수 없기 때문이다. 하지만 이런 공백은 법인의 처벌을 위한 특별규정의 입법을 통하여 메우는 것이 타당하다고 생각한다.

예를 들어, A주식회사의 대표이사인 B가 A 소유명의의 토지를 C에게 매도하기로 계약을 맺고 중도금까지 받은 후 그 계약사실을 숨기고 D와 다시 그 토지에 관한 매매계약을 맺고 D 앞으로 소유권의 명의를 이전해준 경우에 있어서 C에게 소유권의 명의를 이전해주어야 할 의무는 민법상 그 토지의 소유자인 A에게 귀속되는 것이지만, 현실적으로 C에게 소유권의 명의를 이전해주어야 하는 사무를 처리하는 자는 B이므로 B에 대하여 업무상 배임죄를 인정하는 것이다.

입법론적으로는 독일 형법상 '타인을 위한 행위'(Handeln für einen anderen)에 관한 규정(동법 제14조), 즉 이른바 대리인책임의 규정을 우리 형법에도 마련하는 것이 바람직하다고 생각한다.

2. 법인의 형벌능력

(1) 일 반 론

법인에 대한 형벌의 부과는 범죄의 성립이 인정된 다음에 문제되는 점이다. 그러므로 법인의 범죄능력에 관한 긍정설에서는 법인에 대한 형벌의 부과를 원칙적으로 인정하고 있으며, 법인의 범죄능력에 관한 부정설의 입장에 서면 법인의 형벌능력은 당연히 부정될 수밖에 없다. 법인에 대해 형벌을 부과할 수 있는지에 관하여는 재산형과 자격형은 법인에게도 효과적인 형벌이 될 수 있으며 또 사람에 대한 생명형과 자유형에 해당하는 형벌로서 법인의 해산과 영업정지를 생각할 수 있다는 견해[1]가 제시되고 있다. 그러나 현행법상으로는 양벌규정에 있어서 재산형인 벌금만이 규정되어 있으며, 법인의 해산과 영업정지 등의 제재는 앞으로의 입법론으로는 의미를 가질 수도 있겠으나, 형법상 형벌의 종류(제41조)를 규정하고 있는 죄형법정주의의

1796)와 같은 입장이다.

1) 유기천, 108면; 정성근/박광민, 90면.

원칙상 현행법 하에서는 인정될 수 없는 것이다.

(2) 양벌규정

[조세범처벌법]

제 3 조 [처벌범위] 법인의 대표자, 법인 또는 개인의 대리인, 사용인 기타 종업인(從業人)이 그 법인 또는 개인의 업무 또는 재산에 관하여 본법에 규정하는 범칙행위를 한 때에는 행위자를 벌하는 외에 그 법인 또는 개인에 대하여서도 각 본조의 벌금형에 처한다. 다만, 국세기본법에 의한 과점주주(寡占株主)가 아닌 행위자에 대하여서는 정상에 의하여 그 형을 감면할 수 있다.

㈎ 의 의

범죄의 주체는 동시에 형벌부과의 대상이 되는 것이 원칙이다. 범죄의 주체에게 형벌을 귀속시킴으로써 형벌의 개별화를 기할 수 있고, 형법의 목적이나 책임주의의 원칙에 비추어서도 범죄의 주체와 형벌의 주체는 당연히 일치되어야 한다. 그런데 현실의 입법에 있어서 일부 단속법규에 범죄의 주체가 될 수 없는 법인에 대한 처벌규정이 마련되어 있다. 이러한 때에는 법인에게도 예외적으로나마 형벌능력을 인정하는 것이 일반이다. 법인의 처벌에 관한 입법에 있어서 행위자를 처벌하지 않고 법인만을 처벌하는 이른바 전가규정(轉嫁規定)은 찾아보기 어렵고, 행위자와 법인 모두를 처벌하는 양벌규정이 일반적이다.

兩罰規定이라 함은 형벌법규를 위반한 사람과 그 사람과 일정한 관계를 맺고 있는 법인을 함께 처벌하는 규정을 말한다. 주로 법인의 대표자나 대리인, 사용인 기타 종업원이 그 법인의 업무에 관하여 일정한 범법행위를 한 경우에 있어서 실제의 행위자 외에 그 법인도 함께 처벌하는 규정을 가리킨다. 여기서 '법인'에는 민법상의 법인 외에 지방자치단체도 포함된다고 본다.[1] 그러나 법인격을 취득하지 못한 사단(社團)은 설사 그것이 단체의 실질을 갖는 경우에도 양벌규정의 적용대상에는 포함되지 않으며,[2] 법인이 아닌 일반 한의원의 경우는 당연히 양벌규정의 적용대상이 될 수 없다.[3] '대리인'은 대등한 관계에서 법률상 위임을 받은 자가 아니라, 종업원의 신분을 갖고

1) 대판 2005. 11. 10, 2004도2657.
2) 대판 1995. 7. 28, 94도3325.
3) 대판 2007. 11. 22, 2007도2990.

업무를 집행하는 자를 의미한다. 상사(商事)지배인이 이에 해당한다. 대리인과 사용인은 '종업원'의 예에 해당한다. '기타 종업원'은 법인의 업무에 있어서 영업주의 직·간접적인 감독 아래 종사하는 자를 가리킨다.[1] 대부분의 양벌규정에 있어서는 법인의 처벌에 관한 별도의 요건을 규정하지 않고 있다. 그리고 양벌규정 중 일정한 신분자의 행위만을 처벌하는 경우에 있어서는 비신분자는 처벌대상이 되지 못한다고 할 것이다.[2]

(나) 양벌규정의 법적 성격

1) 학 설 양벌규정에 있어서 법인처벌의 근거를 설명하기 위하여서 무과실책임설, 과실의제설, 과실추정설, 과실책임설 등이 제시되고 있다. 법인에 대해서 형법상의 고의를 인정한다는 것은 본래적으로 불가능하므로 형사책임이 문제되는 경우에는 과실책임만이 논의되는 것이다.

a) 무과실책임설 無過失責任說은 실제로 법위반행위를 저지른 기관인 사람의 처벌에 있어서는 형법의 일반원리에 따라 당연히 고의·과실이 요구되지만, 법인에 대한 처벌은 그 사람의 고의·과실과 관계없이 항상 가능하다고 본다.[3] 이 설에 따르면 기관인 자연인에게 고의·과실이 전혀 인정되지 않더라도 법인은 처벌될 수 있게 된다. 이렇게 보면 법인의 형사책임은 轉嫁責任·代位責任으로서의 성격을 갖는다. 법인의 범죄능력을 부정하는 부정설의 입장에서는 양벌규정의 성격을 무과실책임설에 입각하여 이해할 수밖에 없게 된다.

b) 과실의제설 過失擬制說은 법인의 기관인 자연인의 고의·과실이 인정되면 법인의 과실이 의제된다고 본다. 오늘날 이설을 취하는 학자는 없다고 할 수 있다. 이 설은 현실적 결과에 있어서 무과실책임설과 차이는 없지만, 행위자인 자연인의 고의·과실이 인정되어야 법인의 처벌이 가능하게 된다는 점과 어쨌든 법인에 대해서도 과실의 존재를 의제하고 그 의제된 과실을 토대로 하여 처벌을 긍인한다는 점에서 무과실책임설과 차이를 보인다고 하겠다.

---

1) 대판 1993. 5. 14, 93도344.

2) 김성돈, 163면; 허일태, "피고인에게 불리한 판례의 변경과 소급효금지원칙", 형사판례연구 9, 2001, 142면.
판례(대판 1997. 7. 15, 95도2870; 대판 2004. 5. 14, 2004도74)는 이 경우 비신분자의 처벌가능성을 인정하고 있다.

3) 박상기, 72면; 배종대, 172면; 유기천, 108면; 이재상, §7, RN 19.

c) 과실추정설 過失推定說은 행위자인 자연인의 고의·과실이 인정되면 법인의 과실이 일단 추정되지만, 다만 법인의 무과실이 입증되는 경우에는 법인을 처벌하지 않는다고 본다.[1] 이 설은 법인의 과실 유무에 관한 입증이 현실적으로 어렵다는 문제점을 안고 있다.

d) 과실책임설 過失責任說은 법인의 경우에도 형법의 일반원리에 따라 자연인에 있어서와 마찬가지로 업무에 관한 법인의 과실이 적극적으로 입증되어야만 처벌이 가능하다는 입장이다.[2] 기관의 과실이 법인에게 귀속된 법인의 자기책임이라고 보는 견해[3]도 과실책임설의 한 유형으로 분류할 수 있다고 하겠다. 하지만 현실적으로 법인의 과실이 입증된다는 것은 불가능에 가까운 일이므로 이 설에 따르면 결과적으로 법인의 처벌을 규정한 양벌규정의 존재의미가 사라질 수도 있다고 생각한다.

2) 검 토 과실의제설, 과실추정설, 과실책임설은 어쨌든 법인의 과실의 존재를 전제로 하여 법인의 처벌을 긍인한다는 점에서는 공통되며, 그리하여 이들을 통틀어 무과실책임설에 대응하는 개념으로서의 '광의의 과실책임설'로 칭할 수도 있다.

법인의 범죄능력을 부정하는 입장에 선다면, 양벌규정에 있어서는 우리 법이 법인의 처벌에 관하여 책임주의의 원칙에 대한 예외를 인정하여 정책적으로 無過失責任을 인정한 것으로 봄이 타당하다. 범죄능력을 부정하면 형벌의 부과는 불가능한 것이기 때문이다. 판례[4]도 기본적으로 무과실책임설의 입장에 서있다고 할 수 있다.

㈐ 법인 외 개인영업주의 처벌

양벌규정에 있어서 많은 경우 행위자뿐만 아니라 영업주 등 (법인이 아닌) 사람, 즉 개인영업주를 함께 처벌하고 있다. 이때에 그 개인영업주의 처벌은 범법행위를 저지른 행위자인 종업원에 대한 선임·감독상의 과실로 인한 과실책임에 기한다고 보는 것이 판례[5]의 입장이다. 즉 양벌규정에 의한 영업

1) 김대휘, "양벌규정의 해석", 형사판례연구 10, 2002, 26면.
2) 신동운, 91면; 오영근, § 9, RN 18; 정영석, 80면; 藤木英雄, 刑法講義 總論, 1981, 112면.
3) 김성돈, 161면; 김일수/서보학, 139면; 정성근/박광민, 93면; 조병선, "양벌규정과 형사책임", 형사판례연구 3, 1995, 13면.
4) 대판 1983. 3. 22, 81도78; 대판 1991. 11. 12, 91도1801; 대판 1996. 3. 12, 94도2423.
5) 대판 1977. 5. 24, 77도412; 대판 1987. 11. 10, 87도1213.

주의 처벌은 범법행위자인 종업원의 처벌에 종속하는 것이 아니라 독립하여 그 자신의 종업원에 대한 선임·감독상의 과실로 인하여 처벌되는 것이므로 종업원의 범죄성립이나 처벌이 개인영업주의 처벌의 전제조건이 되지는 않는다.[1] 이는 법인의 처벌근거와는 별개의 문제이며, 타당한 해석이라고 생각한다. 만일 개인영업주가 범법행위에 대해 고의를 갖고 있었다면 그는 행위자인 종업원과 공범이나 공동정범의 책임을 지게 된다. 즉 양벌규정에 있어서 개인영업주의 책임과 관련해서는 과실책임의 성부만이 문제되는 것이다. 그런데 최근에 헌법재판소는 지금까지의 대법원 판례와는 다른 관점에서 개인영업주의 처벌에 관한 규정에 대하여 위헌결정을 내렸다.

헌결 2009. 7. 30, 2008헌가10 "청소년보호법 제54조는 영업주가 고용한 종업원 등이 그 업무와 관련하여 위반행위를 한 경우에, 그와 같은 종업원 등의 범죄행위에 대해 영업주가 비난받을 만한 행위가 있었는지 여부와는 전혀 관계없이 종업원 등의 범죄행위가 있으면 자동적으로 영업주도 처벌하도록 규정하고 있다. 한편, 이 조항을 '영업주가 종업원 등에 대한 선입감독상의 주의의무를 위반한 과실 기타 영업주의 귀책사유가 있는 경우에만 처벌하도록 규정한 것'으로 해석할 수 있는지가 문제될 수 있으나, 합헌적 법률해석은 법률조항의 문언과 목적에 비추어 가능한 범위 안에서의 해석을 전제로 하는 것이므로 위와 같은 해석은 허용되지 않는다. 결국, 이 조항은 아무런 비난받을 만한 행위를 한 바 없는 자에 대해서까지, 다른 사람의 범죄행위를 이유로 처벌하는 것으로서 형벌에 관한 책임주의에 반하므로 헌법에 위반된다.

[반대의견] 이 조항에서 청소년에게 유해한 주류나 담배를 직접 판매한 자 이외에 영업주를 그와 동일한 벌금형으로 처벌하도록 하는 것은 종업원의 그와 같은 위반행위가 이익의 귀속주체인 영업주의 묵인 또는 방치로 인하여 발생 또는 강화될 가능성이 높아 영업주에 대한 비난가능성이 높음에도 공범으로서의 입증가능성은 오히려 낮을 수 있다는 점을 감안한 것인 바, 이는 종업원의 위반행위에 대한 법인의 위와 같은 선임감독상의 주의의무위반 등에 대하여 강력한 처벌을 하려는 입법자의 의지를 반영한 것이라고 봄이 상당하다. 따라서 이 조항의 문언상 '영업주의 종업원에 대한 선임감독상의 과실 기타 귀책사유'가 명시되어 있지 않더라도 그와 같은 귀책사유가 있는 경우에만 처벌하는 것으로 해석할 수 있고 이는 합헌적 법률해석에 따라 허용되므로, 이러한 해석을 전제로 할 때 이 조항은 책임주의 원칙에 위반되지 아니한다."

---

1) 대판 2006. 2. 24, 2005도7673.

— 이 결정에서 헌법재판소는 대법원 판례와는 정반대의 결정을 내렸다. 하지만 처벌규정의 형식 여하를 떠나 영업주의 처벌은 당연히 책임주의 원칙에 입각하여 과실책임에 토대하여 판단되어야 하는 것이고, 이는 헌법상의 원칙과 형법 제 8 조의 규정에 비추어 보더라도 당연한 요청이라 할 수 있다. 영업주처벌에 관한 양벌규정의 입법취지를 고려하면서 아울러 책임주의 원칙을 관철하는 [반대의견]과 대법원 판례의 입장이 타당하다고 생각한다.

입법론적 관점에서 볼 때, 양벌규정에 있어서 개인영업주와 관련해서도 종업원의 범법행위가 행정범적 성격을 크게 갖는 경우에는 법인에 준하여 무과실책임을 인정함이 타당하다고 생각한다. 양벌규정상 범법행위에 있어서는 대부분의 경우 종업원의 범법행위에 의한 수익이 개인영업주에게 귀속되는 것이 현실이기 때문에 그렇게 해석하는 것이 양벌규정의 입법취지에 부합한다고 볼 수 있기 때문이다.

Ⅱ. 犯罪의 客體

범죄의 객체라 함은 범죄행위의 대상을 말한다. '행위의 객체'라고 볼 수 있다.

범죄의 객체에 관하여는 각칙 상 범죄구성요건에 개별적으로 기술되어 있다. 살인죄(제250조)의 객체는 '사람'이고, 절도죄(제329조)의 객체는 '타인의 재물'이다.

범죄의 객체는 보호의 객체, 즉 법이 보호하는 이익인 法益(Rechtsgut)과는 다르다. 예컨대, 살인죄의 행위의 객체는 사람이나, 그 보호의 객체인 법익은 사람의 생명이다. 범죄는 법익을 침해하거나 그 침해의 위험을 발생하게 하는 행위이므로 보호의 객체인 법익이 존재하지 아니하는 범죄는 있을 수 없다. 하지만 '행위의 객체'는 범죄유형에 따라서 존재하지 않는 경우도 있다. 다중불해산죄(제116조), 도주죄(제145조 제 1 항), 퇴거불응죄(제319조 제 2 항) 등이 그 예이다.

범죄의 본질 내지는 형법의 기능과 관련하여 '法益'의 개념은 중요한 의미를 갖고 있다. 20세기 들어 형법상 보호의 객체가 '법익'인지 아니면 '의무'인지가 학문적으로 크게 논의된 적이 있다. 客觀的 利益으로서의 '法益'과 행위자의 主觀的·人格的 '義務'(Pflicht)는 모두가 범죄행위에 의해 침해될 수 있는 대상이지만 그 양자 중 어느 것이 범죄의 본질과 더 큰 관련을 맺는 것으로 보느냐에 따라 크게는 형법의 기능을 이해하는데 있어서도 차이를 가져오게 된다. 범죄를 법익침해로 이해하는 객관주의의 입장에 서게 되면 형법은 보호적 기능을 갖는 소극적·겸억적 규범체계로서의 역할을 수행하는 것으로 이해하게 되고, 의무위반을 범죄로 보는 주관주의의 입장에 서면 형법은 적극적 사회윤리규범으로 기능하는 것으로 보게 된다. 리스트(Liszt)가 전자의 입장에 서 있는 대표적 학자이고, 후자의 입장에 선 학자로는 담(Dahm)을 들 수 있다. 이 논의가 不法論과 표리의 관계를 갖게 됨은 당연한 이치이다.

제 4 절 犯罪概念의 分類

형법학상 범죄의 개념은 우선 총론상의 범죄개념과 각론상의 범죄개념으로 나누어 볼 수 있다. 총론 분야에서 사용되는 범죄개념에는, 그 분류의 기준에 따라, 작위범·부작위범과 고의범·과실범, 기수범·미수범, 정범·공범, 일죄·수죄(경합범) 등이 있다. 이들 범죄개념에 관하여는 본서에서 상술하게 된다. 각론 분야에서 사용되는 중요한 범죄개념에는 결과범·거동범과 침해범·위험범, 즉시범·계속범·상태범, 친고죄·반의사불벌죄 등이 있는데, 이들 범죄개념은 총론 분야의 설명에 있어서도 자주 사용되므로 본절에서 그 의미를 살펴보도록 한다. 또한 형법의 '각칙'에서는 각 처벌규정의 보호법익의 종류에 따라 국가적 법익, 사회적 법익, 개인적 법익을 침해하는 범죄를 순차적으로 규정하고 있는데, 이들 범죄개념의 의미에 관하여는 각론에서 자세히 살펴보게 된다.

독일과 영미의 형법에서는 형의 경중에 따라 重罪(Verbrechen, felony)·輕罪(Vergehen, misdemeanor)의 개념을 구분하여 사용하고 있으나[독일 형법 제12조, 미국 모범형법전 제4조(1.04) 제1항 참조], 우리 형법상으로는 이 개념들이 사용되지 않고 있다.

Ⅰ. 結果犯과 擧動犯

범죄는 그 완성을 위하여 행위결과의 발생이 요구되는지에 따라 결과범과 거동범으로 구분된다.

결과범과 거동범 양자를 구분하는 실익은 결과범의 경우에만 실행행위와 결과 사이의 因果關係(제17조)를 논할 수 있다는 점이다.

1. 결 과 범

結果犯이란 구성요건상 결과의 발생을 요건으로 하고 있는 범죄이다. 즉 외부적 동작뿐만 아니라 이로 인하여 야기된 결과의 발생도 구성요건요소에 속하는 범죄를 말한다. 즉 결과의 발생에 의하여 범죄가 기수에 이르게 되는 경우이다. 實質犯이라고도 한다.

살인죄(제250조 제 1 항), 상해죄(제257조 제 1 항), 강도죄(제333조), 손괴죄(제366조) 등 대부분의 범죄가 여기에 해당한다.

2. 거 동 범

擧動犯은 구성요건이 결과의 발생을 요건으로 하지 않고, 구성요건상 규정된 행위를 수행함으로써 구성요건이 충족되는 범죄이다. 이 범죄유형에 있어서 결과의 발생은 범죄의 성부에 영향을 끼치지 못한다. 形式犯이라고도 한다.

위증죄(제152조 제 1 항), 무고죄(제156조), 교통방해죄(제185조), 아편 등 소지죄(제205조), 공연음란죄(제245조), 명예훼손죄(제307조 제 1 항), 모욕죄(제311조), 업무방해죄(제314조), 주거침입죄(제319조 제 1 항) 등이 거동범에 해당한다.

Ⅱ. 侵害犯과 危險犯

結果犯은 그 '결과'의 의미를 이해하는데 따라서 다시 침해범과 위험범으로 구분된다.

1. 침 해 범

범죄가 성립하기 위하여 일정한 법익의 침해를 구성요건요소로 요구하는 범죄를 侵害犯이라 한다.

살인죄, 상해죄 등이 침해범의 대표적인 예이다.

2. 위 험 범

(1) 의 의

범죄가 성립하는데 있어서 단지 법익침해의 가능성인 危險의 존재만으로 충분한 범죄를 危險犯이라고 한다.

신용훼손죄(제313조), 업무방해죄, 교통방해죄(제185조) 등을 그 예로 들 수 있다.

(2) 분 류

위험범은 다시 구체적 위험범과 추상적 위험범으로 분류된다.

具體的 危險犯은 구체적으로 법익침해의 위험이 발생할 것을 구성요건상 명문으로 요하는 범죄이다. 구성요건상 명문으로 위험의 발생이 요구되지 않는 범죄에 있어서도 그 미수범에 대한 처벌규정이 마련되어 있는 때에는 그 범죄의 성격에 비추어 구체적 위험범으로 보아야 할 경우도 있을 수 있다. 이에 대해 抽象的 危險犯은 구체적으로 법익침해의 위험이 발생함을 요하지 않으며 일정한 행위만 수행되면 위험도 발생한 것으로 입법상 의제되는 범죄이다.[1] 예컨대, 現住建造物放火罪(제164조)는 그 행위로 인한 구체적 위험의 발생 여부를 불문하고 구성요건의 내용인 행위가 수행되면 당연히 위험도 발생한 것으로 의제되는 추상적 위험범인데 반해, 一般物件放火罪(제167조 제1항, 제2항)는 그 범죄의 성립을 위하여 소정의 행위만으로는 부족하고, 현실로 구성요건상의 구체적 위험인 '공공의 위험'이 발생하였을 때 비로소 범죄로 성립되는 구체적 위험범이다. 그러므로 양 위험범에 있어서는 개념상 그 行爲만의 不法을 비교해 보면 추상적 위험범의 행위의 불법이 구체적 위험범의 경우보다 더 중하다고 할 수 있다. 구체적 위험범에 있어선 소정의 행위의 수행 외에 일정한 위험의 발생도 아울러 인정되어야만 범죄가 성립되기 때문이다.

1) 추상적 위험범은 일정한 행위의 수행에 의하여 범죄가 완성되게 되므로 실제에 있어서는 거동범과 구별하기 어렵다고 할 수 있으나(박상기, 80면), 개념상으로는 엄연히 결과범에 해당된다고 생각한다(同旨 : 임웅, 83면).

명문상의 구체적 위험범의 예로는 자기소유일반건조물 등 방화죄(제166조 제 2 항), 일반물건방화죄, 폭발물파열죄(제172조 제 1 항), 가스·전기 등 방류죄(제172조의2 제 1 항), 가스·전기 등 공급방해죄(제173조 제 1 항)와 동죄의 과실범(제173조의2 제 1 항), 자기소유일반건조물 등 일수죄(제179조 제 2 항), 과실일수죄(제181조), 유기죄의 일정한 경우(제271조 제 3 항, 제 4 항) 등을 들 수 있다.

Ⅲ. 卽時犯, 繼續犯, 狀態犯

범죄는 범행의 시간적 계속성의 요부(要否) 및 범익침해의 태양(態樣)에 따라 즉시범, 계속범, 상태범의 세 가지로 나누어진다.

1. 즉 시 범

卽時犯은 구성요건적 행위의 실행이 시간적 계속을 요하지 않고, 일정한 법익의 침해 또는 침해의 위험이 발생함으로써 바로 범죄가 완성되고 동시에 종료하는 범죄를 가리킨다.

살인죄, 절도죄(제329조), 방화의 죄 등 대부분의 범죄는 이에 속한다.

2. 계 속 범

繼續犯은 범죄의 완성을 위하여 침해사실의 시간적 계속이 요구되는 범죄이다. 계속범에 있어서는 법익침해의 행위나 상태가 계속되는 동안 범행은 종료되지 아니한다.

체포·감금죄(제276조 제 1 항), 미성년자약취·유인죄(제287조), 주거침입죄(제319조 제 1 항), 퇴거불응죄(제319조 제 2 항) 등이 그 예이다.

3. 상 태 범

狀態犯은 즉시범의 한 경우이긴 하지만 범행종료 후에도 법익침해의 위법상태가 계속되는 범죄로서, 그 위법상태 하에서의 행위는 따로 독립한 범죄로 취급되지 아니한다.

절도죄가 그 대표적 예이다. 예컨대, 절도죄에 있어서 행위자가 탈취한 재물을 사후에 처분하는 행위는 이른바 불가벌적 사후행위로서 횡령죄, 손괴죄, 장물죄 등의 별죄를 구성하지 아니한다. 하지만 즉시범 중 상태범이 아닌 경우, 예를 들어 살인죄에 있어서는 범행종료 후 사체에 대하여 오욕이나 유기의 행위가 행해진 경우 사체 등 오욕죄(제159조)나 사체 등 유기죄(제161조 제1항)의 별죄가 성립하는 것이다. 양 유형의 범죄에 있어서 종료 후의 상태가 범죄의 성부에 끼치는 영향에 유의할 필요가 있다.

계속범에 있어서는 법익침해의 상태가 계속되는 동안 범행은 종료되지 않지만, 상태범에 있어서는 범행종료 후에도 법익침해의 상태가 계속된다는 점에서 양자는 구별된다. 공동정범·공범의 성립가능시기나 공소시효의 기산점(형사소송법 제252조 제1항) 등 범행의 종료시점이 법률상 의미를 갖는 문제에 있어서 양자의 구별의 실익이 나타난다. 즉 계속범에 있어서는 범죄가 기수에 달한 후라도 행위가 계속되는 동안에는 공동정범·공범의 가담이 가능하지만, 상태범에 있어서는 범죄가 기수에 달한 후에는 그 가담이 불가능하다. 그리고 계속범의 공소시효의 기산점인 범행종료시는 위법한 상태 즉 법익침해의 상태가 끝난 시점이다.[1)]

Ⅳ. 親告罪와 反意思不罰罪

訴訟條件과 관련하여 구분되는 범죄개념으로 친고죄와 반의사불벌죄를 들 수 있다.

1. 친 고 죄

(1) 의 의

親告罪는 고소권자의 고소가 있어야 검사가 공소를 제기할 수 있는 범죄를 말한다. 친고죄는 피해자의 명예나 비밀을 보호하기 위하여, 가정 내의 자율성을 존중하기 위하여 또는 비교적 경미한 범죄에 대한 소추에 관하여 피해자의 의사를 반영하기 위하여 인정되는 개념이다. 예컨대, 간통죄(제241조 제1항), 강간죄(제297조), 사자(死者)의 명예훼손죄(제308조), 모욕죄(제311조), 비밀침해죄(제316조) 등이 이에 속한다.

---

1) 대판 2001. 9. 25, 2001도3990.

(2) 분 류

친고죄는 개념상 다시 절대적 친고죄와 상대적 친고죄로 분류되고 있다.

絶對的 親告罪라 함은 그 범죄가 누구에 의하여 행해졌든 간에 피해자의 고소가 있는 경우에만 기소될 수 있는 범죄이다. 간통죄, 강간죄 등 대부분의 친고죄가 이에 속한다. 相對的 親告罪는 피해자와 일정한 친족관계에 있는 사람이 그 범죄를 행했을 때에만 피해자의 고소가 있어야 기소될 수 있게 되고, 그 이외의 사람에 의하여 행해졌을 때에는 고소 없이도 기소될 수 있는 일반범죄로 취급되는 경우이다. 친족간 범행의 특례에서 그 예를 찾아볼 수 있다.

일정한 범죄유형에서는 親族間에 그 범죄가 행해진 경우에 관하여 特例가 마련되어 있는데, 刑의 必要的 免除와 相對的 親告罪의 두 경우가 있다.

형의 필요적 면제의 예로는 직계혈족, 배우자, 동거친족, 가족 또는 그 배우자 간의 권리행사방해죄, 절도죄, 사기죄, 공갈죄, 횡령죄, 배임죄(제328조 제 1 항, 제344조, 제354조, 제361조)의 경우와 장물죄(제365조 제 1 항)의 범인과 피해자 사이에 위의 친족관계가 있는 경우[다만 장물죄의 범인과 본범 간에 위의 친족관계가 있는 경우엔 형의 必要的 減免이 행해진다(제365조 제 2 항 본문)] 그리고 친족, 동거가족이 범인을 위해 범한 범인은닉죄(제151조 제 2 항), 증거인멸죄(제155조 제 4 항) 등의 경우를 들 수 있다.

상대적 친고죄의 예로는 권리행사방해죄, 절도죄, 사기죄, 공갈죄, 횡령죄, 배임죄가 제328조 제 1 항에 규정된 이외의 친족간에 범해진 경우(제328조 제 2 항, 제344조, 제354조, 제361조)와 장물죄의 범인과 피해자 사이에 제328조 제 1 항에 규정된 이외의 친족관계가 있는 경우(제365조 제 1 항)를 들 수 있다.

2. 반의사불벌죄

反意思不罰罪는 검사가 고소권자의 고소 없이 공소를 제기할 수 있으나 피해자가 특히 처벌을 원치 않는다는 의사표시를 행하는 경우에는 공소를 제기할 수 없는 범죄를 말한다. 피해자의 그 의사표시를 공소제기의 해제조건으로 하고 있기 때문에 解除條件附 犯罪로도 불리운다. 예컨대, 명예훼손죄(제307조), 폭행죄(제260조 제 1 항), 협박죄(제283조 제 1 항), 과실상해죄(제266조 제 2 항) 등이 이에 속한다.

친고죄는 고소권자의 '고소'라는 적극적 의사표시가 있을 때에 비로소 기소될 수 있지만, 반의사불벌죄는 피해자가 아무런 의사표시도 하지 않고 있는 상태에서는 기소되어 처벌될 수 있지만 피해자의 '처벌을 원하지 않는 의사표시'가 행해진 때 한하여 기소될 수 없게 된다는 점에서 양자는 구별된다.

Ⅴ. 其他의 犯罪概念

강학(講學)상 자주 사용되는 기타의 범죄개념으로는 신분범, 목적범, 합동범 등을 들 수 있다.

1. 신 분 범

身分犯(Sonderdelikt)은 구성요건상 행위자의 일정한 신분이 요구되는 범죄를 말한다.[1)]

신분범에는 신분이 없으면 구성요건을 실현할 수 없는 眞正身分犯과 신분이 있음으로써 형이 가중 또는 감경되는 不眞正身分犯이 있다. 전자의 예로는 수뢰죄(제129조 제 1 항), 위증죄(제152조 제 1 항), 간통죄(제241조 제 1 항), 허위공문서작성죄(제227조), 업무상 비밀누설죄(제317조 제 1 항, 제 2 항) 등이 있고, 후자의 예에는 존속살해죄(제250조 제 2 항), 존속폭행죄(제260조 제 2 항) 등 尊屬에 대한 범죄와 업무상 과실치사상죄(제268조) 등 業務上 犯罪가 있다.

신분범에 있어서 共犯의 책임에 관해서는 제33조에서 규정되고 있다.

2. 목 적 범

目的犯은 구성요건상 고의 외에 주관적 요소로 일정한 목적을 요하는 범죄를 말한다. 목적범은 형법상 '… 할 목적으로 … 한 자'라는 형식으로 규정되어 있다.

---

1) '신분범' 대신에 신분범을 포함하는 좀더 넓은 의미의 범죄개념인 '의무범'을 사용하는 견해(김일수/서보학, 564면 이하; Schönke/Schröder, Vor §§ 25, RN 62)도 있다.

義務犯(Pflichtdelikt)이란 구성요건상 행위자가 일정한 법적 의무를 갖는 경우를 가리키며, 따라서 의무범의 정범성은 행위자의 특정한 의무위반의 사실에 의하여 인정되게 된다. 하지만 이 개념은 기본적으로 형법 제33조 등 우리 형법의 규정체계와 부합하지 않으며, '의무'개념의 불명확성으로 인하여 구성요건의 해석에 있어서 죄형법정주의에 반하게 되는 위험성을 안고 있으므로 부적절한 개념이라고 생각한다.

목적범에는 목적이 없으면 범죄가 성립되지 않는 眞正目的犯과 목적의 유무에 따라 형이 가중 또는 감경되는 不眞正目的犯이 있다. 전자의 예로는 내란죄(제87조), 모해위증죄(제152조 제 2 항), 무고죄(제156조), 통화위조죄(제207조 제 1 항, 제 2 항, 제 3 항), 문서위조죄(제225조, 제231조) 등이 있으며, 후자의 예로는 판매목적 아편 등 소지죄(제198조) 등이 있다. 판매목적 아편 등 소지죄는 아편 등 소지죄(제205조)와의 관계에서 볼 때 부진정목적범이 된다.

3. 합 동 범

合同犯은 2인 이상이 합동하여 일정한 범죄를 범함으로써 형이 가중되는 집단범죄의 일종이며, 구성요건상 2인 이상의 합동이 요구되는 범죄이다. 합동범은 형법상 '2인 이상이 합동하여 … 한 자'라는 형식으로 규정되어 있다.

특수도주죄(제146조), 특수절도죄(제331조 제 2 항), 특수강도죄(제334조 제 2 항)의 세 가지가 그 예이다.

제 2 장

行　　爲

본장에서는 형법상 행위개념의 본질에 관한 논의인 行爲論에 관하여 살펴본 후, 행위의 특수한 유형인 부작위에 의해 수행되는 不作爲犯의 문제에 관하여 검토한다.

범죄론을 구성요건해당성・위법성・책임의 삼원적 체계에 입각하여 논한다면 '행위'는 구성요건론에 포괄시킬 수도 있다. '행위'도 결국은 구성요건요소이기 때문이다. 하지만 이론상 구성요건 전(前)단계에 '행위'를 위치시켜 그 개념의 고유한 의미를 논함이 오늘날의 일반적 입장이므로 본서에서도 '행위'를 구성요건 전단계의 독립된 절로 편제하여 설명하도록 한다. '부작위'는 형법상 행위의 한 유형이므로 본장에서 논한다.

제 1 절　行 爲 論

Ⅰ. 意　　義

1. 형법학상 행위와 행위론

형법학상 범죄는 '구성요건에 해당하고, 위법하며, 행위자에게 책임이 인정되는 행위'이므로, 범죄는 기본적으로 '行爲'(Handlung)의 한 경우이다. 따라서 범죄의 개념을 확정하기 위해서는 구성요건해당성・위법성・책임을 논하기 이전에 먼저 행위의 개념을 정립할 필요가 있다. 즉 범죄가 성립하기 위하여서는 행위성・구성요건해당성・위법성・책임 등의 요소가 순차적으로 인정되어야 하는 것이다.

범죄가 '행위'의 한 경우라는 사실은 인간의 '행위'가 아닌 자연현상 등의 事實·事態나 아직 행위로 표현되지 않은 행위자의 主觀만으로는 범죄가 성립될 수 없다는 것을 의미한다. 또한 오늘날의 형법은 行爲者刑法이 아니고 行爲刑法이므로, 행위론은 형법의 행위형법성을 담보해주는 이론이라고 할 수 있다.

현실의 재판에 있어서는 행위성·구성요건해당성·위법성을 거쳐 책임까지 인정된 다음에 가서야 결국 비로소 범죄의 성립이 인정되는 것이므로, 첫 단계인 행위의 개념을 어떻게 이해하느냐 하는 점은 궁극적으로 범죄의 성부를 판단함에 있어서는 별다른 차이를 가져오는 것이 아니고, 따라서 이 행위론의 현실적인 논의의 실익은 인정되기 어렵다고 하겠다. 이런 점에 기인하여 行爲論否定說[1]도 등장하고 있으며, 이 입장에서는 범죄사실의 행위성은 구성요건해당성이나 불법을 심사하는 과정에 포괄하여 검토하면 족하다고 보고 있다. 그러나 오늘날의 형법학에서는 행위론이 수행하는 기능의 독자적 의미를 긍정하는 것이 일반적 입장이다.[2]

2. 기　능

행위론은 형법학에 있어서 한계기능, 근본기능, 결합기능을 수행하는 것으로 인정되고 있다.[3]

입법자로 하여금 인간의 행위에 해당되지 않는 사실·사태나 행위자의 주관, 형법의 적용대상에서 제외할 필요가 있는 행위 등을 범죄로 규정하지 못하도록 하는 이른바 限界機能이 행위론의 가장 중요한 기능이라고 볼 수 있는 것이다.[4] 행위론의 한계기능은 형법의 보장적 기능을 뒷받침하기 위한 최소한의 토대라고 할 수 있다.

형법상 '행위'의 유형은 작위·부작위, 고의행위·과실행위로 분류된다. 행위개념은 이 네 가지 행위유형의 공통된 요소를 제시하여 유(類)개념으로

---

1) 남흥우, 형법총론, 1977, 70면; 박상기, 69면; 오영근, §7, RN 4; 小野清一郎, 犯罪構成要件の理論, 1953, 52면 이하.

2) 이재상, §6, RN 2; 임웅, 88면; 정성근/박광민, 109면.

3) Werner Maihofer, "Der soziale Handlungsbegriff", *Fest. für Eb. Schmidt*, 1961, 159면.

4) 同旨: 김일수/서보학, 116면.

서의 행위의 속성을 밝혀주어야 하는 根本機能을 수행한다. 그리고 특정의 행위가 구성요건해당성·위법성·책임에 관한 심사를 거쳐 하나의 '범죄'로서 인정되는 과정에 있어서 '행위'개념은 각 단계의 심사의 대상이 되는 실체로서 범죄론을 하나의 체계로 결합시켜주어야 하는 結合機能도 갖고 있다. 근본기능과 결합기능은 행위론이 '범죄론'이라는 하나의 體系論(Systematik) 속에 자리 잡기 위해 수행해야 하는 철학적·논리적 의미의 기능이라고 할 수 있다.

Ⅱ. 內 容

오늘날 형법학상 행위론은 인과적 행위론, 목적적 행위론과 사회적 행위론으로 대별할 수 있다. 행위론의 논의는 형법상 행위개념의 본질적 요소를 어떻게 이해하는가에 관한 것이라고 하겠다.

1. 인과적 행위론

(1) 내 용

因果的 行爲論에서는 행위자의 내심에 존재하는 某種의 意思와 擧動 사이에 자연과학적 인과관계가 인정되기만 하면 행위의 존재가 인정되고, 의사의 내용인 고의와 과실은 행위의 요소가 아니라 책임판단의 요소가 될 뿐이라고 이해한다. 행위의 개념요소로 有意性, 因果性과 擧動性(作爲性)을 요구하는 것이다.

리스트(Liszt), 벨링(Ernst Beling), 메츠거(Edmund Mezger),[1] 鄭榮錫 교수 등이 인과적 행위론을 취하였다.

인과적 행위론에서는 인간의 행위를 자연과학적 고찰의 대상이 되는 자연현상과 같은 차원의 것으로 이해하고 있으므로 인과적 행위개념은 自然的 行爲概念이라고 할 수 있다.

(2) 검 토

인과적 행위론은 행위자의 의사의 내용을 행위개념에서 배제시킴으로써 애초에 행위의 의미를 밝혀주지 못하고, 따라서 그 행위에 대하여 적용될 法

1) Mezger, "Die Handlung im Strafrecht", *Fest. für Theodor Rittler*, 1957, 119면 이하.

的 構成要件을 판단할 수 없게 되는 문제점을 갖고 있다. 예를 들어, A가 쏜 총에 맞아 B가 상처를 입은 경우를 갖고 보도록 하자. 여기서 A는 처음부터 B를 살해하려 했을 수도 있고, 상해하려 했을 수도 있다. 또는 단지 산짐승 사냥을 위해 총을 쏘았을 수도 있다. 그러므로 이 경우 A의 의사의 내용을 고려하지 않으면, 살인의 고의로 행위를 하였으나 미수에 그친 경우와 단순한 상해행위의 경우, 과실로 상해를 야기했을 뿐인 경우 등을 구별할 수가 없다. 또한 행위의 개념요소로 거동성을 요구하기 때문에 행위개념에 不作爲를 포함시키기가 곤란하다.

하지만 인과적 행위론도 행위개념의 요소로 사람의 '의사'의 존재 자체는 요구하고 있으므로 사람의 의사가 존재하지 않는 현상은 행위개념에서 배제하여 형법의 적용을 부정하게 되고, 따라서 그런 한도 안에서는 한계기능을 수행하는 것이라고 할 수 있다. 인과적 행위론은 過失犯의 행위구조를 설명하는데 있어서 가장 적합한 행위론이라고 할 수 있다.

2. 목적적 행위론

(1) 내 용

目的的 行爲論에 따르면 행위는 예견·의도된 결과를 실현하기 위하여 인과관계를 조종하여 진행시키는 행위자의 積極的 目的活動이며,[1] 행위자의 의사의 내용인 고의와 과실을 행위의 요소로 본다. 행위의 개념요소로 目的活動性을 들고 있다.

벨첼(Hans Welzel)이 주창하였고,[2] 카우프만(Armin Kaufmann), 黃山德[3]·金鍾源[4] 교수가 이를 취하였다.

인과적 행위론이 인간의 행위를 자연현상의 한 경우로 이해한 데 대하여, 목적적 행위론은 인간현상으로서 있는 그대로의 행위의 모습을 파악하고자 하고 있다. 일반철학상의 現象學의 영향을 받은 이론이다. 따라서 목적적 행위개념은 人的(人間的) 行爲概念이라고 할 수 있다.

---

1) Welzel, 3면.
2) Welzel, *Das neue Bild des Strafrechtssystems*, 1950[한스-벨첼(황산덕 譯), 형법체계의 신형상, 1957].
3) 황산덕, 48면.
4) 김종원, "목적적 행위론", 법정 15. 2, 1960. 2, 17면 이하.

(2) 검　　토

목적적 행위론에서는 행위의 目的性(Finalität)을 강조하므로, 목적성을 갖지 않는 과실범의 행위성을 인정하기 어렵게 된다. 또한 행위를 적극적인 목적활동으로 보기 때문에 여기서도 부작위의 행위성을 인정하기 곤란하다.

형법이론사적으로 볼 때, 목적적 행위론은 주관주의 범죄이론의 새로운 모습이라고 할 수도 있다.[1)] 고의를 불법판단에 있어서 핵심적 요소로 취급하는 것은 한편으로는 불법판단에 있어서 판단자인 法官의 恣意를 크게 허용하게 될 위험성을 갖고 있다.

목적적 행위론은 故意作爲犯의 행위구조를 설명하는 데 있어서 가장 적합한 이론이라고 할 수 있다.

3. 사회적 행위론

(1) 내　　용

社會的 行爲論에서는, 형법의 사회규범으로서의 성격에 토대하여, 형법상 행위를 社會現象의 하나로 파악한다. 즉 행위의 그 사회적 의미성에 중점을 두며, 행위를 '인간의 의사에 의하여 지배되거나 지배가능한 사회적 의미있는 신체작용'라고 정의한다. 행위의 개념요소로 社會的 意味性·重要性을 들고 있다.

인과적 행위론은 행위를 '자연현상'의 하나로 보아 자연적 행위개념을 제시하였고 또 목적적 행위론은 '인간현상'으로서의 인적 행위개념을 제시한 데 대하여, 사회적 행위론은 행위를 '사회현상'의 하나로 보아 社會的 行爲槪念을 채택하는 입장이다. 행위론의 발전을 거치면서 사회적 행위론에 이르러 행위개념은 이제 규범적 의미를 갖게 되었다고 할 수 있다. 사회적 행위론의 본래적 모습을 특히 '客觀的 社會的 行爲論'으로 칭할 수 있다. 사회적 행위론은 그 후 인적 행위개념을 포괄하는 이른바 '主觀的 社會的 行爲論'으로 발전하게 된다.

사회적 행위론은 원래 엥기쉬(Karl Engisch)[2)]에 의하여 제창되었으며, 쉬

---

1) 목적적 행위론자인 카우프만(Armin Kaufmann)의 형법이론(同人, *Lebendiges und Totes in Bindings Normentheorie*, 1954 참조)이 빈딩(Binding)의 규범이론(Normentheorie)의 영향을 크게 받고 있음을 보아도 이런 점을 알 수 있다.

2) Engisch, "Der finale Handlungbegriff", *Fest. für Eduard Kohlrausch*, 1944, 141면 이하.

미트(Eberhard Schmidt)[1]에 이르러 완성되었다. 마이호퍼(Maihofer)의 이론[2]은 가장 순수한 형태의 객관적 사회적 행위론의 모습을 보여준다. 예쉑(Hans Heinrich Jescheck)과 沈在宇·沈憲燮·李炯國 교수 등 오늘날 독일과 우리나라의 다수설은 주관적 사회적 행위론을 취하고 있다.

(2) 검　토

사회적 행위론은 인과적 행위론과 목적적 행위론의 결함을 해결하고 형법상의 행위유형인 작위·부작위, 고의행위·과실행위를 모두 포괄하여 설명할 수 있는 행위개념을 제시한다는 취지를 갖고 있다. 그러나 결과적으로 행위의 개념요소를 명확히 구체적으로 제시하지는 못한 채 막연한 설명을 하는 데 그쳤다고 할 수 있다. 특히 사회적 행위론의 본래적 모습이라고 할 수 있는 객관적 사회적 행위론에서는 '사회적 의미성'만을 강조한 나머지 행위개념은 그 가장 중요한 기능인 한계기능을 수행하지 못하게 되었고 결과적으로 행위개념을 공허하게 만들었다. '행위'가 아닌 '사실'·'사태' 또는 '주관' 중에서도 사회적 의미성을 갖는 경우는 허다하기 때문이다.

하지만 형법상 행위개념은 사회규범으로서의 형법의 규범적 성격과 규범으로서의 기능을 판단함에 있어서 의미를 갖고 본래적 기능을 수행하는 것이기 때문에, 형법상 행위개념은 기본적으로 사회적 행위론에 입각하여 이해함이 타당하다고 생각한다.[3] 또한 '사회적 의미성'은 '형법적 평가'와는 구별되는 개념이므로, 사회적 행위론은 구성요건 전단계에 위치할 수 있는 행위개념을 제시함으로써 근본기능과 결합기능을 수행함에 있어서도 지장이 없다고 할 수 있다. 사회적 행위론에 있어서도 '사회현상으로서의 인간행위'를 이해함에 있어서는 人的 行爲概念을 내포(內包)로 하면서[4] 그 개념의 외연(外延)을 획정함에 있어서 社會的 意味性을 고려하는 '主觀的(人的) 社會的 行爲論'의 입장이 타당하다고 할 것이다. 주관적 사회적 행위론의 등장을 통하여 사회적 행위개념은 이제 실질적 내용을 갖게 되고, 객관적 사회적 행위론의 결함을 보완할 수 있게 되었다. 주관적 사회적 행위론에서도 행위자의

---

1) Eb. Schmidt, "Soziale Handlungslehre", *Fest. für K. Engisch*, 1969, 339면 이하.

2) Maihofer, 앞의 논문, 158면 이하; 심재우, "형법학에 있어서 목적적 행위론과 사회적 행위론", 저스티스 1975. 12, 125면.

3) 同旨 : 심헌섭, "행위론", 형사법강좌 Ⅰ, 1981, 109면.

4) Jescheck/Weigend, 222면.

의사의 내용인 고의·과실은 범죄론체계상 불법의 단계에서 그 고유한 기능을 수행한다고 보고 있다.

이 외에도 인격적 행위론과 소극적 행위론이 제시된 바 있다.

人格的 行爲論에서는 형법상 행위를 '행위자의 인격의 표현으로서, 의사에 의해 지배되거나 지배가능한 인과적 결과에 대한 책임 있고 의미 있는 형성'[1] 이라고 설명하고 있다. 즉 행위란 행위자의 인격이 객관화된 것이라고 이해하는 입장이다. 이 행위론은 카우프만(Arthur Kaufmann)의 人格的 人間觀에 토대한 법사상[2]에서 유래하고 있다. 그러나 인격적 행위론은 결국 사회적 행위론의 아류(亞流)에 그칠 뿐, 독자적인 의미를 갖기는 어렵다고 생각한다.[3]

消極的 行爲論에서는 형법상 행위를 '회피가능한 결과야기'로 정의하고 있다. 헤르쯔베르크(Herzberg)가 이 입장을 취하고 있다. 그러므로 이 행위론에서는 부작위를 행위의 기본범주로 파악하게 되는데, 회피가능의 문제는 구성요건단계에서 논해질 수 있는 것이므로 구성요건 전단계의 행위개념을 설명하기에는 어려움이 있다고 본다.

제 2 절 不作爲犯

Ⅰ. 意 義

1. 개 념

형법상 행위는 행위자의 의사에 기한 신체의 외부적 거동으로서 사회적 의미성을 갖는 현상을 가리킨다. 그리고 행위에는, 사람을 총을 쏘아 죽인 경우와 같이 적극적·외부적 거동으로 나오는 경우와 엄마가 아이에게 젖을 주지 아니함으로써 아사(餓死)시키는 것처럼 일정한 거동으로 나오지 아니하는 소극적인 경우가 있다. 전자를 作爲, 후자를 不作爲라고 한다. 부작위에 의해 범해지는 범죄를 부작위범(Unterlassungsdelikt)이라고 한다.

---

1) Arthur Kaufmann, "Die ontologische Struktur der Handlung", *Schuld und Strafe*, 1966, 47면. 同旨 : 손해목, 형법총론, 1996, 166면.
2) 김영환, "아르투어 카우프만의 인격적 법이론", 법철학연구 9·1, 2006, 117면 이하.
3) 同旨 : 심헌섭, 앞의 논문, 101면; 이형국, 131면.

2. 종 류

부작위범의 종류는 진정부작위범과 부진정부작위범으로 구분된다.

(1) 구분의 기준

㈎ 학 설

진정부작위범과 부진정부작위범의 구분의 기준에 관하여는 형식설과 실질설이 대립하고 있다.

形式說[1]에서는 형법규정상 문언의 형식에 따라 양자를 구분한다.

實質說[2]에서는 부작위범의 실질적 내용을 기준으로 하여 양자를 구분한다. 실질설에 따르면 진정부작위범은 그 구성요건이 단순한 부작위에 의해 충족되는 거동범이며, 부진정부작위범은 부작위에 의해 일정한 결과의 발생이 야기되었을 것을 요하는 결과범으로 설명된다.[3]

㈏ 사 견

진정부작위범·부진정부작위범과 거동범·결과범의 범주가 항상 일치하는 것은 아니므로 실질설은 받아들이기 어려운 견해라고 생각한다.[4] 형식설의 입장이 타당하다고 생각한다.

(2) 진정부작위범

眞正不作爲犯이라 함은 법적으로 요구된 행위의 단순한 불이행이나 거부와 같이, 일정한 부작위 그 자체에 의하여 범죄의 구성요건이 실현되는 경우를 가리킨다.

진정부작위범은 요구규범(명령규범)의 위반에 의하여 범해진다. 형법각칙상 구성요건에 '… 하지 아니한 자'로 행위의 주체가 규정되어 있는 경우들이 진정부작위범이다. 예를 들어, 전시군수계약불이행죄(제103조 제 1 항), 다중불해산죄(제116조), 전시공수계약불이행죄(제117조), 퇴거불응죄(제319조 제 2 항) 등과

---

1) 배종대, 627면; 유기천, 117면; 이재상, § 10, RN 8; 이형국, 691면; 정성근/박광민, 456면; Schönke/Schröder, Vor §§ 13, RN 137.

2) 이정원, 430면; Wessels/Beulke, RN 697.

3) Jescheck/Weigend, 605-606면.
BGHSt 14, 280.

4) 물론 유기죄(제271조 제 1 항)나 배임죄(제355조 제 2 항)와 같은 예외적인 경우에 있어서는 그 구성요건이 작위범의 형태로 규정되어 있기는 하나 진정부작위범의 경우도 포함하고 있는 것으로 볼 수 있다.

같이 구성요건적 행위 자체가 부작위로 규정되어 있는 경우들이 여기에 속한다.[1)]

(3) 부진정부작위범

㈎ 의 의

不眞正不作爲犯은 구성요건 자체는 작위에 의하여 범해질 것을 예상하고 작위범의 형태로 규정되어 있음에도 불구하고 부작위에 의하여 그 구성요건이 실현되는 경우를 가리킨다. 결과발생방지의 의무를 지는 자의 '부작위에 의한 작위범'이라고 할 수 있다.

부진정부작위범은 금지규범의 위반에 의하여 범해진다. 예컨대 살인죄는 구성요건 자체가 살해행위, 즉 총을 쏘는 등의 작위에 의하여 범해질 것이 예상되지만, 엄마가 아이에게 수유하지 않는 것과 같은 부작위에 의해서도 실현될 수 있다. 이와 같이 본래 형법의 규정상 작위에 의하여 범해질 것이 예상된 범죄를 부작위에 의하여 실현시킨 경우를 부진정부작위범이라고 한다.

㈏ 부진정부작위범과 작위범의 관계

1) 문제점 　부진정부작위범이 성립하기 위해서는 각칙상의 작위범 구성요건과 제18조의 요건이 함께 갖추어져야 하므로 작위범과는 그 성립요건에 있어서 차이를 보인다. 그런데 현실에 있어서는 작위범 구성요건이 작위에 의해 실현되었는지 또는 부작위에 의해 실현되었는지가 불분명한 경우가 있을 수 있다. 예를 들어, 중환자를 치료하고 있는 의사가 인공호흡기를 차단하여 환자를 사망하게 한 경우 인공호흡기의 차단이라는 작위의 요소와 치료의무불이행이라는 부작위의 요소가 병존하는 것으로 볼 수 있다. 과실범에 있어서 특히 그러하다.

2) 학 설 　작위와 부작위의 요소가 혼재(混在)하는 경우에 관한 해결기준에 관해서는 견해가 대립하고 있다.

제1설에서는 작위와 부작위의 구별이 불분명한 경우에는 우선적으로 작위범으로서의 구성요건을 심사하여 그 요건을 갖춘 때에는 작위범으로 취급하고, 그렇지 못한 경우에만 부작위범의 성부를 검토해야 한다고 본다.[2)]

---

1) 각종 특별법상의 신고의무위반죄도 진정부작위범에 해당한다고 볼 수 있다(대판 2008. 3. 27, 2008도89 참조).

2) 손동권, §22, RN 10.

제 2 설에서는 규범적 관점에 입각하여 행위자의 구성요건실현과정을 전체적으로 보아, 法的 非難의 주된 對象으로서 刑法上 意味를 갖는 部分이 작위와 부작위 중 어느 것에 의해 실현되었는지에 관한 法的 判斷에 따라 해결해야 한다고 주장한다.[1)]

제 3 설에서는 제 2 설과 같이 규범적 관점에 입각하여 법적 판단에 의해 작위·부작위를 구별하는 것은 자칫 자의적 판단의 오류를 범할 수도 있다고 지적하면서, 양자는 자연적·인과적 관점에서 결과와의 사이에 인과관계가 인정되는 것이 작위·부작위 중 어느 것인지에 따라[2)] 또는 외부적 신체거동이나 에너지투입(Energieeinsatz)이 행해진 방향에 따라[3)] 구별되어야 한다고 설명한다.[4)]

3) 검 토 하지만 제 1 설에서처럼, 구별이 불분명한 경우에, 부작위범에 비하여 성립요건의 인정이 오히려 수월한 작위범으로 취급하는 것은 행위자에게 불리한 해석이므로 이는 '의심스러운 때에는 피고인에게 유리하게' 라는 형사소송상의 기본원칙에 반한다고 생각한다.[5)] 그리고 제 3 설에서처럼 작위·부작위의 구별을 자연적·인과적 관점에서 행하더라도 판단의 기준이 불명확하게 됨은 마찬가지이다. 작위·부작위의 구별은 기본적으로 사실인정의 문제이지만, 이에는 규범적 요소가 크게 개입되어 있는 만큼 법적 판단에 따라 해결해야 한다고 하는 제 2 설이 타당하다고 생각한다.

作爲犯과 不作爲犯의 죄수관계는 法條競合 중 補充關係에 해당한다.[6)] 그러므로 형법상 의미를 갖는 부분이 작위에 의해 실현되었다면, 설사 형법상 의미를 갖는 부분의 실현에 부작위도 기여하였다 하더라도, 작위범의 원리에 의해 죄를 논해야 할 것이다. 따라서 행위자가 자신의 신체적 활동이나

---

1) 同旨 : 김일수/서보학, 155면; 신동운, 108면; 오영근, § 16, RN 6; 임웅, 521면; Wessels/Beulke, RN 700.
대판 1978. 9. 26, 78도1996(이리역폭발사건 판결); BGHSt 6, 47 · 59.
2) Jescheck/Weigend, 603면; Welzel, 203면.
3) 김성돈, 588면; Engisch, "Tun und Unterlassen", *Fest. für Gallas*, 1973, 196면.
4) 김성룡, "치료행위중단에 있어서 작위와 부작위의 구별", 형사판례연구 13, 2005, 148면 이하.
5) 同旨 : 임웅, 521면.
6) 작위·부작위의 구별이 불분명한 경우에는 우선적으로 작위범으로 취급해야 한다는 제 1 설도 양자의 관계가 보충관계임을 전제로 하고 있는 것으로 볼 수 있지만(同旨 : 김성돈, 585-586면), 여기서 논하는 죄수의 문제는 작위범과 부작위범의 성립이 모두 명백히 인정되어 양죄가 병존하는 경우의 취급에 관한 문제라는 점에서 논의의 차이점을 찾을 수 있다.

물리적·화학적 작용을 통하여 적극적으로 타인의 법익을 침해하였다면, 설사 자신의 작위에 의하여 악화된 법익상황을 행위자가 다시 돌이키지 않았다 하더라도 부작위범이 아니라 작위범이 성립할 뿐이며, 이러한 점은 악화되기 이전의 법익상황이 행위자가 과거에 행한 제3의 작위의 결과에 의해 유지되고 있었다 하더라도 마찬가지라고 보아야 한다.[1]

Ⅱ. 構成要件

> 第18条 [부작위범] 위험의 발생을 방지할 의무가 있거나 자기의 행위로 인하여 위험발생의 원인을 야기한 자가 그 위험발생을 방지하지 아니한 때에는 그 발생된 결과에 의하여 처벌한다.

진정부작위범의 구성요건은 각칙상 개별적으로 규정되어 있다.

부진정부작위범의 구성요건은 각칙상의 해당 작위범 처벌규정과 제18조에 의해 규정되고 있다. 여기서는 부작위범의 구성요건요소로서 특히 문제가 되는 因果關係와 作爲義務에 관하여 보도록 한다. 부진정부작위범의 구성요건요소로는 이외에도 구성요건적 결과 야기의 양태(樣態)에 있어서 부작위가 작위와 대등한 평가를 받을 수 있어야 한다는 의미의 同價値性도 요구되고 있다.[2] 그러나 이는 보증인지위에 부수하여 당연히 인정되는 것으로 봄이 타당하므로 별도의 설명을 요하지 않는다고 생각한다.

> 不作爲犯의 違法性과 責任은 원칙적으로 作爲犯에 있어서와 마찬가지 원리에 의해 판단된다. 부작위범의 위법성에 있어서 위법성조각사유로서 특히 문제되는 것이 의무충돌이다.

1. 인과관계

(1) 의 의

인과관계는 결과범의 기술(記述)되지 않은 구성요건요소이다. 결과범은 부작위에 의해서도 범해질 수 있으므로 부작위범의 기술되지 않은 구성요건

1) 대판 2004. 6. 24, 2002도995.
2) 대판 2006. 4. 28, 2003도4128.

요소로서 인과관계의 문제가 생긴다.

결과범의 부진정부작위범은 結果의 發生에 의하여 기수가 인정된다. 하지만 결과범에 있어서만 부진정부작위범이 성립할 수 있는 것은 아니므로, 거동범에 있어서의 법익에 대한 '위험의 발생'도 '결과의 발생'에 포함되는 것으로 해석함이 타당하다. 결과의 발생이 없을 때에는 부진정부작위범의 미수가 인정된다.

작위범에 있어서와는 달리 부작위범에서는 결과발생과 직접 연관된 거동, 즉 작위가 객관적으로 나타나지 아니하므로 인과관계를 정함에 있어서 어려움이 있다. 그러나 진정부작위범은 형법규정의 형식상 구성요건의 내용으로 되어 있는 일정한 부작위만 있으면 결과의 발생을 요하지 않고 바로 범죄의 기수가 인정되는 일종의 거동범인 경우가 대부분이므로, 부작위의 인과관계가 주로 문제되는 것은 不眞正不作爲犯에 한한다.

(2) 학 설

종래 부작위범의 인과관계의 문제를 해결하기 위하여 여러 견해가 제시되어왔다. 부작위에 선행하는 행위를 결과에 대한 원인으로 보는 先行行爲說, 부작위와 병행하는 행위를 결과에 대한 원인으로 보는 竝行行爲說, 행위자가 요구규범에 부합하는 작위로 나오려는 충동을 억압하여 결과를 일으키는 과정에 원인력을 인정하는 干涉說, 행위자에 대하여 기대되었던 행위를 행위자가 행하였으면 결과의 발생이 방지되었으리라고 생각되는 경우에 그 부작위는 결과에 대해 인과관계가 있다고 보는 期待行爲說 등이 그것이다. 하지만 이들 견해는 부작위의 인과관계를 부작위 이외의 요소에서 찾으려 하는 점에 공통된 결함이 있다.

부작위범의 인과관계도, 작위범에 있어서와 마찬가지로, 일상생활상의 경험법칙에 비추어 그 부작위가 없었더라면 결과가 발생하지 않았을 것이라고 인정되는 경우에 인과관계의 존재를 긍인하는 合法則的 條件說에 따라 판단함이 적절하다고 본다.

2. 작위의무

(1) 의 의

진정부작위범에 있어서는 각칙상 구성요건적 행위인 부작위만 있으면 그 구성요건해당성이 바로 인정된다. 하지만 부진정부작위범에 있어서는 부작위와 결과발생 사이의 因果關係가 존재하는 것만으로 구성요건해당성이 인정되지는 못하고, 구성요건상의 결과를 방지하지 않은 자에게 결과의 발생을 방지해야 할 의무인 作爲義務가 인정되어야만 그 구성요건해당성이 인정된다. 즉 부진정부작위범의 구성요건해당성이 인정되기 위하여는 각칙상 구성요건의 객관적 요소와 주관적 요소인 고의·과실 외에 제18조의 요건도 함께 갖추어져 있어야 하는 것이다.

(2) 보증인지위와의 관계

작위의무를 갖는 자로서 작위가능성이 인정되는 경우에 부진정부작위범의 주체가 될 수 있다. 부진정부작위범의 주체가 되는 지위를 保證人地位(Garantenstellung)라고 한다. 이런 점에서 부진정부작위범은 진정신분범에 해당한다고 할 수 있다.

각칙상 개별규정과 제18조의 요건 외에 부진정부작위범의 이른바 '기술되지 않은 구성요건요소'로 요구되는 것이 作爲可能性이다. 즉 부작위자가 결과의 발생을 방지할 수 있는 작위를 수행할 수 있는 능력과 상황이 인정되어야 하는 것이다. 따라서 예컨대 나이 어린 子가 강물에 빠져 허우적거리는 경우에 있어서 그 父에게 작위의무가 인정되기는 하지만 만일 그 父가 병으로 누워 있다거나 또는 다른 먼 지방으로 출장을 나가 있는 상황이라면 그에게는 작위가능성이 인정될 수가 없다. 작위가능성은 부작위 당시에 있어서 부작위자의 현실적·구체적 작위가능성을 의미하지만 그것은 어디까지나 객관적 구성요건요소이기 때문에 책임요소인 주관적 적법행위가능성으로서의 기대가능성과는 구별되어야 한다.

그밖에 이와 관련하여 오로지 그 부작위자만이 결과의 발생을 방지할 수 있었을 것을 요하는 이른바 專一的 地位도 부진정부작위범의 기술되지 않은 구성요건요소의 하나로 드는 견해[1])도 있기는 하지만, 이 전일적 지위를 구성요건요소로 보기는 어렵다고 생각한다. 예컨대, 앞의 나이 어린 子가 강물에 빠진 예에서 그 사고현장에 부모나 교사 등 여러 사람들이 함께 있었을 경우에 그들이 모두 부진정부작위범의 다른 요건들을 갖추었다고 한다면 그들 한 사람 한 사람이 모두 부작위에 의한 살인죄의 정범이 되는 것이지, 다른 사람이 결과발

1) 황산덕, 69면.

생을 방지할 수도 있어서 그 각자의 전일적 지위가 부정된다고 하여 그 죄를 부인할 수는 없을 것이기 때문이다.

작위의무와 작위가능성의 요건을 갖춘 자에게 이른바 보증인지위가 인정되는 것이며, 보증인지위를 갖는 자의 부작위만이 부진정부작위범의 구성요건을 충족시키게 된다. 즉 보증인지위를 갖는 자의 부작위가 작위범과 同價値的인 것으로 취급되는 것이다.[1] 그리고 보증인지위를 인정하는 데 있어선 작위의무를 가장 중요한 요소로 볼 수 있기 때문에 '보증인'과 '작위의무자'를 같은 의미로 사용하는 경우도 있다.

독일 형법은 '부작위에 의한 작위'(Begehen durch Unterlassen), 즉 부진정부작위범에 관하여 "형법상 구성요건에 해당하는 결과의 발생을 방지하지 아니한 자는 그가 결과의 불발생을 保證하여야(einstehen) 할 위치에 있고 또 그 부작위가 작위에 의한 법적 구성요건의 실현과 同等한(entsprechen) 때에만 처벌될 수 있다"(동법 제13조 제1항)고 규정하고 있기 때문에 독일 형법학에서는 부진정부작위범의 일반적 구성요건을 '보증인지위'와 '동등성', 즉 '동가치성'의 요소로 설명하고 있지만, 우리 형법은 結果發生防止義務 즉 作爲義務를 통하여 규정하고 있으므로 '작위의무'를 중심으로 하여 부진정부작위범의 구성요건을 논하는 것이 타당하다고 생각한다.

(3) 범죄론체계상 위치

㈎ 학　설

부진정부작위범에 있어서 작위의무의 범죄론체계상 위치에 관하여는 위법성요소설, 구성요건요소설, 이분설 등이 대립하고 있다.

違法性要素說에서는 작위의무를 부진정부작위범의 위법성요소로 본다.[2] 부진정부작위범의 위법성이 작위의무위반에 의해 인정된다고 보는 것이다.

構成要件要素說은 작위의무를 부진정부작위범의 구성요건요소로 보는

---

1) 김일수/서보학, 175면; 박상기, 324면; 배종대, 617면; 이재상, § 10, RN 16; 이형국, 711면; 정성근/박광민, 470면.

대판 1997. 3. 14, 96도1639; 대판 2008. 2. 28, 2007도9354.

2) 유기천, 120면; 정창운, 형법학총론, 1961, 138면; M. E. Mayer, *Der allgemeine Teil des deutschen Strafrechts*, 1915, 189면 이하.

입장이다.[1] 작위의무자의 부작위만이 구성요건에 해당하고, 작위의무는 구성요건요소이므로 작위의무의 존부에 관한 착오는 구성요건착오로 취급되는 것이다.

二分說에서는 보증인지위와 작위의무의 성격을 따로 논하고 있다. 즉 보증인지위는 부진정부작위범의 구성요건요소이고 작위의무는 위법성요소라고 한다. 현재의 다수설[2]의 입장이다.

(나) 검 토

부진정부작위범에 있어서 작위의무를 갖는 자가 보증인이므로 작위의무는 보증인지위가 인정되기 위한 핵심적 요소로 봄이 옳다. 위법성요소설에 따르면 위법성요소인 작위의무를 근거로 하여 구성요건요소인 보증인지위를 인정하게 되는 논리상 모순이 발생하게 되므로 부당하다고 생각한다. 따라서 작위의무, 나아가서 보증인지위는 부진정부작위범의 구성요건요소로 보아 작위의무 없는 자의 부작위는 부진정부작위범의 구성요건해당성을 결여하는 것으로 보는 構成要件要素說의 입장이 타당하다고 생각한다.[3] 그러므로 작위의무와 관련하여 위법성요소가 되는 것은 '작위의무'(의 존재)가 아니라 '작위의무위반'(의 사실)이라고 보아야 한다. 즉 작위의무의 존부는 구성요건해당성의 문제이고, 작위의무는 존재하지만 그 의무에 위반되는지의 여부는 위법성판단의 문제이다.

(다) 논의의 실익

작위의무의 범죄론체계상 위치에 관한 논의는 부진정부작위범에 있어서 錯誤의 問題와 관련하여 이론적 의미를 갖는다. 예를 들어, A女가 자기 남편 B가 자살하려고 스스로 음독한 것을 발견하고는 평상시의 악감정으로 인해 B를 구하지 않고 그대로 놔두어 결국 B가 사망한 경우에 있어서 만일 A가 자신에게는 B를 구조해야 할 의무가 없는 것으로 생각하였다고 하자.[4] 여기서 A에게는 민법상 부부간의 부양의무(동법 제826조 제1항)가 인정되므로 자살

1) 김성돈, 611-612면; 황산덕, 68면; 木村龜二, 刑法總論, 1972, 196면; Johannes Nagler, "Die Problematik der Begehung durch Unterlassung", *Gerichtssaal* Bd. 111, 1938, 51면 이하.

2) 김일수/서보학, 165면; 박상기, 317면; 이재상, § 10, RN 20; 정성근/박광민, 463면; 정영석, 100면; Jescheck/Weigend, 570면; Schönke/Schröder, § 13, RN 2.

3) 물론 작위범의 부작위의무가 위법성의 문제로 취급되는 것과는 이론상 상충되는 결함을 피할 수 없다(이형국, 703면).

4) 독일 판례(BGHSt 2, 153)에서는 이 사건에 관하여 A에게 살인죄를 인정하였다.

방조죄(제252조 제 2 항)의 부진정부작위범의 작위의무가 부과되는 것인데 그 의무의 존재를 A가 알지 못한 것이 된다. 이 경우 작위의무를 부진정부작위범의 위법성요소로 파악하는 견해에 의하면 A는 '작위의무의 존재'에 대하여 인식하지 못한 것으로서 위법성요소에 관하여 착오를 일으킨 것이 되어 禁止錯誤가 인정되게 된다. 하지만 작위의무는 부진정부작위범의 구성요건요소로 봄이 타당하므로 이에 관한 착오는 構成要件錯誤로 취급하는 것이 옳다고 생각한다. 즉 A에게는 자살방조죄의 고의가 인정되지 못하여 무죄가 된다고 본다.[1] 현실적으로 두 경우의 구별이 용이하지는 않지만, 행위자가 자신에게 작위의무가 있는데 없는 것으로 오인한 경우엔 구성요건착오가 되는 것이고, 자신에게 작위의무가 있는 줄은 알고 있으나 자신의 부작위가 작위의무에 위배되는 것으로는 생각하지 않은 경우에는 금지착오가 되는 것으로 볼 수 있다.

(4) 발생근거

(가) 내 용

부진정부작위범에 있어서 작위의무는 성격상 法的 義務라야 하고, 윤리적 의무나 사실상의 행위가능성은 이에 포함되지 않는다.[2]

작위의무는 법령, 계약, 사무관리, 조리 등을 근거로 하여 발생한다.

1) 법령에 기한 작위의무 '法令'은 법률 · 명령 · 규칙 · 복무규정 등을 모두 포함하는 의미의 법령을 가리킨다. 공 · 사법을 불문한다. 이에 기한 작위의무로는 친권자의 보호의무(민법 제913조), 친족간의 부양의무(민법 제974조), 의료법상 의사의 진료의무, 도로교통법상 자동차운전자의 사고발생시 조치의무 기타 공무원의 행정법상의 각종 작위의무 등을 들 수 있다.

2) 계약 · 사무관리에 기한 작위의무 契約에 기한 작위의무의 예로는 간호사의 환자간호의무, 건널목간수의 신호의무, 유치원보모의 유아보호의무 등이 있다.

事務管理에 기한 작위의무로는 행려병자(行旅病者)를 보호하는 자의 보호계속의무, 자살하려는 자를 구출한 자의 보호의무 등을 들 수 있다.

3) 조리에 기한 작위의무 條理에 기해서도 작위의무는 인정될 수 있

1) 이 사례에서 A에게 금지착오를 인정하여, 착오에 정당한 이유가 없으므로 자살방조죄로 처벌하여야 한다는 견해(이재상, 형법연습, 2002, 66면)도 있다.

2) Wessels/Beulke, RN 717.

다.[1] 상인이 상대방의 착오를 고지할 상거래상 의무, 매도부동산의 저당권설정사실에 대한 매도인의 고지의무 등 신의칙상의 告知義務와 극장·식당 등에서의 미아보호의무, 응급환자보호의무, 고용주의 병환중인 동거피용인에 대한 보호의무 그리고 익사의 위험에 처한 아동을 목격한 통행인의 구조의무와 같은 緊急救助義務 등을 그 예로 들 수 있다.

형법은 제18조에서 이른바 先行行爲로 인한 作爲義務를 명문화하였는데 이는 조리에 기한 작위의무의 한 경우로 볼 수 있다. 여기서의 선행행위는 고의행위·과실행위를 불문한다. 과실로 불을 놓은 자의 진화의무, 과실로 상해를 가한 자의 사망방지의무 등이 과실행위에 기한 작위의무의 예이다. 또 선행행위가 반드시 위법한 행위이어야 하는 것도 아니다. 적법하게 자동차를 운행하는 운전자나 정당방위·긴급피난의 행위를 하는 자에 의해 야기된 위험에 대해서도 그들은 결과발생을 방지할 작위의무를 부담한다고 할 것이다. 그리고 선행행위에 기해 작위의무가 인정되기 위해서는 선행행위가 결과발생에 대한 상당한 원인이어야 한다.

대판 1982. 11. 23, 82도2024 "피고인이 미성년자를 유인하여 포박 감금한 후 단지 그 상태를 유지하였을 뿐인데도 피감금자가 사망에 이르게 된 것이라면 피고인의 죄책은 소론과 같이 감금치사죄에만 해당한다 하겠으나 나아가서 감금상태가 계속된 어느 시점에서 피고인에게 살해의 범의가 생겨 위험발생을 방지함이 없이 포박 감금상태에 있던 피감금자를 그대로 방치함으로써 사망케 하였다면 피고인의 부작위는 살인죄의 구성요건적 행위를 충족하는 것이라고 평가하기에 충분하므로 피고인의 소위는 부작위에 의한 살인죄를 구성한다고 보아야 한다."

— 미성년자를 감금한 자는 그 미성년자에게 사망 등 위험이 발생하지 않도록 보호하여야 할 작위의무가 인정되는 것이며, 이는 조리에 기한 작위의무의 한 경우라고 할 수 있다.

(나) 발생근거의 경합

작위의무는 명문상의 근거인 선행행위뿐만 아니라, 법령이나 계약, 사무

1) 김일수/서보학, 167면; 유기천, 124면; 이재상, § 10, RN 26; 정영석, 109면; 조준현, 354면; 황산덕, 71면.
대판 1996. 9. 6, 95도2551; 대판 2006. 4. 28, 2003도4128.
反旨 : 임웅, 531면.

관리, 조리 등에 기해서도 인정된다. 그리고 이들 근거 중 어느 하나라도 인정되기만 하면 작위의무는 긍인되는 것이다. 예를 들어, 자동차운전자 A가 제한속도를 유지하면서 교통법규에 따라 적법하게 운행하다가 별안간 차도로 뛰어든 음주보행자 B를 치어 다치게 하였는데 A가 B를 그대로 방치하고 도주한 경우에 있어서 A에게는 선행행위에 기한 작위의무도 인정되고 또 도로교통법상의 규정에 근거하여서도 작위의무인 구조의무가 인정되는 것이다. 여기서 운전자 A의 선행행위는 적법한 운행이었지만 작위의무의 근거가 될 수 있다.[1] 발생근거가 두개 이상 중첩된다 하여 그 불법이 가중되는 것은 물론 아니다.

이 사례에서 만일 A가 B를 그대로 방치해 두고 도주하여 결국 B가 사망하였다면, 도주 시점에 있어서의 A의 고의의 내용에 따라 부작위에 의한 살인죄나 유기치사죄가 성립하게 될 것이다. 여기서 주의해야 할 점은 A에게 유기치사죄가 인정되는 경우에 있어서도, 원래 유기행위는 작위나 부작위에 의하여 행해질 수 있는데, 이 사례에서는 유기가 부작위에 의해 행해진 것이므로 이 때에는 역시 부진정부작위범(제18조)의 요건인 작위의무에 기한 보증인지위가 A에게 갖추어져야 한다는 점이다. 여기서 유기죄(제271조 제 1 항)의 구성요건요소인 保護義務는 별도로 갖추어져야 하는 것임은 물론이다.

(5) 작위의무의 실질적 이해

부진정부작위범의 작위의무를 법령, 계약, 사무관리, 조리 등의 형식적 기준에 의해 바로 인정하게 되면 자연히 부작위범의 성립과 처벌의 범위가 과도하게 넓어질 수 있다. 따라서 부진정부작위범의 다른 성립요건의 적정한 합리적 해석을 통하여 형법규정의 정당한 적용을 기해야 할 것이다.

이 문제와 관련하여 작위의무의 개념을 실질적으로 파악하여 문제를 해결하고자 하는 것이 이른바 實質說(또는 機能說)의 입장이다.[2] 이 이론에서는 작위의무의 본질을 보호의무와 안전의무로 파악하여, 법령이나 계약 등 형식적 근거에 토대하여 바로 작위의무를 인정하는 形式說의 형식적 해석에 대하여 제한을 가하고자 하고 있다. 실질설에서는 가족 또는 그에 준하는 혈연

1) 만일 선행행위가 위법한 경우에만 그에 기하여 작위의무를 인정하는 입장에 따르더라도, A에게는 도로교통법의 규정에 근거하여 작위의무는 인정되는 것이다.

2) 이정원, 443면; 이형국, 711면.

관계나 공동의 위험상황에 임하는 자 사이의 연대관계 또는 위험의 인수 등에 의해 인정되는 保護義務와 위험원(危險源)의 감시나 감독을 내용으로 하는 安全義務를 작위의무의 실질적 내용으로 이해하고 있다.[1)]

하지만 이러한 문제상황은 부진정부작위범의 다른 성립요건인 작위가능성의 요건과 각칙상 개별구성요건의 합목적적 해석을 통하여 얼마든지 해결될 수 있다고 생각한다. 기능설에서 제시하고 있는 보호의무와 안전의무의 의미와 내용도 불명확한 것으로서 그 역시 결함을 갖고 있기 때문이다.

> 예를 들어, 응급환자가 생겨 그 가족인 C가 동네 의원의 의사 D에게 달려가 급한 왕진(往診)을 요구했는데 D가 그 요구를 거절한 경우를 보도록 하자. 이 경우 D에게는 의료법상의 응급조치의무규정에 기한 작위의무가 인정된다. 하지만 그것만으로 바로 부진정부작위범이 성립하는 것으로는 보기 어려운 것이기 때문에 부진정부작위범의 부작위를 작위범의 작위와 동등하게 평가할 수 있기 위해서 요구되는 작위의무의 실질적 내용인 보호의무를 인정할 수 있는 단계에 이른 경우에만 D에게 부진정부작위범의 보증인지위를 인정하자는 것이 실질설의 주장이다. 즉 D가 환자를 왕진한 후 입원을 받아들여 진료를 개시한 단계에 이른 때에만 부진정부작위범의 보증인지위를 인정해야 한다는 것이다. 그 단계에서 진료의 계속을 거부한 때에 그에게는 작위의무의 위반이 인정되어 살인죄나 업무상 과실치사죄의 부진정부작위범이 성립하게 된다는 것이다. 이러한 실질설의 해석은 타당하다고 보지만, 그러한 해석은 보증인지위의 다른 요건인 작위가능성이나 동가치성, 각칙상 개별구성요건의 합목적적 해석을 통하여서도 가능하다고 보므로, 작위의무의 발생근거를 굳이 실질설에 입각하여 이해할 필요는 없다고 생각한다. 그리고 D에게 부진정부작위범의 구성요건해당성이 인정된다고 하더라도, 긴급피난 등의 위법성조각사유에 의하여 처벌이 조각될 수 있는 것은 물론이다.

3. 주관적 구성요건

부작위범이 성립하기 위해서도 주관적 구성요건이 갖추어져 있어야 한다.

진정부작위범에 관해서는 각칙상 과실범이 규정되어 있지 않으므로 고의범만이 인정된다. 하지만 부진정부작위범에 관해서는 과실범처벌규정이 있

---

1) 실질설은 카우프만(Armin Kaufmann)(同人, *Die Dogmatik der Unterlassungsdelikte*, 1959)에 의해 이론적으로 체계화되었다.

는 경우에는 과실범도 성립할 수 있다고 생각한다. 과실치사상죄의 부작위범이 그 예이다. 부진정부작위범의 고의범에 있어서는 인과관계와 작위의무에 관한 인식이 요구된다.

Ⅲ. 處 罰

진정부작위범의 처벌에 관하여는 각칙상 개별적으로 법정형이 규정되어 있다.

부진정부작위범의 처벌에 관하여 우리 형법은 "그 발생된 결과에 의하여 처벌한다"(제18조)고 규정하고 있기 때문에 부진정부작위범은 결국 작위범과 같은 법정형으로 처벌하게 된다. 하지만 부작위의 불법은, 작위의무자의 부작위라 하더라도, 작위의 불법보다 적다고 보아야 한다.[1] 즉 부진정부작위범에 대하여는 법관의 양형단계에서 형을 감경하는 것이 타당하다고 생각한다. 참고로 독일 형법은 부진정부작위범을 형의 임의적 감경사유로 규정하고 있다(동법 제13조 제 2 항 참조).

---

1) Jescheck/Weigend, 610면; Schönke/Schröder, § 13, RN 64.

제3장

構 成 要 件

제1절 序　　說

Ⅰ. 構成要件의 意義

형법상 과형(科刑)의 근거로서 추상적으로 규정된 요건, 예컨대 '사람을 살해한 자'(제250조 제1항), '타인의 재물을 절취한 자'(제329조)와 같은 규정내용을 '(法的) 構成要件'이라고 한다. 그리고 구체적인 행위사실인 '犯罪構成事實'이 추상적인 법규정으로서의 구성요건에 부합하는 성질을 '構成要件該當性'이라고 한다. 형법적 심사는 '구성요건'을 대전제로 하고 '범죄구성사실'을 소전제로 하여 결론인 '구성요건해당성'에 관한 판단을 이끌어내는 삼단논법에 의해 행해진다고 하겠다.

구성요건(Tatbestand)이라는 말이 처음 사용된 것은 1796년 클라인(Ernst Ferdinand Klein)에 의해서이다. 그러나 그 당시에 있어서 구성요건개념은 원래 소송법적 의미를 갖는 것이었다. 소송법개념인 'corpus delicti'(罪體：증명된 범죄사실)[1]가 독일어인 'Tatbestand'로 번역되어 사용되었다. 이 개념이 형법학에 도입되어 오늘날과 같은 의미로 사용되게 된 것은 벨링(Ernst Beling)에 의해서이다.

'구성요건'은 죄형법정주의를 구현하는 형법적 심사의 토대가 되며, 형법의 보장적 기능을 수호해야 할 임무를 갖는 개념이라고 할 수 있다.

1) 오늘날 형사소송법학에서도 '죄체'개념은 공판심리의 범위 등에 관한 논의에 있어서 여전히 의미를 갖고 있다.

Ⅱ. 構成要件의 本質

범죄의 성립요건인 구성요건해당성·위법성·책임 중 前二者는 行爲에 대한 가치판단이며, 책임은 행위 당시의 行爲者의 주관적 사정에 대한 가치판단을 의미한다. 구성요건의 본질에 관한 논의인 구성요건이론은 이 세 가지 성립요건 중, 특히 '行爲'라는 하나의 대상에 대한 가치판단인 구성요건해당성과 위법성 양자의 관계에 관한 이론적 설명이라고 할 수 있다. 현대의 대륙법계 형법학의 발전과정에 있어서 구성요건이론에는 많은 변화가 있었다.

1. 벨링의 이론

구성요건개념을 처음으로 이론형법학에 도입한 벨링에 따르면, 구성요건의 본질은 행위에 대한 '몰가치적(비규범적·가치중립적)·객관적 事實確認'으로서 몰가치성과 객관성을 그 기본적 성격으로 하고 있다. '몰가치적 확인'이라는 점에서 객관적 '가치판단'인 위법성과 구별되고, '객관적' 사실확인이라는 점에서 '주관적' 가치판단인 책임과 구별된다. 여기서 구성요건이 '沒價値的'(wertfrei)이라는 것은 구성요건은 순수하게 記述的인 개념으로서 규범적·가치적 성격은 전혀 갖지 않는다는 즉 법적 평가와는 무관하다는 의미이다. 또 '客觀的'(objektiv)이라는 것은 구성요건은 행위자의 내심을 고려하지 않고도 확정할 수 있는 요소만을 내용으로 하고 있다는 의미이다.

범죄개념의 세 가지 요소인 구성요건, 위법성, 책임에 관한 벨링의 이러한 三元的 體系論은 오늘날에 이르기까지 대륙법계 형법학의 기본구조를 이루어왔다.[1] 古典的 體系論으로도 불리운다.

2. 규범적 구성요건요소와 주관적 불법요소의 발견

벨링은 이와 같이 구성요건과 위법성을 엄격히 구별하였지만, 그 후 마이어(Max Ernst Mayer)에 이르러서는 구성요건은 위법성의 認識根據(*ratio cognoscendi*)로서, 어떠한 행위가 구성요건에 해당하면 그 행위는 일단 위법한 것으로 추정된다고 보게 되었다. 양자의 관계는 마치 연기(구성요건해당성)와 불(위법성)의 관계와 같다고 한다. 즉 연기가 있으면 불이 있는 것으로 일단 추정

1) Beling, *Die Lehre vom Verbrechen*, 1906; 同人, *Die Lehre vom Tatbestand*, 1930.

할 수 있으나, 연기가 있다고 해서 반드시 불이 있는 것만은 아닌 것처럼 구성요건해당성과 위법성의 관계에 있어서도 마찬가지로 구성요건해당성이 인정되는 행위는 위법한 것으로 일단 추정할 수 있지만 항상 위법한 것은 아니라는 것이다.

마이어에 의하여 구성요건요소들 중에는 규범적·가치적 요소가 예외적으로나마 존재함이 인정되었다.[1] '유가증권', '재물의 他人(所有)性', '친족' 등의 법적 개념들이 그 예이다. 또한 목적범, 동기범, 경향범 등의 특수한 범죄유형에 있어서 '목적', '동기', '경향' 등의 주관적 요소가 위법성요소 안에 존재한다는 것이 확인되었고, 그들 주관적 위법성요소는 주관적 구성요건요소로도 기능하였다. 구성요건은 그 자체가 불법유형이기 때문이다.

이와 같이 규범적 구성요건요소와 주관적 불법요소의 존재가 확인되면서, 벨링에 의하여 마련된 범죄론체계는 변화를 겪게 되었다.

3. 불법판단으로서의 구성요건개념

볼프(Erik Wolf)에 이르러서는, 종래 가장 전형적인 몰가치적·사실적 구성요건요소로 파악되어 왔던 '사람', '살해', '상해' 등과 같은 개념들마저도 한계적인 상황에서는 법관에 의한 規範的 價値判斷을 요한다는 사실이 밝혀졌다.[2] 예컨대, '사람'의 요소도 출생시점과 사망시점에 있어서는 그 인정에 있어서 법관의 가치판단이 개입될 수밖에 없는 것이다. '태아'·'사체'와 '사람'의 구별은 해당 행위의 구성요건해당성을 판단함에 있어서 결정적 의미를 갖는다. 낙태죄, 사체오욕죄, 살인죄 중 어느 구성요건에 해당하는지를 판단함에 있어서 이 구별은 필수적인 전제가 되는 것이다. 이제 구성요건요소는 예외 없이 모두가 규범적 요소로서의 성격을 갖는 것으로 인정되기에 이르렀다. 이에 메츠거(Mezger)는 구성요건은 위법성의 *存在根據*(*ratio essendi*)로서, 불법유형인 구성요건에 해당하는 행위는 특별한 위법성조각사유가 없는 한 위법한 것으로 판단된다고 본다. 즉 구성요건해당성은 暫定的 不法判斷으로 이해된다.

---

1) M. E. Mayer, *Der Allgemeine Teil des deutschen Strafrechts*, 1923, 182면 이하.

2) Wolf, *Die Typen der Tatbestandsmäßigkeit. Vorstudien zur Allgemeinen Lehre vom Besonderen Teil des Strafrechts*, 1931, 51-61면.

그 후 목적적 행위론의 발전과 함께, 주관적 구성요건요소는 목적범, 동기범, 경향범 등에 있어서만 예외적으로 존재하는 것이 아니고, 모든 구성요건에 있어서 '고의'와 '과실'이 주관적 구성요건요소로 자리 잡고 있음이 인정되게 되었다. 이제 주관적·규범적 구성요건요소의 존재는 일반적으로 인정되어, 벨링 이후 몰가치적인 것으로 주장되었던 구성요건은 규범적·가치적인 것으로 파악되게 되었다.

4. 소극적 구성요건요소이론의 등장

록신(Roxin)[1)]과 카우프만(Arthur Kaufmann)[2)]의 이른바 소극적 구성요건요소이론에서는 위법성조각사유를 소극적 구성요건요소로 파악하여, 행위가 구성요건에 해당하기 위해서는 위법성을 기초하는 적극적 구성요건요소의 존재와 함께 소극적 구성요건요소의 부존재가 필요하다고 한다. 여기서는 구성요건해당성은 終局的 不法判斷으로 이해된다. 이 이론에 따르면 범죄론체계는 不法構成要件 또는 總體的 構成要件(Gesamttatbestand)과 責任의 2단계로 구성된다(二元的 體系論).[3)] 이 이론에서도 주관적·규범적 구성요건요소의 존재는 일반적으로 인정된다.

소극적 구성요건요소이론과 종래의 삼원적 체계론의 차이는 착오론에서 가장 명확히 나타난다. 이원적 체계론에 따르면 구성요건착오와 금지착오(위법성착오)의 구별이 무의미하게 되고, 양자 모두 구성요건착오로 다루어지게 된다.

구성요건의 본질에 관하여 이러한 이론적 발전이 있어 왔지만, 범죄론체계의 기본골격은 벨링의 견해에 토대하여 형성되었다고 할 수 있다.

Ⅲ. 構成要件의 要素

구성요건이론의 발전을 통하여 오늘날에는 구성요건요소 중에 규범적

1) 록신은 초기에는 이 이론을 지지하였으나, 후에 입장을 삼원적 체계론으로 바꾸었다(Roxin Ⅰ, §10, RN 20 참조).
2) 아르투어 카우프만, "소극적 구성요건요소이론", 형법상의 착오(이재상/장영민 編譯, 1999), 331면.
3) 문채규, "소극적 구성요건표지이론을 위한 변론", 형사법연구 12, 1999, 92-95면.

요소와 주관적 요소의 존재를 인정하는 것이 일반적이다. 즉 구성요건의 요소는 기술적·규범적 요소와 객관적·주관적 요소로 구분된다.

1. 기술적 요소와 규범적 요소

구성요건의 記述的 要素란 가치판단을 거치지 않고 단순한 사실적 인식만으로 확인될 수 있는 요소를 말한다. 예컨대, '사람', '살해', '재물' 등이 이에 해당한다. 하지만 이 '記述的'(沒價値的)이라는 표현은 잠정적인 것에 불과하고, 예컨대 '사람'이라는 요소도 출생이나 사망과 같은 한계적인 시점에 있어서 태아나 사체와 구별되기 위하여서는 단순한 사실확인만으로는 불가능하고 규범적 가치판단을 요하게 된다. 이런 점에서 보면 기술적 요소와 규범적 요소의 구별의 실익은 크지 않다고 할 수 있다.[1]

구성요건의 '規範的'(價値帶有的) 要素는 사실적 인식만으로는 부족하고, 규범적 가치판단을 통해서만 확정되는 요소를 말한다. 이에는 '재물의 타인성', '공문서', '유가증권', '친족', '미성년자' 등과 같이 법규범에 의하여 평가되는 것과 '추행', '음란',[2] '명예', '모욕' 등과 같이 사회적·문화적 규범에 의하여 평가되는 것의 두 가지 종류가 있다.

구성요건의 요소를 기술적 요소와 규범적 요소로 구별하는 이론상의 실익은 고의와 착오에서 찾아볼 수 있다. 故意의 成立에 있어서 기술적 요소는 사실적 인식만으로 족하나, 규범적 요소에 대하여는 평가를 전제한 인식이 요구된다는 점을 들 수 있다. 다만, 규범적 요소에 대한 인식의 정도에 관하여는 법률전문가적 수준의 인식까지는 요하지 않고 사회통념상 일반인으로서 가능한 인식으로 족하다고 봄이 타당하다. 또한 錯誤에 있어서 기술적 요소에 관한 착오는 항상 구성요건착오가 되겠지만, 규범적 요소에 관한 착오는 경우에 따라 구성요건착오와 금지착오로 다루어질 것이다.

2. 객관적 요소와 주관적 요소

구성요건의 客觀的 要素는 행위나 행위자의 외부적·객관적 측면이 구성요건의 내용으로 되어 있는 것이다. 행위의 주체, 행위의 태양(態樣) 즉 모

---

1) 박상기, 78면; 이재상, §8, RN 15.
2) 대판 2008. 3. 13, 2006도3558.

습, 행위의 객체, 행위상황, 결과, 인과관계 등이 이에 속한다.

구성요건의 主觀的 要素는 행위자의 정신적·심리적 사정이 구성요건의 내용으로 되어 있는 것을 말한다. 일반적인 주관적 구성요건요소로는 고의와 과실이 있으며, 특수한 주관적 구성요건요소로는 목적범의 목적, 경향범에 있어서의 경향, 표현범에 있어서의 표현 등을 들 수가 있다.

구성요건의 객관적 요소는 각칙의 구성요건에 개별적으로 규정되어 있으므로 형법각론의 연구대상이라고 할 수 있고, 여기서는 일반적인 주관적 구성요건요소인 고의와 과실의 의미 그리고 그 고의·과실의 성부(成否)가 문제되는 구성요건착오에 관하여 살펴보기로 한다.

제 2 절 因果關係

제17조 [인과관계] 어떤 행위라도 죄의 요소되는 위험발생에 연결되지 아니한 때에는 그 결과로 인하여 벌하지 아니한다.

Ⅰ. 意 義

형법상 대부분의 범죄는 일정한 결과의 발생을 구성요건요소로 하는 結果犯의 형식으로 규정되어 있다. 이러한 결과범에 있어서는 구성요건에 해당하는 실행행위로 인하여, 즉 그 실행행위가 원인이 되어 결과가 발생하였을 때에 구성요건이 충족되어 범죄의 기수가 인정되는 것이다. 여기서 범죄의 결과가 그에 선행하는 구성요건적 실행행위에 의해 발생된 것이라고 판단되는 행위와 결과간의 관계를 因果關係(Kausalität, causality)라고 한다.[1] 인과관계는 구성요건의 충족을 위하여 결과의 발생을 필요로 하는 결과범에서만 문제가 되며, 결과의 발생을 필요로 하지 않는 거동범에서는 거동 그 자체로 범죄가 완성되므로 인과관계의 문제는 생기지 않는다. 결과범인 한, 침해범

1) 구성요건요소로서의 '因果關係'는 구성요건적 행위와 구성요건적 결과 사이의 관계를 가리키는 것이라는 점에서 인과적 행위론에서 행위자 내심의 '모종의 의사'와 외적 거동 사이의 인과관계를 의미하는 行爲의 因果性과는 구별된다.

외에 구체적 위험범에 있어서도 인과관계는 요구된다. 하지만 추상적 위험범에서는 구성요건상 일정한 결과의 발생이 요구되는 경우에만 인과관계를 논할 수 있다. '인과관계의 존재'는 각칙상 결과범의 구성요건에 명문으로 규정되지는 않고 있으므로 이른바 '記述되지 않은 構成要件要素'에 해당한다고 할 수 있다. 즉 인과관계가 인정되지 않는 경우에는 해당 행위는 범죄구성요건을 충족시키지 못하여 미수범에 그치게 된다.

연혁상 인과관계의 문제는 특히 살인죄에 있어서의 형사책임의 판단과 관련하여 주로 논의되어 왔다. 예를 들어, A가 B를 때려 살해한 경우에 있어서, B가 그 현장에서 즉사하였을 수도 있고, 몇 시간 후 또는 며칠 후에 사망하였을 수도 있고, 아니면 그 상처에 다른 병균이 침투하여 발병해 사망하거나, 그 상처로 오랜 기간 앓다가 노환과 겹쳐 사망하였을 수도 있고 또는 사건 현장에서 병원으로 옮겨지다가 앰뷸런스가 교통사고를 당해 그 사고로 인하여 사망하였을 수도 있는 것과 같이 살인의 결과가 실현되는 수많은 경우들에 있어서 그 결과에 대한 책임을 행위자에게 귀속시킬 수 있는지에 관한 판단을 수행한 것이 바로 인과관계론이다.

형법상 인과관계의 논의는 크게 두 문제로 나누어 고찰하여야 한다. 그 하나는 발생된 결과와 원인되는 사실 사이의 因果聯關의 存否 문제이고, 다른 하나는 결과와의 사이에 인과연관이 인정되는 원인사실들 중에서 어떤 사실에 결과에 대한 刑事責任을 歸屬시킬 수 있는가 하는 문제이다. 예를 들어, 상점 종업원인 A가 어느 날 그 주인 B와 임금문제로 심하게 다투다가 옆에 놓여 있던 칼을 보고는 우발적으로 살의가 생겨 B를 찔러 죽인 경우에 있어서, 발생된 결과인 'B의 사망'에 대한 원인사실을 찾아내는 것이 인과연관의 존부 문제이며, 그 원인사실로 인정된 많은 사실들, 예컨대 A의 공격행위, 두 사람의 다툼, 임금문제 등등 거슬러 올라간다면 A의 출생에 이르기까지의 수많은 사실들 중에서 결과에 대한 형사책임을 귀속시킬 수 있는 사실을 골라내는 작업이 바로 형사책임의 귀속문제인 것이다.

우리 형법 제17조는 인과관계의 개념과 효과만을 규정한 것이며, 인과연관의 존부와 형사책임의 귀속판단에 관한 구체적 기준에 대해서는 전혀 언급하지 않고 있다. 그 구체적 해결에 관해서는 학설과 판례에 위임하고 있는 것이다.

Ⅱ. 因果聯關의 存否

인과연관의 존부판단에 관하여는 조건설, 상당인과관계설, 인과관계중단론 등이 제시되고 있다.

1. 조 건 설

(1) 의 의

條件說(Bedingungstheorie)은 인과관계를 단순한 事實問題로 이해하여 "그 행위가 없었더라면 그 결과가 발생하지 않았을 것이다"라는 이른바 콘디치오公式(*conditio*-Formel)[1]이 성립되는 모든 경우에 행위와 결과 간에 인과관계가 인정된다고 보는 입장이다. 즉 결과의 발생에 대하여 조건이 된 행위는 모두 그 결과에 대한 원인이라는 학설이다. 결과에 기여한 모든 조건은 동등한 가치를 갖는 것으로 인정되므로 等價說이라고도 한다.

(2) 문 제 점

조건설은 형법상의 가치판단의 문제를 도외시하고 인과관계의 범위를 부당히 확대하여 그 한계를 적절히 획정하지 못한다 하겠다. 또한 인과관계의 판단을 위한 실질적 기준을 제시하지는 못한 채 문제될 수 있는 행위사실을 일단 조건으로 가정하고 콘디치오공식에 대입하여 그 논리성이 부정되는 때에 가서 그 행위사실을 다시 조건에서 제외시키는 이른바 '假說的 除去'의 방법을 취하고 있기 때문에 방법론상 오류를 범하고 있다는 문제점을 안고 있다.[2]

조건설은 그 밖에도 이른바 이중적 인과관계나 가설적 인과관계, 부작위범의 인과관계를 인정함에 있어서도 결함을 보이고 있다. 즉 二重的 因果關係 또는 擇一的 因果關係의 경우를 보면, 예컨대 A와 B가 서로 의사의 연락 없이 독립하여 C를 살해하기 위해 치사량이 10g인 독약을 각각 15g, 20g을 C

---

1) 이는 논리학상의 이른바 '절대적 제약'(*conditio sine qua non*)의 공식의 약칭이다. 영미법상의 이른바 but-for test가 이에 해당한다(Jerome Hall, *General Principles of Criminal Law*, 2nd. ed., 1960, 256면 참조).

2) Jescheck/Weigend, 281면; Schönke/Schröder, Vor §§ 13, RN 74.

가 먹을 음식에 넣어 그것을 먹은 C가 사망하였다면 콘디치오공식에 따라 볼 때 A의 행위와 B의 행위 모두가 C의 사망이라는 결과에 대한 조건으로 인정될 수가 없게 되는 모순이 발생하는 것이다. 즉 이 경우 조건설에 따르면 A와 B는 살인죄의 미수범으로나 처벌되는 것이다. 또한 假說的 因果關係의 경우에 있어선, 예컨대 독립투사인 D와 E가 서로 의사의 연락 없이 매국노 F를 살해하기 위해 F가 도착할 기차역 인근에 숨어 출구를 총으로 조준하고 있었는데 F가 그 출구를 나오는 순간 D가 먼저 총격을 가해 F가 즉사하였고, 이 때 E도 총격을 가해 F를 살해할 수 있었지만 그 광경을 목격하고는 그대로 도주한 때에도 역시 콘디치오공식에 따르면 D의 행위는 F의 사망의 조건이 될 수 없게 되는 것이다. 그리고 不作爲犯에 있어서 부작위에는 적극적 거동이 인정되지 않기 때문에 콘디치오공식이 적용되기 어렵다고 보아야 한다.

(3) 합법칙적 조건설

조건설의 이러한 문제점을 조건설의 기본토대 위에서 보완한 것이 합법칙적 조건설이다. 엥기쉬(Karl Engisch)[1]에 의하여 주장되었다.

합법칙적 조건설은 기본적으로는 콘디치오공식에 토대하여 인과연관의 존부를 판단하면서, 단지 조건설이 해결하지 못하는 위와 같은 특수한 경우들을 모두 포괄하여 해결할 수 있는 일반적인 기준으로서 당대의 사회에서 과학적·법적으로 확립된 일상적 경험법칙으로서의 이른바 '合法則性' 또는 '合法律性'(Gesetzmäßigkeit)이라는 기준을 제시한다.[2] 즉 일정한 결과가 시간적으로 원인된 행위의 뒤에 야기되고 또 그 결과와 행위가 일상적 경험법칙에 비추어 연관성을 갖는 때에 인과관계가 인정된다고 보는 것이다. 이에 따르면 이제 이중적 인과관계나 가설적 인과관계, 부작위범의 인과관계에 있어서도 일상적 경험법칙에 비추어 연관성이 인정된다면 인과관계는 긍인되는 것이다.

'합법칙성'이라는 기준도 물론 명확성을 결여하고 있기는 하다.[3] 하지만 기본적으로 토대하고 있는 콘디치오공식에 의하여 거의 모든 경우를 해결하

1) 同人, Die Kausalität als Merkmal der strafrechtlichen Tatbestände, 1931, 21면.
2) 신동운, 132면; 이재상, §11, RN 23; 임웅, 129면; 장영민, "인과관계의 확정과 합법칙적 조건설", 형사판례연구 3, 1995, 32면; Schönke/Schröder, Vor §§13, RN 77 이하.
3) 이형국, 187면.

는 것이므로 판단기준의 불명확성은 큰 문제는 아니라고 할 수 있으며, 일단 인과관계의 존재가 인정된다 하더라도 '형사책임의 귀속'에 관한 판단의 단계에서 적절히 해결될 수 있을 것이다. 또한 이중적 인과관계나 가설적 인과관계의 문제는 현실적으로 생각하기 어려운 경우들이기도 하다.

조건설의 문제점을 보완하기 위한 이론으로 原因說이 주장된 적도 있다. 이는 결과에 기여한 여러 조건들 중 어느 하나를 선택하여 그것만을 결과에 대한 원인으로 삼음으로써 인과관계의 범위가 부당히 확대되는 것을 방지하려는 취지에서 등장한 견해이다. 원인설은 원인선택의 기준에 따라 몇 가지 견해로 다시 나뉜다. 즉 결과의 발생에 대하여 결정적인 영향을 준 조건을 원인으로 보는 重要條件說, 결과의 발생에 대하여 가장 유력한 작용을 한 조건을 원인으로 보는 最有力條件說, 결과의 발생에 대하여 최후의 영향을 미친 조건이 원인이라는 最後條件說 등이 그것이다. 원인설은 조건설의 불합리한 결과를 피하기 위하여 그 적용범위를 제한하려는 것이나, 조건과 원인을 구별하는 기준이 역시 모호하여 객관적 기준으로 사용되기 어렵다는 단점을 갖고 있다. 또한 法律外的 方法에 의하여 법률상의 원인개념을 정립하려는 데에도 이론적 어려움이 있다. 오늘날 원인설을 취하는 학자는 찾아볼 수 없다.

일본에서는 조건설을 수정한 이론으로서 危險關係條件說[1]이 주장된 바 있다. 이는 인과관계의 유무를 사회일반이 행위와 결과의 관계에 비추어 그 행위에 대하여 危險을 느끼는가의 여부에 따라 결정하는 이론으로서 사회방위의 관점에서 '위험'이라는 사회심리적 요소를 통하여 조건설적 인과관계의 개념에 제약을 가하는 입장이라고 할 수 있다.[2] 이 이론에 대해서는 규범적 판단기준을 결여한다는 점을 지적할 수 있다.

2. 상당인과관계설

(1) 의 의

相當因果關係說, 즉 상당성설(Adäquanztheorie)은 日常的 生活經驗에 비추어 일정한 행위가 있을 경우 그러한 결과가 발생하는 것이 상당하다고 인정되는 경우에 인과관계를 인정하는 학설이다.[3] 원인설이 조건들을 개별화하

1) 牧野英一, 刑法總論 上卷, 1958, 384면 이하.
2) 정영석, 110면.
3) 남흥우, 형법총론, 1977, 101면; 배종대, 183면; 성시탁, "인과관계", 형사법강좌 Ⅰ, 1982, 194면.

여 그 중에서 중요한 조건인 '원인'을 찾으려는 것과는 달리 상당인과관계설은 일반적 방법에 의해 상당성 있는 원인을 찾으려는 입장이다. 즉 조건설의 콘디치오공식에 의하여 결과와의 인과연관이 인정되는 많은 원인사실들 중에서 상당성을 갖는 사실에 대해서만 결과와의 형법적 인과관계를 인정하여 구성요건의 성립범위를 제한하는 입장이라고 할 수 있다.[1] 合法則的 條件說은 인과연관의 존부의 문제를 해결하기 위한 이론인데 반하여, 상당인과관계설에서는 인과연관의 존부와 형사책임의 귀속문제를 포괄하여 해결하고 있다.

(2) 상당성판단의 기준

(가) 학　설

상당인과관계설은 그 상당성판단의 기준을 어디에 둘 것인가에 따라 다시 주관적 상당인과관계설, 객관적 상당인과관계설, 절충설 등의 견해가 갈린다.

1) 주관적 상당인과관계설　主觀的 相當因果關係說에서는 행위 당시 행위자가 인식 또는 예견할 수 있었던 사정을 기초로 하여 결과발생의 상당성을 판단한다. 상당인과관계설을 처음으로 제시한 크리이스(von Kries)가 이 입장을 취하였다.[2]

하지만 이 설은 행위자 개인의 입장에 편중하여 행위 당시 행위자의 주관적 사정만을 기초로 하고 객관적 사정은 전혀 고려하지 않으므로 인과관계의 범위를 너무 좁게 파악할 우려가 있다. 또 개인의 過失과 인과관계 존부 사이의 상관성을 인정하는 이유를 설명하기 어렵다 하겠다.

2) 객관적 상당인과관계설　客觀的 相當因果關係說은 객관적 입장에서 행위 당시에 존재했던 일체의 사정과 행위 당시에 일반적으로 예측할 수 있었던 모든 사정을 기초로 하여 상당성을 판단하는 학설이다.[3]

그러나 이 설은 행위 당시에 존재했던 일체의 사정뿐만 아니라 행위 당시에 일반적으로 예측할 수 있었던 모든 사정을 판단의 기초로 하므로 인과관계의 범위를 지나치게 확대할 우려가 있다. 그리고 사회의 객관적 기준이 개인의 죄의 성부에 관한 판단에 영향을 미치는 이유를 설명하기도 어렵다

---

1) 상당인과관계설의 이론은 특히 민법학의 불법행위법 분야에 크게 기여하였다.

2) Kries, *Prinzipien der Wahrscheinlichkeitsrechnung*, 1886.

3) 심재우, "형법상의 인과관계", 월간고시 1977. 8, 45면.

는 지적도 있다.

3) 절충설 折衷說은 행위 당시의 사회일반인이 인식 또는 예견할 수 있었던 사정과 일반인이 인식할 수 없었던 사정이라도 행위자가 특히 인식하고 있었던 특수사정을 기초로 하여 결과발생의 상당성을 판단하려는 학설이다.[1] 이 설은 행위자의 특수사정과 사회일반인의 인식 또는 예견을 모두 고려하여 상당성을 판단하는 것이다.

(나) 판 례

오늘날 우리 판례[2]는 상당인과관계설에 입각하여 인과연관의 존부를 판단하고 있다.[3] 그리고 상당성이 인정되기 위해서는 행위자의 행위가 결과발생의 유일하거나 직접적인 원인일 필요가 없다고 한다.[4] 따라서 피해자의 특이체질이나 질병,[5] 피해자의 경솔한 행위[6] 또는 의사의 수술지연[7] 등의 다른 사실이 통상 예견할 수 있는 것에 지나지 않는 이상 그것이 결과에 대한 유력한 원인이 되었다하더라도 행위자의 행위와 결과발생 사이에 인과관계는 인정된다고 한다. 판례의 이러한 판단은 상당인과관계설 중에서도 객관적 상당인과관계설에 토대한 것으로 볼 수 있다.[8]

대판 1967. 2. 28, 67도45 "피고인의 폭행에 의하여 피해자가 그 두부에 외부적인 타박상을 받지 아니하였다 하여도 피해자가 피고인의 폭행행위로 지면에 전도(顚倒)할 때에 평소부터 고혈압증세에 있는 피해자가 전도시의 자극에 의하여 뇌출혈을 일으켜서 사망하였을 때에는 폭행과 치사 사이에 상당인과관계가 있다고 볼 것이다."

(3) 검 토

상당인과관계설은 결과적 가중범의 책임범위를 제한하고 조건설의 난점

1) 김종원, "형법에 있어서 인과관계", 고시계 1965. 4, 87면.
2) 대판 1984. 6. 26, 84도831; 대판 1994. 3. 22, 93도3612; 대판 2000. 2. 11, 99도5286; 대판 2000. 9. 5, 2000도2671; 대판 2001. 6. 1, 99도5086; 대판 2002. 10. 11, 2002도4315.
3) 판례 중 종전에는 조건설에 입각하여 판단한 경우(대판 1955. 6. 7, 4288형상88)도 있었다.
4) 대판 1994. 3. 22, 93도3612.
5) 대판 1986. 9. 9, 85도2433; 대판 1989. 10. 13, 89도556.
6) 대판 1994. 3. 22, 93도3612.
7) 대판 1984. 6. 26, 84도831.
8) 同旨 : 김성돈, 187-188면.

이었던 특수한 인과관계의 문제를 해결한 점에 있어서는 이론적으로 기여했다고 할 수 있다.

하지만 전체적으로 상당인과관계설은 사실판단과 법률판단의 문제를 구분하지 못하고 있으며, 특히 주관적 상당인과관계설과 절충설은 구성요건의 문제를 책임의 기준으로 해결함으로써 그 내용에 있어서 인과연관과 형사책임의 문제를 혼동하고 있다고 하겠다. 그리고 무엇보다도 인과관계 유무의 판단기준인 相當性의 槪念이 모호하다. 이 점은 죄형법정주의의 원칙과 관련하여 문제가 되지 않을 수 없다. 또한 원래 이 이론의 발생근거이기도 하고 오늘날에 있어서도 그 주된 적용대상인 結果的 加重犯에 있어서 刑事責任의 範圍의 문제가 형법 제15조 제2항에 의하여 입법적으로 해결된 우리 형법의 해석론으로서는 그 적용의 범위가 크게 줄어들 수밖에 없다.

3. 인과관계중단론

(1) 의 의

因果關係中斷論은 인과관계의 진행 중 다른 사실의 개입이 있게 되면 최초에 원인이 되었던 조건은 결과에 대한 원인이 되지 않는다고 보는 학설이다. 이 설에서도 그런 특수한 경우 이외에 있어서는 條件說이 일반적 원리로 적용되는 것으로 본다. '斷絕的 因果關係'의 문제로도 불리운다.

(2) 내 용

인과관계의 진행 중 다른 사실, 즉 책임능력자의 고의·과실 있는 행위나 자연적 사실의 개입이 있게 되면 최초의(선행의) 조건은 결과에 대한 원인이 되지 못한다고 본다. 행위와 결과 사이에 책임능력자의 고의·과실 있는 행위가 개입된 경우의 예로는 A가 B를 살해하기 위해 저격하여 그 총을 맞고 신음 중인 B를 C가 다시 저격하여 B가 사망한 경우를 들 수 있다. 이 경우를 특히 追越的 因果關係의 문제로 부르기도 한다. 행위자의 행위와 무관한 자연적 사실에 의하여 결과가 발생한 경우의 예로는 A가 B를 살해하기 위해 음독시켰는데 아직 독약이 발효하기 전에 벼락으로 B가 사망한 경우를 들 수 있다. 인과관계중단론에 따르면, 이들 경우에 있어서 B의 사망과 A의 행위 사이의 인과관계는 중단된다는 것이다.

인과관계가 중단된다고 하기 위해서는 선행의 원인사실과 후행의 원인

사실이 서로 무관하여 독립되어 있어야 하며, 두 원인사실이 상호 연관되어 있는 경우는 이 이론의 적용대상이 될 수 없다. 즉 예컨대 D가 E를 살해하기 위하여 E의 머리를 둔기(鈍器)로 때린 후 E가 쓰러지자 그가 죽은 것으로 생각하고 강에 밀어 떨어뜨렸는데 사실 E는 타격으로 인해 죽은 것이 아니고 강에 빠져 익사한 것으로 드러난 이른바 概括的 故意 또는 因果關係의 錯誤의 경우에 있어서는 선행의 사실이 없었다면 후행의 사실도 야기되지 않았을 것이므로 두 사실은 상호 연관되어 있다고 할 수 있고, 따라서 여기서는 인과관계의 중단이 문제되지 않는 것이다. 그리고 최초의 사실이 이미 실행에 착수된 후에 다른 사실이 개입된 경우만 이 논의의 대상이 될 수 있으며, 최초의 사실이 실행에 착수되기도 전에 다른 사실이 앞서서 개입되어 결과의 발생을 앞당긴 경우는 이 논의의 적용대상이 되지 못한다.

(3) 검 토

본래 인과관계중단론은 조건설의 불합리한 결과를 회피하고 그 적용의 범위를 제한하려는 의도에서 나온 학설이다. 하지만 형법상의 因果關係는 그 存否만이 문제되는 것이므로, 이미 존재하는 인과관계가 사후적으로 중단된다는 것은 있을 수 없다고 보아야 한다. 즉 위의 A의 행위에 관한 예들에 있어서는 A의 행위는 B의 사망과 애초에 인과관계가 인정되지 않으므로 미수범에 그친다고 보아야 한다.[1] 책임능력자의 고의・과실 있는 행위가 개입되었다고 하여 반드시 인과관계가 중단되는 것도 아니다.[2] 예를 들어, X의 자동차 과속운전으로 인하여 Z가 차에 치어 부상을 입고 쓰러져 있는 상태에서 다른 운전자인 Y가 다시 Z를 역과(轢過)하여 Z가 사망하게 된 경우에 있어서는, 설사 Y의 과실행위가 Z의 사망에 대한 직접적 원인이 되었다 하더라도, X가 애초에 Z를 치어 쓰러뜨려 놓았기 때문에 X의 과실행위와 Z의 사망 사이의 인과관계는 인정되는 것으로 보아야 하는 것이다.

기본적으로 인과관계중단론은 인과관계의 특수한 경우에 관하여만 설명하는 견해이므로 인과관계 일반에 관한 해결원리로서의 의미를 갖지 못하는 결함을 안고 있다.

---

1) 同旨 : Roxin Ⅰ, §11, RN 26; Schönke/Schröder, Vor §§13, RN 78.

2) Wessels/Beulke, RN 161.

Ⅲ. 刑事責任의 歸屬

형사책임의 귀속 여부의 판단에 관하여는 중요성설과 객관적 귀속이론이 제시되고 있다.

1. 중요성설

重要性說은 인과연관의 존부는 조건설의 논리적 인과관계의 기준에 의하여 판단하지만, 그 발생된 결과에 대한 형사책임의 귀속문제는 그 결과의 형법적 중요성에 토대하여 판단해야 한다고 보는 입장이다. 여기서 '형법적 중요성'은 일상적 생활경험상의 상당성과 해당 범죄구성요건의 의의, 입법목적 등을 함께 고려하여 구성요건이론의 일반원리에 따라 심사되는 것이다. 메츠거(Edmund Mezger)에 의해 제시된 이론이다.1)

이 설은 개관적 귀속이론과 기본적 입장을 같이한다고 볼 수 있지만, '형법적 중요성'의 판단기준을 더 이상 실질적으로 구체화시키지 못하고 따라서 형사책임의 귀속에 관한 일반적 척도로 발전시키지 못하고 있다는 점에서 이론적 한계를 안고 있다.2)

> 상당인과관계설과 중요성설의 문제점을 보완하기 위하여 이른바 目的說(teleological theory of "causation")이 제시된 적도 있다. 이는 형법상 인과관계의 문제를 논하는 목적은 기수와 미수를 구별함에 있다는 점에 토대하여, 이른바 입체심리학의 관점에서 무의식적 동기의 실현으로서의 필연과 우연을 구별하여 행위의 결과가 우연히 발생한 경우이면 미수에 그친 것으로 보아야 하고, 결과의 발생이 필연적인 경우는 기수에 해당된다고 보는 견해이다.3) 하지만 이 견해는 필연·우연이라는 비법적(非法的) 개념에 의하여 형법상 책임을 구별하고 있다는 점과 필연·우연의 구별을 심리학상의 불명확한 기준에 의하고 있다는 점에서 형법상 인과관계론으로는 무리한 이론이라고 생각한다.

---

1) Mezger, *Strafrecht*, 3. Aufl., 1949, 122면 이하.
2) Jescheck/Weigend, 286면; Schönke/Schröder, Vor §§ 13, RN 20.
3) 유기천, 151-152면.

2. 객관적 귀속이론

(1) 의 의

客觀的 歸屬理論은 결과에 대한 형사책임을 묻기 위하여는 행위와 결과 사이의 인과관계가 존재한다는 것만으로는 불충분하고 결과를 그 행위자의 작품으로 보아 객관적으로 행위자에게 귀속시킬 수 있어야 한다는 이론이다. 여기서 客觀的 歸屬(objektive Zurechnung)이란 구성요건상의 행위와 결과 사이의 객관적·외적 관련성을 말하는 것으로서, 발생된 결과와 행위자 사이의 주관적·내적 관련성을 의미하는 주관적 귀속, 즉 책임의 문제와 구별된다.

종래의 인과관계이론은 인과관계가 인정되면 당연히 형사책임도 인정된다고 함에 반하여, 객관적 귀속이론에서는 인과관계는 형사책임의 필요조건일 뿐 충분조건은 못된다고 본다. 인과관계이론 중에서도 특히 상당인과관계설은 인과연관의 존부와 형사책임의 귀속이라는 두 가지 문제를 '상당인과관계'라는 하나의 규준에 의하여 해결하는 입장이므로, 객관적 귀속이론은 상당인과관계설과는 결합될 수 없게 된다.

원래 고의범에 있어서는 행위자의 고의의 내용을 기준으로 하여 그의 형사책임의 범위를 어느 정도 용이하게 획정할 수 있다. 하지만 過失犯, 특히 인식 없는 과실에 있어서는 행위자의 형사책임의 범위를 획정할 수 있는 명확한 주관적 사실이 존재하지 않고 제14조에서도 규범적 요소만을 제시하고 있을 뿐이므로 객관적 귀속이론의 기준요소들을 통하여 그 구체적 판단을 기할 수 있을 것이다. 이런 점에서 보면 객관적 귀속이론은 주로 과실범의 영역에서 기능을 수행할 수 있는 것임을 알 수가 있다.

(2) 객관적 귀속의 요건

객관적 귀속이론에서는 인과관계를 먼저 검토한 후, 다음 단계에서 객관적 귀속관계를 확인함으로써 결과범의 구성요건해당성이 최종적으로 판단된다고 한다. 객관적 귀속관계는 인과관계와 더불어 결과범의 '기술되지 아니한 구성요건요소'이다. 그리하여 인과관계가 존재하더라도 객관적 귀속이 부정되면 미수범으로 처벌될 뿐이고,[1] 객관적 귀속관계가 인정되는 경우에만

---

1) 물론 과실범에 있어서는 미수범이 인정될 수 없으므로, 객관적 귀속이 부정되면 아예 무죄로 될 것이다.

범죄는 기수로 된다고 본다.

객관적 귀속의 요건은 '예견·회피의 가능성'과 '위험의 증대·창출', '규범의 보호목적' 등으로 구성되어 있다. 즉 형법상 객관적 귀속이 인정되기 위해서는 사람의 행위에 의하여 발생한 豫見·回避가 可能한 危險이 法的으로 許容될 수 없는 것이어야 하고, 그 위험이 構成要件的 結果로 실현되었어야 하고, 그 결과가 행위에 의하여 침해된 規範의 保護範圍 안에 있는 것이어야 한다.

㈎ 예견·회피의 가능성

발생된 결과가 행위자에게 귀속되기 위해서는 우선 그 결과가 행위자의 의사에 의하여 지배가능하여야 한다. 즉 행위자가 예견·회피할 수 있었음에도 불구하고 예견·회피하지 아니한 결과만이 행위자에게 귀속될 수 있다. 예견·회피의 가능성은 객관적 기준에 토대하여 판단한다. 이 요소는 호니히(Richard Honig)[1]에 의해 강조되었다.

㈏ 위험의 증대·창출

보호법익에 대하여 법적으로 허용되지 않는 위험을 증대시키거나 창출한 경우에만 그 위험으로 인한 결과를 행위자에게 객관적으로 귀속시킬 수 있다. 즉 보호법익에 대해 위험을 야기하지 않았거나 또는 허용되는 위험만을 야기한 데 그친 때에는 그 결과귀속을 인정할 수 없다. 이 요소는 록신(C. Roxin)[2]에 의하여 특히 중요하게 취급되고 있다.

이른바 許容된 危險의 영역에서는 설사 구성요건적 결과가 발생하였다 하더라도 위험의 증대·창출은 부정되게 된다. 그리고 예를 들어, A가 친구 B와 담소를 하던 중 B의 머리 위로 위험한 물건이 떨어지는 것을 보고는 급히 B를 밀쳐 다치게 한 것과 같은 危險減少의 경우에는 비록 A의 행위에 의해 B가 다치기는 했지만 그냥 놔둔 경우에 비해 위험이 감소된 것이므로 귀속이 부정되게 된다.[3] 그러나 다른 한편으로는 행위자가 주의의무에 위반하여 결과를 야기한 이상은 설사 그가 주의의무를 준수하였더라도 마찬가지의 결과가 야기되었을 경우라 하여도 위험의 증대·창출은 인정되어 객관적 귀

1) Honig, "Kausalität und objektive Zurechnung", *Fest. für Frank* Bd. I, 1930, 174면 이하.
2) Roxin I, § 11, RN 36 이하.
3) 이런 경우에는 위법성단계에서 긴급피난의 사유가 인정될 수도 있지만, 객관적 귀속이 부정되어 구성요건해당성이 조각되는 것으로 보아야 한다.

속 또한 긍정된다고 보게 된다.[1)]

회피가능성을 넘어서 이 위험의 증대·창출의 요소에 의하여 객관적 귀속판단을 위한 좀더 구체적인 기준이 세워진 것이다.

(다) 규범의 보호목적

행위자가 위험의 증대·창출을 방지하는 것이 당해 범죄구성요건의 保護目的(任務)이 아닌 경우에는 그 발생된 결과의 객관적 귀속은 부정된다.[2)] 즉 당해 규범의 입법목적이 발생된 결과의 방지와 무관하다면, 행위자가 당해 규범을 위반하였다는 사실만 갖고는 발생된 결과에 대한 형사책임을 그에게 귀속시킬 수 없는 것이다.[3)]

처벌되지 않는 自傷行爲에 관여한 자의 행위는 당해 규범의 보호목적과 무관하므로 객관적 귀속이 부정되어 구성요건해당성을 갖지 못하게 된다.[4)] 예를 들어, A와 B가 자동차경주를 하기로 합의하고 경주를 하다가 B가 자신의 과실로 사망하였다면 B의 사망은 A에게 객관적으로 귀속되지 못한다. 하지만 A에게 B의 사망에 대한 과실이 인정되는 경우에는 A는 업무상 과실치사죄로 처벌되게 된다. 그리고 절도의 피해자가 절도범을 잡으려다가 다쳤다거나 또는 절도의 피해로 인하여 정신적으로 큰 충격을 받아 쓰러졌다 하더라도 그 상해의 결과는 절도행위자에게 객관적으로 귀속될 수가 없다.[5)] 또한 과속운전으로 특정 교차로에 예정시간보다 일찍 도착한 C의 자동차가 적법한 운전으로 교차로를 지나가던 중 마침 맞은 편에서 오던 다른 차의 운전자 D의 과실로 인하여 양자간 충돌사고가 발생하여 D가 사망한 경우에 있어서 D의 사망은 C에게 객관적으로 귀속될 수 없는 것이다. 그 사고가 난 시점(時點)에 C가 교차로를 통과하게 된 것이 C의 과실인 과속운전에 기한 것이라 하더라도 D의 사망은 C가 위배한 제한속도규정의 보호목적 밖의 사실이기 때문이다.

---

1) 이는 과실범의 형사책임에 관한 주의의무위반관련성의 기준 또는 합법적 대체행위의 이론과는 구별되는 문제이다.
2) Roxin, "Pflichtwidrigkeit und Erfolg bei fahrlässigen Delikten", *ZStW* 74, 1962, 411면 이하.
3) 김성돈, 195면; 박상기, 103면; 손동권, §8, RN 49; 신동운, 219면; 이재상, §11, RN 50.
4) 물론 관여한 자의 행위가 그 자체로서 과실범구성요건에 해당되는 경우에는 자신의 과실에 대하여 처벌받을 수는 있을 것이다.
5) Wessels/Beulke, RN 181.

Ⅳ. 刑法上 因果關係의 解決

형법상 인과관계에 관한 학설들의 기본적 입장을 개관해보면, 인과관계의 개념 자체를 제한하는 것이 합법칙적 조건설과 원인설, 상당인과관계설의 입장이다. 특히 상당인과관계설은 인과연관의 존부와 형사책임의 귀속의 문제를 포괄적으로 해결하고 있다.[1] 그에 대해 형사책임의 범위를 일정한 기준에 의하여 획정하는 것이 중요성설과 객관적 귀속이론이다. 조건설은 원인의 범위를 구성요건단계가 아닌 책임단계에서 획정하는 입장이라고 할 수 있다.

형법상 인과관계의 문제에 있어서 인과연관의 존부는 합법칙적 조건설에 의하여 확정하고, 결과에 대한 형사책임의 귀속의 범위는 객관적 귀속이론에 의하여 판단하는 것이 타당하다고 생각한다.[2] 이렇게 보면 제17조의 규정은 "사회생활상 일상적 경험법칙에 비추어 죄의 원인이 되는 행위라 해도, 그 결과의 발생이 객관적으로 회피될 수 있는 것이고, 허용되지 않는 위험이 증대·창출되었고, 그 위험에 의하여 발생된 구성요건적 결과가 당해 규범의 보호목적을 침해한 경우에만 행위자는 그 결과에 의해 처벌된다"라는 의미로 해석할 수 있다.

Ⅴ. 關聯問題

1. 독립행위의 경합

2인 이상의 행위자 사이에 공동의 의사 없이 행해진 독립된 수개의 행위가 同時 또는 異時에 경합하여 결과를 발생시킨 이른바 獨立行爲의 競合의 경우에는 원칙적으로 각 행위별로 인과관계의 유무를 따져야 한다. 하지만 그 인과관계의 판단이 불가능할 때에는 각 행위자의 형사책임을 어떻게 정할 것인지가 문제된다. 이 문제에 관해 형법은 경합된 각 행위를 원칙적으로 모두 미수범으로 처벌하고(제19조), 다만 독립행위가 경합하여 상해의 결과를 발생시킨 경우에 대해서는 특례를 인정하여 각 행위자를 공동정범으로

1) 김성돈, 189면.

2) 박상기, 105면; 이재상, §11, RN 52; 임웅, 129면.

처벌하고 있다(제263조).

2. 결과적 가중범의 인과관계

결과적 가중범은 기본범죄와 중한 결과 사이에 상당인과관계가 있으면 성립된다고 보는 것이 우리 판례[1]의 태도이다. 그러나 인과관계 이외에도 중한 결과에 대한 예견가능성, 즉 과실이 있어야 결과적 가중범이 성립한다고 보는 것이 형법 제15조 제 2 항의 규정내용이다.

이론사적으로 보면 상당인과관계설은 원래 독일에서 결과적 가중범에 있어서 형사책임의 범위문제를 해결하기 위하여 등장한 이론이다.

3. 인과관계의 착오

인과관계의 착오란 인과관계의 진행과정에 대하여 착오가 있는 경우를 가리킨다.

인과관계도 범죄의 구성요건요소인 만큼 그 착오는 구성요건착오의 한 경우에 해당될 것이며, 그 착오가 구성요건실현과 관련하여 본질적인 중요한 의미를 갖는 때에만 고의를 조각하는 것으로 봄이 타당하다.

제 3 절 故 意

제13조 [범의] 죄의 성립요소인 사실을 인식하지 못한 행위는 벌하지 아니한다. 단 법률에 특별한 규정이 있는 경우에는 예외로 한다.

Ⅰ. 意 義

고의(Vorsatz, *dolus*)라 함은 범죄사실의 인식을 말한다. 즉 행위자가 일정한 범죄사실 즉 구성요건적 사실을 인식하면서도 그 범죄사실을 수행하는 행위로 나아가는 주관적 태도를 가리킨다.

---

1) 대판 1985. 4. 23, 85도303.

형법에서는 "죄의 성립요소인 사실을 인식하지 못한 행위는 벌하지 아니한다"(제13조)라고 규정함으로써 죄의 성립요소인 사실, 즉 구성요건에 해당하는 범죄사실의 인식을 고의라고 정의하고 있다.

우리 형법규정의 문언에 충실하게 해석해 본다면, 제13조의 제목은 엄연히 '犯意'로 되어 있으므로 그 규정의 내용에 비추어서 '범의'는 죄의 성립요소인 사실에 대한 '인식'이 있는 경우, 즉 고의와 '인식 있는 과실'의 경우를 모두 포함한다고 볼 수도 있다.[1] 그리고 '過失'에 관한 제14조에서도 '인식'하지 못한 경우를 규정하고 있으므로 제14조는 '인식 없는 과실'에 관한 규정으로 볼 수 있고, 따라서 제13조 본문에 따라 범죄사실에 대한 '인식'이 없는 경우는 원칙적으로 처벌대상이 되지 아니하지만 그 중 제14조의 요건을 갖춘 '인식 없는 과실'은 각칙에 처벌규정이 있는 경우에 처벌되는 것이고, 제14조의 요건을 갖추지 못한 경우는 '과실'이 인정되지 않아 불가벌로 되는 것으로 해석할 수도 있다.

그러나 이러한 해석에 따르면 결과적으로 '인식 있는 과실'의 개념을 정립하기가 어렵게 되므로 '범의'는 '고의'와 동일한 의미로 해석함이 타당하다고 생각한다. 또한 제13조, 제14조 규정상의 '인식'의 의미도 그러한 해석에 부합되는 방향으로 이해할 필요가 있다. 즉 그 '認識'은 表象으로서의 認識 이외에 意思의 면도 포함하는 넓은 의미의 개념이라고 보아야 한다.[2]

참고로 독일 형법은 故意에 관한 定義規定을 두고 있지 아니하며, 오스트리아 형법은 일반적 고의와 의도적 고의, 지정(知情)고의를 구분하여 상세한 정의규정을 두고 있다(동법 제 5 조 제 1 항, 제 2 항, 제 3 항 참조).

Ⅱ. 犯罪論體系上 位置

'고의'의 범죄론체계상 위치는 범죄론의 발전에 따라 책임요소설, 구성요건요소설, 구성요건·책임요소설로의 변화를 겪어왔다.

1. 책임요소설

目的的 行爲論의 등장 以前까지의 고전적 범죄론체계에서는 주관적 요소인 고의와 과실은 범죄성립요건 중 責任의 단계에서 심사되어야 하는 것

1) 同旨 : 박상기, 106면.
2) 김일수/서보학, 212면; 정성근/박광민, 165면.
同旨 : 이재상, § 12, RN 5.

으로 이해하였다. 행위의 객관적 요소에 의해 밝혀진 여러 관련 구성요건들 중에서 고의와 과실 즉 책임의 심사를 통하여 그 행위에 적용될 구성요건을 가려내는 것이다. 이에 따르면 구성요건착오와 금지착오는 모두 책임론상의 문제로 취급될 수밖에 없다.

인과적 행위론자 중에서도 메츠거와 바우만(Baumann) 등은 목적범, 동기범, 경향범 특수한 범죄유형 외에 미수범에 있어서도 행위자의 주관인 고의가 구성요건요소로 기능함을 인정하고 있다.[1] 예외적으로나마 고의는 구성요건요소로 기능하게 된다는 것이다.

2. 구성요건요소설

目的的 行爲論의 등장에 따라, 주관적 요소의 체계상 위치는 책임의 단계에서 그 앞의 構成要件, 行爲의 단계로 옮겨지게 되었다. 즉 주관적 요소를 고려하지 않고는 행위자의 책임뿐만 아니라 해당 행위의 구성요건해당성, 더 나아가서 그 전단계의 행위성마저도 판단하기 어렵다는 사실이 밝혀짐으로써, 이제 고의는 주관적 구성요건요소로서의 위치를 부여받게 되었다.[2] 또한 종래의 고의·과실개념은 구성요건적 사실의 인식 또는 인식가능성과 위법성(불법)의 인식 또는 인식가능성으로 의미상 구분되게 되었다. 이렇게 주관적 요소를 책임의 단계에서 구성요건의 단계로 옮겨 위치시킴에 따라 '책임'의 판단에 있어서는 위법성의 인식 또는 인식가능성, 기대가능성, 책임능력 등의 규범적 요소만이 고려되게 되었고, 이리하여 이른바 규범적 책임론이 성립하게 되었다. 하지만 형법상 '책임'개념을 위법성의 인식 또는 인식가능성, 기대가능성, 책임능력 등의 규범적 요소만 갖고 판단함에는 한계가 없을 수 없다. 왜냐하면 '기대가능성'은 예외적인 경우에 있어서만 책임요소로 등장하는 요소이고, '책임능력'은 구체적인 행위를 대상으로 하지 않고 규범적·일반적으로 심사되는 책임의 전제요건이기 때문이다. 즉 목적적 행위론에 토대한 순수한 규범적 책임론에 따르게 되면 '책임'개념은 내용상 공허하게 될 수밖에 없다.

---

1) 이재상, §12, RN 3.
2) 황산덕, 105면; Welzel, 64면.

3. 구성요건・책임요소설

목적적 행위론의 이러한 문제점에 기인하여, 책임을 판단함에 있어서도 주관적 요소인 고의와 과실이 심사될 수밖에 없다는 점이 인정되게 되었다.[1] 즉 고의는 이제 구성요건요소로서 뿐만 아니라 책임요소로서도 기능하는 것으로 보아 범죄론체계상 이른바 二重的 機能을 인정하는 것이 오늘날의 일반적인 견해[2]이다. 이중적 지위설이라고도 칭한다.

구성요건요소로서의 고의(構成要件故意 또는 不法故意)와 책임요소로서의 고의(責任故意)는 그 의미를 달리한다. 구성요건고의는 행위자의 '인식의 내용'을 의미하며, 책임고의는 '인식형성의 동기 내지는 방향'을 의미하는 것이다. 즉 구성요건고의의 심사에 있어서는 행위자의 인식내용이 무엇인가를 밝혀 그 행위에 적용될 구성요건을 가려내게 되며, 책임고의에 있어서는 그 행위자가 행위 당시의 상황에서 그러한 내용의 인식, 즉 고의를 갖게 된 주관적 사정을 심사하게 되는 것이다. 행위자가 적법한 다른 방향의 인식을 갖지 못하고 굳이 그러한 구성요건고의를 갖게 된 데 대한 비난가능성(心情反價値)이 바로 책임고의의 의미라고 할 수 있다.[3] 이와 같이 고의의 이중적 기능을 인정하는 것이 오늘날 범죄론의 체계구성과 부합하는 타당한 입장이라고 생각한다.

'고의'의 본질・내용・종류 등에 관한 설명은 구성요건고의와 책임고의에 있어서 다를 바가 없다.

Ⅲ. 內 容

형법규정상 고의의 내용은 '罪의 成立要素인 構成要件的 事實에 대한 認識'이다.

---

1) 하지만 이는 행위론상의 사회적 행위론의 등장과는 큰 관계가 없는 것으로 보아야 한다.

2) 이재상, §12, RN 4; Jescheck/Weigend, 243면; Schönke/Schröder, §15, RN 11.

3) 실제에 있어서는 구성요건고의의 존재에 의하여 책임고의의 존재도 추정된다고 할 수 있다(同旨 : Wessels/Beulke, RN 142 이하).

구체적으로는 오상방위와 같은 위법성조각사유의 전제사실에 관한 착오의 문제를 해결함에 있어서 이러한 논의의 실익이 나타난다.

1. 인식의 대상

고의의 성립을 위해서는 죄의 성립요소인 사실, 즉 구성요건에 해당하는 범죄사실을 인식함을 요한다. 범죄사실의 인식은 원칙적으로 構成要件的 事實의 전부에 대한 인식을 요한다. 예컨대, 공무집행방해죄(제136조 제 1 항)의 고의가 성립되려면 상대방이 '공무원'이고, 그가 '공무집행 중'이며, 행위자 자신이 그에게 '폭행 또는 협박'을 가한다는 등의 사실에 관한 인식을 필요로 한다. 또한 일정한 결과의 발생을 구성요건의 내용으로 하는 結果犯에 있어서는 고의의 성립에 結果와 因果關係에 대한 인식도 요구된다.[1] 하지만 結果的 加重犯에 있어서는 기본범죄에 대한 인식은 요하나 중한 결과에 대한 인식은 필요로 하지 않고 그에 대해서는 원칙적으로 예견가능성 즉 과실만 있으면 족하다고 보고 있다.[2] 즉 인식의 대상은 행위의 주체·객체·상황과 내용이고, 결과범에 있어서는 그 외에 결과·인과관계 등이 인식의 대상에 포함된다. 행위의 주체·객체·상황과 내용의 法的 意味에 관해서는 사회의 평균인 수준의 인식이 있음으로 족하다.

고의의 성립에 행위의 違法性에 대한 認識을 요하는가도 문제될 수 있다. 하지만 고의의 범죄론체계상 위치에 관한 논의에서 본 바와 같이 위법성의 인식은 고의와는 분리된 독립한 책임요소로 보는 것이 오늘날의 일반적 입장이다.

2. 인식의 의미

(1) 학 설

고의에 있어서 '認識'(제13조)의 의미에 관하여는 종래 인식설, 의사설, 인용설 등 학설이 제기되어 왔다.

認識說에서는 범죄사실의 인식만 있으면 고의가 성립한다고 본다. 즉 범죄사실의 표상(表象)으로서의 인식으로 족하고, 다른 주관적 요건은 필요하지 않다고 본다. 표상설이라고도 한다.

---

1) 배종대, 200면; 신동운, 154면; 이재상, § 12, RN 11; 임웅, 149면; 정성근/박광민, 163면. 反旨 : 박상기, 126면; 유기천, 162면; Roxin Ⅰ, § 12, RN 138.

2) 물론 중한 결과에 대한 인식 있는 과실도 있을 수 있으며, 중한 결과에 대한 고의가 인정되는 부진정결과적 가중범의 경우도 있기는 하다.

意思說에서는 고의가 성립하기 위해서는 범죄사실의 인식만으로는 부족하고, 결과발생 즉 구성요건실현에 대한 의욕·희망도 필요하다고 한다.[1)]

認容說에서는 행위자가 결과발생을 적극적으로 의욕·희망하는 것까지는 요하지 아니하나, 단순한 범죄사실의 인식(知的 要素)만으로는 부족하고 범죄사실을 인식하면서 결과의 발생을 받아들일 때 즉 인용할 때(意的 要素)에 고의가 성립한다고 한다.

(2) 검 토

생각건대, 인식설에 의하면 인식 있는 과실도 고의로 보게 되어 고의의 범위가 부당하게 넓어지는 결과가 된다. 반면에 의사설에 의하면 미필적 고의를 고의로 볼 수 없게 되어 고의의 범위가 너무 축소되는 결함이 노정된다.

양자의 절충인 認容說이 타당하다고 생각한다.

판례상으로는 고의의 인정에 있어서 인식설의 입장을 보이는 경우들[2)]도 있으나, 이는 인용설에 따를 경우 현실의 구체적인 사실인정에 있어 수반되는 입증의 곤란을 회피하기 위한 고려라고 볼 수 있다.[3)] 하지만 미필적 고의를 포함한 고의 일반에 관한 전반적인 판시의 취지를 보면 우리 판례[4)]는 인용설을 토대로 하고 있다고 봄이 타당하다.

Ⅳ. 種 類

1. 확정적 고의, 불확정적 고의

고의는 구성요건실현에 대한 행위자의 인식 정도를 기준으로 하여 확정적 고의와 불확정적 고의로 구분된다. 하지만 이 양자는 우리 형법상 달리 취급되는 것은 아니고, 법적으로는 어느 경우에나 모두 고의범이 인정될 뿐이다. 다만 불확정적 고의의 한 경우인 미필적 고의에 있어서 인식 있는 과실과의 구별이 문제되므로 확정적 고의에 있어서는 인식 있는 과실과의 구별의 문제가 생기지 않는다는 점에서 확정적 고의와 불확정적 고의의 구별

1) 김성돈, 202면; 오영근, §12, RN 3.
2) 대판 1994. 12. 22, 94도2511; 대판 2004. 6. 24, 2002도995.
3) 同旨 : 김성돈, 208면.
4) 대판 1955. 6. 12, 4287형상176; 대판 1985. 6. 25, 85도660; 대판 2004. 5. 14, 2004도74; 대판 2008. 9. 25, 2008도5618.

의 실익을 찾을 수 있을 뿐이다.

(1) 확정적 고의

確定的 故意는 구성요건적 결과의 실현을 행위자가 확정적으로 인식하였거나 예견한 경우의 고의를 말한다. 예컨대, 사람이 현존하는 건조물에 불을 놓아 그 안에 있던 사람이 소사(燒死)할 것을 확실히 예견한 자에게는 살인의 확정적 고의가 인정된다. 불확정적 고의의 한 경우인 '미필적 고의'가 독일 보통법시대에 '간접고의'로 불린데 기인하여, 확정적 고의를 '直接故意'로도 칭한다.

故意의 意的 要素의 강약에 따라 확정적 고의를 意圖的 故意와 知情故意로 구분하여 설명하는 입장[1]도 있으나 우리 형법상으로는 양자의 구별의 실익을 찾기 어렵다.

(2) 불확정적 고의

不確定的 故意는 구성요건적 결과에 대한 인식 또는 예견이 불명확한 경우를 말하며, 여기에는 미필적 고의와 택일적 고의 및 개괄적 고의 등이 포함된다.

擇一的 故意는 결과발생 자체는 확정적이나, 객체가 택일적이어서 그 객체들 가운데 하나에 대해서만 결과가 일어날 수 있는 경우의 고의를 말한다. 예컨대, A와 B 두 사람이 나란히 가는데 그 두 사람 가운데 누가 맞아도 좋다고 생각하고 총을 쏘는 경우가 여기에 해당한다. 概括的 故意는 결과발생 자체는 확정적이나, 객체가 너무 많아서 어느 객체에 그 결과가 일어날 것인지가 불확정적인 경우의 고의를 말한다. 예컨대, 군중을 향하여 발포하는 경우가 이에 해당한다.

택일적 고의와 개괄적 고의에 있어서는 결과발생 자체는 확정적이지만 단지 그 결과발생의 객체, 즉 대상이 불확정적일 뿐이다. 이 두 경우에 있어서는 고의의 성립에 아무런 문제가 없다 할 것이다. 이 점에서 결과발생 자체가 불확정적인[2] 미필적 고의와 구별된다. 즉 택일적 고의와 개괄적 고의

1) 김일수/서보학, 219면; 배종대, 201면; Jescheck/Weigend, 297면; Schönke/Schröder, § 15, RN 64 이하.

2) 미필적 고의에 있어서는 결과발생의 '객체', 즉 '대상'은 확정적일 수도 있다.

의 경우에 있어서는 실현된 사실에 대한 고의 기수범과 실현되지 않은 사실의 미수범의 상상적 경합을 인정할 수 있다.[1)]

2. 미필적 고의

(1) 의 의

未必的 故意(Eventualvorsatz)는 행위자가 결과발생을 확정적으로 인식한 것이 아니라 어느 정도의 가능성만을 인식한 데 그친 경우를 말한다. 즉 고의의 意的 要素인 意思뿐만 아니라, 知的 要素인 認識의 면에 있어서도 확정적 고의에 비하여 그 정도가 낮은 경우이다. 이는 불확정적 고의의 한 경우로 봄이 일반적이다.[2)] 판례[3)]의 입장도 마찬가지이다. '條件附 故意'로도 불리운다.

(2) '인식 있는 과실'과의 구별

(가) 의 의

'認識 있는 過失'(bewußte Fahrlässigkeit)이란 행위자가 결과발생의 가능성은 인식하였으나 결과발생에 대한 의사가 없는 경우를 가리킨다. 과실의 한 경우인 '인식 있는 과실'은 결과발생의 가능성에 대한 인식이 있다는 점에서 미필적 고의와 마찬가지이나, 意的 要素인 意思의 면에서 양자는 구별된다.

우리 형법상 범죄는 원칙적으로 고의범의 경우에만 처벌되고, 과실범은 각칙에 그 처벌에 관한 특별규정이 있는 경우에만 예외적으로 처벌되며 또 과실범이 처벌되는 경우에도 고의범에 비하여 형이 감경된다. 또한 과실범에 있어서는 미수범이 인정되지 않으며, 과실범을 이용하는 행위는 교사범이나 종범이 될 수 없고 간접정범만이 될 수 있다. 이와 같이 미필적 고의와 인식 있는 과실의 구별은 행위자의 법적 취급에 있어서 현실적으로 매우 큰 차이를 가져오는 중요한 문제이다.

---

1) 김일수/서보학, 232면; 배종대, 211면; 정성근/박광민, 167면; Roxin Ⅰ, §12, RN 80; Welzel, 72면. 이 경우 원칙적으로는 실현된 사실의 고의 기수범으로 처벌하고, 실현되지 않은 사실이 더 중한 범죄일 경우에만 실현된 사실의 고의 기수범과 실현되지 않은 사실의 미수범의 상상적 경합을 인정하는 견해(이재상, §12, RN 27; Wessels/Beulke, RN 233 이하)도 있다.

2) 이에 대해, '미필적 고의'와 '불확정적 고의'를 구별하여 각기 다른 의미로 파악하는 견해(박상기, 110면)도 있다.

3) 대판 1994. 12. 22, 94도2511.

원래 고의와 과실은 '양적 차이'가 아닌 '질적 차이'를 보이는 이질적 개념(*aliud*)이므로 일반개념, 즉 類槪念으로서의 고의와 과실의 본질적 차이를 규명하게 되면 미필적 고의와 인식 있는 과실의 구분에 관한 논의들은 무의미한 것이라고 생각될 여지도 있겠으나, 유개념인 고의와 과실의 본질적 차이점은 오히려 이 미필적 고의와 인식 있는 과실의 구분을 통하여 더 명확하게 드러난다고 봄이 타당하다. 그러므로 인용설은 여기서 뿐만 아니라, 고의·과실의 구분 내지는 고의의 의미에 관한 학설로도 타당하다.

(나) 기 준

'미필적 고의'와 '인식 있는 과실'의 구별의 기준에 관하여는 개연성설, 인용설, 묵인설 등이 대립하고 있다.[1)]

1) 개연성설 蓋然性說에서는 행위자가 범죄사실의 결과발생에 관하여 개연성(Wahrscheinlichkeit, probability) 정도까지 인식한 때에는 미필적 고의를 인정하고, 단순히 가능성(Potentialität, possibility) 정도만 인식한 데 그친 경우에는 인식 있는 과실을 인정한다. 이는 고의의 내용에 관한 인식설에 토대한 이론이라고 할 수 있다.

하지만 개연성과 가능성의 구별은 현실적으로 어려운 문제이다. 또한 개연성설은 형법의 적용상으로도 문제점을 안고 있다. 예를 들어, 의사가 말기암환자에 대하여 본인의 간곡한 부탁이 있어 마지막으로 최선의 노력을 기울여 수술을 집도하였지만 결국은 환자가 사망한 경우 그 의사는 환자의 사망이라는 결과발생에 대하여 고도의 개연성을 인식하고 있으므로 이 설에 따르게 되면 미필적 고의에 의한 살인죄의 고의범을 인정하여야 한다. 또 반면에 아주 영악한 사람에 대하여 기망을 행하는 행위자가 상대방의 착오가능성에 관하여 극히 미미한 정도의 인식만 하고 있었을 뿐인데 뜻밖에 그 사람이 속아 넘어가서 재산상 이익을 취득하게 된 경우에는 이 설에 의하면 인식 있는 과실에 기한 사기죄의 과실범이 인정되어 결과적으로 현행법상으로는 처벌되지 않게 되는 불합리한 점이 나타난다.

2) 인용설 認容說에 따르게 되면 미필적 고의는 결과발생의 가능성을 인식하면서도 그 결과발생을 인용, 긍정한 경우이고, 이 때에는 행위자의 결

1) 미필적 고의와 인식 있는 과실의 구별의 기준에 관하여는 이밖에도 이른바 가능성설(또는 인식설), 무관심설, 회피설, 위험설, 프랑크(Frank)의 공식 등이 제시되고 있으나 별다른 중요성을 인정받지는 못하고 있다.

과발생에 대한 적극적 의사태도를 인정할 수 있으므로 행위자는 고의의 책임을 지게 된다. '인용'(Einwilligung)이라 함은 범죄의 결과발생을 적극적으로 의욕·의도한 것은 아니지만 자신의 행위에 따르는 부수적 결과로 동의·시인하는 것을 의미한다. 미필적 고의와 인식 있는 과실 양자는 범죄사실의 결과발생의 가능성을 인식하고 있는 점에서는 차이가 없으므로 양자의 구별의 기준은 행위자의 의사의 면에서 찾을 수밖에 없다고 보는 것이다. 이에 따르면, 인식 있는 과실에 있어서는 행위자가 결과발생의 가능성을 인식하고는 있었으나 범죄사실의 결과발생에 대한 의사를 갖고 있지 않으므로 행위자는 과실의 책임을 부담하게 된다.

우리의 다수설[1]과 판례[2]의 입장이다.

대판 2004. 2. 27, 2003도7507 "미필적 고의라 함은 결과의 발생이 불확실한 경우 즉 행위자에 있어서 결과발생에 대한 확실한 예견은 없으나 그 가능성은 인정하는 것으로, 이러한 미필적 고의가 있었다고 하려면 결과발생의 가능성에 대한 認識이 있음은 물론 나아가 결과발생을 容認하는 內心의 意思가 있음을 요한다."

— 그런데 유독 '살인죄'의 고의를 인정함에 있어서 '인식, 예견'의 요소만을 언급한 판례들[3]이 나타나고는 있지만, 이는 과실이 전혀 문제될 여지가 없는 고의살인죄의 사건들에 관한 판단인 만큼 미필적 고의와 인식 있는 과실의 구별에 관한 판례의 입장이 변화한 것으로 보기만은 어렵다고 생각한다.[4]

인용설에 대해서는 '인용'의 개념이 책임의 요소인 주관적 성행(性行)으로서의 정서적·감정적 요소를 내포하고 있는 것이기 때문에 구성요건고의의 의미를 규명하는 데 있어서 올바르게 기능할 수 없다는 비판[5]이 가해지고 있다.

3) 묵인설 默認說에서는 인용설의 기준개념인 '인용'은 위법성·책임

1) 김성돈, 207면; 배종대, 209면; 신동운, 167면; 오영근, §12, RN 8; 이형국, 219면; 임웅, 146면; 정성근/박광민, 172면.
2) 대판 1994. 12. 22, 94도2511; 대판 1995. 1. 24, 94도1949.
3) 대판 1987. 7. 21, 87도1091; 대판 1988. 6. 14, 88도692; 대판 1998. 6. 9, 98도980; 대판 2000. 8. 18, 2000도2231 등.
4) 同旨: 김성돈, 209면; 오영근, §12, RN 10.
反旨: 박상기, 116면.
5) 손동권, §9, RN 52; Welzel, 69면.

에 관한 판단요소로서의 의미를 함유하고 있기 때문에 그러한 의미를 제거한 순수한 구성요건요소로서의 성격을 갖는 '묵인'(Hinnahme)의 개념을 갖고 미필적 고의와 인식 있는 과실을 구분해야 한다고 주장한다.[1] 甘受說이라고도 한다. 행위자가 구성요건적 사태의 실현가능성을 진지하게 인정하고 그 실현에 대해 만족하는(abfinden) 경우에도 고의를 인정하는 오스트리아 형법의 규정(동법 제 5 조 제 1 항)은 묵인설을 따른 것으로 볼 수 있다. '인용'은 행위자가 범죄사실의 결과발생에 대해 어느 정도 적극적 의사태도를 갖고 있을 것을 요하는 개념이므로, 고의를 인정함에 있어서 이론상으로는 인용설이 묵인설에 비해 다소 엄격할 수 있다. 하지만 인용설과 묵인설의 실제적인 차이는 거의 없다고 보아 무방할 것이다.

4) 검 토 고의에 있어서 인식의 의미에 관한 학설의 관점에서 보면 개연성설은 인식설에 토대한 입장이며, 인용설과 묵인설은 의사설에 토대하고 있다고 할 수 있다. 범죄론체계상 고의는 구성요건과 책임의 각 단계에서 고유한 의미와 기능을 갖고 있는 것이므로 고의개념의 이중적 기능을 고려한다면 認容說에 따라 미필적 고의와 인식 있는 과실을 구별함이 합당하다고 생각한다.

행위자가 범죄사실의 발생가능성을 인용하고 있었는지의 여부는 행위자의 진술뿐만 아니라 외부적 행위의 형태와 행위의 상황 등 구체적인 사정을 기초로 하여 일반인의 입장에서 당해 범죄사실의 발생가능성을 평가하여 행위자의 심리상태를 추인하여 판단해야 한다. 그러므로 예를 들어 지하철역의 화재사고현장을 수습하기 위한 청소작업이 진행되고 있는 중에 사고실종자의 유족들로부터 이의제기가 있었음에도 청소작업을 즉각 중단하지 아니한 지하철공사 사장에게는 설사 그가 수사기관과의 협의나 확인을 하지 않았다 하더라도 증거인멸의 미필적 고의를 인정하기는 어렵다고 할 것이다.[2]

3. 사전고의, 사후고의

고의를 사전고의와 사후고의로 구분하여 설명하는 경우도 있다.

---

1) 김일수/서보학, 227면; 박상기, 118면; 이재상, § 12, RN 25; 조준현, 172면; Jescheck/Weigend, 299면; Wessels/Beulke, RN 223.

2) 대판 2004. 5. 14, 2004도74.

구성요건고의는 實行故意로서 구성요건을 실현할 당시에 존재할 것을 요한다. 그러므로 행위자가 행위 이전에 실현의사를 가지고 있었으나 행위시에는 인식하지 못한 事前故意나 구성요건적 결과가 발생한 이후에 비로소 사실에 대한 인식을 갖게 된 事後故意는 고의라 할 수 없다. 이 개념들은 형법상 의미를 갖지 못한다. 예컨대, A가 사냥을 하는 기회에 자기 처 B를 사고를 가장하여 사살하기로 결의하였으나 사냥을 떠나는 전날 밤에 총을 닦다가 오발로 B를 사망에 이르게 한 때에는 A에게 살인의 고의를 인정할 수 없고 과실만이 문제될 수 있는 것이다. 예비단계에서의 구성요건실현의사도 예비죄의 처벌규정이 있는 경우가 아닌 한 불가벌적인 사전고의에 해당된다.

제4절 過 失

제14조 [과실] 정상의 주의를 태만함으로 인하여 죄의 성립요소인 사실을 인식하지 못한 행위는 법률에 특별한 규정이 있는 경우에 한하여 처벌한다.

Ⅰ. 意 義

형법상 '過失'(Fahrlässigkeit, *culpa*)이라 함은 정상의 주의를 태만함으로 인하여 죄의 성립요소인 사실을 인식하지 못한 경우를 말한다(제14조). 따라서 過失犯이란 과실로 인하여 죄의 성립요소인 사실을 발생시킴으로써 성립하는 범죄라 할 수 있다.

형법은 정상의 주의를 태만함으로 인하여 죄의 성립요소인 사실을 인식하지 못한 것을 '과실'의 개념으로 정의하고 있지만, 죄의 성립요소인 사실을 인식하고 있으면서도 정상의 주의를 태만함으로 인하여 범죄사실을 회피하지 못하고 발생시킨 경우에 이른바 '인식 있는 과실'을 인정하여 과실범이 성립하는 것으로 봄이 일반적인 견해이다. 과실은 정상의 주의의 태만을 그 내용으로 하는 것이기 때문에 법규범의 명령을 인식하고 그에 위반한 것인 고의와는 독립된 불법유형이라고 할 수 있다.

독일과 일본의 형법은 우리 형법과 같은 過失의 定義規定을 두고 있지 아니하다. 반면에 오스트리아형법은 과실범과 인식 있는 과실의 개념에 관한 정의 규정을 두고 있다(동법 제 6 조 제 1 항, 제 2 항 참조).

Ⅱ. 犯罪論體系上 位置

'과실'의 범죄론체계상 위치에 관하여서도 책임요소설, 위법성요소설, 구성요건요소설과 구성요건·책임요소설 등의 견해가 대립되고 있다.

1. 책임요소설

責任要素說에 따르면, 구성요건해당성과 위법성은 고의·과실과 관계없이 인정되기 때문에 책임단계에서 고의의 성립이 부정되는 경우에 보충적으로 과실의 존부가 심사되는 것이다.[1] 舊過失論이라고도 한다. 이 설은 행위론상의 인과적 행위론에 토대한 이론이다. 판례[2]는 과실범에 있어서 비난가능성의 요소를 지적 요소와 규범적 요소로 구분하고, 지적 요소인 인식·불인식과 규범적 요소인 부주의를 모두 과실범의 책임의 요소로 이해함으로써 책임요소설의 입장에 서 있다.

하지만 행위자가 정상의 주의를 태만하였는지와 무관하게, 발생된 결과만으로 범죄의 구성요건해당성과 위법성을 심사할 수는 없는 것이므로 책임요소설은 부당하다고 할 것이다.

2. 위법성요소설

違法性要素說에서는 과실행위는 행위자가 정상의 주의를 태만한 경우에만 위법성을 갖는다고 설명한다.[3] 新過失論이라고도 한다. 이 설은 '許容된 危險의 理論'의 등장과 함께 제시된 견해이다. 고의와는 달리 과실은 규범적 성격이 큰 개념이기 때문에 고의의 범죄론체계상 위치에 관한 논의에서는 등장하지 않는 위법성요소설이 제기될 수 있는 것으로 본다.

하지만 행위자가 정상의 주의를 기울인 경우에도 발생된 결과만으로 과

---

1) 남흥우, 형법총론, 1980, 173면; 정영석, 174면.
2) 대판 1984. 2. 28, 83도3007.
3) 유기천, 167면; 이건호, 형법학개론, 1964, 239면.

실범의 구성요건해당성을 인정하는 위법성요소설의 견해는 오늘날의 범죄론 체계상 받아들이기 어렵다고 생각한다.

3. 구성요건요소설

構成要件要素說에서는 과실행위의 고유한 양태(樣態)로서의 '정상의 주의를 태만함'은 과실범의 구성요건요소라고 본다. 벨첼의 목적적 행위론의 등장에 따라 과실은 고의와 함께 구성요건요소로 자리 잡게 되었다.[1)]

4. 구성요건・책임요소설

構成要件・責任要素說에서는 과실은 과실범의 구성요건단계와 책임단계에서 각각 고유한 의미를 갖는다고 이해하고 있다.[2)] 즉 과실은 구성요건요소[구성요건과실]로서 뿐만 아니라 책임요소[책임과실]로서의 의미도 갖는다고 보아야 한다고 한다. 이중적 지위설이라고도 칭한다. 構成要件過失에 있어서는 행위자가 사회일반인의 객관적 주의의무의 수준에 비추어 그러한 주의의무를 태만하여 구성요건의 실현을 인식・회피하지 못한 것인지의 여부를 판단하는 것이며, 心情反價値를 나타내는 責任過失에 있어서는 그 행위자가 구성요건실현행위 당시의 상황에서 자신의 주의의무를 태만하게 된 동기나 개인적 주의능력 등의 주관적 사정을 심사하게 된다.

'과실'의 범죄론체계상 위치도, '고의'의 범죄론체계상 위치에 관한 논의에 준하여, 구성요건・책임요소설에 입각하여 파악하는 것이 타당하다고 생각한다.

III. 成立要件

과실범의 구성요건은 각칙상 과실범의 개별구성요건에서 규정하고 있다. 형법 제14조는 개별 과실범구성요건에 있어서 일반적 요소로 요구되고 있는 '과실'의 개념을 '정상의 주의를 태만함으로 인하여 범죄사실을 인식하지 못

1) Jescheck/Weigend, 577면; Schönke/Schröder, § 15, RN 122; Welzel, 130면.

2) 김종원, "과실범의 구조", 법정 1969. 8, 9면; 박상기, 281면; 배종대, 590면; 손동권, § 20, RN 10; 신동운, 208면; 심재우, "사회적 행위론과 과실범의 체계", 고시연구 1979. 3, 77면; 오영근, § 12, RN 55; 이재상, § 14, RN 8; 임웅, 432면; 정성근/박광민, 421면; 조준현, 276면.

한 것'으로 규정하고 있다. 그러므로 과실범의 일반적 구성요건요소로는 '범죄사실의 불인식', '정상의 주의를 태만함', '결과의 발생' 등을 들 수 있다.

과실범의 구성요건요소는 명확성의 관점에서 보면 문제의 여지가 크다고 할 수 있다. 하지만 이는 입법상 부득이한 경우에 해당한다고 볼 수밖에 없으며, 법관이 합리적 판단을 통하여 형법상의 일반적 기준을 구체적인 사안에 적용함으로써 타당한 판례법을 형성해나가야 한다고 생각한다.[1]

> 여기서는 과실범의 성립요건 중 구성요건요소에 관하여 설명하고 있다. 過失犯의 違法性에 관하여는 정당방위, 긴급피난, 피해자의 승낙의 부분에서 개별적인 문제점이 논해진다. 과실범에 있어서 정당행위로 거론되는 경우도 있다. 예를 들어, 판례[2]에서는 운동경기에 참가한 자가 경기규칙을 준수하거나 또는 그 경기의 성격상 당연히 예상되는 정도의 경미한 규칙위반을 통하여 제 3 자에게 상해를 입힌 행위가 사회적 상당성의 범위를 벗어나지 아니하는 정당행위로서 위법성이 조각된다고 판시하고 있으나, 이는 과실범의 구성요건해당성의 문제로 봄이 타당하다. 過失犯의 責任의 문제는 책임과실의 요소로서의 주관적 주의의무와 관련하여 함께 논해지고 있으며, 기타의 점에 있어서는 책임의 일반원리가 과실범에 있어서도 원칙적으로 그대로 적용된다고 할 수 있다.[3] 주관적 주의의무의 판단척도가 되는 것은 행위자가 행위시에 구체적으로 갖고 있었던 정신적·신체적 조건이라고 할 수 있다(오스트리아 형법 제 6 조 참조).
>
> 과실범에 있어서 행위자는 법규범의 명령을 의식적으로 위배한 것이 아니기 때문에 동일한 결과를 야기한 고의범에 비하여 불법과 책임에 있어서 가볍다고 할 수 있다.[4]

1. 범죄사실의 불인식

과실의 성립에는 죄의 성립요소인 사실, 즉 구성요건에 해당하는 객관적 사실에 대한 인식·인용이 없었음을 요한다. 여기서 '犯罪事實의 不認識'은 현실의 사실에 대하여 전혀 인식하지 못한 것을 의미하는 것이 아니고, 전체로서의 구성요건해당사실에 관한 불인식을 말한다. 따라서 이 '불인식'이라는

1) Roxin Ⅱ, § 24, RN 91.
2) 대판 2008. 10. 23, 2008도6940.
3) 김일수/서보학, 494면; 박상기, 295면; 이재상, § 14, RN 35; 임웅, 506면; 정성근/박광민, 438면.
4) Jescheck/Weigend, 563면.

심리적 요소는 소극적 요소이다.

'고의'의 내용인 '인식'의 의미를 인용설에 입각하여 이해하면 과실의 성립요건인 '불인식'의 의미는 '협의의 不認識'과 '不認容'(不容)을 포함하는 개념으로 해석함이 적절하다고 생각한다. 그렇게 해석함으로써 '인식 있는 과실'도 과실의 개념 속에 포함될 수 있게 된다. 그리고 과실범에 있어서는 고의가 없기 때문에 미수범이 성립될 여지 또한 없게 된다.

2. 정상의 주의를 태만함(주의의무위반 · 부주의)

(1) 의 의

과실범이 성립하기 위해서는 범죄사실의 불인식이 행위자가 正常의 注意를 怠慢함으로 인하여 야기되었음을 요한다. 따라서 과실범이 성립하기 위하여서는 기본적으로 犯罪事實의 豫見 즉 認識이 可能할 것을 요하며, 범죄사실의 예견이 객관적으로 불가능한 경우에는 과실범이 성립되지 않는다. 예를 들어, 함께 술을 마시던 네 사람 가운데 두 사람이 러시안 룰렛(roulétte)게임을 하다가 사고가 난 경우에 현장에 같이 있었던 다른 두 사람은 함께 수차(數次)에 걸쳐서 흥겹게 술을 마시고 놀았던 일행이 갑자기 자살행위와 다름없는 게임을 하리라고는 쉽게 예견할 수 없는 것이므로 그들에 대해서는 과실이 인정될 수 없는 것이다.[1]

(2) 판단의 기준

행위자가 정상의 주의를 태만한 것인지의 여부, 즉 부주의 여부를 판단하는 기준에 대하여는 주관설, 객관설, 절충설 등의 학설이 나뉘고 있다.

㈎ 주 관 설

主觀說에서는 행위자 개인의 주관적 주의능력을 기준으로 하여 부주의의 여부를 가린다.[2] 예를 들어, 담당의사가 치료효과에 대한 확신을 갖고 환자에게 수면제를 투여한 경우에 있어서는 설사 그 환자의 질환에는 수면제가 금기(禁忌)인 점이 일반적으로 인정되고 있다 하더라도 담당의사에게는 상해의 고의뿐만 아니라 과실도 부정된다고 보는 것이다.

---

1) 대판 1992. 3. 10, 91도3172.

2) G. Jakobs, *Studien zum fahrlässigen Erfolgsdelikt*, 1972, 48면, 64면 이하; G. Stratenwerth, "Zur Individualisierung des Sorgfaltsmaßstabes beim Fahrlässigkeitsdelikt", *Fest. für Jescheck*, 1985, 285면 이하.

주관설은 행위자 개인에게 불가능한 것을 법규범이 요구할 수는 없다는 전제 하에 주장되는 이론이다. 이런 관점에서, 과실범의 구조는 행위자의 현실적·주관적 행위가능성을 구성요건요소로 취급하고 있는 부진정부작위범의 구조와 동일하다고 보는 견해[1]도 있다. 또한 주관설에 따르게 되면, 과실범은 행위자 개인의 현실적 고의가 구성요건요소로 자리 잡고 있는 고의범의 경우와 체계상 부합하게 된다고 한다.

주관설 중에는 과실범의 구성요건에서는 객관적 귀속의 요건으로서의 객관적 주의의무위반과 주관적 구성요건요소로서의 주관적 주의의무위반 여부를 모두 심사해야 한다는 견해[2]도 있다.

(나) 객 관 설

客觀說은 사회일반인의 주의능력을 기준으로 하여 행위자가 그 객관적 기준에 따른 주의를 다하였을 경우에는 과실을 인정하지 않는 입장이다.[3] 판례[4]의 입장이기도 하다. 여기서 '사회일반인'이라 함은 행위자와 같은 직업군(職業群) 내지 생활권 내의 신중하고 양심 있는 평균인을 의미한다.[5]

(다) 절 충 설

折衷說은 사회일반인의 주의능력의 정도와 행위자 자신의 주의능력을 함께 기준으로 하여 부주의 여부를 결정하는 견해이다. 법은 일반인의 주의능력 이상의 것을 요구할 수도 없고 또 다른 한편으로는 행위자에게 주관적으로 불가능한 것을 강요할 수도 없다는 논거를 내세우고 있다. 이 설에 따르면 결과적으로 사회일반인의 주의능력과 행위자 자신의 주의능력 중에서 낮은 것을 기준으로 하여 부주의 여부를 판단하게 될 것이다.

(라) 검 토

주관설에 따르게 되면 결과적으로 刑罰空洞化의 現象이 야기될 우려가

1) 손해목, "과실범", 형사법의 제문제(신동욱교수정년기념논문집), 1983, 68-69면.
2) 김성돈, "과실개념에서 주의의무위반성과 예견가능성", 형사정책연구 6·4, 1995, 168면 이하; 김일수/서보학, 483면; 이호중, "과실범의 예견가능성", 형사법연구 11, 1999, 73면 이하; 조상제, "형법상 과실의 체계적 정서(整序)", 고시계 1998. 9, 57면.
3) 박상기, 283면; 이용식, "형법상의 과실", 고시계 1995. 7, 56면; 이재상, §14, RN 14; 이형국, 661면; 임웅, 488면; 정성근/박광민, 425면; 황산덕, 129면; Schünemann, "Neue Horizonte der Fahrlässigkeitsdogmatik", *Fest. für F. Schaffstein*, 1975, 160면 이하.
4) 대판 1969. 10. 23, 69도1650; 대판 1971. 5. 24, 71도623; 대판 1997. 10. 10, 97도1678.
5) 대판 1996. 11. 8, 95도2710.

있다는 점이 지적될 수 있다.[1] 과실범에 있어서 결과를 회피할 주의의무는 모든 사람에게 인정되는 것이지만, 부진정부작위범에 있어서 금지된 결과를 방지할 의무는 보증인지위를 갖는 자에게만 인정되는 것이므로 과실범과 부진정부작위범의 구조를 동일한 것으로 볼 수는 없다고 생각한다.[2] 또한 절충설은 기본적으로 과실범의 불법과 책임을 혼동한 입장이라고 생각한다.[3]

과실범에 있어서 부주의 여부에 관한 판단은 사회일반인을 기준으로 삼아 행해야 한다고 보는 客觀說이 타당하다고 생각한다. 법규범은 사회의 구성원 누구에게나 구속력을 갖는 일반적 원칙이어야 하며, 개인적 규범이어서는 안 되기 때문이다. 물론 사회일반인의 주의능력의 구체적인 수준과 내용을 제시하는 것은 어려운 일이지만, 사회생활의 각 영역에서 그 구성원들에게 기대되는 전형적 역할과 지위에 기하여 법관이 합리적 양심에 따라 주의규범을 형성할 수 있을 것이다.[4] 예컨대, 의료사고에 있어서 의사의 과실 유무를 판단함에 있어서는 같은 업무와 직무에 종사하는 의사의 일반적 주의정도를 표준으로 하여야 하며, 이에는 사고 당시의 일반적인 의학수준과 의료환경 및 조건, 의료행위의 특수성 등이 고려되어야 한다.[5] 그러므로 30대 중반의 산모가 제왕절개수술 후 폐색전증(肺塞栓症)으로 사망한 경우 담당 산부인과의사에게는 업무상 과실이 인정되지 않는다 할 것이다.[6] 도로교통이나 건설 등 산업활동, 기술・과학의 영역에서도 마찬가지 원리가 적용될 것이다. 객관설에 따라 해석함으로써, 법규범의 일반적 행위규범으로서의 기능이 유지될 수 있는 것이다.

부주의 여부에 관한 판단의 기준의 문제는 책임론의 관점에서도 이해할 수 있다. 즉 도의적 책임론에 입각하면 주관설이 타당하게 되고, 사회적 책임론에

1) Armin Kaufmann, "Zum Stande der Lehre vom personalen Unrecht", *Fest. für H. Welzel*, 1974, 165면.

2) Wolter, "Aädquanz- und Relevanztheorie", *GA* 1977, 268면.
다만 과실부작위범의 경우에는 부작위범의 원리가 적용된다고 볼 수 있다.

3) 실제로, 구성요건과실의 판단기준은 객관설에 따르고 책임과실의 판단기준은 주관설에 따르는 것을 절충설로 이해하는 견해(이수성, "과실범의 형사책임", 고시계 1975. 7, 39-40면)도 있다.

4) 이용식, "과실범에 있어서 주의의무의 객관적 척도와 개인적 척도", 법학(서울대) 39・3, 1998, 60-62면.

5) 대판 1984. 6. 12, 82도3199; 대판 1997. 10. 10, 97도1678; 대판 2003. 1. 10, 2001도3292; 대판 2003. 11. 14, 2001도3904; 대판 2007. 9. 20, 2006도294.

6) 대판 2006. 10. 26, 2004도486.

입각하면 객관설이 타당하게 된다. 하지만 책임론과 관련한 이러한 논의는 책임요소로서의 과실인 책임과실의 판단기준에 관해서는 타당할 수 있겠지만, 여기서 논하는 주의의무는 행위자 개인에게 가해지는 책임비난의 문제와는 구별을 요하는 構成要件過失의 문제이다.

과실의 범죄론체계상 위치에 관한 구성요건·책임요소설에 따르면, 형법상 책임의 본질에 비추어, 책임요소로서의 과실 즉 責任過失의 판단은 主觀說에 따라 행함이 타당하다고 볼 것이다. 따라서 과실범의 구성요건에서는 객관적 주의의무의 이행 여부가 심사되는 것이고, 행위자의 개인적·주관적 주의의무는 과실범의 책임판단의 기준이 된다. 객관적 귀속의 문제도 범죄론체계상으로는 구성요건의 단계에 포함되는 것이므로 객관적 귀속의 요건으로서의 주의의무와 구성요건요소로서의 주의의무를 달리 파악해야 할 필요는 없다고 생각한다.[1)]

객관설에 토대하여 좀 더 생각해보면, 평균 또는 그 이상의 주의능력을 갖는 사람이 평균 이상의 주의를 기울이기는 하였으나 자신이 갖는 주의능력을 모두 기울이지는 못하여 법익침해의 결과가 발생하였다면, 그 경우에는 이미 과실범의 구성요건해당성을 결하게 되므로 책임의 문제는 심사될 필요도 없이 무죄로 될 것이다. 그에 대하여 평균 이하의 주의능력을 갖는 사람이 자신이 갖는 주의능력을 다 기울이기는 하였으나 평균보다는 낮은 수준의 주의를 기울여 결국 법익침해의 결과가 발생하였다면, 그의 행위는 구성요건해당성을 갖지만 과실범의 책임을 결하게 되어 역시 과실범이 성립되지 못하여 무죄로 된다. 결국 개념상으로 보면, 평균 또는 그 이상의 주의능력을 갖는 사람이 평균적 수준의 주의도 기울이지 못한 경우와 평균 이하의 주의능력을 갖는 사람이 자신의 능력만큼도 주의를 기울이지 못한 경우에 과실범으로서의 불법과 책임이 인정되는 결과가 된다고 본다.

3. 결과의 발생

(1) 의 의

과실범이 성립하기 위하여는 행위자가 정상의 주의를 태만한, 즉 주의의

---

1) 객관적 귀속이론의 범죄론체계상 고유한 의미를 부정하는 견해(Armin Kaufmann, "Das fahrlässige Delikt", *ZfRV* 1964, 54면)도 결론에 있어서는 같은 입장이라고 할 수 있다.

무를 위반한 행위(過失行爲)로 인하여 범죄사실의 결과가 발생하였어야 한다. 즉 과실범은 結果犯에 있어서만 문제될 수 있고, 단순한 거동범에 있어서는 형법의 해석상 과실범이 인정되지 못한다.[1] 해당 결과의 내용은 각칙상 개별 구성요건에서 구체적으로 규정하고 있다. 그리고 과실행위의 태양(態樣)은 과실범구성요건의 충족에 직접적·간접적으로 기여한 모든 행위유형을 포함한다. 형법상 과실범은 고의범구성요건을 전제로 하여 보충적으로 규정되어 있으므로 과실행위의 구체적 유형은 고의행위를 참작하여 판단하게 될 것이다.

과실범에 있어서 인과관계와 객관적 귀속의 문제는 원칙적으로 고의범의 경우와 마찬가지 원리에 의해 판단된다.

(2) 인과연관의 존부

주의의무위반행위와 결과의 발생 사이에 因果關係가 인정되어야 한다. 설사 결과가 발생하였더라도 그것이 사회생활상의 경험법칙에 비추어 실제의 주의의무위반행위, 즉 과실행위와 연관되지 못할 때에는 과실범의 성립이 부정되게 된다. 즉 과실범에 있어서 인과연관의 존부에 관한 판단도 합법칙적 조건설에 따라 행함이 타당하다고 생각한다. 예를 들어, 자동차운전자가 발동을 끄고 시동열쇠를 꽂아둔 채 하차한 동안에 조수가 이를 운전하다가 사고를 낸 경우에 있어서 운전자가 시동열쇠를 꽂아둔 행위와 사고로 인한 상해의 결과 사이에는 인과관계가 없다고 보는 것이 사회생활상의 경험법칙에 비추어 타당하다고 할 것이다.[2]

(3) 형사책임의 귀속

(가) 내 용

과실행위와 결과발생 사이에 인과연관이 인정되게 되면, 과연 그 발생된 결과에 대한 刑事責任을 행위자에게 歸屬시킬 수 있는지의 여부가 심사되어야 한다. 객관적 귀속의 판단요소인 '예견·회피의 가능성', '위험의 증대·창출', '규범의 보호목적' 등은 과실범의 객관적 귀속을 판단함에 있어서도 마찬가지로 적용된다. 하지만 '예견·회피의 가능성'과 '규범의 보호목적'에 관한 판단은 과실범의 다른 성립요건에 관한 심사에 의해 해결된다고 볼 수

1) 물론 도로교통법 제107조의2 제 1 호, 제113조 제 1 호 등의 처벌규정은 과실거동범에 관한 것으로 볼 여지가 있다.

2) 대판 1971. 9. 28, 71도1082; 대판 1974. 7. 23, 74도778.

있으며, 과실범의 형사책임의 귀속에 관한 판단에 있어서 특히 논의되어야 하는 것이 '위험의 증대·창출'의 요소이다. 이와 관련하여 문제되는 것이 이른바 '適法한 代替行爲의 理論'이다. 이는 '注意義務違反關聯性'의 문제로도 불린다. 이는 행위자가 주의의무에 위반하는 행위가 아닌 다른 적법한 대체행위를 수행하였을 경우, 즉 주의의무를 준수하였을 경우에 과연 과실범의 결과가 발생하였을 것인지가 심사되어야 한다는 문제이다.[1] 즉 행위자가 정상의 주의를 기울여 주의의무를 준수하였더라도 결과는 마찬가지로 발생했을 것으로 인정되는 경우에는 설사 현실의 과실행위와의 인과연관은 인정된다고 하더라도 그 결과에 대한 형사책임이 행위자에게 귀속되지 못한다는 것이다.

(나) 판단의 원리

과실범의 형사책임의 귀속에 관한 판단에 있어서, 행위자의 주의의무위반이 없었더라면 결과발생을 회피할 수 있었을 것이라는 점에 관하여 법관이 확신을 갖는 경우에는 '주의의무위반관련성'이 인정되어 형사책임의 귀속이 긍정되게 된다. 그러나 현실의 구체적 판단에 있어서는 가설적 사실인 주의의무준수행위를 대상으로 함으로 인하여 '주의의무위반관련성'의 인정이 어려운 경우가 많으며, 이런 경우에 있어서 형사책임의 귀속에 관한 판단의 원리로 무죄추정설과 위험증대설의 두 입장이 대립하고 있다. 이는 주의의무위반관련성의 인부(認否)에 관한 판단의 원리라고 할 수 있다.

1) 무죄추정설　無罪推定說에서는 과실범의 구성요건적 결과가 발생하였더라도 그것만으로는 행위자에게 그 책임이 귀속되지 않아 무죄가 되는 것으로 일단은 추정하고, 행위자가 주의의무를 준수하였다면 결과가 발생하지 않았을 것이라는 점에 관한 蓋然性이 입증되는 경우에만 그 결과에 대한 형사책임을 행위자에게 귀속시킬 수 있다고 본다.[2] 바꾸어 말해서, 주의의무를 준수하였더라도 마찬가지의 결과가 발생하였을 것이라는 점에 관하여 가능성만 인정되면 행위자의 형사책임이 부정될 수 있다고 보는 것이다. 회피가능

1) 이는 이른바 가설적 인과관계와 유사한 이론구성이라는 지적(오영근, §11, RN 25)도 있지만, 여기서는 주의의무위반행위와 주의의무준수행위라는 두 가지 판단요소만 문제되고 있으며 또 이는 인과연관의 존부가 아닌 형사책임의 귀속에 관한 판단인 점에서 가설적 인과관계와는 다른 문제이다.

2) 김성돈, 549면; 이재상, §14, RN 31; 정성근/박광민, 430면.

성설로도 불린다. 우리나라[1]와 독일[2]의 판례의 입장이라고 할 수 있다.

2) 위험증대설 危險增大說에서는 행위자의 과실행위에 의하여 과실범의 결과가 발생할 위험이 증대되었다는 점만 인정되면 그 결과에 대한 형사책임을 행위자에게 귀속시킬 수 있는 것으로 본다. 즉 행위자가 주의의무를 준수하였다면 결과가 발생하지 않았을 것이라는 점에 관한 可能性만 입증되어도 그 결과에 대한 형사책임을 행위자에게 귀속시킬 수 있다고 보는 것이다. 바꾸어 말해서 행위자가 주의의무를 준수하였더라도 마찬가지의 결과가 발생하였을 것이라는 점에 관하여 개연성이 인정되어야 결과에 대한 행위자의 책임이 부정된다고 보는 취지이다.[3]

3) 검 토 위험증대설에 따르면 결과적으로 과실범의 형사책임의 귀속에 관하여 아무런 제한을 두지 않는 것과 마찬가지가 된다고 할 수 있으며, 따라서 과실범을 결과범이 아닌 위험범으로 취급하는 결과가 되는 것이다.[4] 이와 같이 위험증대설은 피고인의 이익을 제대로 고려하지 못하게 되는 문제점을 안고 있어서, 주의의무위반행위가 행위객체에 상당한 정도로 위험을 증대시켰을 때에만 인과관계와 객관적 귀속을 인정하는 절충적 견해[5]도 등장하고 있다. 하지만 절충설은 판단의 기준인 '상당성'이 애매한 개념이라는 지적을 피하기 어렵다고 본다.

무죄추정설에 따르게 되면 과실범에 대한 형사책임이, 위험증대설에 따르는 경우에 비하여, 훨씬 더 많은 경우에 있어서 부정되게 된다. 하지만 이는 헌법상의 무죄추정의 원칙과 그 원칙을 받아 구체화시키고 있는 형사소송법상의 증거재판주의에 입각해 보더라도 당연한 이치라고 보아야 한다. 따라서 이 문제는 無罪推定說에 입각하여 해결하는 것이 타당하다고 생각한다.

---

1) 대판 1990. 12. 11, 90도694; 대판 1995. 9. 15, 95도906; 대판 1996. 11. 8, 95도2710.
2) BGHSt 11, 1.
3) 손동권, §20, RN 23; 신양균, "과실범에 있어서 의무위반과 결과의 관련", 형사판례연구 1, 1993, 81면; Jescheck/Weigend, 585면.
4) Schönke/Schröder, §15, RN 170, 173; Wessels/Beulke, RN 680.
5) 신동운, 219면.

Ⅳ. 種　　類

1. 인식 있는 과실과 인식 없는 과실

'認識 있는 過失'은 결과발생의 가능성을 인식하면서도 자신의 구체적인 행위의 경우에는 결과가 발생하지 아니할 것으로 믿은 경우를 가리킨다. 이에 대해 '認識 없는 過失'은 결과발생에 대한 인식도 전혀 없는 경우를 말한다. '인식 있는 과실'은 '인식 없는 과실'보다 행위에 대한 비난가능성의 정도가 더 클 것이지만, 구성요건상으로는 동일한 과실로 판단될 뿐이다.[1] '인식 있는 과실'의 개념이 미필적 고의와의 구별에 있어서 의미를 가질 뿐,[2] '인식 있는 과실'과 '인식 없는 과실'의 구분은 형법상 별다른 의미를 갖지 못한다고 할 수 있다.

'인식 있는 과실'과 '인식 없는 과실'은 행위자의 주의의무위반 시점이 인식 전인지 후인지에 따른 구분이기도 하다. 즉 인식 전(前)에 주의의무위반이 있어 행위자가 인식도 하지 못한 경우가 '인식 없는 과실'(認識過失)이고, 인식하고 있었지만 그 후에 주의의무위반이 있어 행위자가 결과의 발생을 회피하지 못한 경우가 '인식 있는 과실'(回避過失 또는 操縱過失)이라고 할 수 있다.

2. (일반)과실과 업무상 과실, 중과실

과실은 요구되는 주의의무의 정도에 따라 (일반)과실과 업무상 과실, 중과실로 구분된다. 업무상 과실, 중과실은 (일반)과실에 비하여 높은 정도의 주의의무가 요구되고, 그에 따라 형이 (일반)과실의 경우보다 중하게 되는 경우이다.

(1) 업무상 과실

業務上 過失이라 함은 일정한 업무의 종사자가 그 업무상 특별히 요구되는 주의를 태만히 한 경우를 말한다. (일반)과실에 비하여 형이 가중되고 있다. 물론 이 경우 '업무'는 그 내용에 있어서 실현된 구성요건과 관련성을 갖는 것이어야 하며, 그와 무관한 업무를 수행하던 중 발생된 결과에 대해서는 업무상 과실을 인정할 수 없다.[3]

---

1) 同旨 : 대판 1984. 2. 28, 83도3007.
2) Jescheck/Weigend, 567면.
3) 대판 1985. 7. 9, 84도822.

형법상 업무상 과실에 기한 범죄로서는 업무상 과실교통방해죄(제189조), 업무상 실화죄(제171조), 업무상 과실치사상죄(제268조) 및 업무상 과실장물취득죄(제364조) 등을 들 수 있다.

(2) 중 과 실

重過失이라 함은 주의의무의 중대한 태만의 경우를 말한다. 즉 행위자가 조금만 주의를 하였더라도 요구되는 주의의무를 위반하지 않았을 경솔한 태도를 가리킨다.[1] 중과실에 대하여도 (일반)과실에 비하여 형이 가중되고 있다. 중과실 여부에 관한 판단은 구체적인 경우에 사회통념에 입각하여 객관적으로 행해져야 한다.[2]

형법상 중과실에 기한 범죄로서는 중실화죄(제171조), 중과실교통방해죄(제189조), 중과실치사상죄(제268조), 중과실장물취득죄(제364조) 등이 있다. 예컨대, 눈이 온 뒤 빙판이 된 내리막길을 브레이크가 고장난 자전거를 타고 내려오다가 행인을 치어 상해를 입힌 경우엔 사회통념에 입각하여 객관적으로 중과실을 인정할 수가 있다.

V. 處 罰

과실범은 일반적으로 처벌되는 것(*crimen culpae*)[3]이 아니고, 법률에 특별한 규정이 있는 경우에만(제14조) 예외적으로 처벌된다(*crimina culposa*).[4]

과실범은 그것이 처벌되는 경우에도 법정형은 고의범의 형보다 가볍다. 형법은 그 형의 경감에 관하여 일률적인 규정을 두지 않고, 各本條마다 과실범의 형을 개별적으로 규정하고 있다.

우리 형법상의 과실범처벌규정에는 실화죄(제170조), 업무상 실화・중실화죄(제171조), 과실폭발물파열죄(제172조 제2항), 과실일수죄(제181조), 과실・업무상 과실・중과실교통방해죄(제189조), 과실・업무상 과실・중과실치사상죄(제

1) 독일 형법상의 '輕率'(Leichtfertigkeit)이 우리의 '중과실'에 상응하는 개념이다.

2) 대판 1980. 10. 14, 79도305.

3) 민법에서는 불법행위법상 과실에 기해서도 일반적으로 불법행위가 인정되고 있다(동법 제750조 참조).

4) 참고로, 영미의 홀(Jerome Hall)이나 하트(H. L. A. Hart)와 같은 학자들은 과실범의 당벌성을 부정하고 있다(井上祐司, 因果關係と刑事過失, 昭和 53, 190면 이하 참조).

266조, 제268조), 업무상 과실·중과실장물취득죄(제364조) 등이 있다. 장물취득죄에 관하여는 (일반)과실에 의한 행위는 처벌되지 않고 업무상 과실·중과실의 경우만 처벌된다. 군형법, 도로교통법 등의 특별법에도 과실범처벌규정이 있다.

VI. 關聯問題

1. 신뢰의 원칙

(1) 의 의

信賴의 原則(Vertrauensgrundsatz)이라 함은 그 업무 자체로는 위험을 수반하나 그 업무가 사회생활에 불가결한 경우에 있어서 그 업무에 관여하여 스스로 주의 깊게 행위 하는 자는 특별한 사정이 없는 한 다른 관여자도 주의 깊게 행위 할 것을 신뢰해도 좋다는 원칙이다. 즉 다른 관여자의 주의의무위반행위까지 예견·회피해야 할 주의의무를 부담하지 않으며, 따라서 다른 관여자의 주의의무위반행위로 인한 범죄의 결과발생에 대해서 책임을 지지 않는다는 원칙이다. 예컨대, 간선(幹線)도로로 주행하는 자동차운전자는 지선(支線)도로와의 교차지점에서 지선도로의 자동차운전자가 일단정지를 하지 않고 우선순위를 어겨가면서 간선도로로 진입하는 경우까지 예견·회피해야 할 주의의무를 부담하지는 않는다는 것이다.[1)]

우리나라에서는 도로교통과 관련하여 판례에 의하여 발전되어 왔다.[2)] 산업화 이전시대의 사회생활을 지배해온 不信의 原則[3)]의 영역은 오늘날에 이르러 차츰 좁아져가고, 신뢰의 원칙의 적용범위가 교통·의료분야나 각종 산업활동 등 分業的 共同作業이 요구되는 영역으로 확대되어가는 추세이다.

(2) 성 격

신뢰의 원칙은 객관적 귀속에 관한 판단원리의 하나인 이른바 '許容된 危險의 理論'이 적용된 특수한 원칙이라고 할 수 있다. 이 원칙은 과실범에 있어서 注意義務의 성립을 制限하는 기능을 한다. 즉 주의의무의 내용인 결

---

1) 대판 1984. 4. 24, 84도185 참조.
2) 우리 대법원은 1957년에 처음으로 이 원칙을 인정했다(대판 1957. 2. 22, 4289형상330 참조).
3) RGSt 77, 66.

과발생의 예견의무와 회피의무를 모두 제한하는 것으로 봄이 일반적이다.[1)]

원래 그 유래에 있어서는 1930년대 독일의 나치스시대에 군사상의 목적으로 이른바 자동차전용도로(Autobahn)가 건설되면서 그 도로의 기능을 법적으로 뒷받침하기 위하여 판례[2)]를 통하여 이 원칙이 등장한 것이라고 한다.[3)] 그러나 오늘날 다수인의 관여가 불가피한 교통, 산업활동, 의료 등 제반분야에서 인간의 유한한 주의능력에 비추어 이 원칙은 부득이한 것으로 받아들여지고 있는 추세이다.[4)]

(3) 적용범위

㈎ 원 칙

신뢰의 원칙과 관련한 우리 판례의 입장은 도로교통과 의료사고의 두 경우로 크게 나누어 살펴볼 수 있다.

1) 도로교통 道路交通의 경우 자동차와 자동차 사이[5)] 또는 자동차와 자전거 사이[6)]의 사고에 대해서는 그 장소가 고속도로이든 일반도로이든 이 원칙을 인정하는 경향을 보인다. 예를 들어, 자동차운전자는 상대방이 중앙선을 침범하는 것까지 예상하여 그에 대비할 주의의무는 없고,[7)] 통행우선권을 가진 운전자는 상대방차량이 대기할 것을 기대할 수 있고,[8)] 운전자는 자기차를 무모하게 앞지르려는 다른 차를 위하여 서행해야 할 주의의무는 없다.[9)]

자동차와 사람 사이의 사고에서는 아직 이 원칙을 적용하지 않고 있지만, 보행자에 대한 사고에 있어서도 특히 고속도로나 기타 자동차전용도로 또는 일반도로의 육교 밑이나 횡단보도 등에서는 신뢰의 원칙의 적용범위가 차츰 넓어지고 있다. 예를 들어, 고속도로[10)]나 기타 자동차전용도로[11)]에서는 보행자나 자전거를 탄 사람이 돌연 나타날 것까지 운전자가 예상해서 운전

---

1) 신뢰의 원칙은 결과발생의 예견의무와는 무관하고, 회피의무만을 제한한다고 보는 견해(김성돈, 535-536면)도 있다.
2) BGHSt 4, 47; BGHSt 4, 182 등.
3) Schönke/Schröder, § 15, RN 149.
4) 西原春夫, 交通事故と信頼の原則, 1969, 87면.
5) 대판 1970. 2. 24, 70도176; 대판 1985. 1. 22, 84도1493; 대판 1995. 5. 12, 95도512.
6) 대판 1980. 8. 12, 80도1446; 대판 1984. 9. 25, 84도1695.
7) 대판 1984. 5. 29, 84도520.
8) 대판 1992. 8. 18, 92도934.
9) 대판 1984. 5. 29, 84도483.
10) 대판 1977. 6. 28, 77도403; 대판 2000. 9. 5, 2000도2671.
11) 대판 1989. 2. 28, 88도1689; 대판 1990. 1. 23, 89도1395.

해야 할 의무가 없고, 운전자는 육교 밑을 무단 횡단하는 보행자[1]나 적색신호일 때 횡단보도를 무단으로 건너오는 보행자[2]까지 예상하고 있을 의무가 없다고 보고 있다.

2) 의료사고 醫療事故에 있어서 신뢰의 원칙은 관여자 사이의 관계에 따라 수직적 분업과 수평적 분업의 두 경우로 구분하여 살펴볼 수 있다.

의사와 간호사의 관계와 같은 垂直的 分業의 경우에는 신뢰의 원칙이 적용될 여지가 적다.[3] 하지만 의사와 간호사의 분업에 있어서도 의사에게만 전적으로 책임을 부담시킬 수는 없는 것이고, 간호사의 보조행위의 유형이나 위험성, 환자의 상태, 간호사의 자질과 숙련도 등의 구체적 사정에 따라서 의사와 간호사의 책임이 개별적으로 결정될 수 있다고 보아야 한다.[4] 의사와 의사 사이의 水平的 分業의 경우에 있어서는 이 원칙의 적용여지가 비교적 넓다고 볼 수 있다.[5] 하지만 의사 사이에서도 일방이 타방에 대한 지휘·감독의 책임을 지는 경우는 수직적 분업에 해당되어 지휘·감독의 책임을 지는 의사에게는 신뢰의 원칙이 적용되지 않는다고 볼 것이다.[6] 또한 전원(轉院)의 경우도 원칙적으로 수직적 분업의 한 경우로 봄이 타당하므로, 나중 병원 의사에게는 먼저 병원 의사의 과실이 인정되는 특수한 경우[7]를 제외하고는 신뢰의 원칙을 적용하기 어렵다고 할 것이다.

제약회사와 약사의 관계에서도 약사는 의약품의 표시를 신뢰할 수 있다고 보아야 한다.[8]

(나) 예 외

신뢰의 원칙은 관여자들이 모두 교통규칙이나 의료원칙을 준수할 수 있는 것으로 기대되는 정상적인 상황을 전제로 하고 있는 것이므로, 그러한 기대를 할 수 없는 특별한 다음의 몇 가지 경우에는 이 원칙을 적용할 수가 없다. 즉 다음의 경우에 있어선 과실범의 일반원리가 그대로 적용되는 것이다.

1) 대판 1985. 9. 10, 84도1572.
2) 대판 1993. 2. 23, 92도2077.
3) 대판 1994. 4. 26, 92도3283; 대판 1998. 2. 27, 97도2812.
4) 대판 2003. 8. 19, 2001도3667.
5) Schönke/Schröder, § 15, RN 151.
대판 1970. 2. 10, 69도2190.
6) 대판 1994. 12. 9, 93도2524.
7) 대판 1996. 9. 24, 95도245.
8) 대판 1976. 2. 10, 74도2046.

첫째, 다른 관여자가 규칙을 위반하고 있는 사실을 행위자가 이미 인식하고 있고 또 그에 대비할 수 있는 경우. 예컨대, 차도의 반대방향에서 달려오는 자동차가 이미 중앙선을 침범하여 들어와 비정상적으로 운행하고 있음을 운전자가 발견한 경우에는 신뢰의 원칙이 적용되지 못하는 것이다.[1] 하지만 이런 경우에도 맞은 편 자동차와의 거리가 사고에 대비할 수 없을 정도인 경우에는 운전자의 책임을 인정할 수 없을 것이다.[2] 또한 고속도로 상에서 무단횡단자를 자동차의 제동거리 밖에서 발견한 경우에도 신뢰의 원칙은 적용되지 못한다.[3]

둘째, 상대방이 노인이나 장애인, 유아[4] 또는 음주운전자인 경우와 같이 상대방에게 객관적으로 규칙의 준수를 기대하기 어려운 경우.[5]

셋째, 행위자 자신이 이미 규칙을 위배하고 있는 경우. 행위자 자신의 부주의한 행위에 의해 야기된 위험을 타인으로 하여금 회피하도록 명할 수는 없는 것이기 때문이다.[6] 예컨대, 스스로 과속운전을 하여 제동조치를 취하지 못한 운전자는 상대방의 중앙선침범 등의 법규위반을 들어 자신의 책임을 면할 수는 없는 것이다.[7] 하지만 행위자 자신의 규칙위배가 있다고 하더라도 그것이 사고와는 직접적 관계가 없어서 결과발생의 결정적 원인이 되지 못하는 경우에는 신뢰의 원칙이 적용될 여지가 있다.[8] 또한 구체적인 상황에서 스스로 과속운전을 한 운전자라 하더라도 상대방이 너무 근접한 거리에서 중앙선을 침범하여 설사 자신이 제한속도를 지켜 운전하였다 하더라도 사고를 피할 수 없었던 상황이었다면 과실의 책임을 면할 수 있다고 본다.[9]

그밖에 업무의 공동관여자 상호간에 보호·감독 등의 관계가 있는 경우도 신뢰의 원칙의 예외로 드는 견해[10]가 있다. 의료사고에 있어서 의사와 간

---

1) 대판 1984. 4. 10, 84도79; 대판 1986. 2. 25, 85도2651.
2) 대판 1990. 1. 23, 89도1395; 대판 1990. 4. 24, 89도2547.
3) 대판 1981. 3. 24, 80도3305.
4) 대판 1970. 8. 18, 70도1336.
5) BGHSt 13, 169; BGHVRS 17, 204 등.
6) Schönke/Schröder, § 15, RN 211.
7) 대판 1973. 1. 16, 72도2655.
8) 대판 1990. 2. 9, 89도1774; 대판 1996. 5. 28, 95도1200.
9) 同旨 : Schönke/Schröder, § 15, RN 215.
10) 손동권, § 20, RN 38.

호사·수련의 사이나 교사와 어린이 사이와 같은 수직적 분업의 경우가 그 예이다. 보호·감독자는 피보호·감독자의 과실을 예방해야 할 책임을 부담하기 때문이라는 것이 그 이유이다. 그러나 이 경우는 애초에 신뢰의 원칙이 적용될 여지가 없는 경우이기 때문에 앞에서 든 예외 세 경우와는 성격을 달리한다고 생각한다.[1]

2. 과실범의 특수한 범죄형태

과실범에 관한 논의는 기수범·작위범·정범을 전제로 하여 행해지고 있다. 과실범의 일반원리가 특수한 범죄형태인 미수범·부작위범·공범에 관하여 적용되는 범위를 살펴볼 필요가 있다.

(1) 과실범의 미수범

過失犯의 未遂犯은 인정할 수 없다고 보는 것이 일반적인 견해이다. '인식 있는 과실'에 있어서는 과실범의 미수범을 인정하는 견해[2]도 있다. 하지만 미수범에 있어서는 결과발생에 대한 고의가 요구되기 때문에 과실범의 미수범은 인정할 수 없다고 봄이 타당하다. '인식 있는 과실'에 있어서 '인식'은 고의에 해당되지 못하기 때문이다.

현행법상 과실범의 미수범을 처벌하는 규정은 없다. 결과적 가중범의 미수범을 처벌하는 현주건조물일수치사상죄(제182조), 인질치사상죄(제324조의5), 강도치사상죄·해상강도치사상죄(제342조) 등에 있어서도 해당 미수범의 성부는 기본범죄가 미수에 그쳤음에도 불구하고 중한 결과가 발생한 경우에 관한 문제이고, 중한 결과가 발생하지 않은 경우에는 결과적 가중범 자체가 성립되지 못하고 단지 기본범죄만 성립하게 되는 것이므로 과실범의 미수범의 문제는 발생할 여지가 없다고 할 것이다.

(2) 과실범의 부작위범

과실에 의한 진정부작위범과 부진정부작위범은 성립될 수 있다. 하지만 과실에 의한 진정부작위범의 예로는 도로교통법상의 고속도로에서의 주·정차행위의 과실범(동법 제59조, 제113조 제 5 호)을 들 수 있을 뿐, 그 예는 극히 드물다. 과실에 의한 부진정부작위범은 과실범처벌규정이 있는 모든 경우에

---

1) 同旨 : 김성돈, 540면 각주 62.

2) Rudolphi/Horn/Samson, *Systematischer Kommentar*, 1988, § 22, RN 1.

있어서 성립할 수 있으며, 작위의무 등의 성립요건도 마찬가지로 적용된다.

(3) 과실범의 공범

㈎ 과실범의 공동정범

過失犯의 共同正犯의 인부에 관하여는 공동정범의 본질에 관한 범죄공동설과 행위공동설에 따라 견해가 갈리고 있다. 범죄공동설에서는 '공동실행의 의사'로 범죄구성요건실현의 고의를 요구하므로 과실범의 공동정범을 인정하지 않고, 하나의 과실범에 2인 이상이 가담한 경우에는 각자의 과실범의 동시범이 될 수 있을 뿐이라고 본다. 그러나 행위공동설에서는 공동정범의 주관적 요건인 '공동실행의 의사'는 행위에 대한 공동인식으로 충분하다고 보므로 과실범의 공동정범을 인정하고 있다. 과실범의 공동정범이나 고의범·과실범 사이의 공동정범을 인정함이 타당하다고 생각한다.

㈏ 과실범의 교사범·종범

過失犯에 대한 敎唆犯은 인정되지 않는다고 봄이 타당하다. 교사에 의해 피교사자에게 범행의 결의가 발생해야 하기 때문이다. 그러나 過失犯에 대한 從犯은 성립될 수 있다고 본다. 편면적 종범이 인정되는 이상 과실범에 대한 종범은 성립되는 것으로 봄이 타당하다. 음주운전하는 운전자의 옆에서 그 주의를 산만하게 만드는 언행을 방조의 고의로 계속하여 운전자의 과실에 기한 범죄의 결과를 발생하게 한 경우를 과실범에 대한 종범의 예로 들 수 있을 것이다.

過失에 의한 敎唆犯이나 從犯은 성립될 수 없다. 교사범이나 종범에 있어선 교사자나 방조자에게 고의가 갖추어져 있어야 하기 때문이다.

제 5 절 結果的 加重犯

제15조 [사실의 착오] ② 결과로 인하여 형이 중한 죄에 있어서 그 결과의 발생을 예견할 수 없었을 때에는 중한 죄로 벌하지 아니한다.

Ⅰ. 意 義

結果的 加重犯(erfolgsqualifizierte Delikte)이란 일정한 고의에 기한 범죄행위가 그 고의를 초과하여 행위자가 예견하지 못한 중한 결과를 발생시킨 경우에 그 중한 결과에 대하여서까지 형사책임을 묻는 범죄를 말한다. 고의에 기한 원래의 범죄행위를 基本犯罪라고 부른다. 그리고 '重한 結果'는 상해와 사망에 국한되고 있다.

행위자는 원래 상해의 고의만을 갖고 행위를 하였으나 그 행위 당시에는 예견하지 못했던 사망의 결과까지 나타난 경우인 상해치사죄(제259조)가 결과적 가중범의 예이다. 형법은 현주건조물 등 방화치사상죄(제164조 제 2 항), 현주건조물 등 일수치사상죄(제177조 제 2 항), 교통방해치사상죄(제188조), 낙태치사상죄(제269조 제 3 항, 제270조 제 3 항), 강도치사상죄(제337조, 제338조) 등 상해나 사망의 결과를 야기하기 쉬운 기본범죄의 유형에 있어서 결과적 가중범을 규정하고 있다.

상해치사죄와 과실치사죄의 관계에 있어서와 같이, 결과적 가중범은 중한 결과에 대한 단순한 과실범의 경우보다 형이 중하게 규정되어 있다. 고의의 기본범죄에 전형적으로 내포된 상해와 사망의 위험성이 중한 결과로 실현되었다는 점에서 중한 결과에 대한 단순한 과실범보다 不法이 중하기 때문이다.[1)]

Ⅱ. 類 型

1. 문 제 점

형법은 "결과로 인하여 형이 중한 죄에 있어서 … 벌하지 아니한다"(제15조 제 2 항)라고 규정함으로써 중한 결과에 대한 예견가능성이 없는 경우에는 결과적 가중범이 성립하지 않고 기본범죄의 고의범만이 성립할 뿐이라는 점을 언명하고 있다. 즉 형법은 결과적 가중범의 성립요건을 적극적으로 규정하지는 않고 있다고 볼 수 있다. 여기서 행위자가 기본범죄뿐만 아니라 중한 결과에 대해서도 고의를 갖고 있는 경우에 결과적 가중범을 인정할 것인지

1) Jescheck/Weigend, 571면.

또는 중한 결과에 대한 고의범만을 인정할 것인지가 문제로 대두된다.

여기서 논의의 필요상 결과적 가중범의 유형으로 진정결과적 가중범과 부진정결과적 가중범의 두 가지 개념이 인정되고 있다. 眞正結果的 加重犯은 중한 결과에 대하여 과실만이 인정되는 경우이고, 不眞正結果的 加重犯은 중한 결과를 과실로 야기한 경우뿐만 아니라 고의로 야기한 경우도 포함하는 개념이다.

2. '부진정결과적 가중범' 개념의 인부

(1) 학 설

'不眞正結果的 加重犯' 개념의 인부(認否)에 관하여는 인정설과 부정설의 견해가 갈린다.

認定說에서는 우리 형법의 규정상 행위자가 중한 결과를 예견·인용한 경우도 결과적 가중범의 성립을 인정할 수 있다고 해석한다.[1] 판례[2]도 인정설의 입장을 취하고 있다.

否定說에서는 우리 형법의 해석에 있어서 결과적 가중범의 진정·부진정을 구별할 필요가 없다고 주장한다.[3] 즉 행위자가 중한 결과에 대하여 고의를 갖고 있는 경우에는 중한 결과에 대한 고의범만이 성립하게 된다고 해석한다.

(2) 검 토

현행법의 해석상 '부진정결과적 가중범'의 개념은 필요하다고 보는 認定說이 타당하다고 생각한다. 예를 들어, 현주건조물 등 방화치사죄(제164조 제2항 後文)의 경우를 갖고 보면, 만일 이 결과적 가중범에 있어서 중한 결과에 대하여는 과실만이 인정된다고 한다면 고의로 사망의 결과를 야기한 때에는 현주건조물방화죄(제164조 제1항)와 살인죄(제250조 제1항)의 상상적 경합으로 처리될 수밖에 없는데 그렇게 되면 결국 양죄 중 중한 죄인 살인죄의 법정형인 '사형, 무기 또는 5년 이상의 징역'이 적용되게 되어 과실로 사망의 결과를 야기한 현주건조물 등 방화치사죄의 법정형인 '사형, 무기 또는 7년 이

---

1) 김성돈, 563면; 김일수/서보학, 497면; 박상기, 298면; 배종대, 608면; 손동권, § 21, RN 15; 신동운, 228-229면; 오영근, § 13, RN 13; 이재상, § 15, RN 7; 임웅, 500면.

2) 대판 1983. 1. 18, 82도2341; 대판 1996. 4. 26, 96도485.

3) 권오걸, 형법총론, 2006, 384면; 정성근/박광민, 447면; 황산덕, 141면.

상의 징역'보다 오히려 형이 가볍게 되는 불균형이 초래되고 만다. 이러한 모순을 시정하기 위해서는 사망의 결과를 고의로 야기한 경우를 현주건조물 등 방화치사죄에 해당되는 것으로 보아 그 법정형을 적용함이 타당하다고 본다. 부진정결과적 가중범의 예로는 현주건조물 등 방화치사상죄 외에 특수공무방해치상죄(제144조 제 2 항 前文), 폭발성물건파열치상죄(제172조 제 2 항), 현주건조물 등 일수치상죄(제177조 제 2 항), 교통방해치상죄(제188조), 음용수혼독치상죄(제194조)도 들 수가 있다. 또한 우리 형법의 규정상으로도 중한 결과의 발생을 '예견할 수 없었을 때' 중한 죄인 결과적 가중범의 성립을 부정하는 것으로 되어 있으므로, 결과적 가중범의 성립을 위하여 중한 결과에 대한 '예견가능성'만을 요구한다고 볼 수만은 없다고 생각한다. 즉 그 규정을 반대해석하면, 중한 결과에 대한 '예견가능성'뿐만 아니라 현실적 '예견'이 있는 경우에도 결과적 가중범의 성립을 인정할 수 있는 것이 된다. 따라서 부진정결과적 가중범의 개념은 우리 형법의 규정상으로도 인정의 근거를 갖고 있는 것으로 볼 수 있다.

중한 결과에 대해 고의가 있는 부진정결과적 가중범의 죄수에 관하여 판례[1)]는 중한 결과를 고의로 발생하게 한 행위에 대하여 결과적 가중범의 형보다 더 중한 별도의 고의범규정이 있는 경우에는 결과적 가중범과 고의범의 상상적 경합이 되고, 별도의 더 중한 고의범규정이 없는 경우에는 결과적 가중범이 고의범에 대한 특별법규정이므로 결과적 가중범만이 성립한다고 판시하고 있다. 하지만 이 경우는 부진정결과적 가중범과 중한 결과에 대한 고의범의 상상적 경합으로 처리해야 한다고 생각한다.[2)] 부진정결과적 가중범과 고의범은 각각 불법을 달리하는 독립된 범죄이기 때문이다.[3)]

1) 대판 1995. 1. 20, 94도2842; 대판 1996. 4. 26, 96도485; 대판 1998. 12. 8, 98도3416.

2) 김성돈, 565면; 신동운, 230면; 이용식, "결과적 가중범", 고시계 1992. 11, 109면; 이재상, § 15, RN 7.

이 경우 고의범의 성립은 인정할 필요가 없고, 부진정결과적 가중범만이 성립한다고 보는 견해(오영근, § 13, RN 17)도 있다.

3) 하지만 여기서 논하는 부진정결과적 가중범의 문제는 중한 결과에 대한 고의범에 관한 별도의 가중처벌규정이 없는 경우에 관한 것이기 때문에 판례의 입장도 결과적으로는 마찬가지가 된다고 볼 수 있다.

Ⅲ. 成立要件

결과적 가중범의 구성요건충족 여부는 인과관계와 객관적 귀속에 관한 심사를 통하여 확정된다.

> 기본범죄와 중한 결과의 발생에 관하여 위법성조각사유가 인정되지 않아야 결과적 가중범의 위법성이 긍인된다. 또한 결과적 가중범의 책임판단에 관하여도 책임의 일반원리가 그대로 적용된다.

1. 기본범죄에 대한 고의와 중한 결과에 대한 예견가능성

(1) 기본범죄에 대한 고의

형법상 결과적 가중범의 基本犯罪는 故意犯에 국한되고 있다. 건축법 등 특별법에는 기본범죄가 과실범인 경우도 규정되어 있다.

(2) 중한 결과에 대한 예견가능성

우리 형법은 결과적 가중범이 성립하기 위하여는 중한 결과의 발생에 대한 예견가능성을 필요로 하는 것으로 규정하고 있다(제15조 제2항 참조). 이는 책임주의를 구현하기 위한 취지를 갖는 입법이라고 할 수 있다.

㈎ 중한 결과

'重한 結果'는 우리 형법상 상해와 사망에 국한되어 있다.

㈏ 예견가능성

'豫見可能性'은 중한 결과의 발생에 대한 '과실 또는 고의'를 의미한다. 이러한 의미에서 결과적 가중범은 고의와 '과실 또는 고의'의 결합형식이라고 볼 수 있다. 중한 결과에 대한 과실 또는 고의는 기본범죄의 행위시에 존재하여야 한다. 즉 기본범죄의 행위시에 중한 결과를 예견할 수 있어야 한다. 그러므로 기본범죄 후에 행위자에게 귀속시킬 수 없는 제3자나 피해자의 개입으로 인하여 중한 결과가 발생하였거나, 기본범죄 행위자의 별개의 고의행위가 개입되어 중한 결과가 발생한 경우에는 결과적 가중범의 성립은 부정되는 것이다.[1)]

1) 이용식, "결과적 가중범에 관한 연구", 법학(서울대) 46·1, 2005, 177-179면.
이 문제는 '객관적 귀속'의 요건과도 관련을 갖는다.

예견가능성의 판단기준에 관하여는 견해가 갈린다. 주관적 예견가능성을 의미하는 것으로 보는 견해[1)]도 있지만, 구성요건요소로서의 예견가능성은 객관적 기준에 의해 판단되는 客觀的 豫見可能性으로 이해함이 일반적인 견해이다. 판례[2)]에서도 객관적 예견가능성의 의미로 파악하고 있다.

2. 인과관계

결과적 가중범의 이론의 초기에는 조건설에 근거하여 기본범죄와 중한 결과 사이에 조건관계만 존재하면 중한 결과에 대하여 행위자가 책임을 져야 한다고 보았었다.[3)] 그 후 상당인과관계설이 등장하여 양자 사이에 상당인과관계를 요하는 것으로 보게 되었다. 相當因果關係說은 연혁상 바로 결과적 가중범에 있어서 행위자의 형사책임의 범위를 적정히 획정하고자 하는 취지에서 유래된 이론이라고 할 수 있다. 판례[4)]는 '예견가능성'의 존부를 상당인과관계의 존부와 관련하여 판단하고 있다.

결과적 가중범에 있어서의 인과연관의 존부의 문제도 합법칙적 조건설에 입각하여 판단함이 타당하다고 생각한다.

3. 객관적 귀속

(1) 문 제 점

결과적 가중범에 있어서 형사책임의 귀속범위를 판단함에 있어서 중한 결과에 대한 예견가능성으로서의 과실과 인과관계의 존재만으로는 부족하고, 더 중한 요건을 필요로 한다는 논의가 있다.

상해치사죄(제259조 제 1 항)를 예로 하여 보기로 하자. 형법상 상해치사죄의 법정형은 '3년 이상의 유기징역'으로 규정되어 있다. 그런데 자유형만을 기준으로 하여 볼 때, 상해죄(제257조 제 1 항)의 법정형이 '7년 이하의 징역'이고, 과실치사죄(제267조)의 법정형은 '2년 이하의 금고'인 점에 비추어 보면, 상해죄

1) 김성돈, "과실범과 객관적 예견가능성의 자리매김", 고시계 2002. 12, 12면.
2) 대판 1983. 1. 18, 82도697; 대판 1985. 10. 8, 85도1537; 대판 1990. 10. 16, 90도1786; 대판 1995. 5. 12, 95도425.
3) 우리나라와 일본·독일의 종전 판례도 그렇게 판단하였다(대판 1968. 4. 30, 68도365; 대판 1972. 3. 28, 72도296; 일본 최고재판소 昭和 32. 2. 26. 판결; BGHSt 237, 112 등 참조).
4) 대판 1984. 6. 26, 84도831; 대판 1985. 4. 23, 85도303; 대판 1989. 10. 13, 89도556; 대판 1991. 10. 25, 91도2085; 대판 2000. 2. 11, 99도5286.

와 과실치사죄의 불법이 결합된 형태라고 할 수 있는 상해치사죄의 법정형은 두 죄의 법정형을 병과한 것보다도 더 중하게 되어 있다.[1] 불법과 형벌의 균형이라는 면에서 보면 상해치사죄의 법정형이 과중하다고 할 수 있으므로, 중한 결과인 치사의 결과에 대해서 예견가능성으로서의 과실의 존재만으로 상해치사죄의 성립을 긍정하는 것은 부당하며, 重한 結果에 대해서 重過失이나 認識 있는 過失 등 더 중한 요건을 갖춘 경우에만 결과적 가중범의 성립을 인정하는 것이 타당하다는 주장[2]이 여기서 제기되는 것이다. 하지만 그러한 해석은 우리 형법상 명문의 근거를 갖지 못한다고 생각한다.

(2) 직 접 성

결과적 가중범에 있어서 기본범죄는 일반적으로 해당 '중한 결과'를 야기할 수 있는 경향을 갖는 범죄유형에 제한되며, '중한 결과'는 기본범죄에 전형적으로 내포된 위험이 실현된 것으로 볼 수 있다. 그러므로 결과적 가중범의 객관적 귀속을 판단함에 있어서는, 객관적 귀속의 일반적 요건 이외에, 기본범죄의 전형적 위험의 실현에 직접 기인하여 '중한 결과'가 발생하였다는 이른바 '직접성'이 요구된다고 할 수 있다.[3] 결과적 가중범에 있어서는 객관적 귀속의 특수한 요건인 '직접성'의 심사를 통하여 책임주의에 부합하는 해석을 기해야 한다. '直接性'(Unmittelbarkeit)이라 함은 행위자의 행위에 의하여 결과가 발생하는 과정이 그 중간에 개입된 다른 행위나 사실의 영향을 받지 않고 직접 연결되어 있는 상태를 가리킨다. '상당성'보다도 더 밀접한 관련성을 의미한다고 할 수 있다. 따라서 '중한 결과'가 기본범죄에 기인한 것이 아니고, 자살이나 자상(自傷)과 같은 피해자 자신의 행위나 제 3 자의 행위에 기인하여 발생한 경우에는 기본범죄와 중한 결과 사이에 인과관계가 인정된다 하더라도 '직접성'이 결여되므로 결과적 가중범이 성립하지 못하는 것이다. 다만 '중한 결과'는 기본범죄의 행위에 직접 기인하여 발생한 것이면 족하고, 반드시 기본범죄의 결과로서 실현되었을 것을 요하지는 아니한다. 예컨대 피해자가 강간행위를 피하기 위하여 도망하다가 사상의 결과가 야기

1) 이 점은 상해죄와 업무상 과실·중과실치사죄(제268조)가 결합된 경우에 있어서도 마찬가지이다.

2) 조상제, "결과적 가중범의 문제점", 형사법연구 5, 1992, 83면 이하.

3) 김성돈, 574면; 박상기, 299면; 손동권, §21, RN 14; 이재상, §15, RN 11.
反旨: 신동운, 224면; 오영근, §13, RN 25.

된 경우에는 강간치사상죄가 성립될 수 있으며,[1] 폭행이나 감금 등의 피해자가 추가 범행을 당하지 않으려고 창문밖에 숨으려다 실족사하거나 뛰어내리다 사망한 경우에는 폭행치사죄가 인정되는 것이다.[2] 이 경우 피해자가 강간당한 것을 비관하여 자살하였거나 강간행위와 무관한 제 3 자가 피해자를 살해한 경우에는 그 사망의 결과에 대하여 강간행위자에게 책임을 물을 수 없는 것이다.

책임주의의 실제적 구현을 위해서는 양형단계에서 법관의 합리적 판단이 필요하게 된다.

Ⅳ. 關聯問題

1. 결과적 가중범의 미수범

(1) 의 의

우리 형법은 결과적 가중범 중 인질치상 · 치사죄의 미수범(제324조의3 · 4 · 5), 강도치상 · 치사죄, 해상강도치상 · 치사죄의 미수범(제337조, 제338조, 제340조 제 2 항 · 제 3 항, 제342조)과 현주건조물일수치상 · 치사죄의 미수범(제177조 제 2 항, 제182조)에 대해서 명문으로 처벌규정을 두고 있으며, 특별법인 '성폭력범죄의 처벌 및 피해자보호 등에 관한 법률'도 강간 등 치상 · 치사죄의 미수범(동법 제 9 조, 제10조, 제12조)을 처벌하고 있다. 그러므로 이들 죄에 있어서는 기본범죄가 미수에 그쳤음에도 중한 결과가 발생한 경우에 각 결과적 가중범의 미수범을 인정하여야 한다고 본다.[3] 그러면 결과적 가중범의 미수범에 대한 처벌규정이 없는 경우에는 기본범죄가 미수에 그쳤음에도 불구하고 중한 결과가 발생한 경우를 과연 결과적 가중범의 기수범으로 볼 수 있는지가 문제된다. 만일 그 경우에도 結果的 加重犯의 未遂犯이 되는 데 그친다고 본다면 그 미수범에 대한 처벌규정을 두고 있지 않은 경우에는 기본범죄의 미수범과 중한 결과에 대한 과실범의 상상적 경합이 되기 때문이다. 물론, 인과관계와 객관적 귀속의 관점에서 볼 때, 결과적 가중범에 있어서 중한 결과

1) 대판 1978. 7. 11, 78도1331.
2) 대판 1990. 10. 16, 90도1786; 대판 1991. 10. 25, 91도2085.
3) 박상기, 308-309면.

가 기본범죄에 직접 기인하여 발생한 것이 아닌 경우에는 기본범죄와 중한 결과에 대한 과실범의 경합범이 되는데 그친다.

결과적 가중범의 미수범의 문제는 진정결과적 가중범의 경우와 부진정 결과적 가중범의 경우를 나누어 살펴보아야 한다.

(2) 진정결과적 가중범의 경우

진정결과적 가중범에 있어서는 기본범죄가 완성되었으나 중한 결과가 발생하지 않았을 경우에는 결과적 가중범 자체가 성립될 수 없다. 그러므로 기본범죄가 미수에 그치고 중한 결과가 발생한 경우에 있어서만 결과적 가중범의 미수범의 성부가 문제될 수 있다. 이 문제에 있어서는 기본범죄의 미수범처벌규정이 있는 경우와 없는 경우로 나누어 검토하여야 한다.

(가) 기본범죄의 미수범처벌규정이 있는 경우

진정결과적 가중범에 있어서, 기본범죄가 미수에 그쳤는데도 불구하고 중한 결과가 발생한 경우에 있어서도 그 중한 결과가 기본범죄에 직접 기인하여 발생하였고, 해당 기본범죄의 미수범이 처벌되는 경우에는 결과적 가중범의 기수가 된다고 보는 것이 다수설[1)]과 판례[2)]의 입장이다. 결과적 가중범에 있어서 불법의 핵심은 기본범죄에 전형적으로 내포된 위험이 '重한 結果'로서 실현되었다는 점에 있는 것이기 때문에 基本犯罪는 結果的 加重犯의 行爲狀況으로서의 의미를 가질 뿐이고, 결과적 가중범의 기수 여부의 판단과는 무관하다고 보는 것이다.

그러나 중한 결과가 발생되었다고 하여 기본범죄가 미수에 그친 경우와 기수에 이른 경우를 동일하게 결과적 가중범의 기수로 취급하는 것은 기본적으로 불법과 책임의 일치를 요구하는 책임주의의 원칙에 반한다고 보아야 한다. 또한 결과적 가중범의 미수범에 대한 처벌규정이 없으면 그 기수범으로 처벌한다고 해석하는 것은 피고인에게 불리한 유추해석으로서 죄형법정주의에도 반한다고 볼 수 있다.[3)] 이 문제는 기본범죄와 중한 결과가 同質의 法益인 상해치사죄와 異質의 法益인 나머지 경우로 구분하여 봄이 타당하다

---

1) 박상기, 308면; 신동운, 499면; 이재상, §27, RN 45; 이형국, 687면.

2) 대판 1984. 7. 24, 84도1209; 대판 1986. 9. 23, 86도1526; 대판 1988. 8. 23, 88도1212; 대판 1995. 5. 12, 95도425.

3) 김용욱, "규범원칙과 결과적 가중범", 공범론과 형사법의 제문제(상)(정성근교수화갑기념논문집), 1997, 603면; 신양균, "결과적 가중범의 미수", 고시연구 2004. 3, 95-96면.

고 생각한다. 즉 상해치사죄에 있어서는 상해가 미수에 그쳤음에도 불구하고 사망의 결과가 발생한 경우에는 상해치사죄의 기수를 인정함이 타당하며, 결과적 가중범의 나머지 다른 경우에는 기본범죄의 미수범과 중한 결과의 과실범의 상상적 경합을 인정함이 타당하다고 생각한다.[1]

기본범죄가 완성되었지만 중한 결과는 발생하지 아니하였다면 단순히 기본범죄의 기수가 인정되는데 그친다. 과실범의 미수는 인정되지 아니하기 때문이다. 물론 기본범죄가 미수에 그치고 중한 결과도 발생하지 아니한 경우에는 기본범죄의 미수범이 될 것이다.[2]

㈏ 기본범죄의 미수범처벌규정이 없는 경우

진정결과적 가중범에 있어서, 기본범죄의 미수범이 처벌되지 않는 경우에 있어서는 기본범죄의 미수에 기해 중한 결과가 발생한 경우 중한 결과의 과실범이 인정될 뿐이다.[3] 폭행치사상죄(제262조), 낙태치사상죄(제269조 제 3 항, 제270조 제 3 항), 유기치사상죄(제275조)가 이 경우에 해당한다. 즉 폭행이나 낙태·유기의 실행에 착수하였으나 행위가 완성되지 못한 상태에서 과실로 사상의 결과가 야기된 경우에는 과실치사상죄가 인정되는데 그친다.

(3) 부진정결과적 가중범의 경우

여기서는 중한 결과에 대해 행위자에게 고의가 있는 경우와 과실이 있는 경우를 따로 검토하여야 한다.

㈎ 중한 결과에 대해 고의가 있는 경우

부진정결과적 가중범에 있어서 중한 결과에 대해 故意가 있는 경우에 기본범죄가 기수에 이르렀든 또는 미수에 그쳤든 중한 결과가 발생하지 않은 경우에는 결과적 가중범의 미수범이 성립할 여지가 있다고 생각한다.[4] 현주건조물일수치상·치사죄의 미수범이 그 예이다.

---

1) 同旨 : 김성돈, 580면.

2) 독일에서는 이 경우에도 결과적 가중범의 미수범을 인정하는 것이 다수설(Jescheck/Weigend, 524-525면; Schönke/Schröder, §18, RN 10)의 견해이다. 이러한 해석은 중죄의 미수범을 모든 경우에 있어서 처벌하고 미수범을 형의 임의적 감경사유로 규정하고 있는 독일 형법의 태도(동법 제23조 제 1 항, 제 2 항)에 기인하는 것이 아닌가 한다.

3) 변종필, "결과적 가중범에서 기본범죄가 미수인 경우의 법해석", 형사판례연구 13, 2005, 86면.

4) Wessels/Beulke, RN 617; BGHSt 21, 194. 물론 이 경우에도 해당 부진정결과적 가중범에 대한 미수범처벌규정이 마련되어 있지 않다면 그 미수범에 대한 처벌의 여지는 없게 될 것이다(同旨 : 김성돈, 581면; 박상기, 310면; 이형국, 687면).
反旨 : 이재상, §27, RN 47.

(나) 중한 결과에 대해 과실이 있는 경우

부진정결과적 가중범에 있어서, 중한 결과에 대해 過失이 인정되는 경우에는 기본범죄가 미수에 그치고 중한 결과도 발생하지 않았다면, 기본범죄에 전형적으로 내포된 위험으로서의 '중한 결과'가 실현되지 못한 것이므로 기본범죄의 미수범이 되는 데 그칠 것이다.

2. 결과적 가중범의 공범

(1) 결과적 가중범의 공동정범

결과적 가중범의 共同正犯의 인부에 관해서는 과실범의 공동정범의 인부에 관한 입장에 따라 견해가 갈라진다. 과실범의 공동정범을 부정하는 犯罪共同說에 따르면, 중한 결과에 대한 과실이 요구되는 결과적 가중범에 있어선 공동정범이 인정될 수 없다.[1] 이 경우엔 중한 결과에 대한 과실이 인정된 가담자들이 개별적으로 결과적 가중범의 정범이 될 뿐이라고 본다. 그러나 과실범의 공동정범을 인정하는 行爲共同說에 따르면, 결과적 가중범의 공동정범도 긍정하게 된다. 결과적 가중범의 공동정범을 인정하는 것이 타당하다고 생각한다. 판례[2]의 입장도 마찬가지이다.

중한 결과에 대해 고의가 인정된 부진정결과적 가중범에 있어서는 당연히 공동정범도 성립할 수 있을 것이다.

(2) 결과적 가중범에 대한 교사범・종범

결과적 가중범에 대한 敎唆犯・從犯을 인정할 수 있는지에 관하여는 긍정설과 부정설이 대립하고 있다.

부정설에서는 과실범에 대한 교사・방조를 인정할 수 없다는 점에 근거하여 결과적 가중범에 대한 공범의 성립을 부정하고 있다.[3] 이 견해에 따르면 이런 경우 기본범죄에 대한 교사범 또는 종범과 중한 결과에 대한 과실범의 상상적 경합을 인정하게 되는데, 이는 결과적으로 교사・방조자를 기본범죄에 대한 교사범 또는 종범으로만 처벌하고 중한 결과에 대해서는 책임을 묻지 않는 것이 될 수 있으므로 책임주의 원칙에 반하게 된다고 생각한

---

1) 김일수/서보학, 505면; 박상기, 307면; 임웅, 518면.
反旨 : 이재상, § 15, RN 14; 정성근/박광민, 450면.

2) 대판 1991. 11. 12, 91도2156; 대판 1997. 10. 10, 97도1720.

3) 조상제, "결과적 가중범의 공범 인정 여부", 형사판례연구 12, 2004, 120면.

다. 또한 우리 형법 제15조 제 2 항은 결과적 가중범의 정범뿐만 아니라 공범도 포함하여 규정하고 있다고 볼 여지가 있으므로 결과적 가중범에 대한 교사범·종범은 인정하는 것이 타당하다고 본다.

결과적 가중범에 대한 교사범·종범은 교사자·방조자에게 기본범죄에 대한 교사·방조 외에 중한 결과에 대한 과실도 인정될 경우에만 성립할 수 있다고 본다.[1] 판례[2]의 입장도 마찬가지이다. 중한 결과에 대한 과실이 인정되지 않을 때에는 기본범죄에 대한 교사범·종범이 될 뿐이다. 결과적 가중범이 규정되어 있는 경우의 기본범죄는 그 범죄의 성격상 '사상'(死傷)이라는 중한 결과를 발생시킬 위험성을 크게 갖고 있는 범죄유형들이기 때문에, 기본범죄를 교사·방조한 공범에 있어서도 중한 결과에 대한 예견·회피의무는 정범에게 있어서와 마찬가지로 인정되고, 따라서 중한 결과에 대한 과실 유무에 따라 결과적 가중범의 공범의 책임을 판단함이 옳다. 물론 이 때 공범에게 중한 결과에 대한 고의가 있었다면 이는 共犯의 錯誤의 한 경우가 되며, 공범은 중한 결과에 대한 고의범의 교사범·종범의 미수범으로 될 것이다. 부진정결과적 가중범에 있어선 교사자·방조자에게 기본범죄에 대한 교사·방조 외에 중한 결과에 대한 과실이나 고의가 인정될 때 결과적 가중범에 대한 교사범·종범이 성립될 수 있다고 본다.

제 6 절 構成要件錯誤

제13조 [범의] 죄의 성립요소인 사실을 인식하지 못한 행위는 벌하지 아니한다. 단, 법률에 특별한 규정이 있는 경우에는 예외로 한다.

제15조 [사실의 착오] ① 특별히 중한 죄가 되는 사실을 인식하지 못한 행위는 중한 죄로 벌하지 아니한다.

1) Schönke/Schröder, § 18, RN 7.
2) 대판 1993. 10. 8, 93도1873; 대판 1997. 6. 24, 97도1075.

Ⅰ. 意 義

1. 개 념

구성요건착오(Tatbestandsirrtum)라 함은 행위자가 주관적으로 인식한 범죄사실과 실제로 실현된 객관적 범죄사실이 불일치한 경우를 가리킨다. 실제로 발생하여 존재하는 범죄사실을 존재하지 않는 것으로 생각한, 즉 존재하는 범죄사실을 인식하지 못한 소극적 착오를 의미한다고 할 수 있다. 이는 구성요건적 '사실'에 관한 인식의 내용과 실현된 '사실'의 불일치라는 점에서 '事實의 錯誤'(제15조)라고도 한다. 따라서 구성요건적 사실과 무관한 범죄의 위법성, 동기나 책임능력 등 책임사유, 형벌, 처벌조건 또는 소송조건 등에 관한 착오는 구성요건착오가 아니다. 따라서 그러한 사유에 관한 착오는 구성요건고의의 성부에 아무런 영향을 주지 못한다. 구성요건착오는 행위자에게 구성요건고의는 인정되지만 행위자가 자신의 행위가 법적으로 허용된 것 즉 위법성조각사유에 해당하는 것으로 착오한 경우인 금지착오, 즉 '법률의 착오'(제16조)와도 구별된다.

'구성요건착오'와 '금지착오'를 우리 형법에서는 '사실의 착오'와 '법률의 착오'로 명명(命名)하고 있고 또 이런 용례(用例)를 따르는 견해[1]도 있지만, 기본적으로 '사실'과 '법률'의 구별에 있어서 어려움이 야기되는 난점이 있으므로 독일 형법이 1975년의 개정을 통하여 채택한 예(동법 제16조, 제17조 참조)를 따라 '구성요건착오'와 '금지착오'의 용어를 사용함이 적절하다고 생각한다.

구성요건착오에 있어서는 행위자가 인식한 사실과 실제로 실현된 사실이 모두 犯罪構成要件에 該當하는 事實, 즉 범죄사실이어야 한다.[2] 그러므로 행위자가 인식한 사실은 범죄사실이지만 실제로 실현된 사실은 범죄사실이 아닌 경우는 不能未遂의 문제에 불과하다. 이는 존재하지 않는 범죄사실을 존재하는 것으로 생각한 적극적 착오로서, 존재하는 범죄사실을 존재하지 않는 것으로 생각한 소극적 착오로서의 구성요건착오가 거꾸로 된 경우이므로 '反轉된(umgekehrt) 構成要件錯誤'로도 불리운다. 예컨대, 돌부처를 사람으로 인식하고 발포한 경우가 이에 해당한다. 또 인식한 사실은 범죄사실이 아니나 발

1) 이재상, § 13, RN 2.

2) 異旨 : 김성돈, 220면.

생된 사실은 범죄사실인 경우, 예컨대 곰인 줄 알고 발포했으나 곰이 아니라 사람인 경우는 過失犯의 문제에 불과하다. 즉 인식한 사실과 실현된 사실 모두가 범죄사실이지만 양자가 불일치할 경우, 예컨대 A를 살해하려 했는데 실제로는 B가 살해된 경우와 같은 것이 바로 구성요건착오의 문제이다.

2. 원 리

범죄의 구성요건해당성이 인정되기 위하여는 객관적 구성요건과 주관적 구성요건이 모두 갖추어져야 한다. 주관적 구성요건으로서의 고의는 객관적 구성요건 전체에 대한 인식을 요하는 것이며, 객관적 구성요건과 주관적 구성요건의 내용은 符合(kongruent)하여야 한다. 양자가 부합하지 못하는 경우가 바로 구성요건착오이며, 이 경우에는 원칙적으로 구성요건고의의 성립이 부정되고 따라서 구성요건해당성도 인정되지 못한다. 責任主義 原則의 당연한 요청이라고 할 수 있다. 또한 주관적 구성요건과 객관적 구성요건이 부합하지 못하는 경우에는 당해 構成要件의 喚起機能(Appellfunktion)이 행위자에게 미치지 못한 것이기 때문에 구성요건해당성을 부정해야 하는 것이다. 하지만 양자가 전적으로 부합하는 경우에만 구성요건고의의 성립을 인정한다면 현실적으로 범죄의 고의가 인정되는 범위는 크게 줄어들 수밖에 없게 되므로 모든 불일치, 즉 상치(相馳; inkongruent)에 있어서 고의의 성립을 부정할 수는 없는 것이고, 그 불일치가 구성요건상의 행위, 결과, 인과관계 등 本質的인(wesentlich) 重要한 部分에 관한 것인 경우에만 고의의 성립이 부정되는 것으로 취급하게 된다. 인간의 능력으로는 인과관계를 비롯한 모든 객관적 구성요건요소를 완전하게 인식·예견할 수는 없는 것이기 때문이다.[1] 예를 들어, 두부납품업자 A가 수거해 갈 그 소유의 빈 두부상자를 고물행상 B가 쓰레기로 생각하고 수거해 간 경우 타인인 A의 소유인 재물을 무주물로 생각한 B의 착오는 절도죄의 구성요건요소에 있어서 본질적인 중요한 착오라고 볼 수 있으므로 B에게는 절도죄의 고의가 인정될 수 없다.[2]

1) 참고로 민법에서 법률행위의 내용의 '重要部分'에 착오가 있는 때에만 의사표시를 취소할 수 있도록 하고 있는 것(동법 제109조 제 1 항 본문 참조)도 같은 맥락에서 이해할 수 있을 것이다.

2) 대판 1989. 1. 17, 88도971(그러나 이 판례에서는 B의 착오에 '정당한 이유'가 인정되므로 절도죄의 범의를 인정하기 어렵다고 판시하고 있다).

Ⅱ. 類 型

구성요건착오의 유형은 크게 客體의 錯誤, 方法의 錯誤, 因果關係의 錯誤로 나누어 볼 수 있다. 이 세 유형이 구성요건착오에 있어서 고의의 성부가 문제될 수 있는 본질적인 중요한 부분에 관한 착오의 예로서 구성요건착오의 한계선 상에 있는 경우들이다.

구성요건착오는 인식한 사실과 실현된 사실 사이의 구성요건상 동일 여부에 따라 구체적 사실의 착오와 추상적 사실의 착오로 나누어 설명됨이 일반이다. 具體的 事實의 錯誤는 행위자가 인식한 사실과 실제로 실현된 사실이 일치하지는 않지만 양 사실이 동일한 구성요건에 해당하는 경우를 말한다. 抽象的 事實의 錯誤는 행위자가 인식한 사실과 실제로 실현된 사실이 상이한 구성요건에 해당하는 범죄인 경우이다.

1. 객체의 착오

客體(對象·目的)의 錯誤(*error in persona vel in objecto*)는 객체의 성질·동일성(identity)에 관한 착오의 경우이다. 객체의 착오는 구체적 사실의 착오와 추상적 사실의 착오의 두 경우로 나누어 살펴보아야 한다.

구체적 사실에 관한 객체의 착오의 예는 저 쪽 나무그늘 아래에 있는 사람이 자기 원수인 A라고 생각하고 총격을 가해 살해하였는데 알고 보니 A가 아니고 B인 경우이다. 추상적 사실에 관한 객체의 착오의 예는 담 밖에서 소리를 내는 것이 이웃집 개라고 오신하고 때려 쫓는다는 의사로 투석하였는데 실은 사람에게 부상을 입힌 경우이다.

2. 방법의 착오

方法(打擊·手段)의 錯誤(*aberratio ictus*)는 수단·방법이 잘못되어 원래 의도한 객체가 아닌 다른 객체에 결과가 발생한 경우이다.

방법의 착오도 구체적 사실의 착오와 추상적 사실의 착오의 두 경우로 나누어 살펴보아야 한다. 구체적 사실에 관한 방법의 착오의 예는 A를 살해하려고 총격을 가했는데 잘못 쏘아 그 옆에 있던 B를 맞춰 죽인 경우이다. 추상적 사실에 관한 방법의 착오의 예는 A가 B의 집 유리창을 깨뜨리려고 돌을 던졌으나 잘못되어 사람이 맞아 부상한 경우이다.

3. 인과관계의 착오

因果關係의 錯誤는 인과관계의 진행과정에 대하여 착오가 있는 경우를 가리킨다.

인과관계의 착오는 다시 두 경우로 나누어 볼 수 있다. 행위자의 행위가 상대방에게 미친 作用이 행위자의 인식과 다른 경우와 구성요건적 결과가 둘 이상의 部分的 行爲에 의하여 실현되었는데 실현의 직접원인이 된 행위가 행위자가 원인으로 인식한 행위와 다른 경우가 그것이다. 前者는 '행위과정의 착오'를 가리키며, 그 예로는 상대방을 익사시키려고 강에 밀어 떨어뜨렸는데 실은 떨어지는 과정에서 교각에 머리를 부딪쳐 사망한 경우를 들 수 있고, 後者는 이른바 '개괄적 고의'의 경우에 해당한다.

인과관계는 구성요건상 기술되어 있지는 않지만 모든 결과범의 구성요건요소인 만큼 그에 관한 착오는 구성요건착오의 한 경우에 해당된다. 그러므로 인과관계에 관한 착오가 본질적인 중요한 의미를 갖는 때에는 행위자의 고의를 조각하는 것이다.[1)]

Ⅲ. 故意의 成否

구성요건착오에 있어서 고의의 성부의 문제는 결국 각 유형의 착오에 있어서 그 착오가 본질적인 중요한 것인지의 여부에 관한 판단의 문제라고 할 수 있다. 객체의 착오와 방법의 착오, 인과관계의 착오 각각에 대하여 살펴보도록 한다.

1. 객체의 착오와 방법의 착오의 경우

(1) 형법의 태도

객체의 착오와 방법의 착오에 있어서 행위자가 인식한 사실과 발생한 사실이 어느 범위까지 일치하여야 고의범의 기수로 처벌할 수 있느냐에 관하여 형법은 직접적인 명확한 해결기준을 제시하지 않고 있다. 다만 제13조

---

1) Jescheck/Weigend, 314면; Schönke/Schröder, § 15, RN 55.

가 '고의'에 관하여 규정하고 있는데, 이 규정이 실질적으로는 구성요건착오에 관한 원리규정으로서의 의미를 갖는다고 할 수 있다. 제13조의 규정이 구성요건착오와 관련하여 갖는 의미의 해석은 학설과 판례에 의존할 수밖에 없다.

제15조 제1항의 "특별히 중한 죄가 되는 사실을 인식하지 못한 행위는 중한 죄로 벌하지 아니한다"라는 규정은 중한 죄를 범할 고의가 없는 경우에는 설령 실제로 실현된 죄가 중하더라도 중한 죄의 고의·기수범으로서 처벌할 수 없다는 의미에 지나지 않는다. 이 규정은 기본적 구성요건과 가중적 특별구성요건 사이의 착오에 있어서만 적용되는 것으로 봄이 일반적이다.[1] 즉 기본적 구성요건과 가중적 특별구성요건 사이에 있어선 객체의 착오와 방법의 착오 모두가 이 규정에 의해 해결되는 것이다. 기본적 구성요건과 감경적 특별구성요건 사이의 착오에 있어서도 제15조 제1항의 유추적용을 통하여 감경적 특별구성요건을 적용하는 것이 타당하다고 생각한다.[2]

제15조 제1항의 해석과 관련해서는 예를 들어 점유이탈물횡령죄(제360조)와 절도죄(제329조) 사이에서처럼 두 죄가 그 죄질의 면에서 부합하는 경우에도 이 규정이 적용된다고 보는 견해[3]도 있지만, 제15조 제1항의 규정은 기본적 구성요건과 가중·감경적 특별구성요건 사이에서만 적용되는 것으로 봄이 타당하다.

(2) 학 설

구성요건착오의 문제의 해결을 위한 제13조 규정의 해석에 관한 학설로는 종래 구체적 부합설, 법정적 부합설, 추상적 부합설이 주장되어 왔다.

구체적 부합설은 객관주의 범죄이론의 입장이라 할 수 있고, 추상적 부합설은 주관주의적 이론이다. 법정적 부합설은 절충적 입장이다. 세 학설은 구체적 부합설, 법정적 부합설, 추상적 부합설의 순서대로 행위자의 고의의 성립을 차츰 더 넓게 인정하고 있다 하겠다.

㈎ 구체적 부합설

具體的 符合說은 행위자의 인식의 내용과 발생한 사실이 구체적으로 부

1) 김일수/서보학, 248면; 이재상, §13, RN 6.
2) 박상기, 125면; Roxin Ⅰ, §12, RN 122; Schönke/Schröder, §16, RN 27a.
3) 이재상, §13, RN 6; 임웅, 162면; 황산덕, 119면.

합하는 경우에 한하여 고의 기수의 책임을 인정한다. 具體化說이라고도 한다. 우리나라와 독일의 다수설[1]이며, 독일의 판례[2]도 이 견해를 따르고 있다.

객체의 착오에 있어서 구체적 사실의 착오의 경우엔 발생한 사실의 고의 기수를 인정하며, 추상적 사실의 착오의 경우엔 인식한 사실의 미수와 발생한 사실의 과실범의 상상적 경합을 인정한다. 방법의 착오에 있어서는 구체적 사실의 착오와 추상적 사실의 착오 두 경우 모두에 있어서 인식한 사실의 미수와 발생한 사실의 과실범의 상상적 경합을 인정한다.

㈏ 법정적 부합설

法定的 符合說은 행위자의 인식의 내용과 발생한 사실이 법정적 사실 즉 구성요건적 사실의 범위에서 부합한 때에 고의·기수의 책임을 인정한다.[3]

객체의 착오에 있어서는 구체적 사실의 착오와 추상적 사실의 착오의 경우 모두에 있어서 발생한 사실의 고의 기수를 인정한다. 방법의 착오에 있어서 구체적 사실의 착오의 경우엔 발생한 사실의 고의 기수를 인정하고, 추상적 사실의 착오의 경우엔 인식한 사실의 미수와 발생한 사실의 과실범의 상상적 경합을 인정한다.

㈐ 추상적 부합설

抽象的 符合說은 행위자에게 범죄를 범할 의사가 있고 그 의사에 기하여 범죄가 발생한 이상 인식의 내용과 발생한 사실이 추상적으로 일치하기만 하면 고의·기수의 책임을 인정한다.[4] 이 설은 일본의 마끼노(牧野英一)에 의하여 제창되었다.[5]

객체의 착오에 있어서 구체적 사실의 착오의 경우에는 발생한 사실의 고의 기수를 인정한다. 방법의 착오에 있어서도 구체적 사실의 착오의 경우엔 마찬가지로 발생한 사실의 고의 기수를 인정한다. 그러나 객체의 착오와

1) 김성돈, 231·235면; 김일수/서보학, 259면; 배종대, 226면; 손동권, §9, RN 35a; 이용식, "객체의 착오와 방법의 착오의 문제점", 고시계 1993. 9, 139면; 이정원, 134면; 이형국, 231면; 허일태, "구성요건적 착오", 고시계 1993. 3, 61면; Jescheck/Weigend, 313면; Schönke/Schröder, §15, RN 56; Wessels/Beulke, RN 250.

2) BGHSt 34, 55.

3) 김종원, "구성요건적 착오", 법정 1977. 4, 55면; 신동운, 190면; 유기천, 240면; 이재상, §13, RN 14; 임웅, 161면; 정성근/박광민, 184-185면; 황산덕, 118면.

4) 정영석, 194면.

5) 同人, 刑法總論 下卷, 1959, 577면.

방법의 착오에 있어서 추상적 사실의 착오인 경우엔 중한 사실을 인식하였으나 경한 사실이 발생한 때에는 중한 사실의 미수와 경한 사실의 기수의 상상적 경합을 인정하고, 경한 사실을 인식하였으나 중한 사실이 발생한 경우에는 경한 사실의 기수와 중한 사실의 과실범의 상상적 경합을 인정한다.

㈑ 검 토

1) 구체적 부합설의 검토 구체적 부합설은 방법의 착오의 구체적 사실의 착오에 있어서 행위자가 고의를 갖고 범죄사실을 실현하였음에도 불구하고 미수로 처벌하는 것은 불합리하다는 비판을 받고 있다. 즉 고의를 인정하는 범위가 너무 좁아지게 되어 一般의 法感情과 부합하지 못하게 된다는 것이다. 예를 들어, A를 살해하려다가 B를 살해한 경우에도 살인의 기수를 인정할 수 없게 되고, A 소유의 재물을 부수려다가 B의 재물을 부순 경우에도 손괴죄의 과실범이 불가벌이므로 결국 손괴죄의 미수범이 되는데 그치는 것이다.

2) 법정적 부합설의 검토 법정적 부합설에 따르면 추상적 사실의 착오에 있어서, 예컨대 A에게 폭행을 가할 의사로서 돌을 던졌는데 B의 재물을 손괴한 경우에 폭행의 미수와 과실손괴가 성립하는데 폭행의 미수와 과실손괴를 처벌하는 규정이 없어 결국 범인을 처벌할 수 없게 된다.

구체적 사실의 착오에 있어서도, 예를 들어 A가 살인의 고의로 B를 향하여 총을 1회 발사하였는데 그것에 맞아 ⓐ B와 그 옆에 있던 C가 한꺼번에 사망한 경우나 ⓑ B는 사망하고 C는 다친 경우, ⓒ B는 다치고 C가 사망한 경우 등이 문제될 수 있다는 지적도 있다. 여기서 ⓐ의 경우엔 B에 대한 살인죄와 C에 대한 과실치사죄의 상상적 경합이 되며, ⓑ의 경우엔 B에 대한 살인죄와 C에 대한 과실치상죄의 상상적 경합이 된다는 데 있어선 법정적 부합설과 구체적 부합설이 결론에 있어서 같다. 그런데 ⓒ의 경우엔 구체적 부합설에서는 B에 대한 살인죄의 미수범과 C에 대한 과실치사죄의 상상적 경합이 된다고 보지만, 법정적 부합설에서는 다시 의견이 갈린다. 법정적 부합설에 따르는 입장에서도 구체적 부합설에서와 마찬가지로 B에 대한 살인죄의 미수범과 C에 대한 과실치사죄의 상상적 경합이 된다고 보는 견해, B에 대한 살인죄의 미수범과 C에 대한 살인죄의 상상적 경합을 인정하는 견해, B에 대한 과실치상죄와 C에 대한 살인죄의 상상적 경합이 된다고 보는 견해, B에 대한 살인죄의 미수범이 C에 대한 살인죄에 흡수되어 살인죄 일죄가 성립한다고 보는 견해 등이 제시되고 있다.

3) 추상적 부합설의 검토 원래 고의는 특정한 범죄구성요건실현에 대한 의사인데, 추상적 부합설에 따르면 전혀 종류를 달리하는 구성요건들 사이에 있어서 어떤 하나의 구성요건에 관계된 고의를 다른 구성요건적 결과에 원용하여 그 죄의 고의의 기수를 인정하게 되어 결국 범죄의 構成要件的 定型性을 무시하는 결과가 된다.

(3) 결 어

구체적 부합설, 법정적 부합설, 추상적 부합설 모두가 비판의 여지를 갖고 있으나, 기본적으로 구체적 부합설이 犯罪의 實體關係에 가장 부합하는 기준을 제시하고 있다고 본다. 제15조 제 1 항은 인식의 내용과 발생된 사실이 가중·감경적 특별구성요건과 기본적 구성요건의 관계에 있을 경우의 객체의 착오와 방법의 착오 모두에 있어서 적용되는 규정이며, 구성요건착오의 그 밖의 다른 경우들은 그 해결을 具體的 符合說의 기준에 따름이 무난하다고 생각한다.

법정적 부합설은 법적 평가의 기준을 강조한 나머지 행위자의 인식이라는 고의의 사실적 기초를 간과하고 있는 것으로 볼 수 있다. 한편 구체적 부합설은 행위자가 인식한 사실로부터 곧바로 법적 평가의 기준을 도출하려고 하는 무리를 범하고 있다 하겠다. 구성요건착오의 문제는 학설의 도식적 해결공식에 의하여 일률적으로 결론을 끌어낼 수만은 없는 수많은 다양한 사례를 갖고 있으며, 궁극적으로는 고의·과실론과 미수론의 일반원리에 입각하여 개별사례에 합당한 해결을 추구하는 것이 옳다고 생각한다. 그렇게 함으로써 구체적 부합설의 결함도 보완될 수 있을 것이다.

우리 판례는 대부분의 경우에 있어서 법정적 부합설의 입장과 같은 결론을 내리고 있으나,[1] 법정적 부합설을 판례의 명백하고도 일관된 입장으로 보기는 어렵다.

대판 1984. 1. 24, 83도2813 "피고인의 형수인 피해자 A의 등에 업혀 있던 피해자 B(피고인의 조카)에 대하여는 살인의 고의가 없었으니 과실치사죄가 성립할지언정 살인죄가 성립될 수 없다는 (변호인의) 주장을 살피건대, 피고인이 먼저 A를 향하여 살의를 갖고 소나무 몽둥이(길이 85cm, 직경 9cm)를 양손에

1) 대판 1958. 12. 29, 4291형상340; 대판 1968. 8. 23, 68도884; 대판 1975. 4. 22, 75도727; 대판 1987. 10. 26, 87도1745.

집어들고 힘껏 후려친 가격으로 피를 흘리며 마당에 고꾸라진 A와 A의 등에 업힌 B의 머리부분을 위 몽둥이로 내리쳐 위 B를 현장에서 두개골절 및 뇌좌상으로 사망케 한 소위를 살인죄로 의율한 원심조처는 정당하게 긍인되며 소위 타격의 착오가 있는 경우라 할지라도 행위자의 살인의 범의 성립에 방해가 되지 아니하니 ⋯.”

— 이 판례의 사건에서 B만이 사망하였는데, 이 판례를 우리 대법원이 방법의 착오의 문제에 관하여 법정적 부합설을 취한 예로 분류하는 견해[1]도 있다.

본 판례의 판결이유에서 명백히 언급되고 있지는 않지만, 이 사건에서 피고인에게는 A에 대한 살인의 고의와 함께 그 등에 업힌 B에 대한 살인의 미필적 내지는 직접적 고의도 인정되고 있다고 보는 것이 실체관계에 부합하는 판단이라고 생각한다.[2] 즉 판례에서 피고인에게 살인의 고의를 인정한 것은 A에 대한 살인죄의 미수와 B에 대한 (미필적 내지는 직접적 고의에 의한) 살인죄의 기수의 상상적 경합을 인정한 결과라고 볼 수도 있다. 결론에 있어서는 법정적 부합설을 적용한 것과 마찬가지가 되겠지만, 법정적 부합설은 구체적으로 발생한 결과에 대한 행위자의 심리적 연관을 고려하지 않는다는 점에서 비판의 여지를 보이고 있으며, 구체적 부합설이 범죄의 실체관계를 보다 더 실질적으로 파악하는 입장이라고 생각한다.

2. 인과관계의 착오의 경우

인과관계의 착오는 행위과정의 착오와 개괄적 고의의 두 유형으로 나누어 살펴볼 필요가 있다.

(1) 행위과정의 착오

‘行爲過程의 錯誤’란 행위자가 의도한 결과가 발생하기는 하였으나 그 행위가 대상에 작용을 미치는 과정이 행위자의 인식의 내용과 다른 경우를 가리킨다. 예컨대, 상대방을 익사시키려고 강에 밀어 떨어뜨렸는데 강에 빠져 사망한 것이 아니라 실은 떨어지는 과정에서 교각에 머리를 부딪쳐 사망한 경우나 상대방을 살해하기 위해 총격을 가했는데 가벼운 총상만을 입은 채 병원으로 옮겨지다가 앰뷸런스의 교통사고로 사망한 경우 등이 이에 해당한다.

인과의 진행에 관하여는 상세한 인식을 요하는 것은 아니고, 일정한 행위가 있으면 특정의 구성요건적 결과가 발생할 것이라는 정도의 예견으로

1) 이재상, § 13, RN 23.
2) 同旨 : 김성돈, 229면; 김영환, “형법상 방법의 착오의 문제점”, 형사판례연구 1, 1993, 16면.

충분하다. 행위과정의 착오의 문제도 그 착오가 본질적이고 중요한 것인지의 여부에 따라 해결되어야 한다.[1] 착오가 본질적이고 중요한 것인지에 관한 판단에 있어서는 첫째로 사건의 진행과정이 일반적인 생활경험에 비추어 볼 때 충분히 예견가능한 것이고, 둘째로 그 행위가 행위자가 생각한 행위와 전혀 다른 행위라고 평가될 수 없을 때에는 착오는 비본질적인 것으로 보아야 하고, 따라서 이런 경우에는 고의가 성립하게 되는 것이다. 위의 예에서 전자의 경우에는 착오가 중요하지 않다고 볼 수 있으므로 살인죄의 기수범이 인정될 것이며, 후자의 경우에는 착오가 중요한 것으로서 살인죄의 기수범을 인정할 수 없게 된다고 생각한다.

(2) 개괄적 고의

概括的 故意의 理論은 구성요건적 결과가 둘 이상의 부분적 행위에 의하여 실현되었는데 행위자는 그 결과가 제 1 의 행위에 의하여 실현된 것으로 알고 있었으나 실은 제 2 또는 제 3 의 행위에 의하여 그 결과가 실현된 경우에 있어서 그 부분적 행위들을 전체적으로 지배하는 하나의 '概括的 故意'에 의하여 부분적 행위들을 하나의 행위로 파악하고 또 그 개괄적 고의에 의한 하나의 범죄를 인정하는 이론이다.[2] 예컨대, 사람을 살인의 고의로 구타하여 사망한 줄로 알고서 범행을 은폐하기 위하여 피해자를 강에 투기했던 바, 나중에 확인해 보니 사실은 익사한 경우가 이에 해당한다. 이 문제를 객관적 귀속이론의 기준에 따라 해결하는 견해[3]도 있으나, 인과관계의 착오의 경우로 파악하여 해결하는 것이 일반적인 견해[4]이다.

因果關係의 錯誤에 있어서는 행위자가 예견한 인과의 진행과 현실로 진행된 인과관계 사이에 본질적인 차이가 없는 한, 원래 행위자가 의도하였던 결과가 발생한 것이므로 행위자는 고의 기수범의 책임을 지게 된다. 따라서 위 예의 경우 살인죄의 미수범과 사체유기죄의 경합이 되는 것이 아니라 살인죄의 기수범만이 성립할 뿐이다.[5]

---

1) 신동운, 199면; 이재상, § 13, RN 24.

2) Welzel, 74면.

3) 이훈동, "소위 개괄적 고의의 형법적 취급", 형사판례의 연구 Ⅰ(이재상교수화갑기념논문집), 2003, 221면.

4) 배종대, 212면; 손동권, § 9, RN 61; 신동운, 200-201면; 이재상, § 13, RN 29; 정성근/박광민, 187-188면; 한상훈, "개괄적 고의사례의 문제점", 고시연구 2003. 5, 66-67면.

5) 박상기, 140면; 배종대, 212면; 신동운, 200면; 이재상, § 13, RN 29; 이형국, 237면; Schönke/

인과관계의 착오에 있어서는 많은 경우 각 행위가 동일한 대상에 대하여 시간적·장소적으로 동일한 기회에 행해진 것이므로 접속범에 해당될 여지도 있으므로 포괄일죄로서 일죄로 처리하는 것이 타당하다고 생각한다. 각 행위를 따로 떼어 별죄의 경합범으로 처리하는 것은 지나치게 자연주의적 행위개념에 치우친 판단으로 볼 수 있다. 또한 인과관계의 착오가 어느 경우에 본질적이며 중요한 것으로 판단되는 것인가에 관하여는 명확한 실질적 기준이 제시되고 있지 못하고 또 실제적으로 그 착오가 본질적이고 중요한 경우는 거의 찾아보기 어렵다는 점 등이 문제점으로 지적될 수 있다. 굳이 그 착오가 본질적이고 중요한 경우를 찾는다면 不能犯에 있어서나 그 예를 볼 수 있을 것이다. 위 예에 있어서는 그 인과관계의 착오가 중요한 것이 되지 못하는 것이 사실이므로 문제될 것은 없다고 생각한다.

그리고 인과관계의 착오의 문제가 되기 위해서는, 위 예들에서 볼 때, 어디까지나 행위자에게 처음부터 살인의 고의가 존재해야 한다. 따라서 예컨대 행위자가 피해자를 폭행의 고의로 때렸는데 피해자가 넘어지면서 벽 모서리에 부딪혀 그만 사망하고 말았다면 과실치사의 문제가 생길 뿐이며, 상해의 고의로 피해자를 가격하여 실신하자 사망한 것으로 오인하고 이를 자살로 위장하기 위하여 아파트의 고층에서 떨어뜨렸는데 실제로는 추락이 원인이 되어 사망한 경우[1]와 같이 중한 결과가 제 1 의 행위가 아니라 제 2 의 과실행위에 의하여 발생한 경우는 결과적 가중범으로써 상해치사죄의 성부가 문제되는 것이다.[2] 그리고 살인의 고의를 갖고 행위를 한 경우에 있어서도 사망의 결과가 발생하지 않았다면 미수범이 성립하는 데 그치게 된다.

Schröder, § 15, RN 58; Wessels/Beulke, RN 265.

이 경우 미수범과 과실범의 경합을 인정하는 견해(이용식, "소위 개괄적 고의의 형법적 취급", 형사판례연구 2, 1994, 34면)도 있다.

1) 대판 1994. 11. 4, 94도2361.

이런 경우를 특히 '개괄적 고의'와 구별하여 '概括的 過失'의 예로 표현하는 견해도 있다고 한다[장영민, "개괄적 과실(culpa generalis)?", 형사판례의 연구 I (이재상교수화갑기념논문집), 2003, 227면 참조].

2) 이 경우에 있어서 제 1 의 행위와 제 2 의 과실행위가 별개의 위험창출행위로 평가되어야 한다고 보는 견해에 의하면 결과적 가중범인 상해치사죄가 아니라 상해죄와 과실치사죄의 경합범이 인정되게 된다(박광민, "결과적 가중범의 본질과 직접성의 원칙", 저스티스 94, 2006, 146-147면; 안경옥, "결과적 가중범의 직접성의 원칙", 형사법연구 12, 1999, 149면; 조상제, "개괄적 과실사례의 결과귀속", 형사판례연구 10, 2002, 78면 등 참조).

대판 1988. 6. 28, 88도650 "피해자가 피고인들의 살해의 의도로 행한 구타행위에 의하여 직접 사망한 것이 아니라 죄적을 인멸할 목적으로 행한 매장행위에 의하여 사망하게 되었다 하더라도 전 과정을 개괄적으로 보면 피해자의 살해라는 처음에 예견된 사실이 결국은 실현된 것으로서 피고인들은 살인죄의 죄책을 면할 수 없다."

— 이 판례에서 '개괄적'이라는 표현을 쓰고는 있지만, 그렇다고 하여 우리 판례가 '개괄적 고의'의 개념을 받아들인 것으로 보기는 어렵다.[1] 그 표현은 단지 인과관계가 진행된 과정을 전체적으로 보아 수개의 행위를 단일행위로 파악하여야 한다는 정도의 의미로 해석함이 적절하다. 우리 판례는 이 문제를 해결함에 있어 '개괄적 고의'나 '인과관계의 착오' 또는 '객관적 귀속' 등의 관점을 도외시하고 사실관계에 관한 개괄적 파악에 기해 單一行爲로 취급해야 한다는 입장을 취하고 있는 것으로 볼 수 있다.[2]

이 예의 경우 살인의 결과는 구타행위와 매장행위라는 두 부분적 행위에 의하여 실현되었다. 그런데 그 두 행위는 살인과 사체유기라는 엄연히 서로 다른 내용의 고의에 의한 행위이므로, 그 둘을 전체적으로 지배하는 하나의 '개괄적 고의'의 개념을 인정할 수는 없다고 본다. 실체적 관점에서 보면, 이런 경우 살인죄의 미수범과 과실치사죄, 사체유기죄 등의 경합을 인정할 수도 있다. 하지만 제 2 의 행위에 의하여 직접적으로 결과가 실현되었다는 이유만으로 각 행위를 그와 같이 개별적으로 판단하는 것은 오히려 실체관계와 부합하지 못하는 해결이라고 생각한다. 개괄적 고의의 사례는 因果關係의 錯誤에 해당되는 것이며, 따라서 인과관계의 착오의 원리에 따라 해결하면 된다고 생각한다. 객관적 귀속의 판단기준에 입각하여 보더라도 이 경우 살인의 결과는 얼마든지 행위자에게 귀속될 수 있는 것이며, 살인의 결과가 실현된 인과관계의 진행에 관한 착오는 행위자의 책임을 판단함에 있어서 중요하지 않은 것으로 보아야 한다. 즉 개괄적 고의의 이론은 객관적 귀속이론의 관점과도 부합하지 못한다고 생각한다.

---

1) 反旨 : 신동운, 197면; 오영근, § 15, RN 6.
2) 同旨 : 임웅, 169면.

제4장

違 法 性

제 1 절 基本理論

Ⅰ. 違法性의 意義

1. 개 념

형법상 범죄는 構成要件에 해당하는 違法·有責한 행위이다. 위법성은 범죄의 성립요건 중 두 번째 요건이다.

범죄의 성립요건으로서의 違法性(Rechtswidrigkeit)이라 함은 구성요건에 해당하는 행위가 법적 기준에 비추어 허용되지 아니한다는 점을 의미하는 法的 反價値性을 가리키는 개념이다. 즉 구성요건에 해당하는 행위가 국가의 공동생활을 규율하는 법규의 명령에 위반한 것으로서 전체 법질서에 반한다는 부정적 가치판단을 의미한다.

2. 위법성과 구성요건해당성의 관계

구성요건해당성과 위법성은 구별되어야 한다. 構成要件該當性은 특정 행위가 형벌법규의 적용대상이 된다는 점을 의미하는 것이고, 違法性은 구성요건에 해당하는 행위가 전체 법질서에 위배한다는 평가이다. 구성요건에도 해당되지 않는 행위는 형법적 의미를 갖지 못하는 것이라고 할 수 있다.

원래 구성요건은 위법한 행위의 유형들을 입법자가 기술(記述)해놓은 것이므로, 행위가 구성요건에 해당하게 되면 그 행위는 원칙적으로 위법성도 갖는 것이다. 여기서 행위가 구성요건에는 해당하나 예외적인 사유로 인하여 위법하지 않은 것으로 평가되는 경우가 있을 수 있는데, 그 사유를 위법성조각사유(제20조 내지 제24조)라 한다.[1]

위법성과 구성요건해당성의 관계는 범죄론체계상 중요한 의미를 갖는 논점으로서 구성요건이론의 내용이 되고 있다.

3. 위법성과 책임의 관계

違法性은 특정의 行爲에 대해 전체 법질서의 관점에서 내려지는 객관적 판단인데 대하여, 責任은 구체적인 行爲者의 행위 당시의 주관적 사정에 대한 가치판단이다. 즉 위법성은 행위에 대하여 전체 법질서의 관점에서 내려지는 객관적 판단으로서 일반적인 부정적 가치판단의 성격을 갖는 데 대해,[2] 책임에 있어서는 구체적인 행위자의 주관적 사정이 판단의 대상이 되므로 행위자에 따라 판단이 다르게 될 수 있다. 물론 위법성판단의 대상인 '행위'의 의미를 밝힘에 있어서는 행위자의 주관의 내용이 고려될 수밖에 없으므로 그런 점에서는 위법성판단에 있어서도 행위자의 주관적 의사의 내용이 대상이 된다.

위법성은 특정한 행위와 전체 법질서 사이의 상치(相馳)를 의미하는 객관적 가치판단으로서 關係槪念의 성격을 갖는 까닭에 그 양(量)의 크고 작음을 문제 삼을 수 없으나, 책임판단에 있어서는 구체적인 행위자의 주관적 사정에 따라 경중이 문제될 수 있다. 그런 이유로 책임판단에 있어서는 '감경' 또는 '가중'이 가능하지만, 위법성의 판단에 있어서는 그 유무만이 문제될 뿐이다.

위법성이 조각되는 행위는 적법한 것이 되므로 그에 대한 正當防衛는 인정되지 않으나, 책임이 조각될 뿐인 행위는 불법으로서는 성립한 것이므로 그에 대해 정당방위가 가능하게 된다.

4. 위법성과 불법

違法性은 구성요건에 해당하는 행위와 전체 법질서 사이의 모순·상치의 관계를 가리키는 개념이다. 그에 대해 不法(Unrecht)이라 함은 '위법성이

1) Schönke/Schröder, Vor §§ 32, RN 4; Wessels/Beulke, RN 270.
2) Welzel, 51면.

인정된 구성요건해당행위'를 의미하는 개념이다. 즉 위법성은 순수한 관계개념임에 반하여, 불법은 행위를 그 내용으로 포함하고 있는 실질개념으로서의 성격을 갖는다.[1)]

따라서 불법은 행위의 대상·수단·방식 또는 적용법률 등에 따라 그 양의 경중이나 질의 차이가 있을 수 있지만, 위법성에 있어서는 유무 즉 위법·적법의 구별이 있을 뿐이다.[2)] 예컨대, 특수폭행죄(제261조)는 그 행위의 수단과 방식으로 인하여 기본적 구성요건인 폭행죄(제260조 제 1 항)에 비하여 불법이 가중된 구성요건이며, 승낙살인죄(제252조 제 1 항)는 행위 대상의 성격 때문에 기본적 구성요건인 살인죄(제250조 제 1 항)에 비하여 불법이 감경된 경우이다. 그런데 존속살해죄(제250조 제 2 항)는 행위 대상이 직계존속이라는 점 때문에 불법이 가중된 것이라고 볼 여지도 있지만, 행위 주체가 직계비속이라는 행위자의 특수한 인적 관계로 인하여 행위자의 책임이 가중된 면도 갖고 있다. 또한 불법은 적용법률에 따라 '형법상 불법', '민법상 불법', '행정법상 불법' 등으로 구별되기도 한다.

범죄의 성립요건 중 構成要件該當性과 違法性은 '행위'에 대해 요구되는 요건인 점에서 공통되기 때문에 이 두 요건을 하나의 범주인 '不法構成要件'(Unrechtstatbestand)으로 포괄하여, 전통적인 삼원적 범죄론체계에 대하여 범죄론의 체계를 '불법구성요건—책임'의 두 단계로 구성하는 이른바 二元的 犯罪論體系도 주장되고 있다.

Ⅱ. 違法性의 本質

'위법성'이란 그 개념상 "'法'에 대한 違反"을 의미하는 것이다. 여기서 '法'은 형법을 포함한 전체 법질서를 가리킨다. 따라서 형법, 민법, 행정법 등 각 분야의 법에 있어서 위법성의 개념은 마찬가지이지만, 그에 따른 법적 효과가 법분야에 따라 달리 부여되고 있는 데 불과하다고 할 수 있다. 그러므로 '위법성'의 본질에 관한 논의는 기실 '法'의 本質에 관한 논의와 매한가지

1) 김종원, "범죄론의 체계구성에 관한 소고", 손해목교수화갑기념논문집, 1993, 37면; 이재상, § 16, RN 2; Jescheck/Weigend, 240면; Welzel, 52면.

2) Schönke/Schröder, Vor §§ 13, RN 51.

라고 할 수 있다. '법'의 본질에 관하여는 법철학상 오래 전부터 자연법론과 법실증주의가 대립하여 오고 있다.

法實證主義(legal positivism)는 법의 본질을 구명하는 데 있어서 실증주의적 사고방식을 받아들여 우리가 오감(五感)으로 확인할 수 있는 실증적·실존적 자료에 토대하여 법의 본질을 이해하는 입장이다. 즉 이 이론에서는 현실에 있어서 외관상 '법'의 모습을 띠고 있는 '실정법'을 바로 '법'의 실체이자 본질로 보는 것이다. 그에 대하여 自然法論(Naturrechtslehre)에서는, 철학상의 이른바 형이상학적 이원론에 토대하여, '법'과 '정의'의 본질을 우리가 현실에서 확인할 수 있는 실정법의 위에 존재하는 그 무엇인가에서 찾아야 한다고 생각한다. 즉 사람이라면 누구나 그 이성에 토대하여 무엇이 옳은 것이고 바른 것인가에 관하여 생각할 수 있을 터인데, 바로 그 옳고 바른 것에 대한 생각의 내용이 '법'이며 '정의'라는 것이다. 그 내용은 우리가 오감으로 확인할 수 있는 것은 아니지만, 합리적 사고방식을 갖고 있는 사람이라면 누구에게서나 공통적으로 발견될 수 있는 내용이라고 한다. 시대적으로 보아, 고대에 있어선 '자연의 섭리(攝理)·이치'가 법의 원리로 받아들여졌고, 중세에는 '신의 계시(啓示)'가 그리고 근대 이후엔 '인간의 이성'이 자연법의 내용을 이루었다. 이러한 사고방식은 형법의 위법성이론에도 영향을 미쳤다. 형법의 관점에서 위법성의 판단기준인 '법'의 내용을 설명함에 있어서는 학자에 따라 '권리', '이익', '공서양속', '사회상규' 등이 제시되고 있다.

법실증주의는 실정법 자체가 그 사회의 정의의 모습이며, 그 실정법대로 법이 시행되기만 하면 그 사회에서 정의가 실현될 수 있었던 그런 시대에나 정당성을 가질 수 있다. 시민혁명을 통하여 시민주권사회가 형성되었던 근대 초기를 그 예로 들 수 있다. 그러나 정치권력이 타락하기 시작하면서, 권력집단은 그들의 실력으로 의회를 지배하여 자의적 입법을 도모하게 되었고, 법실증주의적 논리에 의하여 그러한 법들은 정의로운 법으로 행세할 수 있었다. 나치스나 소비에트, 중공, 북한 등의 정권을 그 예로 들 수 있다. 이런 시대적 착오를 거치면서, '법'과 '정의'는 입법의 형식을 통해서만 얻어질 수 있는 것은 결코 아니고, 그 '법'의 내용이 헌법상의 민주주의원리에 부합할 때에만 '정의로운 법'으로 기능할 수 있다는 자연법론적 사고방식이 20세기 후반 들어 다시금 등장하게 되었다. 물론 자연법론 자체도, 그 이론이 제시하는 '법'과 '정의'의 내용이 추상적이고 막연한 까닭에 현실의 정치세력들에 의하여 자신들의 불법적 횡포를 분식(粉飾)하는 도구로 전락된 적도 많이 있었지만, 이제 자연법론과 법실증주의는 각각의 장점이 결합되어 우리 사회의 법문화를 발전시키는 데 기여하고 있다고 할 수 있다. 이러한 법철학적 사고는 형법학에도 큰 영향을 미쳤다.

형법상 위법성의 본질에 관하여는 종래 형식적 위법성론과 실질적 위법성론이 대립하여 왔다. 형식적 위법성론은 법실증주의적 입장이라고 할 수 있는 반면에, 실질적 위법성론은 기본적으로 자연법론에 토대하여 '법'의 실질적 내용을 구명하고자 하는 입장이라고 할 수 있다.

1. 형식적 위법성론

形式的 違法性論은 위법성판단의 기준을 법률의 형식적 규정 그 자체에서 찾는 입장이다. 즉 구체적인 행위가 법률의 형식적 규정인 구성요건의 배후에 존재하는 명령규범에 위배되는 성격을 위법성이라고 한다.

형식적 위법성론은 결국 "위법성은 법위반이다"라는 同語反復에 그치게 되고, 따라서 위법성의 실질을 규명하지는 못하는 공허한 이론이라는 비판을 받는다. 법실증주의적 사고의 결과라고 할 수 있다.

2. 실질적 위법성론

實質的 違法性論에 따르면 위법성이란 단순히 행위와 법규 사이의 관계에 그치는 것이 아니라, 일정한 내용적 의미를 가지고 있다고 한다.

위법성의 실질적 내용에 대하여는 권리침해설, 법익침해설, 사회적 유해성설, 공서양속위반설, 문화규범위반설, 사회상규설 등의 견해가 종래 제시되어 왔다. 우리 형법의 입장에서 보면 정당행위(제20조) 등에 관한 실정법 규정의 태도에 비추어 볼 때 社會常規說이 무난하다고 생각한다.[1] '社會常規'라 함은 사회생활에 있어서 역사적으로 형성된 윤리적 질서·가치관을 의미한다.

위법성의 본질과 관련하여 일본에서 이른바 可罰的 違法性論이 제기된 적이 있다. 위법성의 개념을 논함에 있어서 行爲의 逸脫의 質과 量을 고려하여 '可罰的 違法性'과 '不可罰的 違法性'을 구별하는 견해[2]이다. 일탈의 질을 고려하여 불가벌적으로 다루어지는 경우의 예가 노동쟁의[3]이며, 일탈의 양이 근소하여 불가벌적으로 되는 경우의 예가 경미범죄[4]라고 본다. 이 이론에서는 형법상의 위법성조각사유들도 행위의 일탈의 질과 양을 통해 설명한다. 이는 이론의

1) 유기천, 175면; 이재상, §16, RN 9; 정영석, 117면.
2) 임웅, "가벌적 위법성론", 형사법강좌 Ⅰ, 1982, 210면; 藤木英雄, 刑法講義 總論, 1981, 117면.
3) 일본 최고재판소 昭和 41. 10. 26. 판결(세칭 全遞中郵事件).
4) 일본 대심원 明治 43. 10. 11. 판결(세칭 一厘事件).

성격상 벨첼의 社會相當性理論[1]의 아류(亞流)라고 할 수 있다. 하지만 '위법성'은 원래 관계개념으로서의 성격을 갖는 것이기 때문에 그 질과 양을 논할 수는 없는 것이며, 가벌적 위법성론의 입장을 관철한다면 범죄의 다른 성립요건인 '구성요건해당성'과 '책임'의 개념도 가벌적·불가벌적인 경우로 구별할 수밖에 없게 되어 범죄론체계상 큰 혼란을 야기하게 된다. 이는 결국 '위법성'과 '불법'의 개념을 혼동한 결과라고 볼 수 있다.

우리 형법상으로는 위법성이 조각되기 위한 요건으로 규정되어 있는 '社會常規'(제20조)의 해석을 통하여 일탈의 질과 양을 고려할 수 있으므로 가벌적 위법성론의 논의의 의미는 없다고 보아야 한다. 우리 판례[2]도 예컨대 홍삼판매할 당량을 충실히 이행하여 국고수입을 늘리려고 허위공문서를 작성한 행위에 대해 "그 법익침해의 정도가 경미하다고 하여 '가벌적 위법성'이 반드시 없다고 할 수는 없다"고 판시하여, '가벌적 위법성'의 개념을 사용한 경우가 있기는 하지만 이 개념을 일반적으로 채택하고 있지는 않다.

Ⅲ. 違法性의 判斷

1. 판단의 기준

위법성 판단의 기준과 관련하여서는 역사적으로 객관적 위법성론과 주관적 위법성론이 대립되어 왔다.

(1) 객관적 위법성론

客觀的 違法性論의 입장에서는 법을 評價規範으로 이해하여 위법성의 판단은 사회일반인의 관점에서 객관적으로 행해져야 한다고 본다. 즉, 행위가 객관적으로 위법하다고 판단되면 그것이 책임무능력자의 행위이든, 책임능력자의 행위이든 불문하고 위법하게 되는 것이라고 한다. 오늘날 통설[3]의 입장이다.

(2) 주관적 위법성론

主觀的 違法性論에서는 법규범의 본질을 意思決定規範으로 보고, 이에 위반하는 것이 위법성이라고 이해했다. 법규범은 사람들의 주관적 의사결정을 올바른 방향으로 이끌어 감을 본령(本領)으로 하므로, 법규범의 명령을 이

1) Welzel, 55면 이하; 황산덕, 154면.
2) 대판 1983. 2. 8, 82도357.
3) 유기천, 177면; 이재상, § 16, RN 15; 정영석, 121면.

해하고 따를 수 있는 사람의 행위만이 위법성판단의 대상이 될 수 있다고 보고 있다. 따라서 사물을 변별하고 이에 따라 의사를 결정할 능력이 없는 책임무능력자의 행위는 위법성이 인정될 수 없게 된다. 즉, 책임의 요건을 구비한 자의 행위만이 위법한 것으로 될 수 있다. 따라서 주관적 위법성론에 의하면 심신상실자와 같은 책임무능력자의 범법행위는 책임이 인정되지 않을 뿐만 아니라, 책임 이전에 위법성도 없는 것이 되어 아예 책임판단의 대상이 되지도 못하는 것이다. 결국 책임무능력자의 침해행위에 대해서는 정당방위가 허용되지 못하고 긴급피난만이 가능하게 된다. 주관적 위법성론은 책임과 위법성을 혼동하고 있다는 비판을 받게 된다.

2. 판단의 대상

위법성은 구성요건에 해당하는 행위에 대한 객관적 가치판단이므로, 위법성판단의 대상은 '행위'이다. 그런데 형법상 '行爲'의 개념 속에는 행위자의 '의사', '거동' 그리고 그 거동에 의하여 외부에 실현된 '결과' 등이 포함되는 것으로 보는 것이 일반적이다. 따라서 위법성은 객관적 가치판단이지만, 그 판단의 대상에는 행위의 내용인 행위자의 의사도 포함되는 것으로 보아야 한다.

위법성판단의 본질적 대상은 행위의 그 세 가지 요소들 중 어느 것인가에 관하여 종래 많은 논의가 행해져왔다. 행위론상 초기의 인과적 행위론에서는 유의적 거동의 존재만 인정되면 형법상 행위의 존재는 인정되었다. 행위자의 의사의 내용은 범죄론체계상 책임단계에 가서나 검토의 대상이 되었던 것이다. 그 후 목적적 행위론의 등장 이후로는 행위자의 의사의 내용이 형법상 행위개념을 확정함에 있어 빼놓을 수 없는 요소로 인정되는 것이 오늘날에 이르기까지 일반적 입장이다.

3. 불 법 론

(1) 의 의

오늘날 위법성판단의 대상은 행위자의 의사의 내용도 포함된 개념으로서의 '행위'라고 이해하는 것이 일반적 입장이다. 여기서 '행위'에 있어서 '의사', '거동', '결과'의 세가지 요소들 중 어느 것이 위법성판단에 있어서 본질적인 것인지, 즉 불법의 본질이 거동 내지는 결과라는 외적·객관적 면에 있는 것인지, 아니면 행위자의 내적·주관적 면인 의사에 있는 것인지에 관한 논의가 제기되는데, 이 논의가 바로 不法論이다. 위법성판단의 대상의 문제는 불법론과 표리의 관계에 있다고 할 수 있다.

불법론, 즉 불법의 본질에 관한 논의에 있어서는 객관적 불법론과 주관적 불법론이 대립해오고 있다.

(2) 객관적 불법론

客觀的 不法論에서는 형법상 불법의 본질적 면을 외적으로 실현된 거동과 결과에서 찾는다. 객관주의 범죄이론의 입장이라고 할 수 있다. 거동이나 결과가 법이 요구하는 바와 다른 경우에는 그 행위는 불법이라고 보아야 한다는 것이다. 이는 책임주의에 부합하는 면을 갖고 있다. 반면에 이 입장을 견지하게 되면 행위자의 위법적 의사와 관계없는 거동이나 결과, 심지어는 동물이나 자연현상으로 인하여 야기된 결과까지도 불법으로 보아야 하는 무리가 따르게 된다.

(3) 주관적 불법론

主觀的 不法論은 불법판단의 핵심을 행위자의 주관적 의사로서의 악성에서 찾는다. 人的 不法論[1)]으로도 불리운다. 이 입장을 순수하게 발전시킨 이른바 一元的 人的 不法論의 견해에 따르면 궁극적으로 '결과'는 범죄의 성립과는 무관한 것으로서 객관적 처벌조건에 불과한 것으로 보게 된다.[2)] 하지만 법관에 의하여 확인되기 어려운 행위자의 주관적 악성을 불법의 근거로 삼게 되면 근대 형법의 기본토대인 책임주의와 죄형법정주의가 심각하게 위협받게 된다.

오늘날에는 행위자의 의사와 거동, 결과까지도 모두 위법성판단의 대상이 되는 것으로 보아 불법의 요소에 포함시키는 견해인 절충설로서의 二元的 人的 不法論이 일반적 입장으로 자리 잡고 있다.

---

1) Welzel, 62면.

2) Armin Kaufmann, "Zum Stande der Lehre vom personalen Unrecht", *Fest. für Hans Welzel*, 1974, 393면 이하; D. Krauß, "Erfolgsunwert und Handlungsunwert im Unrecht", *ZStW* 76, 1964, 61-62면; D. Zielinski, *Handlungs- und Erfolgsunwert im Unrechtsbegriff*, 1973, 146면.

Ⅳ. 違法性阻却事由

1. 의 의

違法性阻却事由 또는 正當化事由란 구성요건에 해당하는 행위가 일정한 요건을 갖춘 경우에 그 행위의 위법성이 부정되는 예외적인 사유를 말한다.

우리 형법은 위법성에 관하여 그 성립요건을 적극적으로 규정하지 아니하고, 위법성이 조각될 사유들(제20조 내지 제24조)만을 소극적으로 규정하는 태도를 취하고 있다. 따라서 형법 각본조의 구성요건에 해당하는 행위는 위법성이 조각되는 사유에 해당되지 않는 한 위법성이 인정된다.[1] 본래 구성요건은 위법한 행위들을 유형화하여 규정해놓은 불법유형이기 때문이다.

구성요건과 위법성은 엄연히 구별되는 개념이므로, 구성요건에 해당하는 행위에 위법성조각사유가 존재하면 그 행위는 '구성요건에는 해당하지만 위법하지는 않은' 행위가 되는 것이다. 그러므로 '구성요건에도 해당되지 않는 행위'와 '구성요건에는 해당하나 위법성이 조각될 뿐인 행위'는 구별되어야 한다. 살인죄(제250조 제 1 항)를 예로 하여 본다면, '사람'이 아닌 동물을 죽이는 행위는 구성요건에도 해당되지 않는 행위이고, 사형수에 대해 사형을 집행하는 교도관의 행위는 구성요건에는 해당하나 정당행위(제20조)로서 위법성이 조각될 뿐인 행위가 되는 것이다. '구성요건에도 해당되지 않는 행위'는 형법적 의미를 갖지 못한다고 할 수 있다.

2. 위법성조각의 원리

(1) 학 설

위법성조각사유를 규율하는 원리에 관하여는 하나의 통일된 원리가 존재한다고 보는 일원론과 개개의 사유에 따라 별개의 원리를 인정하는 다원론이 대립하고 있다.

㈎ 일 원 론

一元論은 다시 목적설과 이익교량설로 구분된다.

1) 목적설 目的說(Zwecktheorie)은 '정당한 목적을 위한 상당한 수단'이라는 기준원리를 제시하고 있다. 즉 구성요건해당행위가 국가공동생활에 있

---

1) Schönke/Schröder, Vor §§ 32, RN 4.

어서 정당한 목적을 위한 상당한 수단에 해당하는 때에는 위법성이 조각된다고 보는 견해이다.

하지만 목적설이 제시한 기준원리는 구체성을 결하고 있으며, 국가적 관점에 입각하고 있다는 지적을 받고 있다.

2) 이익교량설 利益較量說(Interessenabwägungstheorie)은 구성요건해당행위에 의해 침해되는 이익과 보호되는 이익을 국가사회적 조정의 관점에서 비교·형량하여 더 큰 이익이 보호된 경우에는 그 행위의 위법성이 조각된다고 보는 이익교량의 원칙을 제시하고 있다.

하지만 위법성조각뿐만 아니라 구성요건해당성조각이나 책임조각에 있어서도 이익교량이 문제될 수 있으므로 이익교량의 원칙을 위법성조각에 관한 원리로만 이해하기는 어렵다고 하겠다.

(나) 다 원 론

多元論은 이원론과 협의의 다원론으로 구분된다.

1) 이원론 二元論에서는 피해자의 승낙(제24조)의 경우는 이익흠결의 원칙으로 설명하고, 다른 위법성조각사유들은 우월적 이익의 원칙에 입각하여 이해한다.[1] 즉 피해자의 승낙에 의한 행위에 있어서는 법이 보호할 이익이 존재하지 않기 때문에 그 행위의 위법성이 조각되는 것이고, 그 외의 위법성조각사유에 있어선 이익이 상충하지만 행위에 의해 보호되는 이익이 더 우월한 때 그 행위의 위법성이 조각된다고 보는 것이다.[2]

그러나 결국 이원론도 이익교량설과 마찬가지의 문제점을 갖게 된다고 할 수 있다.

2) 협의의 다원론 狹義의 多元論은 각 위법성조각사유들이 모두 제각각 독자적인 위법성조각의 원리를 갖고 있다고 보는 입장이다. 개별화설이라고도 한다. 즉 개별적인 위법성조각사유들의 성격에 따라 목적설, 이익교량설, 이익흠결의 원칙들 중 어느 하나를 선택하거나 결합하여 위법성조각의 원리를 설명하는 견해이다. 오늘날 다수설[3]의 입장이다.

---

1) E. Mezger, *Strafrecht*, 3. Aufl., 1949, 205면.
2) 유기천, 177면.
3) 김일수/서보학, 304면; 이재상, §16, RN 22; 임웅, 192면; 정성근/박광민, 207면; Jescheck/Weigend, 326면; Schönke/Schröder, Vor §§ 32, RN 6-7.

(2) 형법의 입장

우리 형법의 입장인 社會常規說은 일원론인 目的說에 토대한 것으로 볼 수 있다. 각칙상의 범죄유형들의 위법성조각 여부를 판단함에 있어서는 목적설의 '정당한 목적을 위한 상당한 수단'이라는 기준이 구체적인 문제해결에 있어서 유용하게 기능하고 있다. 즉 행위의 '目的'의 正當性과 그 목적을 달성하기 위해 택한 '手段'의 相當性이라는 두 요건이 모두 갖추어진 경우에 그 행위는 위법성이 조각되어 적법한 것으로 취급된다는 것이며, 개개의 위법성조각사유들은 이 원리가 구체화된 경우들이라고 보게 된다.

판례도 일원론으로서의 사회상규설에 입각하여 위법성조각원리의 구체적 내용을 제시하고 있다.

> 대판 1986. 9. 23, 86도1547 "어떠한 행위가 정당행위로서 위법성이 조각되는 것인가는 구체적인 경우에 따라서 합목적적, 합리적으로 가려져야 할 것이며 또 행위의 적법 여부는 국가질서를 벗어나서 이를 가릴 수 없는 것이고, 정당행위를 인정하려면 행위의 동기·목적의 정당성, 행위의 수단·방법의 상당성, 보호법익과 침해법익과의 法益權衡性(=법익균형성), 긴급성, 그 행위 외의 다른 수단·방법이 없다는 보충성 등의 요건이 갖추어져야 한다."
> — 이 판례는, 비단 정당행위에 국한하지 아니하고, 우리 형법상 위법성조각사유 일반의 원리를 설시하고 있는 것으로 볼 수 있다.

3. 형법상 위법성조각사유

형법상 위법성조각사유로는 총칙상 정당행위(제20조), 정당방위(제21조), 긴급피난(제22조), 자구행위(제23조) 및 피해자의 승낙에 의한 행위(제24조)와 각칙상 명예훼손죄에 있어서 위법성이 조각되는 경우(제310조)를 들 수 있다. 모자보건법상의 인공임신중절수술의 허용범위에 관한 규정(동법 제14조)도 위법성조각사유에 해당한다.

독일에서는 형법 총칙상 정당방위와 긴급피난만이 명문으로 위법성조각사유가 되고 있어, 명문규정이 없더라도 전체 법질서의 정신에 비추어 실질적 위법성의 원리에 의하여 초법규적으로 위법성을 조각하여야 할 경우가 인정되고 있다. 하지만 우리 형법은 제20조 후단에 "기타 사회상규에 위배되지 아니하는 행위는 벌하지 아니한다"라고 규정하여 '社會常規'라는 법적 기준을 제시하여 일반적·포괄적 위법성조각사유를 법규로 성문화하고 있다.

4. 위법성조각사유의 주관적 요소

(1) 주관적 요소의 필요 여부

구성요건해당행위의 위법성이 조각되기 위해서 행위자에게 객관적 요소 외에 주관적 요소도 존재해야 하는지에 관하여는 종래 필요설과 불요설이 대립되어왔다. 이 주관적 요소를 주관적 정당화요소, 즉 주관적 위법성조각요건이라고 칭할 수 있다.

必要說에서는 불법의 본질에 관한 이원적 인적 불법론에 토대하여, 행위자에게 주관적 정당화요소가 존재해야 한다고 주장한다.[1] 형법상 위법성조각사유에도 '방위하기 위한 행위'(제21조 제 1 항), '피하기 위한 행위'(제22조 제 1 항, 제23조)라고 규정되어 있는 만큼, 주관적 정당화요소가 필요하다는 점이 명문상 인정되고 있다고 본다. 판례[2]도 이 입장을 취하고 있다. 不要說에서는 객관적 불법론에 토대하여, 위법성조각에 있어서 행위자에게 주관적 정당화요소가 존재할 것을 요하지 않는다고 한다.[3]

위법성조각사유의 주관적 요건이 필요한지의 문제는 불법론과 표리의 관계에 있는 것으로서, 이원적 인적 불법론에 토대하여 볼 때, 구성요건해당행위의 위법성이 조각되기 위해서는 행위자에게 주관적 정당화요소가 존재해야 한다고 봄이 타당하다.

(2) 주관적 요소의 내용

위법성조각의 주관적 요건, 즉 주관적 정당화요소의 내용에 관해서는 종래 인식설과 의사설, 개별화설 등이 대립하여왔다.

認識說에서는 행위자가 위법성조각사유의 객관적 요소, 즉 정당화상황을 인식하기만 하면 위법성이 조각되는데 있어서 충분하다고 본다.[4] 意思說에

---

1) 김성돈, 278면; 김일수/서보학, 333면; 박상기, 177면; 손동권, § 10, RN 22; 신동운, 246면; 심헌섭, "주관적 정당화요소 소고", 숭전대 논문집 제 3 집, 1971, 384-386면; 오영근, § 17, RN 47; 이재상, § 17, RN 17.

2) 대판 1983. 2. 8, 82도2098; 대판 1997. 4. 17, 96도3376.

3) 차용석, 형법총론강의, 1988, 596면.

4) 박상기, 150면; Roxin Ⅰ, § 14, RN 96; Schönke/Schröder, § 32, RN 63.

서는 정당화상황에 대한 인식 외에 자기 행위를 정당화하려는 목적으로서의 의사까지도 갖추어져 있어야 한다고 주장한다.[1] 個別化說에서는 각 위법성조각사유에 따라 달리 파악하고 있다.[2] 즉 정당방위와 긴급피난, 자구행위에 있어서는 위법성조각의 객관적 요건에 관한 인식 외에 의사도 요구되지만, 피해자의 승낙에 있어서는 인식만으로 족하고, 추정적 승낙의 경우에는 인식과 의사 외에 위법성조각의 객관적 요건의 존부에 관한 행위자의 양심적 심사의무의 이행까지 요구된다고 본다.

주관적 정당화요소는 불법고의를 상쇄(相殺)하는 요소인 만큼, 고의의 개념에 상응하여 인식과 의사를 모두 갖추고 있어야 한다고 생각한다. 그러나 고의에 있어서 직접적 고의 외에 미필적 고의의 개념이 인정되고 있는 만큼, 주관적 정당화요소에 있어서 요구되는 '의사'도 정당화상황에 대한 단순한 인식만으로는 부족하지만 적극적 의욕을 요구하는 것도 아니며 '정당화의 인용' 정도로 족하다고 생각한다. 또한 추정적 승낙을 특별히 따로 논할 필요도 없다고 본다.

제2절 正當防衛

제21조 [정당방위] ① 자기 또는 타인의 법익에 대한 현재의 부당한 침해를 방위하기 위한 행위는 상당한 이유가 있는 때에는 벌하지 아니한다.
② 방위행위가 그 정도를 초과한 때에는 정황에 의하여 그 형을 감경 또는 면제할 수 있다.
③ 전항의 경우에 그 행위가 야간 기타 불안스러운 상태하에서 공포, 경악(驚愕), 흥분 또는 당황(唐慌)으로 인한 때에는 벌하지 아니한다.

[폭력행위 등 처벌에 관한 법률]

제8조 [정당방위 등] ① 이 법에 규정된 죄를 범한 자가 흉기 기타 위험한 물건 등으로 사람에게 위해를 가하거나 가하려 할 때 이를 예방 또는 방위하기 위하여 한 행위는 벌하지 아니한다.

1) 김성돈, 279-280면; 김일수/서보학, 333면; 손동권, §10, RN 24; 신동운, 246면; 오영근, §17, RN 53.
2) 이재상, §17, RN 26.

② 제 1 항의 경우에 방위행위가 그 정도를 초과한 때에는 그 형을 감경한다.
③ 제 2 항의 경우에 그 행위가 야간 기타 불안스러운 상태하에서 공포, 경악, 흥분 또는 당황으로 인한 때에는 벌하지 아니한다.

Ⅰ. 意 義

1. 개 념

正當防衛(Notwehr)는 자기 또는 타인의 법익에 대한 현재의 부당한 침해를 방위하기 위한 구성요건해당행위로서 상당한 이유 있는 행위를 가리킨다(제21조 제 1 항). 정당방위는 위법성조각사유이므로 정당방위의 성립요건을 갖춘 행위는 위법성이 조각되어 무죄가 된다.

정당방위는 '부당 대(對) 정당' 즉 '不法 대 法'('不正 대 正')의 관계에서 인정되는 사유이며,[1] 따라서 '법 대 법'('정 대 정')의 관계에서도 인정되는 緊急避難(제22조 제 1 항)과 구별된다. 정당방위는 '불법 대 법'의 관계에서 인정되는 사유라는 점에서는 自救行爲(제23조 제 1 항)와 공통된다. 하지만 정당방위는 현재의 침해에 대한 사전적 긴급행위라는 점에서 이미 침해된 청구권을 보전하기 위한 사후적 긴급행위인 자구행위와 구별된다.

정당방위와 正當行爲(제20조)의 관계를 보면, 정당행위는 우리 형법상 위법성조각사유의 일반법규정이라고 할 수 있으므로, 구체적인 방위행위의 위법성조각 여부를 심사함에 있어서는 우선 위법성조각사유의 개별적 특별법규정의 하나인 정당방위에 해당되는지가 검토되어야 할 것이다. 정당방위에 해당되지 않음이 확인된 다음에 가서 정당행위의 성립 여부를 심사하게 된다.

民法上 不法行爲에 있어서의 위법성조각사유인 正當防衛(동법 제761조 제 1 항)는 불법행위에 있어서 私人間 利害의 調停을 위한 장치이기 때문에 그 법적 성격과 성립요건, 인정범위 등에 있어서 형법상 정당방위와 차이를 보인다.

---

1) Jescheck/Weigend, 336면.

2. 인정근거

정당방위가 구성요건해당행위의 위법성을 조각하는 근거에 대하여는 자기보호의 원리와 법질서수호의 원리가 대립하고 있다.

自己保護의 原理에서는 타인의 위법한 침해로부터 자신의 법익을 스스로 방위하는 것은 당연히 허용되어야 한다고 본다. 인간의 자기보호는 너무도 당연한 자연법상의 권리에 해당하는 것이기 때문이다. 정당방위가 허용되는 전통적인 근거라고 할 수 있다. 그에 대해 法秩序守護의 原理에 따르면 피해자의 자기보호가 궁극적으로는 법질서를 수호하는 것이 되기 때문에 정당방위가 허용되는 것이라고 보게 된다. 法確證의 原理라고도 부른다. 이 원리는 현대의 사회적 법치국가에 들어서서 새로이 제시된 원리라고 할 수 있다.

자기보호의 원리에 입각하여 보면 행위자 자신의 법익을 방위하기 위하여 필요한 경우에만 정당방위가 인정되게 되어, 결과적으로 사회적·국가적 법익을 방위하기 위한 정당방위는 허용되지 않게 된다. 그러나 법질서수호의 원리에 따르면 행위자 자신의 법익의 보호와 무관한 경우에도 객관적 법질서의 수호를 위하여 필요하다면 정당방위는 인정되는 것으로 보게 될 것이다.[1] "법은 불법에 양보할 필요가 없다"는 법언(法諺)은 법질서수호의 원리를 표명하는 것이라 할 수 있다. 오늘날에 있어선 차츰 법질서수호의 원리가 강조되는 경향을 보이고 있다.

우리 형법의 규정은 두 가지 원리를 모두 내포한 것이라고 판단된다.

Ⅱ. 成立要件

정당방위가 성립하기 위하여서는 '자기 또는 타인의 법익에 대한 현재의 부당한 침해' 즉 정당방위상황과 '방위하기 위한 행위'인 방위행위, 그리고 '상당한 이유'라는 세 가지 요건이 구비되어야 한다.

우리 형법 제21조 제 1 항은 "자기 또는 타인의 법익에 대한 현재의 부당한

1) 하지만 법질서수호의 원리가 사회적·국가적 법익을 위한 정당방위를 허용하는 근거로 제시되는 것은 아니다.

침해를 방위하기 위한 행위"라는 문언을 갖고 있지만 '침해를 방위'한다는 것은 부적절한 표현이라 할 것이다. 이 조항의 문언은 "현재의 부당한 침해로부터 자기 또는 타인의 법익을 방위하기 위한 행위"로 바꾸어 이해함이 타당하다.

1. 자기 또는 타인의 법익에 대한 현재의 부당한 침해

'자기 또는 타인의 법익에 대한 현재의 부당한 침해'를 '正當防衛狀況'이라고 칭한다.

(1) 자기 또는 타인의 법익

(가) 자기 또는 타인

'自己'란 방위행위자 자신을 말한다.

'他人'이란 방위행위자 이외의 자로서 자연인, 법인, 법인 아닌 단체 등을 모두 포함한다. 타인의 법익을 위한 정당방위를 특히 緊急救助라고도 부른다. '타인'은 행위자가 알지 못하는 사람이라도 무방하다. '타인'의 법익을 위한 정당방위를 명문으로 인정하고 있는 점에서 우리 형법은 정당방위의 인정근거로서 자기보호의 원리뿐만 아니라 법질서수호의 원리도 함께 받아들이고 있음을 알 수 있다. 하지만 타인의 법익을 위한 정당방위를 자기의 법익을 위한 정당방위와 같은 범위로 허용하는 것은 오늘날의 법치주의체제와 부합하지 못하는 것이므로 '상당한 이유' 요건을 적정히 해석함으로써 조화를 기할 필요가 있다 하겠다. 그리고 타인의 법익을 방위하기 위한 경우에 있어서 법익의 주체인 타인의 의사에 명시적으로 반하는 방위행위는 허용되지 않는 것으로 봄이 타당하다.

(나) 법 익

1) 내 용 '法益'은 기본적으로 인격적·재산적 법익을 가리키며, 그 내용에 있어서 생명, 신체,[1] 자유, 명예, 정조, 주거의 안전, 재산 등 제한이 없다. 예를 들어, 아버지로서의 신분도 이에 해당된다고 볼 수 있고, 따라서 남이 보는 자리에서 자식으로부터 패륜적 폭언·폭행을 당한 경우 자식을 구타한 아버지의 행위는 정당방위에 해당한다 할 것이다.[2]

2) 사회적·국가적 법익을 위한 정당방위 인격적·재산적 법익 외에

---

1) 대판 1986. 10. 14, 86도1091.

2) 대판 1974. 5. 14, 73도2401.

社會的·國家的 法益을 위한 정당방위[1])도 허용되는지에 관하여는 정당방위를 허용하는 견해와 정당방위를 부정하는 견해[2])가 대립한다. 재산적 법익은 설사 그 주체가 국가나 지방자치단체이더라도 그 법익을 보호하기 위한 정당방위가 허용되지만, 공공의 안녕·신용이나 국가의 존립·기능과 같은 사회적·국가적 법익은 원칙적으로 정당방위에 의한 방위의 대상이 될 수 없다. 왜냐하면 사회적·국가적 법익의 방위는 기본적으로 국가기관의 책무이기 때문이다. 그러므로 예컨대 음란물을 상영하는 것을 막기 위해 영화관에 질식탄을 터뜨리는 것은 정당방위에 해당된다고 볼 수 없으며,[3]) 국군보안사령부에 근무하는 군인이 동(同)사령부의 민간인에 대한 정치사찰을 폭로한다는 명목으로 군무를 이탈한 행위도 정당방위에 해당되지 못한다 할 것이다.[4]) 다만 사회적·국가적 법익에 대한 침해가 명백·중대하고 달리 방위의 방법이 없는 극히 예외적인 경우에 있어서만 정당방위가 허용될 수 있을 것이다.[5]) 예컨대, 간첩이 국가기밀을 수집하여 고속간첩선을 이용해 탈출하려고 하는 시점에 국가기관의 적절한 조치를 기대할 수 없는 상황이라면 사인(私人)이 정당방위에 의하여 그 간첩을 체포할 수 있다고 보아야 한다. 그러한 예외적인 경우 외에는 정당행위가 성립할 수 있을 뿐이라고 생각한다.

이 문제는 사회·국가와 개인 사이의 관계를 어떻게 이해하느냐에 따라 결론을 달리할 수 있는 것이다. 법치주의가 제도적으로 정착된 오늘날의 사회에서는 개인이 직접 사회적·국가적 법익을 방위하기 위해 행위하는 것은 가능한 한 제한하는 것이 타당하다. 하지만 그렇다고 하여 부득이한 경우에 있어서까지 사회적·국가적 법익을 위한 방위행위를 금할 이유는 없다고 생각한다. 형법의 명문규정상으로도 그것을 제한할 근거는 없다. 다만 이 경우에 있어선 상당성의 요건을 판단함에 있어서 융통성을 기할 필요가 있다. 오늘날 법질서수호의 원리가 차츰 강조되는 경향에 비추어 보더라도 사회적·국가적 법익을 위한 정당방위는 제한적으로라도 허용되어야 한다고 생각한다.

---

1) 우리나라에서는 5.16 군사혁명 후 혁명의 정당성을 둘러싸고 이 문제에 관한 논의가 본격적으로 시작되었다(정창운, 정당방위의 체계적 연구, 1966, 94면).

2) 박상기, 172면; 정성근/박광민, 229-230면.
이 경우 정당방위를 부정하면 정당행위로 보게 되는 결과가 될 것이다.

3) BGHSt 5, 245.

4) 대판 1993. 6. 8, 93도766.

5) 이재상, §17, RN 16; Roxin Ⅰ, §15, RN 139; Schönke/Schröder, §32, RN 6.

(2) 현 재 의

(가) 의 의

'현재'란 법익의 침해가 행해지고 있거나 침해가 임박한 긴급의 위험상태를 뜻한다. 따라서 장래의 침해가 예상되는 경우나 과거의 침해는 현재성(現在性)을 결하고, 계속범에 있어서 계속 진행중인 침해는 현재성을 갖는다. 그러나 침해행위가 반드시 범죄의 실행이 착수된 상태이어야만 하는 것은 아니다. 즉 아직 실행의 착수에 이르지 않았다 하더라도 실행이 임박하여 지금 바로 방위행위를 할 필요가 있는 경우에는 정당방위가 허용된다고 보아야 한다.[1] 또한 침해행위가 범죄의 기수에 달했다 하더라도 침해가 아직 종료되지 않았다면 침해의 현재성을 인정해야 한다.[2]

이와 관련하여 절도현장에서 뒤쫓아 가 체포한 범인으로부터 도품을 되찾는 행위에 대해서 정당방위가 되는지 또는 자구행위에 해당되는지가 논의되고 있다. 이 경우에 있어서 범죄가 형식적으로는 기수에 달하였더라도 법익침해가 현장에서 계속되는 상태에 있으면 현재의 침해라고 할 수 있으므로 그 행위는 정당방위로 보는 것이 타당하다.[3] 침해가 끝난 후에는 현재성이 인정되지 못한다.[4] 그러나 침해행위가 실패로 돌아갔다 하더라도 침해의 현재성은 인정된다고 봄이 타당하다.[5] 그러므로 재물을 절취하지 못한 채 도주하는 절도범을 추격하여 체포한 행위도 정당방위에 해당될 수 있다고 생각한다.[6]

(나) 판단시점

현재성은 防衛行爲時가 아니라 防衛效果의 發生時, 즉 侵害發生時를 표준으로 하여 판단한다.[7] 따라서 장래의 생명의 침해를 예상하고 문에 자동총을 장치하는 것은 그 총이 장치된 때가 아니라 총이 발사된 때, 즉 방위행위의 효과가 발생된 때를 기준으로 하여 현재성을 판단해야 하므로 침해의

1) 김성돈, 289면; 이용식, "정당방위와 긴급피난의 몇 가지 요건", 형사판례연구 3, 1995, 87면; Schönke/Schröder, § 32, RN 14.
2) 김성돈, 289면; 손동권, § 11, RN 10.
3) Roxin Ⅰ, § 15, RN 27; Schönke/Schröder, § 32, RN 15.
4) 대판 1996. 4. 9, 96도241.
5) 反旨 : 김성돈, 289면.
6) 이 경우에 혹 정당방위의 다른 요건이 결여된 때에는 정당행위가 성립할 수도 있다.
7) 유기천, 181면; 이재상, § 17, RN 13.

현재성을 구비한 것으로 인정된다. 그러나 그 총으로 침해자 아닌 제3자를 사망 또는 부상케 한 때에는 誤想防衛로 되며, 총의 장치 그 자체가 고의 또는 과실의 범죄로 될 수 있다. 자동장치를 설치하는 경우에 있어서도 사람의 생명을 침해할 가능성이 있는 장치의 설치는 가능한 한 금지되어야 할 것이기 때문이다.[1)]

(다) 예방방위

장래의 침해가 예상되는 경우에 있어서 침해에 앞서 미리 행해지는 방위행위를 특히 豫防防衛라고 한다. 이는 침해의 현재성을 갖추지 못하므로 정당방위로 인정되기는 어렵고 긴급피난이나 정당행위 등 다른 위법성조각사유에 의해 정당화될 수 있을 뿐이다.[2)] 예컨대, 가정폭력사건에서와 같이, 현재 당장 침해가 존재하는 것은 아니지만 지금까지 계속적으로 침해가 행해져왔고 또 별다른 상황이 생겨나지 않는 한 앞으로도 계속하여 침해가 있을 것으로 판단되는 경우에 예방방위가 인정될 수 있는지가 문제되는데, 이런 경우에는 긴급피난이 성립할 수 있을 뿐인 것으로 해석함이 타당하다고 본다.

하지만 특별법인 '폭력행위 등 처벌에 관한 법률'에서는 예방방위가 예외적으로나마 명문상 허용되고 있다(동법 제8조 제1항 참조).

대판 1992. 12. 22, 92도2540 "피고인이 약 12살 때부터 의붓아버지인 (본건 살인사건의) 피해자의 강간행위에 의하여 정조를 유린당한 후 계속적으로 이 사건 범행 무렵까지 피해자와의 성관계를 강요받아왔고, 그 밖에 피해자로부터 행동의 자유를 간섭받아왔으며, 또한 그러한 침해행위가 그 후에도 계속하여 반복될 염려가 있었다면, 피고인들의 이 사건 범행 당시 피고인의 신체나 자유 등에 대한 현재의 부당한 침해상태가 있었다고 볼 여지가 없는 것은 아니나, 그렇다고 하여 판시와 같은 경위로 이루어진 피고인들의 이 사건 살인행위가 형법 제21조 소정의 정당방위나 과잉방위에 해당한다고 하기는 어렵다.

정당방위가 성립하려면 침해행위에 의하여 침해되는 법익의 종류, 정도, 침해의 방법, 침해행위의 완급(緩急)과 방위행위에 의하여 침해될 법익의 종류, 정도 등 일체의 구체적 사정들을 참작하여 방위행위가 사회적으로 상당한 것

1) Roxin Ⅰ, § 15, RN 49; Schönke/Schröder, § 32, RN 37.

2) 김성돈, 289면; 김일수/서보학, 323면; 이재상, § 17, RN 12; 정성근/박광민, 225면; Jescheck/Weigend, 342면; Roxin Ⅰ, § 15, RN 27; Wessels/Beulke, RN 329.

이었다고 인정할 수 있는 것이어야 할 것인데, 피고인들이 사전에 판시와 같은 경위로 공모하여 범행을 준비하고, 술에 취하여 잠들어 있는 피해자의 양 팔을 눌러 꼼짝 못하게 한 후 피해자를 깨워 피해자가 제대로 반항할 수 없는 상태에서 식칼로 피해자의 심장을 찔러 살해한다는 것은, 당시의 상황에 비추어도 사회통념상 상당성을 인정하기가 어렵다고 하지 않을 수 없고, 피고인들의 범행의 동기나 목적을 참작하여도 그러하므로, 원심이 피고인들의 판시 행위가 정당방위에 해당한다거나 야간 기타 불안스러운 상태 하에서 공포, 경악, 흥분 또는 당황으로 인하여 그 정도를 초과한 경우에 해당한다는 피고인들의 주장을 배척한 조처도 정당하다."

— 이 판결은 세칭 의부(義父)살해사건에 관한 것이다. 판시 중 '피고인들의 이 사건 범행 당시 피고인의 신체나 자유 등에 대한 현재의 부당한 침해상태가 있었다고 볼 여지가 없는 것은 아니나'라고 언급한 부분은 이러한 사건에서 침해의 현재성을 인정할 수 있는 여지를 보여주고 있다.

(3) 부 당 한

㈎ 의 의

'不當'은 違法한 것을 가리킨다.[1] '정당방위'라는 용어상의 '정당'이라는 표현에 상대되는 의미로서 '부당'이라는 표현이 사용되었을 뿐이라고 생각된다. 그러므로 '부당'의 의미는 '위법'을 가리키는 것으로 보아 무방하다. 판례[2]에서도 마찬가지로 해석한다. 예를 들어, 현행범인의 요건이 갖추어지지 못한 상황에서 경찰관들이 동행을 거부하는 자를 체포하거나 강제로 연행하려고 하였다면 경찰관들의 행위는 위법한 즉 부당한 침해에 해당된다고 볼 것이므로 그 체포나 연행을 면하려고 반항하는 과정에서 경찰관에게 상해를 가한 행위는 정당방위에 해당된다.[3] 또한 참고인조사를 받는 줄 알고 검찰청에 자진 출석한 사람을 검사가 긴급체포의 요건을 갖추지 못하였음에도 실력으로 체포하려고 한 경우에도 그 행위는 위법한 침해에 해당되므로 변호사가 체포를 제지하는 과정에서 그 검사에게 상해를 가한 것은 정당방위에 해당한다.[4] 절도범으로 오인 받은 자가 야간에 군중들로부터 무차별 구타를 당한 경우

1) 同旨 : 손동권, §11, RN 17; 이재상, §17, RN 14.
'부당'을 '위법'보다 더 넓은 의미로 해석하는 견해(김성돈, 291면)도 있다.
2) 대판 2006. 4. 27, 2003도4735.
3) 대판 2000. 7. 4, 99도4341; 대판 2002. 5. 10, 2001도300.
4) 대판 2006. 9. 8, 2006도148.

그 오인한 군중들의 구타행위는 부당한 침해가 되므로 절도범으로 오인 받은 자가 자신을 방위하기 위하여 소지하고 있던 손톱깎기 칼을 휘둘러 타인에게 상해를 입힌 행위도 정당방위에 해당한다고 볼 것이다.[1]

침해행위 자체가 정당방위 또는 긴급피난에 해당될 때에는 그에 대한 정당방위는 부인되고, 그런 행위에 대해서는 경우에 따라 긴급피난으로 대응할 수 있을 뿐이다. 침해행위 자체가 정당방위 또는 긴급피난에 해당될 때에는 침해의 부당성이 부정되기 때문이다.

㈏ 요　건

위법성이 인정되기 위해서는 결과반가치뿐만 아니라 행위반가치도 갖추어야 함은 당연한 요청이다.[2]

부당한 침해인 이상 그것이 유책하게 이루어진 것임을 요하지 않는다. 따라서 심신미약자나 형사미성년자의 침해에 대하여도 정당방위는 가능하다.

'부당한 침해'는 객관적으로 존재함을 요한다. 따라서 부당한 침해가 없음에도 불구하고 있는 것으로 오인하여 타인의 법익을 침해한 때에는 오상방위가 된다.

㈐ 관련문제

1) 자초침해　방위자의 공격목적이나 책임 있는 사유에 의하여 도발된 自招侵害에 대하여는 정당방위를 인정할 수 없다. 가령 상대방을 고의로 격분시켜 그 침해행위가 행해지기를 기다려서 정당방위를 구실로 반격을 가하는 것과 같은 경우이다. 이 때에는 침해의 부당성이 인정되지 않기 때문이다. 물론 상당성요건도 인정되기 어렵다 할 것이다.

2) 동물에 의한 침해　動物에 의한 侵害는 위법한 침해가 아니므로 이에 대한 반격은 긴급피난으로 될 뿐이며 정당방위로는 되지 아니한다. 왜냐하면 위법성은 사람의 행위에 대해서만 논할 수 있기 때문이다. 그러나 동물에 의한 침해가 사람의 고의·과실에 의하여 야기된 경우에는 위법한 침해로 되며, 따라서 그에 대한 정당방위가 가능하게 된다. 여기서 그 방위행위가 긴급피난으로 파악되느냐 혹은 정당방위로 되느냐에 따라 상당성 등의

---

1) 대판 1970. 9. 17, 70도1473.

2) 박상기, 171면; Roxin Ⅰ, § 15, RN 14; Schönke/Schröder, § 32, RN 19.
결과반가치의 존재만으로 족하다고 보는 견해(오영근, § 19, RN 13; 이재상, § 17, RN 14)도 있다.

요건을 인정함에 있어서 차이가 생기므로 허용되는 범위가 달라지는 결과가 나타날 것이다.

(4) 침 해

'侵害'란 보호되는 법익에 대한 사람에 의한 공격 또는 그 위험을 의미한다. 하지만 동물의 침해라도 그것이 주인이나 관리인의 사주(使嗾)에 의해 야기된 때에는 그에 대한 정당방위가 가능하다. '침해'가 言語에 의해서도 행해질 수 있는지와 관련하여 명예훼손이나 모욕에 대한 정당방위가 성립되는지가 문제될 수 있지만, 이 경우에는 '정당방위의 성립요건'으로서의 '침해'는 인정되지 않는다고 봄이 타당하다. 그러므로 욕설을 가하는 사람에게 폭행을 한 경우에는 정당방위가 인정될 수 없다.[1)]

'침해'는 作爲뿐만 아니라 不作爲에 의해서도 가능하고,[2)] 고의행위·과실행위를 불문한다. 부작위에 의한 침해가 인정되기 위해서는 부작위자에게 작위의무가 인정되어야 하고, 작위의무의 불이행이 가벌적이어야 한다. 따라서 유아를 아사케 하려는 모친에게 협박을 가하여 수유케 하는 것도 정당방위로 인정될 수 있다. 퇴거불응자에 대한 강제퇴거행위도 그 퇴거불응이라는 부작위가 현재 계속되고 있는 한 현재의 '침해'에 해당되므로 그에 대한 방위행위로서 정당방위가 성립한다고 봄이 타당하다. 그러나 채무불이행과 같은 단순한 의무불이행은 가벌적인 것이 아니므로 부작위에 의한 침해에 해당되지 않는다. 침해는 가벌적인 것이어야 하지만, 반드시 형법상 구성요건에 해당하는 것일 필요는 없다. 그러므로 단순한 성희롱이나 과실재물손괴에 대해서도 정당방위는 가능하다고 본다.

2. 방위하기 위한 행위

'방위하기 위한 행위'는 정당방위의 성립요건에 있어서 두 번째인 '防衛行爲'를 의미한다.

---

1) 대판 1957. 5. 10, 4290형상73.

2) 박상기, 167면; 이재상, § 17, RN 9; Jescheck/Weigend, 339면; Roxin Ⅰ, § 15, RN 11.
독일 형법에서는 정당방위의 성립요건으로 '현재의 위법한 공격'을 규정하고 있으므로(동법 제32조 제2항 참조) '攻擊'(Angriff)은 개념상 '적극적 작위'에 의한 것임을 요한다고 해석하는 견해(Schönke/Schröder, § 32, RN 10)도 있다.

(1) 방위하기 위한

정당방위에 있어서 방위행위는 '防衛하기 爲한' 행위이어야 한다. 즉 방위행위자에게 방위하기 위하여 구성요건해당행위를 행한다는 防衛意思가 있어야 한다. 방위의사가 정당방위에 있어서 주관적 정당화요소이다.

(가) 방위의사의 내용

주관적 정당화요소로서의 방위의사의 존재가 인정되기 위해서는 정당방위상황에 관한 인식과 의사가 필요하다. 주관적 정당화요소는 불법고의를 상쇄하는 개념인 만큼, 고의의 개념요소인 인식과 의사가 주관적 정당화요소에 있어서도 모두 갖추어져야 한다고 보기 때문이다.

(나) 우연방위

偶然防衛란 정당방위상황은 존재하나 방위행위를 한 자에게 방위의사가 없는 경우를 가리킨다. 우연방위를 형법상 어떻게 취급할 것인지의 문제는 위법성조각사유가 인정되기 위해서 주관적 정당화요소의 존재가 요구되는지에 관한 논의와 표리(表裏)의 관계에 있다.

우연방위의 법적 효과에 관해서는 무죄설, 기수범설, 불능미수설 등의 견해가 대립하고 있다.

1) 무죄설 위법성조각사유가 인정되기 위해서 주관적 정당화요소의 존재가 요구되지 않는다고 보는 입장에서는 우연방위의 경우 방위행위자의 행위는 정당방위에 해당되어 무죄로 된다고 보게 된다.[1] 객관적 불법론 내지 결과반가치론의 입장이다.

그러나 이원적 인적 불법론의 입장에 선다면 불법의 판단에 있어서 행위자의 주관적 태도를 고려하지 않는다는 것은 수긍하기 어려운 설명이라고 볼 수밖에 없다.

2) 기수범설 정당방위의 성립을 위해 주관적 정당화요소의 존재가 요구된다고 보면 우연방위에 있어서 정당방위는 성립하지 아니하게 되고 따라서 행위자는 해당 범죄의 기수범으로 처벌받게 된다.[2]

그러나 이렇게 보게 되면 불법을 행위반가치만에 의하여 판단하는 순수한 주관적 불법론과 마찬가지의 결과가 되어, 이원적 인적 불법론에 비추어

1) 차용석, 앞의 책, 596면.
2) 이재상, § 17, RN 28.

수긍하기 어렵게 되는 결함이 드러나게 된다.

3) 불능미수설　정당방위의 성립을 위해 주관적 정당화요소의 존재를 요구하면서도 우연방위를 불능미수의 한 경우로 취급하여 그 원리에 따라 해결해야 한다고 보는 견해이다. 행위반가치는 존재하나 결과반가치는 존재하지 않는다는 점에서 우연방위는 불능미수와 그 불법의 구조와 성격상 동일하다는 점이 이 견해의 근거라고 할 수 있다. 우리나라[1)]와 독일[2)]의 다수설이다.

이 견해는 불능미수의 규정이 직접적용된다는 입장과 불능미수의 규정이 유추적용될 뿐이라는 입장으로 다시 나누어지지만, 해결의 결론에 있어서는 마찬가지라고 할 수 있다.

4) 결　어　우연방위와 불능미수는 불법의 구조에 있어서 동일하다고 볼 수는 없다. 불능미수에 있어서는 구성요건적 결과의 발생 자체가 없는 것이지만, 우연방위에 있어서는 구성요건적 결과는 엄연히 발생했으나 다만 정당방위상황으로 인하여 그 불법이 부정되는데 불과하기 때문이다. 양자에 있어서 모두 결과반가치는 부정되나 그 근거가 다른 것이다. 또한 불능미수의 요건인 '착오'의 의미는 우연방위에 있어서의 '착오'와 성격상 다르다고 보아야 한다. 그리고 우연방위에 있어서 행위자는 엄연히 구성요건적 고의를 갖고 그 결과를 발생시킨 것이므로 이 행위자를 '방위'행위자로 부르는 것도 부적절하다고 생각한다.

우연방위에 있어서 방위행위자의 행위는 기본적으로 해당 범죄의 既遂犯으로 처리되는 것이 타당하다고 생각한다. 하지만 어쨌든 우연방위에 있어선 결과반가치가 존재하지 않거나 감소되므로 두 반가치가 모두 존재하는 기수범 일반과 똑같이 다루어지는 것은 부당하며, 결과반가치의 부존재나 감소는 양형의 단계에서 고려될 수 있다고 생각한다. 현실의 사법(司法)에 있어서도 정당방위상황의 존재가 입증되기 어려울 것이므로 행위자는 기수범으로 처리될 여지가 크다고 할 것이다.

---

1) 김성돈, 281-282면; 김일수/서보학, 311면; 박상기, 151면; 손동권, § 10, RN 28; 신동운, 248면; 오영근, § 17, RN 58; 이정원, 152면; 임웅, 197면.

2) Jescheck/Weigend, 330면; Schönke/Schröder, Vor §§ 32, RN 15; Wessels/Beulke, RN 279.

(다) 싸 움

당사자 상호간에 서로 상대방에 대하여 불법의 침해행위를 하는 '싸움'에 있어서는 방위의사가 부정되는 것이 일반적이므로 정당방위가 원칙적으로 인정되지 않는다.[1] 판례[2]도 마찬가지 입장이다.

싸움의 구체적인 상황에 따라서는 방위의사는 인정되나 다만 상당성이 결여되어 과잉방위가 문제되는 경우도 있을 수 있다. 그리고 예기치 못한 흉기 등을 상대방이 사용한 경우처럼 예상을 벗어나는 침해행위가 있는 때나 일단 싸움이 중단된 상태에서 일방이 다시 불의의 공격을 가해온 경우[3] 또는 외관상으로는 싸움을 하는 것처럼 보이지만 실제로는 한쪽 당사자가 일방적으로 불법한 공격을 가하고 상대방은 그 공격으로부터 자신을 보호하고 방위하기 위하여 유형력을 행사한 경우[4] 등에 있어서는 일반원리에 따라 정당방위가 인정될 수 있을 것이다.

대판 1968. 5. 7, 68도370 "싸움을 함에 있어서 격투자의 행위는 서로 상대방에 대하여 공격을 함과 동시에 방어를 하는 것이므로 그 중 일방 당사자의 행위만을 부당한 침해라고 하고, 다른 당사자의 행위만을 정당방위에 해당하는 행위라고 할 수는 없을 것이나, 격투를 하는 자 중의 한 사람의 공격이 그 격투에서 당연히 예상할 수 있는 정도를 초과하여 살인의 흉기 등을 사용하여 온 경우에는 이는 역시 부당한 침해라고 아니할 수 없으므로 이에 대하여도 정당방위를 허용하여야 한다고 해석하여야 할 것이다."
— '싸움'에 있어서도 일정한 요건이 갖추어진 경우에는 일반원리에 따라 정당방위가 성립할 수 있다.

(2) 행 위

방위하기 위한 행위에는 침해에 대한 소극적인 방어인 保護防衛와 적극적인 반대공격에 의한 방어인 攻擊防衛가 포함된다. 정당방위는 원칙적으로 보호방위에 의해야 하며, 부득이한 예외적인 경우에 있어서만 공격방위가 허용된다고 할 것이다.

---

1) 이재상, § 17, RN 17; 임웅, 214면; 정성근/박광민, 227면.
2) 대판 1984. 1. 24, 83도1873; 대판 1993. 8. 24, 92도1329; 대판 2000. 3. 28, 2000도228.
3) 대판 1957. 3. 8, 4290형상18.
4) 대판 1999. 10. 12, 99도3377.

우리 판례[1]에서는 상대방의 부당한 행패를 저지하기 위한 본능적인 消極的 防禦行爲 또는 소극적 저항행위를 정당방위의 요건에 관한 심사 없이 正當行爲의 한 경우로 취급해오고 있다. 그러나 정당방위상황이 인정되는 경우에는 우선 정당방위로서의 위법성조각 여부를 검토하여야 할 것이다. 즉 설사 소극적 방어행위인 보호방위에 그친 경우라 하더라도 정당방위의 요건이 갖추어진 한은 정당행위가 아니라 정당방위에 해당하는 것으로 봄이 타당하다.

방위행위는 故意에 의해 행해짐이 통상적이지만, 방위행위 그 자체가 過失로 행해지는 경우도 있을 수 있다. 방위행위를 함에 있어서 과실로 과잉방위를 하거나, 과실로 제3자에게 침해를 가한 경우가 그것이다. 과실로 과잉방위를 한 예로는 오토바이 날치기범을 잡기 위하여 오토바이의 바퀴를 맞춘다고 총을 쏘았는데 그만 그 범인의 머리를 맞추어 치명상을 입힌 경우를 들 수 있고, 과실로 제3자에게 침해를 가한 예로는 그 경우에 있어서 총을 쏘았는데 오토바이를 맞추지 못하고 지나가던 행인을 맞춘 경우를 들 수 있다. 과실에 의한 정당방위에 있어서는 과실범의 불법구조에 비추어 주관적 정당화요소인 방위의사가 요구되지 않는다고 보는 견해[2]도 있다. 그러나 과실범의 불법도 행위반가치와 결과반가치를 모두 갖춘 경우에만 인정되는 것으로 봄이 오늘날의 일반적인 견해인 만큼, 과실범의 위법성조각에 있어서도 주관적 정당화요소는 필요하다고 봄이 타당하다. 적극적 방위의사까지 요구되지 않는다 하더라도 최소한 정당방위상황에 대한 인식 정도는 갖추고 있어야 한다고 생각한다.[3]

방위행위는 원칙적으로 침해행위자에 대하여 행해짐을 요한다. 물론 이 경우에 있어서도 제3자가 침해행위와 연관되어 있는 때에는 제3자 역시 침해행위자라고 볼 수 있으므로 정당방위의 대상이 되겠지만, 방위행위가 침해행위와 무관한 제3자에 대해 행해질 경우에는 그 제3자는 이에 대해 긴급피난으로 대응할 수 있다. 이 경우 제3자에 대한 침해가 방위행위자의 과실로 행해질 수도 있을 것이다.

---

1) 대판 1987. 10. 26, 87도464; 대판 1990. 3. 27, 90도292; 대판 1995. 8. 22, 95도936.

2) 이재상, §14, RN 34; R. Schmitt, "Subjektive Rechtfertigungselemente bei Fahrlässigkeitsdelikten?", *JS* 1963, 63면.

3) 同旨 : 박상기, 179면.

3. 상당한 이유

(1) 의 의

相當한 理由가 인정되기 위해서는 행위 당시의 사정에 비추어 방위행위가 객관적으로 상당한 것으로 판단되어야 한다. 방위행위가 상당한 것인지의 여부는 침해행위에 의해 침해되는 법익의 종류, 침해의 정도·방법, 침해행위의 완급과 방위행위에 의해 침해될 법익의 종류 등 일체의 구체적 사정을 참작하여 판단해야 한다.[1)]

(2) 내 용

상당한 이유, 즉 상당성의 존부를 판단하는 기준이 되는 요소로는 이론상 필요성·균형성·보충성·사회윤리적 적합성 등의 원리를 들 수 있다. 必要性의 原理는 방위행위가 법익의 보호를 위하여 필요한 수단으로 인정될 수 있는 것이어야 한다는 원리이다. 均衡性의 原理는 침해행위에 의해 침해되는 법익이 방위행위에 의해 침해되는 법익보다 크거나 같아야 한다는 원리이다. 補充性의 原理는 방위행위 이외에는 달리 그 법익을 보호할 방법이 없어야 한다는 원리이다. 社會倫理的 適合性의 原理란 방위행위의 수단이나 태양(態樣)이 사회윤리적으로 적합한 것이어야 한다는 원리이다.

정당방위는 '불법 대 법'의 관계에서 인정되는 위법성조각사유이며, 개인의 법익에 대한 보호뿐만 아니라 법질서의 수호를 위하여도 인정되는 것이므로, 긴급피난의 경우와는 달리, 보충성이나 균형성의 요건에 엄격히 구속되지 않는다. 즉 개념상으로는 긴급피난에 비하여 상대적으로 '과잉'행위로 인정되는 경우가 적다고 볼 수 있다. 방위행위가 그 수단이나 태양에 있어서 사회윤리적으로 적합한 것이고, 법익의 보호를 위하여 필요한 방법으로 인정될 수 있는 경우에는 상당성이 긍인된다고 할 것이다. 즉 정당방위에 있어서의 상당성은 개념상으로는 원칙적으로 必要性 정도의 의미로 이해되는 것이라고 할 수도 있다.

상당성요건을 규정하고 있지 않는 독일 형법에서는 법익의 보호를 위하여 '필요한' 경우에는 정당방위를 허용하고 있으므로(동법 제32조 제2항 참조) 명문상으로는 必要性의 原理를 요구하는데 그치고 있다. 독일에선 이와 같이

1) 대판 2003. 11. 13, 2003도3606; 대판 2006. 4. 27, 2003도4735.

필요성의 원칙에 기해 광범위하게 인정되는 정당방위권에 대하여 사회윤리적 제한의 이론에 의하여 제약을 가하고 있다.[1] 하지만 우리 형법에서는 '상당한 이유'를 규정하고 있는 만큼, 정당방위의 사회윤리적 제한의 문제를 상당성요건 속에 포괄하여 해결하는 것이 타당하다고 생각한다.[2] 우리 판례도 종래 같은 견지에서 상당성요건을 해석하여 정당방위의 성립범위를 비교적 좁게 인정해오고 있었다.

> 대판 1989. 8. 8, 89도358 "A와 B가 인적이 드문 심야에 혼자 귀가 중인 C女에게 뒤에서 느닷없이 달려들어 양팔을 붙잡고 어두운 골목길로 끌고 들어가 담벽에 쓰러뜨린 후 A가 음부를 만지며, 반항하는 C의 옆구리를 무릎으로 차고 억지로 키스를 하므로 C가 정조와 신체를 지키려는 일념에서 엉겁결에 A의 혀를 깨물어 舌切斷傷을 입혔다면 C의 범행은 자기의 신체에 대한 현재의 부당한 침해에서 벗어나려고 한 행위로서 그 행위에 이르게 된 경위와 그 목적 및 수단, 행위자의 의사 등 제반사정에 비추어 위법성이 결여된 행위이다."
> — 예전에 유사한 사건에서 대법원은 부녀의 행위를 정당방위로 인정하지 않았으나, 본 판례에서는 C의 행위를 정당방위로 봄으로써 정당방위권의 범위를 넓히고 있다.

'폭력행위 등 처벌에 관한 법률'에서 규정하고 있는 정당방위(동법 제8조 제1항)에 있어서는 '상당한 이유'가 명문상 요구되고 있지 아니하다.

(3) 정당방위의 사회윤리적 제한의 문제

정당방위의 근거에 관하여 독일에서는 전통적으로 자기보호의 원리가 인정되어 방위행위자의 법익을 방위하기 위한 경우에는 정당방위권이 상대적으로 넓게 허용되어 왔으나, 법질서수호의 원리가 차츰 등장하면서 그 경우에 있어서 정당방위의 허용범위가 제한되게 되었다. 즉 독일에서는 정당방위의 근거에 관한 논의를 토대로 하여 정당방위권 자체의 범위를 제한하는 관점에서 사회윤리적 제한의 문제가 다루어지고 있다. 형법의 명문규정상 요건이 갖추어졌다고 해서 바로 정당방위권을 긍인하게 되면 현실적으로 부당한 경우가 생겨날 여지가 많기 때문이다.

정당방위의 성부라는 법적 문제를 '社會倫理'라는 法外的 基準에 의해

1) Jescheck/Weigend, 344면; Schönke/Schröder, § 32, RN 43.
2) 同旨 : 임웅, 217-218면.

판단하게 되면 혹 사회적 가치나 윤리관념 사이에 충돌·갈등이 발생하는 경우에 있어서 그 판단의 기준을 잃게 된다. 또 한편으로는 형법의 윤리화를 초래하는 문제점을 갖고 있기 때문에 '정당방위의 사회윤리적 제한'의 문제는 '상당한 이유'(제21조 제 1 항)라는 법적 요건에 의해 해결함이 타당하다고 생각한다.[1)]

이런 관점에서 유아, 정신병자, 명정자(酩酊者) 등 책임능력 없는 자에 의한 침해나 부부, 부자(父子) 등의 가족관계에 있는 자에 의한 침해, 극히 경미한 정도의 침해에 대해서는 일반적인 경우에 있어서보다 정당방위의 허용범위가 좁아진다고 보게 된다. 상대방을 공격하려는 목적에 의하여 도발된 自招侵害에 대한 정당방위도 허용될 수 없게 된다.[2)] 침해행위가 야기된 데에 방위행위자의 책임이 인정되는 경우에도 그 방위행위의 허용범위는 그 책임의 정도에 따라 좁아질 수밖에 없을 것이다.[3)]

Ⅲ. 過剩防衛와 誤想防衛

1. 과잉방위

(1) 의 의

過剩防衛(Notwehrexzeß)는 방위행위가 정당방위의 다른 요건은 갖추었으나 그 정도를 초과하여 상당성을 결한 경우(제21조 제 2 항)를 말한다. 즉 과잉방위는 상당성을 결여하여 부당한 방위행위로 인정되는 경우이다.

(2) 성립요건

㈎ 정당방위상황, 방위행위, 방위의사

방위행위가 과잉방위로 되기 위해서도 정당방위상황과 방위행위, 방위의사의 요건은 갖추고 있어야 한다. 다만 '상당한 이유'가 인정되지 않아 '과잉' 방위행위로 평가되는 것일 뿐이다.

㈏ 과 잉

방위행위가 '過剩'인지의 여부는 상당성의 내용 중 특히 균형성과 관련

---

1) 同旨 : 박상기, 180면.
2) 김일수/서보학, 224면; 신동운, 262면; 이재상, § 17, RN 29; 이형국, 297면; 임웅, 224면; 정성근/박광민, 226면; 정영석, 138면.
3) 同旨 : 대판 2000. 3. 28, 2000도228.

하여 문제되는 경우가 많겠으나, 필요성이나 보충성도 과잉 여부를 판단하는 데 있어서 고려될 수 있다. 예컨대, 판례[1]상 아무런 이유 없이 집단구타를 당하게 된 사람이 더 이상 피하기 어려운 상황에서 이를 방어하기 위하여 곡괭이자루를 마구 휘두른 결과 공격행위자들 중 한 사람이 사망하고 다른 사람이 상해를 입은 경우에 과잉방위가 인정되고 있는데, 이는 과잉 여부를 판단함에 있어서 필요성과 보충성이 고려된 경우라고 할 수 있다.

(3) 효 과

과잉방위는 방위행위가 상당성을 결한 부당한 방위행위로서 위법성은 인정되는 것이므로 경우에 따라 행위자의 責任이 減輕될 뿐이다.[2] 즉 방위행위 당시의 情況에 의하여 책임이 감경되어 형을 감경 또는 면제할 수 있게 된다(제21조 제 2 항).

특히 방위행위가 夜間 기타 不安스러운 狀態下에서 공포, 경악, 흥분 또는 당황으로 인하여 행해진 때에는 책임이 조각되어 벌하지 아니한다(제21조 제 3 항). 이 경우 '공포, 경악, 흥분 또는 당황'은 '야간 기타 불안스러운 상태'로 인하여 야기된 이른바 心弱的 衝動에 해당하는 경우에만 책임조각사유로 기능하게 된다. 특히 '흥분'에 있어선 분노나 보복 또는 홧김 등의 다른 사유로 인하여 야기된 경우는 이에 해당되지 못한다고 볼 것이다.[3]

2. 오상방위

(1) 의 의

誤想防衛(Putativnotwehr)는 정당방위의 객관적 요건인 정당방위상황, 즉 '자기 또는 타인의 법익에 대한 현재의 부당한 침해'가 존재하지 않음에도 불구하고 방위행위자가 주관적으로 그것이 존재하는 것으로 오인하여 행하는 방위행위를 말한다. 정당방위의 주관적 요건인 방위의사만 있고, 객관적 요건인 정당방위상황은 존재하지 않는 경우이다. 방위행위자가 야간에 전보집배원을 자신을 공격하려는 강도로 오인하고 가격한 경우가 그 예이다.

정당방위에 있어서 정당방위상황과 방위행위에 대해서는 제대로 인식하

1) 대판 1985. 9. 10, 85도1370.
2) 김일수/서보학, 334면; 박상기, 188면; 배종대, 293면; 이재상, § 17, RN 33; 이형국, 303면; 임웅, 227면.
3) 同旨 : 박상기, 189면.

고 있고, '상당한 이유'의 존부에 관해서만 착오가 있는 경우는 순수한 금지착오에 해당한다.

(2) 처　리

오상방위는 정당방위에 해당하지 못하므로 행위의 위법성이 조각되지 아니한다. 이는 행위자가 자기 행위의 위법성을 인식하지 못한 경우로서 위법성조각사유의 전제사실에 관한 착오에 해당한다.

오상방위의 처리에 관해서는 위법성조각사유의 전제사실에 관한 착오의 해결을 위한 이론인 엄격책임설, 소극적 구성요건요소이론, 제한적 책임설 등이 각각 나름대로의 해결방안을 제시하고 있다.

嚴格責任說에서는 오상방위를 금지착오의 한 경우로 보아 그 원리에 따라 해결한다. 消極的 構成要件要素理論은 이를 구성요건착오로 취급하고 있다. 制限的 責任說에 따르면, 오상방위도 실질적인 면에서는 구성요건착오에 준하는 경우이므로 '오상'에 관한 행위자의 과실 유무에 따라서 과실범의 성부만이 문제된다고 보게 된다. 구성요건착오의 원리가 직접 적용되는 것은 아니고 유추적용된다고 보거나 또는 법효과만이 제한될 뿐이라고 보는 점에서 소극적 구성요건요소이론과 차이를 보이고 있다. 제한적 책임설이 오늘날 다수설의 입장이다.

(3) 오상과잉방위

(가) 의　의

誤想過剩防衛는 방위행위자가 존재하지 아니하는 정당방위상황을 존재하는 것으로 오인하고 방위행위를 함에 있어서 그 방위행위가 정도를 초과하여 상당성을 결한 경우를 가리킨다. 예컨대, 야간에 전보집배원을 강도로 오인하고 가격하면서 살해에까지 이른 경우가 그것이다. 이는 오상방위와 과잉방위의 요건이 모두 존재하는 경우이다.

(나) 법적 성격

오상과잉방위의 법적 성격에 관하여는 오상방위로 보는 견해와 과잉방위의 경우로 보는 견해가 대립하고 있다.

오상방위는 기본적으로 정당방위상황이 존재하지 않는 경우이므로 오상방위의 한 경우로 보아 오상방위의 원리에 따라 해결하는 것이 타당하다.[1)]

---

1) 박상기, 190면; 이재상, § 17, RN 37; 정성근/박광민, 239면.

㈐ 제21조 제 2 항, 제 3 항의 적용 여부

제21조 제 2 항, 제 3 항의 규정이 오상과잉방위에 대해서도 적용되는지에 관해서는 긍정설과 부정설이 대립되고 있다.

부정설[1]에서는 오상과잉방위의 경우에는 과잉방위에 비하여 '오상'의 책임이 있기도 하고 또 제21조 제 2 항, 제 3 항의 '방위행위', '전항의 경우'의 문언에는 명문상 오상방위는 해당시킬 수 없는 규정상 한계가 있으므로 제21조 제 2 항, 제 3 항의 규정은 과잉방위에 대해서만 적용하여야 한다고 보고 있다.

오상과잉방위에 있어서 오상방위의 원리에 의하여 가벌성이 인정되는 것으로 판단된 경우에는 다시 그 방위행위의 과잉 여부가 심사되어야 할 것이며, 이 심사의 결과 '과잉'이 인정되는 오상'과잉'방위의 경우에는 제21조 제 2 항, 제 3 항이 유추적용되어야 한다고 생각한다. 즉 긍정설[2]이 타당하다고 본다.

제 3 절 緊急避難

제22조 [긴급피난] ① 자기 또는 타인의 법익에 대한 현재의 위난을 피하기 위한 행위는 상당한 이유가 있는 때에는 벌하지 아니한다.
② 위난을 피하지 못할 책임이 있는 자에 대하여는 전항의 규정을 적용하지 아니한다.
③ 전조 제 2 항과 제 3 항의 규정은 본조에 준용한다.

Ⅰ. 意 義

緊急避難(Notstand)은 자기 또는 타인의 법익에 대한 현재의 위난을 피하기 위한 구성요건해당행위로서 상당한 이유 있는 행위를 가리킨다(제22조 제 1

1) 이재상, § 17, RN 37.
2) '오상'에 과실이 없는 경우에만 제21조 제 2 항, 제 3 항이 적용된다고 보는 견해(Schönke/Schröder, § 33, RN 9)도 있다.

항). 예컨대, 떠돌이 광견(狂犬)의 공격을 피하기 위하여 부득이 무단으로 타인의 주거에 침입한 경우가 그 예이다.

긴급피난도 正當防衛와 같이 긴급상태에서 행해지는 개인의 긴급구제행위의 하나이다. 다만 정당방위는 법익에 대한 현재의 부당한 침해를 방위하기 위하여 침해자에게 반격을 가하는 것으로서 '不正 대 正'의 관계에서 인정되는 위법성조각사유인 데 대하여, 긴급피난은 법익에 대한 현재의 위난을 피하기 위하여 그 위난의 발생원인의 正·不正과는 관계없이 타인의 법익을 침해하는 것으로서 '正 대 正'의 관계에서도 인정될 수 있는 위법성조각사유로 설명된다. 긴급피난도 正當行爲에 대해서는 특별법적 성격을 갖는 위법성조각사유라고 할 수 있다.

民法上 不法行爲에 대한 緊急避難도 위법성조각사유로 취급되고 있으나(민법 제761조 제2항), 민법상 긴급피난은 어디까지나 사인간 이해의 조정을 위한 장치로서의 성격을 갖는 것이므로 그 법적 성격과 성립요건, 인정범위 등에 있어서 형법상 긴급피난과 차이를 보인다.

Ⅱ. 本　質

긴급피난의 본질에 관하여는 위법성조각사유설, 책임조각사유설과 이분설 등이 대립하고 있다.

1. 위법성조각사유설

違法性阻却事由說은 긴급피난을 위법성조각사유로 취급하고 있다. 이 설에서는 긴급피난에는 법익균형의 원칙이 엄격히 적용되고 있고 또 법익균형의 범위 내에서 행하여진 행위만이 정당성을 가지므로 긴급피난을 위법성조각사유로 보는 것이 타당하다고 주장한다. 일본 형법의 태도이며, 우리나라 다수설[1])의 입장이다.

하지만 충돌하는 법익이 생명·신체와 같이 상호 교량이 곤란한 경우에는 법익균형의 원칙을 적용할 수 없다는 문제점을 안고 있다.

---

1) 유기천, 187면; 이재상, §18, RN 11; 정성근/박광민, 245면; 정영석, 132면; 조준현, 199면.

2. 책임조각사유설

責任阻却事由說은 긴급피난을 책임조각사유로 보고 있다. 즉 긴급피난은 긴급한 위난을 회피하기 위한 행위이지만 위난과 무관한 타인의 법익을 침해하는 것이므로 기본적으로 법률상 허용된다고는 볼 수 없고, 따라서 위법성은 갖지만 타인의 법익을 침해하지 않을 기대가능성이 인정되지 않는 경우에 있어서만 책임이 조각되는데 불과하다고 보는 견해이다. 현재 이 설을 취하는 학자는 없다고 볼 수 있다.

우리 형법상으로는 타인의 법익을 위한 긴급피난도 허용되고 있는데, 그런 경우를 책임조각사유로 취급하는 것은 무리라고 생각한다.

3. 이 분 설

二分說은 긴급피난을 위법성조각적 긴급피난과 책임조각적 긴급피난으로 나누어 취급하는 입장이다. 법익균형의 범위 내에서 긴급피난을 위법성조각사유로 보는 점에서는 위법성조각사유설과 이분설이 마찬가지이지만, 이분설은 책임조각적 긴급피난도 제22조에 포함시켜 해결하는데 반하여 위법성조각사유설에서는 책임조각적 긴급피난의 경우를 제22조의 적용범위에서 제외시킨다는 점에서 차이를 보이고 있다.

위법성조각적 긴급피난과 책임조각적 긴급피난의 구별기준과 관련하여 이분설은 다시 대상기준설과 법익기준설로 나뉜다.

(1) 대상기준설

對象基準說에서는 피난행위의 대상이 事物인 경우와 生命·身體인 경우로 나누어, 사물에 대한 긴급피난은 법익균형의 원칙에 의한 위법성조각사유가 되나, 생명·신체에 대한 긴급피난은 기대불가능성을 이유로 한 책임조각사유가 되는 데 불과하다고 보고 있다.[1)]

하지만 피난행위의 대상이 생명·신체인 경우라 하더라도, 그 보호하고자 하는 법익 역시 생명·신체이면서 피난행위의 대상보다 더 큰 가치의 법익인 경우, 예컨대 생명에 대한 위난을 피하기 위하여 타인의 신체를 침해한 때에는 법익균형의 원칙에 의해 위법성이 조각되는 것으로 보는 점이

---

1) 황산덕, 168-169면.

이 설의 문제점으로 지적될 수 있다. 이런 문제점은 보호하고자 하는 법익과 피난행위의 대상 모두가 사물인 경우에도 마찬가지로 나타난다. 즉 사물이라 하더라도 작은 가치의 사물을 보호하기 위하여 큰 가치의 사물에 대해 피난행위를 한 경우에는 위법성조각의 효과를 인정하기 어렵기 때문이다.

(2) 법익기준설

法益基準說에서는 보호하고자 하는 법익이 피난행위에 의해 침해된 법익보다 우월한 경우엔 위법성이 조각되고, 양 법익이 동가치이거나 피난행위에 의해 침해된 법익이 더 큰 경우에는 책임이 조각되는 것으로 다루고 있다.[1] 오늘날 이분설은 법익기준설을 가리키는 것으로 보는 것이 일반이다. 긴급피난을 명문으로 위법성조각의 경우와 책임조각의 경우로 나누어 규정하고 있는 독일 형법의 해석론을 따른 견해이다.

4. 검 토

이분설 중 법익기준설에서는 제22조 제 1 항의 '相當한 理由'의 개념 속에 위법성조각의 근거인 법익균형의 원칙과 책임조각의 사유인 기대불가능성이 모두 포함되어 있다고 보아 책임조각적 긴급피난과 '강요된 행위'(제12조)를 구별하고 있다.[2] 그러나 우리 형법에서는 '상당한 이유'를 정당방위, 자구행위 등의 성립요건으로도 취급하여 그것을 위법성조각의 원리로 채택하고 있는 만큼, 그 개념 속에 책임조각의 사유까지 포함시키는 것은 체계상 부적절한 해석이라고 생각한다. 또한 이분설의 논리에 따르면 정당방위, 자구행위 등의 다른 사유들도 역시 위법성조각의 경우와 책임조각의 경우로 나누어 해석할 수밖에 없는 문제점도 야기된다. 이분설에서 논하는 책임조각적 긴급피난의 경우는 '강요된 행위'나 기대불가능성을 이유로 한 초법규적 책임조각사유 등에 의하여 해결될 수 있다고 생각한다.

긴급피난의 성립요건으로 위법성판단의 요소인 '상당한 이유'를 규정하고 있는 우리 형법의 해석론으로는 違法性阻却事由說이 타당하다고 생각한

---

1) 김성돈, 308면; 김일수/서보학, 337면; 배종대, 307면; 신동운, 277면.
이원설 중에는 책임조각적 긴급피난은 제22조에 포함되지 못하므로 별도의 입법이 요구된다고 해석하는 견해(임웅, 231면)도 있다.

2) 김일수/서보학, 450면.

다. 판례[1])도 같은 입장이다.

Ⅲ. 成立要件

긴급피난이 성립하기 위하여서는 긴급피난상황으로서의 '자기 또는 타인의 법익에 대한 현재의 위난', 피난행위를 의미하는 '피하기 위한 행위' 그리고 '상당한 이유'의 세 가지 요건이 구비되어야 한다.

1. 자기 또는 타인의 법익에 대한 현재의 위난

'자기 또는 타인의 법익에 대한 현재의 위난'을 '緊急避難狀況'이라고 칭한다.

(1) 자기 또는 타인의 법익

'自己'란 피난행위자 자신을 말한다. '他人'은 자기 이외의 자로서 자연인, 법인, 법인 아닌 단체를 포함한다. 타인의 법익을 위한 긴급피난에 있어선 그 타인의 의사에 반하여서도 긴급피난이 성립될 수 있다고 본다.

'法益'은 법적으로 보호되는 이익을 가리키는 것으로서 보호의 필요성과 가치가 인정되는 것이어야 한다. 즉 법익의 주체가 자의에 기해 포기한 법익이나 적법하게 박탈된 법익은 긴급피난에 의해 보호될 수 없다. 생명, 신체, 자유, 명예, 정조, 재산 등 내용상 제한이 없다. 정당방위에 있어서와는 달리, 인격적·재산적 법익은 물론 사회적·국가적 법익도 포함된다고 생각한다.[2]) 사회적·국가적 법익에 대한 위난에 있어서도 피난행위가 상당한 이유를 갖는 한 긴급피난을 부정할 이유는 없다고 본다.

(2) 현 재 의

'現在의' 위난이란 그 위난이 발생한 상태이거나 또는 바로 발생할 것으로 예견되는 경우를 말한다. 실제로 법익침해가 아직 야기되지는 않았지만 법익침해에 실효성 있게 대처하기 위해서는 즉시 행동을 하여야 할 경우에도 위난의 현재성은 인정된다고 할 것이다.[3]) 위난이 이미 발생한 때에도 그

---

1) 대판 1987. 1. 20, 85도221.

2) 김성돈, 309면; 박상기, 193면; 손동권, §12, RN 12; 신동운, 278면; 이재상, §18, RN 14; 임웅, 233면; Schönke/Schröder, §34, RN 11; Wessels/Beulke, RN 300.

3) 이용식, "정당방위와 긴급피난의 몇 가지 요건", 형사판례연구 3, 1995, 92면.

것이 현재까지 지속되고 장래에도 계속될 염려가 있는 경우인 繼續的 危難(Dauergefahr)은 현재의 위난이 된다.[1] 건조물의 붕괴위험 같은 것이 그 예이다. 이런 점에서 긴급피난의 현재성은 정당방위의 현재성보다 넓은 의미라고 볼 수 있다.[2]

현재의 위난인지의 여부는 피난행위자의 주관에 의하여서가 아니라 객관적 관점에 입각하여 판단해야 한다.[3]

(3) 위 난

'危難'은 법익침해가 발생할 수 있는 개연성이 인정되는 상태를 의미한다. '위난'은 장래의 법익침해에 대한 예측을 내포한 개념이므로 현실적인 법익침해가 요구되는 것은 아니다.

'위난'의 원인은 사람의 행위이든 동물이나 천재지변 등 자연현상에 의한 것이든 묻지 않는다. 경제적 궁박상태도 위난이 될 수 있는지가 문제되나, 경제적 궁박 그 자체만으로는 위난이라고 보기 어렵다. 위난의 유무에 관한 판단은 객관적으로 행해져야 한다. 위난의 발생이 확실할 것을 요하지 않으며, 개연적인 것으로 족하다.

현재의 위난이 있으면 족하고, 그로 인한 침해가 부당한 침해일 것을 요하지 않는다. 危難이 不當한 때에는 정당방위에 의하여 방위할 수 있지만, 긴급피난을 하는 것도 가능하다. 하지만 현재의 위난이 부당한 경우에 있어서 피난행위를 정당방위로 취급하는 경우에 긴급피난으로 취급하는 경우에 있어서보다 '상당성'이 인정되는 범위가 다소 더 넓어질 것이며, 실제적인 판단에 있어서는 긴급피난보다는 정당방위의 원리에 입각하여 평가될 것으로 생각된다.

피난행위자가 스스로 위난을 야기한 自招危難에 있어서는 행위자가 처음부터 피난행위를 할 목적이나 고의를 갖고 위난을 야기한 경우에는 원칙적으로 긴급피난의 성립이 부정된다고 본다.[4] 그러나 위난의 야기에 대하여 반드시 행위자에게 책임이 없어야만 긴급피난이 성립되는 것은 아니며, 설사

1) 김성돈, 311면; 박상기, 194면; 손동권, §12, RN 13; 신동운, 279면; 이재상, §18, RN 15. 反旨 : 오영근, §20, RN 21.
2) 김성돈, 290면; 신동운, 279면.
3) Schönke/Schröder, §34, RN 14.
4) 유기천, 188면.

피난행위자에게 책임 있는 사유로 위난이 발생한 경우라 하더라도 상당한 이유가 인정되는 경우에는 긴급피난이 성립할 수 있다고 생각한다.[1] 행위자가 과실로 또는 과실도 없이 위난을 야기한 경우에는 당연히 긴급피난이 가능하다. 따라서 남의 개에게 돌을 던져 덤벼드는 것을 기다렸다가 일부러 사살하는 것은 긴급피난이 되지 않지만, 과실로 맹견의 다리를 밟아 달려드는 개의 공격을 피하기 위하여 부득이 그 개를 죽이는 것은 긴급피난이 된다고 할 것이다.

2. 피하기 위한 행위

'피하기 위한 행위'는 긴급피난의 성립요건에 있어서 두 번째인 '避難行爲'를 의미한다.

피난행위는 위난을 '피하기 위한' 행위이어야 한다. 즉 피난행위자는 피난의사를 가져야 한다. 避難意思라 함은 긴급피난상황에 대한 인식을 토대로 하여 피난의 목적을 추구한다는 의사를 말한다. 피난의사가 긴급피난에 있어서 주관적 정당화요소이다.

위난이 사람의 행위에 의해 야기된 경우라도 피난행위는 반드시 그 사람에 대하여서만 행해질 것을 요하지는 않는다. 위난야기자 아닌 제3자에 대하여 피난행위가 행해져 그 법익을 침해한 경우에도 긴급피난은 성립할 수 있다. 하지만 제3자에 대한 피난행위에 있어서는 위난야기자에 대한 피난행위의 경우보다 그 허용범위가 더 좁게 될 수밖에 없다고 생각한다. 피난행위는 소극적 방어피난에 국한되지 않고, 적극적 공격피난도 포함한다.

3. 상당한 이유

피난행위 당시의 사정에 비추어 볼 때, 피난행위를 한 것이 사회적으로 상당한 것이라고 인정되어야 한다. '상당한 이유'의 내용으로는 필요성, 균형성, 보충성, 사회윤리적 적합성 등의 원리를 들 수 있다.

정당방위와는 달리, 긴급피난은 이러한 제반 원리에 엄격하게 구속된다. 정당방위는 '부정 대 정'의 관계에서 인정되는 위법성조각사유인데 반하여,

---

1) 김성돈, 310면; 김일수/서보학, 344면; 배종대, 310면; 손동권, § 12, RN 16; 오영근, § 20, RN 23; 이재상, § 18, RN 17; 임웅, 233면; 조준현, 201면.

긴급피난은 '정 대 정'의 관계에서도 성립할 수 있는 것이므로, 긴급피난의 인정범위는 정당방위에 비하여 좁아질 수밖에 없는 것이다. 하지만 위법한 공격이 예상되는 위난의 경우에는 긴급피난의 상당한 이유의 요건이 완화된다고 보아야 한다.

(1) 필 요 성

必要性의 原理는 피난행위가 위난을 피하는데 있어서 필요한 수단이어야 한다는 요청이다. 이는 상당한 이유가 인정되기 위하여 1차적으로 요구되는 원리라고 할 수 있다.

필요성의 존부에 관한 판단은 사회통념에 토대하여 객관적으로 행해져야 한다.[1]

(2) 균 형 성

均衡性의 原理는 피난행위에 의해 보호되는 이익이 피난행위에 의해 침해되는 이익보다 본질적으로 우월해야 한다는 요청이다. 긴급피난의 법적 성격에 비추어 볼 때, 양 이익이 대등한 경우에는 긴급피난이 성립하지 못한다고 봄이 타당하다.[2]

이익의 교량에 있어선 충돌하는 이익뿐만 아니라, 이익에 대한 위험의 정도와 같은 피난행위 당시의 구체적 상황도 함께 고려하여야 한다. 일반적으로 인격적 이익은 재산적 이익보다 우월하며, 인격적 이익에 있어서도 생명·신체는 다른 이익보다 우월한 것으로 평가된다. 예를 들어, 의사가 어린 아이를 응급치료하기 위하여 부모의 친권을 무시한 경우에는 균형성의 원리가 지켜진 것으로 보아야 한다.[3] 하지만 피난행위 당시의 구체적 상황에 따라서는 공공의 안녕이나 재산을 지키기 위해 경미한 상해를 야기하는 경우에 긴급피난이 성립할 수도 있다. 그리고 '생명 대 생명', '신체 대 신체'의 관계에 있어서는 그 교량이 불가능하므로 위법성이 조각되지는 못하고, 기대불가능성을 근거로 한 책임의 조각이나 감경이 문제될 수 있을 뿐이다. 하지만 임부(姙婦)의 생명·신체를 보호하기 위하여 부득이 행해진 낙태에 있어서는

1) 대판 1987. 1. 20, 85도221.
2) 김일수/서보학, 341면; 배종대, 315면; 신동운, 281면; 이재상, § 18, RN 21; 임웅, 234면; 정성근/박광민, 251면.
反旨 : 정영석, 136면; 황산덕, 166면.
3) RGSt 74, 350.

긴급피난의 상당한 이유가 인정된다고 보아야 한다.

대판 1976. 7. 13, 75도1205 "임신의 지속이 모체의 건강을 해칠 우려가 현저할 뿐더러 기형아 내지 불구아를 출산할 가능성마저도 없지 않다는 판단하에 부득이 취하게 된 산부인과 의사의 낙태수술행위는 정당행위 내지 긴급피난에 해당되어 위법성이 없는 경우에 해당된다."

— 이 판례에서는 '정당행위 내지 긴급피난'이라는 표현이 사용되고 있다. 하지만 긴급피난은 일반적 위법성조각사유인 정당행위와의 관계에 있어서는 특별법규정으로서의 성격을 갖는 것이므로, 이러한 표현은 적절치 못하다고 하겠다. 위법성조각사유의 특별법규정인 '긴급피난'의 성립 여부에 관하여 먼저 적극적으로 검토한 후, 그 성립이 인정되지 않는 경우에 가서야 정당행위 여부가 논해져야 하는 것인데, 두 위법성조각사유 중 최소한 어느 하나에는 해당될 수 있다는 식의 편의적 판시는 적절치 못한 태도라고 생각한다. 낙태죄에 있어서 긴급피난이 인정되기 위해 요구되는 '상당한 이유'의 의미를 이 판례에서 볼 수가 있다.

(3) 보 충 성

補充性의 原理는 피난행위가 위난에 빠져 있는 법익을 보호하기 위하여 적합하고 유일한 수단임을 요한다는 요청이다. 그러므로 위난을 피할 수 있는 다른 수단이 존재할 때에는 긴급피난이 허용되지 않으며, 피난행위를 하는 경우에 있어서도 상대방에게 상대적으로 가장 경미한 피해를 입히는 방법을 선택하여야 한다.[1] 그러므로 예를 들어 광견이 달려들어 피해야 하는 상황에서 길 옆 가게의 문을 열고 들어가기만 해도 피할 수 있는 경우인데 남의 집 대문을 부수고 들어갔을 때에는 보충성이 결여됨으로 인하여 상당성이 인정되지 못하게 되어 과잉피난으로 처리되는 것이다.[2] 하지만 편도(偏道) 1차선 도로에서 빗길에 제한속도 내의 속도로 자동차를 운행하다가 우회전하면서 전방에 정차해 있는 버스를 발견하고 급제동하였으나 비로 노면이 미끄러워 중앙선을 넘어 미끄러진 것이라면 위난을 피하기 위한 유일한 수단을 택한 것으로서 보충성이 인정되어 중앙선침범행위의 위법성이 조각된다고 봄이 타당하다.[3]

---

1) 이재상, §18, RN 20; 이형국, 318면.
2) 이 경우에는 보충성 외에 필요성, 사회윤리적 적합성도 결여된다고 볼 수 있다.
3) 대판 1990. 5. 8, 90도606.

(4) 사회윤리적 적합성

社會倫理的 適合性의 原理라 함은 긴급피난에 있어서 상당한 이유가 인정되기 위해서는 피난행위가 그 실질적 내용에 있어서도 사회윤리적으로 적합한 것이어야 한다는 요청이다. '상당한 이유'의 한 내용으로 이 원리가 갖추어져야 한다고 봄이 다수설[1]이다. 즉 위난을 피하기 위해 필요한 유일한 방법이라 하더라도 그 수단이 內容上 適切한 것이어야 하고, 위난을 피하기 위한 법적 절차가 마련되어 있는 경우에는 피난행위는 그 法的 節次에 따라서 행해져야 한다. 또한 여러 가지 가능한 수단 중에서 상대방에게 가장 적은 피해를 주는 수단이어야 한다.

예를 들어, 긴급히 수혈(輸血)해야 할 희귀혈액형의 중환자를 위하여 같은 혈액형의 제 3 자에게서 강제로 채혈하는 것은 설사 그 제 3 자의 건강에 위해가 없다 하더라도 자기 신체에 관한 의사결정권은 인간의 존엄성의 기초가 되는 가치라는 점에 비추어 적합한 피난행위에 해당될 수 없다고 할 것이다.[2] 강간범행 도중에 부녀가 강간범의 손가락을 깨물며 반항하자 강간범이 자기 손가락을 빼내는 과정에서 부녀에게 치아결손의 상해를 입힌 경우에 있어서 치아결손의 상해[3]나 무고(無辜)하게 구속된 피의자를 석방시키기 위하여 그로 하여금 도주하도록 변호인이 도와주는 것도 법적 절차를 위배한 것으로서 사회윤리적으로 적합한 피난행위가 될 수 없다. 하지만 피조개양식장 부근에 정박(碇泊)해놓은 선박이 태풍에 밀려 양식장에 피해를 입힌 경우에 선박의 정박방식이 태풍에 대비한 것으로 사회통념상 적절하고 필요한 것으로 인정되면 비용이나 절차상의 문제로 다른 수역으로 미리 이동하지 못한 경우에 있어서도 긴급피난은 인정된다고 본다.[4]

---

1) 김성돈, 316면; 손동권, §12, RN 22; 신동운, 283면; 오영근, §20, RN 35; 유기천, 190면; 이재상, §18, RN 25; 이형국, 320면; 임웅, 235면; 정성근/박광민, 301면; Roxin Ⅰ, §16, RN 84.
사회윤리적 적합성의 원리를 균형성의 원리에 포함시켜 이해하는 견해(박상기, 197면)도 있다.

2) 손동권, §12, RN 22; 이재상, §18, RN 25.
異旨 : 김성돈, 317면.

3) 대판 1995. 1. 12, 94도2781.

4) 대판 1987. 1. 20, 85도221.

Ⅳ. 效　果

긴급피난이 성립하면 피난행위는 벌하지 아니한다(제22조 제 1 항).

'벌하지 아니한다'는 것은 위법성이 조각되어 무죄로 된다는 의미이다.

위난을 피하지 못할 특별한 책임을 지는 자에게는 긴급피난이 허용되지 않는다(제22조 제 2 항). 즉 군인, 선원, 공무원, 의사, 소방관, 경찰관 등이 직무를 수행함에 있어서 직무상 당연히 일정한 위난을 감수해야 하는 경우에는 그 위난에 대하여 긴급피난을 할 수 없다. 즉 이 경우에는 통상의 긴급피난에 비하여 상당성이 더 엄격하게 해석되어 피난행위가 좁은 범위에서만 인정되는 것이라고 할 수 있다. 하지만 그렇게 감수해야 할 범위를 넘는 위난에 대해서는 이들도 당연히 긴급피난을 할 수 있는 것이다. 따라서 예컨대 소방관이 진화작업을 하다가 건물붕괴의 위험이 있어 부득이 옆의 집 담을 부수고 피한 경우에는 긴급피난이 인정된다고 볼 것이다.

Ⅴ. 過剩避難과 誤想避難

1. 과잉피난

(1) 의　의

過剩避難은 피난행위가 필요성·균형성·보충성·사회윤리적 적합성 등의 원칙에 위배하여 상당성을 결한 경우이다. 예컨대, 위난을 피하기 위한 다른 방도가 있었다든가 또는 작은 법익을 위하여 큰 법익을 침해한 경우를 가리킨다.

(2) 효　과

과잉피난은 피난행위의 상당성이 인정되지 못하는 경우이므로, 그 피난행위는 위법하고 다만 정황에 의하여 행위자의 책임이 감경 또는 조각될 수 있을 뿐이다. 즉 과잉피난의 행위는 책임이 감경되어 형을 감경 또는 면제할 수 있다(제22조 제 3 항, 제21조 제 2 항). 특히 야간 기타 불안스러운 상태하에서 공포, 경악, 흥분 또는 당황으로 인하여 피난행위가 행해진 때에는 책임이 조각되어 벌하지 아니한다(제22조 제 3 항, 제21조 제 3 항).

2. 오상피난

(1) 의 의

誤想避難은 긴급피난의 객관적 요건인 긴급피난상황, 즉 '자기 또는 타인의 법익에 대한 현재의 위난'이 존재하지 않음에도 불구하고 피난행위자가 주관적으로 그것이 존재한다고 오신하여 피난행위로 나아간 경우를 말한다. 예컨대, 현재의 위난이 존재하지 아니하는 상황인데도 불구하고 존재한다고 오신하여 피난행위로 나아간 경우이다.

(2) 효 과

오상피난은 긴급피난이 아니므로 위법성이 조각되지 아니한다. 이는 행위자가 자기 행위의 위법성을 인식하지 못한 경우로서 위법성조각사유의 전제사실에 관한 착오에 해당된다. 오상방위에 준하여 해결해야 한다. 다수설의 입장인 제한적 책임설에 따르면 구성요건착오에 준하여 '오상'에 관한 행위자의 과실 유무에 따라 과실범의 성립 여부만이 문제된다. 긴급피난에 있어서도 '상당한 이유'의 존부에 관해서만 착오가 있는 경우는 순수한 금지착오에 해당한다.

오상과잉피난도 오상과잉방위에 준하여 해결함이 옳다고 본다.

Ⅵ. 關聯問題

1. 긴급피난에 대한 긴급피난·정당방위

긴급피난을 위법성조각사유로 보면 긴급피난은 적법한 행위이고, 이에 대해 피난행위의 상대방이 다시 긴급피난을 할 수는 있다. 정당방위행위에 대해 다시 정당방위를 할 수 없는 것과 구별된다. 정당방위는 '부정 대 정'의 관계에서만 인정되는 것이므로 그 자체로서 '정'에 해당하는 정당방위에 대해서는 다시 정당방위를 할 수 없기 때문이다. 그러나 정당방위행위에 대해 상대방이 긴급피난을 할 수는 있다고 보아야 한다.

긴급피난행위에 대한 정당방위는 불가능하다. 긴급피난은 '부당한' 침해에 해당되지 않기 때문이다.

2. 의무충돌

(1) 의 의

義務衝突(Pflichtenkollision)이라 함은 상충되는 둘 이상의 작위의무 또는 작위의무와 부작위의무가 동시에 존재하고 있을 경우, 그 중 하나의 의무를 이행하기 위하여는 다른 의무를 포기하는 외에 달리 방도가 없는 긴급상태 하에서 다른 의무를 이행하지 아니하고 그 중 하나의 의무를 이행하여 결국 구성요건을 충족시킨 경우를 가리킨다. 둘 이상의 작위의무가 충돌하는 경우에만 의무충돌을 인정하는 것이 다수설[1]의 견해이지만, 작위의무와 부작위의무가 충돌한 경우도 이에 포함시킴이 타당하다고 생각한다.[2]

예컨대, 친권자인 아버지가 익사하려는 두 아들 중 한 명을 구조하기 위하여 다른 아들을 방치한 결과 익사에 이르게 한 경우나 한 대의 인공심폐기만 보유하고 있는 병원에서 여러 명의 긴급한 중환자들 중 어느 한 사람만을 치료할 수밖에 없어 다른 환자를 사망에 이르게 한 경우 등이 의무충돌에 해당한다.

(2) 법적 성격

의무충돌의 법적 성격에 관해서는, 그것을 긴급피난의 한 경우로 보아 위법성이 조각되는 것으로 이해하는 견해[3]와 정당행위의 한 경우인 사회상규에 위배되지 않는 행위로 취급하는 견해,[4] 초법규적 위법성조각사유로 보는 견해[5] 등이 대립되고 있다.

의무충돌과 긴급피난은 몇 가지 공통점을 보이고 있다. 즉 두 사유가 모두 긴급상황에서 문제되는 것이며 또 긴급피난의 요건인 '현재의 위난'이 의무충돌의 상황에서도 인정된다. 그리고 '의무'의 충돌은 뒤집어 보면 긴급피난에서와 마찬가지로 '법익'의 충돌로 이해될 수 있다. 의무충돌에서는 그 위난의 원인이 법적 의무의 충돌이어야 한다는 점, 긴급피난에서는 피난자에게

---

1) 김일수/서보학, 380면; 배종대, 325면; 정성근/박광민, 258면.
2) 박재윤, "의무의 충돌", 고시계 1976. 7, 36면; 이형국, 339면; Jescheck/Weigend, 328면.
3) 배종대, 325면; 신동운, 284면; 이재상, § 18, RN 37; 이형국, 345면; 정성근/박광민, 256면; Roxin Ⅰ, § 16, RN 105; Schönke/Schröder, § 34, RN 37.
4) 김일수/서보학, 381면; 임웅, 238면; 황산덕, 152면.
5) 손해목, 형법총론, 1996, 502면.

피난의 의무가 반드시 요구되는 것은 아니라는 점, 의무충돌에서는 의무불이행이라는 부작위가 문제된다는 점 등이 양자의 차이점으로 지적되고도 있으나, 그러한 점들은 양자의 법적 성격을 본질적으로 구별 짓지는 못하는 부수적인 차이점들이라고 생각한다. 즉 의무충돌은 緊急避難의 한 경우로 봄이 타당하다고 생각한다.

긴급피난의 한 경우로 보게 되면, 일반적 위법성조각사유로서의 정당행위는 고려될 필요가 없다. 또한 우리 형법에는 명문으로 일반적 위법성조각사유로서의 '정당행위'가 규정되고 있는 만큼, 의무충돌을 '초법규적' 위법성조각사유로 파악할 필요성은 없다고 본다.

(3) 처 리

관련된 법익들 사이에 輕重의 차이가 있는 경우에 그 중 큰 법익을 보호하기 위하여 작은 법익을 희생시킨 의무충돌의 경우뿐만 아니라, 同種이나 同價値의 법익 중 하나를 부득이 희생시킨 의무충돌의 문제도 긴급피난의 법리에 따라 위법성이 조각되는 것으로 볼 수 있다.[1] 그 이외의 의무충돌의 경우에는 행위자의 책임이 조각되거나 감경될 수 있을 뿐이다.

법익의 경중이 원칙적인 판단의 기준이 되지만, 경우에 따라서는 의무충돌의 상황을 야기한 자의 책임이나 위난에 처한 자와 의무자 사이의 구체적인 관계 등도 고려의 대상이 될 수 있다고 생각한다.[2]

제4절 自救行爲

第23조 [자구행위] ① 법정절차에 의하여 청구권을 보전하기 불능한 경우에 그 청구권의 실행불능 또는 현저한 실행곤란을 피하기 위한 행위는 상당한 이유가 있는 때에는 벌하지 아니한다.

② 전항의 행위가 그 정도를 초과한 때에는 정황에 의하여 형을 감경 또는 면

---

1) 김일수/서보학, 381면; 박상기, 203면; 신동운, 285면; 이재상, § 18, RN 43; 이형국, 334면; 정성근/박광민, 259면.

이 경우에는 위법성은 인정되고 행위자의 책임만이 조각될 수 있다고 보는 견해(배종대, 329면; Jescheck/Weigend, 329면)도 있다.

2) 임웅, 239면; Schönke/Schröder, Vor §§ 32, RN 74, 75.

제할 수 있다.

Ⅰ. 意 義

자구행위라 함은 광의로는 권리자가 침해된 자기의 권리를 부득이한 상황에서 자력으로 구제 또는 보전하는 것을 널리 가리킨다. 형법상 위법성조각사유로서의 自救行爲(Selbsthilfe)는 법정절차에 의하여 청구권을 보전하기 불능한 경우에 그 청구권의 실행불능 또는 현저한 실행곤란을 피하기 위한 행위로서 상당한 이유가 인정되는 경우를 말한다(제23조 제1항).

형법상 자구행위는 적시에 국가기관에 의한 효과적인 권리보호를 받을 수 없는 긴급상태 하에서는 권리자가 자력으로 자기의 권리를 구제·보전할 수 있도록 하는 것이 정의의 이념에 부합하는 것이라는 취지에서 인정된 제도이다.

형법상 자구행위는 民法上 自力救濟(민법 제209조)와 같은 취지를 갖는다. 하지만 민법상 자력구제는 사인간의 이해의 조정을 위한 제도라는 점에서 형법상 자구행위와는 법적 성격과 요건·효과 등을 달리한다.

Ⅱ. 法的 性格

자구행위의 법적 성격은 정당방위, 긴급피난과의 구별을 통하여 명확히 드러난다. 자구행위는 正當防衛와 마찬가지로 부당한 침해에 대해 행해지는 긴급행위로서 '不正 대 正'의 관계에서 인정되는 위법성조각사유이다. 하지만 정당방위가 현재의 침해를 피하기 위한 사전적 구제행위임에 대하여, 자구행위는 침해가 발생된 이후에 행해지는 사후적 구제행위인 점에서 양자는 차이를 보인다. 緊急避難은 사전적 구제행위이며, '정 대 정'의 관계에서 인정되는 사유란 점에서 자구행위와 구별된다. 또한 정당방위와 긴급피난은 타인의 법익을 보호하기 위해서도 인정되지만, 자구행위는 행위자 자신의 청구권의 보전을 위해서만 인정된다.

국가기관에 의한 재판제도가 확립된 현대의 법치국가에서는 자력구제는 원칙적으로 부정된다. 그러나 재판제도에 의한 권리의 회복이 불가능한 경우에는 예외적으로 자력구제가 법률상 허용되어야 한다. 따라서 자구행위는 私人이 예외적으로 國家機關의 代理者로서의 역할을 하는 경우라고 볼 수 있다.

형법상 자구행위에 관한 규정을 두고 있지 않은 독일에서는 이를 초법규적 위법성조각사유로 파악하는 것이 일반적 견해[1]이다. 일본 형법도 자구행위에 관한 규정을 두고 있지 않아 민법상 자력구제에 해당하는 행위는 형법상 정당행위로 파악하고, 그 외의 자구행위는 초법규적 위법성조각사유로 취급하고 있다.

Ⅲ. 成立要件

자구행위의 성립요건은 자구행위상황으로서의 '법정절차에 의하여 청구권을 보전하기 불능할 것', 자구행위인 '청구권의 실행불능 또는 현저한 실행곤란을 피하기 위한 행위', '상당한 이유'의 세 가지이다.

1. 법정절차에 의하여 청구권을 보전하기 불능할 것

'법정절차에 의하여 청구권을 보전하기 불능할 것'은 '自救行爲狀況'을 의미한다.

(1) 청 구 권

'請求權'이란 타인에게 일정한 행위를 요구할 수 있는 사법(私法)상의 권리를 의미한다. 채권적 청구권, 물권적 청구권을 포함하는 재산권적 청구권 외에 무체재산권이나 가족권 등에 기한 청구권도 포함한다. 채권적 청구권은 본래 의미의 채권을 가리키며, 물권적 청구권에는 점유보호청구권(민법 제204조 내지 제206조)이나 소유물반환청구권(민법 제213조) 등이 있다. 민법상 점유자의 자력구제(동법 제209조)는 형법상으로는 '법령에 의한 행위'로서 정당행위에 해당하지만, 점유자는 자신의 점유보호청구권을 보전하기 위하여 형법상 자구행위도 할 수 있다. 가족권에 기한 청구권으로는 혼인외(婚姻外)출생자의 인지청구권(민법 제863, 864조), 부부간의 동거청구권(민법 제826조), 상속재산분리청구권(민법 제1045조) 등을 들 수 있다. 자구행위에 있어서 '청구권'을 재산권

---

1) Welzel, 93면; Wessels/Beulke, RN 357.

적 청구권에 국한시킬 이유는 없다고 생각한다.[1)]

'청구권'은 보전이 가능한 것이어야 한다. 그러므로 한번 침해되면 원상회복이 어려운 생명·신체·자유·정조·명예[2)] 등과 같은 인격적 법익에 관한 침해회복청구권은 여기에 포함될 수 없을 것이다. 그러나 그 침해에 기한 손해배상청구권은 자구행위의 적용대상에 포함된다고 보아야 한다.

'청구권'은 자구행위자 자신의 청구권임을 요한다. 그러므로 타인의 청구권을 위한 자구행위는 허용되지 않는다. 타인의 청구권을 위한 구제행위는 구제행위자가 청구권자로부터 구제행위의 실행을 위임 받은 경우에만 자구행위에 해당될 수 있을 것이며,[3)] 그 이외의 경우에는 긴급피난이 성립할 수 있을 뿐이다.

(2) 침 해

㈎ 의 의

청구권에 대한 '侵害'는 그 개념상 당연히 '불법한' 침해를 가리킨다고 보아야 한다.[4)] 법정절차에 의한 구제는 불법한 침해에 대해서만 가능한 것이기 때문이다.

자구행위는 정당방위와 같이 '부정 대 정'의 관계에서 인정되는 위법성조각사유라 할 수 있다. 그러나 정당방위가 현재의 침해를 요건으로 함에 대하여 자구행위는 과거의 침해에 대해서만 가능하다. 구제행위가 자구행위나 정당방위 중 어느 사유에 해당되는 것인지는 '상당한 이유'를 판단함에 있어서도 차이를 가져온다. 정당방위에 있어서 '상당한 이유'의 의미는 자구행위에 있어서보다 다소 더 넓게 해석된다고 하겠다.

㈏ 절도의 피해

절도의 범행 현장에서 절도범을 추격하여 붙잡아 물건을 되찾는 행위는 정당방위에 해당한다고 본다.[5)] 절도가 기수에 이른 후라도 법익침해가 계속되고 있는 상태에 있어서는 '현재의 침해'라고 보아야 하기 때문이다. 이 때

1) 박상기, 204면; 배종대, 333면; 이재상, §19, RN 8; 이형국, 350면; 정성근/박광민, 265면. 反旨 : 임웅, 242면; 정영석, 139면.
2) 대판 1969. 12. 30, 69도2138.
3) 김성돈, 320면; 박상기, 204면; 이재상, §19, RN 9; 이형국, 351면.
4) 김성돈, 320면; 이재상, §19, RN 11. 反旨 : 오영근, §21, RN 4.
5) 배종대, 333면; 신동운, 257면; 이재상, §19, RN 12; 임웅, 244면.

에도 탈환행위자에게 절도죄 또는 강도죄의 고의와 불법영득의사가 존재하지 않는 경우에는 아예 절도죄 또는 강도죄의 구성요건해당성 자체가 조각된다고 할 것이다.[1] 하지만 범행 후 수일이 지난 후에 우연히 절도범을 만나 그가 가지고 가는 도난물을 탈환하는 행위는 자구행위에 해당한다.[2] 침해행위는 이미 종료된 후 침해상태만이 존재하기 때문이다.

절도의 피해에 있어서는 탈환행위 자체뿐만 아니라 탈환과정에서 부득이 수반되는 절도범에 대한 폭행·협박이나 체포 등의 행위도 자구행위에 포괄되는 것으로 볼 수 있다.[3] 竊盜犯의 逮捕는 절도범이 현행범인이나 준현행범인(형사소송법 제211조)에 해당되면 '법령에 의한 행위'로서 정당행위에 해당될 수도 있지만, 자구행위와 정당행위도 특별법과 일반법의 관계에 있으므로 특별법규정인 자구행위의 규정이 적용되는 것으로 보아야 한다. 절도범이 현행범인이나 준현행범인이 아닌 때에는 그 체포에 대해서 자구행위만 성립할 뿐이다.

㈐ 부작위에 의한 침해

不作爲에 의한 侵害에 대해서도 자구행위가 가능하다고 본다.[4] 하지만 자구행위에 있어서는 어디까지나 그 '침해'가 이미 종료된 것이어야 하므로, 현재 계속되고 있는 부작위에 의한 침해에 대해선 정당방위나 긴급피난이 성립할 수 있을 뿐이라고 생각한다. 그러므로 현재의 퇴거불응자에 대한 강제퇴거행위는 자구행위가 아니라 정당방위로 보아야 한다.[5]

(3) 법정절차에 의한 보전의 불능

㈎ 법정절차

청구권을 보전하는 '法定節次'라 함은 국가기관에 의한 권리구제절차를 의미한다. 통상 민사집행법상의 가압류·가처분 등의 보전절차가 이에 해당되지만, 반드시 재판상의 절차에 국한되지는 않는다. 즉 검찰·경찰 등의 기관에 의한 구제절차나 행정청의 허가에 기한 집행도 이에 포함될 수가 있

1) 同旨: 김일수/서보학, 352면.
2) 손동권, §13, RN 6; 이재상, §19, RN 12.
3) 물론 탈환행위가 정당방위에 해당하는 경우에는 폭행·협박의 행위도 정당방위에 포괄되는 것으로 보아야 할 것이다.
4) 同旨: 김성돈, 321면; 유기천, 179면.
5) 김일수/서보학, 353면; 배종대, 333면; 이재상, §19, RN 13; 정성근/박광민, 267면; 정영석, 137면.

다.[1] 그러므로 무단으로 암장(暗葬)된 타인의 분묘라 하더라도 당국의 허가 없이 임의로 이를 발굴하여 개장(改葬)하는 토지소유자의 행위는 자구행위에 해당되지 못한다.[2]

(나) 보전의 불능

'保全의 不能'이란 장소 또는 시간상의 이유로 공적 구제를 강구할 여유가 없는 긴급한 상황을 가리킨다. 채무자가 해외로 도망하는 경우와 같이 후일에 司法的·公的 手段에 의하더라도 그 실효를 거두지 못할 긴급한 사정이 있는 경우를 말한다. 이 점이 자구행위에 있어서 補充性의 原理에 해당한다. 따라서 채무자에 대해서도 이런 긴급한 상황이 인정될 때에만 체포 등 자구행위가 허용되는 것이며, 채무자가 도주하기 위하여 소유부동산을 처분하였다는 것만으로는 자구행위가 인정될 수 없다. 그러므로 채무자가 자신의 유일한 재산인 가옥을 팔고 그 대금을 받은 즉시 멀리 떠나려고 하자 채권자가 강제로 채권을 추심(推尋)한 경우는 자구행위에 해당될 수 없다고 본다.[3] 또한 채무자가 물품대금을 갚지 않은 채 가게를 폐쇄하고 도주한 경우에 있어서 채권자가 임의로 야간에 그 가게의 문을 뜯어내고 채무자 소유의 물건을 갖고 온 행위[4]나 채무자가 부도를 낸 후 도피한 상태에서 다른 채권자들보다 우선적으로 채권확보를 하기 위해 채무자 가게의 시정(施錠)장치를 쇠톱으로 절단하고 물건을 취거해간 경우,[5] 자기 소유 토지상에 도로가 무단으로 확장 개설되어 그대로 방치할 경우 불특정 다수인이 통행할 우려가 있다는 사정만으로 이미 불특정 다수인이 통행하고 있는 통로에 구덩이를 판 경우,[6] 인근 상가의 통행로로 이용되고 있는 토지의 소유자의 대리인이 그 토지에 철주와 철망을 설치하고 포장된 아스팔트를 걷어낸 행위[7] 등도 역시 자구행위에 해당될 수 없다.

가옥이나 토지 등 不動産의 占有에 관한 請求權은 보전불능한 경우를 생각하기 어렵다. 그러므로 가옥명도나 토지반환 등 부동산에 대한 점유회복

1) 손동권, §13, RN 8; 오영근, §21, RN 17; 이재상, §19, RN 15.
2) 대판 1976. 10. 29, 76도2828.
3) 대판 1966. 7. 26, 66도469.
4) 대판 1984. 12. 26, 84도2582, 84감도397.
5) 대판 2006. 3. 24, 2005도8081.
6) 대판 2007. 3. 15, 2006도9418.
7) 대판 2007. 12. 28, 2007도7717.

청구권을 위한 자구행위는 인정될 수 없다.[1] 부동산은 이동이 불가능하기 때문이다.

대판 1980. 11. 25, 79도2565 "피고인 등이 비료를 매수하여 시비(施肥)한 결과 딸기 묘목 또는 사과나무 묘목이 고사하자 그 비료를 생산한 회사에게 손해배상을 요구하면서 사장 이하 간부들에게 욕설을 하거나 응접탁자 등을 들었다 놓았다 하거나 현수막을 만들어 보이면서 시위를 할 듯 한 태도를 보이는 등 하였다 하여도 이는 손해배상청구권에 기한 것으로서 그 방법이 사회통념상 인용된 범위를 일탈한 것이라고 단정하기 어려우므로 공갈 및 공갈미수의 죄책을 인정할 수 없다."

— 이 사안에서는 해당 행위가 청구권에 기한 것이기는 하지만, 법정절차에 의한 청구권의 보전이 불능한 경우로 인정되지는 못하였기 때문에, 피고인의 행위가 '자구행위'로서 위법성이 조각된 것은 아니고 '정당행위'에 해당하여 처벌되지 아니한 것으로 보아야겠다.

2. 청구권의 실행불능 또는 현저한 실행곤란을 피하기 위한 행위

'청구권의 실행불능 또는 현저한 실행곤란을 피하기 위한 행위'는 자구행위의 성립요건에 있어서 두 번째인 '自救行爲'를 의미한다.

(1) 청구권의 실행불능 또는 현저한 실행곤란

'實行不能'이란 청구권의 실행이 불가능한 경우를 말하며, '顯著한 實行困難'이란 불가능에 가까운 상태를 뜻한다. 침해행위자가 나중에 딴소리를 하는 것과 같은 사실입증상의 곤란을 피하기 위한 경우는 이에 해당될 수 없다. 청구권의 '보전'에 있어서는 '불능'을 요구하는데 대하여, 청구권의 '실행'에 있어서는 '불능 또는 현저한 곤란'이 요구됨에 유의할 필요가 있다. 즉 청구권의 실행이 불가능하지 않은 경우에도 그것이 현저히 곤란하기만 하면 자구행위는 성립할 수 있는 것이다.

請求權의 '保全'과 '實行'이 구분되어야 한다. 설사 법정절차에 의하여 請求權의 '保全'이 불가능하더라도 請求權의 '實行'이 가능하다면 자구행위는 허용될 수 없는 것이다. 즉 '보전'의 불가능으로 인하여 '실행'도 불능 또는

---

1) 대판 1970. 7. 21, 70도996; 대판 1985. 7. 9, 85도707.

현저한 곤란에 이를 수 있어야 한다. '보전'은 가능하나 '실행'은 불능 또는 현저한 곤란에 이를 수 있는 경우는 생각하기 어렵다고 본다. 예를 들어, 채무자가 해외로 도피하려 한다 해도 그 채권에 대하여 인적 또는 물적 담보가 마련되어 있다면, 청구권의 '보전'이 가능하고 따라서 '실행불능 또는 현저한 실행곤란'은 인정되지 못한다.

(2) 피하기 위한

자구행위는 청구권의 실행불능 또는 현저한 실행곤란을 '避하기 爲한' 행위이어야 한다. 즉 자구행위자는 '피하기 위한' 의사인 自救意思로 행위를 하였어야 한다. 따라서 청구권의 실행이 불가능하지 않거나 또는 현저히 곤란하지는 않다는 점을 알면서 자력을 행사하는 경우에는 자구행위는 인정될 수 없다.

'자구의사'가 자구행위에 있어서 주관적 정당화요소이다.

(3) 행 위

자구행위는 권리자가 자구의사를 가지고 권리의 보전과 실행에 필요한 조치를 취하는 것을 의미한다.

자구행위의 수단에는 제한이 없다. 통상적으로는 물건의 탈환이나 강제추심·손괴·파괴, 채무자의 체포 또는 저항의 제거 등이 이에 해당된다.

자구행위는 청구권의 '保全'에 제한되어야 하며, 직접 실행·집행하여 권리를 실현시키는 데까지 나아갈 수는 없다고 보아야 한다. 즉 채권자가 도망하는 채무자를 붙잡아 그의 주머니를 뒤져 돈을 빼앗은 경우에 있어서 돈을 빼앗은 행위까지 자구행위로 인정될 수는 없는 것이다. 즉 체포행위만이 원칙적으로 자구행위로 인정되어 위법성이 조각되는 것으로 봄이 타당하다.

청구권의 보전을 위해 행해진 폭행·협박·사기·공갈·강취 등도 법정절차에 의한 청구권의 보전이 불가능한 경우에만 자구행위로 인정될 수 있고,[1] 그 밖의 경우에는 정당행위에 해당되지 않는 한 위법성이 인정되는 것으로 본다. 즉 단순히 권리행사를 위하여 행해진 폭행·협박·사기·공갈·강취 등은 그것이 사회상규에 부합하는 경우에만 정당행위에 해당될 수 있을 뿐이다.[2]

1) 권문택, "자구행위", 형사법강좌 Ⅰ, 1982, 280면; 유기천, 204면; 황산덕, 171면.
2) 김성돈, 323면; 손동권, §13, RN 8; 이재상, §19, RN 16.

3. 상당한 이유

자구행위는 청구권보전의 수단이 객관적으로 사회상규에 비추어 상당하다고 인정되는 한도 내에서 성립된다. 청구권의 '보전'을 위한 행위이어야 하므로, '보전'을 넘어서는 재산의 처분이나 채권의 추심은 자구행위에 해당되지 않는다.[1] 행위가 상당한지의 여부에 관하여는 구체적 정황을 고려하여 객관적 기준에 따라 이를 판단하여야 할 것이다. 침해행위자와 구제행위자의 특성, 구제수단의 성질, 법익의 대소, 긴급성의 정도 등 제반 구체적 정황을 고려하여야 한다.

자구행위도 '부정 대 정'의 관계에서 행해지는 것이란 점에서는 정당방위와 성격을 같이하지만, 명문으로 상당성의 한 요소인 보충성의 원리가 요구되고 있다는 점에서는 정당방위와 차이를 보이고 있다. 필요성, 사회윤리적 적합성 등도 자구행위에 있어서 요구된다.[2] 예를 들어, 토지소유자가 자기 토지 위에서 타인이 운영하는 회사에 대하여 그 토지의 명도를 구할 권리가 있다는 이유만으로 그 회사로 들어가는 진입로를 폐쇄한 경우에는 자구행위의 상당한 이유를 인정하기 어렵다 할 것이다.[3] 그러나 자구행위는 '부정 대 정'의 관계에서 인정되는 것이므로 균형성은 엄격하게 요구되지는 않는다고 본다.[4]

Ⅳ. 效 果

자구행위는 벌하지 아니한다(제23조 제 1 항).

자구행위는 위법성조각사유이므로 자구행위가 성립하면 위법성이 조각되어 무죄로 된다. 따라서 자구행위에 대해 침해행위자나 제 3 자가 정당방위를 할 수는 없는 것이다. 만일 자구행위에 대해 폭행·협박이나 상해로써 방어한다면 그런 행위는 '현재의 부당한 침해'가 되며, 따라서 자구행위자는 그

대판 1980. 11. 25, 79도2565.

1) 대판 1984. 12. 26, 84도2582.
2) 배종대, 345면; 이재상, § 19, RN 19; 이형국, 353면.
3) 대판 2007. 5. 11, 2006도4328.
4) 同旨 : 김성돈, 323면; 이재상, § 19, RN 19.

에 대한 정당방위도 할 수 있게 된다. 하지만 자구행위에 대해 긴급피난은 행해질 수 있을 것이다.

V. 過剩自救와 誤想自救

1. 과잉자구

(1) 의 의

過剩自救는 청구권의 보전이 불가능한 사정은 인정되나 자구를 위한 행위가 사회상규에 비추어 상당한 정도를 초과한 경우를 말한다. 과잉자구는 자구행위에 해당되지 못하므로 위법성이 조각되지 않고 범죄로서 성립한다. 다만 정황에 의하여 책임이 감경되어 그 형을 감경 또는 면제할 수 있을 뿐이다(제23조 제 2 항).

(2) 효 과

과잉자구의 경우에는 긴급피난과는 달리 과잉방위에 관한 제21조 제 3 항이 준용되지 않는다. 즉 과잉자구에 있어서 그 행위가 설사 야간 기타 불안스러운 상태 하에서 공포·경악·흥분 또는 당황으로 인하였다고 하더라도 형을 감경 또는 면제할 수 있을 뿐이며, 책임이 조각되어 무죄로 되지는 않는 것으로 보아야 한다. 자구행위는 사후적 긴급구제행위이므로 아무래도 제21조 제 3 항에 해당하는 경우를 생각하기가 어렵기 때문이다.

2. 오상자구

(1) 의 의

誤想自救는 객관적으로 자구행위상황의 요건이 결여되어 있음에도 불구하고, 행위자가 주관적으로 그 요건이 구비된 것으로 오신하여 자구를 위한 행위로 나아간 경우를 말한다. 예컨대, 보전할 청구권이 없는데도 있다고 오신한다든가 또는 청구권보전을 위한 긴급한 사정이 없는데도 불구하고 있다고 오신하여 자구를 위한 행위를 하는 경우이다.

(2) 효 과

오상자구도 위법성조각사유의 전제사실에 관한 착오에 해당한다. 즉 오상방위, 오상피난 등의 경우와 같이 제한적 책임설에 입각하여 과실 유무에 따라 과실범의 성립만이 문제가 된다. 자구행위에 있어서도 '상당한 이유'의 존부에 관해서만 착오가 있는 경우는 순수한 금지착오에 해당한다.

오상과잉자구도 오상과잉방위에 준하여 해결되어야 한다. 다만 제21조 제3항은 준용되지 않는다고 봄이 타당하다.

제5절 被害者의 承諾에 의한 行爲

제24조 [피해자의 승낙] 처분할 수 있는 자의 승낙에 의하여 그 법익을 훼손한 행위는 법률에 특별한 규정이 없는 한 벌하지 아니한다.

Ⅰ. 意 義

1. 개 념

被害者의 承諾(Einwilligung)이라 함은 법익의 처분권자가 타인에 대하여 자신의 법익을 침해할 수 있도록 허용한다는 것이다. 하지만 자신의 법익에 대한 침해를 승낙한 자를 '피해자'로 칭한다는 것은 개념상 부적절하며, 제24조의 제목은 '(법익)처분권자의 승낙'으로 바꿈이 타당하다고 생각한다.

피해자의 승낙의 법리(法理)는 "승낙이 있으면 침해가 되지 아니한다"(volenti non fit injuria)[1]라는 로마법상의 원칙에서 유래한다. 독일 형법에선 종래 피해자의 승낙이 위법성조각사유로 인정되어 오다가, 1953년에 게에르츠(Geerds)가 위법성조각사유로서의 承諾과 구성요건해당성조각사유로서의 諒解를 구별한 이래로 오늘날까지 두 가지 개념으로 구분하여 사용하는 것이 일반적인 입장이다.[2]

독일 형법과 일본 형법에서도 '피해자의 승낙'을 총칙 상 일반적 위법성조각사유로 규정하지 않고 각칙에서 이에 관한 개별적 규정을 두고 있을 뿐인데, 우리 형법은 이탈리아 형법을 참고하여 이를 총칙에 규정하고 있다.

1) 여기서 '침해'라 함은 형법상의 범죄나 민법상의 불법행위를 가리킨다.
2) 심헌섭, "양해, 승낙, 추정적 승낙", 고시계 1977. 2, 79면 이하; Geerds, *Einwilligung und Einverständnis*, 1953; Jescheck/Weigend, 334면; Schönke/Schröder, Vor §§ 32, RN 29; BGHSt 23, 3.

2. 승낙과 양해

우리 형법의 해석에 있어서도 침해행위의 위법성을 조각하는 '승낙'과 구성요건해당성을 조각하는 '諒解'(Einverständnis)는 구별되어야 한다고 생각한다.[1)]

예를 들어, 물건의 소유자가 남에게 자기 물건을 가져가라고 해서 그 사람이 물건을 가져간 경우에 그 가져간 행위는 절도죄의 구성요건해당성을 결하게 되는 것이고, 이 경우 소유자의 의사표시는 양해에 해당한다고 보아야 하는 것이다. 이 때 그 물건을 가져간 사람에게는 절도죄의 주관적 구성요건인 고의나 불법영득의사가 존재하지 않는다.[2)] 강간죄와 강제추행죄나 주거침입죄, 배임죄 등에서도 마찬가지의 해석이 가능하다. 따라서 피해자의 의사표시에 의하여 관련범죄의 보호법익의 존재 자체가 부정되고, 그에 따라 침해행위자의 고의도 부정되는 경우에 있어서의 피해자의 의사표시는 '승낙'이 아니라 '양해'라고 봄이 타당하다. 이런 유형의 범죄들에 있어서는 위법성 조각사유로서의 '승낙'의 예는 생각하기가 어렵다.

승낙과 양해의 법적 성격의 차이에 따라, 승낙이나 양해가 없음에도 불구하고 침해행위자가 착오하여 승낙이나 양해가 있는 것으로 생각하고 침해행위를 한 경우의 법적 처리가 달라지게 된다. 즉 승낙이 없음에도 있는 것으로 착오한 경우는 위법성조각사유의 전제사실의 착오에 해당하며, 양해가 없음에도 있는 것으로 착오한 경우는 구성요건착오로서 침해행위자의 고의가 조각되는 것이다. 양해가 있음에도 없는 것으로 착오한 경우는 물론 불능미수에 해당된다.

Ⅱ. 違法性阻却의 根據

피해자의 승낙이 법익침해행위의 위법성을 조각하는 경우에 있어서 그

1) 김성돈, 327면; 손동권, §14, RN 2; 신동운, 290면; 이재상, §20, RN 4; 이형국, 359면; 장영민, "피해자의 승낙", 고시계 1994. 11, 66면; 최우찬, "피해자의 승낙", 고시계 1990. 10, 109면.
대판 1983. 5. 24, 82도1426; 대판 1985. 12. 10, 85도1892.
反旨 : 김일수/서보학, 287면; 박상기, 209면; 배종대, 337면; Roxin Ⅰ, §13, RN 11 이하.

2) 대판 1985. 11. 26, 85도1487; 대판 1990. 8. 10, 90도1211.

근거에 관하여는 이익흠결설, 국가목적설, 상당성설 등의 견해가 대립하고 있다.[1)]

1. 이익흠결설

利益欠缺說에서는 피해자의 승낙으로 인하여 보호법익이 흠결되게 되고 따라서 그 침해행위의 위법성이 조각된다고 한다.[2)] 이익포기설이라고도 한다.

그러나 이익흠결설에 따르게 되면 피해자의 이익에만 너무 치중하게 되어 피해자의 승낙이 반사회적인 경우도 위법성이 조각되며 또 피해자의 현실적 승낙만 인정하고 추정적 승낙에 기한 위법성조각을 배제하는 단점이 있다.

2. 국가목적설

國家目的說에서는 피해자의 승낙에 의한 법익의 침해는 국가의 법익보호의 목적에 배치되는 것이 아니기 때문에 위법성이 조각된다고 한다.[3)] 법률정책설 또는 이익교량설이라고도 부른다.

하지만 국가목적설에 따르면 국가목적에 과중한 가치를 부여함으로써 피해자의 승낙은 국가목적의 한도 안에서만 인정된다고 보게 되어 행위자의 행위가치의 면을 무시하게 되는 단점을 갖는다.

3. 상당성설

相當性說에서는 사회질서 전체의 이념에 비추어 승낙과 그에 기한 법익침해행위가 상당성을 갖기 때문에 침해행위의 위법성이 조각된다고 한다.[4)] 이 견해는 피해자의 승낙과 그에 기한 행위자의 법익침해행위의 양면을 사회적 입장에서 고려한 견해이다.

제24조에서 명문으로 '상당한 이유'를 규정하고 있지는 아니하나 일반적

---

1) 그밖에 피해자의 승낙이 있는 경우에는 그의 처분권이 침해되었다고 볼 수 없으므로 승낙에 기한 행위는 위법성이 조각된다고 보는 이른바 處分權說(박상기, 209면)도 제시되고 있으나, 이 설은 이익흠결설의 한 유형으로 볼 수 있다고 생각한다.

2) Schönke/Schröder, Vor §§ 32, RN 33; Welzel, 95면.

3) 신동운, 295면; 이재상, § 20, RN 10; 이형국, 363면; 임웅, 252면; 정성근/박광민, 279면.

4) 황산덕, 176면.

위법성조각사유인 정당행위에 관한 규정(제20조)이 '사회상규'를 위법성판단의 실질적 기준으로 명시하고 있으므로 상당성설이 타당한 입장이라고 할 수 있다. 따라서 피해자의 승낙이 있어도 그에 기한 행위가 사회상규에 반할 경우는 위법성을 조각하지 않는다고 봄이 옳다.

Ⅲ. 成立要件

피해자의 승낙에 의해 법익을 훼손한 행위가 처벌되지 않기 위해서는 '처분할 수 있는 자의 승낙', '승낙에 의한 침해행위'와 '법률에 특별한 규정이 없을 것'이라는 요건을 갖추어야 한다.

'양해'의 성립요건에 관해서는 '승낙'의 성립요건에 준하여 해석하는 것이 일반적이다. 형법 제24조는 명문상 '상당한 이유'라는 요건을 규정하고 있지 않은 점에 비추어 보더라도, 그 조문은 위법성조각사유로서의 '승낙'과 구성요건해당성조각사유로서의 '양해'를 함께 포함하여 규율하고 있는 것으로 해석함이 타당하다.[1)]

1. 처분할 수 있는 자의 승낙

(1) 처분할 수 있는 자

'處分할 수 있는 者'란 법적으로 보호되고 있는 법익의 주체를 원칙적으로 지칭한다.

타인의 법익에 대하여는 그 법익에 대한 처분권을 승낙자가 갖고 있는 경우를 제외하고는 원칙적으로 승낙할 수 없다. 따라서 여기의 법익은 개인적 법익만을 의미하게 되며, 사회적·국가적 법익에 대한 침해는 승낙에 의하여 위법성이 조각될 수 없다. 개인적 법익과 국가적 법익이 병존하는 구성요건에 있어서는 피해자 개인의 승낙만으로는 위법성이 조각되지 못하고, 개인과 국가 양자가 승낙을 한 경우에만 침해행위의 위법성이 조각되는 것으로 봄이 타당하다. 외국원수에 대한 폭행죄(제107조 제1항), 외국사절에 대한 폭행죄(제108조 제1항) 등이 그 예이지만 우리 형법은 특별규정을 두어 이들 죄를 반의사불벌죄로 취급하고 있다(제110조).

1) 同旨 : 김성돈, 327-328면.

개인적 법익이라 하더라도 가장 중요한 법익인 生命에 대한 侵害인 살인과 낙태는 설사 피해자의 승낙이 있더라도 촉탁·승낙에 의한 살인죄(제252조 제 1 항), 촉탁·승낙에 의한 낙태죄(제269조 제 2 항, 제270조 제 1 항)로 처벌된다. 身體에 대한 侵害인 폭행과 상해에 있어서는 승낙이 있는 경우에도 처벌하는 예외적인 형법상 명문규정은 없다. 하지만 신체에 대한 침해에 있어서는 피해자의 승낙에 의해 항상 위법성이 조각될 수는 없고 사회상규에 반하지 않는 한도 내에서만 승낙에 의해 위법성이 조각될 수 있다고 보는 것이 타당하다.[1] 판례[2]에서도 마찬가지로 해석하고 있다.

(2) 승 낙

㈎ 승낙의 의사표시

'承諾'이라 함은 同意의 意思表示를 의미한다. 따라서 유효한 의사표시로서 성립해야 한다. 즉 승낙의 의사표시는 판단능력을 갖고 있는 자의 자유로운 의사에 의해 진지하게 행해졌을 것을 요한다. 따라서 판단능력 없는 유아나 정신병자의 의사표시, 진지하지 못한 장난이나 농담으로 행해진 승낙의 의사표시와 의사(醫師)의 올바르고 충분한 설명을 듣지 못하고 수술에 동의한 환자의 의사표시[3] 등은 원칙적으로 '승낙'에 해당되지 못한다. 승낙이 기망이나 강요·강박 등에 의한 하자 있는 의사표시인 경우에 있어서는 기망이나 강요·강박 등과 승낙 사이에 인과관계가 인정되고 승낙의 의사표시가 당해 구성요건의 주된 보호법익에 관한 처분을 내용으로 하는 때에는 승낙이 효력을 갖지 못한다고 할 것이다.[4]

우리 형법은 일정한 경우 유효하게 승낙할 수 있는 연령을 규정하고 있다. 예컨대, 강간죄와 강제추행죄에 있어서의 13세(제305조), 아동혹사죄에 있어서의 16세(제274조), 약취·유인죄에 있어서의 성년 즉 20세(제287조) 등이 그 예이다. 이들 경우에 있어서는 해당 연령에 미달한 자의 승낙은 절대적으로 효력을 갖지 못하게 되며, 해당 연령에 도달한 자의 승낙의 의사표시에 관해

1) 김일수/서보학, 289면; 배종대, 343면; 신동운, 307면; 이재상, § 20, RN 16; 정영석, 149면; 황산덕, 176면.
2) 대판 1985. 12. 10, 85도1892.
3) 대판 1993. 7. 27, 92도2345.
4) 황태정, "형법상 동의의 법적 효과와 한계", 형사법연구 19·2, 2007, 77면; 井田良, 刑法總論の理論構造, 2005, 198면.
대판 1993. 7. 27, 92도2345; 대판 2001. 12. 24, 2001도5074; 대판 2003. 5. 30, 2003도1256.

서는 실질적인 검토를 통하여 효력의 유무가 판단된다.

승낙의 의사표시는 명확한 것임을 요한다. 명시적이건 묵시적이건 불문한다. 승낙의 의사를 외부에서 인식할 수 있는 정도이면 족하다고 본다.

처분하는 법익이 財産的 法益인 경우에는 피해자에게 판단능력이 없을 때 代理人에 의해 승낙이 행해질 수 있다. 하지만 生命이나 身體에 관한 처분에 있어서는 승낙의 대리를 원칙적으로 인정할 수 없을 것이다.

㈏ 승낙의 시기

승낙은 행위 전 또는 행위 당시에 있을 것을 요한다. 따라서 상당한 시일이 경과한 승낙에 기해 나중에 침해를 실행한 경우나 또는 침해행위 실행 후의 사후승낙의 경우는 '승낙'에 포함되지 아니한다.[1)]

승낙은 행위종료 전까지는 철회할 수 있다. 침해행위 종료 후에는 철회가 행해질 수 없다. 그리고 철회 이전에 행해진 침해행위에 대해선 승낙의 효력이 그대로 인정된다.

㈐ 승낙의 상대방

승낙이 침해행위자에 대하여 행해졌어야 하는 것은 물론이다. 승낙자의 침해행위자에 대한 신뢰나 개인적 관계가 승낙의 토대가 되기 때문이다. 하지만 상대방인 침해행위자가 반드시 특정될 필요는 없다.

㈑ 승낙의 대상

피해자의 승낙의 대상에는 침해행위자의 행위와 그 행위의 결과가 포함된다. 침해행위가 고의범인 경우나 과실범인 경우나 마찬가지이다.

2. 승낙에 의한 침해행위

(1) 승낙의 인식

침해행위자는 사전에 승낙을 인식하고 있어야 한다.

'承諾의 認識'이 위법성조각사유인 피해자의 승낙에 있어서 주관적 정당화요소이다. 그러므로 피해자의 승낙이 있었음에도 불구하고 행위자가 이를 인식하지 못하고 침해행위로 나아갔을 때에는 위법성이 조각되지 않는다.

---

1) 박상기, 210면; 이재상, § 20, RN 22.
다만 친고죄에 있어서는 사후승낙이 고소권포기의 효력을 갖는다.

(2) '승낙의 인식'의 법적 성격

피해자의 승낙에 대한 행위자의 인식의 법적 성격에 관하여는 불법론과 관련하여 종래 견해의 대립이 있었다. 이 문제는 침해행위자가 승낙을 인식하고 있어야만 승낙이 침해행위의 위법성을 조각하는 것인지에 관한 논의이다.

(가) 학 설

結果反價値論의 입장에서는 승낙이 존재하기만 하면 되고 그 존재사실에 관하여 행위자가 전혀 인식하고 있지 못하였더라도 침해행위의 위법성이 조각된다고 본다. 이를 意思方向說이라고 부른다.

行爲反價値論의 입장은 다시 의사표시설과 절충설의 두 가지 견해로 갈리고 있다. 意思表示說에서는 승낙을 민법상의 의사표시로 이해하여, 승낙이 침해행위자에게 행해졌어야 하고 또 행위자가 그 승낙의 존재사실에 대하여 인식하고 있었어야만 침해행위의 위법성이 조각된다고 해석한다. 折衷說에서는 승낙의 존재사실을 외부에서 인식할 수 있는 정도면 족하다고 보며 반드시 민법상의 법률행위이론에 입각한 유효한 의사표시이어야 할 필요는 없다고 해석하고 있다.[1)]

(나) 검 토

의사표시설은 민법상의 의사표시개념을 그대로 형법이론에 적용하고 있어서, 승낙의 의사표시가 민법적 심사에 따라 무효로 되거나 또는 취소될 수 있기 때문에 현실적으로 법적 안정성을 크게 결하게 된다고 생각한다. 의사방향설에 대해서는 결과반가치론에 대한 비판이 그대로 적용된다.

승낙의 인식의 법적 성격은 折衷說에 따라 이해하는 것이 타당하다고 생각한다. 절충설이 불법론상의 이원적 인적 불법론의 관점과도 부합하는 입장이다.

(3) 과실범에 있어서의 피해자의 승낙

승낙의 인식의 문제와 관련하여 검토해볼 문제가 과실범의 경우이다. 예컨대, 자동차 운전자가 음주상태에 있는 것을 알고 있는 사람이 그 차에 동승하였다가 충돌사고로 인하여 자신도 상해를 입은 경우 과연 동승자는 자신의 상해의 결과에 대하여 승낙한 것으로 볼 수 있는지의 문제가 그것이다.

---

1) 김일수/서보학, 290면; 박상기, 211면; 배종대, 345면; 신동운, 298면; 이재상, §20, RN 21; 이형국, 365면; 정성근/박광민, 280면.

이 문제에 있어서는 동승자의 동승 그 자체만 갖고 자신의 피해에 대하여 승낙한 것으로 보기는 어렵고, 승낙능력을 갖고 있는 동승자가 음주운전의 위험성을 인식하고 용인한 경우에만 유효한 승낙을 인정할 수 있다고 생각한다.[1] 즉 모든 경우를 일률적으로 판단하기는 어렵고, 운전자의 음주 정도나 운전 당시의 상황 등을 종합적으로 고려하여 판단하여야 할 것이다. 운전자가 고도의 대취상태에 있었는지의 여부와 동승자가 운전자의 아내나 가족·친지인지의 여부 등도 함께 고려하여야 한다고 생각한다.

3. 상 당 성

형법 제24조에서는 '상당한 이유'를 명문으로 규정하고 있지 아니하다. 그러나 위법성조각사유로서의 피해자의 승낙이 성립하기 위해서는 相當性이 갖추어져야 한다고 봄이 타당하다.[2] 주로 상해·폭행의 죄에 있어서 승낙에 기한 행위의 상당성이 요구된다고 봄이 일반적이다.[3] 승낙에 의한 행위는 법익침해의 정도나 방법에 있어서 상당성을 갖추어야 한다. 따라서 예컨대 피해자의 건강상태를 고려하지 않은 과다채혈은 상당성을 결한다고 보아야 한다.

피해자의 승낙에 있어서의 상당성은 정당방위나 자구행위에 있어서의 '상당한 이유'보다는 좁은 의미로 이해하여야 한다고 본다. 즉 보충성은 본래적으로 요구되지 않으나, 균형성·필요성과 사회윤리적 적합성 등은 갖추어야 할 것이다.

상당성을 갖추어야 하는 것은 승낙에 의한 '행위'이지만, '승낙' 그 자체도 사회상규에 반하는 것이 아니어야 한다. 하지만 승낙자의 동기나 내심까지 사회상규에 부합하여야 할 필요는 없다고 본다. 그러므로 예컨대 승낙자가 비윤리적인 동기로 승낙을 하였더라도 그 승낙에 기한 행위자의 행위의 수단과 목적이 사회상규에 부합하는 경우에는 그 행위의 위법성이 조각되는 것이다.[4] 하지만 헌법상의 가치나 공서양속에 반하는 상해나 폭행은 승낙의

---

1) Schönke/Schröder, Vor §§ 32, RN 105.

2) 하지만 구성요건해당성조각사유인 양해가 성립하기 위해서는 상당성이 요구되지 아니한다고 생각한다.

3) 김성돈, 338면; 오영근, § 22, RN 33.
대판 1985. 12. 10, 85도1892; 대판 1989. 11. 28, 89도201.

4) 김성돈, 339면; 이재상, § 20, RN 17.

대상이 되지 못한다고 보아야 한다. 예를 들어, 행위자가 피해자와 공모하여 교통사고를 가장하여 보험금을 편취할 목적으로 피해자에게 상해를 가하였다면 피해자의 승낙에 의한 위법성조각이 인정되지 못하는 것이다.[1)]

4. 법률에 특별한 규정이 없을 것

피해자의 승낙이 범죄의 구성요건의 내용으로 되어 있는 경우에는 승낙이 있더라도 위법성이 조각되지 않는다. 촉탁·승낙에 의한 살인죄(제252조 제 1 항), 촉탁·승낙에 의한 낙태죄(제269조 제 2 항, 제270조 제 1 항)가 그 중요한 예이다. 그밖에 아동혹사죄(제274조), 미성년자약취·유인죄(제287조), 의제강간·강제추행죄(제305조) 등도 이 예에 포함된다. 개인적 법익 중 생명과 같이 중대한 법익에 관하여는 법률은 개인의 처분권을 인정하지 아니하여 피해자의 승낙에도 불구하고 처벌하는 것이다. 그러므로 그 밖의 경우에는 제24조의 명문의 규정상 승낙에 의한 침해행위는 원칙적으로 위법성이 조각되는 것이다. 하지만 중요한 법익인 신체를 침해하는 傷害罪나 暴行罪의 경우엔, '승낙상해죄'나 '승낙폭행죄'와 같은 특별한 처벌규정이 마련되어 있지는 않지만, 사회상규에 위배되지 않는 한도 내에서만 위법성이 조각되는 것으로 보아야 할 것이다.[2)]

Ⅳ. 推定的 承諾

1. 의 의

推定的 承諾(mutmaßliche Einwilligung)이란 피해자의 현실적인 승낙은 없지만 행위 당시의 모든 사정을 객관적으로 판단할 때, 만일 피해자가 행위의 내용을 알았더라면 당연히 피해자의 승낙이 있었을 것으로 예견·기대되는 경우를 말한다.[3)] 예컨대, 급한 사정이 있어 친구의 물건을 갖다 쓰기 위해 부재중인 친구의 하숙방에 들어간다거나, 불을 끄기 위하여 불이 난 이웃집에 무단으로 들어가는 경우 등이다.

---

1) 대판 2008. 12. 11, 2008도9606.

2) 신체를 침해하는 경우에도 예외적으로 병역과 관련된 신체훼손행위처벌규정이 병역법, 군형법 등 특별법에 마련되어 있다.

3) 대판 2006. 3. 24, 2005도8081.

추정적 승낙은 메츠거(Mezger) 이래로 형법상 위법성조각사유로 취급되고 있다.

2. 법적 성격

추정적 승낙이 위법성을 조각할 수 있다는 점에 관해서는 오늘날 견해가 일치한다. 위법성조각의 근거 내지는 법적 성격에 관하여는 긴급피난설, 승낙대용설, 정당행위설 등이 주로 대립한다.

(1) 학 설

緊急避難說에서는 추정적 승낙을 긴급피난에 준하는 경우로 취급하고 있다.[1)]

承諾代用說에서는 추정적 승낙을 피해자의 승낙에 유사한 경우로 취급하여 추정적 승낙도 이익흠결의 원리에 의해 이해될 수 있다고 설명한다.[2)] 승낙대체설이라고도 한다.

正當行爲說은 추정적 승낙에 기한 행위를 정당행위 중 '기타 사회상규에 위배되지 아니하는 행위'의 한 경우라고 본다.[3)]

추정적 승낙의 법적 성격에 관하여는 그밖에도 독자적 위법성조각사유설[4)]과 사무관리설이 제시되고 있다. 그러나 추정적 승낙을 독자적 위법성조각사유로 취급하는 견해도 우리 형법의 해석론으로는 정당행위설에 포함시킬 수 있다고 생각한다. '독자적' 위법성조각사유라 함은 추정적 승낙을 긴급피난이나 피해자의 승낙에 해당되지 아니하는 것으로 본다는 의미를 갖는 것이기 때문이다. 사무관리설은 추정적 승낙을 민법상 사무관리(동법 제734조)에 해당하는 것으로 보는 견해인데, 이는 결국 추정적 승낙을 형법상 정당행위의 한 경우인 '법령에 의한 행위'에 해당시키는 것이므로 형법의 관점에서 보면 이 역시 정당행위설에 포함시킬 수 있을 것이다.

(2) 검 토

추정적 승낙에 의한 행위는 긴급피난과 피해자의 승낙의 성격을 부분적

1) Welzel, 92면.
2) 박상기, 231면; 배종대, 347면; 신동운, 311면.
3) 김일수/서보학, 357면; 손동권, § 14, RN 34; 이기헌, "추정적 승낙", 형사판례연구 6, 1998, 123면.
4) 이재상, § 20, RN 29; 이형국, 370면; 임웅, 257면; 정성근/박광민, 285면.

으로 모두 갖추고 있지만, 다른 한편으로는 양자와 전적으로 부합하는 것도 아니므로 긴급피난이나 피해자의 승낙 중 어느 하나의 법리에 의해서만 해결하는 것은 부적절하다고 생각한다. 즉 긴급피난설과 승낙대용설은 부적절하다. 추정적 승낙을 정당행위의 한 경우인 '기타 사회상규에 위배되지 아니하는 행위'에 해당하는 것으로 보아 그 법리에 따라 해결하는 正當行爲說이 타당하다고 생각한다.

3. 성립요건

법익침해행위가 법익주체의 추정적 승낙에 의하여 위법성이 조각되기 위해서는 몇 가지 요건을 갖추어야 한다.

(1) 처분가능한 법익

침해된 법익이 그 주체가 처분할 수 있는 법익이어야 한다.[1] 대리인에 의해 처분될 수 있어도 된다. 법익의 주체가 법익침해와 그 결과에 대한 판단능력을 갖고 있을 것을 요한다.

법익 자체도 그 성격상 당연히 처분가능한 것이어야 한다. 따라서 개인적 법익 중 재산적 법익이 그 주된 대상이 될 것이다.

(2) 현실적 승낙의 불가능

본인의 현실적 승낙이 불가능하여야 한다. 이 점이 추정적 승낙에 있어서 보충성의 원리라고 할 수 있다. 모든 사정을 객관적으로 판단할 때 피해자인 법익주체의 승낙이 확실하게 기대되어야 한다. 그러므로 피해자가 승낙을 거부함으로 인하여 승낙을 받을 수 없게 된 경우에는 추정적 승낙이 문제될 수 없다.[2]

추정적 승낙은 묵시적 승낙·양해와는 구별되어야 한다. 묵시적 승낙·양해는 명시적 승낙과 함께 '추정적 승낙'에 대립되는 개념으로서의 '현실적 승낙'에 포함되는 것으로서 '피해자의 승낙'의 법리에 의해 규율되는 것이기 때문이다. 예를 들어, 무인(無人)신문가판대에 놓여 있는 신문을 대금함(代金函)에 돈을 넣고 가져가는 행위는 추정적 승낙이 아닌 묵시적 승낙·양해에 의한 행위로 볼 수 있을 것이다.

---

1) 이재상, §20, RN 33; Jescheck/Weigend, 388면.
2) 김성돈, 342면; 이재상, §20, RN 36.

(3) 추정적 승낙에 기한 행위

승낙의 존재는 법익침해행위시에 추정되어야 한다.

추정적 승낙에 기한 행위는 법령에 위배되거나 사회윤리에 반하는 것이어서는 안 된다. 행위가 행위자 자신의 이익을 위한 것이든 법익의 주체나 타인의 이익을 위한 것이든 불문한다.

주관적 요소로서 추정적 승낙이 있을 수 있는 상황이라는 점에 대한 行爲者의 認識이 존재해야 한다. 행위자의 인식 외에, 승낙이 추정될 수 있는 상황인지에 관한 행위자의 성실한 검토 내지는 良心的 審査도 요구되는지에 관하여는 견해가 갈린다. 양심적 심사가 요구된다고 보는 견해[1]에 따르면, 행위자가 양심적 심사 없이 피해자의 승낙을 추정한 경우에는 설사 후에 피해자의 진의와 부합된다는 점이 밝혀졌다 하더라도 행위의 위법성이 인정되게 된다. 하지만 추정적 승낙의 경우만 다른 위법성조각사유들과 구별하여 달리 논할 이유는 없다고 생각한다. 즉 추정적 승낙이 있을 수 있는 상황이라는 점에 대한 행위자의 인식이 있으면 족하고, 굳이 양심적 심사까지 요구된다고 볼 필요는 없다고 생각한다.[2] 그러나 승낙에 대한 막연한 기대나 예측만으로는 추정적 승낙을 인정할 수 없다고 할 것이다.[3]

제 6 절 正當行爲

제20조 [정당행위] 법령에 의한 행위 또는 업무로 인한 행위 기타 사회상규에 위배되지 아니하는 행위는 벌하지 아니한다.

I. 意 義

正當行爲라 함은 법령에 의한 행위, 업무로 인한 행위 기타 사회상규에

1) 박상기, 214면; 이재상, § 20, RN 37.
2) 김성돈, 343면; 손동권, § 14, RN 36; 오영근, § 22, RN 63; 이기헌, "추정적 승낙", (앞), 129-130면.
3) 대판 2008. 4. 10, 2007도9987.

위배되지 아니하는 행위를 가리키는 것으로서, 그 행위는 위법성이 조각되어 벌하지 아니한다(제20조).

정당행위 중 '법령에 의한 행위'와 '업무로 인한 행위'는 '사회상규에 위배되지 아니하는 행위'의 예시에 지나지 않는다.[1] 그러므로 형법은 정당행위를 포함하는 모든 위법성조각사유의 기본원리로서 '사회상규에 위배되지 아니하는 행위'를 제시하고 있다고 할 수 있다. 즉 사회상규에 위배되지 아니하여 국가적 · 사회적으로 정당시되는 행위를 정당행위라고 할 수 있고, 따라서 이는 일반적 · 포괄적 위법성조각사유인 것이다. 그러므로 정당행위의 사유는 정당방위, 긴급피난, 자구행위, 피해자의 승낙 등 개별적 위법성조각사유가 인정되지 않는 경우에 한해서 최후에 보충적으로 심사되어야 한다.

우리 형법에서는 정당행위의 규정을 두고 있기 때문에 정당행위의 규정을 두고 있지 않은 독일에서와 같은 이른바 '초법규적 위법성조각사유'는 따로 논할 필요가 없다고 할 수 있다.[2] 일본 형법도 정당행위의 규정을 두어 '법령에 기한 행위, 정당업무행위'를 벌하지 않으나(동법 제35조), '사회상규에 위배되지 아니하는 행위'에 관하여는 규정하지 않고 있다.

정당행위규정의 해석에 있어서는 자칫 법관의 자의적 판단이 개입되어 죄형법정주의의 원칙을 흔드는 결과가 야기될 수도 있으므로 그 성립요건의 판단에 있어서 신중을 요한다고 하겠다. 또한 다른 한편으로는 정당행위규정을 헌법의 정신과 형법의 기본원리, 우리 사회의 건전한 통념에 입각하여 법관이 양심에 따라 해석 · 적용할 수만 있다면 형법을 운용함에 있어서 정당행위규정은 법규정의 경직성을 완화하여 법현실과의 조화, 구체적 타당성을 도모하는 사회적 이해관계의 조정(調停) · 완충(緩衝)장치로서의 역할을 수행할 수도 있을 것이다.[3] 따라서 정당행위의 성립요건을 해석함에 있어서도 社會常規 내지 相當性의 審査가 엄격하게 행해져야 한다고 하겠다.

---

1) 김성돈, 344면; 박상기, 163면; 유기천, 195면; 이재상, § 21, RN 1; 이형국, 267면; 정성근/박광민, 212면; 황산덕, 151면.

2) 김일수/서보학, 363면; 이재상, § 21, RN 2; 황산덕, 156면.
反旨 : 유기천, 194면.

3) 同旨 : 양화식, "형법 제20조의 '사회상규에 위배되지 아니하는 행위'에 관한 고찰", 형사법연구 19, 2003, 196-197면.
反旨 : 천진호, "'사회상규에 위배되지 아니하는 행위'에 대한 비판적 고찰", 비교형사법연구 3 · 2, 2002, 182면.

Ⅱ. 法令에 의한 行爲

'法令에 의한 行爲'라 함은 법령에 근거한 행위 내지 법령의 집행을 위하여 행하여지는 행위를 말한다. 즉 법령에 근거하여 그 정한 바에 따라 권리의 실현이나 의무의 이행으로서 행해진 행위는 설사 그것이 형법상 구성요건에 해당하더라도 위법성이 조각된다. 이는 국가법질서의 유지를 위한 당연한 요청이라고 할 수 있다.

'法令'이란 헌법,[1] 법률뿐만 아니라 명령, 규칙도 포함하는 개념이다. 위헌법률이나, 위헌·위법인 명령·규칙은 이에 포함되지 않는다. 또한 우리나라의 법령과 우리나라의 법률에 의해 국내법적 효력을 갖는 것으로 인정된 국제법·외국법상의 법령을 모두 포함한다. 그리고 법령 간에 충돌이 있을 때에는 헌법·법률·명령·규칙의 순서에 따른 상위법우선의 원칙이 적용되며, 법률 간의 충돌에 있어서는 특별법우선·신법우선 등 법 일반의 효력에 관한 원칙에 의해 정당행위의 근거가 정해진다.

'법령에 의한 행위'의 예로는 공무원의 직무집행행위, 징계행위, 현행범인의 체포, 쟁의행위 등을 들 수 있다.

1. 공무원의 직무집행행위

(1) 법령에 기한 직무집행행위

공무원의 法令에 기한 職務執行行爲란 공무원이 법령상 요구된 직무를 집행하기 위해 행하는 행위로서 형법상 구성요건해당성이 인정된 경우를 가리킨다.

민사집행법에 의한 강제집행·보전처분, 형사소송법·형법에 의한 구속이나 형의 집행, 각종 세법상의 강제처분 등이 있다. 민사집행법상 집행관의 강제집행시 강제력사용권(동법 제82조 등), 형법상 사형·자유형·재산형 등의 집행(제66조 내지 제69조)과 노역장유치(제70조), 치료감호법상 치료감호의 처분(동법 제16조), 형사소송법상 구속·압수·수색·검증 등의 처분(동법 제69조 이하), 경찰관직무집행법상 불심검문(동법 제 3 조) 등이 그 중요한 예이다.

---

1) 헌법상 인정되는 대통령이나 국회의원 등의 면책특권제도(헌법 제45조, 제84조)는 소송조건에 관한 문제이고, 정당행위와는 무관하다고 할 것이다.

공무원이 직접 법령에 기하여 직무집행행위를 행하는 경우에 그 권한의 범위는 개별적인 관계법령이 정하는 요건과 절차에 따라야 할 것이고, 그 범위를 일탈하는 행위는 직권의 남용으로서 위법성을 갖게 된다. 예컨대, 경찰관이 법적 절차에 위배하여 피의자를 경찰서 구내에 구금한 행위는 불법감금행위로서 '법령에 의한 행위'에 해당되지 아니하며,[1] 경찰관의 무기휴대도 경찰공무원법상의 직무집행을 위하여 필요하다고 인정되는 경우 외에 허가 없이 개인적으로 총포를 구입·소지하는 것은 정당행위에 해당되지 않는다.[2] 검사와 검찰수사관이 범죄혐의자들을 조사하면서 폭행과 가혹행위를 가하여 타박상·좌상·출혈쇼크 등으로 사망에 이르게 한 경우도 직권을 남용한 과도한 물리력의 행사로서 정당행위에 해당되지 않는다.[3] 그러나 집행관이 압류의 집행을 위하여 채무자의 주거에 들어가는 과정에서 부득이 채무자에게 상해를 입힌 경우에는 그 상해행위는 정당행위에 해당되어 위법성이 조각된다고 본다.[4]

공무원에게 자신이 법령에 기해 직무집행을 한다는 인식이 있어야 한다.

(2) 상관의 명령에 의한 직무집행행위

上官의 命令에 의한 職務執行行爲가 위법성을 조각하기 위해서는 명령 자체가 적법할 것을 요건으로 한다. 명령이 적법하기 위해서는 명령권자가 명령사항에 관하여 추상적·구체적 권한을 갖고 있어야 하고, 명령이 적법한 절차에 따라 내려져야 한다. 다만 상관의 명령에 경미한 권한유월(權限踰越)·절차위배가 있는데 그치는 경우에는 부하의 명령복종행위의 위법성도 조각된다고 본다.

상관의 違法한 命令에 기한 부하의 행위는 위법성을 조각하지 아니한다.[5] 상관이 부하에게 범죄행위를 명하는 것이 그 예이다. 이런 때에는 경우에 따라 행위자의 책임이 조각될 수 있을 뿐이다. 예컨대, 수사기관이 참고인으로 소환된 사람에 대하여 고문을 가하여 사망에 이르게 한 것은 설사 고문이 상관의 명령에 기한 것이라 하더라도 위법성이 인정되며,[6] 대통령선

1) 대판 1971. 3. 9, 70도2406.
2) 대판 1996. 7. 30, 95도2408.
3) 대판 2005. 5. 26, 2005도945.
4) 대판 1993. 10. 12, 93도875.
5) 대판 1961. 4. 15, 4290형상201.
6) 대판 1988. 2. 23, 87도2358.

거에서 상관의 명령에 의해 특정후보에 반대하는 여론을 조성하기 위하여 허위내용의 책자를 발간·배포한 경우에도 부하의 행위는 위법한 것으로 보아야 한다.[1] 다만, 전시(戰時) 군대 내 상관의 명령과 같이 상관의 명령이 絕對的 拘束力을 갖는 경우에 한하여 구체적인 상황에 따라 부하의 책임이 조각될 수 있을 뿐이다.[2] 즉 절대적 구속력이 인정되지 않는 위법한 상관의 명령에 따라 행위를 하였다면 위법성은 물론이고 책임도 조각되지 아니하는 것이다.

2. 징계행위

(1) 의 의

법령에 명시된 징계행위는 사회상규에 위배되지 않는 한 위법성이 조각된다. 예컨대, 친권자의 자녀에 대한 징계행위(민법 제915조), 후견인이 미성년자에게 친권의 대행으로 행하는 징계(민법 제945조, 제948조), 각급 학교의 장의 학생에 대한 징계행위(초·중등교육법 제18조, 고등교육법 제13조), 소년원장이나 소년분류심사원장의 원생에 대한 징계행위(소년원법 제15조 제 1 항) 등이 있다.

친권자 아닌 이웃이나 교장이 아닌 교사와 같이 법령에 징계권자로서 명시되지 아니한 경우의 징계행위는 구체적인 경우에 따라 '기타 사회상규에 위배되지 아니하는 행위'에 해당되게 되면 그 위법성이 조각될 수 있을 것이다.[3]

징계권의 행사는 필요한 범위 내에서 상당한 수단과 방법에 의하여 행해져야 하고, 그러한 제한을 일탈하면 권리남용으로서 위법성을 갖게 된다. 즉 징계사유가 갖추어진 경우에 징계의 목적을 달성하기 위하여 필요하고 상당한 한도 안에서 행해진 징계행위만 '법령에 의한 행위'에 해당될 수 있다.

(2) 체 벌

징계행위로서의 체벌의 위법성을 검토할 필요가 있다. 體罰(corporal punishment)이라 함은 신체적 고통을 가하는 징계를 가리킨다.[4] 체벌은 '법령에 의

---

1) 대판 1999. 4. 23, 99도636.

2) 김성돈, 347면; 박상기, 154면; 배종대, 255면; 신동운, 313면; 이재상, § 21, RN 6; 임웅, 200면; 정성근/박광민, 213면; 정영석, 143면.
同旨 : 대판 1997. 4. 17, 96도3376.

3) 징계나 체벌은 행위의 내용이나 성격에 비추어 볼 때 '업무로 인한 행위'에 포함시키기는 어렵다고 생각한다.

4) 초·중등교육법상으로는 학교의 장과 교사의 학생에 대한 제재의 방법으로 '징계'와 '지도'

한 행위'에 해당되지는 않는다. 체벌에 관하여 법령상 아무런 허용규정이 없다는 점에 근거하여 체벌을 절대적으로 불허해야 한다고 주장하는 견해[1]도 있다. 그러나 체벌이 교육적 목적을 위하여 적절한 방법으로 사회상규의 테두리 안에서 행해지는 경우에는 '기타 사회상규에 위배되지 아니하는 행위'에 해당되어 그 위법성이 조각된다고 보아야겠다.[2] 이러한 범위 안에서는 친권자[3]의 체벌 이외에 교장이나 교장직무대리[4] 또는 교사[5]의 체벌도 허용된다고 보는 것이 타당하다. 하지만 어린 자녀가 대소변을 가리지 못한다고 닭장에 가두고 전신을 구타하거나,[6] 부모가 자식에게 죽여 버린다고 말하며 야구방망이로 때릴 듯이 협박한 경우[7] 또는 교사가 대나무 막대기로 초등학생의 전신을 구타하여 상해를 입히거나[8] 또는 지휘봉으로 때려 전치 6주의 상해를 입힌 경우,[9] 고등학생의 머리를 구타하여 실신시키고 상해를 가한 경우,[10] 낯모르는 학생들이 보는 데서 슬리퍼로 여학생의 손을 때리고 지나친 욕설을 한 것[11] 등은 정당한 징계권의 행사로 볼 수 없다.

대판 2004. 6. 10, 2001도5380 "교사가 학생을 징계 아닌 방법으로 指導하는 경우에도 懲戒하는 경우와 마찬가지로 교육상의 필요가 있어야 될 뿐만 아니라 특히 학생에게 신체적·정신적 고통을 가하는 체벌, 비하하는 말 등의 언행은 교육상 불가피한 때에만 허용되는 것이어서 학생에 대한 폭행·욕설에 해당되는 指導行爲는 학생의 잘못된 언행을 교정하려는 목적에서 나온 것이었으며 다른 교육적 수단으로는 교정이 불가능하였던 경우로서 그 방법과 정

를 규정하고 있으며(동법 제18조 제 1 항), '지도'는 훈육·훈계 등에 의하여야 함이 원칙이고 교육상 불가피한 경우에만 신체적 고통을 가할 수 있다. 즉 동법상으로는 '체벌'이 '지도'의 한 경우로 규정되어 있으므로, '징계'와 '체벌'이 개념상 구별되고 있다.

1) 김일수/서보학, 369면; 배종대, 258면; 이재상, § 21, RN 8.
反旨 : 임웅, 201면.

2) 김성돈, 351면; 박상기, 156면; 손동권, § 15, RN 11; 오영근, § 18, RN 17.
헌결 2000. 1. 27, 99헌마481.

3) 대판 1986. 7. 8, 84도2922.

4) 대판 1976. 4. 27, 75도115.

5) 대판 1979. 9. 11, 79다522; 대판 1980. 1. 29, 79다1896.

6) 대판 1969. 2. 4, 68도1783.

7) 대판 2002. 2. 8, 2001도6468.

8) 대판 1978. 3. 14, 78도203.

9) 대판 1990. 10. 30, 90도1456.

10) 대판 1980. 9. 9, 80도762.

11) 대판 2004. 6. 10, 2001도5380.

도에서 사회통념상 용인될 수 있을 만한 객관적 타당성을 갖추었던 경우에만 法令에 의한 正當行爲로 볼 수 있을 것이다. 따라서 矯正의 目的에서 나온 지도행위가 아니어서 학생에게 체벌·훈계 등의 교육적 의미를 알리지도 않은 채 지도교사의 성격 또는 감정에서 비롯된 지도행위라든가, 다른 사람이 없는 곳에서 개별적으로 훈계·훈육의 방법으로 지도·교정될 수 있는 상황이었음에도 낯모르는 사람들이 있는 데서 공개적으로 학생에게 체벌·모욕을 가하는 지도행위라든가, 학생의 신체나 정신건강에 위험한 물건 또는 지도교사의 신체를 이용하여 학생의 신체 중 부상의 위험성이 있는 부위를 때리거나 학생의 성별, 연령, 개인적 사정에서 견디기 어려운 모욕감을 주어 방법·정도가 지나치게 된 지도행위 등은 특별한 사정이 없는 한 사회통념상 객관적 타당성을 갖추었다고 보기 어려운 것이다."

— 종래 우리 판례는 체벌을 징계권의 행사범위와 관련하여 검토해왔다. 그러나 이 판례에서는 징계와 지도를 구분하여 징계행위로서의 체벌은 금지되고 지도행위로서의 체벌도 교육상 불가피하고 사회상규에 부합하는 경우에만 허용될 수 있다고 보면서, 그 허용범위를 구체적으로 상세히 설시하고 있다.

3. 현행범인의 체포

현행범인은 누구든지 영장 없이 체포할 수 있다(형사소송법 제212조). 따라서 사인(私人)이 현행범인을 체포하더라도 체포죄(제276조)로 처벌되지 않는다. 현행범인의 경우에는 증거가 확보되어 있고, 도주의 우려도 인정되므로 국가가 사인에게 형사사법의 권한을 부여한 것이라고 할 수 있다.

여기서 위법성이 조각되는 대상은 체포에 직접적으로 필요한 행위, 즉 부득이한 폭행이나 협박, 체포행위 등에 국한되며, 체포행위의 한도를 넘는 것은 위법한 행위가 된다. 예컨대, 사인이 현행범인을 상해·살해하였거나,[1] 현행범인을 체포하기 위하여 타인의 주거에 침입하였다면 상해죄·살인죄나 주거침입죄의 위법성이 조각되지 않는다.

4. 쟁의행위

(1) 허용범위

爭議行爲라 함은 노동조합과 사용자 또는 사용자단체 간에 임금·근로

1) Schönke/Schröder, Vor §§32, RN 82.

시간·복지·해고 기타 대우 등 근로조건의 결정에 관한 주장의 불일치로 인하여 발생한 분쟁상태인 勞動爭議에 있어서 파업·태업·직장폐쇄 기타 노동관계 당사자가 그 주장을 관철할 목적으로 행하는 행위와 이에 대항하는 행위로서 업무의 정상적인 운영을 저해하는 행위를 말한다(노동조합 및 노동관계조정법 제2조 제5호, 제6호).

헌법은 근로자의 자주적인 단결권, 단체교섭권 및 단체행동권을 보장하고 있으며(헌법 제33조), 이에 기하여 '노동조합 및 노동관계조정법'은 쟁의행위의 허용범위에 관하여 규정하고 있다(동법 제37조, 제42조 등 참조). 근로자의 근로조건의 개선과 임금향상을 위한 교섭이 실패한 경우에 근로자의 쟁의행위는 법률에 규정된 범위 안에서 최후의 수단으로 허용된다. 근로자의 쟁의행위가 정당행위에 해당하기 위하여는, 첫째 그 주체가 단체교섭의 주체로 될 수 있는 자이어야 하고, 둘째 그 목적이 근로조건의 향상을 위한 노사간의 자치적 교섭을 조정하는 데에 있어야 하며, 셋째 사용자가 근로자의 근로조건개선에 관한 구체적인 요구에 대하여 단체교섭을 거부하였을 때 개시하되 특별한 사정이 없는 한 조합원의 찬성결정 등 법령이 규정한 절차를 거쳐야 하고, 넷째 그 수단과 방법이 사용자의 재산권과 조화를 이루어야 함은 물론 폭력의 행사에 해당되지 아니하여야 한다는 등의 조건을 모두 구비하여야 한다.[1] 그러므로 근로조건의 개선이나 임금향상과 관계없는 정치적 목적을 위한 쟁의행위나 정리해고(整理解雇)를 하지 말라는 것과 같은 단체교섭사항이 될 수 없는 것을 달성하려는 쟁의행위,[2] 직장의 안전보호시설의 유지·운영을 방해하는 행위 등은 허용되지 아니한다. 또한 쟁의행위가 위력·폭력이나 파괴행위를 수반하거나[3] 또는 다른 직원의 출입을 악의적으로 방해하는 등 고도의 반사회성을 띤 경우에도 쟁의행위의 위법성이 조각되지 아니한다고 본다. 爭議行爲의 目的 중 일부가 정당하지 못한 경우에는 주된 목적 내지 진정한 목적의 당부에 의해 쟁의목적의 당부를 판단해야 하며, 부당한 요구사항을 제외시켰다면 쟁의행위를 하지 않았을 것으로 인정되는 경우에는 쟁의행위 전체가 정당성을 갖지 못한다고 볼 것이다.[4]

---

1) 대판 1998. 1. 20, 97도588; 대판 2001. 10. 25, 99도4837; 대판 2003. 11. 13, 2003도687.
2) 대판 2001. 4. 24, 99도4893.
3) 대판 1990. 5. 15, 90도357.
4) 대판 2001. 6. 26, 2000도2871; 대판 2003. 2. 28, 2002도5881; 대판 2003. 12. 26, 2001도3380.

대판 1992. 9. 22, 92도1855 "쟁의행위는 근로자가 소극적으로 노무제공을 거부하거나 정지하는 행위만이 아니라 적극적으로 그 주장을 관철하기 위하여 업무의 정상적인 운영을 저해하는 행위까지 포함하므로, 쟁의행위의 본질상 사용자의 정상업무가 저해되는 경우가 있음은 부득이한 것으로서 사용자는 이를 수인(受忍)할 의무가 있으나, 이러한 근로자의 쟁의행위가 정당성의 한계를 벗어날 때에는 근로자는 업무방해죄 등 형사상 책임을 면할 수 없다. 쟁의행위의 형사상 책임이 면제되는 정당성의 요건은 쟁의행위가 단체교섭과 관련하여 근로조건의 유지·개선 등을 목적으로 하는 것이어서 그 목적이 정당하여야 하고, 쟁의행위의 시기와 절차가 법령의 규정에 따른 것으로서 정당하여야 하며 또 쟁의행위의 방법과 태양이 폭력 또는 파괴행위를 수반하거나 기타 고도의 반사회성을 띤 행위가 아닌 정당한 범위 내의 것이어야 한다."

— 이 판례에서는 쟁의행위의 정당성 즉 상당성이 인정되기 위한 요건을 천명하면서, 구(舊)노동쟁의조정법상의 사전신고(동법 제14조)나 냉각기간(동법 제16조)에 관한 규정을 위반한 쟁의행위도 경우에 따라서는 상당성을 인정받을 수 있다는 점을 언급하고 있으며,[1] 노동위원회의 조정절차도 쟁의행위가 정당한 것으로 판단되기 위해 반드시 거쳐야 하는 것은 아니라고 보고 있다.[2] 그러므로 노동위원회에 노동쟁의조정신청을 하여 조정기간이 끝난 후에 행한 쟁의행위[3]는 당연히 적법한 것으로 볼 수 있다. 이 점은 경제적·노동정책적 측면에서 의미를 가질 수 있다. 한편 다른 판례[4]에서는 쟁의행위를 함에 있어 조합원의 직접·비밀·무기명투표에 의한 찬성결정이라는 절차를 거쳐야 한다는 '노동조합 및 노동관계조정법' 제41조 제 1 항의 조항을 쟁의행위의 정당성을 담보하는 강행규정으로 이해하고 있다.

(2) 구체적인 유형

쟁의행위의 상당성의 한계는 제반사정에 비추어 구체적인 행위유형과 개별사안의 내용에 따라 판단될 문제라고 할 수 있다. 목적의 정당성, 법익의 균형성, 수단의 적합성, 행위의 긴급성과 보충성 등을 종합적으로 고려하여 이 기준을 쟁의행위의 각 유형별로 구체화시켜 나가야 할 것이다.

(가) 근로제공거부

勤勞提供拒否에 있어서, 예를 들어 병원노조의 쟁의행위가 병원 업무개

1) 同旨 : 대판 2007. 12. 28, 2007도5204.
2) 同旨 : 대판 2003. 12. 26, 2001도1863.
3) 대판 2001. 6. 26, 2000도2871.
4) 대판 2001. 10. 25, 99도4837.

시 전이나 점심시간을 이용하여 병원 현관에서 시위를 한 데 그친 경우[1]나 근무시간 중에 노조 임시총회를 개최하고 3시간 정도 쟁의찬반투표를 한 경우[2]는 적법한 것으로 볼 수 있다. 하지만 다수 근로자가 집단적 작업장이탈이나 결근 등 근로제공거부에 의해 사용자의 업무의 정상적 운영을 저해하여 손해를 발생하게 하는 것은 원칙적으로 위법한 것으로 판단된다.[3]

㈏ 점　거

직장 또는 사업장시설의 占據는 그 점거의 범위가 직장 또는 사업장시설의 일부분이고 사용자 측의 출입이나 관리지배를 배제하지 않는 병존적인 점거에 지나지 않을 때에는 정당한 쟁의행위로 볼 수 있으나, 직장 또는 사업장시설을 전면적·배타적으로 점거하여 조합원 이외의 자의 출입을 저지하거나 사용자 측의 관리지배를 배제하여 업무의 중단 또는 혼란을 야기하는 행위는 위법한 것으로 보아야 한다.[4]

이른바 생산관리는 점거와는 구별되어야 한다. 生産管理라 함은 근로자가 경영자 측의 지휘명령을 거부하여 자신들이 적극적으로 경영업무를 수행하는 경영방식을 가리킨다. 하지만 생산관리는 노동관계법이나 기업관계법 등에 의하여 허용되는 경우 외에는 경영권침해로서 위법한 것으로 봄이 타당하다.

㈐ 기업구조조정에 대한 쟁의

정리해고나 사업조직의 통폐합, 공기업의 민영화 등 企業構造調整 실시 여부는 경영주체에 의한 고도의 경영상 결단에 속하는 사항으로서 이는 원칙적으로 단체교섭의 대상이 될 수 없다. 그러므로 구조조정이 긴박한 경영상의 필요나 합리적인 이유 없이 불순한 의도로 추진되는 등의 특별한 사정이 없는 한, 노동조합이 구조조정의 실시 자체를 실질적으로 반대하거나 방해하기 위하여 쟁의행위에 나아간다면, 비록 구조조정의 실시로 인하여 근로자들의 지위나 근로조건의 변경이 필연적으로 수반된다 하더라도 그 쟁의행위는 목적의 정당성을 갖지 못한다.[5]

1) 대판 1992. 12. 8, 92도1645.
2) 대판 1994. 2. 22, 93도613.
3) 대판 1991. 4. 23, 90도2771; 대판 2004. 5. 27, 2004도689.
4) 대판 1990. 10. 12, 90도1431; 대판 1991. 6. 11, 91도383; 대판 2007. 12. 28, 2007도5204.
5) 대판 2002. 2. 26, 99도5380; 대판 2003. 12. 11, 2001도3429; 대판 2003. 12. 26, 2001도3380; 대판

㈑ 직장폐쇄

노동쟁의와 관련하여, 使用者의 職場閉鎖의 정당성이 검토될 필요가 있다.

사용자의 직장폐쇄는 사용자와 근로자의 교섭태도와 교섭과정, 근로자의 쟁의행위의 목적과 방법 및 그로 인하여 사용자가 받는 타격의 정도 등 구체적인 사정에 비추어 근로자의 쟁의행위에 대한 방어수단으로서 상당성이 있는 경우에만 사용자의 정당한 쟁의행위로 인정될 수 있다.[1] 그러므로 사용자의 직장폐쇄가 정당한 쟁의행위로 인정되지 아니하는 때에는 다른 특별한 사정이 없는 한 근로자가 평소 출입이 허용되는 사업장 안에 들어가는 행위는 주거침입죄를 구성하지 아니한다. 예를 들어, 노동조합이 파업을 시작한지 불과 4시간 만에 사용자가 바로 직장폐쇄조치를 취한 것은 정당한 쟁의행위로 인정되지 못하므로 사용자 측 시설을 정당하게 점거한 조합원들이 사용자로부터 퇴거요구를 받고 이에 불응하였더라도 퇴거불응죄는 성립되지 않는다.[2]

5. 기　　타

민법상 점유자의 자력구제(동법 제209조), 모자보건법에 의한 인공임신중절수술(동법 제14조), 한국마사회법상 승마투표권발매행위와 기타 법률상 인정된 복표의 발행 등도 법령에 의한 행위로 위법성이 조각된다.

Ⅲ. 業務로 인한 行爲

'업무로 인한 행위'란 사람이 사회생활상의 지위에 따라 계속·반복의 의사로 종사하는 사무의 수행으로서 행해지는 행위를 말한다.

'業務'는 사람이 사회생활상 계속적·반복적 의사로 행하는 사무를 의미한다. 업무는 타인의 위법한 침해로부터 보호할 가치가 있는 것이면 되고, 그 업무의 기초가 된 계약이나 행정행위 등이 반드시 적법하여야 하는 것은 아니다.[3] 업무로 인한 행위로서 구성요건해당성을 갖는 행위는 특히 법령에

2006. 5. 25, 2002도5577.

1) 대판 2002. 9. 24, 2002도2243; 대판 2007. 3. 29, 2006도9307.

2) 대판 2007. 12. 28, 2007도5204.

3) 대판 1996. 11. 12, 96도2214.

의한 것이 아니하더라도[1] 그 내용이 사회상규에 부합하는 경우에는 위법성이 조각된다.

'업무로 인한 행위'의 중요한 예로는 의사의 치료행위, 안락사, 성직자와 변호사의 업무상 행위 등을 들 수 있다.

1. 의사의 치료행위

치료행위란 주관적으로 치료의 목적을 가지고 객관적으로 의술의 법칙에 맞추어 의사에 의해 행하여지는 신체침해행위를 가리킨다. 치료행위가 환자의 건강을 개선·회복시키기 위한 행위이므로 의사에게 상해의 고의나 과실도 없는 많은 경우에 있어서는 상해죄나 업무상 과실치상죄의 구성요건해당성 자체가 부정될 수 있을 것이다.[2] 그러나 치료행위로 인하여 환자의 건강을 개선·회복시키지는 못한 채 신체를 침해한 失敗한 治療行爲의 경우는 상해죄의 구성요건에는 해당하지만 정당행위로서 위법성이 조각된다고 봄이 일반적 견해[3]이며, 종전 판례[4]의 입장이다. 물론 의사에 의해 행해지지 않았거나 또는 의술의 법칙에 반하여 행해진 신체침해행위는 환자의 건강을 개선·회복시켰는지의 여부와 관계없이 상해죄의 위법성을 갖는다고 볼 것이다.

환자의 의사(意思)를 전혀 고려하지 아니한 醫師의 專斷的 治療行爲에 대하여 항상 정당행위의 규정에 의해 위법성판단을 하는 것은 부당하다고 생각한다. 의사의 치료행위 중에서도 특히 환자의 의사를 고려해야 할 일정한 경우에는 환자의 승낙이나 추정적 승낙을 필요로 한다고 할 것이다.[5] 즉 그러한 경우는 정당행위가 아니라 피해자의 승낙에 관한 규정(제24조)에 입각하여 위법성에 관한 판단이 행해져야 한다고 본다. 우리의 의료현실에 있어선 의사의 설명의무도 인정되지 않고 있기 때문에, 특히 환자의 의사를 고려해야 할 치료행위에 있어선 환자의 자기결정권을 보호하기 위해서 의사의 전

---

1) '업무로 인한 행위'라도 법령상 근거가 있는 경우는 '법령에 의한 행위'로 분류된다고 본다(박상기, 156면; 이재상, §21, RN 12; 이형국, 272면).

2) Schönke/Schröder, §223, RN 32 이하; Welzel, 289면.

3) 배종대, 263면; 유기천, 193면; 정성근/박광민, 291면; 정영석, 145면.

4) 대판 1978. 11. 14, 78도2388; 대판 1986. 6. 10, 85도2133.

5) 박상기, 158-159면; 안동준, "치료행위의 본질과 환자의 결정권", 황산덕박사추모논문집, 1989, 418면 이하; 유기천, 193면; 이재상, §21, RN 14; 임웅, 207면; 정성근/박광민, 219면.

단적 치료행위의 위법성을 원칙적으로 인정함이 옳다고 생각한다. 판례[1]도, 종전의 입장을 바꿔, 의사의 자궁적출(子宮摘出)수술행위를 정당행위가 아닌 피해자의 승낙에 기한 위법성조각의 경우로 판단하고 있다.

미용을 위한 성형수술과 같은 治療類似行爲에 있어서도 상대방의 승낙이 있고 의사에 의해 의술에 따른 시술이 행해진 때에만 위법성이 조각된다고 할 것이다.

2. 안 락 사

安樂死(Euthanasie)란 빈사(瀕死)상태에 있는 환자의 고통을 덜어주기 위해 생명을 박탈하는 행위를 가리킨다. 안락사행위는 살인죄나 촉탁살인죄(제252조 제 1 항)의 구성요건에 해당하는 것이므로 피해자의 승낙(제24조)에 의해 위법성이 조각될 수는 없고, 정당행위에 해당되는 경우가 있을 뿐이다.

환자의 생명을 단축시키지 아니하는 眞正安樂死는 형법상 문제될 여지가 없다. 생명을 단축시키는 不眞正安樂死도 환자가 불치의 병환으로 사기(死期)에 임박해 있고, 고통이 극심하며, 환자의 의식이 명료한 때에는 그의 촉탁이나 승낙이 있고, 의사에 의해 의술에 입각하여, 환자의 고통을 덜어주기 위해 행해지는 경우엔 '업무로 인한 행위'로서 정당행위에 해당하는 것으로 봄이 타당하다.[2]

안락사는 腦死者에 대한 臟器摘出行爲와는 행위의 내용이나 법적 성격에 있어서 구별되어야 한다.

3. 기　타

(1) 성직자의 업무상 행위

聖職者가 고해성사를 통하여 범인을 알게 되었더라도 그 사실을 신고하지 아니한 경우엔 헌법상 종교의 자유의 범위에 포함되는 것으로서 형법상 범인은닉죄(제151조 제 1 항)로 처벌될 수 없다고 보아야 하겠다. 그러나 그러한

---

1) 대판 1993. 7. 27, 92도2345.

2) 유기천, 194면; 이형국, 276면; 정성근/박광민, 289면.

부진정안락사는 어떠한 경우에도 위법성이 조각되지 않는다고 보는 견해(황산덕, 150면)와 환자의 고통을 제거하기 위하여 적극적으로 살해하는 직접적·적극적 안락사는 절대 허용될 수 없다고 보는 견해(김일수/서보학, 376면; 배종대, 267면; 이재상, §21, RN 17)도 있다.

정도를 넘어서 은신처를 마련한다거나 도피자금을 제공하는 등 적극적으로 나서서 범인을 은닉시키는 행위는 성직자의 정당한 직무에 속하는 것이 아니고 엄연히 위법성을 갖는다.[1]

(2) 변호사의 업무상 행위

辯護士의 경우에도 그가 피고인에 대한 보호자로서의 지위를 넘어서 사법권을 침해하는 정도로 중대하게 眞實義務를 위반한 증거인멸이나 범인은닉 등의 행위는 위법성이 조각되지 아니한다고 봄이 옳다. 변호사가 법정에서 변론의 필요상 개인의 명예를 훼손하는 사실을 적시하거나 타인의 비밀을 누설한 경우는 업무로 인한 행위에 해당되어 명예훼손죄(제307조)나 업무상 비밀누설죄(제317조)가 성립하지 않는다. 그러므로 변호사가 법정 밖에서 신문기자에게 행한 발언에 있어선 위법성이 조각되지 못한다고 보아야 한다.

Ⅳ. 기타 社會常規에 違背되지 아니하는 行爲

1. 의 의

'사회상규에 위배되지 아니하는 행위'라 함은 법질서 전체의 정신이나 그 배후에 있는 사회윤리 내지 사회통념에 비추어 용인될 수 있는 행위를 말한다.[2] 여기서 '社會常規'라 함은 국가의 법질서 전체에 토대한 국민 일반의 사회생활상의 건전한 윤리감정 내지는 규범의식을 의미한다고 할 수 있다. '사회상규에 위배되지 아니하는 행위'를 '법령에 의한 행위', '업무로 인한 행위'와는 별개의 독자적인 관습법적 위법성조각사유로 보는 견해[3]도 있지만, '사회상규'가 형법규정에 명문으로 입법된 이상은 이를 '관습법적' 요소로 파악할 수는 없다고 생각한다.

대판 1994. 4. 15, 93도2899 "어떠한 행위가 정당행위로서 위법성이 조각되는 것인지는 구체적인 경우에 따라서 합목적적, 합리적으로 가려져야 할 것인바, 정당행위를 인정하려면 첫째 그 행위의 동기나 목적의 상당성, 둘째 행위의 수단이나 방법의 상당성, 셋째 보호이익과 침해이익의 법익권형성, 넷째

1) 대판 1983. 3. 8, 82도3248.
2) 대판 2002. 12. 26, 2002도5077; 대판 2003. 9. 5, 2003도2903; 대판 2004. 6. 10, 2001도5380.
3) 김영환, "형법 제20조 정당행위에 관한 비판적 고찰", 김종원교수화갑기념논문집, 1991, 140면.

긴급성, 다섯째 그 행위 외에 다른 수단이나 방법이 없다는 보충성 등의 요건을 갖추어야 할 것이다."

— 우리 판례[1]는 사회상규에 위배되지 아니하는 행위인지의 여부에 관한 판단에 있어서 일관되게 이와 같은 요건을 요구하고 있다.

사회상규에 위배되지 아니하는 행위로 인정되기 위해서는 행위의 동기나 목적의 정당성, 행위의 수단이나 방법의 상당성, 보호이익과 침해이익의 균형성, 그 행위 이외에 다른 수단이나 방법이 없다는 보충성, 긴급성 등의 요건을 갖추어야 한다.[2] 이들 요건 중 하나라도 결여된 경우에는 정당행위가 인정되지 못한다 할 것이다. 그러므로 설사 행위의 동기나 목적의 정당성이 인정되는 경우라 하더라도, 행위의 수단이나 방법이 살해[3]나 주거침입·도청기설치,[4] 감금,[5] 문서변조[6] 또는 재물강취,[7] 사무실집기의 반출[8] 등과 같이 상당성을 갖지 못하는 경우에는 위법성이 조각되지 아니한다. 이들 요건의 존부에 관하여는 구체적인 사정 아래에서 합목적적·합리적으로 고찰하여 개별적으로 판단하여야 한다. 하지만 이 요건들을 너무 엄격히 적용하게 되면 다른 위법성조각사유들과의 관계에 있어서 형평에 어긋나게 되고, 정당행위의 위법성조각사유의 일반법규정으로서의 성격에 반하게 되는 결과가 야기되므로 적정한 해석과 적용이 요구된다.[9]

'법령에 의한 행위'나 '업무로 인한 행위'에 해당하지 아니하는 경우에도 '사회상규에 위배되지 아니하는 행위'로서 위법성이 조각될 수가 있다. '사회상규'는 정당행위 전반에 있어서 위법성판단에 관한 일반원리로 기능하는 개념이므로, '법령에 의한 행위'나 '업무로 인한 행위'에 해당하는 행위라 하더라도 그 내용에 있어서 실질적으로 사회상규에 위배되는 것으로 판단되는

1) 대판 1986. 10. 28, 86도1764; 대판 1994. 4. 15, 93도2899; 대판 2000. 4. 25, 98도2389; 대판 2003. 9. 26, 2003도3000; 대판 2006. 4. 27, 2003도4735.
2) 대판 1986. 10. 28, 86도1764; 대판 1994. 4. 15, 93도2899; 대판 2001. 2. 23, 2000도4415; 대판 2004. 8. 20, 2003도4732; 대판 2006. 4. 27, 2005도8074.
3) 대판 1997. 11. 14, 97도2118.
4) 대판 1997. 3. 28, 95도2674.
5) 대판 2001. 2. 23, 2000도4415.
6) 대판 1992. 10. 13, 92도1064.
7) 대판 2000. 2. 25, 99도4305.
8) 대판 2006. 4. 13, 2003도3902.
9) 同旨 : 최병각, "정당행위와 사회상규", 형사판례연구 10, 2002, 132-133면.

경우에는 위법성이 인정된다고 봄이 타당하다.[1)]

'社會常規'는 우리 형법 특유의 개념이며, 이는 행위의 위법 여부에 관한 판단의 기준이 된다. 이에 대하여 '社會相當性'(Sozialadäquanz)은 역사적으로 형성된 사회질서에 부합함을 의미하는 개념으로서 행위의 구성요건해당성 자체를 조각시키는 기능을 한다는 점에서 '사회상규'와 구별된다.[2)] 예를 들어, 노선버스가 일정한 정거장에서만 정차함으로써 승객이 하차하고 싶은 위치에서 내리지 못하게 하였더라도 그 버스운전기사의 운전행위는 사회상당성을 갖는 것으로서 감금죄의 구성요건해당성을 결여하게 된다.

2. 구체적인 예

(1) 징계행위

法令上 懲戒權 없는 자의 징계행위도 사회상규에 위배되지 아니하면 위법성이 조각된다고 본다.[3)] 예컨대, 철로 위에서 장난하는 아동을 보고 지나가던 타인이 적당히 징계를 한 경우나 부모에게 행패를 부리는 자식을 이웃 어른이 나무라는 것이 이에 해당한다고 하겠다. 그러나 상사(上士)계급의 군인이 얼차려의 결정권자도 아니면서 소속부대의 얼차려지침상 허용되지 않는 속칭 '원산폭격' 등을 지나친 정도로 부대원들에게 지시한 것은 사회상규에 위배되는 징계행위로서 강요죄(제324조)에 해당한다고 보아야 한다.[4)]

체벌도 그것이 교육적 목적을 위하여 적절한 방법으로 사회상규의 범위 안에서 행해진 경우에는 위법성이 조각된다.

(2) 치료행위

醫師 아닌 자의 무면허 치료·시술(施術)행위도 그 목적과 방법·정도가 사회상규에 위배되지 않는 한 구체적인 상황에 따라 위법성이 조각된다고 볼 수 있다.

---

1) 김성돈, 344면; 이재상, §21, RN 3.
2) Jescheck/Weigend, 252면; Roxin Ⅰ, §10, RN 34; Welzel, 55-58면.
3) 대판 1978. 12. 13, 78도2617.
4) 대판 2006. 4. 27, 2003도4151.

대판 2003. 5. 13, 2003도939 "일반적으로 면허 또는 자격 없이 침술(鍼術)행위를 하는 것은 의료법 제25조의 무면허의료행위(한방의료행위)에 해당되어 같은 법 제66조에 의하여 처벌되어야 하는 것이며, 그 침술행위가 광범위하고 보편화된 민간요법이고 그 시술로 인한 위험성이 적다는 사정만으로 그것이 바로 사회상규에 위배되지 아니하는 행위에 해당한다고 보기는 어렵다 할 것이고, 다만 개별적인 경우에 그 침술행위의 위험성의 정도, 목적·방법·횟수, 시술에 대한 지식수준, 시술경력, 피시술자의 나이·체질·건강상태, 시술행위로 인한 부작용 내지 위험발생가능성 등을 종합적으로 고려하여 법질서 전체의 정신이나 그 배후에 놓여 있는 사회윤리 내지 사회통념에 비추어 용인될 수 있는 행위에 해당한다고 인정되는 경우에만 사회상규에 위배되지 아니하는 행위로서 위법성이 조각된다."

— 수지침(手指鍼) 시술행위[1]와 무면허자에 의한 부항시술행위[2] 대하여도 같은 취지의 판결이 내려졌다.

외국에서 침구사(鍼灸師)자격을 취득하였으나 국내에서 침술행위를 할 수 있는 면허나 자격을 취득하지 못한 자가 단순한 수지침 정도의 수준을 넘어 체침(體鍼)을 시술한 경우[3]와 의사가 모발이식시술을 하면서 이에 관하여 어느 정도 지식을 갖고 있는 간호조무사로 하여금 그 시술행위 중 일정 부분을 직접 하도록 맡겨둔 채 별반 관여하지 않은 경우[4]도 사회상규에 위배되지 아니하는 행위로 인정될 수 없다고 본다.

(3) 기 타

상대방의 도발[5]이나 폭행,[6] 강제연행[7] 등을 피하기 위하여 행해진 消極的 抵抗行爲[8]나 자기 또는 타인의 權利를 實行하기 위해 상대방이 의무를

1) 대판 2000. 4. 25, 98도2389.

2) 대판 2004. 10. 28, 2004도3405.
부항(附缸)이라 함은 고름이나 부스럼의 상한 피를 빼내는 행위를 가리킨다.

3) 대판 2002. 12. 26, 2002도5077.

4) 대판 2007. 6. 28, 2005도8317.
이 경우에는 의사의 행위뿐만 아니라 간호조무사의 행위에 대해서도 사회상규에 위배되는 것으로 판단된 것으로 볼 수 있다.

5) 대판 2000. 3. 10, 99도4273.

6) 대판 1989. 11. 14, 89도1426; 대판 1992. 3. 10, 92도37; 대판 1995. 8. 22, 95도936; 대판 1996. 5. 28, 96도979.

7) 대판 1990. 1. 23, 89도1328.

8) 소극적 저항행위에 있어서는 정당방위를 인정함이 타당하다고 보는 견해(박상기, 164면)도 있다.

이행하지 않으면 고소하거나[1] 구속시키겠다고[2] 하는 행위 등도 사회상규에 위배되지 아니하는 한도 안에서 정당행위로 다루어지고 있다.

그 밖의 예를 몇 가지 보도록 한다. 공직선거후보자에 대한 市民團體의 落選運動은 '공직선거 및 선거부정방지법'의 선거운동제한규정이 헌법재판소에 의해 명백히 위헌이라고 결정된 것이 아닌 한 헌법상의 기본권행사의 범위 안에 속하는 시민불복종운동으로 인정될 수 없으며, 따라서 형법상 '사회상규에 위배되지 아니하는 행위'에도 해당되지 않는다.[3] 그밖에 집회나 시위에서의 확성기 사용도 의견의 전달을 위해 필요한 범위를 넘어서 부근 통행이나 인근 사무실 내의 전화통화나 대화를 어렵게 할 정도면 정당행위에 해당되지 못한다고 본다.[4] 또한 골프클럽 경기보조원들의 구직편의를 위해 제작된 인터넷사이트 내 회원게시판에 자신이 속해 있는 골프클럽에서 운영된 징벌적 근무제도를 비판하면서 그 제도를 다른 클럽에서 담당하고 있는 자에 대하여 '한심하고 불쌍한 인간'이라는 모욕적 표현을 하였더라도 그 게시의 동기와 경위, 모욕적 표현의 정도와 비중 등에 비추어 그런 표현은 사회상규에 위배되지 않는다고 할 것이다.[5] 그리고 宗敎的 祈禱行爲의 일환으로서 기도자의 기도에 의한 염원 내지 의사가 상대방에게 심리적 또는 영적으로 전달되는 데 도움이 된다고 인정될 수 있는 한도 내에서 상대방의 신체의 일부에 가볍게 손을 얹거나 약간 누르면서 병의 치유를 간절히 기도하는 행위는 그 목적과 수단 면에서 정당성이 인정된다고 볼 수 있지만, 그러한 종교적 기도행위를 마치 의료적으로 효과가 있는 치료행위인 양 내세워 환자를 끌어들인 다음 통상의 일반적인 안수(按手)기도의 방식과 정도를 벗어나 환자의 신체에 비정상적이거나 과도한 유형력을 행사하고 신체의 자유를 과도하게 제압하여 그 결과 환자의 신체에 상해까지 입힌 경우라면 그러한 유형력의 행사가 비록 안수기도의 명목과 방법으로 이루어졌다 해도 사회상규에 위배되지 않는 정당행위라고 볼 수 없다.[6]

---

1) 대판 1971. 11. 9, 71도1629.
2) 대판 1977. 6. 7, 77도1107.
3) 대판 2004. 4. 27, 2002도315.
4) 대판 2004. 10. 15, 2004도4467.
5) 대판 2008. 7. 10, 2008도1433.
6) 대판 1994. 8. 23, 94도1484; 대판 2006. 3. 10, 2005도10250; 대판 2008. 8. 21, 2008도2695.

제5장

責　任

제1절　基本理論

Ⅰ. 責任의 意義

1. 개　　념

刑法上 責任(Schuld)은 위법한 행위를 한 자에 대하여 가하여지는 主觀的·人格的 非難可能性(Vorwerfbarkeit)을 가리킨다. 즉 행위자가 위법한 행위를 하는 방향으로 자신의 의사를 형성한 데 대하여 비난할 수 있는지에 관한 판단이 책임판단이라고 할 수 있다.[1] 책임판단은 행위자의 행위가 구성요건에 해당하고 위법한 것으로 인정된 다음 단계에 행해지게 된다.

형법상 행위자에게 책임이 인정되기 위해서는 행위자에게 책임능력이 있어야 하고, 책임형식으로서의 고의·과실과 위법성에 대한 인식·인식가능성, 적법행위에의 기대가능성 등이 갖추어져 있어야 한다.

違法性은 구성요건해당행위에 대해 전체 법질서의 관점에서 행해지는 객관적 가치판단임에 반하여, 責任은 위법한 행위를 저지른 行爲者의 행위 당시의 主觀的 狀況에 대한 價值判斷인 점에서 양자는 구별된다. 그리고 형법상 책임은 어디까지나 법적 책임이라는 점에서 도덕적·종교적 책임과 구별된다. 따라서 양심범이나 확신범에 대해서도 형법상 책임은 당연히 인정된다.

---

1) Jescheck/Weigend, 404면.

2. 민법상 책임과의 구별

형법상 책임(형사책임)과 민법상 책임(민사책임)은 법적 책임이라는 점에서 동일하다. 그러나 형사책임은 국가의 공형벌권의 정당한 실현을 위한 근거가 되는 개념임에 반하여, 민사책임은 사인(私人) 사이의 법률관계에서 발생한 손해의 공평한 보상을 목적으로 하는 개념이라는 점에서 기본적인 차이를 보인다.

민사책임에 있어서는 원칙적으로 故意와 過失을 구별하지 않고 동등하게 평가함에 반하여(민법 제390조 단서, 제750조 참조), 형사책임에 있어서는 원칙적으로 고의만을 처벌한다(제13조 본문, 제14조). 또 민사책임에 있어서는 경우에 따라 無過失責任도 인정됨에 반하여, 형사책임에 있어서는 책임주의의 원칙이 적용되어 무과실책임은 인정되지 않는다. 또한 私的 自治의 原理가 지배하는 민사책임에 있어서는 당사자 사이의 합의에 기한 조정이 가능한 반면에, 형사책임은 국가의 공형벌권의 정당한 실현을 목표로 하는 개념이기 때문에 국가와 범죄인 사이에서 결정되고 피해자는 형사책임을 결정하는 형사절차에 있어서 당사자의 지위를 갖지 못하는 것이다.

Ⅱ. 責任主義

오늘날의 형법에 있어서 형벌은 책임을 전제로 하여 그 범위 내에서만 부과되어야 한다. 이를 責任主義(Schuldprinzip) 原則이라 하며, "책임 없으면 형벌 없다"는 말로 표현된다. 형법상 책임주의 원칙에 관한 명문의 근거규정은 마련되어 있지 않지만 헌법상 법치주의와 자유민주주의의 기본원리에 토대하여 볼 때 이는 당연한 요청이라고 할 수 있다.[1)]

형법의 해석과 적용에 있어서 책임은 형벌의 전제가 되므로 행위자에게 책임이 없는 경우에는 그 행위나 결과만을 근거로 하여 처벌할 수는 없다. 또한 책임이 인정되는 경우에 있어서도 형벌은 책임의 범위를 넘어서 부과될 수는 없다.

물론 행위자의 주관적 상황에 대한 명확한 인식·판단이라는 것이 매우

1) 박상기, 217면; 이재상, § 22, RN 1; 임웅, 265면.

어려운 작업이기 때문에 오늘날의 형법에 있어서도 행위나 결과라는 객관적 사태를 책임과 형벌의 판단에 있어서 중요한 기준의 하나로 삼을 수밖에 없는 한계가 있기는 하지만, 국가의 자의적(恣意的) 형벌권남용으로부터 개인의 권리와 자유를 보장한다는 책임주의 원칙이 갖는 취지는 형법의 해석과 적용에 있어서 반드시 지켜져야 하는 것이다.

Ⅲ. 責任의 根據

형법상 책임은 인간의 意思決定의 自由를 근거로 한다. 책임주의 원칙에 비추어 이는 당연한 요청이다. 행위자에게 자신의 의사에 따라 범죄 아닌 적법한 다른 행위를 선택·결정할 수 있는 능력과 기회가 있을 때에만 범죄행위에 대하여 행위자를 비난할 수 있는 것이기 때문이다. 이 점이 형법상 책임의 근거에 관한 논의이다.

형법상 의사결정의 자유의 존부 내지는 책임의 근거에 관하여서는 도의적 책임론, 사회적 책임론과 인격적 책임론이 대립하고 있다.

1. 도의적 책임론

道義的 責任論은 自由意思의 存在를 전제로 하는 전통적인 고전학파의 책임이론이다. 이는 '행위자'보다 '행위'에 중점을 두는 객관주의 이론이며, 형벌의 본질을 도의적 비난에 근거한 응보로 이해하는 응보형주의와 연관된다. 인간은 누구나 자유롭게 합리적인 의사결정을 할 수 있다고 보는 抽象的·觀念的 人間觀에 토대하고 있다.

도의적 책임론에서는 '책임'을 위법행위를 한 행위자에 대하여 도의적으로 비난을 가하기 위한 요건, 즉 '도의적 비난가능성'으로 이해한다. 즉 이 이론은 非決定論(indeterminism)의 입장에서 모든 개인은 자유의사를 갖는다는 전제 아래 행위자는 그 자유로운 의사결정에 기하여 위법한 행위를 하였기 때문에 도의적 비난을 받는다고 설명한다. 意思責任·行爲責任에 입각하여 책임개념을 구성하는 것이다.

도의적 책임론에서는 책임의 근거를 자유의사에 두기 때문에 자유의사가 없는 책임무능력자는 범죄무능력자로서 그에게는 형벌을 과할 수 없게 된다. 따라서 도의적 책임론에 따르면 책임능력은 범죄능력을 의미하며, 책임무능력자에게 부과되는 보안처분과 책임능력자에게 부과되는 형벌의 질적 차이가 인정된다.

2. 사회적 책임론

社會的 責任論은 인간은 사회생활을 하고 있다는 현실에 토대하여, 형법상 책임의 근거를 人間의 反社會的 性格에서 구한다. 즉 반사회적인 위험한 성격을 갖고 있는 행위자가 사회방위처분을 받아야 할 지위가 곧 '책임'이라고 이해하는 것이다. 범죄론에 있어서의 주관주의, 형벌론에 있어서의 목적형주의와 결합되는 책임론으로서 근대학파의 입장이다. 현실사회에서 생활하는 구체적 인간의 실상에 토대한 具體的·現實的 人間觀에 토대하고 있다.

사회적 책임론에서는 행위자를 사회적으로 비난하기 위한 요건을 책임이라고 보아, 책임을 행위자에 대한 사회방위처분을 위한 요건으로 이해한다. 사회적 책임론에 의하면 자유의사의 개념은 부정된다. 인간에게 있어서 자유의사란 주관적 환상에 불과한 것으로 본다. 즉 決定論(determinism)의 입장에서 범죄는 행위자의 소질과 환경에 의하여 필연적으로 유발되는 것으로 보게 된다. 그리고 행위는 행위자의 반사회적 성격의 징표에 불과한 것이라고 하고, 개개의 구체적 행위에 의하여 표현되는 행위자의 위험한 성격인 반사회성을 책임의 근거로 보는 이른바 性格責任·行爲者責任의 개념을 제시한다.

사회적 책임론은 행위자의 반사회적 성격을 책임의 기초로 하므로, 책임무능력자라도 반사회적 성격이 인정되면 사회방위처분의 부과대상이 된다고 본다. 따라서 책임능력은 형벌에 의한 범죄행위자의 개선가능성을 의미하는 형벌능력 또는 수형능력(受刑能力)을 의미하게 되고, 형벌과 보안처분은 그 대상을 달리할 뿐 사회방위의 수단인 점에서 질적 차이가 없게 된다.

3. 인격적 책임론

人格的 責任論에서는 인간이 소질과 환경의 제약을 받으면서도 기본적으로는 일정한 의사결정과 행동의 자유를 가지는 것으로 본다. 즉 인격적 책임론은 기본적으로 相對的 非決定論에 해당하며, 도의적 책임론에 토대하고

있다. 결정론과 비결정론에 입각해서는 인간의 형법상 책임을 구명할 수 없다고 보는 것이다.[1] 즉 인격적 책임론은 인간이 소질과 환경 그 자체를 어느 정도까지는 지배할 수 있다고 보는 主體的·人格的 人間觀을 전제하고 있는 것이다.

인격적 책임론은 행위자의 구체적 행위뿐만 아니라 그 배후에 잠재된 인격도 책임의 기초로 보고, 의사책임과 성격책임의 종합적 개념으로서의 행장(行狀)책임·人格責任에 입각하여 형법상 책임의 근거를 이해하는 입장이라고 할 수 있다.

4. 검 토

도의적 책임론은 자유의사를 전제로 한다. 그러나 인간의 행위가 반드시 행위자의 자유로운 의사에 의하여 결정된다고는 할 수 없고, 소질이나 환경과 같은 인과적 요인에 의하여도 영향을 받고 있음을 부인할 수 없다. 다른 한편 사회적 책임론에서와 같이 범죄행위자가 소질과 환경에 의하여 어느 정도까지는 지배된다고 볼 수도 있으나, 본능적으로 움직이는 동물과는 달리 인간에게는 기본적으로 자유의사가 존재함을 부정할 수 없다. 이런 점에서 인격적 책임론은 도의적 책임론과 사회적 책임론을 지양하여 등장한 이론이라고 할 수 있다. 인격적 책임론이 절충적 이론으로서의 특성상 도의적 책임론과 사회적 책임론의 결함을 모두 갖고도 있지만, 기본적으로 인간의 주체적 인격과 그에 토대한 인격형성의 의무, 결단능력을 인정한다는 점에서 타당한 입장이라고 본다.[2] 판례[3]의 기본적 입장도 마찬가지이다.

형법상 책임의 근거에 관한 논의의 실익은 예컨대 常習犯과 累犯에 대한 형법상 가중처벌규정의 타당성과 관련하여서도 인정될 수 있다. 도의적 책임론의 입장에서는 상습범과 누범에 대한 가중처벌은 당연한 요청으로 본다. 그러나 사회적 책임론에서는 상습범과 누범의 범죄를 사회적 책임으로 생각하게 되며, 그들에 대하여는 가중된 형벌이 아닌 보안처분이 필요하다고 본다. 즉 현행 형법상의 상습범과 누범에 대한 가중처벌규정은 입법자가 책

1) Jescheck/Weigend, 411면; Schönke/Schröder, Vor §§ 13, RN 109.
2) 同旨 : 이재상, § 22, RN 7.
3) 대판 1968. 4. 30, 68도400.

임과 운명을 혼동한 결과라고 본다.[1)]

하지만, 인간의 존재를 현실적으로 들여다 볼 때, 도의적 책임론이나 사회적 책임론 중 어느 하나에만 전적으로 의존하여 책임의 근거를 파악할 수는 없는 것이 사실이다. 극도로 어려운 현실상황 속에서도 스스로의 노력에 의하여 올바른 길을 힘들게 걷는 사람들이 이 사회에 적지 않다는 점은 인간의 주체적 인격성을 부인할 수 없는 토대가 된다고 생각한다. 그러므로 형법상 책임의 근거를 이해함에 있어서는 기본적으로 人格的 責任論에 입각함이 타당하며, 구체적인 범죄자가 특수한 인격의 소유자로 파악되는 경우에 있어서만 사회적 책임론에 따른 보완조치가 필요하게 된다고 봄이 타당하다. 누범과 상습범에 대하여 가중처벌을 규정하고 있는 우리 형법의 태도(제35조 제 2 항, 제264조 등)[2)]는 기본적으로 옳다고 생각한다.[3)]

Ⅳ. 責任의 構成要素

인격적 비난가능성으로서의 刑法上 責任概念의 法的 構成要素를 어떻게 이해하는가에 관하여는 심리적 책임론과 규범적 책임론의 견해가 대립하고 있다.

1. 심리적 책임론

心理的 責任論에서는 책임을 결과에 대한 행위자의 심리적 관계로 이해하여, 주관적·심리적 요소인 '故意·過失'만 있으면 책임형식은 구비되는 것으로 본다. 즉 고의·과실이 바로 책임 그 자체라고 한다. 고의·과실이 존재하면 그것으로 형법상 책임은 바로 인정되고, 그 안에 위법성의 인식·인식가능성, 기대가능성 등의 요소가 모두 포함되어 있는 것으로 보는 입장이다.[4)] 즉 이 책임론에서는 고의·과실을 사실적·자연적 의미로 파악한다고 볼 수 있다.

---

1) 독일 형법에서는 1970년의 개정을 통하여 상습범에 대한 일반적 가중처벌규정은 폐지되었지만, 일부 범죄에 관해서는 아직도 개별적인 상습범처벌규정을 두고 있다.
2) 양형의 조건에 관한 제51조의 규정도 인격적 책임론의 입장을 보여주고 있다.
3) 同旨 : 최병각, "상습범의 법제와 개선방향", 비교형사법연구 3·2, 2001, 263면.
反旨 : 원형식, "상습범과 누범의 가중처벌의 문제", 형사법연구 22(특집호), 2004, 571면.
4) 책임의 구성요소 중 '책임능력'은 責任形式인 고의·과실과는 독립된 責任條件으로 이해되고 있다.

인과적 행위론과 부합하는 책임론이라고 할 수 있다.

2. 규범적 책임론

規範的 責任論에서는 책임을 범죄행위에로의 의사형성과 의사실현에 대한 비난가능성으로 이해한다.

메츠거(Edmund Mezger)[1]의 複合的 責任概念에 따르면 책임형식인 심리적 요소로서의 고의·과실과 책임내용인 규범적 요소로서의 기대가능성의 결합이 바로 형법상 책임이라고 한다. 따라서 고의·과실이 있더라도 기대가능성이 없으면 책임은 조각되게 된다. 심리적 책임론에 따라 주관적·심리적 요소만 갖고는 형법상 책임을 완전히 설명할 수 없는 경우가 있음이 밝혀지면서,[2] 기대가능성이라는 규범적 요소에 의한 보완을 통해서 책임개념을 구성하게 된 것이다.

책임의 규범적 요소로서의 기대가능성 개념과 주관적 불법요소의 발견을 통하여 야기된 범죄론체계상 혼란을 해결하기 위하여 벨첼(Welzel)에 의해 목적적 행위론이 등장하면서 고의·과실은 범죄론체계상 '행위'와 '구성요건'의 단계로 완전히 위치를 옮기고 순수한 규범적 책임론이 확립되게 되었다.[3] 규범적 책임론에 따르면 책임은 期待可能性이라는 규범적 요소를 본질로 하는 비난가능성으로 파악되었다.

3. 검　토

심리적 책임론에 따르게 되면, 책임무능력자나 강요된 행위의 피강요자와 같이 기대가능성이 인정되지 않는 경우의 행위자도 고의를 갖고 있으면 결과에 대한 심리적 관계는 인정되지만 그럼에도 불구하고 그 책임이 부정되는 이유를 설명할 수가 없게 된다. 그리고 '인식 없는 과실'의 경우에는 결과에 대한 행위자의 심리적 관계가 아예 없으므로 심리적 책임론에 따르면 책임을 인정할 수 없게 된다. '인식 없는 과실'에 있어서도 결과발생을 인식

1) 메츠거의 범죄이론(同人, *Moderne Wege der Strafrechtsdogmatik*, 1950 참조)은 현대형법학의 범죄론체계의 근간을 이루고 있다고 할 수 있다.
2) 독일의 '줄을 잡는 말 사건'(Leinenfängerfall)(RGSt 30, 25).
3) 규범적 책임개념은 원래 프랑크에 의하여 주장되었다(R. v. Frank, *Aufbau des Schuldbegriffs*, 1907 참조).

하지 못하였다는 데 대한 과실책임을 인정하여야 한다는 점에서 규범적 책임론의 필요성이 대두된 것으로 볼 수 있다.[1] 하지만 또 규범적 책임론에 따르게 되면 기대가능성이라는 규범적 요소에 의거하여 책임개념을 구성하게 되어 책임판단의 기준은 있지만 그 대상은 갖지 못함으로써 결과적으로 責任槪念의 空洞化가 초래되게 되었다.[2]

이런 사정에 기하여 오늘날에 와서는 책임판단의 대상으로서의 고의·과실과 책임판단의 기준으로서의 기대가능성을 모두 책임의 요소로 파악하는 입장이 통설적 위치를 갖게 되었다. 즉 이제 책임능력, 고의·과실, 위법성의 인식·인식가능성 그리고 기대가능성 등이 모두 형법상 책임의 요소로 자리 잡게 된 것이다.[3]

물론 책임요소로서의 고의·과실인 責任故意·過失은 '인식의 내용'을 의미하는 구성요건요소로서의 고의·과실인 구성요건고의·과실과는 달리 '認識의 方向' 또는 '志向(意思)의 反價値性'을 가리키는 것이다. 이러한 해석은 종전의 복합적 책임개념과 외관상으로는 유사하게 보이지만, 메츠거의 복합적 책임개념에 따르면 고의·과실은 여전히 심리적 책임론에서와 마찬가지로 책임의 요소로만 파악되고 있는데 반하여 오늘날의 통설에서는 고의·과실을 구성요건요소로 보는 외에 책임요소로도 파악하는 것이라는 점에서 차이를 보인다 하겠다.[4]

최근에는 형법상 책임의 본질을 일반예방이라는 형사정책적 목적에 입각하여 파악하는 機能的·豫防的 責任論[5]이 록신(Roxin), 야콥스(Jakobs) 등에 의하여 제시되고 있다. 행위 당시의 행위자의 구체적인 현실적·주관적 사정에 대한 가치판단으로서의 책임의 존부는 법관에 의하여 명확히 판단될 수 없으므로, 형법상 책임은 형벌의 목적과 관련하여 체계상 기능의 관점에서 파악될 때에만 의미가 명확해진다고 하는 것이 그 주장내용이다. 록신은, 이런 입장에 서서, 책임

---

1) 대판 1984. 2. 28, 83도3007 참조.

2) Arthur Kaufmann, *Das Schuldprinzip*, 2. Aufl., 1976, 174-175면.

3) 오늘날의 이러한 견해를 '복합적 책임개념'(der komplexe Schuldbegriff)으로 칭하기도 한다(Gallas, "Zum gegenwärtigen Stand der Lehre vom Verbrechen", ZStW 67, 1955, 29면 이하; Arthur Kaufmann, *Schuldprinzip.*, 1976, 182-183면; Schönke/Schröder, Vor §§ 13, RN 114 등 참조).

4) 또한 구성요건고의·과실이 인정되면 책임고의·과실의 존재도 징표되는 것이므로 책임요소로서의 책임고의·과실의 의미에 관해서는 책임론에서 다시 논하지 않는다.

5) 하인쯔 찌프(김영환/허일태/박상기 譯), 형사정책, 1993, 102면 이하.

과 형벌의 상호관련성에 토대하여 책임개념의 보완을 처음으로 시도하였다.[1] 그의 이론은 형벌이론에 있어서 이른바 결합설의 모습으로 구체화되고 있다. 그 후 야콥스와 쉬네만(B. Schünemann) 등은 형법상 책임개념을 형사정책상의 목적인 '예방'개념에 의하여 완전히 대체시킨 순수한 의미의 예방형법의 체계를 제시하였다.[2] 그러나 이들의 견해는 형법과 형사정책의 관계를 혼동하여 책임주의 원칙을 흔들어 놓게 되는 폐단을 안고 있다고 하겠다.

제 2 절 責任能力

Ⅰ. 意　義

책임능력(Schuldfähigkeit)이라 함은 행위자가 스스로 사물을 변별하고 의사를 결정할 수 있는 능력을 가리킨다. 그러므로 책임능력에는 자기가 하고자 하는 행위가 어떠한 의미를 가지고 있는가를 통찰할 수 있는 事物辨別能力(知的 要素)과 이러한 통찰에 맞추어 자기의 의사를 결정할 수 있는 意思決定能力(意的 要素)이 포함된다.

책임능력은 형법상 책임판단에 있어서 責任條件으로서의 성격을 갖는 것이므로 책임에 대한 실질적 판단에 앞서서 심사되어야 하는 요소이다.

Ⅱ. 本　質

책임능력의 본질에 관하여서는 도의적 책임론, 사회적 책임론과 인격적 책임론이 달리 이해하고 있다.

1. 도의적 책임론의 입장

道義的 責任論에서는 책임능력을 행위의 시비(是非)·선악을 변별하여 이

1) Roxin, "„Schuld" und „Verantwortlichkeit" als strafrechtliche Systemkategorien", *Fest. für H. Henkel*, 1974, 171면 이하.

2) Jakobs, *Schuld und Prävention*, 1976, 32면; Schünemann, "Die Funktion des Schuldprinzips im Präventionsstrafrecht"(in : 同人, *Grundfragen des modernen Strafrechtssystems*, 1984), 153면 이하.

에 따라 의사를 결정할 수 있는 능력이라고 설명한다. 즉 책임능력을 의사능력 내지 犯罪能力의 의미로 이해한다.

도의적 책임론에 따르면 책임의 근거가 의사결정의 자유에 있으므로 그 자유가 있는 자만이 도의적으로 비난받을 만한 행위를 할 수 있다고 보게 된다.

2. 사회적 책임론의 입장

社會的 責任論에서는 책임능력을 행위자에 대해 형벌을 부과함으로써 사회방위의 효과를 거둘 수 있는 행위자의 적격 내지는 능력이라고 본다. 즉 책임능력은 刑罰能力 또는 수형능력 내지는 형벌적응능력으로 이해된다.

사회적 책임론에서는 사회적 비난의 의미를 이해할 수 있는 책임능력자의 경우에만 형벌이 사회방위의 효과를 가져올 수 있으므로 그에게는 형벌을 부과하고, 그렇지 못한 책임무능력자에겐 보안처분을 과하여야 한다고 주장한다.

3. 우리 형법의 태도

형법은 책임능력의 요건에 관하여 적극적으로 규정하지 않고, 소극적으로 책임능력이 전부 또는 일부 결여된 책임무능력자와 한정책임능력자를 규정하고 있다. 즉 구성요건에 해당하고 위법한 행위를 한 사람은 원칙적으로 책임능력을 갖고 있는 것으로 취급하는 것이 우리 형법의 태도라고 할 수 있다. 즉 기본적으로 책임능력을 범죄능력으로 이해하는 도의적 책임론에 토대하고 있다고 본다.

우리 형법은 입법상 책임능력의 요건으로 생물학적 요소와 규범적 요소를 채택하고 있다. 형법상 형사미성년자와 농아자는 생물학적 요소에 의하여 규정되고 있고, 심신상실자와 심신미약자는 심신에 관한 생물학적 요소와 사물변별·의사결정의 능력이라는 심리적·규범적 요소에 의하여 복합적으로 규정되고 있다.[1)] 또한 책임무능력자로서 14세 미만자인 형사미성년자(제9조)

1) 영미법상 판례의 원칙인 이른바 뒤르햄 원칙(Durham Rule, 1954)은 정신장애라는 생물학적 요소에 의한 판단방식이고, 맥노튼 원칙(M'Naghten Rule, 1843)은 사물판단·선악구분의 능력이라는 규범적 요소에 의한 판단방식이라고 할 수 있다[노용우, "형사책임능력에 관한 연구", 서울대학교, 1989, 63면 이하; 이만준, "정신감정론", 법학(서울대학교) 15·2, 1974, 116면 이하; Jerome Hall, *General Principles of Criminal Law*, 2. ed., 1960, 472면 이하 참조].

와 심신상실자(제10조 제1항)를, 한정책임능력자로서 심신미약자(제10조 제2항)와 농아자(제11조)를 각각 규정하고 있다.[1] 前 二者는 책임이 조각되어 벌하지 아니하는 책임무능력자이며, 後 二者는 책임이 인정되어 범죄는 성립하지만 단지 형만이 감경되는 한정책임능력자이다. 그리고 형사미성년자에 대해선 소년법에 의하여 보호처분(동법 제4조 제1항, 제32조)이라는 보안처분을, 그리고 심신상실자와 심신미약자에 대하여는 치료감호법에 의하여 치료감호(동법 제2조 제1항 제1호)의 보안처분을 부과할 수 있도록 하고 있다. 우리 형법의 입장은 인격적 책임론의 상대적 비결정론을 따른 것으로 이해된다.

한편 조세범처벌법(동법 제4조), 담배사업법(동법 제31조), 관세법(동법 제278조 제1항) 등에서는 일정한 범죄행위에 관하여 형법상 책임능력에 관한 규정의 적용을 제한 또는 배제하고 있다.

[조세범처벌법]

제4조 (형법적용의 일부 배제) ① (본법) 제8조 내지 제11조, 제12조의2와 제12조의3 제3항의 범칙행위를 한 자에 대하여는 형법 제9조, 제10조 제2항, 제11조, 제16조, 제32조 제2항 및 제38조 제1항 제2호 중 벌금경합에 관한 제한가중규정을 적용하지 아니한다. 다만 징역의 형에 처할 때에는 예외로 한다.

Ⅲ. 責任無能力者

책임무능력자라 함은 책임능력을 전혀 갖추지 못하여 책임이 조각되는 자를 의미한다. 우리 형법상 형사미성년자와 심신상실자가 이에 해당한다.

1. 형사미성년자

제9조 [형사미성년자] 14세 되지 아니한 자의 행위는 벌하지 아니한다.

---

1) 여기서 말하는 '심신'은 사회에서 통상 사용하는 '心身'의 의미가 아니라 '心神'을 가리키는 것인 바, 형법에서는 농아자와 같은 특수한 예외적인 경우 외에는 신체적인 결함을 책임무능력사유로 취급하고 있지 아니함을 알 수 있다(同旨 : 대판 1998. 4. 10, 97도3392).

(1) 의 의

刑事未成年者란 14세 되지 아니한 자를 가리킨다. 독일 형법도 같은 입장을 취하고 있다(동법 제19조 참조).

형사미성년자에 관한 형법의 규정은 순수하게 생물학적 요소만을 채택하고 있다. 연령이 만 14세에 미달한 자는 사실상의 능력을 불문하고 형법에서는 일률적으로 책임무능력자로 취급한다는 의미이다. 연령의 계산은 민법의 규정(동법 제158조)에 의하게 된다. 실제 연령이 호적상의 연령과 다르다는 점이 입증되면 실제 연령에 따라 판단해야 한다.[1)]

(2) 처 분

형사미성년자는 책임무능력자로서 그의 행위는 벌하지 아니한다(제 9 조).

한편 소년법에서는 범법행위를 저지른 12세 이상 14세 미만의 소년인 촉법소년(觸法少年)과 장래 그러한 행위의 우려가 있는 12세 이상의 소년인 우범소년(虞犯少年)에 대하여는 보호처분을 할 수 있도록 하고 있으며(동법 제 4 조 제 1 항, 제32조), 범법행위를 한 14세 이상 20세 미만의 소년인 犯法少年에 대한 과형상의 특례도 규정하고 있다.

12세 미만인 자는 전혀 형벌과 보안처분의 대상이 되지 아니한다. 12세 이상 14세 미만인 자는 보호처분의 대상은 되어도 형벌의 부과대상은 안 된다.

14세 이상 20세 미만인 자는 보호처분과 형벌의 대상이 되는데, 법정형이 장기 2년 이상인 범죄를 저지른 경우에는 그 자에게 그 형의 범위 안에서 장기와 단기를 정하여(다만 그 장기와 단기는 각각 10년과 5년을 초과하지 못함) 형을 선고할 수 있다(동법 제60조 제 1 항). 이른바 相對的 不定期刑의 예이다. 이 경우에 있어서 소년의 특성에 비추어 상당하다고 인정되는 때에는 형을 감경할 수 있고(동법 제60조 제 2 항), 다만 형의 집행유예나 선고유예의 판결을 내릴 때에는 정기형을 선고한다(동법 제60조 제 3 항). 동법 제60조 제 2 항이 적용되기 위해서는 범행시 뿐만 아니라 심판시에도 '소년', 즉 '20세 미만'이어야 하며, 여기서 '소년'인지의 여부에 관한 판단은 원칙적으로 사실심판결선고시를 기준으로 한다.[2)] 그리고 범행 당시 18세 미만인 자에 대하여는 형벌을 과하는 경우에도 사형과 무기형은 과할 수 없으며, 사형이나 무기형을 과

1) 대판 1968. 4. 30, 67다499.
2) 대판 2000. 8. 18, 2000도2704.

해야 할 경우에는 15년의 유기징역을 부과하게 된다(동법 제59조). 여기서 '사형'이나 '무기형'은 법정형이 아니라 처단형을 의미한다.[1]

2. 심신상실자

제10조 [심신장애자] ① 심신장애로 인하여 사물을 변별할 능력이 없거나 의사를 결정할 능력이 없는 자의 행위는 벌하지 아니한다.

(1) 의　의

心神喪失者라 함은 심신장애로 인하여 사물을 변별할 능력이 없거나 의사를 결정할 능력이 없는 자를 가리킨다.

(2) 요　건

심신상실이 인정되어야 심신상실자로 취급된다.

心神喪失이라 함은 심신장애로 인하여 사물을 변별할 능력이 없거나 또는 사물을 변별할 능력은 있더라도 그에 따라 자기의 의사를 결정할 능력이 없는 상태를 의미한다. 여기서 심신장애는 생물학적 요소이며, 사물변별능력이나 의사결정능력은 심리적·규범적 요소이다.

㈎ 심신장애

心神障碍(seelische Störung)에는 정신병, 정신박약, 중증 의식장애, 중증 심신이상이 있다.[2] '精神病'(krankhafte seelische Störung)에는 정신분열증,[3] 조울증(燥鬱症) 등의 內因性 精神病과 진행성 뇌연화증, 뇌손상, 간질(癎疾)[4] 등의 外因性 精神病이 있다. '精神薄弱'(Schwachsinn)은 백치(白痴)와 같은 선천성 지능박약을 가리킨다. '重症 意識障碍'(tiefgreifende Bewußtseinsstörung)는 실신, 마취, 명정(酩酊),[5] 최면, 충격, 격정 등으로 자기의식과 외계의식 사이에 정상적 연관이 단절된 상태를 말한다. '重症 心神異常'(schwere seelische Abartigkeit)에는 심한 노이로제나 자신의 심적 충동을 억제하지 못하는 심한 충동조절장애,[6]

---

1) 대판 1986. 12. 23, 86도2314.
2) 대판 1992. 8. 18, 92도1425.
3) 대판 1991. 5. 28, 91도636.
4) 대판 1969. 8. 26, 69도1121.
5) 판례(대판 1974. 1. 15, 73도2522)도 명정이 '중증 의식장애'에 이를 경우 심신상실로 취급하고 있다. 명정에 의해 뇌손상이 야기된 경우는 '외인성 정신병'에 해당된다고 볼 수 있다(Jescheck/Weigend, 439면; Schönke/Schröder, § 20, RN 16).
6) 대판 1999. 4. 27, 99도693; 대판 2002. 5. 24, 2002도1541.

신경쇠약이나 심한 소아기호증(小兒嗜好症)[1] 등이 있다.

심신장애 여부는 법관이 법적 관점에서 종국적으로 판단할 문제이다.[2] 하지만 사실심리과정에서 심신장애의 의심이 들 때에는 법관은 반드시 전문가에게 피고인의 정신상태를 감정하도록 하여 그에 토대해서 심신장애 여부에 관한 심사를 해야 한다.[3] 그렇지만 법관이 법적 관점에 입각한 판단 없이 전문가의 감정서의 기재에 따라 그대로 심신장애를 인정한 것은 위법하다고 할 수 있다.[4] 즉 법관이 전문가의 감정결과에 기속되는 것은 아니지만 감정절차를 거쳐야만 그 심리절차가 적법한 것으로 취급되는 것이다.

하지만 심신장애가 無意識의 정도에 이른 경우에는 책임능력이 문제되는 것이 아니라 行爲性 자체가 부정될 것이다.

(나) 사물변별능력·의사결정능력이 없음

事物辨別能力이란 사물의 시비·선악을 합리적으로 판단하여 행위의 불법을 제대로 인식할 수 있는 知的 能力을 가리키며, 意思決定能力은 행위의 불법에 대한 인식에 토대하여 자신의 행위를 지배·조종할 수 있는 意的 能力을 의미한다.[5] 즉 의사결정능력은 조종·통제능력을 가리킨다고 볼 수 있다.

심신장애로 인하여 사물변별능력이나 의사결정능력이 없어야 한다. 즉 양자 사이에 인과관계가 요구된다. 그러므로 심신장애가 있다고 하더라도 범행 당시 정상적인 사물변별능력이나 의사결정능력이 있었다면 책임능력은 인정되는 것이다.[6] 사물변별능력이 없거나 또는 사물변별능력은 있더라도 의사결정능력이 없어야 한다. 사물변별능력이 없으면 의사결정능력은 당연히

자신의 충동을 억제하지 못하여 범죄를 저지르게 되는 현상은 정상인에게서도 얼마든지 찾아볼 수 있는 것이므로 충동조절장애는 원칙적으로 심신장애에 해당되지 못한다고 본다. 그러나 그 정도가 심하여 정신병에 상응하는 것으로 판단되는 경우에는 심신장애에 해당될 수 있다 할 것이다(대판 2006. 10. 13, 2006도5360).

1) 소아기호증이라는 성격적 결함 그 자체만으로는 부족하지만, 그 증상이 매우 심하여 정신병에 상응하는 정도이거나 다른 심신장애사유와 결합된 경우에는 심신장애에 해당될 수 있다고 본다(대판 2007. 2. 8, 2006도7900).

2) 대판 1996. 5. 10, 96도638; 대판 1998. 4. 10, 98도549; 대판 1999. 1. 26, 98도3812.

3) 대판 2002. 11. 8, 2002도5109.

종전 판례(대판 1984. 4. 24, 84도527; 대판 1984. 5. 22, 84도545)에서는 전문가의 감정을 거치지 않았다 하더라도 반드시 위법하다고는 할 수 없다고 판시하였었다.

4) 대판 1979. 5. 29, 78도3230.

5) 대판 1990. 8. 14, 90도1328; 대판 1991. 5. 28, 91도636.

6) 대판 1992. 8. 18, 92도1425.

부정된다. 사물변별능력은 지적 능력을 가리키는 것이므로, 지각능력으로서의 인식·기억능력과는 구별되어야 한다. 즉 범행 당시의 사정에 관하여 제대로 기억하고 있었느냐는 것이 사물변별능력에 관한 판단에 있어서 중요한 자료가 될 수는 있으나,[1] 범행 전후의 사정을 비교적 사리에 맞게 기억한다고 하여 그것만으로 반드시 사물변별능력이 인정되는 것은 아니다.[2]

(3) 처　분

심신상실자는 책임무능력자로서 그의 행위는 벌하지 아니한다(제10조 제1항). 즉 심신상실자의 행위는 책임이 조각되어 무죄로 된다.

심신상실·심신미약 여부에 관한 판단은 행위시 행위자의 상태를 토대로 하여 평균인의 일반적 능력을 기준으로 하여 행해야 한다. 따라서 행위자가 평소에 간질증세를 보였더라도, 범행 당시에는 간질이 발작하지 않았다면 책임능력자로 취급하여야 할 것이다.[3] 그리고 심신상실인지 심신미약인지가 불분명한 때에는 '의심스러운 때에는 피고인에게 유리하게'(*in dubio pro reo*)의 원칙에 따라 심신상실로 취급함이 옳다.

심신상실자에 대하여는 치료감호법상 치료감호가 부과될 수 있다. 즉 심신장애자로서 형법 제10조 제1항의 규정에 해당하여 벌할 수 없는 자가 금고 이상의 형에 해당하는 죄를 범한 경우 치료감호시설에서의 치료가 필요하고 재범의 위험성이 있다고 인정되는 때에는 치료감호에 처할 수 있다(동법 제2조 제1항 제1호).

Ⅳ. 限定責任能力者

한정책임능력자라 함은 완전한 책임능력을 갖추지 못하여 책임이 감경되는 자를 가리킨다. 심신미약자와 농아자가 이에 해당한다.

'책임능력'이 한정되는 경우이므로, '한정책임무능력자'가 아니라 '한정책임능력자'로 칭하게 된다.

---

1) 대판 1978. 1. 31, 77도3428.
2) 대판 1985. 5. 28, 85도361.
3) 대판 1983. 10. 11, 83도1897.

1. 심신미약자

제10조 [심신장애자] ② 심신장애로 인하여 전항의 능력이 미약한 자의 행위는 형을 감경한다.

(1) 의 의

心神微弱者라 함은 심신장애로 인하여 사물을 변별할 능력이나 의사를 결정할 능력이 미약한 자를 가리킨다.

심신미약이 인정되어야 심신미약자로 취급된다. '心神微弱'이라 함은 심신장애로 인하여 사물을 변별할 능력이 미약하거나 또는 사물을 변별할 능력은 정상이더라도 그에 따라 자기의 의사를 결정할 능력이 미약한 상태를 의미한다.

(2) 요 건

심신미약자로 취급되기 위해서는 '심신장애'와 그로 인한 '사물변별능력이나 의사결정능력의 미약'이라는 두 요건을 갖추어야 한다. 여기서 '심신장애'는 생물학적 요소이며, '사물변별능력이나 의사결정능력의 미약'은 심리적·규범적 요소이다.

㈎ 심신장애

'心神障碍'가 존재하여야 한다. 히스테리, 노쇠, 중증이 아닌 정신분열[1] 등의 정신병·정신박약·신경쇠약·뇌성마비, 보통 이상의 주취(酒醉)나 노이로제, 충동장애, 경미한 최면상태 등이 이에 속한다.

형법상 심신상실자와 심신미약자에 있어서 생물학적 요소인 '심신장애'는 동일하게 규정되어 있으나, 양자에 있어서 심신장애의 정도에는 차이가 있다고 봄이 타당하다.[2]

㈏ 사물변별능력이나 의사결정능력이 미약함

사물변별능력이 미약하거나 또는 사물변별능력은 정상이더라도 의사결정능력이 미약하여야 한다. '심신미약'은 심신상실의 정도에는 이르지 않고

---

1) 대판 1992. 8. 18, 92도1425.

2) 이재상, § 23, RN 25.
대판 1984. 2. 28, 83도3007.
反旨 : 김성돈, 394면.

사물의 변별과 의사의 정상적인 결정이 현저히 곤란하고 불완전한 경우를 가리키며, 심신장애에 기인한 것이어야 한다.

'미약' 여부는 법관이 생리적 · 심리적 · 형사정책적 요소를 고려하여 구체적인 상황에 따라 법적 관점에서 판단하여야 한다. 예컨대, 정신분열증세와 방화에 대한 억제하기 어려운 충동으로 말미암아 불과 6일 간에 여덟 차례에 걸친 연속된 방화를 감행한 경우는 심신미약자에 해당한다고 볼 것이다.[1] 또한 심신장애가 있는 자라 하더라도 범행 당시에 정상적인 사물변별능력이나 의사결정능력을 갖고 있었다면 심신미약자에 해당될 수 없으나, 정신분열증과 같은 고정적 정신질환의 경우에는 범인의 의식상태가 정상인과 같아 보이는 경우에도 범행의 충동을 억제하지 못한 것이 정신질환과 연관을 갖는 경우가 흔히 있으므로 이는 정신질환으로 인하여 의사결정능력이 저하된 것이어서 심신미약자에 해당한다고 볼 것이다.[2]

(3) 처 분

심신미약자의 책임은 감경되어 형을 감경한다(제10조 제 2 항). 형의 필요적 감경사유에 해당한다.

심신미약인지 정상인지가 불분명할 때에는 심신미약으로 취급함이 옳다.

심신미약자에 대하여서도 치료감호법상 치료감호가 부과될 수 있다. 즉 심신장애자로서 형법 제10조 제 2 항의 규정에 해당하여 형이 감경되는 자가 금고 이상의 형에 해당하는 죄를 범한 경우 치료감호시설에서의 치료가 필요하고 재범의 위험성이 있다고 인정되는 때에는 치료감호에 처할 수 있다(동법 제 2 조 제 1 항 제 1 호).

2. 농 아 자

제11조 [농아자] 농아자의 행위는 형을 감경한다.

(1) 의 의

聾啞者는 농자인 동시에 아자인 자, 즉 청각기능과 언어기능이 모두 결여된 자를 말한다.

---

1) 대판 1984. 2. 28, 83도3007.

2) 대판 2005. 12. 9, 2005도7342.

(2) 요 건

농아자로 인정되기 위해서는 청각기능과 언어기능을 모두 상실한 자이어야 한다. 정상적인 의사소통이 불가능하여야 하며, 불가능한지의 여부에 관해서는 법관이 법적 관점에서 객관적으로 판단해야 한다.

청각기능과 언어기능 중 어느 하나만 결여된 자는 심신장애자(제10조 제1항, 제2항)에 해당하지 않는 한 책임능력자로 취급되고, 따라서 형이 감경되지 않는다. 농아상태는 선천적이든 후천적이든 불문한다.

(3) 처 분

농아자의 책임은 감경되어 형을 감경한다(제11조). 형법상 농아자를 일률적으로 한정책임능력자로 취급하는 것은 우리 형법의 특유한 입법이다.

V. 原因에 있어서 自由로운 行爲

> 제10조 [심신장애자] ③ 위험의 발생을 예견하고 자의로 심신장애를 야기한 자의 행위에는 전2항의 규정을 적용하지 아니한다.

1. 의 의

'원인에 있어서 자유로운 행위'(*actio libera in causa*)라 함은 행위자가 자의로 즉 스스로 자기 자신을 심신장애의 상태에 빠지게 한 후 그 상태를 이용하여 범죄행위를 하는 것을 말한다.

형법은 '원인에 있어서 자유로운 행위'에 관하여 "위험의 발생을 예견하고 자의로 심신장애를 야기한 자의 행위는 전2항의 규정을 적용하지 아니한다"고 규정하여(제10조 제3항), 이 경우에는 심신장애로 인한 책임의 조각이나 감경을 인정하지 않고 책임능력자의 행위와 동일하게 취급한다. 즉 범죄결과발생의 위험을 예견하고, 자의로 심신상실이나 심신미약의 상태를 야기하여 구성요건을 실현하고, 그 구성요건실현행위 당시에 심신장애로 인하여 책임무능력 또는 한정책임능력의 상태에 있었던 경우에는 불벌이나 형의 감경 등의 효과가 발생하지 않고 책임능력자의 경우와 같이 처벌된다는 것이다. 예컨대, 행위자가 스스로 음주하여 만취상태를 만들어 그 상태를 이용하여 살인 등의 범죄행위를 하는 경우가 이에 해당한다. 즉 구성요건실현행위의 원인이 된 음주행위가 심신장애 없는 자유로운 상태에서 행해진 것이다.

'원인에 있어서 자유로운 행위'의 이론은 어디까지나 원인행위로 인하여 구성요건실현행위 당시에 책임능력이 없거나 제한되는 경우를 해결하기 위한 것이고, 구성요건실현행위 당시에 심신장애가 없어 책임능력이 인정되는 경우는 설사 그 행위 이전에 음주 등의 사실이 있었다 하더라도 이 이론의 적용대상은 아니라는 점에 유의하여야 한다.

'원인에 있어서 자유로운 행위'의 개념은 종래 유럽에서 관습형법으로 인정되어 오다가[1] 프로이센 일반란트법(ALR)에 의하여 입법된 이래 오늘날 여러 나라에서 형법에 규정하고 있다.

2. 가벌성의 근거

행위자가 스스로 음주하여 만취상태를 만들어 그 상태를 이용하여 살인행위를 한 예에서 보면, 행위자가 직접 구성요건을 실현하는 실행행위인 살해행위 당시에는 행위자에게 책임능력이 없거나 제한되고 또 다른 한편으로는 책임능력이 있을 때 행하여진 원인행위인 음주행위는 구성요건적 행위로 보기 어렵다는 점에서 "행위시에 책임이 동시에 존재하여야 한다"는 責任主義 原則과 관련하여 원인에 있어서 자유로운 행위의 가벌성의 근거가 문제된다.

원인에 있어서 자유로운 행위의 가벌성의 근거에 대하여는 원인행위에서 그 근거를 찾는 견해, 실행행위에서 찾는 견해, 양자의 연관성에서 찾는 견해 등이 대립하고 있다.

(1) 원인행위에서 근거를 찾는 견해

原因行爲에서 가벌성의 근거를 찾는 견해에서는 원인에 있어서 자유로운 행위는 행위자가 자신의 심신장애 상태를 도구로 이용한 점에서 타인을 생명 있는 도구로 이용하는 間接正犯과 행위의 구조에 있어서 유사하다고 본다.[2] 그러므로 원인행위시에 행위자에게 책임능력이 있고 행위자가 그 결

1) '원인에 있어서 자유로운 행위'에 관한 명문규정을 두고 있지 않은 독일에서도 이를 관습형법의 한 경우로 취급하고 있다(Schönke/Schröder, § 20, RN 33; Wessels/Beulke, RN 415; BGHSt 21, 381 등 참조).

2) 권문택, "원인에 있어서 자유로운 행위", 고시계 1980. 11, 15면; 김일수/서보학, 414면; 남흥우, 형법총론, 1980, 162면; 정영석, 161면; Roxin Ⅰ, § 20, RN 55; Welzel, 156면.

과를 예견하였거나 예견할 수 있는 경우에는 원인행위가 바로 실행행위이고, 그것이 곧 가벌성의 근거라고 설명하고 있다.

원인에 있어서 자유로운 행위의 문제를 행위와 책임능력의 동시존재를 요구하는 책임주의 원칙에 일치·부합하는 방향으로 해결하는 입장이라고 하여 一致說 또는 구성요건모델로도 불리운다.

(2) 실행행위에서 근거를 찾는 견해

實行行爲 자체에서 가벌성의 근거를 찾는 견해는 현대심리학의 연구성과에 토대하여 실행행위 시점의 행위자의 심리상태인 이른바 '半無意識狀態'(penumbra situation)는 얼마든지 형법상 책임의 근거가 될 수 있는 것이라고 보고 있다. 원인에 있어서 자유로운 행위는 반무의식상태에서 원인행위로부터 실행행위로 돌입하는 것이므로 원인행위와 실행행위의 연관성을 인정할 수 있게 되고, 반무의식상태의 실현에 의해 실행행위는 시작된다는 것이다.[1] 즉 실행행위 자체가 원인에 있어서 자유로운 행위의 가벌성의 근거가 된다는 것이다.

(3) 원인행위와 실행행위의 연관성에서 근거를 찾는 견해

원인에 있어서 자유로운 행위는 책임무능력상태에서의 실행행위가 행위자의 주관에 있어서 원인행위와 연속되어 있어서 양자가 비난받을 만한 聯關性을 갖는 경우에 가벌성이 인정된다고 보는 견해이다.[2] 刑法的 歸屬의 관점에서 해결하는 입장이라고 할 수 있다.

원인에 있어서 자유로운 행위를 행위와 책임능력의 동시존재를 요구하는 책임주의 원칙에 대한 예외의 경우로 취급하는 입장이기 때문에 例外說 또는 예외모델로도 불리운다.

(4) 검 토

원인행위에서 근거를 찾는 견해에 관하여 보면, 우선 간접정범에 있어서는 피이용자가 반드시 책임능력이 결여된 자일 것을 요하지는 않는다는 점에서 원인에 있어서 자유로운 행위와의 구조상 차이를 부인할 수 없다. 또한 구성요건적 정형성을 결여한 음주행위 등 원인행위에서 가벌성의 근

1) 유기천, 140면.
2) 박상기, 232면; 배종대, 373면; 신동운, 350면; 오영근, §24, RN 30; 이재상, §23, RN 39; 임웅, 286면; 정성근/박광민, 323면; 조준현, 228면; Jescheck/Weigend, 446면; Schönke/Schröder, §20, RN 34.

거를 찾게 되면 자연히 가벌성의 범위가 불명확하고 지나치게 확대될 위험이 있으며, 음주행위 등 원인행위시에 범죄의 실행의 착수가 인정되게 되어 원인행위만 있고 실제의 범행은 없는 경우에도 미수범이 인정되는 불합리성이 나타난다. 그러므로 원인행위에서 가벌성의 근거를 찾는 견해는 채택하기 어렵다.

다음으로, 실행행위 자체에서 가벌성의 근거를 찾는 견해는 일면 행위와 책임이 전체의 행위과정에 있어서 유지될 수 있는 장점을 갖고는 있으나,[1] '반무의식상태'라는 法外的 概念을 통해 형사책임을 판단하는 것이므로 그 기준이 모호할 뿐만 아니라 기본적으로 방법론상의 오류를 안고 있다고 생각한다.[2] 원인에 있어서 자유로운 행위에 관한 명문의 일반규정을 두고 있지 않은 독일 형법의 경우[3]와는 달리 이에 관한 규정을 두고 있는 우리 형법의 해석에 있어서는 원인행위나 실행행위 중 어느 하나에서 가벌성의 근거를 찾는 것은 적절치 못하다고 생각한다.[4]

원인에 있어서 자유로운 행위의 가벌성의 근거는 한 행위자의 하나의 의사에 의하여 일관되게 수행되는 原因行爲와 實行行爲의 聯關性이라는 規範的 觀點에서 찾는 것이 타당하다고 생각한다. 원인행위와 실행행위가 행위자의 주관에 있어서나 시간적 면에서 하나의 행위로 포괄되어 불가분적인 것으로 이해될 수 있어야 가벌성이 인정된다고 보는 것이다.

3. 유 형

원인에 있어서 자유로운 행위는 '고의'에 의한 경우와 '과실'에 의한 경우의 두 유형으로 나누어 볼 수 있다. 여기서 '고의'·'과실'이라 함은 구성요건실현행위와 관련한 의미이고, 원인행위 자체에 대한 인식 또는 불인식으로서의 의미를 갖는 것은 아니다. 그런 까닭에 형법에서도 심신장애를 야기한 원인행위가 구성요건적 의미를 갖는 것이 아니므로 원인행위에 대해서는 '고의'·'과실'이 아니라 '自意로'라는 표현을 사용하고 있는 것으로 볼 수 있다.[5] '고의'·'과

1) 남흥우, "원인에 있어서 자유로운 행위", 법정 1975. 10, 77면.
2) 同旨 : 이재상, § 23, RN 36.
3) 다만 동법 제323조a 제1항의 예외규정이 있다.
4) 同旨 : 한상훈, "고의의 원인에 있어서 자유로운 행위", 형사판례연구 10, 2002, 153면.
5) 同旨 : 박상기, 231면; 이기헌, "원인이 자유로운 행위", 고시계 1993. 10, 34면.

실'은 실행행위에 관한 것이고, '자의'는 원인행위에 관한 것이다. 즉 실행행위에 대한 고의가 인정되는 경우는 설사 원인행위를 부주의로 야기했다 하더라도 고의에 의한 원인에 있어서 자유로운 행위에 해당한다고 보아야 한다.[1)]

(1) 고의에 의한 원인에 있어서 자유로운 행위

故意에 의한 원인에 있어서 자유로운 행위는 행위자가 심신장애의 상태를 자의로 야기하고, 원인행위를 하는 시점에서 이미 심신장애의 상태에서 행할 구성요건적 행위의 실행에 대한 고의도 갖고 있는 경우를 말한다.

상해의 고의로 음주, 만취하여 타인을 상해하거나, 철도공무원이 기차를 충돌케 할 의사로 음주, 취침하여 궤도를 돌리지 않아 기차를 충돌시킨 경우 등이 그 예이다.

(2) 과실에 의한 원인에 있어서 자유로운 행위

過失에 의한 원인에 있어서 자유로운 행위는 행위자가 심신장애의 상태를 자의로 야기하고, 그 심신장애의 상태에서 과실범의 구성요건을 실현시키는 경우를 가리킨다. 판례[2)]에서도 형법 제10조 제 3 항은 고의에 의한 원인에 있어서 자유로운 행위뿐만 아니라 과실에 의한 원인에 있어서 자유로운 행위에 대해서도 적용된다고 보고 있다. 원인행위 당시에 실행행위에 대한 과실이 인정되는 경우이다.

주벽이 심한 자가 상해의 고의 없이 음주하였으나 결국 타인을 상해한 경우 또는 음주하면 수면하는 습벽이 있는 철도공무원이 그럼에도 불구하고 음주하여 궤도를 돌리지 않아 기차를 충돌시킨 경우 등이 그 예이다.

4. 성립요건

(1) 위험발생의 예견 또는 예견가능성

형법상 행위자가 위험의 발생을 豫見하였을 것이 요구된다. 하지만 원인에 있어서 자유로운 행위는 고의에 의한 경우뿐만 아니라 과실에 의한 경우도 포함하고 있으므로 위험의 발생을 예견한 경우뿐만 아니라 위험발생의

1) Welzel, 156면.
反旨 : 이재상, § 23, RN 38.

2) 대판 1992. 7. 28, 92도999; 대판 1995. 6. 13, 95도826; 대판 1996. 6. 11, 96도857.

豫見可能性이 인정되는 경우도 포함하는 것으로 해석함이 타당하다.[1]

(2) 자의에 의한 심신장애의 야기

'自意'라 함은 판단능력을 갖고 있는 행위자가 스스로 행한 것을 의미한다. '자의'는 원인행위에 대한 심리상태를 가리키는 사실적 개념이므로 '고의'·'과실'과는 그 의미와 대상을 달리한다.[2]

'心神障碍'는 심신상실과 심신미약을 모두 가리킨다.

(3) 실행행위

㈎ 구성요건의 실현

행위자가 심신장애의 상태에서 구성요건을 실현하였어야 한다. 설사 음주행위 등이 있었다 하더라도 구성요건실현행위의 시점에 행위자에게 책임능력이 인정되는 경우는 원인에 있어서 자유로운 행위에 해당되지 않고, 일반적인 고의범이나 과실범이 성립할 수 있을 뿐이다.

㈏ 실행의 착수시기

원인에 있어서 자유로운 행위의 실행의 착수시기의 판단에 관해서는 객관설, 주관설과 일반원칙적용설의 견해가 갈리고 있다.

1) 객관설　客觀說은 심신장애의 상태에서 행위자가 구성요건을 실현하는 행위에 착수한 때 실행의 착수가 있다고 한다.[3]

그러나 객관설은 '행위와 책임의 동시존재'를 요구하는 책임주의 원칙에 반하므로 타당하다고 할 수 없다. 물론 심신장애 중 심신미약의 상태(제10조 제2항)를 야기한 경우에 있어선 실행행위시에 제한적이긴 하나 책임능력을 인정할 수 있을 것이므로 실행행위시를 실행의 착수시기로 볼 수 있기는 하다.

2) 주관설　主觀說에서는 심신장애의 상태를 야기하는 원인행위시에 실행의 착수가 있다고 본다.[4] 원인에 있어서 자유로운 행위의 가벌성의 근거를 원인행위와 실행행위의 연관성에서 찾는다면 심신상실의 상태를 야기한 경우와 심신미약의 상태를 야기한 경우 모두에 있어서 주관설의 입장에 따라

1) 김일수/서보학, 417면; 이재상, §23, RN 42; 정성근/박광민, 327면.

2) 학설상으로는 '자의'가 고의·과실을 모두 포함한다고 보는 견해(김일수/서보학, 417면; 박상기, 236면; 임웅, 291면; 정성근/박광민, 327면)와 고의만을 의미한다고 보는 견해(이재상, §23, RN 42; 정영석, 161면)가 대립하고 있다.

3) 유기천, 139면.

4) 김종원, "소위 원인에 있어서 자유로운 행위에 관한 소고", 오선주교수정년기념논문집, 2001, 89면; 배종대, 374면; 신동운, 370면; 정성근/박광민, 323-324면.

원인행위시에 실행의 착수가 있는 것으로 봄이 타당하다고 보는 것이다.

하지만 주관설은 구성요건의 실행과 무관하게 실행의 착수를 인정하는 점에서 불합리하다고 생각한다. 즉 고의에 의한 원인에 있어서 자유로운 행위에 있어서 심신상실의 상태를 자의로 야기한 자가 구성요건실현행위에 나아가지 못하고 중도에 그대로 쓰러진 경우에도 이 설에 따르면 실행의 착수를 인정하여 미수범을 인정하게 되는 것이다.

3) 일반원칙적용설 一般原則適用說에서는 미수론상 실행의 착수에 관한 일반원칙을 원인에 있어서 자유로운 행위의 실행의 착수시기를 판단함에 있어서도 적용해야 한다고 한다.

4) 사 견 私見으로는 원인에 있어서 자유로운 행위의 가벌성의 근거를 원인행위와 실행행위의 불가분적 연관성에서 찾더라도, 이 문제는 실행의 착수에 관한 일반원칙인 이른바 個別的 客觀說의 취지에 따라 판단함이 옳다고 생각한다. 즉 원인행위의 존재만으로는 실행의 착수를 인정하기 어렵고, 원인행위를 떠나서 독자적으로 범죄의 완성을 향하여 나아갈 수 있는 상태에 이르렀을 때 그 실행의 착수를 인정함이 타당하다고 생각한다. 원인에 있어서 자유로운 행위가 고의에 의한 것이든 과실에 의한 것이든 마찬가지라고 본다. 그렇게 보면 심신상실의 상태를 자의로 야기한 자가 구성요건실현행위에 나아가지 못하고 중도에 그대로 쓰러진 경우에는 범죄의 실행의 착수를 인정하지 못하게 되는 것이다.

5. 처 벌

원인에 있어서 자유로운 행위에 대하여는 책임무능력상태나 한정책임능력상태에서의 행위라도 불벌이나 형의 감경 등의 효과가 발생하지 않고 책임능력자의 경우와 동일한 법정형으로 처벌된다. 즉 실행행위가 심신상실상태에서 행해졌더라도 책임이 조각되지 아니하며, 심신미약상태에서 행해진 경우에도 책임이 감경되지 않는 것이다. 물론 법관이 양형단계에서 작량감경을 행할 수는 있다고 본다.

원인행위시에 구성요건실현에 대하여 고의가 있었다면 고의범으로 그리고 구성요건실현에 대하여 과실이 인정되면 과실범으로 처벌되는 것이다.

VI. 關聯問題

1. 입 법 론

형사미성년자에 관한 규정(제9조)은 일종의 無罪擬制라고 볼 수 있다. 이는 경우에 따라서는 구체적 타당성을 잃을 수 있는 획일적 입법이라고 볼 여지가 있다. 또한 농아자에 관한 규정(제11조)과 관련해서도 오늘날의 발달된 농아교육의 현실에 비추어 단순히 농아의 사유만으로 일률적으로 한정책임능력자로 취급하는 것은 무리라는 지적이 있다. 단순히 농아사유만 있는 사람에 대해선 보안처분도 부과하지 않고 있음에 비추어 보더라도 형법상 규정은 비판의 여지가 있다.

여기서 형사미성년자와 농아자를 포괄하는 새로운 개념으로 '심신장애'와 구별되는 '心神未熟'의 사유를 새로이 설정하는 것이 어떨까 한다. 즉 '심신의 미숙으로 인하여 사물을 변별할 능력이나 의사를 결정할 능력이 없거나 미약한 자'에 대하여 책임능력을 부정하거나 한정하는 방향으로의 입법적 개선도 고려해볼만 하다고 생각한다.[1]

2. 사유의 경합

책임능력에 관한 형사미성년, 심신장애, 농아 등의 사유가 경합하는 경우의 처리에 관하여 검토할 필요가 있다.

(1) 형사미성년과 심신장애의 경합

심신장애를 심신상실과 심신미약으로 나누어 살펴보도록 한다.

刑事未成年者에게 心神喪失이 인정될 경우엔 두 사유가 모두 책임무능력사유이므로 형벌과 관련해서는 차이가 없겠지만, 보안처분에 있어서는 보호처분(12세 이상 14세 미만인 자)과 치료감호(14세 미만인 자 전원)로 나뉘므로 판단에 신중을 기해야 할 것이다. 보호처분에도 병원이나 요양소에 위탁하는 방법이 있긴 하지만(소년법 제32조 제1항 제5호) 이 경합의 경우엔 치료감호를 부과하는 것이 옳다고 보므로 심신상실자로 다루는 것이 타당하다고 본다.

刑事未成年者에게 心神微弱이 인정될 경우에는 책임무능력사유가 당연히 우선해야 할 것이므로 형사미성년자로 보호처분을 부과하여야 할 것이고,

---

1) 물론 '심신미숙'의 개념과 관련해서도 불명확성이 지적될 수는 있다.

이 경우엔 그 소년의 심신미약상태를 고려하여 보호처분 중 병원이나 요양소에 위탁하는 방법을 택해야 할 것으로 본다.

(2) 형사미성년과 농아의 경합

刑事未成年과 聾啞의 사유가 겹칠 때에도 책임무능력사유가 우선하는 것이므로 형사미성년자로 취급함이 타당하다.

(3) 심신장애와 농아의 경합

심신장애 중 心神喪失과 聾啞의 사유가 경합할 땐 책임무능력사유가 우선하는 것이므로 심신상실자로 보아 치료감호를 부과함이 옳다고 본다.

心神微弱과 聾啞의 사유가 경합할 땐 형벌에 있어선 어느 사유로 처리하든 차이가 없겠으나, 치료감호를 부과할 수 있는 심신미약으로 보는 것이 적절하다고 생각한다. 현행법상 농아자에 대해선 보안처분이 규정되어 있지 않기 때문이다.

제 3 절 違法性의 認識

Ⅰ. 意 義

'위법성의 인식'이란 행위자가 자신의 행위의 위법성에 관하여 인식하고 있는 점을 의미한다. 不法認識(Unrechtsbewußtsein)이라고도 한다.

위법성의 인식은 행위가 '법적'으로 금지되어 있다는 점에 관한 인식을 가리키므로 윤리적·종교적·정치적 비난가능성에 대한 인식과는 무관하다. 따라서 양심범이나 확신범(Überzeugungsverbrechen)에 있어서도 위법성의 인식은 얼마든지 인정될 수 있다. 위법성의 인식은 확정적일 것을 요하지 않고, 미필적 인식으로 족하다. 또한 현실적 인식에 한하는 것이 아니고, 충동범죄나 격정범죄에 있어서와 같은 잠재적 인식[1]으로도 위법성의 인식이 인정될 수 있다.

---

1) '違法性에 대한 潛在的 認識'에 있어서도 위법성의 인식 자체는 존재한다는 점에서 과실범에서 요구되는 '違法性의 認識可能性'과는 구별된다.

위법성의 인식이 인정됨에 있어서 행위자가 자신의 행위를 금지하고 있는 구체적 법규정을 알고 있을 필요는 없다. 자신의 행위가 전체 법질서의 관점에서 허용되지 않는다는 점에 관한 인식으로 족하다고 본다.[1] 하지만 위법성의 인식은 구체적인 법적 구성요건과의 관련 하에서만 인정될 수 있으므로,[2] 하나의 행위로 수개의 구성요건을 충족시킨 경우에 있어선 각 구성요건별로 위법성의 인식 유무에 관하여 따로 판단하여야 한다.[3]

Ⅱ. 體系上 位置

종전에는 형법상 책임이 인정되기 위해서 고의·과실만으로 충분하고 '위법성의 인식'은 반드시 요구되는 것은 아니라고 보는 이른바 '違法性의 認識 不要說'이 주장된 적도 있으나, 오늘날에 와서 고의·과실의 체계상 위치를 구성요건·책임요소설에 입각하여 이해하는 일반적 입장에서는 위법성의 인식의 독자적 의미를 인정하고 있다.

'위법성의 인식'의 범죄론체계상 위치에 관하여서는 고의설과 책임설이 대립하고 있다.

1. 고 의 설

故意說(Vorsatztheorie)에서는 '위법성의 인식'을 고의의 요소로 이해하고 있다.[4] 즉 위법성의 인식은 고의와는 별개의 독립된 요소로서의 의미를 갖지 못하는 것으로 취급하는 입장이다. 고의설은 심리적 책임론과 결합되어 있으므로 위법성의 인식이 결국은 책임의 요소가 된다는 점에 있어서는 책임설과 마찬가지라고 할 수 있다.

고의설은 고의를 인정하기 위해서는 위법성에 관한 어느 정도의 인식이 요구되는 것으로 보느냐에 따라 엄격고의설과 제한적 고의설로 다시 구분된다.

---

1) 박상기, 236면; 손동권, §18, RN 5; 이재상, §24, RN 3.
판례(대판 1987. 3. 24, 86도2673)에서는 사회정의와 조리에 어긋난다는 점을 인식하는 것으로 족하다고 판시하고 있는데, 같은 의미라고 할 수 있다.

2) Wessels/Beulke, RN 428.

3) BGHSt 10, 35.

4) 정영석, 190면.

(1) 엄격고의설

嚴格故意說에서는 고의가 성립하기 위해서는 행위자에게 위법성에 관한 현실적 인식이 요구된다고 본다.

(2) 제한적 고의설

制限的 故意說에서는 행위자에게 위법성에 관한 현실적 인식이 있는 경우뿐만 아니라 잠재적 인식 즉 인식가능성이 있는 경우에도 고의는 인정될 수 있다고 한다.

2. 책 임 설

責任說(Schuldtheorie)은 '위법성의 인식'을 고의와는 무관한 독립된 책임의 한 요소로 파악하는 입장이다.[1] 즉 위법성의 인식이 없어도 고의는 성립할 수 있는 것으로 보는 것이다. 그러므로 책임설에 따르면 금지착오에 있어서 착오를 회피할 수 있었을 경우에는 위법성의 인식은 없지만 고의범으로 처벌될 수 있는 여지가 남게 된다.

책임설은 다시 엄격책임설과 제한적 책임설로 구분된다.

(1) 엄격책임설

嚴格責任說은 위법성의 인식이 어느 경우에 있어서나 고의와는 무관한 책임의 요소로서만 기능한다고 본다. 즉 고의는 구성요건요소에 관한 인식으로서의 구성요건고의만을 의미하고, 위법성에 관한 인식은 주관적 가치판단으로서의 책임의 요소로 보는 견해이다. 목적적 행위론에 입각한 순수한 규범적 책임론의 입장이다.

(2) 제한적 책임설

制限的 責任說에서는 위법성의 인식이 원칙적으로는 책임의 요소로 기능하지만 예외적으로 위법성조각사유의 전제사실에 관한 착오에 있어서는 고의의 요소로도 기능하여 위법성의 인식이 없는 경우 고의가 조각될 수도 있다고 보고 있다.

---

1) 김일수/서보학, 430면; 박상기, 243면; 배종대, 383면; 신동운, 385면; 이재상, § 24, RN 19. '위법성의 인식'에 있어서 그 '인식'의 대상은 '위법성'요소이지만, '인식' 그 자체는 행위자의 주관적 사정에 속하는 것이기 때문에 '책임'의 요소로 파악되는 것이다.

3. 검 토

엄격고의설에 따르면 결과적으로 고의가 인정될 수 있는 경우가 크게 줄어들어 刑罰의 空洞化가 초래될 우려가 있다.[1] 또한 제한적 고의설은 '인식가능성'이라는 과실의 요소에 의해 고의의 성부를 판단하는 근본적 오류를 범하고 있다. 따라서 고의설은 '위법성의 인식'의 체계상 위치를 설명함에 있어 부적합한 견해라고 할 수 있다.

위법성판단에 있어서도 특히 위법성조각사유의 전제사실은 체계상으로는 엄연히 위법성의 영역에 포함되는 것이지만 그 실질적 내용에 있어서는 구성요건요소로서의 성격도 함께 갖고 있으므로 이에 관한 인식은 위법성에 관한 인식에 해당되지만 다른 한편으로는 고의의 요소로도 기능한다고 볼 수 있다. 따라서 '위법성의 인식'의 체계상 위치는 制限的 責任說에 따라 이해함이 타당하다.

판례[2]에서는 법률의 착오로 인한 범의의 조각 여부에 관해서만 언급을 하고 있을 뿐, '위법성의 인식'의 범죄론체계상 위치에 관한 입장은 표명하지 않고 있다.

Ⅲ. 禁止錯誤

제16조 [법률의 착오] 자기의 행위가 법령에 의하여 죄가 되지 아니하는 것으로 오인한 행위는 그 오인에 정당한 이유가 있는 때에 한하여 벌하지 아니한다.

1. 의 의

금지착오(Verbotsirrtum)라 함은 행위자가 착오로 인하여 자기의 행위가 위법하다는 것을 인식하지 못한 경우를 말한다. 즉 구성요건에 해당하는 행위사실에 대한 인식은 있으나 그 행위의 위법성에 관한 인식이 없는 경우를 가리킨다. '違法性의 錯誤' 또는 '法律의 錯誤'라고도 한다.

---

1) Wessels/Beulke, RN 460.

2) 대판 1974. 11. 12, 74도2676; 대판 1987. 4. 14, 87도160; 대판 1988. 12. 13, 88도184.

로마법의 "법률의 부지는 용서되지 못한다"는 원칙을 이어받은 독일에서는 전통적으로 '법률의 착오'는 용서되지 못하는 것으로 취급하여 처벌해왔다. 그런데 독일 연방법원에서는 1952년에 "행위자에게 위법성의 인식이 없을 때에는 책임이 조각되나, 그 행위자가 양심을 긴장하였다면 자기 행위의 위법성을 인식할 수 있었을 때에는 책임이 조각되지 않고, 양심을 긴장한 정도에 따라 책임이 감경될 수 있을 뿐이다"라는 취지의 판결[1]을 내렸는데, 이 판결은 법률의 착오에 관한 오래된 입장을 전면적으로 수정하는 의미를 갖는 것이었다. 그리고 이의 영향으로 1969년의 개정을 통하여 독일 형법에서도 명문으로 금지착오에 관한 규정(동법 제17조)을 두게 되었다.

우리 형법은 1953년에 제정되면서부터 '법률의 착오'에 관한 제16조의 규정을 두고 있다.

원래 금지착오에는 적극적 착오와 소극적 착오의 두 가지 형태가 존재하는 것으로 이해되고 있다. 위법하지 않은 행위를 위법한 행위로 오인한 경우를 積極的 錯誤라 한다. 예컨대, 자살을 위법한 것으로 오인하는 경우이다. 이러한 오인에 기해서 행한 행위를 幻覺犯(Wahndelikt)이라 하며, 금지착오와는 거꾸로 된 형태이므로 '반전(反轉)된 금지착오'로 부르기도 한다. 환각범의 경우는 형법상 금지의 대상이 아니므로 죄가 되지 않는다. 위법한 행위를 위법하지 않은 것으로 오인한 경우를 消極的 錯誤라고 한다. 형법상 금지착오로서 논의되는 것은 바로 이 소극적 착오의 경우이다.

2. 종　류

금지착오는 착오의 대상에 따라 직접적 착오와 간접적 착오로 구분된다.

(1) 직접적 착오

直接的 錯誤는 금지규범의 존재와 효력범위에 관한 착오를 의미한다. 즉 행위자가 금지규범의 존재를 모르거나 또는 효력범위에 관하여 잘못 해석함으로써 자신의 행위의 위법성을 인식하지 못한 경우를 가리킨다. 금지규범의 존재를 모른 경우가 우리 판례에서 언급하고 있는 '법률의 부지'이며, 금지규범의 효력범위에 관하여 잘못 해석한 경우가 효력의 착오와 포섭의 착오이다.

---

1) BGHSt 2, 194.

(가) 법률의 부지

우리 판례는 이른바 '법률의 부지'를 금지착오와 구분하고 있다. '法律의 不知'란 행위자가 자신의 행위가 법으로 금지되어 있다는 것을 모른 경우로서, 우리 판례는 이를 범죄의 성립에 아무런 영향을 주지 않는 착오로 보고 있다. 즉 '법률의 부지'에 해당하는 경우엔 그 부지에 정당한 이유가 있었는지 여부를 묻지 않고 행위자에게 책임을 인정하고 있다. 예를 들어, 당국에 대한 신고 없이 사체를 매장하고 신고의무를 알지 못하였다고 주장하거나,[1] 미성년자의 유흥접객업소출입을 금지하고 있던 구(舊) 미성년자보호법의 규정을 알지 못하여 18세 미만의 고등학교학생의 출입만 금지된다고 오인하고 18세 이상이거나 대학생인 자를 출입시킨 경우,[2] 보험회사의 지점장 등이 법규정에 어긋나는 행위를 하는 것을 모르고 보험계약과 관련하여 금원을 수수하여 범법행위를 한 경우[3]는 '법률의 부지'에 해당되어 처벌에 영향을 받지 않는다고 한다.

하지만 이론상 '법률의 부지'와 금지착오를 구분할 명백한 이유는 없다고 본다.[4] 오히려 양자의 구별기준이 불명확하여 가벌성의 범위를 부당하게 확장할 우려가 있다고 생각한다.[5] 즉 법에서 규정하고 있지 아니한 '법률의 부지'라는 개념을 만들어내어 형법 제16조의 적용범위를 임의로 축소시키는 것은 행위자에게 불리한 유추해석이라고 볼 수 있으므로 죄형법정주의에 비추어 문제될 소지가 크다고 할 수 있으므로, '법률의 부지'를 금지착오의 한 유형으로 보아 그 착오에 정당한 이유가 인정될 때엔 행위자의 책임이 조각되는 것으로 취급함이 옳다고 생각한다.[6]

---

1) 대판 1979. 8. 28, 79도1671.

2) 대판 1985. 4. 9, 85도25.
그러나 다른 판례(대판 2002. 5. 17, 2001도4077)에서는 비디오물감상실 업자가 자신의 비디오물감상실에 18세 이상 19세 미만의 청소년을 출입시킨 행위에 대하여 그것을 '법률의 부지'가 아니라 형법 제16조의 적용대상으로 취급하면서 업자의 착오에 정당한 이유가 있는 것으로 판시하고 있다.

3) 대판 2001. 6. 29, 99도5026.

4) 이재상, § 25, RN 3; Jescheck/Weigend, 456면; Schönke/Schröder, § 17, RN 10.

5) 김일수/서보학, 427면; 이형국, 426면.

6) 박상기, 247면; 이재상, § 25, RN 3; 이형국, 426면; 정성근/박광민, 337면; 조국, "법률의 부지 및 착오 이론에 대한 재검토", 고시연구 2001. 8, 131면; 허일태, "법률의 부지의 효력", 형사판례연구 1, 1993, 48면.
異旨 : 김성돈, 422-423면.

대판 2004. 1. 15, 2001도1429 "형법 제16조에서 '자기가 행한 행위가 법령에 의하여 죄가 되지 아니한 것으로 오인한 행위는 그 오인에 정당한 이유가 있는 때에 한하여 벌하지 아니 한다'라고 규정하고 있는 것은 단순한 법률의 부지를 말하는 것이 아니라, 일반적으로 범죄가 되는 경우이지만 자기의 특수한 경우에는 법령에 의하여 허용된 행위로서 죄가 되지 아니한다고 잘못 인식하고 그와 같이 잘못 인식함에 정당한 이유가 있는 경우에는 벌하지 않는다는 취지이다."

— 우리 판례[1]는 1955년 이래 일관하여 '법률의 부지'를 금지착오와 구별하여 달리 취급해오고 있다. 하지만 구체적인 경우에 있어서 어느 경우에 해당하는 것으로 볼 것인지에 관해서는 명백한 기준이 제시되고 있지 못하며, 심지어는 대법원과 하급심이 동일한 사건에 관하여 견해를 달리하는 경우도 있다.

㈏ 효력의 착오와 포섭의 착오

'效力의 錯誤'는 행위자가 금지규범에 관한 판단을 그르쳐 처벌규정이 무효인 것으로 오인한 경우를 의미한다. '包攝의 錯誤'는 행위자가 자신의 행위사실이 갖는 법적 의미를 오해한 경우를 가리키는 것으로서, 법률해석상의 착오를 의미한다.

효력의 착오와 포섭의 착오도 행위자가 그 착오에 기하여 자신의 행위가 허용된 것으로 오인한 경우는 금지착오의 전형적인 예에 해당되며, 따라서 우리 형법상 금지착오의 원리에 따라 해결되어야 함이 당연하다.

(2) 간접적 착오

間接的 錯誤는 허용규범인 위법성조각사유에 관한 착오를 가리킨다. 이는 다시 위법성조각사유의 존재에 관한 착오와 위법성조각사유의 효력범위 즉 한계에 관한 착오로 구분된다. 위법성조각사유의 존재에 관한 착오, 즉 違法性阻却事由의 前提事實에 관한 錯誤의 법적 효과에 관하여는 견해의 대립이 있다. 違法性阻却事由의 限界에 관한 錯誤는 당연히 금지착오의 원리에 따라 해결되어야 한다. '상당한 이유'의 범위에 관한 착오가 이 경우의 예이다.

---

1) 대판 1980. 2. 12, 79도285; 대판 1991. 10. 11, 91도1566; 대판 2000. 9. 29, 2000도3051; 대판 2005. 9. 29, 2005도4592; 대판 2006. 5. 11, 2006도631.

3. 효　과

범죄가 성립하기 위하여는 행위자에게 자신의 행위의 위법성에 대한 인식이 있어야 하는데, 객관적으로 위법한 행위를 행하면서 그 행위의 위법성을 인식하지 못한 경우에 과연 행위자의 고의가 조각되는지 또는 책임이 조각되는지에 관하여서는 범죄론의 체계와 관련하여 논의가 행해져왔다.

(1) 위법성의 인식 불요설

違法性의 認識 不要說에서는 범죄의 성립에는 위법성의 인식이 요구되지 아니한다고 본다. 즉 로마법 이래의 원칙에 따라 '法律의 不知'는 위법성을 조각하지 아니한다고 보는 것이다. 법은 국가의 명령이기 때문에 수범자인 국민은 그 내용을 굳이 알 필요가 없다고 한다.

하지만 법률을 인식하는 것이 불가능한 경우에도 항상 범죄가 성립하는 것으로 보는 것은 지나친 국가주의적 사고방식으로 책임주의 원칙에 반한다.

(2) 자연범 · 법정범 구별설

自然犯 · 法定犯 區別說은 범죄를 자연범과 법정범으로 구별하여 두 경우에 있어서 금지착오의 효과를 따로 논하는 입장이다. 즉 이 설에서는 自然犯(형사범)은 법률의 규정 이전에 이미 본래적으로 위법성을 띠고 있는 행위유형으로 그 행위자에게 위법성의 인식을 구태여 요구하지 아니하나, 法定犯(행정범)은 입법을 통하여 비로소 반사회성이 인정된 것으로 행위자에게 위법성의 인식이 있어야 한다고 본다.

하지만 자연범과 법정범의 구별기준이 불명확하며 또 자연범에 관한 설명에 있어서는 '위법성의 인식 불요설'에 대한 비판이 그대로 적용될 것이다.

(3) 고 의 설

故意說에서는 위법성의 인식을 책임요소로서의 고의의 본질적 요소로 취급한다.[1)]

고의설은 다시 엄격고의설과 제한적 고의설로 구분된다.

㈎ 엄격고의설

嚴格故意說은 고의가 성립하기 위해서는 구성요건적 사실 외에 위법성에 대한 현실적 인식이 필요하다고 보는 입장이다. 도의적 책임론의 주장이

1) 정영석, 190면.

라고 할 수 있다. 즉 도의적 책임론에서는 행위자를 도의적으로 비난하기 위하여는 위법성의 인식이 필요하다고 본다.

하지만 이에 따르면 법적 지식이 많은 자는 항상 고의범으로 처벌되고 법적 지식이 적은 자는 고의범으로 처벌되지 않게 되는 결과가 초래된다. 따라서 위법성에 대한 현실적 인식이 없는 많은 경우에 있어서 고의가 부정되어 과실범으로 처벌되게 되거나 과실범처벌규정도 없는 범죄에 있어선 아예 처벌을 못하게 되는 형사정책적 결함이 노정될 수밖에 없다. 또한 확신범은 위법성의 인식을 결하여 처벌할 수 없게 된다.

(나) 제한적 고의설

制限的 故意說에서는 고의의 성립에 위법성의 인식이나 인식가능성이 필요하다고 본다. 위법성에 대한 현실적 인식이 있는 경우뿐만 아니라, 위법성의 인식가능성이 있는 경우 즉 위법성을 인식하지 못한 데에 과실이 있는 경우에도 고의를 인정하고 있다. 엄격고의설의 형사정책적 결함을 보완하기 위해 등장한 이론이라고 할 수 있다.

하지만 형법상 고의와 과실은 질적 차이를 갖기 때문에 양립될 수 없는 개념이므로 과실에 근거하여 고의책임을 인정함은 모순이라고 보아야 한다.

(4) 책 임 설

責任說에서는 위법성의 인식을 책임의 독립된 요소로 파악한다. 목적적 행위론의 등장과 함께 범죄론체계상 종래 책임요소로만 기능한 고의의 내용이 구성요건적 사실에 대한 인식과 그 사실의 위법성에 대한 인식으로 구분되어, 전자는 구성요건요소로서의 고의로 자리 잡게 되고 후자인 위법성의 인식만이 책임요소로 남아있게 되었다. 그리하여 위법성의 인식을 책임요소로 취급하는 책임설이 서게 되었다. 독일 형법은 명문으로 책임설의 입장을 택하고 있다(동법 제17조 참조).

책임설도 엄격책임설과 제한적 책임설로 나뉜다.

(가) 엄격책임설

嚴格責任說은 위법성의 인식이나 인식가능성을 고의나 과실의 요소가 아닌 별개의 책임요소로 보는 견해이다. 목적적 행위론과 연관된 규범적 책임론의 입장이다. 이에 따르면 위법성의 인식이나 인식가능성은 책임판단에만 관여되는 책임요소로 이해되는 것이다.

㈏ 제한적 책임설

制限的 責任說은 위법성의 인식을 두 경우로 나누어 달리 이해한다. 즉 위법성의 인식은 원칙적으로 책임의 요소이지만, 위법성의 인식 중 특히 違法性阻却事由의 前提事實에 관한 認識만은 그 인식의 대상이 위법성판단의 요소이긴 하지만 책임이 아닌 고의의 요소로 이해하는 입장이다. 타당한 해석이라고 생각한다.

4. 형법 제16조의 해석

(1) 기본입장

우리 형법에서는 '법률의 착오'에 관하여 "행위자가 자신의 행위가 법령에 의하여 죄가 되지 아니하는 것으로 오인한 행위는 그 오인에 정당한 이유가 있는 때에 한하여 벌하지 아니한다"고 규정하고 있다(제16조 참조). 여기서 '오인에 정당한 이유가 있는 때'라 함은 행위자가 위법성의 인식을 하지 못한 때 그 위법성의 인식이 당해 구체적인 사정에 비추어 객관적으로 불가능한 경우, 즉 행위자가 위법성을 인식하지 못한 점에 過失이 없는 경우를 가리키는 것이고, 이러한 경우에는 행위자의 책임이 조각되어 처벌되지 않는다고 해석하는 責任說[1]의 입장이 타당하다고 생각한다. 그리고 위법성조각사유의 전제사실에 관한 인식은 그 실질에 있어서 구성요건고의와 다를 바 없으므로 위법성의 인식 일반과는 달리 취급함이 타당하므로 制限的 責任說에 입각하여 금지착오의 효과를 이해하여야 한다고 본다.

대판 1992. 5. 22, 91도2525 "행정청의 허가가 있어야 함에도 불구하고 허가를 받지 아니하여 처벌대상의 행위를 한 경우에도, 허가를 담당하는 공무원이 허가를 요하지 않는 것으로 잘못 알려주어 이를 믿었기 때문에 허가를 받지 아니한 것이라면 허가를 받지 않더라도 죄가 되지 않는 것으로 착오를 일으킨 데 대하여 正當한 理由가 있는 경우에 해당하여 처벌할 수 없다."
— 판례의 입장은 학설상 어느 입장에 따른 것인지 명확하지 않다고 할 수 있다.

---

1) 김일수/서보학, 430면; 박상기, 243면; 배종대, 383면; 신동운, 385면; 이재상, § 24, RN 19; 이형국, 426면; 정성근/박광민, 335면; 조준현, 240면.

행위자가 금지규범에 관한 판단을 그르쳐 처벌규정이 무효인 것으로 오인한 이른바 '效力의 錯誤'와 행위자가 자신의 행위사실이 갖는 법적 의미를 오해한 경우인 '包攝의 錯誤', 위법성조각사유의 효력범위에 관한 착오 등도 금지착오에 해당되어 착오에 '정당한 이유'가 있는지의 여부에 따라서 책임의 조각 여부가 결정된다.

(2) 내 용

(가) 자기의 행위가 법령에 의해 죄가 되지 아니하는 것으로 오인한 행위

행위자가 자신의 행위가 법령에 의하여 죄가 되지 아니하는 것으로 오인하였어야 한다. 여기서 '罪가 되지 아니하는 것'이라 함은 행위의 위법성이 인정되지 않는 것, 즉 행위가 적법함을 의미하는 것으로 볼 수 있다. 법문상으로는 '죄가 되지 아니하는 것'에 행위자의 책임이 인정되지 않는 것도 포함된다고 해석함이 타당하지만, 행위자의 책임이 인정되지 않는 것으로 오인한 경우는 금지착오에 해당되지는 못하고 다만 금지착오의 원리가 유추적용되는 데 그친다고 생각한다.

(나) 오인에 정당한 이유가 있는 때

형법상 '正當한 理由'의 구체적 판단기준에 관하여는 명문의 규정을 두고 있지 않다. 즉 이는 해석론의 과제가 된다. '정당한 이유' 유무는 過失, 즉 回避可能性[1]의 유무를 기준으로 하여 판단하는 것이 오늘날 책임설의 일반적 입장이다. 즉 자신의 행위의 위법성을 인식하고 위법한 행위를 회피할 수 있는 능력[2]을 갖고 있었음에도 불구하고 굳이 위법한 행위에로 나아갔을 때 '정당한 이유'는 부정되어 행위자의 책임이 인정되는 것이다. 부동산중개업자가 중개수수료에 관한 지방자치단체조례를 잘못 해석하여 법에서 허용하는 금액을 초과한 수수료를 수수한 경우[3]가 그 예이다. 회피가능성 유무는 사회일반인의 평균적 주의능력을 기준으로 하여 판단하여야 한다.

대판 2006. 3. 24, 2005도3717 형법 제16조에서 자기가 행한 행위가 법령에

---

1) 독일 형법에서는 판단의 기준으로 '회피가능성'(Vermeiden-können)을 명문으로 규정하고 있다(동법 제17조 참조).

2) 이는 '정당한 이유'의 판단기준으로서의 '회피가능성'과는 다른 의미를 갖는 개념이라고 이해하는 견해(김성돈, 428면; 오영근, § 26, RN 38)도 있다.

3) 대판 2005. 5. 27, 2004도62.

의하여 죄가 되지 아니한 것으로 오인한 행위는 그 오인에 정당한 이유가 있는 때에 한하여 벌하지 아니한다고 규정하고 있는 것은 일반적으로 범죄가 되는 경우이지만 자기의 특수한 경우에는 법령에 의하여 허용된 행위로서 죄가 되지 아니한다고 그릇 인식하고 그와 같이 그릇 인식함에 정당한 이유가 있는 경우에는 벌하지 아니한다는 취지이고, 이러한 正當한 理由가 있는지 與否는 행위자에게 자기 행위의 위법의 가능성에 대해 심사숙고하거나 조회할 수 있는 계기(契機)가 있어 자신의 지적 능력을 다하여 이를 回避하기 위한 진지한 努力을 다하였더라면 스스로의 행위에 대하여 위법성을 인식할 수 있는 가능성이 있었음에도 이를 다하지 못한 결과 자기 행위의 위법성을 인식하지 못한 것인지 여부에 따라 판단하여야 할 것이고, 이러한 위법성의 인식에 필요한 노력의 정도는 구체적인 행위정황과 행위자 개인의 인식능력 그리고 행위자가 속한 사회집단에 따라 달리 평가되어야 한다.[1)]

— 이 판례에서는 '정당한 이유'의 유무에 관한 판단에 있어서 행위자에게 자기 행위가 위법일 가능성에 대해 심사숙고하거나 조회할 수 있는 계기가 있는지와 행위자가 자신의 지적 능력을 다하여 이를 회피하기 위한 노력을 다하였는지의 두 가지 요소를 심사하여야 한다고 판시하고 있다. 이는 '정당한 이유'의 유무를 과실의 유무를 기준으로 하여 판단한 종전 판례[2)]의 입장과 마찬가지의 태도라고 할 수 있다.

구체적인 경우에 있어서 초등학교 교장이 교과식물을 비치하기 위하여 학교 화단에 양귀비를 식재(植栽)한 경우,[3)] 군복무를 필한 이복(異腹)동생의 이름으로 해병대에 지원입대하여 복무하다가 휴가를 받아 나와 있다가 귀대하지 않은 경우,[4)] 자신이 제조・판매하는 양말이 타인의 의장권(意匠權)을 침해하는 것이 아니라고 믿은 경우[5)] 등에 있어서는 법령에 의하여 죄가 되지 아니하는 것으로 오인한 데에 정당한 이유가 있다고 할 수 있다. 또한 법률이나 대법원 판례[6)] 또는 변호사[7)]・변리사[8)] 등 법률전문가의 상담내용, 인・허가권을 갖는

1) 대판 2002. 1. 25, 2000도1696; 대판 2005. 9. 29, 2005도4592; 대판 2006. 9. 28, 2006도4666; 대판 2008. 10. 23, 2008도5526.
2) 대판 1983. 2. 22, 81도2763.
3) 대판 1972. 3. 31, 72도64.
4) 대판 1974. 7. 23, 74도1399.
5) 대판 1982. 1. 19, 81도646.
6) 대판 1995. 8. 25, 95도717.
7) 대판 2008. 2. 28, 2007도5987.
8) 그러나 판례(대판 1995. 7. 28, 95도702)에서는 행위자들이 변리사로부터 자신들의 행위가 타인의 상표권을 침해하지 않는다는 취지의 확답과 감정결과를 받았고 특허청도 그들의 상표

관청의 법해석[1]을 신뢰한 행위자에게도 착오의 정당한 이유가 인정되는 것으로 본다.[2] 하지만 관할 행정청이 법령해석을 잘못한 경우에는 그것을 믿은 행위자에게 정당한 이유가 인정되지 아니하며,[3] 약 23년 간 경찰공무원으로 근무해온 형사가 검사의 수사지휘대로만 하면 모두 적법한 것이라고 믿고 허위공문서를 작성한 경우[4]나 사안을 달리하는 사건에 관한 대법원판례의 취지를 잘못 오해한 경우,[5] 동일 관청의 서로 배치되는 수개의 답변・회신이 있는 경우에 최신의 것이 아닌 이전의 회신만을 믿고 행위한 경우[6] 등에 있어서도 그 착오에 정당한 이유가 있다고 볼 수 없다. 법률의 부당성이나 위헌성 등에 관하여 일반인이라도 쉽게 인식할 수 있는 경우에 있어서도 그 법률을 신뢰하고 행위한 사람에게 착오의 정당한 이유가 인정될 수 없을 것이다.

(다) 벌하지 아니한다

'罰하지 아니한다'라 함은 행위자의 책임이 조각되어 무죄가 된다는 의미이다. 형법은 '벌하지 아니'하는 경우만을 규정하고 있으나, 착오의 정당한 이유가 인정되지 않는다 하더라도 회피가능성의 정도에 따라서는 책임이 감경될 수도 있을 것이다. 독일과 일본의 형법은 금지착오에 관하여 '착오를 회피할 수 있었던 경우'(독일 형법 제17조 단서) 또는 '정상을 참작할 수 있는 경우'(일본 형법 제38조 제 3 항)를 형의 임의적 감경사유로 규정하고 있다.

5. 위법성조각사유의 전제사실에 대한 착오

(1) 의 의

'違法性阻却事由의 前提事實에 대한 錯誤'라 함은 정당방위 등 위법성조각사유의 요건을 이루는 전제사실이 존재하지 않음에도 불구하고 방위행위 등으로 나온 경우를 말한다.[7] '許容構成要件의 錯誤'라고도 하며, 오상방위나

출원을 받아들여 등록까지 해준 경우에 착오의 정당한 이유를 부정하고 있다.

1) 대판 1983. 2. 22, 81도2763.

2) 대판 1976. 1. 13, 74도3680; 대판 1982. 1. 19, 81도649.
관계기관에 조회한 결과를 믿고 행위한 경우에 대해서는 판례상 입장이 일관되지 아니한다 (대판 1991. 8. 27, 91도1523; 대판 1992. 5. 22, 91도2525 비교・참조).

3) 대판 1997. 6. 13, 96도2767; 대판 1998. 6. 23, 97도1189.

4) 대판 1995. 11. 10, 95도2088.

5) 대판 1995. 7. 28, 95도1081.

6) 대판 1992. 11. 27, 92도1477.

7) 위법성조각사유의 성립요건 중에서 객관적 사실요소인 상황과 행위에 관한 착오만을 가리

오상피난, 오상자구행위 등이 여기에 속한다. 예컨대, 밤중에 찾아온 전보집배원을 강도로 오인하고 방위행위로 나아간 경우나, 전시에 아군을 적군으로 오인하고 사살한 경우가 이에 해당한다.

위법성조각사유의 전제사실에 대한 착오는 위법성의 요건에 관한 착오라는 점에서 금지착오에 해당시킬 수 있으나, 행위상황사실에 관한 착오라는 점에서는 구성요건착오와 구조상 유사하므로 성격상 兩 錯誤類型의 中間에 위치하는 특수한 경우라고 볼 수 있다.[1)]

(2) 해 결

위법성조각사유의 전제사실에 대한 착오의 해결에 관하여는 엄격책임설, 소극적 구성요건요소이론, 제한적 책임설 등이 대립하고 있다.

㈎ 엄격책임설의 입장

嚴格責任說에서는 위법성에 관한 착오는 그것이 위법성조각사유의 허용범위에 관한 것이든 행위상황인 객관적 전제사실에 관한 것이든 모두를 금지착오로 취급하므로, 위법성조각사유의 전제사실에 대한 착오도 금지착오의 한 유형으로 본다.[2)] 이 설에 따르면 행위자의 착오에 정당한 이유가 없으면 고의범으로 처벌되고, 정당한 이유가 있으면 책임이 조각되어 벌하지 아니한다. 과실범으로 처리되는 경우는 인정되지 않는다.

㈏ 소극적 구성요건요소이론의 입장

消極的 構成要件要素理論에서는 각칙상 규정되어 있는 개별구성요건을 적극적 구성요건요소로 보고, 위법성조각사유를 소극적 구성요건요소로 파악하므로 위법성에 관한 착오의 모든 경우를 본래적인 구성요건착오로 취급한다.[3)] 이 이론에 따르면 그 착오가 비본질적인 경우엔 고의범의 성립이 인정되고, 본질적인 착오의 경우엔 과실범의 요건이 심사되어 과실범 혹은 무죄로 처리된다. 소극적 구성요건요소이론은 위법성조각사유의 전제사실에 대한 착오를 책임론이 아니라 구성요건이론의 관점에서 해결하고 있는 점에서 다른 이론들과

키는 것이기 때문에 위법성조각사유의 전제'사실'에 대한 착오로 부르는 것이다.

1) Jescheck/Weigend, 462면.

2) 김종원, "정당화사정의 착오에 관한 일고찰", 고시연구 1993. 8, 14면 이하; 정성근/박광민, 351면; Welzel, 168면 이하.

3) Schünemann, "Die deutschsprachige Strafrechtswissenschaft nach der Strafrechtsreform im Spiegel des Leipziger Kommentars und des Wiener Kommentars, 1. Teil : Tatbestands- und Unrechtslehre", *GA 1985*, 341면 이하.

기본입장을 달리한다고 볼 수 있다.

㈐ 제한적 책임설의 입장

制限的 責任說은 엄격책임설과 기본입장은 같이하나, 다만 예외적으로 위법성조각사유의 전제사실에 대한 착오에 관해서만 그 착오의 구조상 특성을 감안하여 구성요건착오의 원리에 따라 해결하고 있다.[1] 즉 여기서는 위법성조각사유의 전제사실에 대한 착오를 소극적 구성요건요소이론처럼 본래적인 구성요건착오의 경우로 보는 것은 아니고, 금지착오의 한 경우로 보되 단지 그 법적 효과에 있어서만 구성요건착오와 같이 취급하는 것이다. 제한적 책임설의 견해는 다시 구성요건착오유추적용설과 법효과제한적 책임설의 둘로 나누어진다.

1) 구성요건착오유추적용설　構成要件錯誤類推適用說에서는 구성요건착오에서와 같이 이 착오에 있어서도 구성요건고의부터가 부정되어 고의불법, 고의책임, 고의형벌이 모두 부정된다고 보고 있다. 이 착오에 있어선 행위자에게 구성요건실현의사가 존재하지 않는 만큼 고의와 행위불법이 부정되기 때문에 구성요건착오의 규정을 유추적용해야 한다는 것이다.[2] 하지만 행위자에게 구성요건고의가 존재하지 않는다면 그에 대한 공범이 성립할 수 없게 되는 문제가 야기된다.[3] 不法阻却說이라고 할 수 있다.

2) 법효과제한적 책임설　法效果制限的 責任說에서는 고의불법은 인정하되 그 행위의 법적 효과만이 제한되는 것으로 보아 고의책임과 고의형벌만이 부정된다고 보는 것이다.[4] 과실책임의제설로도 불리며, 責任阻却說이라고 할 수 있다.

3) 검　토　위법성조각사유의 전제사실에 대한 착오의 성격에 비추어 볼 때 기본적으로 제한적 책임설에 입각하여 해결함이 타당하다. 그리고 여기서 착오를 회피할 수 있었던 경우의 책임이 과실책임과 성격상 일치하고,

---

1) Schönke/Schröder, § 16, RN 18.

2) 김일수/서보학, 317-318면; 이형국, 241면; 장영민, "위법성조각사유의 착오와 책임설", 고시계 1992. 7, 153면 이하.

3) Jescheck/Weigend, 464-465면.

4) 강동범, "위법성조각사유의 전제사실의 착오", 고시계 1997. 3, 83면; 배종대, 391면; 신동운, 409면; 이재상, § 25, RN 14; 임웅, 314면 이하; 정진연, "위법성조각사유의 객관적 전제사실에 관한 착오", 김종원교수화갑기념논문집, 1991, 292면; Jescheck/Weigend, 464면; Wessels/Beulke, RN 479.

이 착오를 범한 사람의 행위에 가담한 공범의 처벌을 위해서는 그 행위의 불법은 인정하는 것이 타당할 것이므로 제한적 책임설 중 法效果制限的 責任說에 따르는 것이 합당하다고 본다.

제 4 절 期待可能性

I. 意　義

기대가능성(Zumutbarkeit)이란 행위 당시의 구체적인 사정 하에서 행위자에게 위법한 행위를 피하고 적법행위를 할 것을 기대할 수 있는 가능성을 말한다. 책임능력자가 고의 또는 과실로 범죄행위를 하였을 경우에도 기대가능성이 없으면 그 책임이 조각된다.

규범적 책임론은 책임의 본질을 불법을 저지른 행위자에 대한 비난가능성으로 파악한다. 종래의 心理的 責任論이 행위자의 심리적 요소인 고의 또는 과실이 존재하면 책임이 인정된다고 한데 대하여, 規範的 責任論은 期待可能性이라는 규범적 요소를 책임개념에 도입하여 위법한 행위를 하지 아니할 것을 기대할 수 있는 때에 한하여 행위자에게 책임비난을 가할 수 있다고 한다. '기대가능성'은 규범적 책임론의 중심개념으로 자리 잡고 있다.[1] 종래의 심리적 책임론에 따르면 책임이 인정되는 책임능력자의 고의나 과실에 기한 행위에 있어서도 현실적으로 형법상 책임을 인정하기 어려운 경우가 발견되면서 제 3 의 책임요소의 존재가능성이 인정되게 되었고, 이러한 상황에서 '기대가능성'이 책임의 요소로 등장하게 되었다. 즉 적법행위에의 기대가능성이 책임의 본질로 파악되기에 이르렀다.

책임론의 이러한 발전에 토대하여 '기대불가능성'은 종래 초법규적·일반적 책임조각사유로 취급되었다.[2] 하지만 '기대가능성'은 모든 범죄에 있어서 일반적으로 요구되는 책임요소로 보기는 어렵다. 초법규적 사유에 의해

1) Welzel, 179면.
2) 유기천, 231면; 이재상, §26, RN 8·10; 이형국, 441면; 정성근/박광민, 354면; 정영석, 203면.

일반적으로 책임을 조각하는 것은 죄형법정주의의 원칙을 크게 위협하는 결과가 될 뿐 아니라 형법의 규범적 규제기능을 약화시키고 형법질서의 이완(弛緩)을 초래하기 때문이다.[1] 예외적으로 상관의 절대적 구속력 있는 위법한 명령에 따른 부하의 직무집행행위, 생명·신체 이외의 법익에 대한 강제상태에서 강요된 행위 등에 있어서 기대가능성이 초법규적 책임요소로 인정될 수 있을 뿐이라고 봄이 타당하다.[2] 그리고 강요된 행위(제12조), 과잉방위(제21조 제3항), 과잉피난(제22조 제3항) 등 명문의 규정이 있는 경우와 과실범과 부작위범의 영역에서는 '기대가능성'이 責任의 補正原理로 기능하는 것으로 봄이 타당하다고 생각한다.[3] 특히 과실범과 부작위범에 있어선 '기대가능성'이 행위자의 책임뿐만 아니라 행위의 불법까지도 제한하는 원리로 기능한다고 보는 견해[4]도 있지만, 불법의 성립을 제한하는 것은 일반적·객관적 의미의 '행위가능성'이라고 보아야 하고, 개별적·주관적 의미를 갖는 '기대가능성'은 책임만을 제한하는 것으로 봄이 타당하다.

Ⅱ. 體系上 位置

'기대가능성' 또는 '기대불가능성'을 범죄론체계상 어디에 위치시킬 것인가에 관하여는 몇 가지 견해가 대립되어왔다.

1. 고의·과실의 구성요소설

故意·過失의 構成要素說은 기대가능성을 고의·과실의 구성요소로 파악하여 기대가능성이 없으면 고의·과실이 조각되어 결과적으로 책임도 조각되는 것으로 보는 견해이다. 심리적 책임론의 입장이며, 프로이덴탈(Freudenthal)에 의하여 주장되었다.

그러나 고의·과실은 행위자의 내적·주관적 문제임에 반하여, 기대가능

1) 김일수/서보학, 438면; 배종대, 403면; 이정원, 252면; 황산덕, 216면; Schönke/Schröder, Vor §§ 32, RN 122·125; Welzel, 182면.

2) 이 두 경우 외에 동가치의 법익 사이의 긴급피난이나 의무충돌도 기대불가능성에 의한 책임조각사유로 이해하는 견해(이재상, § 26, RN 10)도 있지만, 이 경우는 우리 형법상 위법성조각사유로서의 긴급피난에 해당한다고 생각한다.

3) 同旨 : Jescheck/Weigend, 504면; Schönke/Schröder, Vor §§ 32, RN 122.

4) Henkel, "Zumutbarkeit und Unzumutbarkeit als regulatives Rechtsprinzip", *Fest. für Mezger*, 1954, 281면 이하.

성은 행위자의 의사결정에 영향을 줄 수 있는 부수사정에 대한 외적·객관적·가치판단이므로 고의·과실에는 포함시킬 수 없다고 본다.[1)]

2. 책임요소설

'기대가능성'의 개념이 등장한 초기에는 기대가능성을 고의·과실과 병존하는 제3의 책임요소로 보아 기대가능성이 없어도 고의·과실은 독자적으로 성립할 수 있는 것으로 인정하는 이른바 複合的 責任槪念이 일반적으로 채택되었었다. 그러나 그 후 目的的 行爲論이 등장하면서 고의·과실이 행위·구성요건의 단계로 자리를 옮기고, 기대가능성을 책임능력, 위법성의 인식·인식가능성과 함께 책임의 한 요소로 취급하는 순수한 規範的 責任論이 제시되기에 이르렀다.[2)]

하지만 규범적 책임론에 따르면 책임개념이 실질내용은 결여하고 기대가능성이라는 평가개념으로만 구성되어 결과적으로 공허하게 되는 문제점이 생겨난다고 할 수 있다.

오늘날의 責任要素說에서는, 고의·과실의 범죄론체계상 위치를 구성요건·책임의 요소로 이해하는 데 토대하여, '기대가능성'을 책임능력, 책임형식(고의·과실), 위법성의 인식·인식가능성과 함께 책임의 일반적 요소로 이해하고 있다.[3)]

3. 예외적 책임조각사유설

例外的 責任阻却事由說에서는 책임능력과 고의·과실, 위법성의 인식·인식가능성 등을 책임의 일반적 요소로 보고, 기대가능성이 없는 때에는 일정한 경우에 예외적으로 책임이 조각되는 것으로 이해한다.[4)] 이 견해에 따르면 기대가능성은 책임의 일반적 요소로 되지는 않고 개별적인 예외적 상황에서나 책임요소로 기능하게 되는 것이다.[5)] 이 견해가 타당하다고 생각한다.

---

1) 유기천, 231면.
2) Welzel, 140면.
3) 심재우, "규범적 책임론과 기대가능성", 고시연구 1979. 9, 24면; 이형국, 435면; 임웅, 316면.
4) 배종대, 402면; 이재상, § 26, RN 8; 정성근/박광민, 356면; 정영석, 205면.
이 견해는 오늘날의 책임요소설과 마찬가지의 결론을 도출하는 것으로 보아야 한다.
5) Schönke/Schröder, Vor §§ 32, RN 110; Wessels/Beulke, RN 433.

예외적 책임조각사유로서의 기대불가능성 유무에 관한 판단의 기초가 되는 사정이나 행위상황에 관한 착오는 금지착오의 원리가 유추적용되는 경우로 볼 수 있다. 기대가능성의 유무와 한계에 관한 착오는 기대가능성의 판단기준에 관하여 평균인표준설에 따르는 한 형법상 논의의 실익을 갖지 못한다고 보아야 한다.

Ⅲ. 判斷의 標準

기대가능성의 유무를 판단하는 표준을 어디에 둘 것인가에 대하여는 행위자표준설, 국가표준설과 평균인표준설이 대립되고 있다.

1. 행위자표준설

行爲者標準說에서는 범죄행위 당시에 그 위법행위가 아닌 다른 적법행위를 할 수 있는 기대가능성이 행위자에게 있었는가의 여부가 기대가능성의 유무를 판단하는 표준으로 된다고 한다.[1]

그러나 행위자 개인의 구체적 사정을 기준으로 하여 기대가능성을 판단할 때에는 적법행위에의 기대가능성은 범죄의 거의 모든 경우에 있어서 찾아볼 수 없게 되고, 특히 확신범의 경우엔 더욱 기대가능성이 인정될 수 없으므로 형법상 책임이 존재하지 않게 되어 결과적으로 刑罰의 空洞化가 초래되는 부당한 결론이 도출된다.[2]

2. 국가표준설

國家標準說은 적법행위를 기대하고 있는 국가가 국가적 기준에 따라 기대가능성의 유무를 판단하여야 한다는 견해이다.[3]

하지만 기대가능성의 판단주체인 국가가 스스로 판단의 표준이 된다는 것은 기대가능성의 표준으로서 불합리하며, 이 설에 따르면 결과적으로 기대가능성이 부인되는 경우를 찾아보기 어렵게 되어 기대가능성 개념의 존재의

1) 박상기, 264면; 배종대, 411면; 이형국, 437면.
2) Jescheck/Weigend, 503면; Schönke/Schröder, Vor §§ 32, RN 123.
3) 平場安治, 刑法總論講義, 1952, 113면.

의가 상실된다고 할 수 있다.

3. 평균인표준설

平均人標準說은 범죄행위 당시의 사정 하에서 사회통념상, 즉 사회의 평균인의 입장에서 보아 적법행위를 기대할 수 있는지의 여부에 따라 기대가능성의 유무를 판단해야 한다는 견해이다. 즉 이 설은 사회의 평균인에게 적법행위를 기대할 수 있는 경우에는 행위자에게도 적법행위를 기대하여야 할 것이고, 따라서 책임을 인정하여야 한다는 주장이다. 다수설[1]과 판례[2]의 입장이다.

4. 검　토

기대가능성의 '책임'요소로서의 성격을 감안한다면, 기대가능성의 유무를 평균인의 입장에서 판단하는 것도 일정한 경우에 있어서는 불법판단과 혼동되는 부당한 결과를 초래할 여지가 있다.[3] 하지만 기대가능성이라 함은 행위자에게 적법행위, 즉 規範遵守를 기대할 수 있는지에 관한 판단이기 때문에 법적·규범적 관점에서 사회일반인으로서의 평균인을 표준으로 하여 객관적으로 판단하여야 하는 것이라고 생각한다. 기대가능성이 책임판단의 요소라고 하여 반드시 행위자 개인을 표준으로 하여야 한다고 생각할 필요는 없다고 본다.[4] 즉 행위자표준설과 국가표준설의 극단적 입장을 조정하며, 책임판단의 명확성과 균형성을 기할 수 있다는 점에서 평균인표준설이 타당하다고 생각한다.

---

1) 김일수/서보학, 440면; 신동운, 419면; 유기천, 241면; 이재상, § 26, RN 17; 임웅, 320면; 정성근/박광민, 359면; 황산덕, 216면.
2) 대판 2001. 2. 23, 2001도204; 대판 2002. 9. 24, 2002도3666; 대판 2008. 10. 9, 2008도5984.
3) 심재우, "기대가능성은 책임조각사유인가", 법정 1976. 8, 92면.
4) 책임요소인 '책임능력'도 연령이나 심신장애와 같은 객관적 요소에 의해 판단되고 있는 것을 보아도 이런 점을 이해할 수가 있다. '責任能力'은 행위자의 내적 상태가 그에게 규범준수를 기대할 수 있는지에 관한 문제이고, '期待可能性'은 행위자의 외적 상태가 그에게 규범준수를 기대할 수 있는지에 관한 문제라고 생각한다.

Ⅳ. 期待不可能으로 인한 責任의 阻却·減輕

1. 초법규적 책임조각사유

기대불가능성은 초법규적 책임조각사유로 기능하지만, 예외적으로 절대적 구속력 있는 上官의 違法한 命令에 의한 행위나 자기 또는 친족의 생명, 신체 이외의 법익에 대한 방어할 방법이 없는 협박에 의하여 强要된 行爲 등에 있어서만 초법규적 책임조각사유로 보는 것이 타당하다고 생각한다.

판례[1]에서는 일찍이 입학시험 응시자가 출제될 문제를 우연한 기회에 알게 되어 그 답을 암기하여 답안지에 기재한 경우에 기대가능성이 없음을 이유로 하여 무죄가 선고되고 있는데, 이는 기대불가능성을 '초법규적' 책임조각사유로 인정한 것으로 판단된다. 또한 판례[2]에서는 자신의 강도상해 범행을 일관되게 부인하였으나 유죄판결이 확정된 사람이 추후에 따로 기소된 공범의 공판에 증인으로 나와 또다시 자신의 범행을 부인하는 증언을 한 경우에 있어서 그 증인에게는 사실대로 증언할 것이라는 기대가능성이 있으므로 위증죄가 성립한다고 판시하고 있다.

대판 2002. 9. 24, 2002도3666 사용자가 모든 성의와 노력을 다했어도 임금의 체불이나 미불을 방지할 수 없었다는 것이 사회통념상 긍정할 정도가 되어 사용자에게 더 이상의 적법행위를 기대할 수 없다거나, 사용자가 퇴직금지급을 위하여 최선의 노력을 다하였으나 경영부진으로 인한 자금사정 등으로 도저히 지급기일 내에 퇴직금을 지급할 수 없었다는 등의 불가피한 사정이 인정되는 경우에는 그러한 사유는 (구)근로기준법 제36조, 제42조 각 위반범죄의 책임조각사유로 된다.

— 이 판례에서도 기대불가능성으로 인하여 초법규적으로 책임이 조각될 수 있음을 인정하고 있다.[3]

그러나 기대불가능성을 언급하고 있는 다른 판례들, 예컨대 증인이 자기 자신의 범죄사실을 은폐하기 위하여 행한 위증행위,[4] 어로작업 중 납북된 어부가 북한지역에서 행한 찬양·고무행위[5] 등의 예는 기대불가능성을 초

1) 대판 1966. 3. 22, 65도1164.
2) 대판 2008. 10. 23, 2005도10101.
3) 同旨 : 대판 2003. 2. 11, 2002도5679.
4) 대판 1961. 7. 13, 4294형상194.
5) 대판 1971. 12. 14, 71도1657.

법규적 책임조각사유로 든 것으로 보기 어렵다. 위증사건에 관한 판례는 후에 대법원 자신에 의하여 폐기되었으며,[1] 납북어부사건은 단지 형법상의 '강요된 행위'의 책임조각근거가 기대불가능성이라는 점을 언명한 데 불과하다고 보아야 하기 때문이다.

2. 형법상의 규정

(1) 개별규정들

총칙상 '강요된 행위'(제12조), 과잉방위(제21조 제3항) 및 과잉피난(제22조 제3항, 제21조 제3항)은 기대불가능성을 이유로 한 책임조각사유이다. 또 과잉방위의 다른 경우(제21조 제2항)와 과잉피난의 다른 경우(제22조 제3항, 제21조 제2항) 그리고 과잉자구행위(제23조 제2항)는 기대가능성의 감소를 이유로 한 책임의 감경사유이다.

각칙상 친족간 범인은닉과 증거인멸(제151조 제2항, 제155조 제4항) 및 범인 자신의 은닉과 증거인멸은 기대불가능성을 이유로 책임이 조각되는 경우이다. 단순도주죄(제145조)가 도주원조죄(제147조)보다 법정형이 가볍고 또 위조통화취득후 지정행사죄(제210조)가 위조통화행사죄(제207조 제4항)보다 형이 가벼운 것은 기대가능성의 감소를 이유로 책임이 감경되는 경우이다.

(2) 강요된 행위

제12조 [강요된 행위]　저항할 수 없는 폭력이나 자기 또는 친족의 생명, 신체에 대한 위해를 방어할 방법이 없는 협박에 의하여 강요된 행위는 벌하지 아니한다.

㈎ 의　의

'强要된 行爲'란 강제된 상태 하에서 행하여진 범죄행위로서, 저항할 수 없는 폭력이나 자기 또는 친족의 생명, 신체에 대한 위해를 방어할 방법이 없는 협박에 의하여 강요된 행위를 가리킨다. 강요된 행위는 期待可能性의 缺如를 이유로 책임이 조각되어 벌하지 아니한다(제12조). 구성요건실현행위가, 정당방위나 긴급피난 등 위법성조각사유에는 해당하지 않지만, 강요된 부득이한 상태 하에서 행해진 경우에는 행위자의 책임이 조각되어 처벌하지

1) 대판 1987. 7. 7, 86도1724 참조.

않는 것이다.

책임조각사유로서의 '강요된 행위'는 행위의 외관에 있어서는 緊急避難과 유사하지만, '강요된 행위'는 강요의 원인이 '폭력이나 협박'이라는 부당한 경우에 국한되고 있으며 '상당한 이유'를 요하지 않는다는 점에서 위법성조각사유인 긴급피난과 구별된다.[1]

(나) 요 건

1) 폭 력 '暴力'은 상대방의 저항을 억압하기 위하여 행사되는 힘을 말한다. 폭력의 유형은 심리적 폭력과 물리적 폭력으로 구분된다. 心理的 暴力(상대적·강제적 폭력)이란 피강요자의 심리에 작용하여 그 자로 하여금 일정한 행위를 하도록 만드는 간접적 유형력의 행사이다. 物理的 暴力(절대적 폭력)은 상대방을 육체적으로 저항할 수 없게 만드는 직접적 유형력의 행사이다. 물리적 폭력의 경우 상대방은 '의사 없는 도구'로서 이용될 뿐이다.

'폭력'은 抵抗할 수 없는 것이어야 한다. '저항할 수 없는 폭력'은 心理的 暴力을 의미한다.[2] 물리적 폭력에 의한 행위는 행위자의 의사에 기한 것이 아니므로 처음부터 형법상의 행위로 취급되지 아니한다.

'抵抗할 수 없는'이라 함은 폭력 그 자체를 물리칠 수 없는 경우뿐만 아니라 강요된 행위를 거부할 수 없는 형편도 가리킨다. 피강요자가 저항을 시도했을 것을 요하지 않는다. 저항할 수 없는 것인지의 여부는 폭력의 성질이나 수단·방법, 폭력자와 피강요자의 관계 등의 사정을 종합적으로 고려하여 판단해야 한다.

2) 협 박 '脅迫'은 상대방에게 외포심을 일으킬 만한 해악의 고지를 가리킨다. '협박'은 자기 또는 친족의 생명, 신체에 대한 위해를 방어할 방법이 없는 것이어야 한다.

'親族'의 범위는 원칙적으로 민법의 규정(동법 제777조)에 의해 정해지지만, 사실혼관계에 기한 경우나 사생아도 포함된다고 봄이 타당하다.[3]

'危害'는 '生命·身體'에 대한 것에 국한된다. 자유·재산·명예·정조·

---

1) 김일수/서보학, 451면; 배종대, 413면; 이재상, §26, RN 22; 임웅, 326면; 정성근/박광민, 364면.
2) 김일수/서보학, 451면; 이재상, §26, RN 24; 이형국, 445면; 임웅, 327면.
대판 1983. 12. 13, 83도2276.
3) 김일수/서보학, 452면; 박상기, 267면; 배종대, 414면; 이재상, §26, RN 29; 임웅, 328면; 정성근/박광민, 366면; 정영석, 210면; 황산덕, 220면.

비밀 등 그 외의 법익에 대한 위해의 경우에 있어선 초법규적 책임조각사유로서의 기대불가능성이 인정될 수 있는 것이다. '위해'는 현재의 것임을 요하지 않는다.

위해를 '防禦할 方法이 없는'이라 함은 달리 피할 방법이 없다는 보충성을 의미한다. 방어할 방법의 유무는 친족을 기준으로 할 것이 아니고, 피강요자의 관점에서 판단해야 한다. 방어할 방법이 없는 것인지의 여부는 협박의 성질이나 수단·방법, 협박자와 피강요자의 관계 등의 사정을 종합적으로 고려하여 판단해야 한다. 단순한 상관의 지시나 명령에 따른 정도로는 이에 해당되기 어렵지만,[1] 납북어부나 북한 주민의 북한에서의 부득이한 국가보안법위반행위는 방어할 방법이 없는 협박에 의하여 강요된 행위에 해당한다고 할 수 있다.[2] 피강요자의 책임 있는 사유로 강제상태가 야기된 때에는 강요된 행위에 해당될 수 없다.[3]

3) 강요된 행위 폭력이나 협박에 의하여 '强要된 行爲'는 폭력이나 협박에 의하여 피강요자의 의사결정이나 신체활동의 자유가 침해되어 강요자의 요구에 따라 행해진 행위를 가리킨다.

폭력·협박과 피강요자의 행위 사이에 因果關係가 필요하다. 즉 폭력·협박에 의하여 의사결정이 강제되어 행해진 행위이어야 한다. 폭력·협박과 피강요자의 행위 사이에 인과관계가 인정되는 것으로 족하고, 강요자와 폭력·협박행위자가 일치할 필요는 없다고 본다. 폭력·협박과 피강요자의 행위 사이에 인과관계가 인정되지 않는 때에는 피강요자의 책임이 조각되지 않는다.[4] 또한 폭력·협박은 외부적인 것이어야 하므로 행위자 자신의 성장과정을 통하여 형성된 내재적인 확신이나 관념으로 인하여 스스로 의사결정에 있어서 강제된 경우는 이에 포함되지 아니한다.[5]

㈐ 효 과

강요된 행위에 있어서는 적법행위에의 기대가능성이 없기 때문에 피강

1) 대판 1983. 12. 13, 83도2543.
2) 대판 1956. 3. 16, 4288형상304; 대판 1971. 12. 14, 71도1657; 대판 1976. 9. 14, 75도414.
3) 대판 1971. 2. 23, 70도2629; 대판 1973. 9. 12, 73도1684.
4) 이런 경우에는 사실관계에 따라 폭력·협박행위자와 피강요자의 공범관계가 인정될 수도 있을 것이다.
5) 대판 1990. 3. 27, 89도1670.

요자의 책임이 조각되어 벌하지 아니한다. 따라서 강요된 행위의 상대방은 그에 대하여 정당방위를 할 수 있다.

강요자의 폭력이나 협박의 행위는 강요죄(제324조) 또는 폭행죄나 협박죄를 구성할 수 있다. 또 강요자는 경우에 따라 피강요자가 행한 범죄에 대하여 간접정범으로서의 책임도 질 수가 있다.[1]

1) 同旨 : 이재상, §26, RN 33.

제 6 장

未 遂 犯

제 1 절 基本理論

Ⅰ. 犯罪의 實現段階

행위자의 범죄의사가 범죄로 실현되기까지는 몇 단계를 거치게 된다. 범죄는 고의범의 경우 통상 '결심 → 음모 · 예비 → 미수 → 기수 → 종료'의 단계에 따라 진행 · 실현되어간다고 할 수 있다.

1. 결 심

고의범에 있어서는 맨 먼저 행위자가 범죄를 행할 결심을 내심으로 하게 된다. '決心'(Entschluß)이라 함은 구성요건실현의 결의를 의미한다. 형법상 '결심'만으로는 원칙적으로 책임이 문제되지 않는다. 하지만 교사범에 있어서 범죄의 교사를 받은 자가 범죄의 실행을 승낙하고 실행의 착수에 이르지 아니한 때에 교사자와 피교사자를 음모 또는 예비에 준하여 처벌하는데(제31조 제 2 항), 이는 피교사자가 범죄를 행할 결심만으로 처벌되는 예외적인 경우라고 할 수 있다.

2. 음모 · 예비

행위자에게 범죄의 '결심'이 선 다음에 음모 · 예비가 있게 된다. '陰謀'(Komplott)는 범죄실현을 위한 단독 또는 2인 이상의 심적 준비를 말하고, '豫備'(Vorbereitung)는 범죄를 실현하기 위한 일체의 준비행위로서 실행의 착수에 이르지 않은 단계를 가리킨다.

"누구든지 생각하는 것만으로는 처벌되지 아니한다"라는 법언(法諺)과 같이 범죄의 의사가 '결심'의 형태로 오직 행위자 개인의 내심에 머물고 있는 한 그것은 결코 범죄로 되지 아니한다. 행위자의 의사가 범죄로 되려면 행위로서 외부에 표출되어야 한다. 오늘날 형법의 기본성격을 행위자형법이 아니라 행위형법으로 파악함이 일반적 입장임에 비추어 볼 때 이는 당연한 요청이다. 하지만 중요한 법익에 대해서는 예외적으로 범죄행위를 위한 '음모'나 '예비'만으로도 법익침해의 위험성이 야기될 수 있으므로 형사정책적 근거에서 '음모'나 '예비'가 처벌되고 있다(제28조 참조).[1]

'음모'는 '예비'에 비해서도 더 주관적 상태에 그치는 단계임에도 불구하고 우리 형법상으로는 그 처벌에 있어서 '예비'와 동일하게 취급되고 있다(제90조 제 1 항, 제255조 등 참조). 따라서 형법상 양자 구별의 실익은 거의 없고 단지 개념상으로만 구별될 뿐이다.

3. 미수 · 기수

범죄의 준비로서의 음모 · 예비는 다 같이 범죄실행의 착수 이전의 단계인데 비하여, 미수 · 기수는 범죄실행의 착수 이후의 단계이다. 범죄의 실행에 착수하였으나 구성요건적 사실의 전부를 실현하는 데까지는 이르지 못한 경우를 '未遂'(Versuch)라 하고, 구성요건적 사실의 전부를 실현 · 완성한 경우를 '旣遂'(Vollendung)라고 한다.

형법은 범죄의 기수만을 처벌하는 것을 원칙으로 하고, 미수와 음모 · 예비는 법률에 특별한 규정이 있는 경우에 한하여 처벌하고 있다(제28조, 제29조).

4. 종 료

(1) 개 념

'終了'(Beendigung)는 해당 범죄구성요건의 보호법익에 대한 침해나 위험이 발생되어 범행이 완전히 끝난 단계를 가리킨다. 이는 '범죄행위의 종료'를 의미하는 것으로서, '실행행위의 종료'(제25조 제 1 항)와 구별되어야 한다. 우리

1) 다만 음모 · 예비에 관해서는, 미수범과는 달리, 각칙상 개별적 처벌규정에서 법정형까지 규정되고 있다.

형법상으로도 '종료'의 개념을 인정할 필요가 있다고 봄이 타당하다.[1] '종료'가 반드시 '기수'를 거친 다음에 가서만 인정되는 것은 아니다. 범죄가 미수에 그친 경우에는 그것으로 미수범인 범죄는 종료되는 것이고, 미수범구성요건이 전제하고 있는 해당 보호법익에 대한 위험은 발생된 것으로 보아야 하기 때문이다. 목적범의 종료시점은 그 목적의 달성 여부와 상관없이 범죄의 실행행위가 실제적으로 끝난 시점으로 이해함이 타당하다고 본다.[2]

(2) 실제적 의미

'종료'의 개념은 몇 가지 문제에 있어서 실제적 의미를 갖고 있다.

형사소송법상 公訴時效의 起算點은 '犯罪行爲의 終了한 때', 즉 終了時이다(형사소송법 제252조 제 1 항).

형법상으로 이 개념은 몇 가지 실익을 갖는다. 먼저 범죄가 기수에 이른 후에도 그 종료 이전까지는 共犯의 가담이 가능하다고 본다.[3] 예를 들어, 계속범인 감금죄(제276조 제 1 항)에 있어서 감금행위가 보호법익인 피해자의 장소선택의 자유를 침해할 정도로 시간적으로 계속되었으면 그 단계에서 감금죄는 기수에 달하게 되지만, 그 후에도 감금행위가 더 계속되다가 나중에 가서야 피해자를 풀어주었다면 그 풀어준 시점이 감금죄의 '종료시'가 되는 것이다.[4] 그러므로 피해자를 풀어준 시점이 감금죄의 공소시효의 기산점이 되고, 기수에 달한 후 풀어주기 전까지 그 감금행위에 가담한 자는 기수에 달하기 전에 가담한 자와 마찬가지로 감금죄의 공범이 되는 것이다.

범죄가 기수에 이른 다음에라도 그 종료 이전에 刑의 加重事由가 실현된 경우에는 행위자에게 가중적 구성요건이 적용된다고 본다.[5] 예를 들어, 단순감금행위에 의한 감금죄가 기수에 이른 후 감금이 계속되고 있는 동안에 피감금자에게 가혹한 행위를 가하였으면 중감금죄(제277조 제 1 항)가 인정되며, 감금이 계속되고 있는 동안에 단체 또는 다중의 위력을 보이거나 행위

1) 김일수/서보학, 508면; 이재상, §27, RN 5; 이형국, 473면; 임웅, 331면.
反旨 : 박상기, 333-337면.

2) 목적범에 있어서는 그 목적이 달성된 시점이 그 범죄의 終了時로 설명되고도 있다(이재상, §27, RN 5; Welzel, 112면 참조). 하지만 목적범의 종료시를 목적달성시로 보게 되면 자칫 공소시효의 기산점이 지나치게 늦춰질 수도 있고 또 그 가담한 자를 공범으로 인정할 수 있는 기간도 너무 길어지게 되는 불명확성이 우려된다.

3) 이재상, §27, RN 5.

4) 그러나 즉시범이나 상태범에 있어서는 범죄가 기수에 이름과 동시에 종료된다.

5) Jescheck/Weigend, 518면; Schönke/Schröder, Vor §§22, RN 10-11.

자가 위험한 물건을 휴대하였으면 특수감금죄(제278조)에 해당되는 것이다.

범죄가 종료된 다음에는 그에 대한 正當防衛도 성립할 수 없게 된다.

'종료'의 개념이 갖는 이러한 형사법상 의미에 비추어 볼 때, 이 개념에 관한 정의규정을 두는 것이 입법론상 바람직하다고 생각한다.

Ⅱ. 未遂犯의 本質

미수범은 범죄가 완성되지 못한 경우임에도 불구하고, 형법은 일정한 경우 이를 처벌하고 있다. 미수범이 처벌되는 근거에 관한 논의가 미수범의 본질론이며, 이에 관하여서는 객관설, 주관설과 절충설이 대립하고 있다.

1. 객 관 설

客觀說에 따르면 미수범의 처벌근거는 행위의 구성요건실현에 근접한 위험성이라고 한다. 즉 미수범이 기수범에 비하여 형이 감경되는 것은 행위의 객관적 위험성인 결과반가치가 더 적기 때문이다. 예비는 구성요건실현의 준비에 지나지 않으나, 미수는 구성요건실현을 개시한 위험한 행위이고 또 기수는 구성요건실현의 결과까지 발생한 것이므로 법적 취급을 달리하여야 하고, 따라서 미수의 형은 당연히 기수의 형보다 감경되어야 한다는 것이다. 또한 불능미수의 처벌은 불가한 것으로 보게 된다. 범죄이론상 객관주의에 토대한 견해이다.

객관설에서 객관적으로 발생된 법익침해의 위험성에 토대하여 미수범의 처벌범위를 제한하는 것은 책임주의에 부합하는 설명이라고 할 수 있다. 그러나 범죄의 다른 한 면인 행위자의 주관적 악성을 불법판단에 있어서 도외시함은 오늘날 불법론의 사고에 반한다고 볼 것이다.

2. 주 관 설

主觀說에 따르면 미수범의 처벌근거는 행위자의 반사회적 성격, 즉 범죄인의 주관적 악성에 있다. 반사회적 성격의 면에 있어서는 미수범과 기수범 사이에 아무런 차이가 없으므로 미수범과 기수범은 같은 정도의 형벌로 처벌되어야 하며, 불능미수의 처벌도 긍정될 수밖에 없다. 더 나아가 미수 이전의 단계인 예비·음모까지도 처벌의 필요성이 인정되게 된다. 즉 주관설에 따르면 미수범의 불법은 행위반가치만에 의해 인정되는 결과가 된다. 범죄이론상 주관주의에 토대한 견해이다.

주관설의 입장은 오늘날의 불법론과 일면으로는 부합하기도 하지만, 불법판단에 있어서 주관적 악성만을 고려한 나머지 형법을 心情刑法으로 변질시킬 우려를 야기할 수 있다.

3. 절 충 설

折衷說은 미수범의 처벌근거를 기본적으로 주관설에 토대하여 파악하면서 객관적 요소를 고려하여 처벌의 범위를 제한하고 있다. 결과발생이 없는 미수범이 처벌되는 근거는 행위자의 주관적 악성에서 찾을 수밖에 없지만, 객관적 관점에서 중요한 법익에 대해서만 미수범의 처벌을 긍정하는 입장이라고 하겠다.

미수에 그친 행위라도 그것이 일반인의 심리에 사회의 법적 평온을 위협하는 인상을 주는 경우에는 미수의 처벌을 긍정해야 한다고 하는 이른바 印象說(Eindruckstheorie)[1]은 절충설에 속하는 견해라고 할 수 있다. 하지만 인상설은 '인상'이라는 법외적 개념에 토대하여 형법상 가벌성의 문제를 해결하고자 한다는 점에서 어려움을 안고 있다.

4. 우리 형법의 입장

형법의 명문규정상 기본적으로 미수범이 처벌되고 있으며, 더욱이 기수범과 동일한 형으로 처벌될 수도 있는 점(제25조 제 2 항)으로 보아, 우리 형법은 미수범의 처벌에 있어서 주관설에 토대하여 행위자의 반사회적 성격을 중시하고 있는 것으로 볼 수 있다. 그러나 형법이 모든 범죄의 미수를 처벌하는 것이 아니라 중대한 범죄의 미수만을 예외적으로 처벌하도록 각칙상에 개별적으로 명시하고 있고(제29조) 또 미수의 형을 기수의 형보다 감경할 수 있도록 한 것(제25조 제 1 항)과 위험성이 없는 불능범은 처벌하지 않는 것(제27조)은 객관설의 입장에 서서 결과의 불발생을 고려하였기 때문이기도 하다.

---

1) 김일수/서보학, 513면; 박상기, 338면; 이정원, 256면; 이형국, 497면; Jescheck/Weigend, 463면; Schönke/Schröder, Vor §§ 22, RN 23.

미수범의 처벌에 관한 우리 형법의 태도는 객관설과 주관설을 타협한 折衷說의 입장이라고 할 수 있다.[1)]

제2절 障碍未遂

제25조 [미수범] ① 범죄의 실행에 착수하여 행위를 종료하지 못하였거나 결과가 발생하지 아니한 때에는 미수범으로 처벌한다.
② 미수범의 형은 기수범보다 감경할 수 있다.

Ⅰ. 意 義

未遂犯은 범죄의 실행에 착수하여 자신의 의사에 반하여 행위를 종료하지 못하였거나 결과가 발생하지 아니한 경우를 가리킨다(제25조). 이는 협의의 미수범으로서 장애미수를 의미한다.

미수범은 그 성립에 있어서 '실행의 착수'를 요한다는 점에서 '예비'와 구별된다.

형법은 장애미수 외에도 미수범의 다른 유형인 중지미수와 불능미수에 관하여 각각 별도의 규정을 두고 있다(제26조, 제27조 참조). 장애미수는 범죄의 미완성이 행위자의 자의에 기하지 않는다는 점에서 중지미수와 구별되고, 결과의 발생이 가능한 경우라는 점에서 불능미수와 구별된다. 미수범의 이 세 가지 유형은 독자적 특성을 갖는 독립된 범죄형태이며, 따라서 하나의 행위에 있어서 중첩적으로 인정될 수는 없다.

Ⅱ. 成立要件

장애미수는 행위자가 범죄의 실행에 착수하여 행위를 종료하지 못하였거나, 결과가 발생하지 아니한 때에 성립한다. 따라서 장애미수의 성립요건

1) 염정철, "장애미수범", 사법행정 1965. 9, 37면; 이재상, §27, RN 12; 임웅, 340면; 정성근/박광민, 383면.

은 주관적 요건인 '고의'와 객관적 요건인 '범죄의 실행의 착수', '범죄의 미완성'이라는 세 가지로 이루어져 있다.

1. 주관적 요건

미수범의 성립에 있어서도 기수범의 경우와 마찬가지로 주관적 요건으로 '故意'가 필요하다. 즉 과실범의 미수는 인정되지 아니한다. 그리고 '고의'는 범죄를 완성하려는 '旣遂의 故意'이어야 하며, 처음부터 미수에 그치려는 '미수의 고의'는 부정된다. '미수의 고의'에 있어선 결과반가치가 인정되지 않을 뿐만 아니라 행위반가치도 부정되거나 극히 경미하여 가벌성을 인정하기 어렵기 때문이다. 따라서 이른바 함정수사(Lockspitzel, agent provocateur)에 있어서 행위자의 의사는 대부분의 경우 미수의 고의에 그치는 것이므로 미수범으로 인정되지 못한다고 하겠다.

절도죄 등의 영득죄에 있어서는 고의 외에 불법영득의 의사도 미수범의 요건으로 요구되며, 목적범의 미수범에 있어서는 고의 외에 목적도 함께 요구된다.

2. 객관적 요건

(1) 범죄의 실행의 착수

미수범이 성립하기 위해서는 범죄의 실행의 착수가 있어야 하는데, 여기서 '범죄의 실행의 착수'라 함은 구성요건실현의 직접적 개시를 의미하는 것이다. 이는 미수와 예비를 경계 짓는 개념이다.

> '범죄의 실행의 착수'의 개념이 갖는 중대한 의미에 비추어 볼 때, 이 개념에 관한 정의규정을 둠이 입법론적으로 바람직하다. 참고로 독일 형법에서는 '자신의 의사에 의하여 직접 구성요건실현행위를 개시한 자'를 미수범으로 규정하여(동법 제22조) '범죄의 실행의 착수'의 개념을 정의하고 있다.

'犯罪의 實行의 着手'의 판단기준에 관하여는 객관설, 주관설과 절충설의 견해 대립이 있다.

㈎ 객 관 설

客觀說은 구성요건을 실현하는 實行行爲가 행해졌을 때 범죄의 실행의 착수를 인정하는 입장이다. 객관설은 다시 형식적 객관설과 실질적 객관설로 나뉜다.

1) 형식적 객관설 形式的 客觀說에서는 형식적으로 구성요건의 관점에서 보아 구성요건의 일부를 실현한 때 즉 구성요건에 해당하는 행위가 그 일부분만이라도 실행되었을 때 실행의 착수가 있다고 한다.[1)]

이 설에 따르게 되면, 구성요건실현행위의 직전단계에 있는 행위에 있어서도 실행의 착수를 인정할 수 없게 되는 문제가 발생한다.

2) 실질적 객관설 實質的 客觀說은 실행의 착수의 의미를 자연적·실질적 관점에서 파악하는 입장이다. 즉 구성요건적 행위와의 밀접한 객관적 관련성으로 인하여 그 구성부분으로 판단될 수 있는 행위가 행해질 때[2)] 또는 보호법익에 대한 직접적 위험에 근접한 행위가 있을 때에 실행의 착수가 있다고 본다.

이 설은 구성요건실현행위의 직전단계에 있는 행위에 있어서도 실행의 착수를 인정할 수 있게 되는 장점을 갖고 있지만, 다른 한편 형식적 객관설에 비하여 판단의 기준이 불명료하게 되는 결함을 안고 있다.

㈏ 주 관 설

主觀說은 행위자의 반사회적 성격을 중시하고 범죄행위를 행위자의 범죄적 의사의 표현으로 보는 주관주의 범죄이론의 입장에서 주장되는 이론이다. 이 설에서는 行爲者의 犯意를 표준으로 하여 실행의 착수 여부를 판단한다.[3)] 즉 범의의 비약적 표동(表動)이 있을 때, 범의의 성립이 그 수행행위에 의하여 확정적으로 인정될 때, 행위자의 범죄적 의사가 그 취소가 불가능하리만큼 확실성을 보이는 행위로 나타났을 때 또는 행위자가 자기의 행위가 자연적인 진행에 따르면 범죄를 실현할 가능성이 있음을 인식하고 그 행위에 나온 때에 실행의 착수가 있다고 본다. 이와 같이 주관설에 있어서도 순수하게 주관적 요소만 갖고 실행의 착수 여부를 판단하는 것은 아니고, 意思

---

1) 백남억, 형법총론, 1962, 243면.

2) 이른바 '프랑크의 공식'에서의 판단기준으로서, 독일 판례(RGSt 54, 182; BGHSt 20, 150 등)의 입장이기도 하다.

3) 정영석, 204면.

의 事實的 實現行爲[1])를 함께 고려하고 있다.

하지만 '예비'도 행위자의 범죄적 의사가 표현된 것인 점에서는 미수와 마찬가지이므로 이 설에 따를 경우 양자의 구별이 불명확하게 되어 죄형법정주의 원칙에 반하게 되고, 자칫 예비단계에 그치는 경우까지 미수범으로 처벌하게 될 위험성을 안고 있다.[2])

㈐ 절 충 설

折衷說은 행위자가 자신의 계획에 의해 직접적으로 범죄구성요건의 실현에로 나아가는 행동이 있을 때, 犯罪의 發端이 있을 때 또는 범죄적 의사가 행위자의 전체계획에 의하여 직접 당해 구성요건의 보호객체를 위태롭게 하는 행위 속에 명백히 나타난 때에 실행의 착수가 있다고 보는 견해이다. 個別的 客觀說 또는 主觀的 客觀說로도 불리운다.

독일에서는 형법이 명문으로 이 입장을 택하고 있으며(동법 제22조 참조), 통설[3])도 이에 따르고 있다. 우리나라에서도 이 이론이 다수설[4])의 입장이며, 판례[5])의 전반적 태도라고 할 수 있다.

> 대판 2003. 6. 24, 2003도1985 "야간이 아닌 주간에 절도의 목적으로 다른 사람의 주거에 침입하여 절취할 재물의 물색행위를 시작하는 등 그에 대한 사실상의 지배를 침해하는 데에 밀접한 행위를 개시하면 절도죄의 실행에 착수한 것으로 보아야 한다."
>
> — 절도죄의 '실행의 착수'에 관한 대법원의 이러한 입장은 수 십년 전부터 오늘날까지 계속 유지되어 '밀접행위설'이라는 명칭을 붙일 수 있는 정도에 이르렀다. 이 밀접행위설도 절충설에 해당한다고 할 수 있다.[6])

---

1) 이는 객관설에서 언급하고 있는 '구성요건적 행위와 밀접한 객관적 관련성을 갖는 행위'에는 미치지 못한 단계의 행위를 의미한다.

2) Schönke/Schröder, § 22, RN 29.

3) Jescheck/Weigend, 516면; Schönke/Schröder, § 22, RN 32; Wessels/Beulke, RN 598.

4) 김일수/서보학, 516면; 김종원, "실행의 착수", 법정 1977. 5, 35면; 박상기, 345-346면; 배종대, 428면; 손동권, § 23, RN 16; 신동운, 445면; 오영근, § 27, RN 27; 이재상, § 27, RN 28; 임웅, 335면; 정성근/박광민, 388면.

5) 대판 1956. 11. 30, 4289형상217; 대판 1984. 12. 11, 84도2524; 대판 1986. 2. 25, 85도2773; 대판 1990. 5. 25, 90도607; 대판 1991. 4. 9, 91도288 등.

범죄의 실행의 착수를 인정하기 위해서 '범죄구성요건의 실현에 이르는 현실적 위험성을 포함하는 행위'를 개시함으로써 족하다고 한 판례(대판 2003. 10. 24, 2003도4417; 대판 2006. 9. 14, 2006도2824)도 절충설과 상통하는 입장이라고 생각한다.

6) 판례상의 밀접행위설을 실질적 객관설에 해당되는 것으로 보는 견해(이재상, § 27, RN 25)

하지만 판례는 간첩죄[1]와 관세법상의 관세포탈죄[2]의 실행의 착수시기에 관하여는 주관설에 가까운 판단을 하고 있다.

㈑ 검 토

이론적 관점에서 전반적으로 보면 객관설에 따르는 경우엔 실행의 착수시기가 다소 늦게 인정되고, 주관설에 따르면 그 시기의 인정이 다소 이르게 된다.

未遂犯의 本質에 관한 우리 형법의 절충적 입장을 고려하면 실행의 착수시기는 折衷說에 따라 판단함이 타당하다고 본다. 즉 행위자의 범죄의사에 기하여 구성요건실현의 직접적 위험성을 야기할 수 있는 행위가 행해짐으로써 실행의 착수가 인정된다고 할 것이다. 구성요건의 일부를 직접 실현하는 행위뿐만 아니라 구성요건의 실현과 밀접한 관련성을 갖는 행위도 이에 해당된다. 살인죄에 있어서 칼로 찌른 때, 강간죄나 강도죄에 있어서 폭행이나 협박이 행해진 때가 전자의 예이며, 절도죄에 있어서 대상을 물색하는 행위를 후자의 예로 들 수 있다. 하지만 구성요건의 실현을 위해서는 별도의 행위, 이른바 中間行爲[3]가 더 있어야 하는 경우에는 아직 실행의 착수를 인정할 수 없다고 보아야 한다.

(2) 범죄의 미완성

미수범이 성립하기 위하여는 犯罪가 未完成에 그쳐야 한다. 즉 결과범에 있어서는 범죄의 구성요건적 결과가 발생되지 않았어야 하며, 거동범에 있어선 구성요건실현을 위한 행위가 완수되지 않았어야 한다. 목적범뿐만 아니라 일반범죄에 있어서도 행위자의 목적의 달성 여부는 범죄의 완성 여부와 무관하다.

장애미수가 인정되기 위해서는 범죄의 미완성이 外的 障碍에 기인한 것이어야 한다. 미수범의 성립요건인 '고의', '범죄실행의 착수'는 장애미수와 중

도 있다. 그러나 판례에 직접 명시되어 있지는 않지만 범인의 주관적 의사나 계획의 존재가 실행의 착수에 관한 판단에 있어서 당연히 전제되고 있는 만큼 밀접행위설은 절충설에 해당되는 것으로 봄이 적절하다고 생각한다.

1) 대판 1969. 10. 28, 69도1606; 대판 1984. 9. 11, 84도1381.

2) 대판 1984. 7. 24, 84도832.

3) 독일 판례는 이 중간행위의 개입 여부에 따라 실행의 착수 여부를 판단하고 있다(RGSt 59, 386 등 참조).

지미수에 관하여 공통된다. 장애미수와 중지미수의 차이는 '범죄의 미완성'이 외적 장애에 기인한 것인지 또는 행위자의 자의에 기인한 것인지에 있다.

'범죄의 미완성'에는 행위를 종료하지 못하였거나, 행위는 종료하였어도 결과가 발생하지 아니한 두 가지 경우가 있다(제25조 제 1 항 참조). 前者를 착수미수, 後者를 실행미수라고 부른다. 着手未遂는 행위를 종료하지 못한 것으로서, 범죄의 실행에 착수하였으나 그 실행행위 자체를 종료하지 못한 경우를 말한다. 예컨대, 권총으로 사람을 사살하려는 순간에 타인에 의하여 제지되어 사살하지 못한 경우가 그 한 예이다. 實行未遂는 범죄의 실행에 착수하여 실행행위는 종료하였으나 결과가 발생하지 아니한 경우를 말한다. 예컨대, 사람을 살해하려고 권총을 발사하였지만 명중하지 않았다든가 또는 명중은 하였지만 치명상이 아니어서 사망의 결과가 발생하지 않은 경우이다. 착수미수와 실행미수는 똑같이 미수범으로 취급되므로 그 구별의 실익은 찾기 어려우며, 단지 행위자가 중지미수로 되기 위하여 요구되는 행위의 태양이 두 경우에 있어서 다를 뿐이다.[1)]

Ⅲ. 處　罰

미수범은 법률에 처벌규정이 있는 경우에만 처벌된다(제29조).[2)]

형법상 미수범이 처벌되는 경우에 있어서 그 형은 기수범보다 減輕할 수 있다(제25조 제 2 항).[3)] 즉 장애미수는 형의 임의적 감경사유에 해당한다.[4)] 우리 형법은 주관주의와 객관주의를 절충한 태도를 취하고 있다고 할 수 있다. 입법적 측면에서 볼 때, 이 규정은 법관에게 지나치게 큰 양형상 재량을 부여하고 있다고 생각한다. 이와 같은 일률적 규정을 두는 것보다는, 오히려 각칙상의 개별적 미수범처벌규정에 합리적인 법정형을 구체적으로 명시하여 규정함이 나을 것으로 판단된다.

---

1) 이러한 이유로 착수미수와 실행미수의 구별에 관해서는 중지미수에서 자세히 논하게 된다.
2) 독일 형법에서는 중죄(Verbrechen)의 미수범은 모든 경우에 있어서 처벌되고, 경죄(Vergehen)의 미수범은 법률상 명문의 처벌규정이 있는 경우에만 처벌된다(동법 제23조 제 1 항 참조).
3) 특별법에서는 특수한 형사정책적 고려에 기하여 미수범을 기수범과 같은 형으로 처벌하는 경우도 있다('특정범죄가중처벌 등에 관한 법률' 제 5 조의4 제 1 항 참조).
4) 독일 형법에서도 미수범을 형의 임의적 감경사유로 규정하고 있다(동법 제23조 제 2 항 참조).

임의적 감경의 대상은 주형에 한하며, 몰수[1]와 같은 부가형이나 보안처분에 대해서는 그 적용이 배제된다. 징역이나 금고의 형과 벌금의 형이 병과되거나 선택형으로 규정된 경우엔 양자 모두 주형에 해당하므로 모두 감경의 대상이 된다.

Ⅳ. 關聯問題

미수범과 관련하여 간접정범과 원인에 있어서 자유로운 행위의 실행의 착수시기와 결과적 가중범의 미수범이 중요한 문제로 논의되는데, 이 문제들에 관하여는 각각 해당 부분에서 자세히 언급되고 있다. 여기서는 거동범, 과실범과 부작위범에 있어서 미수의 문제를 검토하도록 한다.

1. 거동범의 미수

구성요건상 일정한 결과의 발생을 필요로 하지 않는 단순거동범에 있어서는 미수의 경우를 생각할 여지가 없다. 위증죄를 그 예로 들 수 있다.

하지만 거동범 중에서도 보호법익에 대한 위험이 야기될 수 있는 이른바 부진정 거동범에 있어선 미수범이 성립할 여지가 있다. 주거침입죄・퇴거불응죄의 미수범(제319조, 제322조)이 이에 해당한다.

2. 과실범의 미수

미수범에 있어서도 구성요건적 고의의 존재가 요구되므로 과실범의 미수는 인정될 여지가 없다. 또한 과실범에 있어서는 주의의무위반으로 인하여 결과가 발생되지 않은 경우에는 형법상 문제가 발생되지 아니한다.

하지만 특별법인 도로교통법상 제한속도위반행위나 중앙선침범, 음주운전 등은 결과발생이 없는 경우에도 처벌되므로(동법 제107조의2 등 참조), 이런 예들을 과실범의 미수범이 처벌되는 경우로 볼 여지도 있다.

3. 부작위범의 미수

부작위범의 미수 문제는 부진정부작위범과 진정부작위범으로 나누어 살

1) 대판 1977. 9. 13, 77도2028.

펴보아야 한다.

不眞正不作爲犯도 고의범인 이상 작위범과 같이 미수가 성립할 수 있다. 예컨대, 수영교사가 그 제자를 익사시킬 의사로 그 제자의 위난을 보면서 구조하지 않고 가버렸는데 타인이 그 피해자를 구조한 때에는 부작위로 인한 살인의 미수범이 성립할 것이다.

眞正不作爲犯은 거동범이므로 미수범이 인정되기 어렵다. 하지만 형법은 퇴거불응죄의 미수를 처벌하고 있다(제319조 제2항 참조). 이와 관련하여 퇴거불응죄의 미수범은 현실적으로 인정되기 어렵다고 보는 견해도 있지만, 예컨대 신문보급소장이 구독을 권하기 위하여 남의 집에 들어갔다가 집 주인이 나가달라고 했음에도 나가지 않고 그 죄의 보호법익이 침해되었다고 보기 어려울 정도의 짧은 시간 동안 퇴거불응의 고의를 갖고 버티고 있는데 그 집의 개가 달려들어 쫓겨난 경우에는 퇴거불응죄의 미수범을 인정할 수 있을 것이다.

제3절 中止未遂

제26조 [중지범] 범인이 자의로 실행에 착수한 행위를 중지하거나 그 행위로 인한 결과의 발생을 방지한 때에는 형을 감경 또는 면제한다.

I. 意 義

중지미수(Rücktritt vom Versuch) 또는 中止犯이란 구성요건실현의 결의를 갖고서 범죄의 실행에 착수한 자가 범죄의 완성에 이르기 전에 자의로 실행행위를 중지하거나, 그 행위로 인한 결과의 발생을 방지한 경우를 말한다(제26조).

중지미수는 범죄의 실행에 착수하여 그 범죄를 완성하지 못한 점에서 미수범의 한 경우에 해당한다. 그러나 범죄의 미완성이 犯人의 自意에 기인하고 있다는 점에서 장애미수와 구별되며, 범인의 중지가 없다면 결과발생이 가능한 可能未遂의 경우라는 점에서는 장애미수와 공통되며 불능미수와 구별된다.

영미법에서는 중지미수와 장애미수를 구별하지 않고 원칙적으로 모두 처벌한다. 반면에 대륙법계인 독일, 오스트리아, 그리이스 등에서는 중지미수를 벌하지 않고 있다. 우리 형법은 중지미수를 형의 필요적 감면사유로 규정하고 있는 점에서 특유한 입법례에 해당한다.

Ⅱ. 法的 性格

형법은 중지미수를 형의 필요적 감면사유로 규정하여, 형의 임의적 감경사유인 장애미수(제25조)나 임의적 감면사유인 불능미수(제27조)에 비하여 관대한 취급을 하고 있다.

형법이 중지미수를 특별히 관대하게 취급하고 있는 근거에 관하여서는 크게 형사정책설, 법률설, 결합설 등의 학설이 제시되고 있다.

1. 형사정책설

刑事政策說은 범인에게 범죄로부터 '물러설 수 있는 黃金橋'(goldene Brücke zum Rückzug)[1]를 놓아줌으로써 범죄의 완성을 미연에 방지하려는 형사정책적 고려에서 그 근거를 찾고 있다. 이 설에 의하면 중지미수는 범죄불성립의 사유가 아니라 人的 處罰減免事由가 된다.

중지미수의 '法的' 性格을 법적 관점이 아닌 '刑事政策的' 觀點에서 밝히려 한다는 점에서 이 설의 근본적 결함을 찾을 수 있다. 또한 범인이 중지미수의 규정을 알고 있지 못한 경우에는 형사정책적 고려의 여지가 없게 되는 현실적 난점을 안고 있다.[2]

형사정책적·형벌적 관점에서 근거를 구체적으로 제시하는 견해들도 주장되고 있다. 보상설, 형벌목적설, 책임이행설 등이 그 예이다. 이들 학설들은 중지미수의 법적 성격을 순수한 법적 관점에서 분석하는 것은 아니라는 점에서 넓은 의미의 형사정책설의 범주에 든다고 할 수 있다.

報償說에서는 행위자가 자의에 의하여 범행을 중지함으로써 불법을 버리고

1) 이는 리스트(Franz v. Liszt)의 표현이다.
2) Jescheck/Weigend, 538면; Welzel, 196면.

법과 정의를 택한 데 대한 보상의 성격을 띠고 있는 것이 형법상 중지미수의 규정이라고 본다.[1] 功績說 또는 赦免說이라고도 한다. 하지만 형법상의 문제를 '사면'의 개념에 의하여 설명하는 것은 체계상 부적절하다고 생각한다.

刑罰目的說은 일반예방, 특별예방 등의 형벌목적에 비추어 행위자의 자의에 의한 범행의 중지는 국가형벌권의 대상이 될 수 없다고 설명한다.[2] 중지미수를 벌하지 않는 독일에서의 다수설[3]과 판례[4]의 입장이다. 이 설에 따르면 중지미수는 양형사유에 해당하는 것으로 보게 된다. 하지만 '자의'에 의한 중지의 모든 경우를 그렇게 볼 수만은 없는 것이므로, 이 설이 중지미수의 모든 경우를 포괄하기는 어렵다고 생각한다. 하지만 오늘날 刑罰理論으로서의 結合說에 입각해보면 형벌목적설이 형사정책설의 견해들 중에서는 중지미수의 형벌규정을 설명함에 있어서 가장 무난한 입장이라고 생각한다. 형법이 중지미수를 특별히 관대하게 취급하는 이유는 자의에 의한 범행중지가 피해변상이나 자수·자복·자백 등의 다른 정상에 비해서 우월한 정상이기 때문이라고 설명하는 이른바 優越的 情狀說[5]도 중지미수를 양형의 사유로 보고 있다는 점에서 기본적으로 형벌목적설의 범주에 해당한다고 생각한다.

責任履行說에서는, 행위자는 범죄의 실행에 의하여 야기된 외적 결과에 대하여 원상회복의 의무를 자신의 책임으로 부담하는 것인데, 자의에 의한 중지는 바로 그 책임의 이행이라고 본다.[6] 그 책임을 이행하였기 때문에 형의 감면의 효과가 발생한다는 것이다. 하지만 '중지'만으로 행위자의 책임이 이행된 것으로 보기는 어렵다고 생각한다.

2. 법 률 설

法律說은 중지미수가 특별히 관대하게 취급되는 근거를 범죄성립요건의 해석을 통하여 법률적 관점에서 설명하는 견해이다.

법률설은 불법감소설과 책임감소설로 대별된다.

---

1) 이재상, § 28, RN 10; 이형국, 526면; 임웅, 352면; 정성근/박광민, 396면.

2) 김일수/서보학, 533면; 류인모, "중지미수의 법적 성격", 김종원교수화갑기념논문집, 1991, 369면.

3) Schönke/Schröder, § 24, RN 2.

4) BGHSt 14, 78.

5) 백형구, "미수범의 신체계", 저스티스 32·2, 1999, 75면.

6) Herzberg, "Grund u. Grenzen der Strafbefreiung beim Rücktritt vom Versuch", *Fest. für Lackner*, 1978, 325면 이하.

법률설을 違法性減少·消滅說과 責任減少·消滅說로 구분하여 설명하는 견해들도 있다. 그러나 이들은 부적절한 명칭이라고 생각한다.

우선 '違法性'은 구성요건실현행위와 전체 법질서 사이의 모순을 가리키는 일종의 관계개념으로서 실질적 내용을 갖는 개념은 아니므로, '위법성'이 '감소'된다는 것은 잘못된 표현이라고 할 수 있다. '위법한 구성요건실현행위'를 가리키는 의미인 '불법'의 개념을 사용하는 것이 타당하다.

다음으로, 아마도 제26조 규정상의 형의 '면제'의 규정을 근거로 하여 중지미수는 불법이나 책임이 '소멸' 즉 '조각'되는 경우로 이해하는 견해[1]들이 제시되는 것 같으나, 불법이나 책임이 소멸하면 범죄로서 성립되지 못하여 행위자는 '무죄'의 판결을 받는 것이다. 그러나 형의 '면제'는 범죄의 성립은 인정되지만 일정한 사유로 인하여 단지 형벌권만이 발동되지 않는 경우를 가리키는 것이므로, 우리 형법의 해석상 중지미수에 있어서 불법이나 책임이 '소멸'된다고 볼 수는 없는 것이다.[2] 즉 법정형을 감경함으로써 그 형의 법률상 하한보다 더 낮은 형량을 부과하게 되는 경우에는 죄형법정주의 원칙상 그 형을 선고할 수는 없게 되는 것이고, 이 때 내려질 수 있는 것이 바로 '형의 면제'의 판결이라고 보아야 한다. 따라서 중지미수의 법적 성격을 설명함에 있어서는 '不法·責任減少說'이라는 명칭을 사용하여야 한다고 본다.

(1) 불법감소설

不法減少說에서는 행위자의 중지에 있어서의 '자의'가 행위불법을 감소시키는 것으로 본다.

하지만 이 설에 따르면 공동범죄자 중 한 사람의 중지에 의하여 그 행위의 불법이 감소하게 되고, 따라서 그 중지의 법적 효과가 다른 공동범죄자들에게까지 미치게 되는데, 이는 중지미수의 일신전속적 성격에 반한다고 보아야 한다.

(2) 책임감소설

責任減少說에 따르면, 행위자의 중지의 자의성에는 그의 인격적·규범적 각성이 나타나 있는 것으로서 중지에 의하여 행위자의 책임이 감소하는 것으로 보게 된다.

---

1) 황산덕, 232면.
2) 同旨 : 이형국, 524면 각주 39.

3. 결 합 설

結合說은 중지미수를 형의 필요적 감면사유로 규정하고 있는 우리 입법의 근거는 형사정책적 관점과 법적 관점을 모두 포함하고 있다고 보아, 형사정책설과 법률설을 결합하여 중지미수의 법적 성격을 설명하는 견해이다.

법률설 중 책임감소설과 형사정책설을 결합하여 이해하는 것이 우리의 종전 다수설[1]의 입장이었다.

4. 검 토

형사정책설은 형법이 중지미수를 '刑의 必要的 減免事由'로 취급하고 있는 형사정책적 근거를 논하는 입장인데 대하여, 법률설은 행위자의 '自意에 의한 犯行의 中止'의 법적 성격을 규명하는 입장이라고 할 수 있다. 즉 형사정책설은 중지미수의 刑罰規定의 성격에 초점을 맞추고 있으며, 법률설은 행위자의 犯行의 법적 성격을 논하는 입장이라고 할 수 있다. 그러므로 형사정책설과 법률설은 결합하여 상호 보완될 수 있는 이론이라고 봄이 타당하다.[2]

중지미수의 법적 성격은 넓은 의미의 형사정책설 중 刑罰目的說과 법률설 중 責任減少說을 결합하여 이해하는 結合說의 입장이 타당하다고 본다.

Ⅲ. 成立要件

중지미수가 성립하기 위하여는 '고의에 의한 실행의 착수'와 '자의에 의한 실행행위의 중지 또는 결과발생의 방지'의 요건을 갖추어야 한다.

1. 고의에 의한 실행의 착수

중지미수도 미수범의 한 경우이므로 당연히 범죄의 실행의 착수가 있어야 한다. 즉 행위자가 고의를 갖고 범죄의 실행에 착수할 것이 요구된다.

'고의'와 '실행의 착수'의 의미는 장애미수(제25조)에서 논한 바와 마찬가

1) 성시탁, "중지범", 고시계 1975. 3, 110면; 황산덕, 232면.
同旨: 김성돈, 488면.

2) 이른바 이원설의 입장(임웅, 352면)도 같은 취지라고 본다.
反旨: 박상기, 350면; 신양균, "판례에 나타난 중지미수", 고시연구 1998. 5, 66면.

지이다.

2. 자의에 의한 실행행위의 중지 또는 결과발생의 방지

중지미수가 성립하기 위해서는 행위자가 실행에 착수한 범행을 자의로 중지하거나 그 범행으로 인한 결과의 발생을 자의로 방지해야 한다. 이 점이 중지미수와 장애미수를 구별하는 표준이 된다.

(1) 자 의 성

(가) 의 의

'自意'라 함은 행위자의 자유의사에 의한 임의를 뜻한다.

(나) '자의'와 '외적 장애'의 구별

'자의'의 의미는 '외적 장애'와의 구별을 통하여 밝혀지게 된다. '자의'와 '외적 장애'의 구별에 관하여서는 객관설, 주관설과 절충설이 대립하고 있다.

1) 객관설 客觀說은 구체적 행위자의 입장이 아닌 일반인의 객관적 기준에 따라 외적 사정과 내적 동기를 구별하고, 그 구별에 기해 장애미수와 중지미수를 구별한다. 즉 행위자의 의사와 관계없는 외적·물리적 장애에 의하여 범행이 완성되지 못한 경우는 장애미수이지만, 내적 동기에 의하여 중지된 경우는 모두 중지미수라고 한다.

하지만 내적 동기는 보통 외적 사정에 의하여 유발됨이 보통이며 또 객관설에 의하면 중지미수의 범위가 너무 확대될 수 있다는 것이 문제점으로 지적되고 있다.

2) 주관설 主觀說에서는 내적 동기에 있어서도 구체적 행위자의 내심의 후회나 동정 기타 도덕적 각성에 의하여 범행이 중지된 경우만이 중지미수이고, 그 외의 중지는 장애미수라고 한다.[1)]

그러나 주관설은 동기의 자의성과 윤리성을 혼동한 것이고 또 형의 면제뿐만 아니라 감경까지 인정하는 현행법 하에서 '자의'의 개념을 지나치게 제한적으로 해석하는 것은 타당치 못하다고 본다. 주관설에 따르면 중지미수를 인정하는 범위가 너무 좁아지게 된다.

---

1) 宮本英脩, 刑法大綱, 1935, 184면.

"행위자 자신은 범죄를 완성하고 싶었으나 완성할 수가 없어서 못한 경우는 장애미수이고, 범죄를 완성할 수 있지만 행위자 자신이 완성을 원치 않아서 하지 않았다면 중지미수이다"라는 이른바 프랑크(Frank)의 공식은 심리적 관점에서 자의성의 의미를 파악하고 있다는 점에서 주관설의 특수한 예라고 할 수 있다.[1] 그런데 이 공식에 의하더라도 완성할 수 없어서 못한 경우와 완성할 수 있었는데 하지 않은 경우의 구체적 구별기준은 여전히 과제로 남으며, 무엇보다도 계속적 범행수행의 가능성 유무에 따라 자의성 유무를 판단함은 커다란 난점이라고 생각한다.[2]

행위자의 구체적인 범행중지사유가 중지미수에 대하여 형을 감경 또는 면제하는 형법규정의 규범적 취지에 부합하는 범위 내에서만 자의성이 인정된다고 보아 자의성의 개념을 규범적 관점에서 이해하는 이른바 規範說[3]도 주장되고 있다. 이 설에 따르면 결국 자의성은 규범적합성 내지는 윤리성의 의미로 해석되게 되며, 독일 형법과 달리 중지미수를 형의 감면사유로 규정하고 있는 우리 형법의 해석론으로는 부적절하다고 생각한다. 판단의 결과에 있어서도 주관설과 유사하다고 생각한다.

3) **절충설** 折衷說에서는 社會通念 또는 經驗法則에 비추어 외적 장애라고 볼 수 없는 사정으로 인하여 행위를 중지한 경우가 중지미수라고 한다. 즉 내적 동기에 기한 중지라 하더라도 사회통념 또는 경험법칙에 비추어 자의성 유무를 판단한다는 점에서 객관설보다 다소 엄격하게 자의성을 인정하게 된다. 범행의 장애가 될 만한 사정의 유무는 행위자가 인식한 바에 토대하여 판단하게 되므로 범죄의 장애가 될 만한 사정이 없어도 행위자가 그러한 사정이 있다고 오인하고 범행을 그만둔 경우는 장애미수에 해당하고, 외적으로는 장애가 될 만한 사정이 있어도 행위자가 이를 인식하지 못하고 자의로 중지한 경우는 중지미수가 된다고 본다.[4] 다수설[5]의 입장이며, 판례[6]의 전반적인 태도라고 볼 수 있다.

---

1) 신동운, 466면; 이건호, 형법학개론, 1977, 162면; 임웅, 357면.

2) 김성돈, 494면; 손해목, "중지범과 프랑크공식의 의의", 고시계 1963. 4, 38면.

3) 김일수/서보학, 537면; 박상기, 353-354면; 정성근/박광민, 400면; Roxin, "Über den Rücktritt vom unbeendeten Versuch", *Fest. für Heinitz*, 1972, 251면 이하.

4) 판례(대판 1993. 10. 12, 93도1851)는 외적 사정과 내적 동기의 구별기준으로 '사회통념'을 들고 있다.

5) 김성돈, 496면; 배종대, 441면; 손동권, § 24, RN 14; 오영근, § 30, RN 24; 유기천, 260면; 이재상, § 28, RN 19; 이형국, 530면; Jescheck/Weigend, 544면; Schönke/Schröder, § 24, RN 43; Wessels/Beulke, RN 644.

6) 대판 1985. 11. 12, 85도2002 등.

4) 검 토 객관설에서는 내적 동기에 기한 중지이면 모두 자의성을 인정하고, 주관설에서는 내적 동기에 있어서도 구체적 행위자의 내심의 후회나 동정 기타 도덕적 각성에 의하여 중지한 경우에만 자의성을 인정하게 된다. 객관설과 주관설의 입장은 자의성의 인정범위에 관하여 양극단에 위치한다고 할 수 있다.

자의성 유무는 折衷說에 따라 판단함이 타당하다고 본다. 절충설에 따르면 내적 동기에 의한 중지이더라도 사회통념 또는 경험법칙에 비추어 자의성을 인정하게 되므로 행위자의 주관과 객관적 사정을 함께 고려하는 결과가 된다.

구체적으로 보면, 주관적인 후회나 연민[1] 또는 양심상 가책, 통찰 등에 기한 자유의사에 의해 범행을 중지한 경우는 당연히 중지미수에 해당한다.[2] 절도를 공모한 후 공범이 훔칠 물건을 물색하고 있는 동안 밖에 있던 자가 자신의 범행전력 등을 생각하여 가책을 느낀 나머지 스스로 결의를 바꾸어 피해자에게 공범의 침입사실을 알려 함께 그 공범을 체포한 경우,[3] 부녀를 강간하려다가 그 부녀가 다음번에 만나 친해지면 응해주겠다는 취지의 간곡한 부탁을 하여 강간의 목적을 이루지 못한 후 자신의 차에 태워 집까지 데려다 준 경우[4] 등도 자의성이 인정된 예에 해당한다. 하지만 상황이 본질적으로 바뀌거나, 행위자 자신이 극복할 수 없는 장애가 발생하거나, 범행이 계획했던 대로 진행되지 않아 후일을 기약하면서 중지하거나 또는 범행이 발각[5]이나 발각위험성[6] 등의 외부적 장애 때문에 중지된 경우에는 원칙적으로 자의성이 부정된다고 할 것이다.[7] 예를 들어, 강간에 착수하였으나 피해자의 어린 딸이 깨어 울고 피해자가 임신 중이라고 말해서[8] 또는 피해자가 수술한 지 얼마 안 되어 배가 아프다고 애원해서 중단하거나,[9] 피해자가

1) BGHSt 21, 217.
2) 이런 경우는 어느 설에 따르더라도 자의성이 인정될 것이다.
3) 대판 1986. 3. 11, 85도2831.
4) 대판 1993. 10. 12, 93도1851.
5) 대판 1985. 11. 12, 85도2002.
6) 대판 1984. 8. 11, 84도1381; 대판 1986. 1. 21, 85도2339.
7) 물론 외부적 장애가 있다 하더라도 그 장애가 범행을 막을 수 있는 정도에 이르지 못한 상황에서 행위자가 스스로 범행을 중단하였다면 자의성이 인정될 수 있다고 본다.
8) 대판 1993. 4. 13, 93도347.
9) 대판 1992. 7. 28, 92도917.

생리중임을 발견하고[1] 강간을 중단한 경우, 범행이 발각되었거나 또는 발각된 것으로 생각하여 범행을 중단한 경우[2]에는 자의성이 인정되기 어렵다고 하겠다. 그리고 장롱 안의 옷가지에 불을 놓아 건물을 불태우려 하였으나 옷가지에 붙인 불길이 치솟는 것을 보고 겁이 나서 물을 부어 불을 끄거나,[3] 행위자가 피해자를 살해하려고 목·가슴 부위를 칼로 수회 찔러 많은 피가 흘러나오는 것을 보고는 겁이 나서 범행을 중단한 경우,[4] 절도대상물이 기대했던 것보다 값어치가 너무 적어 중지한 경우[5]나 진짜 금제품인 줄 알고 절취하려 하였다가 도금품(鍍金品)이라는 사실을 알고는 중지한 경우에도 절충설에 의하면 중지미수로 보기가 어렵다고 생각한다. 이러한 판단의 결론에 있어서 보면 절충설의 입장은 주관설에 가까운 것이라고 생각할 수 있다.

우리 판례는 주관적 상황을 크게 고려하기 때문에 자의성을 인정함에 있어 엄격하다고 할 수 있다.[6] 즉 주관적 후회나 반성에 기한 적극적 행동이 없는 한 원칙적으로 자의성을 부정하고 있는 태도를 취하고 있다. 하지만 자의성 유무가 불확실한 경우에는 '의심스러울 때에는 피고인에게 유리하게'(*in dubio pro reo*)의 원칙에 따라 가능한 한 자의성을 인정함이 타당하다고 생각한다.[7]

(2) 실행행위의 중지 또는 결과발생의 방지

행위자가 자의로 범죄의 실행행위를 중지하거나 또는 결과의 발생을 방지하여야 한다. 즉 실행행위가 종료되기 전인 착수미수에 있어서는 실행행위를 中止함으로써 족하고, 실행행위가 종료된 실행미수의 경우에 있어서는 그로 인한 결과의 발생을 적극적으로 防止해야 한다. '실행행위의 종료' 여부, 즉 착수미수인지 실행미수인지에 따라 '실행행위의 중지'와 '결과발생의 방지'가 구별된다.

---

1) BGHSt 20, 279.
2) 대판 1986. 1. 21, 85도2339.
3) 대판 1997. 6. 13, 97도957.
反旨 : 정현미, "착수미수와 실행미수의 구별", 형사판례연구 14, 2006, 9-10면; 하태훈, "중지미수의 성립요건", 형사판례연구 7, 1999, 80면.
4) 대판 1999. 4. 13, 99도640.
5) BGHSt 4, 59.
6) 同旨 : 김성돈, 496-497면; 박상기, 352면.
7) 同旨 : 이상돈, "중지미수에서 자의성개념의 기호론적 재구성", 저스티스 33·1, 2000, 135-136면; 한정환, "형법 제26조적용의 요건과 결과", 형사법연구 26(특집호), 2006, 631면.

㈎ 착수미수와 실행미수의 구별

착수미수와 실행미수의 구별에 관하여는 객관설, 주관설과 절충설의 견해가 갈리고 있다. 이는 '실행행위의 종료'의 의미에 관한 논의라고 할 수 있다.

1) 객관설　客觀說에서는 행위자가 실행한 행위를 토대로 하여 그 행위가 객관적으로 결과발생의 가능성이 존재하는 것으로 판단될 때 실행은 종료한 것이 된다고 한다.

2) 주관설　主觀說에서는 실행행위의 종료 여부는 행위자의 주관에 의하여 결정된다고 한다. 즉 중지시에 행위자가 기왕의 행위로도 결과가 발생할 수 있다고 믿은 경우에 실행행위는 종료된 것으로 보는 입장이다.[1] 주관설은 다시 행위자의 실행행위착수시의 범행계획(Tatplan)에 기준을 두어야 한다고 보는 犯行計劃說과 행위자가 최종의 실행행위를 중지하는 시점에서의 주관의 내용을 기준으로 하여 판단해야 한다고 보는 全體考察說로 구분된다.

3) 절충설　折衷說에서는 행위자의 범행계획을 고려하면서 행위 당시의 객관적 사정과 행위자의 인식을 토대로 하여 볼 때 결과발생에 필요한 행위가 종료되었다고 판단되면 실행의 종료가 인정된다고 한다.[2]

4) 사 견　객관설은 미수범의 행위불법을 고려하지 않고 있다는 결함을 안고 있다. 또한 주관설은 행위자의 구체적인 범행계획을 입증할 수 없는 경우에는 기준으로 적용될 수 없는 문제점을 안고 있다.[3]

절충설도 실행한 행위가 결과발생을 위하여 충분한가에 관한 판단에 있어서 행위자의 인식과 객관적 사정이 결론을 달리하는 경우에는 문제를 해결할 수 없다는 지적[4]을 받고 있다. 하지만 절충설이 객관적 사정을 고려하는 것은 행위자 자신이 명확히 인식하지 못하고 있거나 혹은 행위자의 인식이 착오나 무지에 기한 경우에 국한되는 것이므로, 오히려 주관설의 결함을 보완하는 기능을 할 수 있다고 생각한다. 즉 착수미수와 실행미수의 구별은 절충설에 입각하여 판단함이 옳다고 본다.

㈏ 실행행위의 중지

實行行爲의 中止는 범죄의 실행에 착수하여 실행의 종료 전에 행위자가

---

1) 박상기, 356면; 이재상, § 28, RN 31; Schönke/Schröder, § 24, RN 21; BGHSt 22, 176.
2) 김일수/서보학, 541면; 배종대, 444면; 오영근, § 30, RN 36; 임웅, 361면; 정성근/박광민, 401면.
3) 同旨: 김성돈, 491면.
4) 김성천/김형준, 형법총론, 2005, 502면.

자의로 그 행위를 그만두는 不作爲로 나와 중지미수로 되는 경우를 말한다. 着手中止라고도 한다.

실행행위의 중지는 후회나 양심상 가책과 같은 윤리적 동기에 의할 것을 요하지 않는다. 범행의 종국적 포기일 필요가 없고, 잠정적인 중지도 착수중지에 포함된다.[1] 단지 범죄의 실행에 착수한 행위 그 자체를 그만둔다는 부작위로 족하다. 그러므로 다른 기회에 다시 시작하려고 하는 경우에도 중지한 행위와 관련해서는 실행행위의 중지로 볼 수 있다. 하지만 실행행위의 중지가 인정되기 위해서는 행위자가 중지와 계속 중 선택을 할 수 있었어야 하므로, 선택의 가능성이 없는 상태에서의 중지는 중지미수가 아니라 이른바 '실패한 미수'에 해당될 수 있을 뿐이다.[2]

착수중지에 있어선 결과가 발생하지 않는 것이 통례이겠지만, 만일 실행행위를 중지했음에도 불구하고 범죄의 결과가 발생한 경우에는 중지미수가 인정되지 못한다.[3]

㈐ 결과발생의 방지

結果發生의 防止는 범죄의 실행에 착수하여 그 실행행위는 종료하였으나 행위자가 자진하여 그 결과의 발생을 방지하려는 作爲로 나와 결과의 발생을 방지한 경우를 말한다. 實行中止라고도 한다.

1) 현실적 방지　실행중지에 있어서는 現實로 結果發生이 防止되어야 중지미수가 될 수 있다. 즉 아무리 진지한 노력을 기울였다 하더라도 결과발생을 방지하지 못한 경우는 중지미수로 되지 못하고 기수의 책임을 진다. 예를 들어, 타인과 대지를 공유하는 자가 공유자의 승낙을 받지 않고 공유대지를 담보로 제공하고 채권자 앞으로 가등기한 후에 다시 그 가등기를 말소한 경우[4]나 대마초를 사오다가 아무래도 자신의 인생을 망치겠다는 생각이 들어 그 대마를 불태워버린 경우[5]엔 이미 범죄의 결과가 발생하여 기수에 이

1) 김성돈, 492면; 배종대, 445면; 손동권, § 24, RN 28; 신동운, 464면; 이재상, § 28, RN 33; 임웅, 355면.
중지미수를 처벌하지 않는 독일 형법의 해석에 있어서는 구성요건고의의 완전한 종국적 포기가 요구된다고 봄이 일반적이다(Jescheck/Weigend, 543면; Wessels/Beulke, RN 641).

2) 김성돈, 493면.

3) 이재상, § 28, RN 34.

4) 대판 1978. 11. 28, 78도2175.

5) 대판 1983. 12. 27, 83도2629.

른 것이므로 중지미수는 인정되지 않는 것이다. 하지만 결과가 다른 원인에 의해 발생되어 행위자에게 객관적으로 귀속될 수 없는 경우에는 객관적으로 결과의 발생을 방지할 수 있다고 볼 수 있는 행위자의 진지한 방지노력이 있는 한 중지미수는 인정된다고 봄이 타당하다.

2) 인과관계 행위자의 방지행위와 결과의 불발생 간에 因果關係가 인정되어야 한다.[1] 즉 방지행위에 의해 결과의 발생이 방지되었어야 한다. 여기서 결과발생의 방지는 반드시 행위자 자신의 행위에 의하였어야 하는가가 문제된다. 행위자가 결과발생을 방지하기 위하여 진지한 노력을 한 이상은 제3자에 의하여 결과발생이 방지되었다 하더라도 중지미수가 인정되는 것으로 봄이 타당하다. 예컨대, 독살의 의도로 상대방을 음독시키고는 후회하는 마음이 들어 의사에게 의뢰하여 해독제를 주사하게 하여 사망의 결과발생을 방지한 경우이다. 한편 방화 후에 화재의 상황을 보고 놀라 근처 사람에게 "방화하였으니 잘 부탁한다"고 소리 지르고 도주한 경우에는, 설령 근처 사람에 의하여 소화되었더라도 행위자 자신의 진지한 노력이 인정되지 않으므로 실행중지로는 되지 아니하고 장애미수에 해당되는 것으로 봄이 타당하다.

3) 결과발생이 불가능한 경우의 중지 인과관계의 문제와 관련하여, 결과발생이 불가능하였음에도 행위자가 착오로 인해 결과발생의 방지를 위해 진지한 노력을 한 경우에 과연 중지미수가 인정될 수 있는지가 논의될 수 있다. 즉 不能未遂에 있어서 中止未遂가 다시 인정될 수 있는지가 문제이다. 이를 準中止未遂의 문제라고도 한다. 결과발생이 불가능한 경우에는 불능미수가 성립할 뿐이라고 보는 견해[2]와 중지미수를 인정하는 견해가 대립한다.

이 문제에 관하여 독일 형법에서는 범죄가 중지자의 관여 없이도 기수에 이를 수 없는 경우 그 중지자가 범죄의 완성을 방지하기 위하여 자의로 진지하게 노력한 때에는 벌하지 않는다고 명문으로 규정하고 있다(동법 제24조 제1항 후문 참조). 그러나 우리 형법은 제26조에서 행위자의 방지행위와 결과의 불발생 간에 인과관계가 인정될 것을 요구하고 있기 때문에 이 인과관계가 존재하지 않는 경우에 과연 중지미수의 규정이 적용될 수 있는지가 문제되는 것이다.

---

1) 박상기, 359면; 배종대, 446면; 이재상, § 28, RN 38; 이형국, 529면.
2) 유기천, 264면; 정영석, 215면.

우리 형법상 불능미수는 형의 임의적 감면사유이지만 중지미수는 형의 필요적 감면사유인 만큼 중지미수가 불능미수보다 형에 있어서 더 가볍게 규정되어 있다고 할 수 있다. 그러므로 결과발생이 불가능하더라도 행위자가 그 정을 모르고 결과발생의 방지를 위해 진지한 노력을 한 경우에는 형의 균형을 기하기 위하여 中止未遂의 規定을 類推適用하여 형을 필요적으로 감면하여야 한다고 봄이 타당하다.[1] 하지만 이러한 해석은 제26조 규정의 문언상 가능한 의미를 벗어난 것으로 볼 수 있는 여지가 있다.[2] 그러므로 이 문제에 관한 명문의 규정을 마련하는 것이 입법론상 바람직하다.

Ⅳ. 處 罰

중지미수에 있어서는 행위자의 刑을 減輕 또는 免除한다(제26조). 중지미수는 행위자의 형을 반드시 감경 또는 면제해야 하는 형의 필요적 감면사유이다. 형의 임의적 감경사유인 장애미수나 임의적 감면사유인 불능미수와 구별된다. 중지미수는 형을 감경하는 경우에 있어서는 책임감경사유이며, 형을 면제하는 경우에 있어서는 인적 처벌조각사유에 해당하게 된다.

중지미수의 형을 필요적으로 감면한다고 하여 중지시까지 행해진 범행 일체에 대하여 형을 감면하는 것은 아니다. 즉 다른 범죄와의 想像的 競合에 있어서 중지시 이전에 다른 구성요건이 기수에 달한 경우에는 기수에 달한 다른 구성요건에 대하여는 해당 범죄의 기수범의 형이 적용되는 것이다. 하지만 法條競合이나 包括一罪 등에 있어선 중지시 이전에 설사 다른 구성요건이 기수에 달하였다 하더라도 범행 전체에 대한 중지미수만이 성립되는 것으로 보아야 한다. 예를 들어, 강도죄의 실행에 착수한 자가 폭행은 완성한 후에 강도행위를 자의로 중지하였다면 강도죄의 중지미수만이 성립하는 것이고, 폭행죄의 기수범은 문제되지 아니한다.

착수중지와 실행중지의 형에는 차이가 없다. 형의 '감경'과 '면제'의 선택은 법관이 재량으로 행할 문제이다. 법관은 범행중지의 동기, 상대방의 피해 정도 등 구체적인 제반사정을 고려하여 형을 결정해야 한다.

---

1) 이재상, §28, RN 39; 임웅, 363면; 정성근/박광민, 403면.
2) 하태훈, "미수범체계의 재정립", 형사법연구 22(특집호), 2004, 243면.

입법론적 측면에서는 착수중지와 실행중지를 구별하여 처벌을 달리함이 바람직하다. 법익침해의 가능성과 불법에 있어서 양자는 엄연히 차이를 보이기 때문이다. 참고로 스위스와 오스트리아의 형법에서는 착수중지는 불법 또는 임의적 불벌로, 실행중지는 형의 임의적 감경사유로 규정하고 있다(스위스 형법 제22조, 제23조와 오스트리아 형법 제16조 참조).

V. 關聯問題

1. 예비의 중지

(1) 의 의

豫備의 中止라 함은 예비죄를 처벌하는 범죄에 있어서 예비행위를 자의로 중지하거나, 예비행위 후 자의로 실행행위에 착수하지 않은 경우를 가리킨다. 예를 들어, 살인을 계획하고 살인행위에 사용할 총기를 구입하려고 총포상에서 문의를 하다가 구입을 포기하거나 또는 총기를 구입하였으나 살인의 실행에 착수하지 않은 경우가 이에 해당한다. 이 경우 中止未遂의 規定을 類推適用[1]하여 예비죄의 형을 필요적으로 감면해야 하는지가 문제된다.

(2) 학 설

예비의 중지에 있어서 중지미수의 규정을 유추적용하여 형을 감면해야 하는지의 문제에 관하여는 긍정설, 부정설과 절충설이 대립하고 있다.

㈎ 긍 정 설

肯定說에서는 이 경우에도 중지미수의 규정을 유추적용하여 예비죄의 법정형을 필요적으로 감면해야 한다고 한다.[2]

㈏ 부 정 설

否定說에서는 중지미수도 엄연히 미수의 한 경우이므로 실행의 착수가 있어야만 인정되는 것이고, 실행의 착수 이전 단계인 예비죄에 있어서는 그것을 중지하더라도 중지미수의 규정을 적용할 수는 없는 것이라고 한다.[3] 즉 예비죄에 있어서는 예비를 자의로 중지한 경우에도 예비죄의 법정형으로

1) '準用'이라는 용어를 사용하는 견해(이재상, §28, RN 44)도 있지만, '준용'은 입법기술상의 제도일 뿐 법의 해석적용에 관한 것이 아니기 때문에 이 경우에는 '類推適用'의 용어를 사용함이 적절하다고 생각한다.

2) 임웅, 349면.

3) 신동운, 474면; 하태훈, "미수범체계의 재정립", (앞), 244-245면.

처벌된다고 본다. 현실적으로 예비의 중지의 많은 경우가 自首에 해당될 것이므로, 예비의 중지에 있어서 초래되는 형벌의 불균형은 자수에 대한 형의 필요적 감면규정(제90조 제 1 항 단서 등)을 유추적용하여 해결하는 것으로 충분하다고 한다.[1] 판례[2]도 부정설의 입장이다.

(다) 절 충 설

折衷說에서는 당해 범죄의 예비죄의 법정형이 그 범죄의 중지미수의 형보다 중한 경우에는 중지미수의 규정을 유추적용하여야 한다고 주장한다.[3] 중지미수에 대하여는 기수범의 형을 '면제'할 수도 있으므로 예비죄를 처벌하는 범죄구성요건에 있어서는 어느 경우에 있어서나 항상 이러한 형벌의 불균형이 초래될 수가 있는 것이다.

(3) 검 토

예비행위를 완성하고 실행에 착수한 후에 범행을 중지한 경우에는 형을 감면하고, 실행의 착수 이전에 중지한 때에는 예비죄로 처벌받는다는 것은 형벌의 균형을 잃는 것이므로, 예비를 중지한 경우에도 형벌의 균형을 기하기 위하여 중지미수의 규정을 유추적용하여 예비죄의 형을 감면하도록 하는 것이 바람직하다. 예비의 중지가 항상 자수에 해당된다고 보기도 어렵다 할 것이다. 즉 이 문제는 折衷說에 따라 해결하는 것이 타당하다.

2. 공동범행과 중지

(1) 공동정범과 중지

共同正犯이 중지미수로 되려면 공범자 중 일부만이 실행행위를 중지하는 것만으로는 부족하고, 다른 공범자 전원의 실행행위를 중지하게 한다든가 또는 결과발생을 방지하여야 한다.[4] 즉 공동정범 중 일부가 자의로 실행행위를 중지하였다 하더라도 나머지 공동정범들에 의하여 결과가 발생되었다면, 실행행위를 중지한 일부 공동정범들에 대해서도 중지미수는 인정되지 아니하고, 공동정범 전원이 범죄의 기수범이 되는 것이다. 범행의 실행에 착수

---

1) 김일수/서보학, 559면.
2) 대판 1966. 7. 12, 66도617; 대판 1991. 6. 25, 91도436; 대판 1999. 4. 9, 99도424.
3) 박상기, 362면; 배종대, 449면; 이재상, §28, RN 47; 이형국, 535면; 정성근/박광민, 377면; 정영석, 217면; 조준현, 263면.
4) 대판 1969. 2. 25, 68도1676; 대판 1986. 3. 11, 85도2831.

하기 전에 자의로 공모관계에서 이탈하면 공동정범에 해당하지 않는다.1)

(2) 간접정범과 중지

間接正犯에 있어서도 간접정범인 이용자뿐만 아니라 실행행위자인 피이용자도 실행행위를 중지하거나 결과발생을 방지하여야 한다. 하지만 피이용자가 이용자의 의사에 반하거나 그 의사와 무관하게 중지한 경우에는 이용자에게는 중지미수가 인정되지 못한다. 피이용자가 이용자의 의사와 일치하여 범행을 중지한 경우에도 간접정범의 범행지배로서의 意思支配의 특성상 피이용자의 중지행위가 이용자의 意思代理로 인정될 때에만 간접정범의 중지미수가 성립한다고 본다.2)

(3) 교사범·종범과 중지

教唆犯·從犯에 있어서도 공범이 정범의 실행행위를 중지시키거나 범행의 결과발생을 방지한 경우에만 중지미수의 교사범·종범이 되는 것이고, 범죄가 이미 완성되었다면 설사 자의에 의한 중지의 노력이 있었더라도 기수범의 공범으로 처벌된다.

범행이 중지된 경우에 있어서도 공동정범이나 정범과 교사범·종범에게 자의성 등의 요건이 갖추어져 있어야 하는 것이므로, 자의성 등의 요건이 인정되지 않는 자는 장애미수에 해당된다 할 것이다.

제 4 절 不能未遂

제27조 [불능범] 실행의 수단 또는 대상의 착오로 인하여 결과의 발생이 불가능하더라도 위험성이 있는 때에는 처벌한다. 단, 형을 감경 또는 면제할 수 있다.

Ⅰ. 意 義

불능미수(untauglicher Versuch)란 범죄의 실행에 착수하였으나 행위의 수단

1) 대판 1995. 7. 11, 95도955.
2) Schönke/Schröder, § 24, RN 106.

또는 대상의 성질상 범죄구성요건의 실현은 불가능하지만, 구성요건적 결과발생의 위험성이 인정되어 처벌되는 미수범을 말한다(제27조 참조).

형법 제27조의 제목은 '불능범'이지만, 조문의 내용은 행위의 위험성이 없어 불가벌적인 '불능범'이 아니라 위험성이 있어서 처벌되는 '불능미수'를 규정하고 있다.[1] 형법의 해석상 개념의 명확한 사용을 위하여, 위험성이 있어 처벌되는 不能未遂는 위험성이 없어 불가벌적인 不能犯과 구별함이 타당하다.[2] 독일 형법은, '불능범'이나 '불능미수'의 용어를 사용함은 없이, "행위자가 '현저한 무지로 인하여'(aus grobem Unverstand) 범죄실행의 대상이나 수단의 성격상 전혀 기수에 이를 수 없음을 인식하지 못한 때에는 실행에 착수된 행위의 형을 면제하거나 작량감경할 수 있다"(동법 제23조 제 3 항)고 규정하고 있다.[3]

불능미수는 범죄의 완성이 가능하나 외적 장애로 인하여 그 완성에 이르지 못한 장애미수나 범인이 자의로 완성에 이르지 않은 중지미수와 같은 可能未遂와 구별된다. 예를 들어, 사람을 살해하기 위하여 독을 먹였으나 그 사람이 토해내 살해의 결과가 발생되지 않은 경우에 있어서도 우선적으로 독의 양이 치사량 미달인지의 여부를 심사하여 불능미수인지 장애미수인지를 판단하여야 하는 것이다.[4] 불능미수는 결과발생이 불가능함에도 가능한 것으로 오인한 경우이므로 구성요건착오의 경우와는 상황이 거꾸로 된 것으로 볼 수 있다. 즉 불능미수는 이른바 '反轉된 構成要件錯誤'로 볼 수 있다. 이 점에서 불능미수는 '반전된 금지착오'인 幻覺犯과도 구별된다. 또한 참고로 범죄유형의 하나인 이른바 '危險犯'은 범죄결과발생의 가능성으로서의 '위험'의 존재만으로 그 범죄의 기수가 인정되는 범죄개념임에 반하여, 불능미수는 '위험성'이 인정됨으로써 가벌적 미수범이 되는 것이라는 점에서 양자는 엄연히 구별된다.

---

1) 임웅, 366면; 정성근/박광민, 406면.
2) 김일수/서보학, 522면; 심재우, "불능미수범", 고시연구 1982. 10, 12면; 이재상, § 29, RN 3; 임웅, 366면; 정성근/박광민, 406면; 정영석, 225면.
   대판 1985. 3. 26, 85도206; 대판 1998. 10. 23, 98도2313.
   反旨 : 배종대, 453면; 신동운, 475면; 이형국, 543면; 황산덕, 235면.
3) 독일 형법 제23조 제 3 항은 입법체계상 미수범의 처벌근거에 관한 사실상 원칙규정의 하나라고 볼 수 있다.
4) 대판 1984. 2. 14, 83도2967.

Ⅱ. 成立要件

불능미수가 성립하기 위해서는 '고의에 의한 실행의 착수', '실행의 수단 또는 대상의 착오로 인한 결과발생의 불가능'과 '위험성'의 요건을 갖추어야 한다.

1. 고의에 의한 실행의 착수

불능미수도 미수범이므로 행위자가 故意를 갖고 實行에 着手할 것을 요한다.

불능미수에 있어서 '고의'와 '실행의 착수'의 의미도 장애미수에서 논한 바와 마찬가지이다. 실행의 착수시기에 관해서도 결과발생이 가능한 가능미수에 있어서의 판단기준이 그대로 적용된다. 즉 실행의 착수시기의 판단기준에 관한 학설 중 절충설에 입각하여 가능미수에 있어서 실행의 착수에 해당하는 행위가 있게 되면 불능미수의 실행의 착수도 인정된다. 예를 들어, 착오로 탄환이 장전되지 않은 총으로 사람을 살해하려고 하는 경우에 있어서도 총을 겨누는 행위가 있으면 실행의 착수가 인정된다고 보는 것이다.

2. 실행의 수단 또는 대상의 착오로 인한 결과발생의 불가능

실행의 수단 또는 대상의 착오로 인하여 결과의 발생이 불가능할 것을 요한다.

(1) 실행의 수단 또는 대상의 착오

실행의 '手段(Mittel)의 錯誤'란 수단의 불가능성에 관한 착오를 의미한다. 즉 객관적으로 결과발생에 기여할 수 없는 수단을 기여할 수 있는 것으로 오인한 경우이다. 예컨대, 설사제로 낙태를 시도하거나, 설탕으로 당뇨병환자를 살해하려고 하거나, 치사량에 미달하는 농약을 먹여 사람을 살해하려고 한 경우[1] 또는 불량탄환을 갖고 사람을 살해하려고 한 경우[2] 등이 이에 해당한다. 실행의 '對象(Gegenstand)의 錯誤'란 객체의 불가능성에 관한 착오를 의미한다. 즉 그 대상에 대하여 행위자가 의도한 결과발생이 객관적으로 불가능함을 모른 경우이다. 예컨대, 사체에 대한 살해행위나 자기의 재물에 대

1) 대판 1973. 4. 30, 73도354; 대판 1984. 2. 14, 83도2967.
2) 대판 1954. 1. 30, 4286형상103.

한 절취·횡령행위, 임신하지 아니한 부녀에 대한 낙태행위, 소매치기가 남의 빈 주머니에 손을 넣어 절취하려고 한 경우[1] 등이 여기에 해당한다.

착오의 대상은 형법규정의 명문상 '실행의 수단 또는 대상'에 국한된다. 그러므로 실행의 主體에 관한 착오는 존재하지 않는 구성요건을 인정하는 것으로서 죄형법정주의 원칙에 비추어 볼 때 불능미수에 해당될 수 없다고 본다.[2] 실행의 주체에 관한 착오도 불능미수에 해당한다고 보는 견해[3]도 있지만, 이는 이른바 사실흠결의 이론에 의해 해결되어야 하는 경우이다.

(2) 결과발생의 불가능

結果發生이 不可能하여야 한다. '결과발생의 불가능'은 결과발생의 객관적 위험성이 없음을 의미한다. 결과발생이 불가능한 점에서 可能未遂인 장애미수·중지미수와 구별된다.

결과발생의 불가능은 종국적인 불가능이어야 하며, 일시적 불가능만으로는 부족하다.

3. 위 험 성

결과발생이 불가능하더라도 '危險性'이 인정되면 불능미수로 처벌된다.

'위험성'은 일반적으로 '구성요건적 결과의 발생에 접근된 가능성'이라는 의미를 갖는다. 제27조의 '위험성'을 일반적 의미의 '위험성'과 동일한 의미로 해석하는 견해[4]도 있다. 이 견해에 따르면 제27조의 '위험성'은 굳이 규정될 실익도 없는 요소라고 보게 되고, 따라서 실행의 수단 또는 대상의 착오가 있고 결과발생이 불가능하기만 하면 모두 가벌적 불능미수로 취급하게 된다. 이 견해는 '위험성'요건을 규정하지 않고 있는 독일 형법 제23조 제3항에 관한 논의를 따르고 있는 입장이라고 볼 수 있다.[5]

하지만 애초에 개념상 결과발생이 불가능한 불능미수에 있어서 '위험

---

1) 대판 1986. 11. 25, 86도2090.

2) 김일수/서보학, 526면; 신동운, 478면; 오영근, §31, RN 14; 이재상, §29, RN 15; 임웅, 369면; 정성근/박광민, 411면; 하태훈, "불능주체의 가벌성", 김종원교수화갑기념논문집, 1991, 435면 이하; Welzel, 194면.

3) 박상기, 368면; 이정원, 287면; Jescheck/Weigend, 536면; Schönke/Schröder, §22, RN 76; Wessels/Beulke, RN 623.

4) 천진호, "형법 제27조의 위험성개념에 대한 해석상의 오류", 비교형사법연구 2·1, 2000, 85면; 허일태, "불능미수범에 있어 위험성의 의미", 형사법연구 13, 2000, 118면.

5) 同旨: 김성돈, 480-481면.

성'의 의미는 달리 해석될 수밖에 없다. 즉 불능미수에 있어서의 '위험성'은 객관적 위험성의 의미를 갖지는 못하며, '주관적' 성격을 갖는다고 보아야 한다. 즉 '결과발생의 불가능'이 결과발생의 객관적 위험성이 없음을 의미함에 반하여, 여기서의 '위험성'은 주관적 위험성을 가리킨다 할 것이다. 또한 여기서의 '위험성'은 가벌적인 불능미수와 불가벌적인 불능범을 구별하는 기준이 되는 개념이다. 실행의 수단 또는 대상의 착오로 인해 결과발생이 불가능한 경우는 본래 당벌성이 미약하므로, 특별히 '위험성'이 인정되는 경우에만 처벌할 필요성을 인정하는 것이 형법규정의 취지라고 할 수 있다.[1)]

(1) 학 설

불능미수에 있어서의 '위험성' 유무에 관한 판단기준에 관해서는 학설상 객관설, 구체적 위험성설, 추상적 위험성설, 주관설의 대립이 있다.

㈎ 객 관 설

客觀說에서는 행위의 수단 또는 대상의 성격상 어느 경우에나 결과의 발생이 항상 불능한 경우를 絕對的 不能이라 하고, 일반적으로는 범죄의 완성이 가능하나 당해 구체적인 경우에 있어서 특별한 사정에 의하여 불능한 경우를 相對的 不能이라 하여 전자를 불능범, 후자를 불능미수라 칭한다. 이른바 客觀的 事後判斷(objektive ex-post Diagnose)에 의하여 위험성 유무가 결정되는 것이다. 예컨대, 사체를 살아 있는 사람으로 오인하고 살해하려 한 경우는 절대적 불능으로 살인죄의 불능범이다. 우리 판례 중에는 객관설의 기준에 입각하여 불능미수를 인정한 경우들도 있다. 독약의 분량이 적어서 살해하지 못한 경우[2)]나 히로뽕제조를 시도하였으나 기술부족으로 완제품을 제조하지 못한 경우[3)] 또는 일정량 이상을 먹으면 사람이 죽을 수도 있는 초우(草烏 : 초오)뿌리나 부자(附子)를 달인 물을 마시게 하여 살해하려고 하였으나 그 사람이 이를 토해버려서 살해하지 못한 경우[4)] 등은 상대적 불능에 해당되어 불능미수가 인정된다고 보고 있다.[5)] 포이어바흐가 제시한 학설이다.

---

1) 김성돈, 480면; 신동운, 481-482면; 오영근, § 31, RN 12.
2) 대판 1973. 4. 30, 73도354; 대판 1984. 2. 28, 83도3331.
3) 대판 1984. 10. 10, 84도1793; 대판 1985. 3. 26, 85도206.
4) 대판 2007. 7. 26, 2007도3687.
5) 하지만 이들 판례의 사안에 있어서는 구체적 위험성설이나 추상적 위험성설의 기준을 적

객관설에 대해서는 행위 당시에 행위자가 인식한 구체적 사정을 고려하지 않고 있다는 점과 절대적·상대적 불능의 구별기준이 상대적이라는 점 등이 결함으로 지적되고 있다.

(나) 구체적 위험성설

具體的 危險性說에서는 불능범·불능미수의 구별과 관련하여 행위 당시에 행위자가 인식한 주관적 사정 및 일반인이 인식할 수 있었던 객관적 사정을 기초로 하여 일반적 경험법칙에 비추어 결과발생의 구체적 위험성이 인정되는지의 여부를 기준으로 하여 판단한다.[1] 즉 판단의 주체는 일반인이나, 판단의 대상은 행위자가 실제로 인식하였거나 일반인이 인식할 수 있었던 사정인 바, 이를 客觀的 事後豫測(objektive ex-post Prognose)이라 한다. 여기서 구체적 위험성은 범죄결과발생의 개연성을 의미한다고 본다. 예컨대, 침실에 누워 있는 사람을 살해하려 한 경우에, 그 사람이 행위 당시 이미 사망한 상태였지만 행위자와 일반인의 입장에서 그가 살아있는 것으로 인식할 수 있는 사정 하에서 살해행위가 행해진 때에는 살인죄의 불능미수로 된다고 보는 것이다.[2] 이 설은 위험성의 판단에 있어서 상당인과관계설적 사고에 어느 정도 의존하고 있다고 할 수 있다. 리스트가 주창한 학설이다.

구체적 위험성설에 따르면 행위자의 인식내용과 일반인의 인식내용이 서로 다른 경우에 어느 것을 기초로 하여 위험성 유무를 판단할 것인지가 분명치 않다는 문제점이 나타난다. 하지만 행위자가 일반인보다 높은 정도의 인식능력을 갖고 있는 경우에는 그 행위자의 인식내용이 위험성판단의 대상이 되고, 행위자의 인식능력이 일반인 이하의 수준인 경우에는 일반인의 입장에서 인식가능한 사정이 위험성판단의 대상이 될 것이다. 여기서 양자 중 높은 정도의 인식능력을 갖는 사람의 인식이란 결국 객관적 사실과 부합하는 인식을 가리키게 되므로 행위자와 일반인의 인식내용이 서로 다른 경우에는 실제적으로는 객관설과 마찬가지의 결론이 도출된다고 볼 수 있고, 행위자와 일반인의 인식내용이 일치하는 경우에만 '객관적 사후예측'이 가능하게 된다. 하지만 어쨌든 주관적 요소인 행위 당시의 행위자와 일반인의 인식

용하더라도 위험성이 인정되어 불능미수가 성립하게 된다고 볼 수 있다.

1) 박상기, 370면; 배종대, 460면; 신동운, 485면; 안동준, 형법총론, 1998, 204면; 오영근, §31, RN 28; 이재상, §29, RN 24; 이정원, 276면.

2) 西原春夫, 刑法總論, 1980, 301면; Jescheck/Weigend, 531면; Welzel, 192면.

내용을 판단의 기초로 삼고 있다는 점에서 객관설에 비하여 발전되었다고 할 수 있다. 이러한 점에서 객관설을 舊客觀說로, 구체적 위험성설을 新客觀說로 칭하기도 한다.

㈐ 추상적 위험성설

抽象的 危險性說은 행위 당시에 행위자가 인식한 主觀的 事情을 기초로 하여 일반인의 客觀的 判斷에 의할 때 결과발생의 위험성이 인정되면 불능미수이고, 결과발생의 위험성이 없으면 불능범이라고 보는 견해이다.[1]

객관설과 구체적 위험성설이 행위의 객관적 위험성에 중점을 두는 데 반하여, 이 설은 행위자의 주관적 위험성에 중점을 두는 견해이다. 예컨대, 독약으로 사람을 살해하려 한 경우에 설탕을 독약으로 오인하여 먹인 경우, 행위자의 인식내용은 '독약에 의한 살해'이므로 그 인식을 대상으로 하여 일반인이 판단할 때 결과발생의 위험성이 인정되므로 불능미수가 된다. 그러나 행위자가 설탕으로 당뇨병환자를 살해할 수 있다고 믿고 설탕을 먹인 경우는 그 행위자의 인식내용인 '설탕에 의한 당뇨병환자살해'에 대하여 일반인의 입장에서 객관적으로 판단하면 위험성이 없으므로 불능범이 되는 것이다.

우리 판례의 기본적 입장이라고 할 수 있다. 예컨대, 소송비용을 편취할 의사로 소송비용의 지급을 구하는 손해배상청구의 소를 제기하였다면 이는 객관적으로 소송비용의 청구방법에 관한 법률적 지식을 가진 일반인의 판단으로 보아 결과발생의 가능성이 없어 위험성이 인정되지 않아 사기죄의 불능미수에 해당되지 못한다.[2] 민사소송법상 소송비용의 청구는 소송비용액확정절차(동법 제110조 이하)에 의하도록 되어 있으므로 그 절차가 아닌 손해배상청구의 소로 소송비용의 지급을 구하는 것은 소의 이익이 없는 부적법한 소이기 때문이다.

대판 1978. 3. 28, 77도4049 "불능범의 판단기준으로서 위험성판단은 피고인이 행위 당시에 인식한 사정을 놓고 이것이 객관적으로 일반인의 판단으로 보아 결과발생의 가능성이 있느냐를 따져야 하므로 히로뽕제조를 위하여 에페트린에 빙초산을 혼합한 행위가 불능범이 아니라고 인정하려면 위와 같은 사정을 놓고 객관적으로 제약방법을 아는 과학적 일반인의 판단으로 보아 결

1) 김성돈, 485면; 임웅, 375면; 정성근/박광민, 414면; 정영석, 225면; 황산덕, 240면.
2) 대판 2005. 12. 8, 2005도8105.

과발생의 가능성이 있어야 한다."

— 이 판결을 구체적 위험성설의 입장으로 분석하는 견해[1]도 있지만, 판결의 문언상 추상적 위험성설에 입각한 것으로 봄이 타당하다.[2] 이 사건에서 만일 피고인이 행위 당시에 과학적으로 합당한 히로뽕제조방법을 알고는 있었지만 그의 착오로 위와 같이 에페트린에 빙초산만을 혼합하였다면 추상적 위험성설에 입각하여서도 '위험성'이 인정되겠지만, 이 사건에서 피고인은 위와 같은 행위만으로도 히로뽕이 합성될 수 있다고 생각하고 있었던 것이어서 '위험성'이 인정되지 못한 것이기 때문이다.

추상적 위험성설은 행위자가 현실적으로 인식한 사정만을 기초로 하고 일반인이 인식할 수 있었던 사정을 고려하지 않고 있다는 점과 행위자가 경솔하게 잘못 인식한 경우에도 그 인식한 내용을 기초로 하여 위험성을 판단함은 부당하다는 점, 행위자의 주관적 인식만을 기초로 하여 위험성을 판단하기 때문에 가벌성의 범위를 부당하게 확대시킨다는 점 등이 문제점으로 지적되고 있다.[3] 그러나 행위자의 '착오'가 있는 이상 그 '착오'가 경솔하게 야기된 것인지 아닌지는 구별할 이유가 없으며, 불능미수가 형의 임의적 감면의 대상으로 규정되어 있는 만큼 양형의 범위가 매우 넓으므로 '위험성'의 의미도 주관적 측면을 고려하여 넓게 이해하는 것이 타당하다고 생각한다. 또한 '착오'의 경솔 여부는 양형의 단계에서 고려함으로 충분하다고 생각한다.

㈑ 주 관 설

主觀說에서는 행위자에게 犯罪를 행하려는 意思가 있고 그 범의를 실현하려는 행위가 있는 이상 위험성은 있다고 보아 그 결과의 불발생을 모두 불능미수로 인정한다. 즉 위험성판단의 대상과 기준이 모두 행위자의 주관이라고 보는 입장이다. 그러나 迷信犯(abergläubiger Versuch)에 있어서만은 예외적으로 위험성을 부인한다. 독일 판례[4]의 입장이다.

주관설은 순수한 주관적 입장에서 위험성을 판단함으로써 결과적으로 불능범의 경우를 인정하지 않는 것이 되는데, 단지 미신범의 경우만을 불능

1) 박상기, 369면; 신동운, 484면.
2) 同旨 : 김성돈, 484면; 오영근, § 31, RN 19; 이재상, § 29, RN 22.
3) 오영근, § 31, RN 20; 이재상, § 29, RN 21.
4) RGSt 47, 65; BGHSt 11, 324.

범으로 취급하여 불능미수에서 제외하는 점에서 논리적 일관성을 결여하고 있다.

최근에 제시된 이른바 印象說에서는 行爲者의 反社會的·敵法的 意思가 '통찰력 있는 평균인'에게 사회적 안정감을 해할 것 같은 印象을 줄 경우에 위험성이 인정되어 불능미수로 처벌된다고 설명하고 있다.[1] 行爲者危險說이라고도 한다. 이 설에 따르면 행위자의 '의사'가 '통찰력 있는 평균인'에게 위험한 인상을 주는지의 여부에 따라 위험성 유무가 판단되므로 자연히 주관설에 기울게 된다. 예컨대, 행위자가 설탕을 먹여 당뇨병환자를 살해할 수 있다고 생각하고 그 환자에게 설탕을 몰래 먹인 경우에 있어서 만일 설탕을 먹여서 살해할 수는 없다는 것을 그 행위자가 알았다면 다른 방법을 써서라도 살해를 도모하였을 것이기 때문에 그의 '살해의 의사'는 위험한 인상을 줄 수 있다. 하지만 "설탕을 먹여 당뇨병환자를 살해하겠다"는 의사의 내용은 사회적 안정감을 해할 인상을 '통찰력 있는 평균인'에게 주기 어렵게 되고, 따라서 위험성이 부정되어 불능범으로 취급된다. 즉 인상설은 위험성판단의 주체를 '洞察力 있는 平均人'으로 설정하고 있기 때문에 행위자 자신의 입장에서 위험성 유무를 판단하는 주관설보다는 위험성의 인정범위가 좁아지게 될 것이다. 즉 인상설은 주관설과 추상적 위험성설의 중간의 위치에 있는 견해라고 할 수 있다. 하지만 '인상'이라는 개념은 비법적(非法的)이며 불명확하다고 할 수 있다.

(2) 검 토

객관설에서는 위험성판단의 대상과 기준이 모두 行爲 後의 判斷時에 있어서 객관적·사후적으로 결정되는 것이다. 구체적 위험성설에서는 위험성판단의 대상은 行爲時의 인식 또는 인식가능한 내용이지만, 판단의 기준은 객관설과 마찬가지로 객관적·일반적이라 할 수 있다.

이에 대하여 추상적 위험성설에서는 行爲時 行爲者의 認識內容을 위험성판단의 대상으로 삼고 있는 점에서 구체적 위험성설과 차이를 보이지만, 여기서도 그 판단은 역시 客觀的 基準에 따라서 행한다. 하지만 주관설에서는 위험성판단의 대상과 기준을 모두 行爲時 行爲者 개인의 主觀에 토대하여 결정하고 있다.

이렇게 보면 객관설, 구체적 위험성설, 추상적 위험성설, 주관설의 순서

1) 김일수/서보학, 531면; 신양균, "불능미수의 법적 성격", 김종원교수화갑기념논문집, 1991, 425-426면; 이형국, 554면; 허일태, "불능미수범에 있어서 위험성의 의미", (앞), 117-118면.

로 점차적으로 위험성의 인정범위가 넓어진다고 할 수 있다. 우리 형법의 규정을 해석함에 있어선 형법의 전반적 입장을 고려할 필요가 있으므로, 절충적 관점에서 抽象的 危險性說의 기준에 따라 위험성 유무를 판단함이 타당하다고 생각한다. 그리고 형법상 위험성이 인정되어 불능미수로 처벌되는 경우에 있어서도 형의 '감경'뿐만 아니라 '면제'까지도 가능한 점에 비추어 보면 위험성의 판단에 관해서는 절충적 입장 중에서도 위험성 인정의 범위가 다소 넓은 추상적 위험성설에 따름이 적절하다고 본다.

Ⅲ. 處　罰

불능미수에 대하여는 형을 감경 또는 면제할 수 있다(제27조 단서). 즉 불능미수는 형의 임의적 감면사유에 해당한다. 장애미수는 형의 임의적 감경사유이고, 중지미수는 필요적 감면사유인 것과 구별된다.

불능미수에 있어서도 특히 경미한 위험성이 인정되는데 그친 경우에는 형을 면제할 수 있을 것이다. 하지만 형이 면제된다 하더라도 그것은 유죄판결에 해당하는 것이므로 위험성이 인정되지 않아 무죄판결을 받게 되는 불능범과는 엄연히 구별되어야 한다.

불능미수도 미수범을 처벌하는 규정이 있는 경우에만 처벌된다(제29조 참조).

Ⅳ. 事實欠缺

1. 의　의

사실흠결이란 객관적 구성요건요소 중 인과관계에 관한 부분을 제외한 요소인 범죄의 주체, 객체, 수단, 행위상황 등이 구비되지 않았음에도 행위자가 이를 구비한 것으로 오신하여 행위를 하는 경우를 말한다. 構成要件欠缺로도 불리운다. 연혁적으로는 사실흠결의 이론에 토대하여 불능미수이론이 발전하였다고 볼 수 있다.

사실흠결은 범죄의 주체, 객체·수단·행위상황, 인과관계 등에 관하여 논해져왔다. 그러나 사실흠결의 제반 경우들은 형법의 기존이론에 의하여 모

두 해결되고 있으므로 오늘날 사실흠결의 이론은 별다른 의미를 갖지 못한다고 할 수 있다.[1)]

2. 범죄의 주체에 관한 사실흠결

犯罪의 主體에 관한 사실흠결은 구성요건요소로서의 행위의 주체가 인정되지 않는 경우이다. 그 예로는 비공무원이 자신의 신분을 공무원으로 생각하고서 수뢰한 경우를 들 수 있다.[2)]

범죄의 주체에 관한 사실흠결은 구성요건착오의 한 경우로서, 이 때에는 행위자의 고의가 부정되어 범죄의 구성요건해당성이 조각된다고 본다. 제27조의 규정을 범죄의 주체에 관한 사실흠결에 대해서도 확대하여 적용하는 것은 법규정의 입법취지와 죄형법정주의 원칙에 반하는 해석이다.[3)] 물론 주체에 관한 사실흠결이 대상의 착오에 기인한 경우는 불능미수이론에 따라 해결함이 타당하다.

3. 범죄의 객체 · 수단 · 행위상황에 관한 사실흠결

犯罪의 客體에 관한 사실흠결은 구성요건요소로서의 행위의 객체가 존재하지 않는 경우이다. 그 예로는 사체나 인형을 생존한 사람으로 믿고 이에 대하여 살해행위를 한 경우를 들 수 있다. 犯罪의 手段에 관한 사실흠결은 구성요건요소로서의 행위의 수단이 결여된 경우이다. 그 예로는 살인의 효력이 없는 설탕을 독물로 오인하여 살인행위를 한 경우를 들 수 있다. 犯罪의 行爲狀況에 관한 사실흠결은 구성요건요소로서의 행위상황이 존재하지 않는 경우로서, 화재시가 아닌데 화재시라고 오인하여 진화용 시설을 손괴한 경우(제169조)를 그 예로 들 수 있다.

범죄의 객체 · 수단에 관한 사실흠결의 경우에는 사실상 결과의 발생이 불가능하므로 위험성의 유무에 따라 불능미수 또는 불능범으로 구별된다. 범죄의 행위상황에 관한 사실흠결의 경우는 구성요건착오의 한 경우에 해당된

---

1) 同旨 : 김성돈, 507-508면; 김일수/서보학, 513면; 이재상, § 29, RN 5; 황산덕, 236면.
2) 비공무원이 자신의 신분이 비공무원인 줄은 알면서 수뢰죄의 주체에 비공무원도 포함되는 것으로 생각한 경우와는 구별되어야 한다. 이런 경우는 수뢰죄의 구성요건인 주체에 관한 해석의 착오이므로 이른바 '반전된 금지착오'로서의 환각범에 해당되어 불가벌이라고 볼 수 있다.
3) 신동운, 478면; 정성근/박광민, 411면; 하태훈, "불능미수", 형사법연구 4, 1991, 79면.

다고 볼 수 있고, 이 때에는 고의의 성립이 부정되어 구성요건해당성 자체를 부정할 수밖에 없다.

4. 범죄의 인과관계에 관한 사실흠결

연혁상으로 보면, 犯罪의 因果關係에 관한 사실흠결이 構成要件欠缺의 문제로 논해진 적이 있다. 그러나 인과관계에 관한 사실흠결이 있는 경우에는 장애미수가 성립된다고 봄이 타당하다. 사람이 인과관계를 완전히 지배할 수는 없는 것이므로, 인과관계의 착오로 결과를 발생시키지 못한 경우는 결과의 발생이 원래는 가능하지만 그 구체적인 경우에 우연히 결과를 발생시키지 못한 장애미수에 해당하기 때문이다.

제 5 절 豫 備 罪

제28조 [음모, 예비] 범죄의 음모 또는 예비행위가 실행의 착수에 이르지 아니한 때에는 법률에 특별한 규정이 없는 한 벌하지 아니한다.

Ⅰ. 序 說

1. 의 의

예비죄는 범죄의 실행의 착수 이전 단계인 예비행위로서 처벌규정이 마련되어 있는 경우를 가리킨다.

豫備는 범죄의 실행의 착수 이전의 일체의 인적·물적 준비행위를 가리킨다. 살인용 권총을 구입한다든가, 방화의 재료로 석유를 구입하는 경우와 같이 범죄실행의 착수에 필요한 방법이나 물건 등을 준비·조달하는 행위 등이 그 예이다. 예비는 범죄의 실행의 착수 이전 단계라는 점에서 미수와 구별되며, 이 점에서 '음모'에 비하여 이론적으로나 실제적으로 더 큰 논의의 의미를 갖는다고 할 수 있다.

2. 음모와 예비의 관계

(1) 음모의 개념

陰謀(Komplott)라 함은 범죄를 실행하기 위한 心的 準備行爲를 말한다.[1] 즉 2인 이상의 사람이 일정한 범죄를 범하려고 계획을 세우거나 서로 의사를 교환하는 것을 말한다.

'음모'는 범죄실현의 단계상 '예비'에 선행함이 일반적이라고 할 수 있다.[2] 따라서 예를 들어 일본으로 밀항하기 위하여 도항비(渡航費)를 알선인에게 주기로 약속한 후 밀항을 포기한 경우는 밀항의 예비에 이르지 못한 음모에 지나지 않는다고 할 수 있다.[3] 하지만 어느 경우에 있어서나 반드시 음모가 시간적으로 예비에 선행한다고 할 수는 없을 것이다. 상대방에게 일방적·단편적으로 범죄의사를 전달하는 경우나 상호 간에 의사의 교환이 있었다 하더라도 합의에 다다르지 못한 경우는 음모라 할 수 없다.

개념상 '음모'는 단독의 음모로도 가능하다고 할 것이지만, 형법상 단독의 음모도 '음모'에 포함시키게 되면 범죄실현의 첫 번째 단계인 '결심'의 개념과 구분이 어려워지고, 따라서 '음모죄'는 형법상 최소한의 구성요건적 정형성도 갖추지 못하는 것이 되어 결국 죄형법정주의 원칙에 반하는 심정형법적 구성요건으로 전락할 우려가 있다. 그러므로 우리 형법의 해석상 '음모'가 성립하기 위해서는 2인 이상의 의사연락이 있을 것을 요한다고 해석함이 타당하다.

음모가 성립하기 위해서는 그것이 특정한 범죄를 실행하기 위한 준비행위라는 것이 명백히 인정될 수 있고 또 범죄실행의 합의가 실질적인 위험성이 인정되는 정도에 이르러야 한다. 그러므로 "앞으로 기회가 되면 함께 강도를 한 번 해보자"는 말을 나눈 정도만 가지고는 강도죄의 음모를 인정하기 어렵다고 할 것이다.[4]

---

1) 박상기, 339면; 배종대, 463면; 백형구, "예비죄", 고시연구 1988. 5, 84면; 손동권, § 26, RN 2; 신동운, 504면; 이재상, § 30, RN 3; 이정원, 295면.

2) 이형국, 470면; 정영석, 216면.
대판 1984. 12. 11, 82도3019.

3) 대판 1986. 6. 24, 86도437.

4) 同旨 : 대판 1999. 11. 12, 99도3801.

(2) 음모와 예비의 구별

우리 형법은 음모를 예비와 개념상 구별하여 규정하고 있으나, 법적 효과에 있어서는 동일하게 취급하고 있다. 또한 양자의 의미에 관해서도 "실행의 착수에 이르지 아니한 때"(제28조)라는 당연한 요건만을 규정하고 있을 뿐, 그 실질적 요건에 관해서는 전혀 언급하지 않고 있다. 이와 같이 음모와 예비는 개념상으로는 구별되지만, 형법은 명문상 음모를 예비와 함께 규정하여 그에 대해 각칙에서 개별적으로 형벌을 규정하고 있으므로 그 처벌에 있어서는 구별의 실익이 거의 없다.[1] 다만 관세법, 밀항단속법 등 특별법에서는 음모는 처벌하지 않고 예비만을 처벌하는 규정을 두고 있다.

독일 형법에서는 '예비'와 구별되는 '음모'의 개념을 사용하고 있지 않다. 그러나 해석상 범죄실행의 전단계에서 가담자 사이에 형성되는 위험한 심리적 연관으로서의 '음모'를 '예비'에 포함시키는 것이 일반적이다.[2] 또한 예비죄의 대부분의 경우에 있어서 행위의 내용을 구체적으로 기술하고 있으며, 몇몇 구성요건에 있어서는 예비행위의 내용에 따라 법정형을 달리 규정하고 있다. 일본 형법에서는 총칙에 예비죄에 관한 일반규정을 두지 않고, 각칙상 중요범죄에 관하여 개별적으로 예비죄의 처벌규정을 두고 있다. 또한 음모·예비를 함께 처벌하는 경우와 예비만을 처벌하는 경우로 구분하여 규정하고 있다. 영미의 형법에서는 음모(conspiracy)가 전제된 예비만을 처벌하고 있다. 미국의 모범형법전에서는 '음모'에 관하여 "범죄실행을 조장 또는 촉진할 목적으로 1인 이상의 타인과 협조할 것을 합의하는 것"으로 규정하고 있다(동법 제5.03조 제1항 참조).

Ⅱ. 法的 性格

예비죄의 법적 성격과 관련해서는 두 가지 점이 문제된다. 예비죄와 기본범죄의 관계가 첫 번째 논점이고, 다음으로 예비행위가 범죄의 실행행위로서의 성격을 갖는지가 검토되어야 한다.

1. 예비죄와 기본범죄의 관계

예비죄의 법적 성격을 검토함에 있어선 우선 예비죄와 기본범죄의 관계

1) 同旨: 임웅, 341면.
2) Schönke/Schröder, Vor §§ 22, RN 14.

를 이해할 필요가 있다.

(1) 학 설

예비죄와 기본범죄의 관계에 관해서는 독립범죄설, 발현형태설과 이분설이 대립하고 있다.

(가) 독립범죄설

獨立犯罪說에서는 예비죄를 기본범죄와는 독립된 범죄유형으로 본다.[1] 즉 예비행위는 그 자체가 본래적으로 당벌성을 갖는 불법을 내포하고 있는 것으로 이해한다. 다만 그 불법이 특히 경미하여 처벌의 필요성이 인정되지 않는 경우에만 그에 대한 처벌규정을 두지 않는다는 것이다.

형법상 미수범에 관해서는 "본죄의 미수범은 처벌한다"고 규정하고 있는데 반해서, 예비죄는 "… 죄를 범할 목적으로 예비한 자는 … 에 처한다"라고 규정하고 있는 것은 독립범죄설의 논거가 될 수 있다고 한다.

(나) 발현형태설

發現形態說에서는 예비죄가 기본범죄의 한 발현형태로서 기본범죄의 수정적 구성요건에 불과하다고 본다. 다수설[2]과 판례[3]의 입장이다. 즉 예비행위는 그 자체가 원칙적으로는 불법을 갖지 못하지만 법익의 보호를 위하여 예비행위까지도 처벌할 필요성이 인정되는 중대한 범죄에 있어서만 실행의 착수도 인정되지 않음에도 불구하고 처벌의 대상이 되는 것으로 이해한다. 修正形式說로도 불리운다.

우리 형법이 예비죄를 규정함에 있어 항상 "… 죄를 범할 목적으로"라는 요건을 두고 있는 점도 발현형태설의 입장을 나타내 보이는 것으로 보고 있다.

(다) 이 분 설

二分說에서는 예비죄를 독립된 범죄유형인 경우와 기본범죄의 발현형태로서 수정적 구성요건에 불과한 경우로 나누어 이해하고 있다.[4] 즉 제28조

---

1) 김일수/서보학, 546면; 배종대, 464면.

2) 김성돈, 509면; 박상기, 340면; 손동권, § 26, RN 8; 신동운, 507면; 오영근, § 28, RN 7; 이재상, § 30, RN 9; 이형국, 481면; 임웅, 343-344면; 정성근/박광민, 373면.

3) 대판 1976. 5. 25, 75도1549.

4) 김선복, "예비의 중지", 비교형사법연구 4·1, 2002, 70면; Jescheck/Weigend, 524면; Schönke/Schröder, Vor §§ 22, RN 14.

에 의해 처벌되는 예비죄는 기본범죄의 수정적 구성요건에 불과하지만, 범죄단체조직죄(제114조)와 아편 등 소지죄(제205조), 음화제조 등 죄(제244조) 등과 같이 행위의 실질에 있어서는 다른 범죄의 예비에 해당하면서도 형법상 독립된 구성요건으로 규정된 행위는 독립된 범죄유형으로 보아야 한다는 견해이다.

(2) 검　토

이분설은 우리 형법상 아무런 근거를 갖지 못한다고 할 수 있다. 범죄단체조직죄와 아편 등 소지죄, 음화제조 등 죄는 행위의 실질에 있어서는 다른 범죄의 예비에 해당하지만 형법이 이들을 독립된 구성요건으로 규정하고 있는 이상 이들 범죄의 성격을 예비죄와 관련하여 이해할 필요는 없다고 생각한다.

독립범죄설과 발현형태설은 불법판단의 기준을 예비와 기본범죄 중 어느 것에 둘 것인지의 문제와 고의의 내용에 있어서 예비의 고의만으로 족한지 또는 기본범죄의 고의가 요구되는지의 문제에 있어서 차이를 보이게 된다. '예비'보다도 행위성이 더 결여된 '음모'를 처벌에 있어서 '예비'와 동일하게 취급하고 있는 우리 형법의 예비죄에 관한 입법태도는 주관주의적이라고 생각한다. 예비죄에 관한 형법규정의 형식이나 '예비'를 '미수'에 비해서도 더 예외적으로만 처벌대상으로 하고 있는 우리 형법의 태도에 비추어보면 예비죄의 법적 성격은 發現形態說에 입각하여 이해하는 것이 타당하다고 본다.

2. 예비행위의 실행행위성

예비행위가 정범으로서의 독자적인 실행행위성을 갖고 있는지의 문제는 예비죄의 기본범죄와의 관계에 관한 논의와 관련성을 갖고 있다.

예비행위의 實行行爲性 認否에 관한 논의는 예비죄의 미수범·공범의 성립가능성에 관한 판단에 있어서 실익을 갖는다.

예비행위의 실행행위성 인부의 문제에 관해서는 인정설과 부정설이 대립하고 있다.

(1) 인 정 설

認定說에서는 예비행위의 실행행위성을 인정한다. 예비죄와 기본범죄의 관계에 관한 독립범죄설의 입장에서는 당연히 예비행위의 실행행위성을 인정하게 된다.[1] 예비죄와 기본범죄의 관계에 관하여 발현형태설을 취하면서, 예비행위의 성립범위를 적절히 제한하기 위하여서는 오히려 그 실행행위성을 인정하는 것이 타당하다고 보는 견해[2]도 있다.

인정설의 두 견해에서는 모두 예비행위의 실행행위성은 기본범죄의 실행행위성과는 성격을 달리 하는 것이므로 예비죄의 미수를 인정하지 않고 있다. 또한 예비행위의 실행행위성을 인정한다면 예비죄의 공범은 당연히 인정된다.

(2) 부 정 설

否定說에서는 예비행위의 실행행위성을 부정한다. 형법상 '실행행위'는 본래 기본범죄의 정범의 구성요건실현행위를 의미하는 것이므로 실행의 착수 전단계이며 구성요건적 정형성을 결한 예비행위의 실행행위성은 인정할 수 없다고 본다.[3] 예비죄와 기본범죄의 관계에 관한 발현형태설에서는 원칙적으로 예비행위의 실행행위성을 부정한다.

판례[4]에서는 예비죄의 종범을 부정하고 있는 만큼, 예비행위의 실행행위성을 부정하고 있는 것으로 볼 수 있다.[5]

(3) 검 토

범죄의 실행의 착수가 인정되기 전단계인 예비행위에 대하여 실행행위성을 인정하는 것은 무리한 설명이다. 즉 豫備行爲의 實行行爲性은 否定되어야 한다고 본다. 예비를 그 처벌에 있어서 음모와 동일하게 취급하고 있는 우리 형법의 태도에 비추어 보더라도 예비행위의 실행행위성은 인정하지 않는 것이 타당하다고 본다.

Ⅲ. 成立要件

예비죄가 성립하기 위해서는 주관적 요건인 고의와 '기본범죄를 범할 목

---

1) 김일수/서보학, 546면; 배종대, 464면.
2) 백형구, 앞의 논문, 84면; 손동권, §26, RN 9; 이재상, §30, RN 12; 정성근/박광민, 374면; 차용석, "예비죄", 고시계 1985. 5, 65면.
3) 오영근, §28, RN 12; 임웅, 344면.
4) 대판 1976. 5. 25, 75도1549.
5) 同旨 : 김성돈, 510-511면.

적', 객관적 요건인 예비행위가 갖추어져야 한다.

1. 주관적 요건

예비죄의 주관적 성립요건으로는 고의와 '기본범죄를 범할 목적'이 요구된다.

(1) 고 의

예비죄가 성립하기 위해서는 예비행위에 대한 故意가 있어야 한다. 범죄를 위한 준비행위인 예비행위의 성격상 과실범의 예비죄는 인정할 수 없으며 또 과실에 의한 예비죄, 즉 예비죄의 과실범도 성립이 불가능하다.

예비의 고의의 내용에 대해서는, 예비행위 그 자체에 대한 인식을 의미한다고 보는 豫備故意說[1]과 기본범죄의 실행에 대한 고의로 보는 實行故意說이 대립하고 있다. 예비의 고의에는 범죄의 준비행위인 豫備行爲 그 자체에 대한 認識과 基本犯罪에 대한 故意가 모두 포함된다고 생각한다.[2] 예비행위의 실행행위성을 부정하더라도 준비행위에 대한 인식은 고의의 성립을 위하여 당연히 존재해야 하며, 발현형태설을 취하는 이상 기본범죄에 대한 고의도 있어야 한다.

(2) 기본범죄를 범할 목적

예비죄의 주관적 요건으로는 고의 외에 '基本犯罪를 범할 目的'도 요구된다. 예비죄는 항상 '기본범죄를 범할 목적'을 요구하는 이른바 진정목적범이다. '목적'은 그 개념상 당연히 확정적인 것이어야 한다.[3] 또한 그 '목적'의 당연한 전제요건으로서의 '기본범죄에 대한 고의'가 예비죄의 고의에는 포함되어 있어야 하는 것이다.

2. 객관적 요건

예비죄의 객관적 요건인 豫備行爲라 함은 범죄의 실행에 착수하기 위하여 수행되는 준비행위를 의미한다. 이는 기본범죄를 실행하려는 행위자의 의

1) 김성돈, 516면; 김일수/서보학, 548면; 배종대, 465면; 손동권, §26, RN 13; 이재상, §30, RN 15; 임웅, 345면.

2) 박상기, 341면; 신동운, 511면; 이형국, 482면; 정성근/박광민, 375면.

3) 배종대, 465면; 이재상, §30, RN 16; 이형국, 483면; 임웅, 345면.
본죄의 '목적'은 미필적인 것이어도 무방하다고 보는 견해(백형구, 앞의 논문, 81면)도 있다.

사가 객관적으로 확인될 수 있는 外的 準備行爲를 의미한다.[1] 기본범죄의 실행의 착수와 시간적·장소적으로 밀접하게 연관되어 있는 일체의 준비행위가 이에 해당한다. 실행의 착수와 시간적·장소적으로 떨어져 있거나, 위험성이 경미한 준비행위는 예비행위에 해당되지 않는다고 본다. 외적 준비행위의 수단과 방법에는 제한이 없어서, 기본범죄를 실행하기 위한 준비행위인 이상 人的 豫備와 物的 豫備가 모두 예비행위로 인정된다고 본다.[2] 그러므로 예컨대 살해할 대상자가 확정되지 않았다면 설사 살해의 용도로 흉기를 준비했다 하더라도 살인죄의 예비죄는 성립되지 못한다.[3]

예비행위는 기본범죄에 대한 행위자의 주관의 내용에 따라 자기예비와 타인예비로 구분된다. 행위자가 스스로 또는 타인과 공동하여 실행행위를 할 목적으로 준비행위를 하는 경우인 自己豫備가 예비의 본래적인 경우라고 할 수 있다. 그러나 他人豫備 즉 타인의 실행행위를 위한 준비행위는 형법상 예비로 인정하지 않는 것이 통설[4]과 판례[5]의 입장이다. 타인예비는 기본범죄가 실행의 착수에 이른 때 경우에 따라 방조범이 성립될 수 있을 뿐이라고 본다.

준비행위는 기본범죄의 실행의 착수 이전에 있어야 한다. 기본범죄가 실행의 착수에 이르면 예비죄는 기본범죄의 미수범이나 기수범에 흡수되는 법조경합의 관계가 성립된다.

Ⅳ. 處 罰

우리 형법상 예비죄는 법률에 특별한 규정이 있는 경우에만 처벌한다(제28조). 즉 예비죄는 법률에 특별한 규정이 없는 한 원칙적으로 처벌되지 않는다.

형법이 예비죄의 처벌에 관하여 이러한 입장을 취하고 있는 것은 예비·음모는 범죄의 실현과는 비교적 먼 단계에 있기 때문에 법익침해의 위험성이

1) 이재상, § 30, RN 17; 이형국, 486면.
2) 김일수/서보학, 548면; 배종대, 466면; 이재상, § 30, RN 18; 이형국, 475면.
3) 대판 1959. 9. 1, 4292형상387.
4) 김일수/서보학, 547면; 배종대, 466면; 손동권, § 26, RN 18; 신동운, 515면; 이재상, § 30, RN 19; 임웅, 346면.
5) 대판 1976. 5. 25, 75도1549; 대판 1979. 5. 22, 79도552.

상대적으로 적고, 예비·음모의 단계에서는 행위자의 고의를 입증하기 어려우며, 형사정책적 관점에서도 행위자 스스로 범행을 자제하도록 유도하는 것이 더 바람직하기 때문이다.

형법상으로는 내란의 죄(제90조 제 1 항), 외환의 죄(제101조 제 1 항), 폭발물에 관한 죄(제120조 제 1 항), 도주의 죄(제150조), 방화의 죄(제175조), 일수의 죄(제183조), 교통방해의 죄(제191조), 음용수에 관한 죄(제197조), 통화·유가증권 등에 관한 죄(제213조, 제224조), 살인의 죄(제255조), 강도의 죄(제343조) 등 중한 범죄에 있어서 음모와 예비를 처벌하고 있다. 내란의 죄, 외환의 죄에 있어서는 행위자가 예비행위를 하였더라도 목적한 죄의 실행에 착수하기 전에 自首한 경우에는 형을 필요적으로 감면하도록 규정하고 있다(제90조 제 1 항 단서, 제101조 제 1 항 단서 참조). 입법론적으로는 총칙에 예비죄의 행위자가 자수한 경우에 형을 필요적 또는 임의적으로 감면하도록 하는 규정을 둠이 바람직하다고 생각한다.[1)]

V. 關聯問題

1. 예비죄의 미수범

예비죄에 대한 처벌규정이 있는 경우에도 해당 예비죄의 미수범은 성립할 수 없다고 본다.[2)] 예비죄에 있어서는 실행의 착수가 존재하지 않기 때문이다. 형법의 명문상으로도 예비죄의 미수범에 대한 처벌규정은 마련되어 있지 않다.

예비행위의 실행행위성을 부정하면 예비죄의 미수범은 당연히 부정되지만, 예비행위의 실행행위성을 인정한다고 하더라도 예비는 실행의 착수 전단계의 행위이기 때문에 그 미수범은 부정함이 마땅하다.

---

1) 同旨: 박강우, "형법각칙상 예비·음모죄의 입법론적 검토", 형사법연구 22(특집호), 2004, 228면.

2) 박상기, 343면; 이재상, § 30, RN 24; 임웅, 349면.

2. 예비죄의 공범

(1) 예비죄의 공동정범

예비행위의 실행행위성을 부정하면, 예비행위를 공동으로 한 자들은 각자가 예비죄의 정범으로 처벌되는 것으로 충분하며 굳이 豫備罪의 共同正犯을 인정할 필요는 없다고 볼 수도 있다. 하지만 예비죄가 처벌되는 경우에 있어서는 해당 예비죄의 공동정범은 당연히 인정된다고 봄이 타당하다.[1] 공동정범의 성립요건을 갖춘 이상 공동정범의 성립을 부정할 이유는 없다고 생각한다. 공동정범의 성립에 실행의 착수가 요구되는 것은 아니기 때문이다.

(2) 예비죄의 교사범

豫備罪의 敎唆犯에 관해서는 형법상 그것을 예비에 준하여 처벌한다는 규정을 두어 입법적으로 해결하고 있다고 봄이 일반적이다. 즉 타인으로 하여금 범죄를 실현하도록 교사하였으나 피교사자의 행위가 예비에 그친 경우는 '범죄의 실행을 승낙하고 실행의 착수에 이르지 아니한 때'(제31조 제2항)에 해당하므로 교사자와 피교사자는 예비·음모에 준하여 처벌된다고 본다. 피교사자가 예비행위에 나아간 것은 '범죄의 실행을 승낙한 것'에 해당하기 때문이다. 하지만 이는 '예비죄의 교사범'이 아니라 넓은 의미의 '기도된 교사'의 문제의 한 경우라고 봄이 타당하다.

'예비죄의 교사범'은 피교사자로 하여금 예비에 그치게 할 고의로 교사한 경우를 가리킨다고 보아야 한다. 예를 들어, 교사자가 피교사자에게 "조만간 범행의 절호의 기회가 올 것 같으니 미리 준비하고 있어라"고 한 경우가 그에 해당한다고 할 것이다. 이 경우에 교사자는 처벌되지 아니하고, 다만 피교사자가 해당 범죄의 예비죄로 처벌될 수 있을 뿐이라고 본다.

(3) 예비죄의 종범

豫備罪의 從犯은 형법상 그 처벌에 관한 명문의 규정도 없고, 예비행위의 실행행위성을 부정하면 공범종속성설에 입각하는 한 그 처벌을 부정함이 타당하다고 본다.[2] 방조범이 성립하기 위해선 정범이 실행에 착수하여야 하

---

1) 배종대, 466면; 백원기, 미수론연구, 1995, 347면; 신동운, 517면; 이재상, § 30, RN 21 이형국, 488면; 임웅, 346면.
대판 1979. 5. 22, 79도552.

2) 박상기, 343면; 배종대, 468면; 신동운, 519면; 이재상, § 30 RN 23; 이형국, 491면; 정영석,

기 때문이다. 판례도 예비죄의 방조범을 부정하고 있다.

대판 1976. 5. 25, 75도1549 "형법 제32조 1항의 타인의 범죄를 방조한 자는 종범으로 처벌한다는 규정의 '타인의 범죄'란 정범이 범죄를 실현하기 위하여 착수한 경우를 말하는 것이라고 할 것이므로 종범이 처벌되기 위하여는 정범의 실행의 착수가 있는 경우에만 가능하고 정범이 실행의 착수에 이르지 아니한 예비의 단계에 그친 경우에는 이에 가공하는 행위가 예비의 공동정범이 되는 경우를 제외하고는 이를 종범으로 처벌할 수는 없다고 할 것이다. 왜냐하면 범죄의 구성요건개념상 예비죄의 실행행위는 무정형·무한정한 행위이고 종범의 행위도 무정형·무한정한 것이며 형법 제28조에 의하면 범죄의 음모 또는 예비행위가 실행의 착수에 이르지 아니한 때에는 법률에 특별한 규정이 없는 한 벌하지 아니한다고 규정하여 예비죄의 처벌이 가져올 범죄의 구성요건을 부당하게 유추 내지 확장해석하는 것을 금지하고 있기 때문에 형법각칙의 예비죄를 처벌하는 규정을 바로 獨立된 構成要件槪念에 포함시킬 수는 없다고 하는 것이 죄형법정주의의 원칙에도 합당하는 해석이라 할 것이기 때문이다. 따라서 형법 전체의 정신에 비추어 예비의 단계에 있어서는 그 종범의 성립을 부정하고 있다고 보는 것이 타당한 해석이라고 할 것이다."

— 이 판례에서는 '예비죄의 종범'을, 공범종속성설이 아니라, 죄형법정주의 원칙에 근거하여 부정하고 있음을 볼 수 있다.[1] 아울러 이 판례에서는 '예비죄의 공동정범'의 인정가능성을 비치고 있으며, 예비죄의 처벌규정을 독립된 구성요건개념에 포함시킬 수 없다고 봄으로써 독립범죄설을 부인하고 있다.

3. 예비죄의 죄수

행위자가 예비행위를 한 후 기본범죄의 실행에 착수하거나 또는 더 나아가 기본범죄를 완성한 경우에는 기본범죄의 미수범이나 기수범이 인정되고 예비죄는 따로 성립하지 않는다. 예비죄와 미수범·기수범의 관계는 법조경합 중 보충관계에 있기 때문이다.

예비행위를 행하였으나 행위자가 목적한 범죄가 아닌 다른 범죄의 결과가 야기되었다면 예비죄와 다른 범죄의 과실범의 상상적 경합이 인정된다고 볼 것이다.

226면; Schönke/Schröder, § 30, RN 34.

反旨 : 김일수/서보학, 552면; 유기천, 303면.

1) 同旨 : 대판 1979. 5. 22, 79도552; 대판 1979. 11. 27, 79도2201.

제7장

共　犯

제 1 절　基本理論

Ⅰ. 共犯의 槪念

1. 의　　의

공범(Teilnahme)이란 수인(數人)이 공동으로 하나의 범죄구성요건을 실현하는 것을 가리킨다. 원래 형법의 각칙 상 범죄구성요건은 원칙적으로 정범 1인에 의해 범죄가 실현되는 단독범을 전제로 하고 있는데, 하나의 범죄구성요건을 수인이 공동으로 실현하는 경우에 발생하는 특수한 문제들에 관하여 고찰하는 것이 共犯理論이라고 할 수 있다.

공범의 개념은 광의와 협의의 두 가지로 사용된다. '광의의 공범'은 공동정범, 간접정범, 교사범, 종범을 모두 포함하는 개념이며, '협의의 공범'은 광의의 공범 중 정범에 해당하는 공동정범과 간접정범을 제외한 본래적 의미의 공범인 교사범과 종범만을 의미한다. 우리 형법은 '공범'(제 1 편 제 2 장 제 3 절)이라는 제목 하에 공동정범, 간접정범과 교사범, 종범을 모두 규정하고 있는데 이는 '광의의 공범'의 의미이다.

다수인이 하나의 범죄의 실현에 가담하는 공동범죄에 관한 입법형식에는 분리방식과 단일방식의 두 가지가 있다. 分離方式은 범죄가담형태에 따라 정범과 공범을 구별하여 규정하는 입법형식을 가리킨다. 우리나라와 독일, 일본 등의 형법이 고의범에 대한 가담에 관하여 이 방식을 채택하고 있다. 이에 대해 單一方式은 구성요건실현에 기여한 모든 사람을 정범으로 취급하고, 각자의 구체적인 기여도에 따라 법관이 형을 부과하도록 하는 입법형식이다. 이를 단일정범체계라고도 칭한다. 오스트리아 형법이 이에 해당하며, 우리 형법상으로도 과실범에 대한 가담에 관해서는 이 방식이 채택되고 있다고 볼 수 있다.

'협의의 공범'인 교사범・종범은 正犯(Täter)에 대립되는 개념이다. '정범'은 범죄구성요건을 스스로 실현한 자를 의미하지만, 교사범・종범은 정범의 행위에 가담한 경우를 가리킨다. 또한 공범은 하나의 범죄구성요건을 수인이 공동하여 실현시키는 것이라는 점에서 1인이 수개의 범죄구성요건을 실현한 경우인 競合犯과 구별된다. 경합범의 문제는 罪數論에서 다루어진다.

형법상 공범은 정범 1인이 실현할 것을 예상하고 규정된 보통의 범죄구성요건을 수인이 협력・가담하여 실현하는 任意的 共犯만을 의미한다. 구성요건상 본래적으로 2인 이상의 가담이 요구되는 必要的 共犯에 대해서는 공범이론이 적용되지 않는다. 또한 다수인이 공동의 의사 없이 하나의 구성요건을 실현한 경우는 同時犯 또는 獨立行爲의 競合에 해당되며 공범에 포함되지 아니한다.

공범의 개념을 유형적 공범과 무형적 공범으로 구분하는 경우도 있다. 실행행위에 직접 가담하여 그 행위가 외관상 나타나는 공범을 有形的 共犯이라고 하고, 범죄의 실행에 정신적 영향을 주는 데 그치는 공범을 無形的 共犯이라고 한다. 하지만 이 구분은 이론적으로 별다른 의미를 갖지는 못한다. 교사범이나 종범 모두가 각각 유형적・무형적 행위유형을 포함하고 있기 때문이다.

2. 필요적 공범

(1) 의　　의

必要的 共犯이란 형법의 규정상 수인의 행위로써만 구성요건을 실현할 수 있는 범죄를 가리킨다.

필요적 공범은 行爲의 主體가 數人이어야 하는 범죄유형이다. 그러므로 예를 들어 범인은닉죄(제151조 제 1 항)에 있어서는 행위의 객체가 '범인'일 뿐이며 행위의 주체는 수인일 것을 요하지 않고, 음화판매죄(제243조)나 촉탁・승낙살인죄(제252조 제 1 항)도 행위의 주체가 수인일 것을 요하는 구성요건은 아니므로 이 죄들은 필요적 공범에 해당되지 아니한다.[1] 필요적 공범이 성립하기 위해서는 수인의 주체의 행위의 공동이 있음으로써 충분하고, 수인의 주체에게 모두 책임이 인정될 것을 요하지는 않는다.[2] 그러므로 예를 들어 수뢰죄와 증뢰죄의 관계에 있어서 설사 증뢰자에게 책임이 조각되는 사유가 있었다 하더라도 공무원의 수뢰죄는 성립할 수 있는 것이다.[3]

(2) 종 류

필요적 공범은 행위자들의 행위의 방향에 따라 대향범과 집단범으로 구별된다.

(가) 대 향 범

對向犯이란 행위자들의 행위가 상호 반대되는 방향으로 결합하여 범죄구성요건이 충족되는 경우이다.

간통죄(제241조 제 1 항), 도박죄(제246조 제 1 항), 부녀매매죄(제288조 제 2 항) 등에 있어서는 행위자들에게 동일한 법정형이 부과되지만, 수뢰죄(제129조)·증뢰죄(제133조)와 배임수재죄(제357조 제 1 항)·배임증재죄(제357조 제 2 항)에 있어서는 각기 다른 법정형이 규정되어 있다.

(나) 집 단 범

集團犯이란 구성요건상 다수 행위자들의 동일한 방향의 행위가 요구되는 경우이다.

내란죄(제87조)나 다중 또는 단체의 존재를 요하는 소요죄(제115조), 특수공무집행방해죄(제144조), 특수주거침입죄(제320조) 등이 그 예이다. 특수도주죄(제146조), 특수절도죄(제331조), 특수강도죄(제334조) 등 이른바 合同犯은 다수인이 가담하는 모든 경우를 포함하는 것은 아니므로 필요적 공범에 해당한다고 보기는 어렵다.[4] 집단범에 있어서는 다수 행위자가 동일한 법정형에 처해지는 것이 일반적이지만, 내란죄에서는 행위자의 지위·역할에 따라 상이한 법정형이 부과되고 있다.

---

1) 同旨 : 김성돈, 635면; 오영근, § 32, RN 28.
反旨 : 신동운, 664면; 이재상, § 31, RN 9; 임웅, 381면.
2) 대판 1987. 12. 22, 87도1699; 대판 2006. 1. 12, 2005도2458.
3) 대판 2008. 3. 13, 2007도10804.
4) 김일수/서보학, 618면; 이재상, § 31, RN 8; 정성근/박광민, 493면.
反旨 : 김성돈, 635면; 배종대, 481면; 손동권, § 27, RN 3a; 임웅, 381면.

(3) 공범규정의 적용

필요적 공범에 대하여 총칙상 공범규정이 적용되는지의 문제는 공동정범의 규정과 교사범·종범의 규정, 공범과 신분에 관한 규정으로 나누어 살펴보아야 한다.

(가) 공동정범의 규정

필요적 공범 중 대향범에 있어서 처벌되는 일방의 행위가 수인에 의해 공동으로 행해졌을 경우에는 그 수인에게 해당 범죄의 공동정범이 인정될 수 있다. 하지만 대향범 중 일방만이 처벌되는 경우에는 처벌되지 않는 타방은 공동정범으로 처벌될 수 없다.[1] 집단범에 있어서는 동일한 방향의 행위를 수행하는 수인만이 해당 범죄의 정범이 되므로 공동정범의 규정이 적용될 여지가 없다고 생각한다.

(나) 교사범·종범의 규정

필요적 공범에 대하여 협의의 공범인 교사범·종범의 규정이 적용되는지의 문제는 주체가 모두 처벌되는 경우와 주체의 일방만이 처벌되는 경우로 나누어 검토하여야 한다.

1) 주체가 모두 처벌되는 경우 대향범에 있어서 행위자 전원이 처벌되는 경우와 집단범에 있어서 행위의 주체들 사이에서는 공범규정이 적용될 여지가 없다. 하지만 주체의 外部에서 대향범과 집단범의 범죄에 關與하는 자가 있는 경우에는 공범규정이 외부의 관여자에 대하여 적용된다고 볼 것이다. 다만 내란죄에 있어서는 구성요건상 교사·방조에 해당하는 행위에 대한 처벌규정(제87조)이 마련되어 있고, 선동행위도 별도로 처벌하고 있으므로(제90조 제 2 항) 공범규정이 적용되지 않는다고 본다.

2) 주체의 일방만이 처벌되는 경우 대향범에 있어서 행위자 중 일방만이 처벌되는 경우에 있어서 처벌되지 않는 타방에게 공범규정이 적용되는지의 문제에 관하여는 형식설과 실질설이 대립하고 있다. 이 경우 처벌되지 않는 타방에게는 공범규정도 적용되지 않는다고 보는 것이 이른바 形式說[2]의 입장이다. 판례의 입장이기도 하다. 이 경우 처벌되지 않는 일방 행위자에 대하여 교사·방조한 제 3 자는 공범종속성의 원칙에 비추어 처벌되지 않는

1) 대판 2007. 10. 25, 2007도6712.

2) 김성돈, 637면; 오영근, § 32, RN 28; 이재상, § 31, RN 12.

것으로 보게 될 것이다.

대판 2001. 12. 28, 2001도5158 "매도, 매수와 같이 2인 이상의 서로 대향된 행위의 존재를 필요로 하는 관계에 있어서는 공범이나 방조범에 관한 형법총칙규정의 적용이 있을 수 없고, 따라서 매도인에게 따로 처벌규정이 없는 이상 매도인의 매도행위는 그와 대향적 행위의 존재를 필요로 하는 상대방의 매수범행에 대하여 공범이나 방조범 관계가 성립되지 아니한다."

대판 2004. 10. 28, 2004도3994 "변호사 아닌 자가 변호사를 고용하여 법률사무소를 개설·운영하는 행위에 있어서는 변호사 아닌 자는 변호사를 고용하고 변호사는 변호사 아닌 자에게 고용된다는 서로 대향적인 행위의 존재가 반드시 필요하고, 나아가 변호사 아닌 자에게 고용된 변호사가 고용의 취지에 따라 법률사무소의 개설·운영에 어느 정도 관여할 것도 당연히 예상되는 바, 이와 같이 변호사가 변호사 아닌 자에게 고용되어 법률사무소의 개설·운영에 관여하는 행위는 위 범죄가 성립하는 데 당연히 예상될 뿐만 아니라 범죄의 성립에 없어서는 아니 되는 것인데도 이를 처벌하는 규정이 없는 이상, 그 입법취지에 비추어 볼 때 변호사 아닌 자에게 고용되어 법률사무소의 개설·운영에 관여한 변호사의 행위가 일반적인 형법 총칙 상의 공모, 교사 또는 방조에 해당된다고 하더라도 변호사를 변호사 아닌 자의 공범으로서 처벌할 수는 없다."

— 판례의 내용은 형식설의 입장을 보여준다고 할 수 있다.[1]

그러나 정범의 불법과 공범의 불법은 엄연히 성격을 달리하는 것이므로 행위의 불법을 실질적으로 검토하는 이른바 實質說에 입각하여 이해함이 타당하다. 즉 처벌되지 않는 대향자가 해당 범죄의 구성요건실현에 필요한 정도를 넘어서 타방의 범죄를 적극적으로 교사한 경우에는 교사범의 규정이 적용된다고 보아야 한다.[2] 그리고 타방의 범죄를 방조한 정도에 그친 경우에는 해당 범죄의 구성요건실현 범위 안의 행위라고 봄이 타당하므로 종범의 규정은 적용되지 않는다고 본다.

㈐ 공범과 신분에 관한 규정

집단범에 있어서는 공범과 신분에 관한 규정(제33조)이 적용될 여지가 없

1) 同旨 : 대판 1985. 3. 12, 84도2747; 대판 1988. 4. 25, 87도2451; 대판 2002. 7. 22, 2002도1696.

2) 佐伯千仭, 共犯理論の源流, 1987, 295면 이하; Jescheck/Weigend, 698면 이하; BGHSt 7, 134; BGHSt 8, 390.

다. 집단범은 신분범이 아니기 때문이다.

대향범에 있어서 제 3 자가 관여한 때에는 경우를 나누어 보아야 한다. 즉 신분범의 성격을 갖는 대향범에 대해서는 제33조의 규정이 적용되지만,[1] 신분범이 아닌 대향범에 대해서는 그 규정이 적용되지 않는다고 생각한다.[2]

Ⅱ. 共犯의 本質

공범은 교사행위나 방조행위에 의하여 법규범에 반하는 행위를 행한 것이지만, 어쨌든 자신이 직접 구성요건해당행위를 수행한 것은 아니기 때문에, 과연 공범이 처벌되어야 하는 근거가 무엇인지에 관하여 논란이 있다. 공범의 본질론은 결국은 공범이 범죄로서의 실질을 갖는 것인지에 관한 이론으로서, 범죄이론상 주관주의와 객관주의의 논의와 밀접한 연관을 갖는다. 즉 불가벌적인 단순한 '關與'와 가벌적인 '共犯'의 구별이 여기서 문제되는 것이다.

공범의 본질에 관해서는 종래 가담설과 야기설이 대립되어왔다.

1. 가 담 설

加擔說(Teilnahmetheorie)에서는 공범은 위법 또는 유책한 정범의 행위에 가담함으로써 처벌되는 것이라고 본다. 즉 공범이 정범의 불법과 책임에 가담함으로써 정범을 통하여 범죄를 실현하였다는 이유로 처벌된다고 보는 입장이다. 공범자의 행위 그 자체의 범죄성을 인정하지 않는다는 점에서 공범종속성설과 통한다고 할 수 있다.

가담설은 다시 책임가담설과 불법가담설로 갈린다.

(1) 책임가담설

責任加擔說은 공범이 정범의 유책한 행위에 가담하고 있다는 점에서 공범의 처벌근거를 찾고 있다. 이는 공범의 종속형식에 관한 극단적 종속형식과 결합된 이론이다.

---

1) 제33조가 적용되는 경우에는 당연히 교사범·종범 외에 공동정범의 규정도 제 3 자에게 적용된다고 보아야 할 것이다.

2) 대향범의 모든 경우에 있어서 제33조의 적용을 긍정하는 견해(이재상, § 31, RN 12)도 있다.

타인인 정범의 유책한 행위에 가담함으로써만 공범이 처벌될 수 있다고 보는 점에서 책임가담설은 기본적으로 책임주의의 한 내용인 개인책임의 원칙에 반하는 이론이라고 할 수 있다.

(2) 불법가담설

不法加擔說에서는 공범의 처벌근거를 공범이 정범의 불법에 가담하였다는 점에서 찾고 있다. 이는 공범의 종속형식에 관한 제한적 종속형식과 결합된 이론이다. 공범이 정범의 적법행위를 통한 社會的 統合(soziale Integration)을 방해하여 사회의 법적 평온을 파괴하였다는 점에서 공범의 처벌의 근거를 찾고 있다. 정범에게 설사 책임조각사유가 인정된다 하더라도 그의 불법에 의해 이미 사회의 법적 평온은 파괴되는 것이다.

불법가담설은 교사범에 있어서는 적용될 수 있지만, 종범에 있어서는 종범의 가담과 관계없이 정범에 의해 범죄가 실현된 것이기 때문에 적용되기 어렵다. 또 '사회적 통합'이라는 비법적 개념을 사용하고 있다는 점도 문제점으로 지적될 수 있다.

2. 야 기 설

惹起說(Verursachungstheorie)에서는 공범은 스스로 위법하게 정범의 행위를 야기함으로 인하여 처벌되는 것으로 설명한다. 즉 기본적으로 공범의 야기행위 그 자체의 고유한 독자적 불법성을 인정하는 입장이다.

야기설은 다시 순수야기설과 종속야기설, 혼합야기설로 갈린다.

(1) 순수야기설

純粹惹起說은 공범의 불법을 정범의 불법에서 찾지 아니하고, 공범의 야기행위 그 자체의 독자적 불법성을 인정하고 있다. 즉 공범 자체의 불법구성요건을 인정하는 입장이다.

순수야기설은 공범독립성설과 상통하는 입장으로서, 공범의 종속성을 인정하는 이상 채택하기 어렵다고 생각한다.

(2) 종속야기설

從屬惹起說은 공범의 처벌근거를 공범이 정범의 불법을 야기하였다는 점에서 찾음으로써, 공범의 불법을 정범의 불법에 의존하여 판단하는 입장이다.[1)]

1) 박상기, 379면; 배종대, 487면; 이재상, §32, RN 49; 이정원, 310면; 이형국, 570면; 조준현,

공범의 불법을 정범의 불법에 의존하여 판단하기는 하지만, 공범의 불법은 공범의 야기행위 그 자체의 성격이라고 보는 점에서 불법가담설과 구별된다. 즉 종속야기설에 따르면 정범의 불법이 인정되어야만 공범의 불법의 성부가 논해질 수 있으나, 공범의 불법의 성부는 공범의 행위 그 자체를 대상으로 해서만 판단되는 것이다.[1]

이는 순수야기설의 내용을 공범종속성설과 조화시킨 입장으로서, '수정된 야기설'이라고 할 수 있다.

(3) 혼합야기설

混合惹起說은 순수야기설과 종속야기설을 절충한 입장으로서, 공범의 불법의 근거를 정범의 불법과 공범의 야기행위 자체의 불법 양자에 토대하여 인정한다.[2] 즉 정범에 의해 실현된 결과반가치와 공범의 야기행위 자체의 행위반가치가 결합하여 공범의 불법을 구성한다고 보는 입장이다.

하지만 이 견해에 따르면 정범에 의해 결과반가치가 실현된 경우에만 공범의 불법이 논해질 수 있게 되는 난점이 발생된다.

3. 검　토

오늘날 공범의 본질에 관한 학설에 있어서 가담설은 지지를 받지 못하고 있으며, 종속야기설과 혼합야기설로 논의가 집약되고 있다.

우리 형법에서는 이른바 '기도된 교사'(제31조 제2항, 제3항)의 가벌성을 인정하면서, 다른 한편으로는 '기도된 교사'를 미수범이 아닌 예비·음모에 준하여 처벌하고 있다. 이 규정은 混合惹起說에 입각한 입법이라고 보는 견해[3]도 있지만, 이 규정의 내용은 오히려 종속야기설과 더 부합되는 것으로 판단된다. 또한 기본적으로 공범은 스스로 구성요건에 해당하는 행위를 행한 것이 아니므로 공범의 불법은 정범의 불법에 의존하여서만 인정될 수 있다고 보는 것이 타당하며, 공범의 종속성을 인정하는 기본입장에 비추어 보면

321면; Jescheck/Weigend, 620면; Roxin Ⅱ, § 26, RN 11; Schönke/Schröder, Vor §§ 25, RN 22; Welzel, 115면.

1) 그러나 불법가담설에 따르면 정범의 불법이 성립하면 공범의 불법도 당연히 성립하게 되는 것으로 해석할 수밖에 없다.

2) 김성돈, 665면; 김일수, 한국형법 Ⅱ, 1997, 323-324면; 임웅, 396면.

3) 김일수, 형법학원론 [총칙강의], 1988, 881-882면.

從屬惹起說에 따라 공범의 처벌근거를 이해하는 것이 옳다고 생각한다.

Ⅲ. 正犯과 共犯의 關係

共犯은 기본적으로 正犯과 대립되는 개념으로서, 정범과 공범의 관계에 있어서는 기본적으로 正犯概念의 優位性(Priorität)이 인정되고 있다. 즉 정범의 개념이 우선적으로 확정되어야 하며, 그에 토대하여 공범의 개념이 도출될 수 있는 것이다.

1. 정범의 개념

정범(Täterschaft)의 개념을 설명함에 있어서는 종래 제한적 정범개념과 확장적 정범개념이 대립되어 왔다.

(1) 제한적 정범개념

制限的 正犯概念(restriktiver Täterbegriff)이란 구성요건해당행위를 스스로 수행한 자만을 정범으로 이해하는 정범개념이다.

제한적 정범개념에 따르면 원칙적으로 정범만이 범죄의 주체로서 형벌을 받는 것으로 보게 된다. 따라서 그 외의 범죄관여자인 교사범과 종범은 원칙적으로 불가벌적이지만, 형법상의 특별한 처벌규정에 의해 예외적으로 처벌의 대상이 되는 것이다. 그러므로 교사범과 종범의 처벌규정은 형벌확장사유가 된다. 또한 제한적 정범개념에 따르면 간접정범을 인정할 수 없게 되고, 구성요건해당행위를 스스로 수행하지 않은 자는 공동정범의 개념에 포함시킬 수 없게 된다.

(2) 확장적 정범개념

擴張的 正犯概念(extensiver Täterbegriff)은 구성요건적 결과의 발생에 조건이 되는 행위를 한 자는 모두 정범으로 보는 정범개념이다. 인과관계에 관한 조건설에 토대한 개념이다.

확장적 정범개념에 따르면 '공범'이라는 개념은 본래적으로 인정되기 어렵게 된다. 따라서 교사범과 종범도 본래적으로는 정범에 해당되는 것이지만, 형법상의 특별한 처벌규정에 의해 '공범'으로 취급될 뿐이다.[1] 그러므로

---

1) Schönke/Schröder, Vor §§ 25, RN 9.

교사범과 종범의 처벌규정은 형벌제한사유가 된다. 확장적 정범개념에 따르면 간접정범이나 공동정범의 개념은 당연히 인정되게 된다. 또한 확장적 정범개념은 과실범의 정범개념을 설명함에 적합한 입장이라고 할 수 있다.

(3) 검　토

확장적 정범개념은 조건설적 입장에서 정범의 개념을 지나치게 넓게 파악하므로 죄형법정주의에 반한다고 볼 수 있다. 이 개념에 따르면 결국 정범과 공범의 구별이 무의미하게 되어 단일정범개념으로 귀착되고 만다. 제한적 정범개념은 형법상 구성요건에 토대하여 정범의 개념을 파악하는 입장이라는 점에서 죄형법정주의 원칙에 부합하는 정범개념이라고 생각한다.

하지만 우리 형법의 입장은 제한적 정범개념에 의해서도 제대로 해석할 수 없다. 왜냐하면 제한적 정범개념은 구성요건적 결과의 발생에 중점을 두고 정범의 개념을 구성하기 때문에 구성요건적 결과의 발생에 전부 또는 일부 직접 관여하지 않는 간접정범이나 공동정범을 정범의 범주(範疇)에 포함시킬 수가 없기 때문이다. 정범과 공범의 개념은 정범개념의 이론에 토대해서는 실질적으로 규명될 수 없으며, 정범과 공범의 구별기준에 관한 고찰을 통해서만 밝혀질 수 있다고 본다. 오늘날에 있어서 제한적 정범개념과 확장적 정범개념에 관한 논의는 연혁적 의미를 갖는 데 그친다고 봄이 옳다.

2. 정범과 공범의 구별

정범과 공범의 구별에 관하여는 객관설, 주관설, 범행지배설 등의 대립이 있다. 여기서 학설의 논의를 통하여 정범·공범개념의 고유한 속성이 밝혀지게 되고, 그럼으로써 정범·공범의 구별뿐만 아니라 공범과 단순한 관여의 구별의 기준도 제시될 수 있다.

(1) 객 관 설

客觀說은, 객관주의 범죄이론에 입각하여, 형식적 기준에 의해 정범과 공범을 구별한다. 제한적 정범개념에 토대하고 있다.

객관설은 다시 형식적 객관설과 실질적 객관설로 견해가 갈리고 있다. 形式的 客觀說은 구성요건에 해당하는 행위를 직접 수행한 자가 정범이며 그 이외의 방법으로 범죄실현에 기여한 자는 공범이라고 보는 입장이다. 實質的 客觀說은 범행가담의 실질적 위험성의 정도에 따라 정범과 공범을 구

별하는 입장이다.[1]

형식적 객관설에 따르면 자신이 직접 범죄의 실행행위를 수행하지 아니하는 간접정범을 정범으로 파악하기 어려우며, 실질적 객관설은 기본적으로 인과적 사고방식에 토대하고 있고 정범과 공범의 구별기준에 있어서 불명확하다는 비판을 면할 수 없다.

(2) 주 관 설

主觀說은 정범과 공범은 결과에 대한 조건을 제공하였다는 객관적 측면에서는 마찬가지이고, 단지 행위자의 주관의 면에 있어서만 구별될 수 있다고 본다. 이는 주관주의 범죄이론에 입각한 것이며, 확장적 정범개념에 토대한 이론으로서 독일 판례[2]의 입장이다.

주관설에서는 행위자의 의사나 추구하는 이익의 내용에 따라 양자를 구별하고 있다. 즉 행위자가 범죄를 자신의 범죄로 실현하려는 意思를 가졌거나[의사설] 또는 자신의 利益이나 目的을 도모하기 위하여[이익설 · 목적설] 범행을 수행한 경우를 정범이라고 하고, 그 이외의 경우에는 공범으로 보는 입장이다.

하지만 주관설에 따르게 되면 자칫 순환논법에 따른 동어반복에 빠질 우려가 있다.[3] 또한 촉탁살인죄(제252조 제 1 항) · 촉탁낙태죄(제269조 제 2 항)나 제 3 자를 위한 사기죄(제347조 제 2 항) · 공갈죄(제350조 제 2 항) · 배임죄(제355조 제 2 항) 등과 같이 타인의 이익을 위한 행위지만 정범으로 처벌되는 경우를 설명하지 못하는 어려움을 안고 있다.

(3) 범행지배설

犯行支配說은 '구성요건에 해당하는 사건진행의 장악 · 조종'을 의미하는 犯行支配(Tatherrschaft)가 인정되는 사람만을 정범으로 보고, 그 이외의 가담자는 공범으로 파악하는 입장이다. 즉 자신의 의사에 의해 사건진행을 제지하거나 계속하게 할 수 있는 중심인물(Zentralgestalt)을 정범으로 보는 것이다. 이 이론은 정범개념에 초점을 맞춘 것으로서, 객관설과 주관설을 결합하여 실질적 기준을 제시하였다고 할 수 있다. 행위지배설로 칭해지기도 한다. 우리

1) 실질적 객관설은 이론사적으로 범행지배설의 토대가 되었다는 평가를 받고 있다.
2) BGHSt 18, 87.
3) Jescheck/Weigend, 650면.

학설[1)]과 판례[2)]는 공동정범의 정범성을 인정함에 있어서 이 입장을 취하고 있다.

벨첼(Welzel)이 '목적적 범행지배'의 기준을 제시하여 이 이론의 논거를 제시하였고,[3)] 록신에 의해 체계화되었다.[4)] 이 설도 기본적으로는 제한적 정범개념에 토대한 입장이라고 할 수 있다. 즉 이 설은 정범성의 표지를 주관과 객관의 의미통일체로서의 '구성요건'에서 찾는 것이므로 형법적 사고방식과 부합하는 입장이다. 오늘날 범죄이론의 관점에서 볼 때 정범과 공범의 구별은 기본적으로 범행지배설에 입각하여 행함이 타당하다고 생각한다.[5)]

'범행지배'의 내용은 정범의 유형에 따라 다르다. 즉 직접·단독정범에서는 實行支配의 모습을 갖고, 간접정범에서는 타인을 도구로 이용하는 意思支配 그리고 공동정범에서는 2인 이상의 역할분담을 통한 機能的 犯行支配가 된다. '범행지배'의 내용은 실제 사실관계에 토대하여 구체화될 것이다.

3. 공범의 종속성

정범과 공범의 구별에 토대하여 양자의 상호관계를 어떻게 이해할 것인가 하는 것이 共犯의 從屬性(Akzessorietät)의 문제이다.

(1) 종속성의 인부

공범의 정범에 대한 종속성을 인정할 것인가에 관하여는 공범종속성설과 공범독립성설의 견해가 대립되고 있다.

㈎ 공범종속성설

共犯從屬性說은 정범은 범죄의 실행행위를 행하는 것이므로 단독으로 범죄를 수행할 수 있으나, 공범은 스스로 실행행위 자체를 행하는 것이 아니므로 정범의 실행행위에 종속하여서만 성립될 수 있다는 견해이다.[6)] 판례[7)]

---

1) 김일수/서보학, 562면; 배종대, 476면; 신동운, 532면; 이재상, § 31, RN 35; 이정원, 305면; 이형국, 579면; 임웅, 388면; 조준현, 313면.

2) 대판 1989. 4. 11, 88도1247; 대판 1998. 6. 26, 97도3297.

3) 벨첼의 이론(Welzel, 100면 이하)은 의사설과 형식적 객관설을 결합한 이론으로 설명되고 있다.

4) Roxin, *Täterschaft und Tatherrschaft*, 1963.

5) 하지만 진정신분범 중 공무원의 직무상 범죄와 같은 경우에 있어서는 범행지배설의 적용이 제한된다고 생각한다.

6) 배종대, 484면; 신동운, 575면; 유기천, 281면; 이재상, § 31, RN 39; 임웅, 391면; 정성근/박광민, 500면; 황산덕, 246면.

7) 대판 1998. 2. 24, 97도183.

도 이 입장을 취하고 있다.

공범종속성설은 객관주의 입장에서 범죄의 실행행위를 이해하기 때문에 교사·방조행위는 실행행위에 속하지 않는다고 본다. 따라서 교사·방조행위만으로는 아직 범죄의 실행행위가 인정되지 않으므로 범죄가 성립되지 못하며, 교사·방조행위가 범죄로 성립되려면 정범이 범죄를 실행하여야만 한다고 한다.

(나) 공범독립성설

共犯獨立性說은 범죄를 행위자의 반사회성의 징표로 파악하여 교사·방조행위는 그 자체가 당연히 범죄의 실행행위에 해당한다고 본다. 따라서 공범의 정범에의 종속성을 인정하지 않는다. 또한 타인인 정범의 범죄행위에 기하여 공범의 범죄성립 여부가 결정된다고 보는 것은 기본적으로 책임주의의 한 내용인 자기책임의 원칙에 반한다고 보고 있다.[1)]

공범독립성설은 주관주의 입장에서 범죄의 실행행위를 이해하므로, 교사·방조행위는 그 자체가 犯意의 表現으로서 그 행위에 의하여 이미 행위자의 반사회성이 징표되었다고 볼 수 있으므로, 정범인 피교사자·피방조자가 범죄의 실행행위를 직접 수행하지 않더라도 교사·방조만으로도 독립하여 교사·방조자의 범죄를 구성한다고 한다.

(다) 양설의 차이

공범종속성설과 공범독립성설은 다음과 같은 몇 가지 점에서 이론상 차이를 보이고 있다.

1) 제33조의 성격 공범종속성설에서는 신분 없는 자가 신분 있는 자의 행위에 가공한 경우에도 신분 없는 자에게 공범의 규정이 적용된다는 제33조 본문의 규정을 당연한 원칙규정으로 보며, 신분 없는 공범과 신분 있는 정범의 처벌을 개별화하고 있는 제33조 단서는 예외규정으로 보게 된다. 그러나 공범독립성설에서는 제33조 단서의 규정을 근거가 되는 원칙규정으로 보고, 제33조 본문을 예외규정으로 본다.

2) 공범의 미수, 미수의 공범 공범종속성설에 의하면 정범의 가벌적 미수가 있어야 비로소 공범의 미수가 성립하고, 정범의 실행의 착수가 없는 상태에서 공범 자체의 미수는 부인한다. 또한 이 입장에 따르면, 처음부터 정

1) 염정철, "공범종속성설과 공범독립성설", 고시계 1969. 1, 31면; 정영석, 232면.

범으로 하여금 미수에 그치게 할 의사로 교사·방조한 미수의 공범은 인정되지 아니한다. 그러나 공범독립성설은 공범 자체의 미수를 인정하므로 정범의 가벌적 미수의 성부와 관계없이 공범의 미수를 인정하며, 정범의 미수가 가벌적이기만 하면 그에 대한 교사·방조는 처벌된다고 보아 미수의 공범도 인정한다.

여기서 공범종속성설에서는 제31조 제2항과 제3항을 예외규정으로 보고 있으나, 공범독립성설에서는 당연한 규정으로 파악하고 있다.

3) 간접정범의 성격　공범종속성설은 간접정범을 정범의 한 경우로 이해하여 공범과 명백히 구별한다. 이 입장에서는 정범의 실행행위가 인정될 때에만 공범이 성립되는 것으로 보기 때문에, 피이용자의 행위가 정범의 실행행위로 인정되지 못하는 경우에는 이용자인 간접정범은 공범이 될 수 없고 정범이 되는 것이기 때문이다. 그러나 공범독립성설은 간접정범의 정범성을 부정하고 공범의 한 유형인 교사범으로 본다. 이 입장에 따르면, 이용자의 이용행위나 교사자의 교사행위는 모두 범의의 표현인 점에서 동일하게 평가되기 때문이다. 간접정범을 공범의 한 유형으로 파악하면서 공범종속성설에 따른다면 간접정범의 가벌성에 공백이 야기될 수 있을 것이다.

(라) 결　어

현행법은 교사범에 관해서 '타인을 교사하여 범죄를 범하게 한 자'(제31조 제1항)라 규정하고, 종범은 '타인의 범죄를 방조한 자'(제32조 제1항)라고 규정하여 타인의 범죄에 加擔하는 형식으로 공범을 규정하고 있으며 또 간접정범을 정범의 한 유형으로 인정한 점(제34조 제1항) 등에 비추어 보아 기본적으로 共犯從屬性說에 입각하고 있는 것으로 볼 수 있다. 또한 '기도된 교사'로서 '효과 없는 교사'와 '실패한 교사'를 처벌함으로써 그 가벌성을 인정하고 있는 점에서는 일면 공범독립성설을 가미하고는 있으나, 그 '기도된 교사'를 음모·예비에 준하여 처벌하는 것으로 규정함으로써(제31조 제2항, 제3항) 여기서도 기본적으로 공범종속성설의 입장을 취하고 있다고 생각한다.

공범은 정범의 실행행위를 근거로 해서 처벌되는 것으로 보아야 한다. 즉 공범은 정범에 종속하여 성립하는 것으로 봄이 타당하다. 범의의 표현에 중점을 두고 구성요건적 행위의 정형성을 무시하게 되면 궁극적으로 죄형법정주의에 배치되는 결과가 초래될 수밖에 없기 때문이다.

(2) 종속성의 정도

공범의 종속성을 인정할 경우 교사범이나 종범이 성립하기 위하여는 정범인 피교사자나 피방조자가 어느 정도의 실행행위를 했어야 하는가의 문제가 대두된다. 이것이 공범의 종속성의 정도에 관한 문제이다. 공범의 종속성은 공범 자체의 성립요긴을 심사하기 전에 갖추어져야 하는 전제요건이라고 할 수 있다.

㈎ 마이어의 이론

일찍이 마이어(M. E. Mayer)는 최소한 종속형식, 제한적 종속형식, 극단적 종속형식, 초극단적 종속형식의 네 가지 종속형식을 제시하였다.[1]

1) 최소한 종속형식　最小限 從屬形式을 취하게 되면 공범이 성립하기 위하여는 정범의 행위가 범죄의 構成要件에만 해당하면 족하다고 하고, 위법·유책을 필요로 하지 아니한다고 한다.[2]

2) 제한적 종속형식　制限的(limitiert) 從屬形式에 따르면 공범이 성립하기 위하여는 정범의 행위가 구성요건에 해당하고 違法하면 된다고 하고, 유책을 필요로 하지 아니한다고 한다. 우리의 다수설[3]이다.

독일 형법은 교사범과 종범에 관하여 '타인의 고의의 위법행위'를 정범의 행위로 명문상 규정함으로써(동법 제26조, 제27조 제1항) 제한적 종속형식을 채택하고 있다.

3) 극단적 종속형식　極端的 從屬形式에서는 공범이 성립하기 위하여는 정범의 행위가 구성요건에 해당하며 위법하고, 행위자에게 責任이 인정되어야 한다고 본다. 엄격한(streng) 종속형식이라고도 한다. 우리의 소수설[4]이다.

우리 형법은 교사범과 종범에 관하여 타인의 '범죄'를 정범요건으로 규정하고 있는데(제31조 제1항, 제32조 제1항), 이 '범죄'라 함은 구성요건해당성·위법성·책임을 모두 갖추어 범죄로서 성립된 행위를 가리키는 것이므로 이 규정들은 극단적 종속형식을 입법한 것이라고 주장한다.

---

1) M. E. Mayer, *Der Allgemeine Teil des Deutschen Strafrechts*, 1915, 391면.
오늘날에는 네 가지 종속형식 중 최소한 종속형식과 초극단적 종속형식은 논의의 대상에서 제외함이 일반적이다(Schönke/Schröder, Vor §§ 25, RN 21 이하 참조).

2) 김종원, "공범의 구조", 형사법강좌 Ⅱ, 1984, 680면.

3) 김성돈, 661-662면; 김일수/서보학, 631면; 박상기, 381면; 배종대, 485면; 손동권, § 30, RN 18; 이재상, § 31, RN 42; 이정원, 309면; 이형국, 566면; 임웅, 393면; 조준현, 317면.

4) 신동운, 581면; 오영근, § 34, RN 14; 정영석, 235면.

4) 초극단적 종속형식 超極端的 從屬形式에 따르면 공범이 성립하기 위하여는 정범의 행위가 구성요건에 해당하고 위법·유책한 것임은 물론 더 나아가 可罰性의 모든 조건까지 갖추어야 한다고 한다. 예컨대, 정범의 신분관계로 인하여 형이 가중·감면되는 경우에는 공범에게도 그러한 신분관계가 인정되어야만 공범으로 성립한다고 본다.

(나) 검 토

최소한 종속형식에 따르면, 타인의 적법한 행위를 교사·방조한 경우에도 공범이 성립할 수 있다고 보게 되므로 공범의 성립이 부당하게 확대되는 문제점이 나타난다. 다른 한편으로 극단적 종속형식에 따르면, 타인의 불법을 교사·방조한 경우에도 타인에게 책임이 인정되지 않으면 공범이 성립할 수 없다고 보게 되는 불합리한 결과가 야기된다. 또한 형법상 책임은 정범과 공범 각자에게 있어서 개별적으로 판단할 문제이므로 극단적·초극단적 종속형식은 부적절한 것으로 본다. 특히 초극단적 종속형식에 따르면 정범의 일신전속적 신분관계까지 공범의 성립에 영향을 미치게 되어 공범의 성립을 지나치게 제한하게 된다.

공범은 정범의 행위의 불법에만 종속한다고 봄이 타당하므로 制限的 從屬形式에 입각하여 종속성을 판단함이 적절하다고 생각한다. 간접정범의 성립이 인정되지 않는 자수범에 있어서도 제한적 종속형식에 따르면 공범의 성립을 인정할 수 있게 되어 가벌성의 공백을 메울 수 있게 된다.[1] 또한 제한적 종속형식에서는 공범의 성립이 정범의 불법에 종속되므로 범행가담자에 대한 처벌의 범위가 부당하게 확대되지 않으며, 극단적 종속형식에 따를 때 야기되는 가벌성의 부당한 공백을 막을 수 있게 된다.[2]

1) Roxin Ⅱ, § 26, RN 33.
2) Roxin Ⅱ, § 26, RN 11.

제2절 共同正犯

제30조 [공동정범] 2인 이상이 공동하여 죄를 범한 때에는 각자를 그 죄의 정범으로 처벌한다.

Ⅰ. 意 義

共同正犯(Mittäterschaft)이란 2인 이상이 공동의 범행계획에 따라 범죄를 실행하는 것을 말한다. 단독정범에 대립되는 개념이다. 형법상의 규정은 기본적으로 단독정범을 전제로 한 것이라고 할 수 있으며, 구성요건이 공동정범에 의해 수행된 경우의 특수한 법적 문제에 관하여 본절에서 검토하는 것이다.

공동정범에 있어서는 2인 이상이 모두 정범으로 행동하므로 상호간 의사강화와 행위이용의 특성이 가장 강하게 나타나며, 분업의 원리가 지배한다.[1] 즉 하나의 범죄를 수행함에 있어서 각자가 기능적으로 범행을 분담하는 機能的 犯行支配를 통하여 각자가 그 전체에 대하여 형사책임을 진다는 점에 공동정범의 특성이 있다.[2] 이 점에서 이용자에게만 범행지배가 인정되는 간접정범과 구별된다.[3] 가령 A와 B가 금은방을 털기로 모의한 후 A는 귀금속만 들고 나오고, B는 흉기를 사용하여 그 곳 점원을 다치게 한 경우에도 A와 B는 공히 강도상해죄의 공동정범이 되는 것이다.

Ⅱ. 本 質

공동정범의 본질에 관하여는 범죄공동설과 행위공동설이 견해를 달리하고 있다.[4]

---

1) Jescheck/Weigend, 674면.

2) Jescheck/Weigend, 679면; Wessels/Beulke, RN 526.
우리 판례(대판 2000. 4. 7, 2000도576; 대판 2001. 11. 9, 2001도4792 등)도 같은 취지를 언명하고 있다.

3) Schönke/Schröder, § 25, RN 62.

4) 범죄공동설과 행위공동설의 논의 자체의 의미에 관하여는 논란이 있다(박상기, 409면; 박

1. 범죄공동설

범죄공동설에서는 수인이 공동하여 특정한 '하나의 犯罪'를 실현하는 것이 공동정범이라고 본다.[1] 범죄이론 상 객관주의의 입장이며, 자연적·사실적 의미의 '행위'는 수인 각자에 있어서 다르더라도 무방하다고 본다. 형법이 '2인 이상이 공동하여 罪를 범한 때'라고 규정하고 있는 점을 근거로 제시한다.

이 설에서는 수인 각자가 공통된 범죄의 고의를 모두 갖고 있어야 한다고 본다. 그러므로 공동의 가담자들 사이에 고의를 달리하거나, 각자가 고의범과 과실범인 경우 또는 모두 과실범인 경우들에 있어서는 공동정범의 성립을 부정하여 각자의 개별적인 고의범 또는 과실범의 동시범을 인정할 뿐이다.[2] 또한 범죄공동설에서는 편면적 공동정범과 승계적 공동정범의 형태도 부인한다.

2. 행위공동설

행위공동설에서는 공동정범을 수인이 자연적·사실적 의미의 '行爲'[3]를 공동으로 함으로써 '各自의 犯罪'를 수행하는 것으로 이해한다.[4] 주관주의의 입장이다. 이 설에서는 형법의 규정도 '2인 이상이 공동의 行爲로 각자의 죄를 범한 때'로 해석한다. 판례[5]의 입장은 기본적으로 행위공동설에 입각하고 있다.

이 설에서는 공동의 가담자들이 각자 다른 구성요건을 실현한 경우, 각각 구성요건의 일부만을 실현한 경우 또는 고의의 내용을 달리하는 경우, 고의범과 과실범인 경우나 모두 과실범인 경우에 있어서도 행위의 공동이 인정되기만 하면 공동정범의 성립을 긍정한다. 또한 행위공동설에서는 '행위'에

정근, "승계적 공동정범", 고시계 1967. 7, 44면; 이형국, 591면 등 참조).

1) 박정근, "공동정범", 사법행정 1966. 8, 15면; 신동운, 556면; 유기천, 281면; 정영석, 230면.

2) 共同正犯 또는 同時犯 중 어느 것으로 취급되는지에 따라서 원인된 행위가 판명되지 않은 경우에 관한 처리가 달라지게 된다. 즉 원인된 행위가 판명되지 않았다 하더라도, 공동정범으로 인정된 경우에는 결과에 대한 기수범으로 되며, 동시범으로 인정된 경우에는 제19조에 의하여 결과에 대한 미수범이 되는 것이다.

3) 물론 수인이 법적 의미의 행위인 구성요건적 행위를 공동으로 한 경우에 있어서 공동정범이 성립할 수 있음은 물론이다(김종원, "공동정범의 본질", 법정 1977. 6, 44면 참조).

4) 이재상, §33, RN 8; 임웅, 403면.

5) 대판 1962. 3. 29, 4294형상598; 대판 1962. 6. 14, 62도57.

대한 공동의 인식 내지 의사만 있으면 편면적 공동정범과 승계적 공동정범의 형태도 인정한다.

3. 검 토

범죄공동설은 책임주의 원칙에는 충실하다고 할 수 있다. 그러나 공동정범의 성립이 인정되는 범위가 좁아져서 결국 형사정책적 합목적성을 결하게 된다고 본다. 반면에 행위공동설은 공동정범 성립의 범위를 넓게 인정하고 있으며, 따라서 결과적으로 책임주의 원칙에 철저하지 못하게 되는 결함을 갖고 있다. 또한 행위공동설을 따르면 강도죄 등 결합범에 있어서 각자가 다른 행위를 분담하여 하나의 구성요건을 공동으로 실현한 경우에 있어서는 공동정범의 성립을 인정하기 어렵게 되는 난점이 있게 된다.

공동정범의 성립을 반드시 동일한 범죄구성요건에 국한해서만 인정할 필요는 없으며, 또한 수인이 서로 다른 고의를 갖고 행위만을 공동으로 수행한 경우에도 공동정범은 성립된다고 보아야 한다. 그러므로 공동정범 상호간에 고의의 공동도 반드시 요구되지는 않는다고 할 것이다. 그러므로 공동정범의 본질을 파악함에 있어서는 기본적으로 行爲共同說의 입장이 타당하다고 보며, 구체적인 판단에 있어서는 개별구성요건의 특성을 고려하여야 할 것이다.

Ⅲ. 成立要件

공동정범은 2인 이상이 공동하여 하나의 죄를 범하는 것이다. 그러므로 각자에게 주관적으로는 범죄의 실행을 공동으로 한다는 의사가 필요하고, 객관적으로는 실행행위의 공동수행이 요구된다.

1. 주관적 요건

공동정범의 주관적 요건은 범죄실행을 공동으로 한다는 의사, 즉 공동실행의 의사이다.

(1) 공동실행의 의사

(가) 의 의

'共同實行의 意思'라 함은 의사의 연락을 통하여 형성된 공동의 의사로 특정한 범죄행위를 하기 위하여 일체가 되어 서로 타인의 행위를 이용하여 자기의 의사를 실행에 옮기는 것을 내용으로 한다. 타인의 범행을 인식하고 이를 용인하는 것만으로는 부족하며,[1] 또 타인의 행위를 이용하는 것이 아니라 행위 당시의 상황을 단순히 이용하겠다는 생각만으로도 공동실행의 의사를 인정하기는 어렵다.[2] 즉 공동실행의 의사는 미필적인 것으로는 부족하고 직접적·확정적이어야 한다. 그러므로 범죄가담의 적극적 의사표시가 없고 실행에 착수하지도 않았다면 단지 범죄현장에 같이 있었다는 사실만으로는 공동실행의 의사를 인정할 수 없다고 하겠다.[3] 예를 들어, 다른 학교 대학원생들로부터 그 지도교수들을 통하여 학위논문의 작성과 관련하여 청탁을 받고 금품을 수령한 자는 그 지도교수들의 배임수재죄의 공동정범이 될 수 없는 것이다.[4]

(나) 내 용

'공동실행의 의사'가 고의를 의미하는지에 관하여는 견해가 대립하고 있다.

犯罪共同說의 입장에서는 공동실행의 의사는 특정한 범죄구성요건상의 고의의 공동임을 요한다고 본다. 따라서 과실범의 공동정범이나 고의범과 과실범의 공동정범을 인정할 수는 없고 그 경우에는 고의범 또는 과실범의 同時犯이 인정될 수 있을 뿐이라고 본다.[5] 하지만 특정한 범죄구성요건상의 고의의 공동을 요한다고 볼 필요는 없다고 생각한다. '공동의 의사'를 자연적·사실적 의미의 '행위'에 대한 공동인식으로 파악하는 行爲共同說의 입장에서 과실범의 공동정범이나 고의범과 과실범 사이의 공동정범을 인정하는 것이 타당하다고 생각한다.[6] 판례의 입장도 마찬가지이다.

---

1) 대판 2004. 6. 24, 2002도995; 대판 2006. 3. 9, 2004도206.

2) Roxin Ⅱ, §25, RN 191.

3) 대판 2003. 3. 28, 2002도7477.

4) 대판 2008. 3. 27, 2006도3504.
물론 이 경우에 있어서 다른 학교 대학원생들의 논문지도는 행위자의 임무에 해당되지도 아니한다.

5) 신동운, 559면; 이정원, "과실범에서의 정범과 공범", 형사법연구 16, 2001, 122면; 정영석, 253면.

6) 과실의 공동에 기하여 행위의 공동이 있으면 과실범의 공동정범을 인정할 수 있다고 보는

대판 1962. 3. 29, 4294형상598 "형법 제30조에 공동하여 죄를 범한 때의 죄는 고의범이고 과실범이고를 불문한다고 해석하여야 할 것이다. 따라서 공동정범의 주관적 요건인 공동의 의사도 고의를 공동으로 가질 의사임을 필요로 하지 않고 고의행위이고 과실행위이고 간에 그 행위를 공동으로 할 의사이면 족하다고 해석하여야 할 것이므로 2인 이상이 어떠한 과실행위를 서로의 의사연락 아래 하여 범죄 되는 결과를 발생케 한 것이라면 과실범의 공동정범이 성립되는 것이다. 기록에 의하면 본건 사고는 경관의 검문에 응하지 않고 질주함으로써 야기된 것인 바 피고인은 원심 공동피고인과 서로 의사를 연락하여 경관의 검문에 응하지 않고 트럭을 질주케 하였던 것임을 충분히 인정할 수 있음이 명백하므로 피고인은 본건 과실치사죄의 공동정범이 성립된다 할 것이다."

— 이 판례는 행위공동설의 입장에 입각하여 과실범의 공동정범을 인정한 최초의 판례이며, 대법원은 이후 일관하여 과실범의 공동정범을 인정하고 있다.[1]

過失犯의 共同正犯이 성립하기 위하여는 가담자 사이에 동일한 주의의무에 대한 공동의 위반이 있어야 하며, 과실범의 구성요건실현행위가 공동으로 행해져야 한다. 수인의 과실행위로 인하여 결과가 발생하였으나 결과의 원인이 판명되지 않은 경우를 동시범으로 취급하게 되면 과실범의 미수가 인정되어 결국 아무도 처벌되지 않는 처벌의 공백이 야기되므로 과실범의 공동정범을 인정하여 각자를 과실범으로 처벌함이 타당하다고 생각한다.[2]

(2) 의사의 공동

㈎ 의 의

의사의 공동을 이루는 방법은 법률상 어떤 정형을 요구하는 것이 아니고 명시적이든 묵시적이든,[3] 직접적이든 간접적이든[4] 상관없다. 즉 공모의 점에 관한 직접증거가 없더라도 정황사실과 경험법칙에 의하여 2인 이상이 공모 하에 공동가공하여 범죄를 실현하려는 의사의 결합이 있다는 점을 인

過失共同·行爲共同說(이재상, § 33, RN 32; 정성근/박광민, 556면)도 넓은 의미의 행위공동설의 범주에 속하는 견해라고 할 수 있다.

1) 대판 1994. 5. 24, 94도660; 대판 1996. 8. 23, 96도1231(삼풍백화점붕괴사건판결); 대판 1997. 11. 28, 97도1740(성수대교붕괴사건판결); 대판 2009. 6. 11, 2008도11784 등 참조.

2) 범행지배설에 따르더라도 과실범의 공동정범은 인정될 수 있다(정성근/박광민, 556면 참조). 물론 과실범의 경우에 있어서는 공동정범의 기능적 범행지배가 약화된다는 점을 부인하기는 어렵다.

3) 대판 1986. 1. 25, 85도2421; 대판 1999. 3. 9, 98도3169; 대판 2002. 6. 28, 2002도868.

4) 대판 1983. 3. 8, 82도2873; 대판 2005. 9. 9, 2005도2014.

정할 수 있으면 족한 것으로서,[1] 비록 전체가 한 자리에 모여서 모의를 한 것이 아니더라도 수인 사이에 순차적으로 또는 암묵적으로 상통하여 그 의사의 결합이 이루어지면 족하다고 할 것이다.[2]

의사의 공동은 상호적임을 요한다. 즉 각자의 역할분담과 공동작용에 대한 상호양해가 있어야 한다.[3] 따라서 공동실행의 의사가 일방에만 있는 片面的 共同正犯은 인정되지 않으며, 이런 경우에는 사실관계에 따라 종범이나 동시범이 인정될 뿐이라고 생각한다.[4]

(나) 의사의 공동의 시기

1) 실행행위 전과 실행행위 개시시 공동정범의 성립요건으로서의 '의사의 공동'이 있음을 요하는 시기는 實行行爲 前이거나(豫謀的 共同正犯), 최소한 實行行爲 開始時임(偶然的 共同正犯)을 요한다. 실행행위 전에 의사의 공동이 있었을 경우에는 그 의사의 공동에 기하여 실행행위가 수행되었어야 한다. 즉 의사의 공동과 실행행위가 인과적으로 무관한 경우엔 공동정범의 성립은 부정된다고 볼 것이다.

2) 승계적 공동정범

a) 의 의 承繼的 共同正犯(sukzessive Mittäterschaft)이라 함은 先行者의 범죄실행 도중에 실행의 착수 후의 의사연락에 의해 後行者가 선행자와 함께 또는 단독으로 범죄실행의 나머지 부분을 행한 경우에 있어서 후행자가 자신이 가담하지 않은 선행의 범행부분에 대해서도 책임을 지는 것을 말한다.

b) 학 설 승계적 공동정범에 있어서 후행자에게 자신이 가담하지 않은 선행의 범행부분에 대해서도 공동정범으로서의 책임을 인정할 것인지에 관하여는 긍정설과 부정설의 견해가 갈리고 있다.

肯定說에서는 행위공동설에 토대하여 후행자가 선행자의 행위를 인식하고 이를 이용하려 한 경우에는 후행자도 가담 이전의 행위를 포함하여 범죄 전체에 대하여 책임을 진다고 해석하고 있다.[5]

---

1) 대판 2004. 3. 26, 2003도7112; 대판 2006. 5. 11, 2003도4320.
2) 대판 2004. 4. 27, 2004도482; 대판 2004. 12. 24, 2004도5494; 대판 2005. 11. 10, 2004도1164; 대판 2008. 5. 8, 2008도198.
3) 대판 1987. 9. 22, 87도347.
4) 대판 1985. 5. 14, 84도2118.
5) 박상기, 390면; 이형국, 596면 이하; 정영석, 252면; 황산덕, 266면; Jescheck/Weigend, 678면; Welzel, 107면; BGHSt 2, 344.

否定說에서는 범죄공동설에 토대하여 이 경우 후행자에 대하여 선행의 범행부분에 대한 책임을 부정한다.[1] 판례[2]에서도 포괄일죄[3]의 범행 도중에 공동정범으로 가담한 자는 비록 그가 범행 가담시에 이미 이루어진 종전의 범행을 알았다 하여도 그 가담 이후의 범행에 대해서만 공동정범으로서 책임을 진다고 판시하고 있다.

c) 검 토 공동정범의 본질을 기능적 범행지배에서 찾는다면 후행자는 가담 이후의 행위에 대하여만 책임을 진다고 보는 否定說의 입장이 타당하다. 부정설의 견해가 責任主義 原則과도 부합한다고 생각한다. 선행자의 선행행위에 대한 후행자의 인식·이용만으로는 공동실행의 의사나 후행자의 기능적 범행지배를 인정하기 어렵기 때문이다. 예를 들어, A가 강도의 고의로 B에게 폭행을 가하여 그를 쓰러뜨려 놓은 상태에서 친구인 C를 불러내 사정을 얘기한 후 C와 함께 B의 재물을 훔쳐 달아났다면 A는 강도죄로 처벌되고 C는 절도죄의 공동정범의 책임만을 진다고 봄이 타당하다.

2. 객관적 요건

공동정범의 객관적 요건은 실행행위의 공동수행, 즉 공동실행이다.

(1) 공동실행

㈎ 의 의

共同實行이란 공동가담자들이 각자 상호 협력하여 구성요건에 해당하는 행위를 분담·실행함을 의미한다. 구체적으로 보면, 계획한 범죄의 실현을 가능·용이하게 하든지 또는 범죄수행에 수반되는 위험을 현저히 감소시켜 주는 분담된 역할수행 등이 이에 해당한다.[4] 예를 들어, 수인이 공동으로 강도를 행하는 경우에 있어서 그 중 1인은 칼로 상대방을 위협하고, 다른 사람은 금품을 빼앗는 것을 가리킨다.

실행행위인가의 여부는 공동가담자의 행위를 전체적으로 관찰하여 판단해야 한다. 그러므로 예컨대 '망보는 행위'는 일반적으로는 방조에 불과할 것

---

1) 김일수/서보학, 595면; 박양빈, "공동정범", 고시연구 1993. 11, 212면; 배종대, 495면; 유기천, 290면; 이재상, § 33, RN 20; 정성근/박광민, 539면; 조준현, 325면; Schönke/Schröder, § 25, RN 91.
2) 대판 1982. 6. 8, 82도884; 대판 1997. 6. 27, 97도163.
3) 과형상 일죄나 경합범에 있어서도 마찬가지라고 보아야 한다.
4) Jescheck/Weigend, 674면.

이나, 주관적·객관적인 면에서 행위 전체를 관찰하여 경우에 따라서는 실행행위로 인정될 수도 있다. 또한 공동실행은 공동가담자 전원이 직접 범죄의 구성요건을 실현하는 것을 요하지 아니하고, 실현행위를 하는 자에게 그 행위결정을 강화하도록 협력하는 것만으로도 가능하다.[1] 이런 점은 행위의 결과에 대한 각자의 이해관계의 정도, 행위가담의 크기, 범행지배에 대한 의지 등을 종합적으로 고려하여 판단하여야 한다.[2] 예를 들어, 주식회사의 재산을 임의로 처분하려는 대표이사의 횡령행위를 주선하고 그 처분행위를 적극적으로 종용한 경우에도 대표이사의 횡령행위에 가담한 공동정범이 인정된다.[3]

㈏ 내 용

共同實行의 主體는 正犯適格을 갖추고 있어야 한다. 다만 신분관계로 인하여 성립될 범죄에 가공한 행위는 신분관계 없는 자에게도 공동정범의 규정이 적용된다(제33조 본문).

공동실행은 犯罪의 實行段階에서 행해져야 한다. 예비단계의 기여행위도 범행지배로 인정될 수 있는 경우에는 공동실행에 해당될 수 있다고 보는 견해[4]도 있지만, 실행의 착수 이전인 음모·예비에 참여한 것[5]만으로는 공동실행에 해당될 수 없고 경우에 따라 종범이 되는데 그친다고 봄이 타당하다.[6] 판례[7]도 마찬가지의 입장이다. 실행의 착수 이후 범죄의 종료 전까지 공동의 실행이 있어야 한다. 하지만 공동실행은 반드시 동시에 동종의 행위를 행함으로써만 인정되는 것은 아니므로 가담자들이 同時的 또는 異時的으로 同種의 行爲를 하거나 또는 異種의 行爲를 상호 보충적으로 분담함으로써 성립하게 된다. 또한 실행단계에서 분담된 役割은 행위 당시의 상황에 비추어 범죄수행에 있어서 本質的인 것이어야 한다.[8] 정범으로서의 기능적 범행지배가 인정되어야 하기 때문이다. 공동실행은 작위·부작위를 불문한다.

1) 대판 2006. 12. 22, 2006도1623.
2) 대판 2008. 7. 24, 2007도6721.
3) 대판 2005. 8. 19, 2005도3045.
4) 이재상, § 33, RN 34; 하태훈, "기능적 범행지배의 의미", 형사판례연구 12, 2004, 77면; Jescheck/Weigend, 680면; Schönke/Schröder, § 25, RN 66.
5) 이는 일방이 예비단계에 가공한데 그쳤지만 타방에 의해 범죄가 실행에 착수된 경우를 가리킨다는 점에서 공동가담자 전원이 예비행위에 그친 '豫備罪의 共同正犯'의 문제와는 구별된다.
6) Roxin, *Täterschaft und Tatherrschaft*, 5. Aufl., 1990, 292면 이하.
7) 대판 1995. 7. 11, 95도955.
8) Roxin Ⅱ, § 25, RN 212.

부작위에 있어서는 진정부작위범과 부진정부작위범이 모두 포함되지만, 부작위범 사이의 공동정범은 다수의 부작위범에게 공동의 의무가 부여되어 있고 또 그 의무를 공동으로 이행할 수 있을 때에만 성립한다고 본다.[1)]

共同實行의 着手時期는 공동가담자의 행위를 전체적으로 관찰하여 결정한다. 즉 가담자 중 1인 또는 일부가 실행행위를 개시한 때에 공동정범의 실행의 착수가 인정된다. 범죄가 기수에 이른 후에는 다른 가담자의 행위가 공동실행에 해당될 수 없다고 볼 것이다. 다만 계속범에서는 사실관계에 따라 범행지배가 인정되는 경우에 기수 후 종료 전단계의 가담이 공동실행에 해당될 수도 있을 것이다.

(2) 공모공동정범

㈎ 의 의

共謀共同正犯의 문제는 직접 실행행위에는 가담하지 않고 모의에만 참여한 공모자도 공동정범으로 처벌되는가 하는 것이다. 여기서 '공모'라 함은 범행에 관하여 수인의 의사가 합치되었음을 의미한다.[2)] 이 문제는 공동정범의 객관적 요건과 관련하여 검토되어야 한다.

공모공동정범의 개념은 집단범죄나 조직범죄에 있어서 범죄를 배후에서 실질적으로 주도한 수괴나 조종자를 처벌하려는 현실의 형사정책적 요청에서 등장한 것으로 볼 수 있다. 이 개념은 일찍이 1896년 일본 판례에서 채택된 이래 지금까지 유지되어오고 있다. 우리 판례도 일관하여 이 경우에 공동정범의 성립을 인정한다. 즉 범죄행위를 공모한 후 그 실행행위에 직접 가담하지 아니하더라도 다른 사람의 행위를 자기 의사의 실현을 위한 수단으로 삼아 범죄를 행한 경우에는 공동정범의 책임을 면할 수 없다고 보고 있다.[3)]

㈏ 인부의 문제

공모공동정범의 개념을 우리 형법상 인정할 수 있는지에 관하여는 긍정설과 부정설이 대립하고 있다.

1) 긍정설 肯定說의 근거로는 공동의사주체설과 유사간접정범설, 기

---

1) 대판 2008. 3. 27, 2008도89.

2) 대판 2008. 11. 13, 2006도755.

3) 대판 1955. 6. 24, 4288형상145; 대판 1967. 9. 19, 67도1027; 대판 1988. 4. 12, 87도2368; 대판 1998. 3. 27, 98도30; 대판 2000. 11. 10, 2000도3483; 대판 2004. 12. 24, 2004도5494; 대판 2005. 3. 11, 2002도5112; 대판 2006. 1. 26, 2005도8507; 대판 2007. 1. 11, 2006도4498 등.

능적 범행지배설 등이 주장되고 있다.

a) 공동의사주체설 共同意思主體說은 공모공동정범의 개념을 긍정하는 가장 전통적인 논거라고 할 수 있다. 여기서는 수인의 공모가 있게 되면 그들 사이에는 이른바 '공동의사주체'가 형성되게 되고, 그 공모자들 중 일부의 실행행위만 있으면 그 실행행위는 공동의사주체의 실행행위로 다루어지게 되는 것이라고 설명한다.[1) 우리 판례[2)도 많은 경우에 있어서 공동의사주체설을 공모공동정범의 인정근거로 언급하고 있다. 다만 판례가 항상 '공동의사주체'의 표현을 사용하고 있는 것은 아니고, 단지 "수인 사이에 '의사의 결합으로서의 공모'가 이루어진 이상 실행행위에 직접 관여하지 아니한 자라도 다른 공모자의 행위에 대하여 공동정범으로서의 책임을 진다"[3)고 판시한 경우도 있다.

대판 1983. 3. 8, 82도3248 공모공동정범은 공동범행의 인식으로 범죄를 실행하는 것으로 공동의사주체로서의 집단 전체의 하나의 범죄행위의 실행이 있음으로써 성립하고 공모자 모두가 그 실행행위를 분담하여 이를 실행할 필요가 없고 실행행위를 분담하지 않아도 공모에 의하여 수인 간에 共同意思主體가 형성되어 범죄의 실행행위가 있으면 실행행위를 분담하지 않았다 하더라도 공동의사주체로서 정범의 책임을 면할 수 없다.

하지만 공동의사주체설의 설명은 단체책임을 인정하는 결과가 되어 책임주의의 내용인 자기책임의 원리에 반하는 것이며, 실행행위자의 실행행위에 종속하여 공모자의 공동정범으로서의 책임을 인정하는 것은 공동정범의 본질에 반하는 설명이라고 생각한다.

b) 유사간접정범설 類似間接正犯說에서는 공모공동정범에 있어서 공모자는 실행행위자를 이용하여 자신의 범죄결의를 실현하는 것이므로 간접정범에 유사한 정범성을 갖지만, 간접정범에서와 같은 이용자의 일방적인 이용행위가 아닌 상호간의 협력에 의해 범죄가 실행되는 것이므로 '유사'간접정

1) 공동의사주체설은 일본의 쿠사노(草野豹一郎)에 의하여 제창되었다(同人, 刑法總則講義, 1938, 194면 참조).

2) 대판 1980. 5. 20, 80도306; 대판 1983. 3. 8, 82도3248; 대판 1990. 6. 22, 90도767; 대판 2001. 6. 29, 2001도1319.

3) 대판 2004. 4. 27, 2004도482; 대판 2004. 5. 28, 2004도1465; 대판 2006. 1. 26, 2005도8507.

범이라고 설명한다.[1] 간접정범유사설로도 불리운다. 우리 판례[2] 중에는 이 입장을 표명한 경우도 있다.

그러나 유사간접정범설의 견해는 공모가 항상 이용행위에 해당되는 것은 아니라는 점을 간과하고, 의사지배와 기능적 범행지배의 차이에 따른 간접정범과 공동정범의 본질적 차이를 무시한 이론이라고 하겠다.

c) 기능적 범행지배설 機能的 犯行支配說에서는 공동정범의 정범으로서의 속성인 기능적 범행지배가 공모공동정범에 있어서도 인정될 수 있으므로 공모공동정범은 공동정범의 한 유형으로 긍정되어야 한다고 한다.[3] 판례 중에도 이 설의 입장에 서서 공모공동정범을 인정한 경우가 있다.[4]

2) 부정설 否定說에서는 공모공동정범은 공동정범의 객관적 요건인 '공동실행'을 명백히 결여한 것이기 때문에 우리 형법상 인정될 수 없다고 한다. 즉 단순한 공모자까지 실행행위자로 해석하는 것은 죄형법정주의에 반하는 유추해석이며, 책임주의에 반하는 단체책임을 인정하는 결과를 야기한다고 보는 것이다. 다수설[5]의 입장이다.

3) 검 토 실행행위의 분담이 없는데도 공모의 사실만으로도 공동정범이 성립된다는 것은 공동정범의 객관적 요건으로서 '공동실행의 사실'을 명백히 요구하고 있는 형법 제30조의 규정에 위배하여 공동정범의 개념을 부당하게 확대한 견해로서 기본적으로 죄형법정주의에 반한다고 생각한다.

공모자는 그 공모의 내용·성질에 따라 교사범이나 종범 또는 특수교사·방조범(제34조 제2항)의 책임을 지게 된다고 보는 것이 타당하다.

Ⅳ. 處 罰

공동정범이 성립되면 공동가담자 각자는 공동행위로 인하여 실현된 사실 전체에 관하여 정범으로 처벌된다(제30조). 공동정범은 공동실행의 의사의

1) 藤木英雄, 刑法講義 總論, 1981, 284면 이하; 일본 최고재판소 昭和 33. 5. 28. 판결.
2) 대판 1988. 4. 12, 87도2368; 대판 1993. 4. 23, 92도2628; 대판 1994. 10. 11, 94도1832.
3) 김종원, "공모공동정범의 공동정범성", 법정 1975. 7, 28면; 심헌섭, "공동정범과 기능적 행위지배", 고시연구 1974. 9, 62면; 이재상, § 33, RN 44; 조준현, 329면.
4) 대판 2009. 6. 23, 2009도2994.
5) 김일수/서보학, 601면; 박상기, 398-399면; 배종대, 508면; 신동운, 549면; 유기천, 288면; 이정원, 352면; 이형국, 604면; 임웅, 414면; 團藤重光, 刑法綱要 總論, 1979, 371면.

범위 안에서만 성립하므로, 공동실행자 중 특정인의 실행이 공동실행의 의사의 범위를 초과한 때에는 그 부분에 대한 특정인의 단독정범이 인정되게 된다.[1] 다만 특정인의 초과실행에 대하여 다른 자가 예견할 수 있었을 때에는 결과적 가중범의 공동정범이 성립할 수 있다.[2] 진정신분범의 공동정범에 있어서는 각자가 신분을 갖고 있어야 함이 원칙이다. 그러나 형법은 신분관계로 인하여 성립될 범죄에 가공한 행위에 대해서는 신분관계가 없는 경우에도 공동정범의 규정을 적용한다고 규정하여(제33조 본문 참조), 비신분자는 단독으로 진정신분범의 정범이 될 수는 없지만 신분자와 공동으로는 진정신분범의 공동정범이 될 수 있다고 보게 된다.[3]

불법구성요건의 인정에 있어서는 공동가담자 전원에게 공동으로 귀속되지만, 책임사유나 형의 가중·감경사유는 각 행위자에 대하여 개별적으로 고려되고 또 구체적인 형의 양정도 각 행위자에 따라 얼마든지 달라질 수 있다. 즉 범죄의 불법귀속에 있어서는 공동성·연대성이 인정되지만, 책임과 처벌에 있어서는 개별성이 인정된다.

V. 關聯問題

1. 합 동 범

(1) 의 의

合同犯이라 함은 구성요건상 2인 이상이 합동하여 범죄를 행하였을 것이 요구되는 범죄유형이다. 즉 행위자 전원이 시간적·장소적으로 협동하여 범죄를 실행하는 경우이다.

형법상 특수도주죄(제146조), 특수절도죄(제331조 제 2 항), 특수강도죄(제334조 제 2 항)와 '성폭력범죄의 처벌 및 피해자보호에 관한 법률'상 특수강간죄·특수강제추행죄(동법 제 6 조) 등이 합동범의 예이다.

---

1) 그러나 판례에서는 절도의 공모공동정범 중 1인이 준강도행위를 한 경우에는 다른 공모자도 준강도죄로 처벌되며(대판 1972. 1. 13, 72도2073), 강도의 공동정범 중 1인이 상대방에게 상해를 가한 경우에는 다른 공동정범도 당연히 강도상해죄의 공동정범으로 인정된다(대판 1992. 12. 22, 92도2462; 대판 1998. 4. 14, 98도356)고 판시하고 있다.

2) 그러나 판례(대판 1978. 1. 17, 77도2193; 대판 1984. 2. 14, 83도3120)에서는 기본범죄의 행위에 대한 공동이 있는 이상 다른 공동자도 결과적 가중범에 대한 책임을 면할 수 없다고 판시하고 있다.

3) 대판 1965. 8. 24, 65도493; 대판 1971. 6. 8, 71도795.

(2) 본 질

(가) 학 설

합동범의 본질에 관하여는 공모공동정범설, 가중적 공동정범설, 현장설, 현장적 공동정범설 등의 견해가 대립하고 있다.

1) 공모공동정범설 共謀共同正犯說에서는 관여자들 사이에 공동실행의 의사만 있으면 합동범이 성립하기에 족하다고 본다.[1]

2) 가중적 공동정범설 加重的 共同正犯說에서는 합동범은 공동실행의 의사와 공동실행의 사실이 모두 갖추어져야 하는 일종의 공동정범이지만 2인 이상의 합동에 의한 범행의 높은 위험성에 대처하기 위한 특수한 형사정책적 고려에서 형이 가중된 경우라고 본다.[2] '합동'의 개념이 갖는 고유한 의미를 인정하지 않으므로 '시간적·장소적 협동관계'를 요구하지 않는 입장이다.

3) 현장설 現場說에서는 합동범이 성립하기 위하여는 共同實行의 意思와 현장에서의 실행행위의 분담, 즉 현장에서의 시간적·장소적 공동을 의미하는 現場性이 요구된다고 해석한다.[3] 그러므로 아무리 현장성을 갖춘 사람이라 하더라도 공동정범으로서의 성립요건인 공동실행의 의사와 공동실행의 사실이 인정되지 않는 경우엔 합동범이 되지 못하며, 합동범에 대한 공범으로서의 책임을 질 뿐이라고 한다. 그리고 이 설에선 현장성의 의미를 엄격하게 해석하고 있기 때문에 시간적·장소적 공동으로서의 현장성을 갖추지 못하였을 때에는 설사 공동실행의 의사를 갖춘 경우라 하더라도 합동범을 인정하지는 못하고 특수교사·방조범(제34조 제2항) 정도로 보게 될 뿐이다.

4) 현장적 공동정범설 現場的 共同正犯說에서는 합동범을 현장에서의 공동정범으로 이해하지만, 현장성의 의미를 현장설에 비하여 다소 넓게 이해하고 있다. 즉 현장에서의 시간적·장소적 공동의 경우뿐만 아니라, 동시에 동일한 장소에서 행해지지 아니하였더라도 시간적·장소적 협동관계가 인정되면 현장성은 인정된다고 한다.[4] 그리고 공모공동정범과 같이 그러한 의미

1) 김종수, "공모공동정범", 법조 1965. 2, 20면 이하.
2) 김종원, 형법각론(상), 1971, 194면; 황산덕, 형법각론, 1983, 284면.
3) 남흥우, 형법강의(각론), 1965, 175면; 백형구, 형법각론, 1999, 143면; 이재상, 형법각론, 2004, §16, RN 83; 이형국, 형법각론연구 Ⅰ, 1997, 410면; 임웅, 형법각론, 2003, 304면; 정성근/박광민, 형법각론, 2002, 288면; 정영석, 형법각론, 1983, 335면.
4) 김일수/서보학, 형법각론, 2004, 307면.

의 현장성도 갖추지 못한 공동정범의 경우에는 '합동범' 그 자체는 인정되지 못하지만 '합동범의 공동정범'으로서 합동범의 형으로 처벌된다고 본다. 이 설은 가중적 공동정범설과 현장설의 중간에 위치한 견해라고 볼 수 있다.

㈏ 검　토

공모공동정범설에 따라서 '합동'의 개념 안에 '공모'까지 포함시키는 것은 죄형법정주의에 반하는 유추해석이라고 할 수 있다. 또한 이 설에 따르면 합동범의 범위가 너무 넓어져 총칙상 교사범, 종범의 규정이 무의미하게 될 가능성도 있다 하겠다.

가중적 공동정범설에 대해서는 '합동'을 '공동'과 동일시하여야 할 근거가 명확하지 않고 또 절도·강도·도주, 강간·강제추행의 경우에만 특수한 형사정책적 고려가 필요한 이유를 설명하기 어렵다는 비판이 가해지고 있다.

현장적 공동정범설은 '합동'을 넓은 의미의 현장성으로 파악하기 때문에 실제에 있어서 가중적 공동정범설과 별 차이를 보이지 못한다고 생각한다.

> 합동범을 必要的 共犯의 한 경우로 보는 견해도 있으나, 필요적 공범에 있어선 구성요건의 실현을 위하여 2인 이상의 행위주체가 요구될 뿐 그 각 주체의 행위가 제각각 모두 구성요건해당성을 갖출 필요는 없다는 점에서 2인 이상의 현장에서의 불법수행을 본질요소로 하는 합동범과는 그 성격을 달리한다고 본다. 그리고 합동범의 본질론은 절도·강도·도주의 죄를 2인 이상이 '合同하여' 범한 (특수절도죄·특수강도죄·특수도주죄 등의) 이른바 特殊犯罪가 단독범이나 일반 공범, 공동정범에 비하여 가중처벌되는 근거를 밝히고자 하는 논의이므로 그들 특수범죄가 구성요건상 '2인 이상'의 수행을 요구한다는 점에 관하여만 초점을 맞추고 있는 필요적 공범설은 합동범의 본질 규명에 기여하는 바가 없다고 생각한다.

합동범의 본질은 현장설에 입각하여 이해함이 현행법의 규정취지에 부합하는 것으로서 타당하다고 생각한다. 판례[1]의 입장도 마찬가지이다.

(3) 합동범의 공동정범

판례에서는 3인 이상의 공동범행에 있어서 그 중 2인 이상에 의하여 합동범의 구성요건이 실현된 경우에 한해 현장에서 범행을 수행한 사람들을

1) 대판 1975. 10. 7, 75도2635; 대판 1989. 3. 14, 88도837; 대판 1996. 3. 22, 96도313.

'합동범'[1]으로 처벌하는 외에 현장 밖에서 그들의 범행을 지휘한 사람을 '合同犯의 共同正犯'으로 보아 같은 형벌로 처벌하고 있다.

> 대판 1998. 5. 21, 98도321 "3인 이상의 범인이 합동절도의 범행을 공모한 후 적어도 2인 이상의 범인이 범행 현장에서 시간적·장소적으로 협동관계를 이루어 절도의 실행행위를 분담하여 절도 범행을 한 경우에는 공동정범의 일반 이론에 비추어 그 공모에는 참여하였으나 현장에서 절도의 실행행위를 직접 분담하지 아니한 다른 범인에 대하여도 그가 현장에서 절도 범행을 실행한 위 2인 이상의 범인의 행위를 자기 의사의 수단으로 하여 합동절도의 범행을 하였다고 평가할 수 있는 正犯性의 표지를 갖추고 있다고 보여지는 한 그 다른 범인에 대하여 합동절도의 공동정범의 성립을 부정할 이유가 없다고 할 것이다. 형법 제331조 제2항 후단의 규정이 위와 같이 3인 이상이 공모하고 적어도 2인 이상이 합동절도의 범행을 실행한 경우에 대하여 공동정범의 성립을 부정하는 취지라고 해석할 이유가 없을 뿐만 아니라, 만일 공동정범의 성립가능성을 제한한다면 직접 실행행위에 참여하지 아니하면서 배후에서 합동절도의 범행을 조종하는 수괴는 그 행위의 기여도가 강력함에도 불구하고 공동정범으로 처벌받지 아니하는 불합리한 현상이 나타날 수 있다. 그러므로 합동절도에서도 공동정범과 교사범, 종범의 구별기준은 일반원칙에 따라야 하고, 그 결과 범행 현장에 존재하지 아니한 범인도 공동정범이 될 수 있으며, 반대로 상황에 따라서는 장소적으로 협동한 범인도 방조만 한 경우에는 종범으로 처벌될 수도 있다."
> — 이 판례는 공모공동정범의 개념을 인정하면서, 현장적 공동정범설의 입장에 부응하는 해석에 기하여 '합동범의 공동정범'을 인정하고 있다.

합동범의 본질에 관한 학설 중 공모공동정범설이나 가중적 공동정범설, 현장적 공동정범설 등에서는 '합동범의 공동정범'을 인정하고 있다. 하지만 현장설의 입장에 서게 되면, 이 개념은 부정될 수밖에 없다.

판례의 입장은 일단 일부 가담자들에 의해 합동범의 구성요건이 실현되었을 것을 전제로 하여, 현장에 있지 아니한 자에 대해 합동범의 공동정범을 인정하는 것이므로 현장설의 엄격한 해석의 틀을 벗어나 현실의 형사정책적 요청에 부합하려는 취지라고 할 수 있다. 하지만 이러한 해석론은 합동범의

1) 굳이 달리 표현한다면 합동범의 '공동정범'이 아닌 '정범'이라고 할 수 있을 것이다. 물론 합동범은 2인 이상에 의하여 범해지는 것이기 때문에 여기서의 '정범'은 '공동정범'에 대응하는 의미인 '단독정범'을 가리키는 것도 아니다.

본질을 희석시켜 결과적으로 공모공동정범설과 거의 같은 결론[1]을 가져오게 된다고 생각한다.

합동범은 공동정범에 대한 특별규정이므로 시간적·장소적으로 협동한 자만이 '합동범의 정범'이 될 수 있고, 합동범에 대하여는 공동정범의 규정이 적용될 수 없다고 본다. 즉 '합동범의 공동정범'은 부정되어야 한다고 생각한다. 범행을 지배한 가담자에 대한 처벌의 형사정책상 필요성을 인정한다 하더라도 그 가담자는 '합동범의 공동정범'이 될 수는 없으며, 합동범의 정범요건으로서의 현장성을 결여한 이상은 특수교사·방조범(제34조 제 2 항)으로 처벌함이 타당하다고 본다.

2. 공모관계의 이탈

범죄를 공동으로 실행할 것을 공모한 자들 중 일부가 그 共謀關係로부터 離脫해 나간 경우 그 이탈자의 책임은 경우를 나누어 검토하여야 한다. 즉 다른 공모자가 범죄의 실행에 착수하기 전에 이탈한 경우와 실행에 착수한 이후에 이탈한 경우 각각에 있어서 추후의 실행행위에 대한 이탈자의 책임은 달리 논해지게 된다. 전자의 경우는 이른바 공모공동정범의 문제라고 할 수 있으며, 후자의 경우는 공동정범의 미수의 문제이다.

(1) 실행의 착수 전 이탈

實行의 着手 前 離脫은 共謀共同正犯의 문제와 상통한다고 본다.

판례는 이 문제를 공모공동정범의 원리에 입각하여 해결한다. 즉 공모자들 중 일부가 다른 공모자가 실행에 착수하기 전에 그 공모관계로부터 이탈해 나간 경우에는 그 이탈자는 원칙적으로 다른 공모자의 추후의 행위에 관하여 (공모)공동정범으로서의 책임을 지지 않는다고 본다.[2] 공모공동정범이 성립하기 위하여는 기본적으로 '공모'가 인정되어야 하므로 그 '공모'에서 이탈한 이상 공동정범의 책임을 지는 공모공동정범은 성립되지 못하며, 이탈에

1) 공모공동정범설은 2인 이상이 공동으로 가담한 경우에 있어서 그 중 1인만이 범죄의 실행행위를 수행하였더라도 나머지 사람들에게 '공모'의 사실만 인정되면 '합동범의 정범'의 성립을 긍인하는 것이므로 '합동범의 공동정범'을 인정한 판례의 입장과는 차이가 있다. 하지만 합동범이 대부분의 경우에는 3인 이상에 의해 수행될 것이므로 현실적으로는 거의 같은 결론을 가져오게 된다고 생각한다.

2) 대판 1972. 4. 20, 71도2277; 대판 1986. 1. 21, 85도2371; 대판 1995. 7. 11, 95도955; 대판 1996. 1. 26, 94도2654.

의하여 이탈자의 가공과 공모자의 추후의 실행행위 사이의 인과관계가 부정된다는 것이 그 논거이다.

학설상 공모공동정범의 개념을 인정하는 입장인 공동의사주체설과 유사간접정범설에 따를 때에도 이런 경우 이탈자의 공동정범으로서의 책임을 인정할 수 없게 된다. 그러나 機能的 犯行支配說에 따르면 이 문제는 다시 경우를 나누어 논할 필요가 있다. 즉 이탈자가 단순공모자인 경우에는 실행에 착수하기 전에 이탈의 의사표시가 다른 공모자들에게 표명되었다면 그 이탈자의 책임은 부정되는 것이고, 이탈자가 주모자인 경우에는 이탈의 의사표시의 표명 정도를 넘어서 이탈자 스스로가 다른 공모자의 실행을 막기 위하여 진지한 노력을 기울인 때에만 다른 공모자에 의하여 완성된 범죄에 대한 책임을 부담하지 않게 된다고 보아야 한다.[1] 최근의 판례[2]에서도 이런 입장을 좇아, 다른 3명의 공모자들과 강도 모의를 하면서 그 모의를 주도한 자가 함께 범행대상을 물색하다가 다른 공모자들이 대상을 지목하고 뒤쫓아 가자 자신의 비대한 체구 때문에 뒤따라가지 못한 채 범행 현장에서 200m 정도 떨어진 곳에 앉아 있었고 다른 공모자들이 강도상해의 범행을 실행하였다면 공모관계에서 이탈하였다고 할 수 없고 강도상해죄의 공동정범의 죄책을 진다고 판시하고 있다.

공모공동정범의 개념을 부정하는 입장에 따르면, 이 경우에 있어서 이탈자의 책임은 인정되지 못하게 된다.

(2) 실행의 착수 후 이탈

實行의 着手 後 離脫은 共同正犯의 未遂의 문제이다.

이 경우에 있어서는 공모자 중 일부가 실행의 착수 후에 범행으로부터 이탈하였더라도 다른 공모자가 범죄의 기수에 달하였을 경우에는 이탈자도 기수의 책임을 진다. 즉 이탈자가 자의로 이탈하였더라도 다른 공모자가 범행을 계속하여 기수에 달하였다면, 자의로 이탈한 자도 기수의 책임을 면하지 못한다. 이탈자가 스스로 중지하였을 뿐만 아니라 다른 공동정범의 범행까지도 설득에 의해 막았을 경우에는 공동정범 전원이 중지미수의 책임만을 지게 될 것이다. 물론 이탈하지 않은 자가 범행을 완성하고자 하였으나 이탈

1) 이재상, §33, RN 46.
2) 대판 2008. 4. 10, 2008도1274.

자의 방지로 범행이 완성되지 못하였다면 이탈하지 않은 자는 장애미수에 해당된다고 할 것이다. 그리고 공동정범으로서 범죄가 기수에 달한 후에 그들 중 일부가 포괄일죄가 되는 범행을 계속하는 상황에서 다른 일부가 그 계속된 범행으로부터 이탈한 경우엔 당연히 이탈자도 나중에 계속된 범행에 대하여 기수의 책임을 지게 된다.[1)]

3. 공동정범의 착오

공동정범이 성립하기 위하여는 객관적 요건인 '공동실행의 사실'과 주관적 요건인 '공동실행의 의사'가 부합(符合)하여야 함은 범죄 일반에서와 마찬가지이다.

실행된 사실이 공동의사의 내용보다 적거나 큰 경우에 있어선 공동실행의 사실과 공동의사가 부합하는 한도 안에서만 공동정범으로서의 책임을 부담하는 것이 원칙이다. 실행된 사실이 공동의사의 내용보다 적은 경우, 예컨대 강도죄의 기수를 공모하였으나 실행된 행위는 절도행위에 그친 때에는 공모자 전원이 강도죄 미수범의 책임을 지게 된다. 이는 共同正犯의 未遂의 문제로서,[2)] 굳이 공동정범의 착오로 다룰 필요가 없는 경우라고 할 수 있다.

공동정범의 착오로서 정작 논의되어야 하는 것은 공모자들의 공동실행의 의사대로 실행도 공동으로 되었지만, 거기서 더 나아가 공모자들 중 일부의 행위가 공모의 내용을 초과한 경우에 다른 공모자에게 어떤 책임을 묻느냐의 문제이다. 이 때에는 다른 공모자들이 그 초과된 사실에 대하여 主觀的으로 어떤 聯關을 갖고 있었는지에 따라 그 책임이 달라진다. 즉 그 초과된 실행의 사실에 대하여 미필적 고의라도 갖고 있었다면 그 초과된 실행에 직접 가담하지 않았다 하더라도 초과된 실행의 사실에 대하여 똑같이 고의범의 책임을 지게 될 것이고, 과실이 인정되면 과실범 또는 결과적 가중범의 책임을 지고, 과실마저도 인정되지 않는다면 그 초과된 사실에 대하여 아무런 책임을 지지 않게 될 것이다.

공동정범 중 일부의 客體의 錯誤는 다른 가담자의 고의를 인정하는 데

1) 대판 2002. 8. 27, 2001도513.

2) 이 경우는 공모자 전원에 있어서 실행의 사실과 실행의 의사가 같은 모습으로 부합하지 않는다는 점에서 공모관계의 이탈의 한 경우인 '공동정범의 미수' 문제와 구별된다.

영향을 끼치지 못한다. 설사 공동정범 중 1인의 객체의 착오로 인하여 같은 공동정범의 가담자에 대하여 범죄를 실행하였다 하더라도 양방이 모두 해당 범죄의 정범으로 처벌된다고 본다.1)

4. 동 시 범

제19조 [독립행위의 경합] 동시 또는 이시의 독립행위가 경합한 경우에 그 결과발생의 원인된 행위가 판명되지 아니한 때에는 각 행위를 미수범으로 처벌한다.

제263조 [동시범] 독립행위가 경합하여 상해의 결과를 발생하게 한 경우에 있어서 원인된 행위가 판명되지 아니한 때에는 공동정범의 예에 의한다.

(1) 의 의

同時犯(Nebentäterschaft)이란 2인 이상의 자가 상호 의사의 연락 없이 동일한 객체에 대하여 구성요건적 결과를 실현하는 것을 말한다.

동시범은 2인 이상의 행위가 결합된 범죄라는 점에서 단독범과 구별되고, 상호 의사의 연락을 결하였다는 점에서 공동정범과 구별된다. 동시범에 있어서는 아무도 공동의 의사를 갖지 않는다는 점에서 일방만이 공동의 의사를 갖는 편면적 공동정범과도 구별되어야 한다.

동시범에 있어서는 개별책임의 원리에 입각하여 각자가 자기 행위에 대해서만 책임을 진다. 그러나 동시 또는 이시의 독립행위가 경합한 경우에 그 결과발생의 원인된 행위가 판명되지 아니한 때에는 각 행위를 미수범으로 처벌한다(제19조). 이러한 경우에는 증거불충분으로 원인행위가 판명되지 않았기 때문에 각 행위를 미수범으로 처벌하는 것이라고 볼 수 있다.

(2) 성립요건

첫째, 二人 以上의 行爲가 있어야 한다. 여기의 '행위'는 실행행위를 의미하며, 예비·음모는 포함되지 않는다.

둘째, 행위자 사이에 意思의 連絡이 없어야 한다. 의사의 내용이 동일할 것을 요하지 않는다.

셋째, 행위의 客體가 同一할 것을 요한다. 행위의 時間은 동일할 것을

1) Wessels/Beulke, RN 533.

요하지 않고, 동시 또는 근접한 시간에 실행되면 된다. 행위의 場所에 있어서도 동일함을 요하지 않으며, 장소적 근접성도 요하지 않는다.

(3) 처　벌

㈎ 원인된 행위가 판명된 경우

原因된 行爲가 判明된 경우에는 각인의 행위가 고의이건 과실이건 관계없이 각자는 각기 그 책임의 한도에서 독립하여 정범으로 책임을 진다. 예컨대, A와 B 두 사람이 독립하여 C를 살해하기 위하여 동시에 발포하였는데 A의 탄환만이 명중하여 C가 사망했다는 것이 판명된 경우에 A는 살인죄의 기수로, B는 살인죄의 미수범으로 처벌된다.

고의범과 과실범이 경합되거나 또는 과실범과 과실범이 경합된 경우에 있어선 처벌규정이 있을 때 각자의 죄의 정범으로 처벌된다.

㈏ 원인된 행위가 판명되지 않은 경우

原因된 行爲가 判明되지 않은 경우 고의행위와 고의행위가 경합된 때에는 각인을 미수범으로 처벌한다. 각자의 고의의 내용이 다른 경우도 마찬가지라고 할 것이다. 만일 A는 살인의 고의로, B는 상해의 고의로 C를 가격하였는데 C가 사망하고 그 원인된 행위가 판명되지 않았다면 A는 살인죄의 미수범으로, B는 상해죄의 미수범으로 처벌된다고 본다.

고의행위와 과실행위가 경합한 경우에는 고의행위는 미수범으로 되나 과실행위는 과실범의 미수범이 처벌되지 않으므로 불가벌이다. 과실행위와 과실행위가 경합한 경우에는 모두 불가벌이다.

㈐ 상해죄의 특례

傷害罪에 관하여는 同時犯의 特例가 인정되고 있다.

상해죄의 동시범인 경우는 그 원인된 행위가 판명되지 아니한 때에 각자를 공동정범의 예에 의하여 처벌한다(제263조). 즉 경합된 각인의 행위 모두가 고의의 기수범으로 처벌된다.

본 특례는 상해죄의 발생시 그 결과발생의 원인 입증의 법의학적 곤란을 피하고 집단적 상해범죄를 예방하기 위한 형사정책적 고려에 기하여 마련된 특별규정이다.

제3절 教 唆 犯

제31조 [교사범] ① 타인을 교사하여 죄를 범하게 한 자는 죄를 실행한 자와 동일한 형으로 처벌한다.
② 교사를 받은 자가 범죄의 실행을 승낙하고 실행의 착수에 이르지 아니한 때에는 교사자와 피교사자를 음모 또는 예비에 준하여 처벌한다.
③ 교사를 받은 자가 범죄의 실행을 승낙하지 아니한 때에도 교사자에 대하여는 전항과 같다.

Ⅰ. 意 義

教唆犯(Anstiftung)이란 타인을 교사하여 범죄를 실행하게 하는 것을 말한다(第31조 제1항).

교사범은 스스로 범행에 관여하지 않음으로써 범행의 기능분담이 없다는 점에 특색이 있다. 따라서 교사범은 자기 스스로 실행행위를 분담하지 않는 점에서 共同正犯과 구별된다. 또 타인을 이용하여 범죄를 실행하는 것이긴 하지만 정범의 존재를 전제로 하여 성립한다는 점에서 그 자신이 정범으로 기능하는 間接正犯과도 구별된다. 교사범은 타인에게 새로운 범의를 유발하는 점에서는 이미 범의를 가지고 있는 자의 범행을 돕는 從犯과 구별된다.

음행매개죄(제242조)나 자살관여죄(제252조 제2항)도 '매개'나 '관여'의 내용에 있어선 교사행위에 해당될 수도 있지만 그 행위 자체가 독립된 범죄구성요건으로 규정되어 있는 만큼 '매개'나 '관여'의 행위를 하는 자는 해당 범죄의 정범으로 처벌되는 것이다. 물론 '매개'나 '관여'의 행위를 교사하는 타인은 해당 범죄의 교사범에 해당된다.

Ⅱ. 本 質

교사범의 본질에 관한 견해는 공범독립성설과 공범종속성설의 입장에 따라 달라진다.

1. 공범독립성설의 입장

共犯獨立性說에 의하면 피교사자에게 범죄의 결의를 발생시키는 것 자체가 반사회적 악성의 징표이므로 교사행위는 정범의 성립여부와 관계없이 독자적으로 범죄를 구성한다고 본다. 즉 공범독립성설에 따르면 교사행위 자체가 범죄의 독립된 실행행위로 파악된다. 이 입장에 따르면 교사범과 간접정범은 구별될 수 없다고 보아야 한다.

2. 공범종속성설의 입장

共犯從屬性說에 의하면 교사범의 성립을 위하여서는 피교사자의 범죄결의만으로는 부족하고 피교사자의 범죄실행행위가 있어야만 된다고 한다. 즉 교사범은 정범이 아니며, 정범인 피교사자의 범죄실행행위가 있는 경우에만 공범으로서의 가벌성이 인정되는 것이다. 이에 따르면 교사범과 간접정범은 엄연히 구별되게 되고, 이론상 간접정범에 대한 교사범[1]도 인정된다.

3. 검　토

우리 형법은 기본적으로 공범종속성설의 입장을 취하고 있다고 볼 수 있으므로 교사범은 본질에 있어서 공범의 한 유형으로 봄이 타당하다. 간접정범은 어느 행위로 인하여 처벌되지 않거나 과실범으로 처벌되는 자를 이용하여 범죄를 실현하는 경우(제34조 제 1 항)로서 정범의 표지(標識)인 범행지배로서의 의사지배를 갖는다. 즉 간접정범은 공범의 한 유형인 교사범과 구별되게 된다.

Ⅲ. 成立要件

교사범의 성립요건으로는 공범종속성설에 입각하여 정범인 피교사자의 실행행위가 존재해야 하며, 정범으로 하여금 범죄의 결의를 갖게 만든 교사자의 교사가 있어야 한다. 범죄실현의 순서에 따라 교사자의 교사, 피교사자의 실행행위에 관하여 검토한다.

1) 이는 간접교사와 구별되어야 한다.

1. 교사자의 교사

교사자는 고의를 갖고 타인을 교사하였어야 한다.

(1) 교사자의 고의

㈎ 성 격

교사자에게는 故意가 있어야 한다. 교사자는 教唆의 故意뿐만 아니라 正犯의 故意, 즉 피교사자가 범죄를 실행함으로써 결과가 발생될 것이라는 점에 관한 인식도 갖고 있어야 하므로 '二重의 故意'가 요구된다. 즉 교사자는 피교사자인 정범의 범죄에 대하여서도 고의를 갖고 있어야 한다. 교사자는 정범의 범죄의 구성요건해당성, 위법성을 인식하고 있어야 하며, 정범이 신분범인 경우에는 정범의 신분에 대하여도 인식하고 있어야 한다. 교사한 범죄가 목적범인 경우에는 피교사자가 목적을 갖고 있어야 함은 물론이고, 교사자 자신도 목적을 갖고 있을 뿐만 아니라 피교사자에게 목적이 있음도 알고 있어야 한다. 교사자의 고의는 미필적 고의로 충분하다.

㈏ 내 용

1) 내용의 특정 교사자의 고의의 내용은 特定되어 있어야 한다. 즉 교사한 범죄의 내용과 피교사자가 특정되어 있어야 한다. 피교사자가 특정되어 있으면 되고, 피교사자가 누구인지를 교사자가 알고 있을 필요는 없다. 따라서 교도소의 옆방에 구금되어 있는 모르는 죄수에게 도주 등의 범죄를 교사하는 것도 교사가 될 수 있다.[1)]

2) 범죄의 결의의 야기 교사는 타인에게 범죄를 결의하게 하는 고의행위이므로 교사자와 피교사자 모두에게 고의가 있어야 한다. 따라서 過失에 의한 教唆나 過失犯에 대한 教唆는 인정되지 않는다.[2)] 과실에 의한 교사는 경우에 따라 과실범의 정범이 될 수는 있다고 본다. 무심결에 한 말이 상대방의 범행을 촉발시킨 경우를 그 예로 들 수 있다. 그리고 과실범에 대한 교사는 간접정범이 될 수 있다.

교사는 애당초 犯罪의 故意를 갖고 있지 않은 타인에게 범죄의 결의를

---

1) 이재상, § 34, RN 11.
2) 김일수/서보학, 637면; 배종대, 551면; 신동운, 586면; 오영근, § 34, RN 40; 이재상, § 34, RN 8; 정성근/박광민, 564면.

하게 하는 것을 말하므로, 이미 범행을 결의하고 있는 자에 대하여는 교사는 성립할 수 없다. 그런 경우에는 타인의 결의를 강고하게 한다는 의미에서 종범이 성립할 수 있을 뿐이다.[1] 이미 특정한 범죄의 고의를 갖고 있는 사람을 교사하여 더 중한 범죄를 실현시킨 경우에 관하여는 중한 범죄 전체에 대한 종범과 초과부분에 대한 교사범의 상상적 경합을 인정하는 견해[2]와 초과부분에 대한 교사범만 인정하는 견해[3] 등이 제시되고 있으나, 교사에 의하여 새로운 범죄의 결의를 하게 한 것으로 볼 수 있으므로 중한 범죄 전체에 대한 교사범이 성립된다고 봄이 타당하다.[4] 중한 범죄의 고의에는 경한 범죄의 고의가 포함되어 있다고 볼 수도 있다. 그러므로 예를 들어 상해의 고의를 갖고 있는 사람에게 살인을 교사하여 범죄를 실현시킨 경우에는 살인죄의 교사범이 성립한다고 볼 것이다. 물론 중한 범죄의 결의가 피교사자의 판단에 의거하여 이루어졌다고 볼 수 있는 경우에는 중한 범죄에 대한 종범이 인정되는데 그친다고 생각한다. 중한 범죄의 고의를 갖고 있는 사람에게 경한 범죄를 교사하여 경한 범죄를 실현시킨 경우에는 경한 범죄의 종범이 될 수 있을 뿐이다.[5] 물론 이 경우에도 교사자가 피교사자에게 아무런 범죄의 고의도 없는 것으로 알고 교사를 하였다면 교사한 경한 범죄의 교사범이 될 것이다. 하지만 피교사자가 굳이 중한 범죄를 실현하였다면 이른바 '실패한 교사'에 해당되어 교사자는 교사한 범죄의 음모나 예비로 처벌된다고 생각한다(제31조 제3항 참조).

3) 기수의 고의 교사자의 고의는 기수의 고의이어야 한다.

이와 관련하여 '미수의 교사'가 문제된다. '未遂의 敎唆'라 함은 피교사자의 행위가 미수[6]에 그칠 것을 예견하면서 교사하는 것을 가리킨다. 예컨대, C가 이미 사망한 A를 두고 잠들어 있는 것이라고 B에게 얘기하여 B로 하여금 A에게 총격을 가하여 살해하게끔 부추긴 경우에 있어서 C가 A의 사망사실을 알고 있었다면 C의 행위는 '미수의 교사'가 된다. 그리고 가령 형사가

---

1) 김성돈, 751면; 이재상, § 34, RN 5.
2) Jescheck/Weigend, 689면; Schönke/Schröder, § 26, RN 6.
3) 손동권, § 31, RN 5.
4) 김일수/서보학, 636면; 배종대, 551면; 이재상, § 34, RN 5; 조준현, 338면. BGHSt 19, 339.
5) 김성돈, 754면; 손동권, § 31, RN 6; 오영근, § 34, RN 56; 이재상, § 34, RN 5.
6) 여기서 '미수'는 장애미수와 중지미수, 불능미수를 모두 포함하는 의미이다.

마약사범을 단속하기 위하여 마약중독자처럼 가장하고 혐의자에게 접근하여 마약구입의 의사를 표명한 후, 그 혐의자가 마약매도의 실행에 나설 때 바로 현행범인으로 체포하는 이른바 陷穽搜査(agent provocateur)도 상대방에게 犯意를 誘發한 경우에는 '미수의 교사'로 보아야 한다.[1] '미수의 교사'에 있어서 教唆者의 罪에 대하여는 이 경우에도 교사자의 고의를 인정할 수 있으므로 교사의 미수와 같이 취급되어야 한다는 견해[2]와 교사자에게 구성요건실현의 고의가 인정되지 않으므로 교사자의 가벌성은 부정된다고 보는 견해[3]가 대립하고 있다. 교사자의 고의는 기수의 고의이어야 하므로, 교사자가 처음부터 피교사자의 행위가 미수에 그칠 것을 예견하였거나 미수에 그치게 하려는 의사로 교사한 경우에는 고의가 성립할 수 없으므로 교사자는 처벌될 수 없다고 봄이 타당하다.[4] 피교사자가 자신이 실행한 범죄에 의하여 처벌됨은 물론이다.[5] 교사자가 미수를 교사하였는데 뜻밖에 정범이 기수에 이른 경우에는 교사자는 원칙적으로 그 기수의 결과에 대하여 과실범으로서의 책임을 질뿐이다.[6] 하지만 이 경우 사실관계에 따라서는 기수범에 대한 미필적 고의가 인정되어 기수의 결과에 대한 교사범이 성립될 수도 있다고 본다.

(2) 교사행위

(가) 교사의 수단과 방법

교사행위의 手段과 方法에는 제한이 없다. 생명에 대한 위협이나 이익의 제공 또는 약속, 기망, 종속관계 등의 이용, 간청, 권고, 부탁 등 그 방법을 불문하고, 명시적이든 묵시적이든 상관없다. 예를 들어, 대리시험을 교사한 경우에 있어서는 업무방해죄에 대해서는 명시적 방법에 의한 교사가 되고, 대리시험자가 시험을 치기 위해 시험장에 입실한 점에 대해서는 주거침입죄

---

1) 이미 스스로 범의를 갖고 있는 자에게 단순히 범행의 기회를 제공하거나 범행을 용이하게 하는 데 불과한 경우는 함정수사에 포함시킬 수 없으며(대판 1987. 6. 9, 87도915 참조), 따라서 '미수의 교사'에도 해당되지 아니한다.

2) 김종원, "교사범", 고시계 1975. 1, 39면.

3) 김일수/서보학, 638면; 박상기, 441면; 배종대, 552면; 신동운, 587면; 오영근, § 34, RN 46; 이재상, § 34, RN 13; 이정원, 341면; 이형국, 627면; 임웅, 448면; 정성근/박광민, 565면.

4) 예비·음모의 교사도 마찬가지의 원리에 의해 해결된다고 본다.

5) 대판 1982. 6. 8, 82도884.

6) 김일수/서보학, 639면; 손동권, § 31, RN 15; 이재상, § 34, RN 14.
이 경우 교사자는 방조의 예에 의해 처벌되어야 한다고 보는 견해(박상기, 446면)도 있다.

의 묵시적 방법에 의한 교사가 인정되는 것이다.[1] 또한 범행자금의 제공도 경우에 따라서는 교사로 인정될 수 있다.[2]

不作爲에 의한 教唆는 인정하지 않는 것이 다수설[3]의 견해이다. 물론 부작위에 의한 교사의 경우에 있어서는 대부분 상대방이 스스로 결의를 한 것으로 보아야 할 것이기 때문에 부작위에 의한 교사를 인정하기 어려운 것이 사실이다. 하지만 예외적이나마 부작위에 의하여 비로소 상대방이 범행의 결의를 하게 된 경우를 생각할 수는 있을 것이다. 즉 당연히 나서서 범행의 결의를 막아야 할 위치에 있는 사람이 부작위로 나아가 막지 않은 경우와 같은 특수한 상황 하에서는 정범의 범행의 결의를 야기할 수도 있으므로 이론상 허용되는 것으로 봄이 타당하다.[4]

위협·유혹·기망이나 강요 등의 수단과 방법에 있어서 교사자에게 意思支配가 인정되는 경우에는 교사범이 아니라 간접정범이 되는 것으로 봄이 타당하다.[5]

㈏ 교사의 내용

교사는 特定한 犯罪에 대한 결의를 가지게 하는 것을 요하고, 막연히 범죄일반을 교사하는 것은 교사라고 할 수 없다. 따라서 단순히 연소한 자에게 밥값을 구해오라고 말한 것만으로는 절도죄의 교사에 해당되지 않는다고 보아야 한다.[6] 특정한 범죄인 이상 작위범뿐만 아니라 부작위범에 대한 결의를 가지게 하는 교사도 인정될 수 있다.[7] 개개의 범행에 관하여 그 실행의 수단이나 방법, 범죄의 장소·일시 또는 그 대상 등을 구체적으로 지시할 필요까지는 없다.[8] 하지만 단순히 범죄를 유발할 수 있는 상황이나 범죄의 충동을 일으킬 만한 상황을 만든 것에 불과한 경우는 범죄에 대한 결의를 가지게 한 것으로 보기 어려우므로 교사행위로 인정될 수 없다고 본다.[9] 예를

1) 대판 1967. 12. 19, 67도1281.
2) 대판 1969. 4. 22, 69도255.
3) 김성돈, 753면; 김일수/서보학, 637면; 이재상, §34, RN 7; 이형국, 628면; Jescheck/Weigend, 691면; Schönke/Schröder, §26, RN 7.
4) 同旨: 안동준, 형법총론, 1998, 250면; 오영근, §34, RN 40.
5) 김성돈, 752면; 오영근, §34, RN 37.
6) 대판 1984. 5. 15, 84도418.
7) 이것이 '부작위에 의한 교사'와는 구별되는 문제임은 당연하다.
8) 대판 1991. 5. 14, 91도542.
9) 김성돈, 751면.

들어, 처의 간통 현장에 남편을 보내어 그곳에서 격분한 남편이 처를 살해하도록 한 경우에는 살인죄의 교사범을 인정할 수 없을 것이다.[1]

교사자의 교사가 피교사자의 범행의 유일한 원인일 필요는 없으므로 정범인 피교사자의 범행습벽과 교사자의 교사행위가 함께 실행행위의 원인이 된 경우에도 교사범은 성립한다.[2]

(다) 교사의 경합

2인 이상이 共同하여 教唆한 경우에 있어서는 각자의 행위가 교사의 요건을 갖춘 한 범행에의 현실적 기여도가 높고 낮음을 묻지 않고 공동의 교사범을 인정함이 타당하다.

하나의 교사행위에 의하여 한 사람이 수개의 범죄행위를 하거나 하나의 교사행위에 의하여 수인이 각각 범죄행위를 행한 경우에는 수개의 교사범의 상상적 경합이 된다.[3]

2. 피교사자의 실행행위

피교사자인 정범이 교사에 의하여 범죄의 실행을 결의하고, 이 결의에 의하여 범죄의 실행으로 나아가는 것이 필요하다. 즉 교사행위와 피교사자의 결의, 실행행위 사이에는 因果關係가 있을 것을 요한다. 피교사자가 범죄의 실행을 승낙하지 않은 경우엔 교사의 미수로서 예비·음모에 준하여 처벌될 수 있을 뿐이다(제31조 제3항). 교사행위와 피교사자의 결의가 있더라도 피교사자의 실행의 착수가 없거나[4] 교사행위와 피교사자의 결의 사이에 인과관계가 없는 경우에도 교사자는 교사범이 되지 못하며, 예비·음모에 준하여 처벌될 뿐이다(제31조 제2항).

피교사자인 정범이 과실범인 경우에는 교사범이 아니라 간접정범(제34조 제1항)이 될 수 있을 뿐이다. 제한적 종속형식에 입각하면 정범의 실행행위는 구성요건해당성과 위법성을 갖추어야 한다. 그러므로 정범의 범죄가 신분

1) 손동권, § 31, RN 7; 이재상, § 34, RN 6.
2) 대판 1991. 5. 14, 91도542.
3) Schönke/Schröder, § 26, RN 10.
4) 대판 2000. 2. 25, 99도1252.
실행을 위한 행위가 전혀 없는 경우뿐만 아니라, 피교사자가 예비·음모에만 나아간 경우도 마찬가지라고 보아야 한다.

범이나 목적범인 경우엔 정범에게 해당 신분이나 목적이 갖추어져 있어야 한다.

피교사자는 特定한 他人이어야 한다. 특정한 타인인 이상 1인이건 수인이건 교사의 성립이 가능하다. 불특정한 타인에 대한 교사는 '煽動'(제90조 제2항, 제101조 제2항 등)[1]에 해당된다. 따라서 불특정한 타인에 대하여 범행을 부추긴 경우에는 선동행위에 대한 처벌규정이 없는 한 교사범으로도 처벌될 수 없다고 하겠다.

Ⅳ. 處 罰

교사범은 범죄를 실행한 정범과 동일한 형으로 처벌된다(제31조 제1항).

교사범이 비록 공범이긴 하지만, 정범인 피교사자의 범의를 유발하여 범행을 야기시킨 점에 있어서 정범 못지않은 불법과 책임이 인정될 수 있는 것이다.

'同一한 刑'이라 함은 동일한 법정형을 의미할 뿐이므로, 정범에게 존재하는 책임가중·감면사유나 인적 처벌조각사유 등은 교사자의 처벌에 아무런 영향을 미치지 않는다. 그러므로 실제의 경우에 따라서는 교사자의 형이 정범보다 더 중하게 내려질 수도 있을 것이다. 교사의 미수는 미수범처벌규정이 있는 때에 한하여 처벌될 것이다.

자기의 지휘·감독을 받는 자를 교사하여 범죄행위의 결과를 발생케 한 特殊敎唆犯에 대해서는 정범에 정한 형의 장기 또는 다액의 2분의 1까지 가중한다(제34조 제2항). '指揮·監督'은 법적인 것뿐만 아니라 사실상의 지휘·감독도 포함하는 의미이다.

---

1) '선동'은 '교사'와는 달리 공범의 행위유형이 아니기 때문에 그 성립에 있어서 종속성이 요구되지 아니한다. 즉 피선동자가 범죄의 실행에 착수했는지 여부와 관계없이 선동행위 그 자체만으로 선동죄가 성립하는 것이다.

V. 關聯問題

1. 교사범의 착오

교사범의 착오는 교사자의 教唆의 내용과 피교사자의 實行行爲[1]가 일치하지 않는 경우에 교사자를 어떻게 처벌할 것인가의 문제이다. 이 문제는 교사의 내용과 실행행위가 같은 구성요건적 사실인 '구체적 사실의 착오'와 양자가 다른 구성요건적 사실인 '추상적 사실의 착오'의 경우 그리고 실행행위가 결과적 가중범인 경우 등으로 나누어 살펴 볼 수 있다.

(1) 구체적 사실의 착오

교사의 내용과 실행행위가 같은 구성요건적 사실 사이의 착오인 具體的事實의 錯誤의 경우에는 그 착오가 객체의 착오이든 방법의 착오이든 간에 교사자의 범죄성립에 아무런 영향이 없다고 본다. 이 경우 피교사자가 착오한 내용을 교사자가 예견할 수 있었던 경우에는 교사자는 피교사자가 실행한 범죄의 교사범으로 처벌되지만, 전혀 예견할 수 없었던 것인 경우에는 교사한 범죄의 미수범과 실현된 범죄의 과실범의 상상적 경합이 인정된다고 볼 것이다.[2] 피교사자의 범행의 일시, 장소 또는 방법 등이 교사자가 인식한 바와 다르더라도 교사자의 고의가 성립하는데 지장이 없다. 예컨대, A의 집에 침입하여 금전을 절취할 것을 교사하였는데 피교사자가 잘못하여 그 옆집인 B의 집에 침입하여 의류를 절취한 경우에도 교사자는 절도죄의 교사범이 되며, 살인을 교사하였으나 피교사자가 살인의 미수에 그친 경우와 같은 교사의 미수에 있어서도 교사자는 살인죄 미수의 교사범으로 처벌된다.

(2) 추상적 사실의 착오

교사의 내용과 실행행위가 다른 구성요건적 사실 사이의 착오인 抽象的事實의 錯誤의 경우는 다시 실행행위가 교사의 내용보다 경(輕)한 경우와 실행행위가 교사의 내용을 초과한 경우로 나누어 살펴보아야 한다.

㈎ 실행행위가 교사의 내용보다 경한 경우

피교사자의 실행행위가 교사의 내용보다 불법이 경한 구성요건인 경우

---

1) 교사범의 착오의 문제는 피교사자의 '실행행위'에 대해 착오가 있는 경우에 국한되며, 피교사자의 책임능력 등 책임에 대한 착오는 이에 포함되지 아니한다.

2) 김일수/서보학, 642면; 이형국, 633면; Jescheck/Weigend, 625면; Schönke/Schröder, § 26, RN 19; Welzel, 75면.

에는 공범종속성의 원칙에 따라 교사자는 원칙적으로 정범의 실행의 범위 내에서 책임을 지면된다.

이 경우에도 교사한 범죄와 실행한 범죄가 同質的인지 異質的인지에 따라 해결이 달라진다. 예컨대, 특수강도를 교사하였는데 강도를 행한데 그친 경우와 같이 양자가 동질적인 구성요건적 사실인 때에는 실행한 범죄인 강도죄의 교사범이 성립된다.[1] 그러나 교사한 범죄의 예비·음모가 처벌되고 그 형이 피교사자가 실행한 범죄의 형보다 중한 경우에는 양죄의 상상적 경합이 인정되어 결국 교사한 범죄의 예비·음모로 처벌된다고 생각한다.[2] 살인을 교사하였는데 절도를 행한 경우와 같이 이질적인 구성요건적 사실인 때에는 '효과 없는 교사'로서 교사한 죄인 살인죄의 예비·음모로 처벌된다(제31조 제2항).

(나) 실행행위가 교사의 내용을 초과한 경우

피교사자의 실행행위가 불법에 있어서 교사의 내용을 초과한 경우는 다시 양적 초과와 질적 초과의 두 경우로 나누어 살펴보아야 한다.

1) 양적 초과　量的 超過란 교사의 내용과 실행행위가 구성요건을 달리하나 공통적 요소를 가지는 경우 즉 양자가 동질적인 경우를 가리킨다. 이 경우에는 착오에 관한 일반이론에 따라서 교사자는 그 초과부분에 관하여서만 책임을 지지 않는다. 예컨대, 절도를 교사하였는데 피교사자가 강도를 한 경우에는 교사자는 절도죄의 교사범이 되며, 상해를 교사하였는데 살인을 하였을 경우에는 교사자는 상해죄나 상해치사죄의 교사범의 책임을 진다.[3]

2) 질적 초과　質的 超過란 교사의 내용과 실행행위가 구성요건상 전혀 그 성질을 달리하는 경우를 가리킨다. 예컨대, 강도를 교사하였는데 피교사자가 살인을 하였을 경우에는 교사와 실행행위 사이의 인과관계를 인정할 수 없으므로 실행의 착수도 인정되지 못한다. 따라서 교사자에게 피교사자의 실행행위에 대하여 책임을 물을 수 없고, 결국 '효과 없는 교사'에 해당되어 교사자는 강도죄의 예비·음모로 처벌된다(제31조 제2항).[4]

1) 만일 강도를 교사하였으나 피교사자가 절도의 고의만 갖고 절도를 범한데 그친 경우에는 교사자에게는 강도죄의 예비·음모(제31조 제2항, 제343조)와 절도죄의 교사범의 상상적 경합이 인정된다고 본다.

2) 박상기, 441면; 이재상, § 34, RN 19.

3) 대판 1997. 6. 24, 97도1075.

4) 김일수/서보학, 641면; 박상기, 441면; 이재상, § 34, RN 21.

(3) 교사범과 결과적 가중범

정범인 피교사자의 실행행위가 결과적 가중범으로 되었을 경우, 예컨대 상해를 교사하였는데 피교사자가 상해치사죄를 범한 경우에는 교사자가 중한 결과인 사망의 발생을 예견할 수 있었던 때(제15조 제2항)에는 교사자도 그 결과적 가중범의 책임을 면치 못한다.[1] 이 경우 교사자가 중한 결과에 대하여서 책임을 지느냐의 여부는 교사자 본인의 그 결과에 대한 예견가능성을 기준으로 하여 판단되는 것이다.

2. 교사의 미수

교사의 미수는 '기도된 교사'와 '협의의 교사의 미수'로 나누어 검토하여야 한다.

(1) 기도된 교사

'企圖된 敎唆'는 다시 '실패한 교사'와 '효과 없는 교사'로 구분된다.

㈎ 실패한 교사

교사를 했으나 피교사자가 이에 응하지 않은 경우인 '失敗한 敎唆'에 있어서는 교사자만 예비·음모에 준하여 처벌한다(제31조 제3항). 교사 전에 이미 피교사자에게 범행의 고의가 존재하고 있는 경우에 관하여는 명문의 규정은 없지만 '실패한 교사'의 한 경우로 봄이 타당하다. 피교사자가 교사 전에 이미 범행의 고의를 갖고 있었던 경우 피교사자가 범행으로 나아갔는지의 여부는 교사자의 죄와 무관하다. 교사에 응하지 않은 피교사자가 나중에 마음이 변하여 범죄의 실행에 착수한 경우엔 교사자의 교사와 피교사자의 범행 사이의 인과관계의 존부에 따라 교사자의 죄가 결정될 것이다.

㈏ 효과 없는 교사

피교사자가 범행을 승낙은 하였으나 실행에 착수하지 않은 '效果 없는 敎唆'에 있어서는 교사자와 피교사자 모두를 예비·음모에 준하여 처벌한다(제31조 제2항). 나중에라도 피교사자가 범행의 승낙에 따라 실행에 착수한 경우에는 교사자와 피교사자의 기수나 미수[2]의 책임이 인정될 것이다.

---

1) 대판 2002. 10. 25, 2002도4089.

2) 이 경우가 '협의의 교사의 미수'이다.

(2) 협의의 교사의 미수

'狹義의 敎唆의 未遂'는 피교사자가 범행을 승낙한 후 범죄의 실행에 착수하였으나 미수에 그친 경우로서, 이 때에는 교사자도 피교사자와 마찬가지로 그 범죄의 미수로 처벌된다.

교사자와 정범인 피교사자의 미수에 있어서 그들에게 自意가 있었는지에 따라 장애미수(제25조)와 중지미수(제26조)의 적용이 달라진다. 정범이 장애미수이고 또 그것이 교사자의 자의에 의한 것이 아니면, 교사자도 장애미수로 된다. 그러나 정범이 장애미수이고 그 장애가 교사자의 자의에 기인한 경우에는, 교사자는 중지미수로 될 것이다. 정범이 중지미수이고 그 중지가 교사자의 자의에 기인한 경우에는, 교사자도 중지미수로 된다. 그러나 정범이 중지미수이고 그 중지가 교사자의 자의에 의한 것이 아니면, 교사자는 장애미수로 된다.

3. 간접교사

間接敎唆란 예컨대, A가 B에 대하여 C를 교사하여 죄를 범하게 할 것을 교사하는 경우 또는 A가 B에 대하여 범행을 교사하였으나 B는 스스로 범죄를 실행하지 않고 다시 C를 교사하여 그로 하여금 죄를 범하게 한 경우 등을 가리킨다. '敎唆의 敎唆'라고도 한다.

간접교사에 대하여는 형법상 인과관계를 인정할 수 있는 한 교사범으로서 책임을 인정하여야 한다는 것이 다수설[1)]과 판례[2)]의 입장이다. 그에 대하여 간접교사에 관한 의용형법상의 처벌규정을 삭제하고 있는 현행형법의 취지와 범죄구성요건의 정형성(定型性)을 감안하여 간접교사의 가벌성은 부정되어야 한다고 보는 견해[3)]도 있다. 형법의 규정상 피교사자가 반드시 정범일 필요는 없다고 할 것이므로 간접교사자가 직접교사자도 행위사정을 알 것으로 생각하고 교사를 했고, 형법상 인과관계가 인정되는 한 간접교사도 교사범으로 처벌함이 옳다고 본다.

교사가 수인을 거쳐 연쇄적으로 행해진 이른바 連鎖敎唆에 있어서도 간

---

1) 김일수/서보학, 643면; 이재상, § 34, RN 28; 이형국, 629면; 정성근/박광민, 571면.
2) 대판 1967. 1. 24, 66도1586; 대판 1974. 1. 29, 73도3104.
3) 정영석, 244면; 황산덕, 283면.

접교사에서와 마찬가지의 요건이 인정되는 한도 내에서 교사범의 성립이 인정된다고 볼 것이다.[1] 중간에서 교사행위를 한 자가 자신이 범죄를 교사한다는 사실에 관하여 인식하고 있지 못한 경우에 있어서 그 교사행위자가 교사범으로 처벌되지 못하는 것은 당연하지만 그렇다고 하여 그 앞의 교사자가 반드시 처벌되지 않는다고 볼 수는 없다. 중간의 교사행위자가 善意인 점을 그 앞의 교사자가 인식하고 범행교사에 이용하였다면 앞의 교사자는 처벌됨이 마땅하다고 생각한다.

제 4 절 從 犯

제32조 [종범] ① 타인의 범죄를 방조한 자는 종범으로 처벌한다.
② 종범의 형은 정범의 형보다 감경한다.

Ⅰ. 意 義

從犯(Beihilfe)이란 타인의 범죄를 방조하는 것을 가리킨다(제32조 제 1 항). 幇助犯이라고도 한다.

방조는 무형적 방조(정신적 방조)와 유형적 방조(물질적 방조)로 나누어 볼 수 있다. 조언, 충고, 격려 등 정신적 방법에 의한 방조인 無形的 幇助는 외적 형태가 교사범과 비슷하나, 교사는 고의 없는 자에게 고의를 발생케 하는 것인 데 반해서 종범은 이미 고의를 갖고 있는 정범의 범행결의를 강화시키는 것이라는 점에서 양자는 구별된다. 그리고 거동이나 물적 수단에 의한 有形的 幇助는 외적 형태가 공동정범과 비슷하나, 공동정범은 정범의 한 유형으로서 분업적 역할분담에 의한 범행지배가 인정되는 경우이지만 종범은 공범의 한 유형으로서 정범의 표지인 범행지배가 없는 범행가담에 불과하다는 점에서 양자는 구별된다.

---

1) 이재상, § 34, RN 29; Jescheck/Weigend, 687면; Schönke/Schröder, § 26, RN 9.
反旨 : 유기천, 299면.

행위의 실질적 내용이 방조의 성격을 갖는 몇몇 범죄구성요건이 각칙상 규정되어 있는데 이들 경우에 있어서는 그 행위 자체가 해당 구성요건의 정범행위이므로[1] 정범에 대하여 종범이론이 적용될 여지가 없다. 간첩방조죄(제98조 제1항), 도주원조죄(제147조), 아편흡식 등 장소제공죄(제201조 제2항), 자살관여죄인 방조(제252조 제2항) 등이 그 예이다. 물론 이들 구성요건에 있어서 정범의 행위에 대하여 타인이 종범으로서 방조할 수는 있다고 본다.[2]

Ⅱ. 本 質

1. 학 설

종범의 본질에 관하여는 종래 객관설, 주관설과 범행지배설이 각기 그 설명을 달리해오고 있다. 종범의 본질의 문제는 從犯과 共同正犯의 區別과 특히 관련을 갖는다.

(1) 객 관 설

客觀說은 종범과 공동정범의 구별을 행위의 객관적 태양(態樣)에 의해 행한다. 객관설은 다시 형식적 객관설과 실질적 객관설로 나뉜다.

㈎ 형식적 객관설

形式的 客觀說에서는 기본적 구성요건에 해당하는 실행행위를 한 자를 공동정범이라 하고, 실행행위에 속하지 않는 행위로써 범죄에 가담하는 경우는 종범이 된다고 본다. 이 설에 의하면 '망보는 행위'는 감금죄의 경우에 있어서처럼 그런 행위가 직접 구성요건에 해당할 경우 이외에는 종범이 될 수 있을 뿐이다.

㈏ 실질적 객관설

實質的 客觀說에서는 행위자가 범죄실행에 있어서 중요한 의미를 갖는 행위 또는 주동적 행위를 하는 경우에는 공동정범이 되고, 경미한 의미를 가질 뿐인 행위 또는 보조적 행위를 하는 경우에는 종범이 된다고 본다. 이 설에 의하면 '망보는 행위'는 일반적으로는 종범이 될 뿐이나, 특별히 그 중요성이 인정될 경우에는 공동정범이 될 수도 있다.

---

1) 대판 1986. 9. 23, 86도1429.

2) 이는 어디까지나 정범에 대한 방조인 점에서 종범에 대한 방조인 간접방조와는 구별된다.

(2) 주 관 설

主觀說은 종범과 공동정범의 구별을 행위자의 의사의 내용을 기준으로 하여 행한다. 즉 행위자가 '自己를 위한 意思'로 행위를 한 경우에는 공동정범이 되고, '他人을 위한 意思'로 행위를 한 경우에는 종범이 된다는 견해이다.

주관설에 의하면 절도범에 있어서 '망보는 행위'는 그 행위자가 정범으로서 함께 재물을 분배받을 의사를 가졌느냐의 유무에 의하여 법적 성격이 구별된다. 즉 그런 의사가 인정되면 공동정범이 되고, 그렇지 못하면 종범이 되는데 그친다고 본다.

(3) 범행지배설

犯行支配說에서는 정범의 표지인 범행지배의 유무에 의해 공동정범과 종범을 구별한다. 즉 자기를 위한 의사로 범죄실행에 있어서 중요한 의미를 갖는 행위를 한 자는 공동정범이 되고, 타인을 위한 의사로 경미한 의미의 행위를 한 경우에는 종범이 된다고 본다. 주관설과 객관설을 절충한 입장이라고 할 수 있다. 범행지배설에 의하면 '망보는 행위'는 범행과정상의 그 실질적 중요성과 행위자의 의사에 따라 공동정범이 될 수도 있고 종범이 될 수도 있게 된다.

하지만 이 설은 자기를 위한 의사이더라도 범죄실행에 있어서 경미한 의미를 갖는 행위만을 하였거나 또는 타인을 위한 의사이더라도 중요한 의미를 갖는 행위를 한 경우에는 판단이 어렵게 되는 문제점을 안고 있다. 즉 객관설과 주관설의 단순한 절충이 아닌 다른 차원의 기준개념으로서의 '범행지배'를 생각해야 한다고 본다.

2. 검 토

공동정범의 성립에는 기능적 범행지배에 의한 실행행위의 분담이 요구되고, 방조행위는 정범의 실행행위를 용이하게 하는 것일 뿐 실행행위에는 속하지 않는다. 정범에 있어서 실행행위의 의미는 절충적 입장인 범행지배설에 입각하여 객관적·주관적 양면을 실질적으로 고찰하여 판단해야 할 것이므로, 종범과 공동정범의 구별문제도 기본적으로 범행지배설에 입각하여 판단함이 타당하다고 생각한다. 따라서 '망보는 행위'도 그것이 직접 구성요건에 해당하거나, 자기의 이익을 위하는 의사에 기하여 범죄의 실행에 있어서 중요한 의미를 갖는 경우에는 공동정범이 되고, 타인의 이익을 위하거나 범죄의 실행에 있어서 경미한 의미를 갖는데 그치는 경우에는 종범을 구성하게 된다. 판례[1]에서는 환자의 보호자가 의사의 의학적 권고에도 불구하고 환자의 퇴원을 강력히 요구하여 담당 전문의와 주치의가 치료중단 및 퇴원을 허용하는 조치를 취한 경우에 있어서 담당 전문의와 주치의에게는 사망의 결과와 그에 이르는 사태의 핵심적 경과를 계획적으로 조종하거나 저지·촉진하는 등의 범행지배가 결여되므로 그들은 살인죄의 종범이 된다고 보고 있다.

Ⅲ. 成立要件

종범의 성립요건으로는 우선 정범인 피방조자의 실행행위가 존재해야 하며, 정범의 실행행위를 돕는 방조자의 방조가 있어야 한다.

1. 방조자의 방조

(1) 방조자의 고의

방조자는 幇助의 故意뿐만 아니라 正犯의 故意도 갖고 있어야 한다. 즉 정범인 피방조자가 범죄를 실행함으로써 범죄가 완성될 것이라는 점에 관한 인식도 갖추어야 한다.[2] 따라서 過失犯에 대한 幇助는 있을 수 없으며, 過失에 의한 幇助도 방조에 해당되지 아니한다. 방조가 과실로 행해진 때엔 경우에 따라 과실범의 정범이 될 수 있을 뿐이다.[3] 또한 정범의 기수를 인식하고 있어야 하므로 정범으로 하여금 미수에 그치게 할 의사로 방조한 未遂의 幇助도 방조가 될 수 없다.[4] 종범이 정범의 기수를 인식하고 방조하였으나 뜻밖에 정범이 미수에 그친 경우에는 '종범의 미수'가 성립한다고 본다.

방조자는 정범의 범죄의 중요부분을 인식하고 있어야 하지만, 범행의 일시·장소·객체 등 범죄의 구체적 내용이나 정범이 누구인지에 관하여서까

---

1) 대판 2004. 6. 24, 2002도995.
2) 대판 2003. 4. 8, 2003도382.
3) Jescheck/Weigend, 629면.
4) 하지만 기수의 고의를 갖고 있는 정범으로 하여금 미수에 그치게 할 의사로 범행에 관여한 경우에는 현실적으로 보아 방조의 고의 자체를 인정하기 어렵고, 이른바 危險減少의 경우에 해당되어 客觀的 歸屬도 당연히 부정된다고 생각한다.

지 알고 있을 필요는 없다.[1] 또한 방조자에게 요구되는 정범의 고의는 정범의 범죄에 대한 미필적 인식으로 족하다.[2] 그러므로 이른바 P2P(Peer-To-Peer) 방식인 소리바다 프로그램을 개발하여 이를 무료로 널리 제공하고 그 서버를 설치·운영한 행위는 구 저작권법상 복제권침해행위의 방조에 해당된다.[3] 그리고 방조행위시에 방조의 고의가 존재하는 것으로 족하고, 방조행위 전에 종범이 설사 정범의 범행에 반대하였다 하더라도 종범이 성립하는 데에는 아무런 영향이 없다.

(2) 방조행위의 인과관계

종범에 있어서 방조행위와 정범의 실행행위 사이에 因果關係가 존재할 것을 요하는지가 문제된다. 이는 종범의 성립범위를 적정하게 제한하기 위한 논의라고 할 수 있다. 이에 관하여는 필요설과 불요설의 논의가 있다.

㈎ 필 요 설

必要說에서는 방조행위와 정범의 실행행위 사이에 인과관계가 존재하여야 한다고 주장한다. 다만 그 인과관계의 내용은 조건설의 인과관계를 의미하는 것은 아니다. 인과관계의 내용에 관하여는 결과야기설과 기회증대설의 견해가 대립하고 있다.

1) 결과야기설 結果惹起說에서는 방조행위의 인과관계는 정범의 실행행위를 용이하게 하거나 촉진하여 결과야기에 참여하는 정도이면 족하다고 이해한다.[4] 우리나라와 독일 판례[5]의 입장이다.

2) 기회증대설 機會增大說에서는 방조행위가 정범의 실행행위의 기회를 증대시킨 경우에만 인과관계의 존재를 긍정하고 있다.[6] 즉 이른바 위험감소의 경우에는 인과관계를 부정하는 것이다. 방조행위의 인과관계를 가장 엄격하게 이해하는 입장이라고 할 수 있다.

---

1) 대판 1977. 9. 28, 76도4133.
2) 대판 2004. 6. 24, 2002도995; 대판 2005. 4. 29, 2003도6056.
3) 대판 2007. 12. 14, 2005도872.
4) 배종대, 562면; 이재상, §35, RN 11; 이형국, 641면; 임웅, 461면; Jescheck/Weigend, 628면; Schönke/Schröder, §27, RN 10; Welzel, 119면.
5) 대판 1985. 11. 26, 85도1906; 대판 1986. 12. 9, 86도198.
BGHSt 2, 130; BGHSt 8, 390.
6) 김일수/서보학, 647면; 박상기, 462면; 손동권, §32, RN 10; 신동운, 603면; 정성근/박광민, 583면.

㈏ 불 요 설

不要說에서는 방조행위와 정범의 실행행위 사이의 인과관계는 존재할 필요가 없다고 한다.[1] 종범은 정범의 실행행위의 위험성을 증대시키는 데 그친다는 점을 근거로 들고 있다. 하지만 종범에 있어서 인과관계가 요구되지 않는다고 보면 정범의 실행행위와 전혀 무관한 이른바 '企圖된 幇助'도 가벌성을 갖게 되는 부당한 결과가 야기되어, 종범의 성립범위가 지나치게 넓어진다는 문제점이 발생한다.

㈐ 검　토

종범에 있어서는 교사범과는 달리 방조행위가 피방조자의 실행행위에 대한 원인이 되었어야 할 필요는 없다고 생각한다. 방조행위와 피방조자의 실행행위 사이의 인과관계는 실행행위에 도움을 준다는 면에서의 社會通念上 聯關性, 즉 이른바 合法則的 聯關性을 의미한다고 봄이 타당하다. 필요설 중 이른바 結果惹起說의 입장이다. 즉 실행행위와 전혀 무관한 도움인 이른바 '기도된 방조'는 실행행위와의 연관성을 갖지 못하므로 방조가 될 수 없다. 범인임을 알면서 숙식이나 심부름 등의 단순편의를 제공하는 행위가 그러한 예이다.[2] 또한 A가 B에게 강도의 범행에 사용할 흉기를 제공하였으나 B가 그 흉기가 아닌 다른 물건을 갖고 강도를 하였다면 A의 제공행위는 원칙적으로 방조행위가 될 수 없다고 할 수 있다.[3] 하지만 방조행위가 실행행위와 사회통념상의 연관성을 갖고 정범이 기수가 된 이상은 설사 위험감소의 경우에 해당되더라도 종범은 성립한다고 보아야 한다.[4]

(3) 편면적 종범

片面的 從犯이라 함은 종범과 정범 사이에 의사의 연락 없이 종범 만이 방조의 의사를 갖고 방조하는 경우를 가리킨다. 종범에 있어선 정범과의 의사의 연락은 요건이 아니므로 정범이 방조자의 행위를 인식할 필요는 없다. 그러므로 편면적 종범은 인정된다고 봄이 타당하다.[5] '편면적'이라는 것은

1) Wessels/Beulke, RN 582.
2) 대판 1966. 7. 12, 66도470; 대판 1967. 1. 31, 66도1661.
3) 물론 이 경우에 있어서도 A의 제공행위가 B의 실행행위에 대한 정신적 방조가 되는 경우는 있을 수 있다.
4) 이는 '미수의 방조'와는 구별되어야 한다.
5) 同旨 : 대판 1974. 5. 28, 74도509.

범행관여자들 사이에 의사의 연락이 없다는 의미이며, 실행행위와 무관한 도움이 방조가 될 수 있다는 뜻은 아니다. 즉 실행행위와 무관한 도움의 경우엔 방조자에게 방조의 고의가 있었다 하더라도 종범은 성립하지 않는다. 그리고 또한 '편면적'이라 함은 방조자만이 방조의 사실을 인식하고 있는 것을 의미하므로, 방조행위를 한 사람 자신도 자신의 행위가 정범의 행위를 방조하고 있음을 인식하지 못하고 있는 경우는 '편면적' 종범에도 포함되지 않는 불가벌의 경우로 볼 수밖에 없다.[1)]

(4) 방조의 수단과 방법

幇助의 手段과 方法에는 아무런 제한이 없다. 따라서 범행자금[2)]이나 범행장소의 제공, 흉기의 대여 또는 보조적 거동과 같은 物質的·有形的 方法뿐만 아니라 조언이나 격려와 같은 精神的·無形的 方法에 의한 방조도 가능하다.[3)] 예를 들어, 입원치료를 받을 필요가 없는 환자가 보험금수령을 위해 입원치료를 받으려고 하는 사실을 알고 있는 의사가 입원을 허가하여 형식상으로 입원치료를 받도록 한 후 입원확인서를 발급해준 것[4)]은 유형적 방조에 해당한다. 그에 대해, 물건을 훔쳐오면 그 물건을 처분해주겠다거나, 범행 후에 숨겨주겠다는 등의 약속이나 범행에 도움을 줄만 한 사람을 소개하는 행위[5)] 또는 시위주동자의 지시를 받고 시위 현장을 사진 촬영한 행위[6)] 등은 정신적·무형적 방조의 예이다. 하지만 정신적·무형적 방법을 지나치게 넓게 인정하면 방조의 가벌성을 부당하게 확대시키는 위험이 야기된다. 그러므로 정신적·무형적 방법에 의한 방조가 성립하기 위하여는 범행에 대한 단순한 주관적 인용만으로는 부족하고, 결과발생에 대한 적극적 보조의사와 실행행위와의 연관성이 갖추어져야 한다고 봄이 타당하다.[7)]

방조는 直接的·間接的 方法을 모두 포함한다.[8)] 작위뿐만 아니라 부작

1) 이런 경우에는 방조의 고의도 인정되지 않는다고 할 수 있다.
2) 대판 1947. 12. 30, 4280형상131; 대판 1957. 5. 10, 4290형상343.
3) 이재상, § 35, RN 6; Schönke/Schröder, § 27, RN 12.
대판 1992. 7. 24, 92도1148.
4) 대판 2006. 1. 12, 2004도6557.
5) 대판 1982. 9. 14, 80도2566.
6) 대판 1997. 1. 24, 96도2427.
7) 김성돈, 767면; 박상기, 459면; 이용식, "무형적·정신적 방조행위의 인과관계", 형사판례연구 9, 2001, 209면.
8) 대판 1986. 12. 9, 86도198.

위에 의해서도 가능하다.[1] 不作爲에 의한 幇助가 성립하기 위하여 종범에게 보증인지위에 기한 작위의무가 인정되어야 하며,[2] 또한 정범으로서의 적격이 갖추어져 있지 않아야 한다.[3] 입찰업무담당 공무원이 입찰보증금이 횡령되고 있는 사실을 알고도 이를 방지할 조치를 취하지 아니함으로써 새로운 횡령범행이 계속된 경우,[4] 백화점 직원이 특정 매장의 점포에서 가짜 상표가 새겨진 상품을 진열·판매하는 것을 보고도 방치한 경우,[5] 창고의 경비원이 그 창고의 물건이 누군가에 의해 도난당하는 것을 방관한 경우[6] 등이 부작위에 의한 방조의 예이다. 그리고 공판에서 피고인이 자기를 위하여 자기 가족이 위증하는 것을 알고 그냥 놔둔 경우에 있어서도 위증죄의 부작위에 의한 방조를 인정할 수 있다.[7]

共同幇助도 가능하다. 방조행위에 관한 기능적 범행지배가 인정된다면 방조범의 공동정범도 얼마든지 인정될 수 있다고 본다.

방조행위를 한 자가 더 나아가 교사를 하거나 정범과 공동으로 범행을 한 경우엔 방조범은 교사범이나 공동정범에 흡수된다.

(5) 방조의 시기

幇助의 時期는 실행행위 전이든 실행행위 도중이든 불문한다. 실행의 착수 이전의 예비·음모의 단계에서도 방조는 가능하다. 즉 실행의 착수 전에 장래의 실행행위를 예상하고 이를 용이하게 하는 행위도 방조가 된다.[8] 물론 이 경우에 정범이 실행의 착수에 이르지 못하였다면 예비죄가 처벌되는 경우에만 그 예비죄의 방조범으로 처벌된다고 생각한다.

실행행위가 완성되어 기수에 이른 후에도 범죄가 종료할 때까지는 이른바 承繼的 從犯으로서 종범이 성립할 수 있다.[9] 정범의 실행행위를 용이하

1) Jescheck/Weigend, 630면.
反旨 : Welzel, 222면.

2) 대판 1984. 11. 27, 84도1906; 대판 1985. 11. 26, 85도1906; 대판 1995. 9. 29, 95도456; 대판 2006. 4. 28, 2003도4128.

3) 박상기, 459면; 신양균, "부작위에 의한 방조", 형사판례연구 6, 1998, 146면.

4) 대판 1996. 9. 6, 95도2551.

5) 대판 1997. 3. 14, 96도1639.

6) 물론 이 경우에 있어서 경비원도 절도범과 같이 불법영득의사를 갖고 범행을 방관하였다면 절도죄의 부작위범으로서 종범이 아닌 공동정범에 해당한다고 볼 것이다.

7) BGHSt 17, 321.

8) 대판 2004. 6. 24, 2002도995.

9) 김성돈, 770면; 김일수/서보학, 646면; 김종원, "종범", 고시계 1977. 6, 31면; 이재상, §35,

게 하거나 촉진시키는 행위뿐만 아니라, 정범의 법익침해를 강화하는 것도 방조에 해당할 수 있기 때문이다. 절도의 피해자가 절도범을 추격하는 것을 방해하여 범인이 도주할 수 있게 도와주는 것이나 방화에 의해 건조물에 불이 붙어 소훼되고 있는 상태에서 진화를 방해하거나[1] 소훼를 진작시키는 행위, 피감금자의 감금상태가 계속되도록 거드는 행위, 간호보조원의 무면허진료행위가 있은 후에 이를 의사가 진료부에 기재한 행위[2] 등이 그 예이다. 하지만 범죄종료 후의 가담인 이른바 事後從犯(auxilium post factum)은 종범으로 인정되지 않는다. 그러므로 범죄의 종료 후에 행해지는 범인은닉이나 증거인멸의 행위는 정범의 범죄에 대한 종범이 아니고, 각기 범인은닉죄(제151조 제 1 항)나 증거인멸죄(제155조)의 독립된 범죄에 해당하는 것이다.

2. 피방조자의 실행행위

정범인 피방조자의 실행행위는 故意行爲임을 요한다. 과실범을 방조하는 것은 간접정범이 되기 때문이다(제34조 제 1 항 참조).

공범의 종속성에 관하여 제한적 종속형식을 따르면, 피방조자의 행위는 구성요건에 해당하고 위법하여야 한다.

피방조자의 행위는 實行에 着手하였어야 한다.[3] 즉 미수범처벌규정이 있는 범죄에 있어서 정범인 피방조자가 범죄의 실행에 착수하였으나 미수에 그친 경우에는 공범종속성의 원리에 비추어 방조자도 '방조의 미수'로 된다. 또한 종범의 형은 정범의 형보다 감경하도록 되어 있으나, 미수범 중 불능미수의 경우에는 형의 면제까지도 가능하므로 종범의 미수를 인정함이 타당하다.

정범의 예비단계에서 방조를 하였으나 그가 실행에 착수하지 않고 예비에 그친 경우에 있어서는, 공범종속성의 원리에 입각하여, 종범이 성립하지 못한다고 본다.[4] 예비죄의 처벌규정이 있는 경우에도 예비죄의 종범으로 처

RN 7; 정성근/박광민, 580면; 정영석, 249면.
反旨 : 박상기, 463면.

1) 이러한 행위는 경우에 따라 방화의 죄의 방조범과 진화방해죄의 상상적 경합에 해당될 수도 있을 것이다.
2) 대판 1982. 4. 27, 82도122.
3) 대판 1981. 11. 24, 81도2422.
4) 김성돈, 776-777면; 손동권, § 32, RN 21; 신동운, 519면; 오영근, § 34, RN 88; 이재상, § 30, RN 24. 대판 1976. 5. 25, 75도1549; 대판 1979. 5. 22, 79도552.

벌될 수 없다고 보아야 한다. 물론 정범의 예비단계에서만 방조를 하였으나 정범이 예비에 그치지 않고 실행의 착수에 나아간 때에는 종범이 성립된다.[1)] 판례[2)]의 입장도 마찬가지이다. 또한 교사범에 관한 제31조 제2항, 제3항은 종범에 있어서는 준용되지 아니하므로, '기도된 방조'는 방조의 미수가 될 수 없을 뿐만 아니라, 예비·음모로도 처벌될 수 없다.

Ⅳ. 處　罰

종범의 형은 정범의 형보다 감경한다(제32조 제2항). 즉 반드시 감경하여야 하는 필요적 감경의 경우이다.

종범의 형의 감경은 종범을 정범의 법정형에 비하여 법률상 감경한 형으로 처벌한다는 의미이므로 실제의 구체적인 경우에 있어서 종범의 선고형이 항상 정범의 선고형보다 가볍게 되는 것은 아니다.

피방조자인 정범이 방조자의 지휘·감독을 받는 자인 特殊從犯의 경우에는 종범도 정범의 형으로 처벌한다(제34조 제2항). 지휘·감독자의 지위에 있으면서 자기의 지휘·감독을 받고 있는 자의 범죄를 방조하는 것은 비난가능성이 더 크기 때문에 가중처벌하는 것이다. 또한 간첩죄(제98조 제1항)와 관세법위반행위(동법 제182조 제1항)에 있어서는 그 방조행위에 대해서 정범과 동일한 법정형이 부과되고 있으며, 따라서 이 경우에는 종범감경이 행해지지 아니한다.[3)]

Ⅴ. 關聯問題

1. 종범의 착오

종범의 고의와 정범의 실행이 부합하지 않을 경우에는 착오의 일반이론에 의하여 종범의 책임을 판단한다.

---

1) Schönke/Schröder, § 27, RN 13.

2) 대판 1978. 2. 28, 77도3406; 대판 1979. 11. 27, 79도2201; 대판 1983. 3. 8, 82도2873; 대판 1996. 9. 6, 95도2551.

3) 대판 1986. 9. 23, 86도1429.

(1) 구체적 사실의 착오

종범이 인식한 범죄와 정범이 실행한 범죄가 동일한 구성요건이지만 단지 범행의 객체나 방법에 있어서 일치하지 않는 具體的 事實의 錯誤의 경우에는 종범의 고의는 그대로 인정된다.

(2) 추상적 사실의 착오

종범이 인식한 범죄와 정범이 실행한 범죄가 상이한 구성요건인 抽象的 事實의 錯誤의 경우는 양 구성요건이 동질적인 것인지 이질적인 것인지에 따라 달리 파악된다.

㈎ 동질적 구성요건인 경우

양 구성요건이 동질적인 것인 경우에는 양 구성요건이 부합하는 한도 내에서 종범의 고의를 인정하게 된다.[1] 예컨대, 종범이 절도죄를 인식하고 방조했는데 정범은 특수절도죄를 범한 경우 종범은 절도죄의 종범의 책임을 지며, 반대의 경우인 종범이 특수절도죄를 인식하고 방조했는데 정범은 절도죄를 범한 때에도 종범의 죄는 마찬가지로 절도죄의 종범이 된다.

㈏ 이질적 구성요건인 경우

양 구성요건이 이질적인 것인 경우에 있어서는 종범이 인식한 범죄가 정범이 실행한 범죄보다 형이 중한 것이든 경한 것이든 간에 불가벌이다. 교사범에 있어서 기도된 교사에 관한 제31조 제2항, 제3항이 종범에 관해선 준용되지 아니한다.

(3) 결과적 가중범의 경우

정범의 범죄가 結果的 加重犯인 경우에는 종범이 기본범죄를 인식하고 방조한 경우에 한하여, 중한 결과에 대한 종범의 예견가능성 유무에 의하여 중한 결과에 대한 종범의 책임 유무가 판단되는 것이다. 즉 종범에게 중한 결과에 대한 예견가능성이 인정되지 않을 때에는 기본범죄에 대한 종범만 성립한다.[2] 종범이 결과적 가중범의 기본범죄에 대해서도 인식하지 못하고 있었다면 종범은 중한 결과는 물론이고 기본범죄에 대해서도 책임을 지지 아니한다.

---

1) 대판 1985. 2. 26, 84도2987.

2) 대판 1998. 9. 4, 98도2061.

2. 방조의 방조, 교사의 방조, 방조의 교사

(1) 방조의 방조

幇助의 幇助인 間接幇助와 그에 대한 방조인 連鎖幇助를 종범의 한 형태로 일반적으로 인정하는 견해[1]도 있다. 하지만 간접방조나 연쇄방조가 정범의 실행행위와 연관성을 갖고 있는 경우가 아닌 한 종범으로 인정될 수 없으므로 불가벌이라고 봄이 타당하다.[2] 물론 간첩방조(제98조 제1항)나 자살관여죄의 행위유형의 하나인 자살방조(제252조 제2항)에 대한 방조는 각죄에 대한 종범이 된다고 볼 것이다.

(2) 교사의 방조

教唆의 幇助는 정범이 실행에 착수한 경우에만 교사범도 성립하고 따라서 그에 대한 방조도 종범으로 처벌될 수 있다.[3] 이른바 기도된 교사의 방조는 불가벌이라고 할 것이다.

(3) 방조의 교사

幇助의 教唆도 일반적으로 정범에 대한 종범이 된다고 보는 견해[4]도 있다. 현행 형법은 의용형법에 있던 '방조의 교사'에 관한 처벌규정을 삭제하였다. '방조의 교사'의 경우도 교사가 종범을 통해 정범의 실행행위와 연관성을 갖는 경우가 아닌 한 종범으로 인정될 수 없어 불가벌이라고 보아야 한다. 즉 종범이 교사에 응하여 방조를 행하고, 정범이 실행행위에 나아간 경우에는 교사자를 종범으로 취급할 수 있다고 생각한다.[5]

---

1) 이재상, § 35, RN 20; Schönke/Schröder, § 27, RN 18.
대판 1977. 9. 28, 76도4133.
2) 김성돈, 768면; 손동권, § 32, RN 27.
3) 反旨 : 황산덕, 287면.
4) Jescheck/Weigend, 567면; Welzel, 120면; Wessels/Beulke, RN 583.
5) 김성돈, 769면; 손동권, § 32, RN 27; 이재상, § 35, RN 22.

제 5 절 間接正犯

제34조 [간접정범, 특수한 교사·방조에 대한 형의 가중] ① 어느 행위로 인하여 처벌되지 아니하는 자 또는 과실범으로 처벌되는 자를 교사 또는 방조하여 범죄행위의 결과를 발생하게 한 자는 교사 또는 방조의 예에 의하여 처벌한다.

② 자기의 지휘, 감독을 받는 자를 교사 또는 방조하여 전항의 결과를 발생하게 한 자는 교사인 때에는 정범에 정한 형의 장기 또는 다액에 그 2분의 1까지 가중하고 방조인 때에는 정범의 형으로 처벌한다.

I. 意 義

間接正犯(mittelbare Täterschaft)이란 실행행위로 인하여 처벌되지 않거나 또는 과실범으로 처벌되는 타인을 이용하여 범죄를 실행하는 경우를 말한다. 예컨대, 정신병자를 충동질하여 현주건조물에 방화하게 한다든가, 환자를 살해하기 위하여 정을 모르는 간호원으로 하여금 독약이 든 주사를 놓게 하는 등의 경우이다. 정범 자신이 범죄의 실행행위를 수행하는 直接正犯에 대응하는 개념이다.

우리 형법상 '어느 행위로 인하여 처벌되지 아니하는 자 또는 과실범으로 처벌되는 자를 교사 또는 방조하여 범죄행위의 결과를 발생하게 한 자'는 간접정범으로서 교사 또는 방조의 예에 의하여 처벌된다(제34조 제 1 항). 간접정범은 어디까지나 정범의 한 경우이므로 범행지배의 한 형태인 意思支配가 이용자인 간접정범에게 인정되어야 한다. 즉 우월적 의사에 의해 타인을 지배·이용하여 자기의 범죄를 실행하는 자를 간접정범이라고 할 수 있다.

제34조 제 1 항은 간접정범의 유형에 관한 예시적 규정이라고 보아야 할 것이다. 즉 이용행위가 공범적 행위인 '교사 또는 방조'인 경우에는 피이용자가 '처벌되지 아니하는 자 또는 과실범으로 처벌되는 자'인 때에만 간접정범이 성립되는 것이라는 의미이며, 이용행위가 '교사 또는 방조'가 아닌 그 이외의 기망이나 조직적 권력의 이용 등인 경우에는 피이용자가 고의범의 정범으로 처벌되는 경우에도 이용자는 간접정범이 될 수 있다고 생각한다.

Ⅱ. 本　質

간접정범은 타인을 이용한 범죄라는 점에서는 교사범과 유사하고, 피이용자인 타인의 행위수행을 지배하고 있다는 점에서는 정범으로서의 성격을 갖고 있다. 즉 간접정범은 정범과 공범의 경계선상에 위치한 개념이기 때문에 간접정범이 과연 正犯인지 또는 共犯인지에 관하여 종래 논의가 있어 왔다.

간접정범의 본질에 관하여는 공범이론과 정범이론의 관점에서 각기 달리 논해지고 있다.

1. 공범이론의 관점

간접정범의 개념은 종래 共犯從屬性說에 그 토대를 두어왔다. 정신병자를 충동질하여 사람을 살해하게 한 경우에 있어서 피이용자에게는 책임이 없어 범죄가 성립하지 아니할 것이므로, 공범종속성설 중 종래의 지배적 견해였던 極端的 從屬形式에 따르면 이용자에 대하여도 범죄의 성립을 부정하게 된다. 따라서 간접정범의 개념은 책임무능력자나 책임조건을 결여한 자를 이용한 자에 대하여 죄책을 물을 수 없는 극단적 종속형식의 불합리를 구제하기 위해 안출된 개념으로 이해되었었다.[1] 그러나 共犯獨立性說에 의하면 정범의 성립에 관계없이 공범자는 얼마든지 교사범이나 방조범으로 될 수 있으므로 굳이 간접정범의 개념을 인정할 필요가 없다고 할 수 있다.[2]

우리 형법이 공범규정과는 별도로 간접정범에 관한 규정을 따로 두고 있다는 점에서는 공범종속성설에 입각하고 있음을 보여주는 것이라고 할 수도 있고 또 다른 한편으로는 간접정범의 처벌을 교사 또는 방조의 예에 의하고 있다는 점에서는 공범독립성설의 입장을 보여주고 있다. 그러므로 전체적으로 보아서 우리 형법은 두 입장을 혼합적으로 취하고 있다 하겠다.

2. 정범이론의 관점

制限的 正犯概念에 따르면 간접정범의 개념은 인정될 수 없게 되고, 간접정범도 공범의 한 경우로 취급된다. 하지만 擴張的 正犯概念에 따르면 간

1) 정영석, 255면.
2) 이건호, "교사범과 간접정범의 한계", 법정 1966. 12, 48면.

접정범은 엄연히 정범의 한 유형으로 인정되게 된다.

3. 검　　토

간접정범은 기본적으로 정범의 한 형태이므로 그 본질을 공범이론과 연관하여 이해할 필요는 없다고 본다. 우리 형법 제34조 제1항이 간접정범의 행위를 '교사 또는 방조'로 규정하고 있고 또 그 처벌을 '교사 또는 방조의 예'에 의하고 있음에 근거하여 간접정범을 共犯의 한 유형으로 파악하는 견해[1)]도 있다. 하지만 정범의 표지인 '범행지배'의 한 경우인 意思支配가 인정되면 설사 외관상으로는 교사나 방조의 모습을 갖추고 있고 그 처벌을 교사 또는 방조의 예에 의하더라도 그것은 어디까지나 正犯으로 인정함이 타당하다.[2)]

우리 형법이 정범의 한 유형으로서의 '간접정범'의 개념을 인정하면서(제34조 제목 참조) 그 처벌을 '교사 또는 방조의 예'에 의하고 있음(제34조 제1항)은 입법적 혼란이라고 할 수 있다.[3)] 간접정범은 어느 경우에 있어서나 당연히 정범으로서 처벌되어야 한다고 생각한다. 물론 간접정범에 있어서 '교사 또는 방조'의 예에 의해 처벌되는 경우는 피이용자가 실행행위로 인하여 처벌되지 않거나 과실범으로 처벌되는 자인 때 '교사 또는 방조'에 의해 이용한 경우에 국한되는 것이며, '교사 또는 방조' 이외의 방법으로 피이용자를 이용하여 범죄를 실행한 경우엔 당연히 정범으로 처벌되는 것으로 보아야 한다.

Ⅲ. 成立要件

간접정범의 성립요건은 피이용자와 이용자에 대하여 각각 검토해야 한다.

---

1) 김태명, "비신분자에 의한 허위공문서작성죄의 간접정범", 형사판례연구 13, 2005, 480면; 박정근, "간접정범", 고시계 1966. 10, 69면 이하; 신동운, "간접정범의 본질에 관한 일고찰", 유기천박사고희기념논문집, 1988, 190면 이하; 차용석, "간접정범", 형사법강좌 Ⅱ, 1984, 686, 702면.

2) 박상기, 412면; 배종대, 534면; 유기천, 127면; 이수성, "간접정범", 법정 1976. 6, 64면; 이재상, § 32, RN 4; 이정원, 321면; 정성근/박광민, 508면; 조준현, 331면; 황산덕, 253면; Jescheck/Weigend, 663면; Wessels/Beulke, RN 535.

3) 김일수/서보학, 583면; 배종대, 543면; 이재상, § 32, RN 26; 정영석, 258면; 황산덕, 259면.

1. 피이용자에 관한 요건

被利用者는 '어느 행위' 즉 실행행위로 인하여 처벌되지 아니하는 자 또는 과실범으로 처벌되는 자이어야 한다. 피이용자가 고의범으로 처벌되는 경우에도 상황에 따라서는 이용자가 간접정범이 될 수 있다.

(1) 어느 행위로 인하여 처벌되지 아니하는 자

㈎ 피이용자의 행위가 구성요건해당성을 결한 경우

피이용자의 행위가 構成要件該當性을 缺한 경우는 객관적 구성요건요소를 결한 경우와 주관적 구성요건요소를 결한 경우로 나누어 살펴보아야 한다.

1) 객관적 구성요건요소를 결한 경우　眞正身分犯에서 신분자가 비신분자를 이용하는 경우, 예를 들어 공무원이 자기 처 등의 비공무원으로 하여금 뇌물을 수수하게 하는 경우가 이에 해당한다.[1)]

구성요건해당성이 없는 自殺이나 自傷을 이용하거나 강요하여 살인이나 상해의 목적을 달성한 경우에도 이용이나 강요에 기하여 자살자나 자상자의 책임이 조각될 수 있는 때에는 이용자나 강요자는 살인죄의 간접정범이 된다.[2)] 그러나 타인을 교사 또는 방조하여 자살하게 한 경우에는 살인죄의 간접정범이 아니라 자살관여죄(제252조 제2항)가 성립하며,[3)] 위계 또는 위력으로써 타인으로 하여금 자살을 결심하게 한 경우에도 살인죄의 간접정범이 아니라 위계 등에 의한 살인죄(제253조)가 성립하게 된다.[4)]

2) 주관적 구성요건요소를 결한 경우　가장 전형적인 예로 피이용자에게 고의범구성요건의 故意가 缺如된 때[5)]를 들 수 있다. 재산범죄 중 領得罪에 있어서 불법영득의사 없는 자를 이용하여 범죄를 실행하는 경우도 이에 해당

---

1) 배종대, 536면; 신동운, 612면; 이재상, §32, RN 12; 이형국, 612면; 정성근/박광민, 513면; 조준현, 332면; Jescheck/Weigend, 670면; Schönke/Schröder, §25, RN 19; Welzel, 104면.

신분자가 비신분자를 이용하였다 하더라도 비신분자에게 고의가 있는 경우에는 신분자가 간접정범이 될 수 없다고 보는 견해(임웅, 434면)도 있다.

2) 전지연, "간접정범의 기본구조와 자살참가에서의 간접정범", 형사법연구 6, 1993, 169면; Jescheck/Weigend, 606면.

대판 1987. 1. 20, 86도2395.

3) 물론 이 경우에 있어서는 피이용자인 타인이 자살에 관한 의사결정을 하였어야 한다.

4) 최우찬, "간접정범", 고시계 1994. 3, 19면.

5) 대판 1996. 10. 11, 95도1706; 대판 1997. 7. 11, 97도1180.

한다.[1] 또 目的犯에서 목적 있는 자가 목적 없는 자의 행위를 이용하는 경우, 예컨대 행사의 목적이 있는 자가 행사의 목적이 없는 자로 하여금 통화를 위조하게 하는 경우[2]와 내란죄에 있어서 '국헌문란의 목적'을 가진 자가 그 목적 없는 자를 이용하여 구성요건을 실행한 경우[3] 등도 이에 속한다. 그러나 목적범에 있어서 피이용자에게 목적은 없으나 구성요건고의는 있는 때에는 경우에 따라 이용자에게 의사지배가 인정되지 못할 수도 있으며, 그런 경우 이용자는 사실관계에 따라 직접정범이나 공범으로 처벌된다고 본다.[4]

㈏ 피이용자의 행위가 위법성을 결한 경우

피이용자의 행위가 違法性을 缺한 경우, 즉 이용자가 타인의 정당방위나 긴급피난 또는 정당행위 등을 이용한 경우에도 이용자는 간접정범으로 된다.

1) 타인의 정당방위를 이용한 경우 타인의 正當防衛를 이용한 경우로는 A가 B를 살해할 생각으로 그를 속여 그와 아무 관계도 없는 C를 두고 "C가 당신(B)의 원수이니 죽이라"고 그(B)를 부추겼는데, 이에 B가 C를 죽이려고 하자 C는 정당방위를 하게 되었고 C의 방위행위에 의하여 B가 죽어 결국 A의 의도가 실현된 경우를 예로 들 수 있다. 이 경우에 있어서 A는 살인죄의 간접정범으로 처벌되게 된다. 이 경우에 있어서 A의 살인죄의 간접정범을 인정할 수 있기 위해서는 B의 의사에 대한 지배와 C가 B를 살해할 수 있다는 점에 관한 분명한 인식 등이 인정되어야만 하며, 그러한 점이 인정되지 않는 경우엔 간접정범이 되지 못한다고 생각한다. 그렇다고 하여 그런 경우 A가 공범이 되는 것은 아니다. A가 공범이 되기 위해서는 정범인 C의 위법한 행위수행이 있어야 하나 이 경우엔 C가 정당방위를 행하였기 때문이다. 그리고 C가 방위행위 이외의 방법으로도 B의 공격을 피할 수 있었을 경우에도 A는 살인죄의 간접정범이 되지 못한다고 생각한다.[5]

2) 타인의 긴급피난을 이용한 경우 타인의 緊急避難을 이용한 경우로는 가족이 임부에 대해 낙태행위를 하다가 감당하기 어려운 위험상황이 발

---

1) 정성근/박광민, 511면; Jescheck/Weigend, 606면; Welzel, 343면.
이 경우에 피이용자를 절도죄의 정범으로 보고, 이용자에게 절도죄의 교사범을 인정하는 견해(박상기, 420면; 임웅, 435면)도 있다.

2) 정성근/박광민, 511면.

3) 대판 1997. 4. 17, 96도3376.

4) 김일수/서보학, 578면; 임웅, 434면.

5) Jescheck/Weigend, 667면; Schönke/Schröder, § 25, RN 28.

생하여 급히 의사를 찾아가 그 의사로 하여금 임부의 생명을 구하기 위해 부득이 낙태를 하도록 한 경우를 예로 들 수 있다.[1] 이 경우에 있어서 임부의 가족은 낙태죄의 간접정범으로 처벌되는 것이다. 만일 가족이 낙태행위를 한 것 자체가 긴급피난에 해당되는 경우라면 가족은 간접정범이 될 수 없고 불가벌이라고 하겠다.

3) 타인의 정당행위를 이용한 경우　타인의 正當行爲를 이용한 경우로는 국가기관의 적법한 행위를 이용한 경우를 예로 들 수 있다. 즉 수사기관에 허위의 사실을 신고하여 형식상 적법한 영장에 의하여 상대방을 구속하게 한 경우 신고자는 체포·감금죄의 간접정범이 되며, 허위의 채권으로 민사소송을 제기하는 소송사기도 사실관계에 따라 절도죄 등의 간접정범에 해당될 수 있을 것이다.

㈐ 피이용자가 책임을 결한 경우

피이용자가 責任을 缺한 경우, 즉 이용자가 책임무능력자의 행위를 이용하는 경우나 피이용자의 '강요된 행위'(제12조)를 이용하는 경우에도 이용자는 간접정범이 된다. 이 경우에는 피이용자의 행위의 위법성은 인정되는 것이므로, 제한적 종속형식에 따르면, 경우에 따라서는 이용자의 공범성이 긍정될 수도 있다. 하지만 간접정범은 어디까지나 정범의 한 경우이므로 정범의 표지인 범행지배로서의 의사지배가 인정되지 아니하는 경우에만 이용자의 행위는 공범으로 처벌되는 것이고, 의사지배가 인정되는 경우엔 간접정범으로 처벌된다.

피이용자가 형사미성년자 등의 責任無能力者인 경우 그의 책임무능력상태를 이용자가 인식하고 있는 때에는 대부분의 경우 이용자에게 의사지배가 인정된다고 생각한다.[2] 이 경우에 있어서도 피이용자인 책임무능력자가 구체적인 상황에 있어서 사물변별능력이나 의사결정능력을 갖고 있었을 때에는 이용자는 공범이 되는 데 그친다고 생각한다.[3] 또한 피이용자인 책임무능력자가 이미 범행을 결심하고 있는 상태에서 실행행위에 나아갔다면 경우에 따라 정범인 이용자에 대한 공범이 인정될 수도 있다.[4] 禁止錯誤에 빠져

1) 일본 대심원 大正 10. 5. 7. 판결.
2) 김일수/서보학, 579면; 박상기, 422면; 정성근/박광민, 515면.
3) 이재상, § 32, RN 19; Jescheck/Weigend, 605면.
4) Schönke/Schröder, § 25, RN 39.

있는 者를 이용하여 범행을 수행한 경우에도 이용자가 위법한 착오상태를 야기하였거나 피이용자가 착오를 회피할 수 없는 때에는 이용자에게 의사지배가 인정되어 간접정범이 성립된다고 보아야 한다.[1] 이 경우에도 구체적인 상황에서 이용자에게 의사지배가 인정되지 않는다면 이용자는 공범이 되는데 그친다고 생각한다. 오상방위자를 이용하여 타인을 공격하게 하는 경우와 같이 위법성조각사유의 객관적 요건에 관한 착오에 빠져 있는 자를 이용한 때에도 이용자는 간접정범이 될 수 있다고 본다.

㈑ 피이용자에게 처벌조건이 결여된 경우

피이용자에게 處罰條件이 缺如된 경우, 즉 피이용자가 인적 처벌조각사유에 해당되거나 객관적 처벌조건을 결여한 때에도 이용자는 간접정범이 될 수 있다. 하지만 이 경우엔 피이용자의 행위가 범죄의 성립요건을 결한 경우들에 비하여 이용자에게 의사지배가 인정되기 어려울 것으로 생각한다. 이용자에게 의사지배가 인정되지 못하면 이용자는 공범으로 처벌될 수 있을 뿐이다.

(2) 과실범으로 처벌되는 자

피이용자의 행위가 過失犯으로 처벌되는 경우에도 이용자는 간접정범이 된다. 피이용자의 행위가 형법상 과실범으로 처벌되는 경우뿐만 아니라 처벌규정이 없는 불가벌적 과실범인 경우도 이에 포함시킴이 타당하다. 예를 들어, 피이용자의 과실손괴행위를 이용하는 경우에 있어서 피이용자는 손괴죄의 과실범이 처벌되지 아니하므로 무죄이지만 이용자는 고의의 손괴죄의 간접정범이 되는 것이다.

그러므로 '어느 행위로 처벌되지 아니하는 자'는 '고의범으로 처벌되지 아니하는 자'의 의미라고 할 수 있다.

(3) 고의범으로 처벌되는 자

피이용자의 행위가 故意犯으로 처벌되는 경우에도 이용자에게 의사지배가 인정되는 때에는 이용자는 간접정범이 될 수 있다고 본다. '정범 배후의 정범'이 이에 해당한다.

---

1) 박상기, 423면; 배종대, 528면; 이재상, § 32, RN 20; Jescheck/Weigend, 605면.

2. 이용자의 이용행위

(1) 이용행위

㈎ 의 의

간접정범이 성립하기 위해서는 이용자가 피이용자를 범죄실행의 수단으로 이용하는 행위가 있어야 한다. 법문(法文)에서는 이를 '교사 또는 방조'라고 표현하고 있다. 여기서 이용행위는 '교사 또는 방조'와 같은 공범적 행위에 국한되는 것은 아니며, 그 이외의 다른 형태의 이용행위도 얼마든지 가능하다고 보아 여기의 '교사 또는 방조'는 '사주'(使嗾)나 '利用' 등의 의미로 이해하는 것이 일반적인 견해[1]이다. 하지만 법문상의 '교사 또는 방조'의 의미를 넓게 해석하여 공범적 행위 외에 다른 형태의 이용행위들까지도 모두 포함하는 것으로 봄은 부당한 해석이라고 생각한다. 왜냐하면 제34조는 협의의 공범에 관한 규정들에 뒤이어 위치하는 것이므로 제34조 제1항은 이용행위가 공범적 행위인 '교사 또는 방조'이지만 피이용자의 성격이 특수한 경우에 관하여 마련된 특별규정이라고 보아야 할 것이기 때문이다.[2] 또한 우리 형법은 제34조 제1항의 간접정범을 '교사 또는 방조의 예'에 의하여 처벌하고 있으므로 그 이용행위가 외형상 '교사'에 해당할 경우에는 제31조에 따라 처벌되고, '방조'에 해당할 때에는 제32조에 따라 처벌되기 때문에 이용행위인 '교사 또는 방조'도 '사주'나 '이용' 등의 넓은 의미로 해석될 수는 없고 '교사' 또는 '방조'의 본래의 의미로 이해하여야 한다고 본다.

물론 '교사 또는 방조' 이외의 이용행위에 의한 간접정범의 성립도 가능하며, '정범 배후의 정범'인 간접정범에 있어서는 '기망'이나 '조직적 권력의 행사'가 이용행위에 해당되는 것이다.

㈏ 고의에 의한 이용

이용자의 이용행위는 故意行爲이어야 한다. 과실에 의한 이용행위에 있어서는 이용의 의사를 인정할 수 없으므로 부정된다고 본다.[3]

이용행위가 고의에 의해 행해진 것으로 충분하며, 이용과정에서 피이용

---

1) 김일수/서보학, 581면; 이재상, § 32, RN 24; 이형국, 622면.
2) 제34조 제2항의 성격도 마찬가지로 보아야 한다.
3) 박상기, 433면; 임웅, 440면; 정성근/박광민, 518면.
反旨 : 황산덕, 262면.

자의 의사를 부당하게 억압하였을 것을 요하는 것은 아니고 통상적인 지시나 협의에 기한 이용이라도 무방하다.[1)]

㈐ 부작위에 의한 이용

이용행위는 작위에 의함이 일반적이지만, 不作爲에 의한 利用行爲도 성립할 수 있다고 본다. 결과발생을 방지할 보증인지위를 갖는 자가 상대방에 대한 이용의 의사로 부작위에 나아간 경우에는 얼마든지 부작위에 의한 간접정범이 성립할 수 있다고 보아야 한다.[2)] 예를 들어, A가 자기 아이 B(6세)가 놀이터에서 날카로운 쇠붙이를 갖고 철없이 놀면서 이웃집 아이 C(5세)를 다치게 하는 것을 보고도 C의 母에 대한 악감정 때문에 B를 단속하지 않고 그냥 놓아둔 경우 A는 부작위에 의한 이용행위를 통한 상해죄의 간접정범으로 인정된다고 볼 수 있다.

(2) 실행의 착수시기

㈎ 학 설

간접정범의 실행의 착수시기의 판단기준에 관해서는 종래 객관설, 구별설, 주관설, 일반원칙적용설 등의 의견이 제시되어왔다.

1) 객관설 客觀說에서는 이용자의 이용행위와 피이용자의 실행행위 모두를 전체적으로 하나의 범죄실현행위로 파악하여 간접정범의 실행의 착수시기를 판단한다. 이 입장에 따르면 결국 피이용자의 실행행위를 기준으로 하여 실행의 착수 여부를 판단하게 된다. 객관주의 범죄이론의 입장이다.

2) 구별설 區別說에서는 피이용자가 이용자의 고의내용을 알고 있었는지의 여부에 따라 달리 파악한다. 즉 피이용자가 선의의 도구인지 아니면 악의의 도구인지에 따라 이용자의 행위를 달리 평가하는 것이다.[3)] 이 설에 따르면 피이용자가 선의인 때에는 이용자의 이용행위를 기준으로 하고, 악의인 때에는 피이용자의 실행행위를 기준으로 하여 실행의 착수 여부를 판단하게 된다.

이 설에서는 피이용자의 주관에 따라 실행의 착수시기를 판단하는 것이므로, 판단의 기준이 불명확하게 되는 문제점이 나타난다.

---

1) 대판 2008. 9. 11, 2007도7204.
2) 反旨 : 이형국, 619면; Schönke/Schröder, Vor §§ 25, RN 54; Welzel, 206면.
3) 정성근/박광민, 389면; Welzel, 191면.

3) 주관설 主觀說은 간접정범인 이용자의 의사지배가 표현된 때인 이용자의 이용행위를 기준으로 하여 판단한다. 개별적 판단설이라고도 한다. 주관주의 범죄이론의 입장이라고 할 수 있으며, 우리의 다수설[1]이다. 예를 들어, A가 B를 살해하기 위하여 독약을 넣은 과자를 소포로 B에게 송부한 경우에 있어서 살인죄의 실행의 착수는 A의 송부행위시에 인정된다고 보는 것이다.

4) 일반원칙적용설 一般原則適用說에서는 '실행의 착수'에 관한 일반원칙을 간접정범의 실행의 착수시기 문제에 관해서도 적용하여, '실행의 착수'에 관한 이른바 개별적 객관설에 따라 판단하는 것이다.[2] 즉 이용자의 이용행위의 개시만으로는 부족하고 이용행위가 끝나서 이용자의 고의에 비추어 피이용자의 실행행위가 이용자의 영향권을 벗어나 구성요건의 실현을 향하여 독자적으로 진행하기 시작했다고 볼 수 있는 시점에 간접정범은 실행에 착수된 것으로 본다. 실제문제의 판단에 있어서는 전체적 판단설과 거의 같은 결론에 이른다고 볼 수 있다. 또한 구별설도 결국은 일반원칙적용설의 내용을 구체화시키기 위한 노력의 일환이라고 생각할 수 있다.

㈏ 사 견

간접정범의 정범성에 토대하여 간접정범에 있어서도 실행의 착수에 관한 일반원칙을 적용하는 것이 타당하다고 보므로 一般原則適用說에 따르는 것이 옳다고 생각한다. 즉 개별적 객관설에 따라 이용자의 고의에 비추어 피이용자의 실행행위가 구성요건의 실현을 향하여 독자적으로 진행하기 시작한 시점이 간접정범의 실행의 착수시기라고 봄이 타당하다.

간접정범의 한 유형인 '정범 배후의 정범'의 경우에도 실행의 착수시기는 일반원칙적용설에 따라서 보더라도 실행정범의 실행의 착수시기를 기준으로 하여 배후정범의 실행의 착수시기도 결정되는 것이다.

3. 범죄행위의 결과의 발생

간접정범이 성립하기 위하여서는 범죄행위의 결과가 발생되어야 한다.

---

1) 권문택, "실행의 착수", 고시연구 1978. 2, 49면; 유기천, 134면; 이재상, §27, RN 35; 임웅, 438면; 정영석, 205면.
2) 신동운, 623면.

이는 피이용자에 의하여 범죄구성요건에 해당하는 사실이 실현될 것을 요구한다는 의미이다.

범죄행위의 결과가 발생하지 아니하였더라도 간접정범은 성립되지만 그 미수범이 되는 데 그치게 되어 미수범 규정(제25조, 제26조, 제27조)에 의거하여 처벌된다.

Ⅳ. 處 罰

1. 교사 또는 방조의 예에 의함

형법의 명문상 간접정범은 '敎唆 또는 幇助의 例'에 의하여 처벌된다. 그러므로 간접정범의 이용행위가 외형상 '교사'에 해당할 경우에는 제31조를 적용하고, '방조'에 해당할 경우에는 제32조를 적용한다. 즉 이용행위가 '교사'인 경우에는 죄를 실행한 자 즉 정범과 동일한 형으로 처벌되고(제31조 제1항), 이용행위가 '기도된 교사'에 해당될 때에는 음모 또는 예비에 준하여 처벌된다(제31조 제2항, 제3항). 이용행위가 '방조'인 때에는 정범의 형보다 감경하여 처벌한다(제32조 제2항). 여기서 '정범'이라 함은 피이용자를 가리키는 것이 아니라, 해당 구성요건상의 범죄의 주체를 의미한다. 이는 객관주의 범죄이론에 따라 간접정범의 개념을 인정하면서 주관주의 범죄이론의 입장에서 공범의 예에 따라 처벌하는 절충적 입장을 보여주는 것이라고 할 수 있다. 이 규정은 間接正犯의 本質에 관한 논의에서 본 바와 같이, 부당한 입법이라고 할 수 있다. 간접정범의 정범성에 비추어 보면, 간접정범은 어느 경우에나 '正犯'으로 처벌되어야 마땅하다.

제34조 제1항 소정의 간접정범 유형 이외의 간접정범은 해당범죄의 '正犯'으로 처벌됨은 당연하다.

2. 특수간접정범

자기의 지휘·감독을 받는 자를 교사 또는 방조하여 범죄의 결과를 발생하게 한 자는 교사인 때에는 정범에 정한 형의 장기 또는 다액에 그 2분의 1까지 가중하고, 방조인 때에는 정범의 형으로 처벌한다(제34조 제2항). 간접정범에 있어서도 이용행위가 '교사 또는 방조'인 경우에는 이 가중규정이 적용된다고 봄이 타당하다.[1]) 이를 特殊間接正犯이라고 부른다.

특수간접정범에 있어서 지휘·감독의 근거는 법령에 국한되지 않고, 사실상 지휘·감독으로 족하다고 본다. 또한 '교사 또는 방조'는 지휘·감독하는 지위를 이용하여 행해졌을 것을 요한다. 즉 교사 또는 방조를 행한 자는 상대방이 자신의 지휘·감독을 받는 자임을 인식하고 있어야 한다. 하지만 상대방이 지휘·감독을 받고 있는 사항에 관한 범죄를 행했을 것을 요하지는 않는다고 본다.

V. 關聯問題

1. 자 수 범

(1) 의　　의

自手犯(eigenhändige Delikte)이라 함은 행위자의 직접적 실행행위를 의미하는 自手性이 인정되는 경우에만 성립될 수 있는 구성요건을 가리킨다. 이러한 범죄구성요건에 있어서는 자수성이 해당 범죄의 고유한 불법을 구성하기 때문에, 타인을 이용하여서는 범죄가 성립될 수 없다. 일반적으로 위증죄(제152조), 간통죄(제241조), 준강간죄·준강제추행죄(제299조), 피구금부녀간음죄(제303조), 업무상 비밀누설죄(제317조)와 친족관계에 의한 강간 등 죄(성폭력범죄의 처벌 및 피해자보호 등에 관한 법률 제7조), 계간(鷄姦)죄(군형법 제92조), 음주운전죄(도로교통법 제41조) 등을 그 예로 들고 있다.

자수범에 있어서는 '범행지배'와 '자수성'이 함께 정범의 표지가 되는 것으로서, 설사 '범행지배'가 인정되는 경우라 하더라도 '자수성'이 결여되었으면 정범이 되지 못하고 공범에나 해당될 수 있을 뿐이다. 즉 자수범에 있어서는 타인을 이용하여 범죄를 실행하는 간접정범의 성립이 부정되고, 자수성이 인정되지 않는 자는 공동정범도 되지 못하여 교사범이나 종범이 되는 데 그친다.

(2) 본　　질

자수범의 본질에 관하여는 종래 형식설과 실질설이 대립해오고 있다.

---

1) 배종대, 549면; 신동운, 625면; 유기천, 136면; 이재상, § 32, RN 40; 정성근/박광민, 528면.

㈎ 형 식 설

形式說은 다시 문언설과 거동범설로 나누인다.

1) 문언설　文言說은 개별적 구성요건의 문언상 그 범죄의 주체가 될 수 없는 사람의 행위는 그 구성요건에 해당될 수 없는 경우에 그 범죄는 자수범이 된다고 본다. 하지만 실제의 형법규정에 있어서 문언만에 의한 판단은 거의 불가능하다고 생각한다.

2) 거동범설　擧動犯說에서는 범죄유형 중 결과범이 아닌 거동범의 경우를 모두 자수범으로 보고 있다.[1] 하지만 거동범의 모든 경우를 자수범으로 볼 수는 없다고 하겠다.

㈏ 실 질 설

實質說에서는 구성요건의 실질적 성격에 비추어 행위자의 인격적 행동이 정범에게 요구되거나 또는 정범에게 특수한 의무가 요구되고 있는 경우는 자수범에 해당된다고 한다.[2] 행위자의 신체적 실행이 요구되는 범죄, 행위자 자신의 인격적 행위가 요구되는 범죄, 소송법 등 개별법률에 의해 행위자 자신의 행위가 요구되는 범죄 등 세 경우가 자수범이라고 보는 이른바 三類型說[3]도 실질설에 속하는 견해라고 할 수 있다.

문언설과 거동범설이 구성요건의 형식에 의해 해당 범죄구성요건의 자수범 여부를 판단하는 입장이라는 점에서 형식설의 관점이라고 할 수 있는데 대하여, 실질설에서는 구성요건의 실질적 성격에 입각하여 그 판단을 행하는 것이다. 기본적으로 實質說의 입장이 타당하다고 본다.

(3) 인부의 문제

㈎ 학 설

현행법의 해석상 자수범의 개념을 인정할 필요가 있는지에 관해서는 인정설과 부정설의 논의가 있다.

否定說에서는 현행법의 해석상 제34조 제 1 항의 규정에 의하여 '공범과 신분'에 관한 규정인 제33조가 간접정범에 대해서도 적용되게 되므로 결국 신분범도 간접정범에 의하여 범해질 수 있는 것이 되어 자수범의 개념은 인

1) Maurach/Zipf, *Strafrecht AT*, 7. Aufl., 1987, 284면.

2) Roxin, *StGB Leipziger Kommentar*, 11. Aufl., 1992, § 25, RN 44.

3) 이재상, § 32, RN 37; 정성근/박광민, 522면; Herzberg, "Eigenhändige Delikte", *ZStW* 82, 1970, 913면 이하.

정될 수 없다고 본다.[1] 그러나 간접정범은 공범이 아니므로 제33조가 간접정범에 대해서 적용된다고 볼 수는 없다.[2] 또한 범죄의 성립을 위하여 정범 자신의 신체적 거동이나 인격적 행동 또는 일정한 자격이나 의무가 요구되는 경우들은 자수범에 해당하는 것으로 보아 간접정범에 의한 범행실현을 부정하는 것이 타당하다고 생각한다.[3] 즉 원칙적으로 認定說의 입장이 타당하다고 생각한다. 판례[4]도 인정설에 입각하고 있다.

정범의 성립을 제한하려는 인정설의 취지는 타당하지만, 자수범 여부에 관한 판단기준이 불명확하므로 죄형법정주의에 반할 우려가 있음은 부정할 수 없다고 하겠다. 개별적 구성요건의 해석을 통하여 보호법익의 성격이나 입법의 취지 등을 고려하여 신중히 판단해야 할 문제라고 생각한다.

(나) 개별적 고찰

1) 신분범　신분범에 있어서 해당 범죄가 자수범인지의 여부는 해당 구성요건에 있어서 정범적격을 갖는 신분자가 직접 범행을 실행하지 않은 경우에 간접정범으로 처벌될 수 있는지에 따라 판단될 문제이다.

眞正身分犯에서는 비신분자는 그 범죄의 정범적격이 없으므로 정범이 될 수 없음이 원칙이다. 다만 신분자인 정범과 함께 공동정범이나 교사범 또는 종범이 성립될 수 있을 뿐이다(제33조). 그러므로 비신분자가 신분자를 이용하여 단독으로 간접정범이 될 수는 없다고 봄이 타당하다. 예를 들어, 僞證罪(제152조 제 1 항)에 있어서 증인이 아닌 A가 11세의 어린이인 B를 시켜 법정에서 허위의 진술을 하게 한 경우에 있어서 B는 선서무능력자(형사소송법 제159조)이므로 B의 행위는 위증죄의 구성요건해당성을 결여하여 처벌되지 않지만, 그렇다고 하여 A가 '처벌되지 않는 자'인 B를 이용하여 위증죄의 간접정범으로 되는 것은 아니다. 왜냐하면 A는 위증죄의 주체인 '법률에 의하여 선서한 증인'이 아니기 때문이다. 즉 위증죄가 성립되기 위하여는 그 행위자가 스스로 법률에 의하여 선서한 후 허위의 진술을 행하여야 하기 때문이다. 하지만 이 예에서 만일 A가 동일사건의 공판절차에 있어서 '법률에 의하여 선서한 증인'이면서 B를 이용하여 허위의 진술을 하게 한 경우에 있어

1) 유기천, 135면; 차용석, "간접정범", 형사법강좌 Ⅱ, 717면.
2) 同旨 : 김성돈, 형법총론, 2006, 647면.
3) 박상기, 415면; 신동운, 630면; 이재상, § 32, RN 32; 이형국, 610면; Jescheck/Weigend, 267면.
4) 대판 1992. 11. 10, 92도1342.

서는 예외적으로 A에게 위증죄의 간접정범을 인정함에 지장이 없다고 생각한다. 즉 위증죄를 자수범으로 보기는 어렵다고 생각한다. 그러나 낙태의 죄에 있어서는 주체에 따른 처벌규정이 마련되어 있는 관계로 自己落胎罪(제269조 제1항)의 간접정범이 성립할 여지가 없게 되므로 우리 형법상 자기낙태죄는 자수범에 해당하는 것으로 볼 수 있다.

不眞正身分犯에 있어서도 비신분자는 단독으로 해당범죄의 간접정범이 될 수 없지만, 신분자는 책임무능력자 등을 이용하여 해당 범죄의 간접정범이 될 수 있다고 본다. 존속살해죄를 그 예로 들 수 있다.

이론상 신분범 일반에 있어서 자수범의 성립을 부정하는 견해[1]도 있다. 하지만 피구금부녀간음죄(제303조)나 업무상 비밀누설죄(제317조)의 경우에는 해당 구성요건의 성격에 비추어 볼 때 신분자의 자수성이 정범의 요건으로 요구된다고 봄이 타당하다.

2) 간통죄, 준강간죄·준강제추행죄 등 姦通罪(제241조)는 자수범으로 봄이 타당하다. 예를 들어, 남자 A가 독신의 남자인 B에게 유부녀인 C가 독신이라고 기망함으로써 B를 이용하여 C와 정을 통하게 한 경우에 있어서 B는 본죄의 주관적 구성요건으로서의 고의를 갖고 있지 않으므로 불가벌이지만, 그를 이용하여 간통을 범하게 한 A에게도, 간음행위에 대한 이용은 인정되지만, C와의 '혼외(婚外)성교에 관한 합의'라는 요건이 결여되어 있으므로 본죄의 간접정범은 인정될 수 없다고 보아야 한다. 본죄에 있어서는 '혼외성교에 관한 합의'가 정범의 자수성이라고 할 수 있다.

準强姦罪(제299조)는 자수범으로 보기 어렵다. 예를 들어, 다른 사고로 인하여 정신을 잃고 쓰러져 있는 부녀 F에 대하여 평소부터 악감정을 품고 있는 D가 F의 심신상실의 상태를 이용하여 책임무능력자인 남자 E를 부추겨 간음하게 한 경우에 있어서 E는 책임무능력자이므로 처벌되지 않지만, D는 당연히 본죄의 간접정범이 된다고 보아야 한다. 이런 점은 準强制醜行罪(제299조)에 있어서도 마찬가지라고 본다.

그러나 특별법상의 친족관계에 의한 강간 등 죄, 계간죄, 음주운전죄 등에 있어서는 구성요건의 성격에 비추어 볼 때 이용자에게 범행지배 외에 자수성도 인정되는 경우에만 해당 범죄의 정범이 된다고 보아야 하므로 이들

1) 심헌섭, "자수범의 이론", 법정 1967. 6, 37면.

범죄는 자수범에 해당한다고 생각한다. 친족관계 있는 사람이 친족관계 없는 사람을 이용하여 친족관계에 의한 강간 등 죄를 범할 수는 없는 것이며, 계간죄에 있어서도 남자가 여자를 이용하여 다른 남자에게 계간을 범할 수는 없기 때문이다. 음주운전죄에 있어서도 마찬가지이다.

3) 허위공문서작성죄　虛僞公文書作成罪(제227조)의 間接正犯의 문제는 두 경우로 나누어 검토할 필요가 있다.

a) 非公務員이 공무원을 이용하여 동죄의 간접정범을 범할 수 있는지의 문제

허위공문서작성죄는 형법규정상 공정증서원본부실기재죄(제228조)와의 균형상 자수범이라고 봄이 타당하기 때문에 비공무원은 동죄의 정범적격을 갖지 못하고, 따라서 공정증서원본부실기재죄가 성립하는 경우 이외에는 허위공문서작성죄의 간접정범으로 처벌하는 것이 불가능하다고 생각한다.[1] 또한 비공무원이 문서의 작성권한 있는 공무원에게 허위내용의 증명원을 제출하여 虛僞인 情을 모르는 그 공무원으로부터 증명원의 내용과 같은 증명서를 발급받은 경우에도 설사 그 공무원이 기망에 빠져 허위인 정을 몰랐다 하더라도 어쨌든 증명원의 내용을 인식하고 있었으므로 증명서는 진정하게 성립한 것이므로 공문서위조죄나 그 간접정범은 성립하지 않는다[2]는 점은 명백하지만, 허위공문서작성죄의 간접정범도 인정될 수 없다고 봄이 타당하다.

b) 文書作成의 權限을 갖지 못하는 公務員이 권한 있는 공무원을 이용하여 동죄를 범한 경우에 동죄의 간접정범이 될 수 있는지의 문제　이 문제에 관하여 판례[3]는 공문서의 작성권한을 갖는 공무원을 보좌하여 공문서의 기안을 담당하는 공무원이 그 직위를 이용하여 행사할 목적으로 허위공문서를 기안하여 그 정을 모르는 상사의 서명날인을 받아 공문서를 완성한 경우에 기안한 공무원은 허위공문서작성죄의 간접정범이 된다고 일관되게 판시하고 있다. 그리고 판례는 이러한 경우에 기안한 공무원과 공모한 자도 동죄의 간접정범에 대한 공범이 된다고 보고 있다.

---

1) 대판 1971. 1. 26, 70도2598; 대판 2006. 5. 11, 2006도1663.
물론 비공무원이 공동하여 동죄를 범한 때에는 비공무원도 동죄의 공동정범이 된다(제33조, 제30조 참조).

2) 대판 2001. 3. 9, 2000도938.

3) 대판 1977. 12. 13, 74도1900; 대판 1978. 12. 26, 78도2777.

대판 1992. 1. 17, 91도2837 공문서의 작성권한이 있는 공무원의 직무를 보좌하는 자가 그 직위를 이용하여 행사할 목적으로 허위의 내용이 기재된 문서초안을 그 情을 모르는 上司에게 제출하여 결재(決裁)하도록 하는 등의 방법으로 작성권한이 있는 공무원으로 하여금 허위의 공문서를 작성하게 한 경우에는 간접정범이 성립되고 이와 공모한 자 역시 그 간접정범의 공범으로서의 죄책을 면할 수 없는 것이고, 여기서 말하는 공범은 반드시 공무원의 신분이 있는 자로 한정되는 것은 아니라고 할 것이다.

2. 정범 배후의 정범

(1) 의 의

'正犯 背後의 正犯'(Täter hinter dem Täter)은 피이용자가 고의범의 정범으로서의 요건을 갖추고 정범으로 처벌되는 경우에 그 자를 배후에서 이용한 사람으로서 그 자신이 정범의 요건을 갖춘 자를 가리킨다.

'정범 배후의 정범'의 개념은 "범죄를 스스로 또는 타인을 통하여 실행한 자는 정범으로 처벌된다"는 독일 형법의 정범규정(동법 제25조 제1항)에 토대하여 인정되고 있는 것으로서, 이 규정에 따르면 범죄를 스스로 실행한 자는 직접정범으로 그리고 타인을 통하여 실행한 자는 간접정범으로 처벌된다. 즉 독일 형법에서는 우리 형법 제34조 제1항의 규정과는 달리, 간접정범에 관하여 피이용자의 요건을 제한하여 규정하지 않고 있다. 따라서 피이용자가 실행지배를 통하여 정범으로 처벌되는 경우에도 이용자는 그 자신이 의사지배를 통하여 정범으로서의 요건을 갖추는 한 얼마든지 정범으로 인정될 수 있는 것이며, 이 경우의 이용자를 '정범 배후의 정범'으로 칭하는 것이다. 우리 형법상 간접정범의 해석에 있어서 피이용자가 고의범으로 처벌되는 경우에도 이용자에게 간접정범의 성립을 인정할 수 있다고 보는 사견에 입각하면 굳이 '정범 배후의 정범'이라는 개념을 사용할 필요는 없다고 생각한다.

(2) 유 형

'정범 배후의 정범'의 유형으로는 이용행위가 기망이나 조직적 권력을 통해 행해진 경우를 중요한 예로 들 수 있다. 물론 그밖에 피이용자의 회피가능한 금지착오를 이용한 경우와 피이용자가 객체·방법의 착오를 일으켰으나 구성요건상 중요한 부분에 관한 착오에 해당되지 않아 고의가 인정된 피이용자를 이용한 경우[1])도 '정범 배후의 정범'의 예에 포함된다.

㈎ 기망을 통한 이용행위의 경우

利用者의 欺罔을 통해 상대방인 피이용자가 착오에 빠져 행위하였으나 피이용자가 고의범으로 처벌되는 경우를 가리킨다. 이 경우의 예로는 A가 B에게 남의 건물을 태워 없애라고 지시하였는데 B가 그 건물이 현주건조물임을 알면 방화행위에 나아가지 않을 것 같아 A가 B에게 그 건물이 빈 창고라고 속인 경우를 들 수 있다. 이 경우 A는 현주건조물방화죄(제164조 제 1 항)의 정범이 되고, B는 일반건조물방화죄(제166조 제 1 항)의 정범이 되는 것이다.

㈏ 조직적 권력을 통한 이용행위의 경우

이용자가 정부나 범죄조직의 상명하복관계에 있어 組織的 權力을 통하여 피이용자를 이용한 경우를 가리킨다.[2]) 이 경우 이용자는 조직을 자기 손안에 장악하고 있는 입장이므로 간접정범이 된다고 봄이 타당하다.[3]) 예로는 구(舊)동독 국경수비대원인 병사 A와 B가 동독 국방위원회 위원인 C, D, E의 지시에 따라 베를린장벽을 넘어 서독으로 탈출하려던 동독인을 총격하여 사망하게 한 사건[4])을 들 수 있다. 이 경우에 있어서 A, B 외에 C, D, E도 살인죄의 정범이 되는 것으로 보아야 하는 것이다. 또한 구소련의 비밀경찰요원이 조직 상관의 지령에 따라 소련인 정치망명자를 살해한 경우에 있어서도 행위자인 비밀경찰요원뿐만 아니라 이용자인 상관도 살인죄의 정범이 된다고 봄이 타당하다.[5])

---

1) Schönke/Schröder, § 25, RN 23.
물론 이는 피이용자의 착오가 이용자의 기망에 의해 야기되지 않고 피이용자 스스로 착오에 빠진 경우를 가리킨다.

2) 록신은 이 경우의 범행지배를 특히 '組織支配'라고 부르고 있다(Roxin, Bemerkungen zum "Täter hinter dem Täter", *Fest. für R. Lange*, 1976, 193면).

3) Maurach/Gössel/Zipf, *Strafrecht AT II*, 7. Aufl., 1989, § 48, RN 88; Roxin, "Anmerkung zu BGH 40, 218", *JZ 1995*, 49면.
이 경우 이용자와 피이용자를 공동정범으로 봄이 타당하다는 견해(Jescheck/Weigend, 670면)도 있다.

4) 이 사건의 판결을 통하여 법의 본질의 문제를 논하는 견해[김영환, "법을 통한 과거청산?", 법치국가와 형법(김일수/배종대 編, 1998), 171면 이하]도 있다.

5) 구소련의 비밀경찰요원인 스타신스키(Staschynskij)에 대해 독일 법원은 살인죄의 종범을 인정하였다(BGHSt 18, 87 참조).

(3) 인부의 문제

(가) 학 설

'정범 배후의 정범' 개념을 과연 우리 형법상 인정할 수 있는지에 관하여는 간접정범설과 독립된 정범유형설의 견해가 갈리고 있다.

1) 간접정범설 間接正犯說에서는 '정범 배후의 정범'에 있어서도 배후의 이용자에게 우월적 의사지배가 인정되는 한 이 경우의 이용자를 우리 형법상 간접정범의 한 유형으로 다루어야 하므로 '정범 배후의 정범'의 개념은 인정될 수 없다고 해석한다.[1]

2) 독립된 정범유형설 獨立된 正犯類型說에서는 우리 형법은 간접정범에 관하여 명문으로 피이용자의 요건을 '처벌되지 아니하는 자 또는 과실범으로 처벌되는 자'로 명시하여 규정하고 있는 만큼 이 개념을 간접정범으로 인정할 수는 없고 정범의 독립된 유형으로 보아야 한다고 주장한다.[2]

(나) 검 토

간접정범설의 입장에서는 제34조 제1항의 규정의 취지에 비추어 우월적 의사지배가 인정되는 자는 간접정범으로 볼 수 있다는 해석에 토대하여 '정범 배후의 정범'을 형법상 간접정범의 한 형태로 인정할 수 있다고 보고 있다. 이는 죄형법정주의의 한 내용인 피고인에게 불리한 유추해석금지의 원칙에 반하는 해석이라는 비판을 받고 있다.

그러나 우리 형법은 총칙상 正犯에 관한 規定을 두고 있지 않음에도 불구하고 각칙상 구성요건의 해석을 통하여 행위자의 정범성을 인정하고 있는 만큼, 마찬가지로 '정범 배후의 정범'도 각칙상 구성요건의 해석을 통하여 얼마든지 정범의 한 경우로 인정될 수 있다고 생각한다. 즉 '정범 배후의 정범'은 다른 사람을 이용하였다는 점에서는 직접정범이 아니라 간접정범과 유사하면서도 다른 한편으로는 제34조 제1항의 간접정범의 피이용자에 관한 요건을 갖추지 못하여 우리 형법의 해석상으로는 간접정범으로 다룰 수가 없는 문제점을 갖지만, 자기 자신이 직접 범행을 수행한 것이 아니면서 또 한편으로는 교사·방조가 아닌 다른 방법으로 다른 사람을 이용하여 간접적으

1) 박상기, 424면; 하태훈, "정범 배후의 정범이론", 고시연구 1999. 10, 86-87면.

2) 김성돈, 형법총론, 2006, 735면; 배종대, 541면; 신동운, 617면; 이재상, §32, RN 23; 이정원, 313면; 임웅, 432면; 정성근/박광민, 517면.

로 범행을 실현하였다는 점에서 간접정범의 한 형태로 보아야 하는 것이 당연한 이치이다. 제34조 제 1 항의 규정의 내용을 다른 측면에서 보면 피이용자를 '교사 또는 방조'의 형태로 이용한 경우에는 그 피이용자가 '처벌되지 아니하는 자 또는 과실범으로 처벌되는 자'일 때에만 간접정범이 성립될 수 있다는 의미로 해석하여, 그 이용행위가 '교사 또는 방조'라는 공범적 행위태양을 갖는 특수한 경우에 있어서의 간접정범만을 규정한 것으로 이해할 수 있다. 그렇게 보면 이용행위가 '기망'이나 '조직적 권력의 행사'와 같이 '교사 또는 방조' 이외의 다른 行爲態樣인 경우에는 피이용자가 '정범'으로 처벌되는 경우에도 각칙상의 구성요건의 해석을 통하여 얼마든지 이용자에게 정범성을 인정하여 그를 間接正犯으로 처벌할 수 있다고 생각한다.[1] 즉 간접정범에 관한 제34조 제 1 항의 규정은 間接正犯의 類型에 관한 例示規定으로 봄이 타당하다고 생각한다.

3. 간접정범의 착오

간접정범의 착오는 이용자의 착오와 피이용자의 착오로 나누어 살펴볼 수 있다. 利用者의 錯誤는 이용자의 피이용자에 대한 착오를 의미하며, 被利用者의 錯誤는 피이용자가 자신의 실행행위에 대하여 착오한 경우를 가리킨다.

(1) 이용자의 피이용자에 대한 착오

이용자가 피이용자를 善意의 道具로 생각하고 범행에 이용하였으나 피이용자가 사실은 악의의 실행자인 경우에는 피이용자는 엄연히 정범으로 인정되어야 할 것이고, 이용자는 원칙적으로 의사지배를 갖지 못한다고 보아야 하므로 가공의 정도에 따라 교사범이나 종범으로 처벌된다고 봄이 타당하다.[2] 하지만 이 경우에 있어서도 사실관계에 따라서는 이용자에게 의사지배가 인정되는 경우가 있을 수 있으며, 이러한 때에는 이용자가 간접정범이 된다고 생각한다.[3]

---

1) 이러한 해석은 간접정범의 유형을 共犯型 間接正犯과 道具型 間接正犯으로 구분하는 견해(오영근, 형법총론, 2004, 688-691면)와도 상통할 수 있다고 생각한다.

2) 김일수/서보학, 584면; 배종대, 544면; 신동운, 618면; 이재상, § 32, RN 28; 정성근/박광민, 520면; Jescheck/Weigend, 607면; Schönke/Schröder, Vor §§25, RN 30.

3) 이 경우도 이른바 '정범 배후의 정범'으로서의 간접정범이 성립하는 한 예로 들 수 있을 것이다.

반면에 이용자가 피이용자를 惡意의 道具로 생각하고 교사 또는 방조하였으나 피이용자는 사실은 선의의 도구에 불과한 경우에는 이용자는 교사범이나 종범의 불법을 갖는다고 볼 수 있으나, 정범에 해당하는 피이용자가 무죄나 과실범에 그치므로 공범종속성의 원칙에 따라 이용자는 공범으로도 인정될 수 없게 된다.[1)]

(2) 피이용자의 실행행위의 착오

㈎ 피이용자의 객체·방법의 착오

피이용자가 實行行爲를 함에 있어서 객체의 착오와 방법의 착오를 범한 경우에 있어선 피이용자의 죄는 구성요건착오의 원리에 따라 판단되지만, 객체의 착오와 방법의 착오 어느 경우에 있어서나 이용자에게는 방법의 착오가 인정된다고 할 수 있다. 이용자와 피이용자의 죄는 구체적 부합설에 따라 판단함이 타당하다고 생각한다. 예를 들어, A가 9세의 어린이 B를 이용하여 C를 살해하려고 교사하였으나 B의 착오로 인하여 D가 살해된 경우에 있어서 A에게는 C에 대한 살인죄의 미수범의 간접정범과 D에 대한 과실치사죄의 상상적 경합이 인정된다고 본다.

㈏ 피이용자의 초과실행

피이용자가 利用者가 意圖한 範圍를 超過하여 범행을 實行한 경우에 있어서는 이용자에게는 초과된 부분에 대한 간접정범은 성립되지 않고,[2)] 이용자가 의도한 범죄로서 실현된 부분에 대해서만 간접정범이 인정될 뿐이다. 물론 초과된 부분에 대해서 이용자가 미필적 고의를 갖고 있었을 때에는 실현된 범죄 전체에 대하여 간접정범이 인정될 것이고, 초과된 범행이 結果的加重犯인 때에는 초과된 부분에 대해서 이용자에게 과실이 인정될 경우에만 결과적 가중범의 간접정범이 된다고 본다.[3)]

㈐ 피이용자의 이질적 구성요건실현

피이용자가 이용자가 교사했던 범죄와 다른 異質的 構成要件을 實現한 때[4)]에는 '企圖된 敎唆'(제31조 제 2 항, 제 3 항)에 준하여 두 경우로 나누어 보아야 한다. 즉 피이용자가 이용자의 교사에 대하여 그 범죄의 실행을 승낙한

---

1) Schönke/Schröder, Vor §§ 25, RN 30.
2) Jescheck/Weigend, 672면.
3) 同旨 : 이재상, § 32, RN 29.
4) 이 경우는 이용자의 피이용자에 대한 착오에 해당될 수도 있다.

경우에는 이용자는 교사한 범죄의 음모 또는 예비로 처벌되고, 피이용자는 승낙한 범죄의 음모 또는 예비와 자신이 실현한 범죄의 경합범이 된다. 하지만 피이용자가 이용자의 교사에 대하여 그 범죄의 실행을 승낙하지 아니한 경우에는 이용자만 교사한 범죄의 음모 또는 에비로 처벌되고, 피이용자는 그 실현한 범죄로 처벌될 뿐이다.

제6절 共犯과 身分

제33조 [공범과 신분] 신분관계로 인하여 성립될 범죄에 가공한 행위는 신분관계가 없는 자에게도 전3조의 규정을 적용한다. 단 신분관계로 인하여 형의 경중이 있는 경우에는 중한 형으로 벌하지 아니한다.

I. 意 義

형법은 "신분관계로 인하여 성립될 범죄에 가공한 행위는 신분관계가 없는 자에게도 전3조의 규정을 적용한다. 단 신분관계로 인하여 형의 경중이 있는 경우에는 중한 형으로 벌하지 아니한다"(제33조)고 규정하고 있다. 이는 신분범에 가공한 행위에 대하여 형법상의 공동정범·공범규정을 적용하는 문제에 관한 규정이다.

우리 형법 제33조의 규정은 일본 형법 제65조의 규정에 토대하여 입법된 것이다. 하지만 제33조의 본문과 단서의 규정에 대해서는 입법론적 비판이 가해지고 있다. 참고로 독일 형법의 관련규정은 다음과 같다.

독일 형법 제28조 [특별한 인적 요소] ① 정범의 가벌성을 근거지우는 특별한 인적 요소가 교사범이나 종범에게 존재하지 않는 경우에는 교사범이나 종범의 형은 제49조 제1항(법률상 감경에 관한 규정)에 의하여 감경할 수 있다.
② 법률이 특별한 인적 요소를 형의 가중·감경 또는 조각의 사유로 규정하고 있는 경우에는 그 규정은 그 특별한 인적 요소가 존재하는 정범이나 공범에 대해서만 적용된다.

Ⅱ. 身 分

공범과 신분의 문제를 논하기 전에 우선 형법상 '신분'개념에 관하여 보도록 한다.

1. 의 의

형법상 '身分'(Sonder)이라 함은 널리 일정한 범죄행위에 관한 범인의 人的 關係를 총칭한다. 이에는 남·여의 성별, 연령, 친족관계와 같은 人的 特性과 공무원, 의사, 증인, 사무처리자 등 좁은 의미의 人的 關係, 업무자나 상습범과 같은 人的 狀態가 포함된다.[1]

신분의 개념은 繼續性을 요하지 않는다.[2] 신분의 유형 중 人的 狀態에 해당하는 요소는 일시적 존재로 족하기 때문이다. 즉 신분은 행위시에 존재하는 것으로 족하다고 할 수 있다.[3]

신분은 '行爲者'와 관련된 개념이다. 따라서 '行爲'의 요소라고 할 수 있는 고의, 목적 또는 동기 등의 주관적 구성요건요소는 신분개념의 요소가 되지 못한다.[4] 즉 이러한 '행위'의 요소에 대해서는 공범종속성의 원칙이 그대로 적용되는 것이므로, 공범이 성립하기 위해서는 그 공범에게도 정범이 갖고 있는 것과 같은 고의, 목적 또는 동기 등이 반드시 갖추어져 있을 것을 요한다.

2. 분 류

신분의 개념은 일반적으로 적극적 신분과 소극적 신분으로 분류된다. 積極的 身分은 해당 범죄의 구성요건요소로 요구되는 신분을 가리키며, 消極的 身分은 해당 신분이 존재하는 경우에는 해당 범죄가 성립하지 못하게 되는

1) Schönke/Schröder, § 28, RN 11 이하.

2) 김일수/서보학, 653면; 이재상, § 36, RN 2; 정성근/박광민, 590면.
反旨 : 임웅, 468면.

3) 신분의 개념이 계속성을 요한다고 본다면, 행위시에 존재하는 인적 관계라 하더라도 계속성이 인정되지 않는 인적 관계인 경우에는 형법상 '신분'으로 인정되지 못하는 것이다.

4) 이재상, § 36, RN 2; 이형국, 647면; Jescheck/Weigend, 658면.
BGHSt 22, 380.
우리 판례(대판 1994. 12. 23, 93도1002)는 모해위증죄(제152조 제 2 항)의 교사범의 처벌과 관련하여 '모해의 목적'을 '신분'의 요소로 이해하여 모해위증죄를 신분범으로 취급하고 있다.

신분을 의미한다. 적극적 신분은 다시 성립적 신분과 가감적 신분으로 구분된다.[1)]

명칭에 있어서 '성립적 신분'을 '構成的 身分'으로 부르는 것이 일반적이다. 하지만 가감적 신분도 해당 범죄의 構成要件要素임에 있어서는 성립적 신분과 마찬가지이므로 '구성적 신분'이라는 용어는 적절치 않다고 생각한다. 犯罪로서의 成立 여부에 영향을 끼치는 신분이라는 점에서 '성립적 신분'으로 칭함이 타당하다고 생각한다. 우리 형법 제33조 본문에 상응하는 규정인 일본 형법 제65조 제1항에서는 '범인의 신분으로 인하여 構成될 수 있는 범죄행위'라고 규정하고 있으므로 '구성적 신분'이라는 명칭이 가능하겠지만, 우리 형법 제33조 본문에서는 '신분관계로 인하여 成立될 범죄'로 규정하고 있으므로 '成立的 身分'이라는 용어가 명문상 근거를 갖는 것이라고 생각한다.

(1) 성립적 신분

成立的 身分이라 함은 범죄의 성립요건이 되는 신분을 의미한다. 성립적 신분을 요하는 범죄가 眞正身分犯이다. 진정신분범의 경우에는 신분에 관한 착오가 행위자의 구성요건고의를 조각하게 된다.

수뢰죄(제129조)에 있어서 '공무원 또는 중재인', 위증죄(제152조 제1항)에 있어서 '법률에 의하여 선서한 증인', 횡령죄(제355조 제1항)에 있어서 '타인의 재물을 보관하는 자', 배임죄(제355조 제2항)에 있어서 '타인의 사무를 처리하는 자' 등이 이에 해당한다. 부진정부작위범(제18조)에 있어서 작위의무자 내지는 보증인지위를 갖는 자도 이에 해당한다고 본다.[2)]

(2) 가감적 신분

加減的 身分은 범죄의 성립 여부와는 무관하고, 단지 그 신분의 존부에 따라 형벌의 가중이나 감경에 차이가 생길 뿐이다. 가감적 신분을 요하는 범죄가 不眞正身分犯이다. 부진정신분범에 있어서는 신분에 관한 착오가 있을 때에도 행위자의 구성요건고의가 조각되지 않으며, 행위자는 제15조 제1항

---

1) 成立的·加減的·消極的 身分의 개념은 법규정의 문언에 토대한 분류임에 대하여, 신분의 실질적인 법적 성격에 따라 違法身分과 責任身分으로 구분하는 견해(박양빈, "공범과 신분", 고시연구 1991. 6, 48면; 정성근/박광민, 592면)도 있다. 하지만 우리 형법 제33조의 규정형식에 비추어 위법·책임신분의 분류는 적절치 않다고 생각한다.

2) 박상기, 470면.
反旨: Jescheck/Weigend, 596면; Schönke/Schröder, § 28, RN 19.

에 따라 경한 죄로 처벌될 뿐이다.

존속살해죄(제250조 제2항)와 존속상해죄(제257조 제2항) 등 존속에 대한 범죄에 있어서의 '직계비속', 영아살해죄(제251조)의 '직계존속', 업무상횡령죄·업무상배임죄(제356조)의 '업무자', '상습범' 등이 이에 해당한다.

(3) 소극적 신분

消極的 身分이라 함은 그 신분의 존재에 의해 범죄의 성립이 조각되거나 형벌이 면제되는 경우의 신분을 가리킨다. 성립적 신분과 가감적 신분은 그 신분의 존재에 의해 범죄가 성립되거나 형벌이 가중 또는 감경되는 적극적 신분인 점에서 구별된다.

소극적 신분에는 불법조각신분, 책임조각신분, 형벌면제신분 등이 있다. 不法阻却身分의 예로는 의료법위반의 죄에 있어서의 '의사', 변호사법위반의 죄에 있어서의 '변호사' 등을 들 수 있다. 責任阻却身分의 예에는 '형사미성년자'(제9조), 범인은닉죄(제151조 제2항)와 증거인멸죄(제155조 제4항)에 있어서의 '친족, 동거의 가족' 등이 있다. 刑罰免除身分의 예에는 친족간 범행의 특례에 있어서 '직계혈족, 배우자, 동거친족, 가족 또는 그 배우자'(제328조 제1항)가 있다.

III. 共同正犯·共犯規定의 身分犯에 대한 適用

1. 형법 제33조의 의미

(1) 학 설

공동정범·공범규정을 신분범에 대해 적용함을 규정한 제33조의 의미에 관해서는 두 견해가 대립한다.

다수설[1]에서는 제33조의 本文은 眞正身分犯에 대한 共犯의 成立과 科刑에 대해서만 적용되고, 但書는 不眞正身分犯에 대한 共犯의 成立과 科刑을 규정한 것으로 해석한다. 그러나 소수설[2]에서는 本文은 眞正身分犯에 대한 共犯의 成立과 科刑, 不眞正身分犯에 대한 共犯의 成立에 대해서 적용되고,

---

1) 김일수/서보학, 656면; 배종대, 573면; 유기천, 305면; 이재상, §36, RN 8; 이형국, 651면; 정성근/박광민, 596면; 황산덕, 289면.

2) 신동운, 649면; 정영석, 271면.

但書는 不眞正身分犯의 共犯의 科刑만을 규정한 것이라고 해석한다. 판례도 소수설과 견해를 같이 한다.

대판 1986. 10. 28, 86도1517　"은행원이 아닌 자가 은행원들과 공모하여 업무상 배임죄를 저질렀다 하여도, 이는 업무상 타인의 사무를 처리하는 신분관계로 인하여 형의 경중이 있는 경우이므로, 그러한 신분관계가 없는 자에 대하여서는 형법 제33조 단서에 의하여 형법 제355조 제2항에 따라 처단하여야 한다."

대판 1997. 12. 26, 97도2609　"(구)상호신용금고법 제39조 제1항 제2호 위반죄는 상호신용금고의 발기인, 임원, 관리인, 청산인, 지배인 기타 상호신용금고의 영업에 관한 어느 종류 또는 특정한 사항의 위임을 받은 사용인이 그 업무에 위배하여 배임행위를 한 때에 성립하는 것으로서, 이는 위와 같은 지위에 있는 자의 배임행위에 대한 형법상의 배임 내지 업무상 배임죄의 가중규정이고, 따라서 형법 제355조 제2항의 배임죄와의 관계에서는 신분관계로 인하여 형의 경중이 있는 경우라고 할 것이다. 그리고 위와 같은 신분관계가 없는 자가 그러한 신분관계에 있는 자와 공모하여 위 상호신용금고법위반죄를 저질렀다면, 그러한 신분관계가 없는 자에 대하여 형법 제33조 단서에 의하여 형법 제355조 제2항에 따라 처단하여야 할 것인 바, 그러한 경우에는 신분관계가 없는 자에게도 일단 업무상 배임으로 인한 상호신용금고법 제39조 제1항 제2호 위반죄가 성립한 다음 형법 제33조 단서에 의하여 중한 형이 아닌 형법 제355조 제2항에 정한 형으로 처벌되는 것이다."

— 우리 판례는 부진정신분범도 진정신분범과 마찬가지로 제33조 본문의 적용을 받아 비신분자도 부진정신분범의 공동정범이 되고, 다만 비신분자에 대한 과형만은 제33조 단서에 의하여 중한 형이 아닌 통상의 죄의 형으로 처벌된다고 보고 있다.

(2) 사　　견

소수설과 판례에서와 같이 비신분자에게 신분자의 개인적 사정을 확대하여 적용할 필요는 없다고 보고 또 이를 확대한 후 다시 형을 개별화시키는 것은 무의미하고 복잡한 논리구성이므로 다수설이 타당하다고 생각한다. 즉 제33조 본문은 공동정범에 관한 성립적 신분의 違法連帶와 공범에 관한 성립적 신분의 從屬性原則을 규정한 것이고, 제33조 단서는 責任個別化의 原則과 가감적 신분의 從屬性緩和를 규정한 것으로 볼 수 있다.

제33조가 間接正犯에 대해서도 적용되는지가 문제될 수 있다. 제33조에서 명문으로 언급하고 있는 공동정범·교사범·종범의 경우에는 신분자인 정범의 범죄를 전제로 하고 있는 만큼, 간접정범에 있어서는 피이용자가 정범이 아니고 이용자가 간접정범인 정범이므로 설사 피이용자가 해당 신분을 갖고 있다 하더라도 이용자가 비신분자이면 제33조는 적용될 여지가 없다.[1] 하지만 만약 利用者인 間接正犯이 身分者라면 그와 공동으로 범행을 실행한 공동정범이나 이용자에 대한 교사범·종범이 비신분자인 경우에는 그 공동정범이나 교사범·종범에 대하여 제33조가 적용됨은 당연한 이치이다.[2]

2. 구체적 적용

(1) 진정신분범과 공범

眞正身分犯과 共犯의 문제에 관해서는 학설이 일치하고 있다.

첫째, 비신분자도 신분자와 共同하여 죄를 범하면 진정신분범의 공동정범이 된다(제33조 본문). 비공무원이 공무원과 공동으로 뇌물을 수수한 경우가 그 예이다.

비신분자가 신분자인 진정신분범의 범죄행위를 敎唆 또는 幇助한 경우에는 신분자는 정범이 되고, 비신분자는 그 교사범 또는 종범이 된다(제33조 본문). 비공무원이 공무원의 수뢰죄에 대하여 교사·방조한 경우가 그 예이다.

둘째, 신분자가 비신분자를 利用하여 진정신분범을 저지른 경우에는 신분자는 間接正犯이 되고(제34조 제1항), 비신분자는 이른바 '身分 없는 故意 있는 道具'로서 종범이 되거나(제33조 본문) 또는 불가벌이다. 공무원이 뇌물죄를 범하는 데 있어서 비공무원인 자기 처를 이용하는 경우가 그 예이다.

(2) 부진정신분범과 공범

不眞正身分犯과 共犯의 문제에 관해서는 제33조의 해석에 관한 다수설과 소수설이 각각 달리 해결하고 있다. 예를 통하여 보도록 한다. 아래의 예에 있어서 A의 부친을 살해한다는 점에 관하여 A와 B 모두가 착오 없이 인식하고 있을 것을 전제로 한다.

---

1) 박상기, 472면; 배종대, 526면; 이재상, §36, RN 12; 정성근/박광민, 598면; 황산덕, 260면. 反旨: 차용석, "공범과 신분", 고시연구 1986. 5, 35면.

2) 同旨: 대판 1992. 1. 17, 91도2837.

첫째, 신분자와 비신분자가 共同하여 부진정신분범을 저지른 경우, 예컨대 A가 B와 공동으로 자기(A)의 부친을 살해한 때에 다수설[1]에 따르면 A는 존속살해죄의 정범으로, B는 살인죄의 정범으로 된다. 하지만 소수설[2]과 판례[3]에서는 이 경우 B도 존속살해죄의 공동정범이 되지만, 과형에 있어서만 살인죄의 형으로 처벌되는 것으로 보고 있다.

직계존속과 함께 영아살해죄(제251조)를 범한 비신분자는 영아살해죄로 처벌되는 것이 아니라 살인죄의 공동정범으로 처벌되는 것으로 봄이 타당하다.[4] 제33조 단서는 "중한 형으로 처벌하지 않는다"고 규정하고 있지만, 이는 책임개별화의 원칙을 천명한 것이므로 비신분자는 살인죄로 처벌되는 것으로 보아야 한다.

둘째, 신분자가 비신분자를 敎唆 또는 幇助하여 부진정신분범을 저지른 경우, 예컨대 A가 B를 교사하여 자기(A)의 부친을 살해한 경우에 다수설[5]과 판례[6]에 따르면 이 경우 제33조 단서가 적용되어 A는 존속살해죄의 교사범이 되고, B는 살인죄의 정범이 된다. 소수설[7]에서는 이 경우 A에게도 살인죄의 교사범을 인정하고 있다.

셋째, 비신분자가 신분자를 敎唆 또는 幇助하여 부진정신분범을 저지른 경우, 예컨대 A가 B를 교사하여 그(B)의 부친을 살해하게 한 경우에도 A는 살인죄의 교사범으로, B는 존속살해죄의 정범으로 처리하는 다수설의 입장이 타당하다고 생각한다.

3. 소극적 신분과 공범

형법 제33조의 규정은 성립적 신분과 가감적 신분에 관해서만 적용되는

---

1) 김일수/서보학, 656면; 박상기, 475면; 배종대, 573면; 유기천, 307면; 이재상, § 36, RN 15; 정성근/박광민, 601면; 황산덕, 291면.

2) 신동운, 650면; 정영석, 271면.

3) 대판 1961. 8. 2, 4294형상284.

4) 김일수/서보학, 659면; 배종대, 575면; 정성근/박광민, 601면.
이 경우 비신분자는 언제나 경한 죄로 벌하여야 한다고 보아, 영아살해죄의 공동정범이 성립한다고 보는 견해(권문택, "공범과 신분", 형사법강좌 Ⅱ, 1984, 791면; 황산덕, 291면)도 있다.

5) 김일수/서보학, 659면; 박상기, 475면; 유기천, 307면; 이재상, § 36, RN 17; 정성근/박광민, 601면.

6) 대판 1984. 4. 24, 84도195; 대판 1994. 12. 23, 93도1002.

7) 신동운, 660면.

것으로 봄이 일반적 견해이다. 그러므로 소극적 신분과 공범의 문제는 공범종속성의 원칙에 따라 해결하여야 한다고 생각한다.

(1) 불법조각신분과 공범

不法阻却身分에 있어서는 행위자가 신분자인지 비신분자인지에 따라 달리 처리된다. 즉 행위자의 행위에 불법이 인정되는지에 따라 그에 종속하여 공범의 죄가 결정되는 것이다.

첫째, 불법조각신분에 있어서 신분자의 행위에 비신분자가 가공한 경우에는 신분자의 적법행위에 비신분자가 가공한 것이므로 아무런 범죄도 성립되지 않는다.[1] 변호사의 업무행위에 비변호사인 사무장이 가공한 경우를 그 예로 들 수 있다.

둘째, 비신분자의 행위에 신분자가 가공한 경우에는 비신분자는 해당 범죄의 정범이 되고, 신분자는 그 공동정범이나 공범에 해당된다. 비변호사의 변호사법위반행위에 변호사가 가공한 경우와 비의료인의 의료법위반행위에 의료인이 가공한 경우[2]를 예로 들 수 있다.

(2) 책임조각신분과 공범

責任阻却身分에 있어서는 신분자와 비신분자 사이에 종속성이 인정되지 않고, 각자에 대하여 개별적으로 죄의 성부가 판단된다.

첫째, 책임조각신분에 있어서 신분자의 행위에 비신분자가 가공한 경우 신분자는 책임이 조각되어 무죄가 되지만 비신분자의 행위는 범죄로 성립된다. 신분자와 비신분자가 공동정범으로 공모한 경우에도 마찬가지로 해석하여야 한다.[3] 형사미성년자의 행위에 성년자가 가공한 경우 형사미성년자의 행위는 책임이 조각되어 무죄가 되지만 그에 가공한 성년자는 해당 범죄의 공범이 됨이 원칙이나, 성년자에게 의사지배가 인정되는 경우에는 간접정범이 될 수도 있다.[4]

둘째, 신분자가 비신분자의 행위에 가공한 경우에는 비신분자의 행위는 범죄로 성립되지만, 신분자는 책임이 조각되어 무죄가 된다고 생각한다. 성년자의 행위에 형사미성년자가 가공한 경우에 성년자의 행위는 범죄로 성립

1) 김일수/서보학, 661면; 박상기, 476면; 이재상, § 36, RN 20; 이형국, 652면.
2) 대판 1986. 2. 11, 85도448.
3) 대판 2007. 11. 29, 2007도7062.
4) 김성돈, 800면; 이재상, § 36, RN 21.

되지만 형사미성년자는 책임이 조각되어 무죄로 된다. 그러나 판례[1]에서는 “범인은 스스로 범인도피죄의 주체가 될 수 없지만 자신을 위하여 타인으로 하여금 허위의 자백을 하게 하여 범인도피죄를 범하게 하는 행위는 방어권의 남용으로 범인도피교사죄에 해당한다”고 판시하여, 책임조각신분자의 행위에 대하여 공범의 성립을 인정할 여지를 보이고 있다.

(3) 형벌면제신분과 공범

刑罰免除身分과 공범의 문제도 두 경우로 나누어 검토하여야 한다.

첫째, 신분자의 행위에 비신분자가 가공한 경우에는 양자의 행위 모두 범죄로 성립되지만, 신분자에 대해서는 형벌이 면제될 뿐이다. 재물소유자의 배우자가 그 재물을 절취하는 데 비신분자가 가공한 경우에는 양자 모두에게 절도죄가 인정되지만 배우자의 경우에만 형벌이 면제된다.

둘째, 신분자가 비신분자의 행위에 가공한 경우에는 비신분자는 처벌되지만, 신분자의 경우에는 범죄가 성립은 하나 형벌이 면제된다고 봄이 일반적 견해이다. 비신분자가 재물을 절취하는 데 재물소유자의 배우자가 가공한 때에는 비신분자는 절도죄가 인정되어 처벌되고, 배우자는 절도죄의 공동정범이나 공범이 인정되지만 형벌이 면제되는 것이다. 이 때 신분자는 형벌이 면제되지 않고 공범으로 처벌됨이 타당하다고 보는 견해[2]도 있다.

1) 대판 2000. 3. 24, 2000도20.
2) 김종원, “공범과 신분”, 법정 1976. 1, 57면.

제 8 장

罪　　數

제 1 절　基本理論

Ⅰ. 罪數論의 意義

죄수론 또는 경합범론(Konkurrenzlehre)은 범죄의 개수(個數)가 한 개인가 또는 수개인가의 문제에 관한 이론이다. 죄수론에서는 1인에 의한 행위의 죄수문제를 다룬다는 점에서 하나의 범죄에 수인이 가담한 경우에 있어서 가담한 자들의 죄를 논하는 공범론과 구별된다.

죄수론에서는 동일인의 행위가 一罪인가 數罪인가의 문제와 일죄라고 하더라도 그것이 본래적 의미의 일죄 즉 單純一罪인가 또는 處分上·科刑上 一罪인가의 문제 등을 논하게 된다. 범죄의 개수가 한 개인가 또는 수개인가는 형법의 적용에 있어서뿐만 아니라, 형사소송법상으로도 공소제기의 효력이나 판결의 확정력의 범위와 관련하여 중요한 의미를 가진다.

죄수론은 죄의 개수를 결정함과 동시에 다른 한편으로는 처벌에 있어서도 처단형의 결정에 영향을 끼치므로 범죄론과 형벌론의 중간영역에 위치한다고 할 수 있다. 따라서 죄수론은 특히 형사재판의 실무에 있어서 큰 의미를 갖는다.

Ⅱ. 罪數決定의 標準

형법은 죄수의 문제와 관련하여 경합범(제37조)과 죄의 상상적 경합(제40

조)에 대해서만 규정을 두고 있고, 죄수결정의 표준에 관해서는 아무런 규정을 두고 있지 않으므로 이는 이론과 판례에 의해 해결해야 한다.

1. 학　설

죄수결정의 표준에 관해서는 행위표준설, 법익표준설, 의사표준설과 구성요건표준설 등이 제시되고 있다.

(1) 행위표준설

行爲標準說에서는 범죄는 기본적으로 행위에 의하여 수행되는 것이므로 자연적 의미 또는 법적·사회적 의미의 行爲의 개수를 표준으로 해서 범죄의 개수를 결정하여야 한다고 본다.[1] 객관주의 범죄이론의 입장이다. 이 설에서는 행위가 1개이면 범죄도 1개, 행위가 수개이면 범죄도 수개라고 한다. '행위'는 의사와 거동, 결과를 포함하는 개념이므로 그 중 한 가지만 단일하면 하나의 행위로 평가된다. 따라서 이 설에 의하면 상상적 경합(제40조)은 1개의 행위를 전제로 하므로 당연히 일죄라고 보게 되고, 연속범이나 접속범의 경우엔 수죄가 인정된다. 판례는 간통죄,[2] 의제강간·강제추행죄[3] 등의 죄수를 판단함에 있어서 원칙적으로 행위표준설을 따르고 있다.

그러나 행위표준설에 의하면 불가분적인 수개의 행위에 의하여 하나의 범죄를 실현한 때, 즉 예컨대 수회 독약을 먹여 1인을 살해한 경우 또는 구성요건의 내용 자체가 수개의 행위로 결합되어 있는 야간주거침입절도죄, 강도죄 등과 같은 결합범의 경우에 일죄가 성립되는 점을 설명하지 못한다.

(2) 법익표준설

法益標準說에서는 범죄에 의해 침해된 法益을 표준으로 하여 죄수를 결정한다. 이 설에서는 생명, 신체, 자유, 명예와 같은 專屬的 法益의 경우에는 1개의 행위로 수개의 법익을 침해하였다면 수죄가 되고, 재산적 법익이나 사회적 법익과 같은 非專屬的 法益인 경우는 1개의 행위로 수개의 법익을 침해하였더라도 일죄로 본다. 수개의 행위로 하나의 법익을 침해하였다면 물론 일죄가 된다. 전속적 법익의 경우에는 법익주체마다 1개의 범죄가 성립하므

---

1) 임웅, 549면; 정성근/박광민, 610면; 정영석, 277면; 황산덕, 295면.
2) 대판 1982. 12. 14, 82도2448.
3) 대판 1982. 12. 14, 82도2442.

로, 예컨대 1발의 탄환으로 수인을 살해 또는 상해하거나[1] 1개의 행위로 수인을 모욕한 경우에는 수죄가 된다. 비전속적 법익에 있어서는 동일한 관리관계의 경우에는 일죄가 성립한다고 보므로, 예를 들어 단일한 범의로 같은 시간에 동일한 장소에서 같은 관리인의 관리 하에 있는 방 안에서 소유자를 달리하는 물건들을 훔친 경우에는 1개의 절도죄가 성립하게 된다.[2] 또한 전당포의 주인이 수인으로부터 입질(入質)한 재물을 동일한 기회에 횡령하였을 때에는 일죄가 된다고 보는 것이다. 우리 판례는 사기죄,[3] 강도죄,[4] 위조통화행사죄[5] 등의 죄수를 침해된 법익을 표준으로 하여 판단하고 있다. 이 설에 따르면 상상적 경합의 경우도 본래는 수죄에 해당되지만, 형법상 처분상 일죄로 취급되는 데 그치는 것이다. 또한 결합범, 접속범의 경우에는 수죄가 인정될 수밖에 없다.

하지만 법익의 성격에 따라 죄수결정의 표준을 달리 파악하는 것은 근거가 불충분하다고 볼 수 있다. 또한 법익표준설은 수개의 법익을 침해하는 것을 내용으로 하고 있는 결합범, 접속범 등이 일죄임을 설명하지 못한다.[6]

(3) 의사표준설

意思標準說에서는 행위자의 犯罪意思를 표준으로 하여 죄수를 결정한다. 즉 행위자의 의사의 수가 하나이면 일죄, 수개이면 수죄라고 보는 것이다. 범죄를 행위자의 악성, 즉 범죄의사의 표현으로 파악하는 주관주의 범죄이론의 입장이다. 이 설에 따르면 상상적 경합과 연속범도 의사의 단일성이 인정되는 경우에는 본래적으로 일죄에 해당되게 된다. 이 설에서는 상상적 경합의 규정을 단일한 범죄의사를 인정할 수 있는 성문법상 한계를 규정한 것으로 보고 있다. 판례[7]는 연속범도 범의, 즉 의사의 단일성이 인정되면 포괄일죄에 해당되는 것으로 보고 있다.

---

1) 대판 1983. 4. 26, 83도524.
2) 대판 1970. 7. 21, 70도1133.
3) 대판 1995. 8. 22, 95도594; 대판 1997. 6. 27, 97도508; 대판 2001. 12. 28, 2001도6130.
4) 대판 1991. 6. 25, 91도643.
다만 강도죄의 폭행·협박이 피해자들에게 사실상 공통으로 행해져 법률상 1개의 행위로 평가될 수 있는 경우에는 수개의 강도죄의 상상적 경합이나 1개의 강도죄만이 성립한다고 할 것이다(대판 1996. 7. 30, 96도1285 참조).
5) 대판 1979. 7. 10, 79도840.
6) Jescheck/Weigend, 710면.
7) 대판 1983. 3. 8, 83도122; 대판 1998. 2. 10, 97도2836; 대판 2000. 6. 27, 2000도1155.

그러나 의사표준설은 구성요건이나 침해된 법익의 개수가 갖는 죄수론상 의미를 무시한다는 점에서 비판을 받고 있다.

(4) 구성요건표준설

構成要件標準說은 행위자의 행위에 의한 構成要件充足의 回數에 따라 실정법의 측면에서 죄수를 결정하는 이론이다. 즉 구성요건을 1회 충족하면 일죄, 2회 충족하면 두 개의 죄라고 한다.[1] 죄수의 문제를 규범적 관점에서 형법상 규정에 토대하여 파악하는 입장이라고 할 수 있다. 이 설에 의하면 상상적 경합은 본래는 수죄이나, 형법상 처분·과형에 있어서만 일죄가 될 뿐이라고 한다. 판례[2]는 관세법상 범죄와 조세범처벌법상 조세포탈범의 죄수를 결정함에 있어서 구성요건표준설에 입각하고 있다.

하지만 구성요건충족의 횟수를 판단하는 것 자체가 실제의 상황에 따라서는 애매할 수가 있고 또 접속범과 같이 1개의 행위에 의해 하나의 구성요건을 수회 충족한 경우의 죄수를 판단함에 있어서 구성요건표준설은 행위의 단일성을 무시하여야 하는 무리를 범하고 있다는 지적을 받고 있다.

2. 사　견

죄수는 형법상 범죄의 개념에 토대하여 결정되어야 한다고 본다. 행위나 법익, 의사 등은 범죄의 개념에 있어서 그 내용의 일부분을 이루고 있을 뿐, 죄수결정의 단일한 표준으로 기능하기는 어렵다고 할 것이다. 그러므로 죄수를 결정함에 있어서는 기본적으로 構成要件標準說에 입각하여 구성요건충족의 횟수를 원칙적인 표준으로 하되, 구체적인 경우에 따라서 행위나 법익, 의사 등을 함께 고려하여 결정함이 타당하다고 생각한다.[3]

형법이 명문으로 죄수결정의 표준에 관하여 규정하지 않고 있고, 판례도 개별적 범죄유형에 있어서 그 때 그 때 구체적 상황에 따라 죄수결정의 표준을 달리하고 있음은 이러한 입장을 반영하고 있는 것으로 볼 수 있다.

---

1) 김성돈, 810면; 이재상, § 37, RN 7; Jescheck/Weigend, 711면; Schönke/Schröder, Vor §§ 52, RN 10.
2) 대판 2000. 4. 20, 99도3822; 대판 2000. 5. 26, 2000도1338; 대판 2001. 3. 13, 2000도4880.
3) 同旨 : 백형구, "형법상의 일죄의 기준과 분류", 월간고시 1987. 11, 150면; 손동권, § 34, RN 6; 오영근, § 38, RN 18.
판례 중에도 이러한 입장을 언급하고 있는 예가 있다(대판 2003. 4. 8, 2002도6033 참조).

제 2 절 單純一罪

Ⅰ. 意　義

형법상 죄수는 크게 일죄와 수죄로 구분된다.

一罪라 함은 범죄의 개수가 하나인 경우를 의미한다. 즉 하나의 범죄구성요건이 충족된 경우를 가리킨다. 일죄는 단순일죄와 처분상 일죄로 분류된다. 單純一罪는 죄수결정의 표준에 따라 본래적으로 일죄로 취급되는 경우를 말한다. 하나의 행위에 의해 하나의 범죄구성요건이 충족된 순수한 형태의 일죄 외에 법조경합과 포괄일죄도 단순일죄에 포함된다. 處分上 一罪는 본래적으로 수죄에 해당되나 처분상·과형상으로만 일죄로 취급되는 경우를 말한다. 형법상 인정되고 있는 처분상 일죄로는 상상적 경합(제40조)이 있다.

數罪는 상이한 시간과 장소에서 수개의 의사에 기한 수개의 행위로 수개의 법익을 침해하여 구성요건을 수회 충족시킨 경우를 가리킨다. 수죄에 있어서는 원칙적으로 행위자의 책임이 개별적으로 인정되어 수개의 형이 병과되는 것이지만, 그 중 법률상 일정한 요건을 구비한 경우는 형법상 따로 競合犯(제37조)으로 취급된다.

본절에서는 단순일죄의 특수한 경우인 법조경합과 포괄일죄에 관하여 살펴보도록 한다.

Ⅱ. 法條競合

1. 의　의

법조경합(Gesetzeskonkurrenz)이란 하나 또는 수개의 행위가 외관상 수개의 구성요건을 충족시키지만 구성요건 간의 상호관계로 인하여 그 중 하나의 구성요건만이 적용되고, 나머지 구성요건의 적용은 배척되는 경우를 가리킨다.[1)] 행위가 하나인 경우가 일반적이지만, 불가벌적 사전행위나 불가벌적 사

1) 대판 2003. 4. 8, 2002도6033.

후행위에 있어서는 행위가 수개이다.[1] 법조경합에 있어서는 실제로 적용되는 구성요건은 하나뿐이라는 점에서 이를 특히 法條單一性(Gesetzeseinheit)이라고 칭하기도 한다.[2]

법조경합은 행위가 외관상으로는 수개의 구성요건을 충족시키지만 그 중 하나의 구성요건만이 본래적으로 적용될 수 있는 경우이므로 '경합'이라는 표현이 사실은 적절치 못하다고 할 수도 있다. 그래서 이를 '外觀上 競合' 또는 不眞正競合이라고도 부른다. 법조경합은 수개의 구성요건 중 한 구성요건상의 범죄만 성립하는 경우라는 점에서 경합되는 수개의 구성요건상 범죄가 모두 성립되는 경우인 상상적 경합이나 실체적 경합과도 구별된다.

법조경합에 있어서는 적용되는 구성요건의 불법내용이 배척되는 다른 구성요건의 불법내용을 포괄하고 있다. 형법상 二重評價는 禁止되어야 하므로 법조경합에 있어서는 하나의 구성요건만이 적용되는 것이다.[3]

2. 유 형

법조경합의 유형으로 거론되는 것에는 특별관계, 보충관계, 흡수관계와 택일관계가 있다. 이들 유형 중 법조경합으로 인정되는 범위에 관해서는 몇 가지 견해가 대립하고 있다. 즉 특별관계만을 법조경합으로 취급하는 견해,[4] 특별관계와 보충관계를 법조경합으로 보는 견해,[5] 특별관계와 보충관계·흡수관계를 법조경합으로 취급하는 견해와 네 가지 유형을 모두 법조경합으로 파악하는 견해[6]가 대립하고 있다.

擇一關係(Alternativität)라 함은 성질상 양립할 수 없는 구성요건 사이에 있어서 일방이 타방의 구성요건을 배척하고 적용되는 관계이다. 예컨대, 절도죄와 횡령죄의 관계나 강도죄와 공갈죄의 관계가 그것이다. 그러나 택일관계에 있어

---

1) 이런 점에 기하여, 불가벌적 사전행위나 불가벌적 사후행위를 부진정실체적 경합으로 칭하는 견해(박상기, 489면; 임웅, 558면)도 있다. 하지만 이는 법조경합과 실체적 경합의 차이를 간과한 견해라고 볼 수밖에 없다.

2) BGHSt 25, 373.

3) 대판 2002. 7. 18, 2002도669.

4) Jakobs, Strafrecht AT, 2. Aufl., 1991, 865면 이하.

5) 김성천/김형준, 형법총론, 2005, 639면 이하.

6) 신동운, 690면; 오영근, § 39, RN 18; 유기천, 313면; 임웅, 560면; 정성근/박광민, 617면; 정영석, 281면.

서는 행위가 본래적으로 뿐만 아니라 외관상으로도 하나의 구성요건에만 해당되는 것이라는 점에서 법조경합의 다른 유형들과 구별된다.[1] 즉 택일관계에서는 구성요건들이 성질상 양립할 수 없기 때문에 경합의 문제는 생길 수가 없는 것이다. 예컨대, 특별관계에 있어서는 행위자가 존속살해의 고의로 살해행위를 하였으나 살해된 사람이 행위자나 그 배우자의 직계존속이 아니었다면 행위자는 존속살해죄의 미수범이 아니라 살인죄로 처벌되지만, 택일관계에 있어서는 행위자가 강도의 고의로 폭행이나 협박을 하였으나 상대방에게 단지 의사표시상의 하자만이 발생한 데 그쳤다면 행위자는 공갈죄에 해당하는 것이 아니라 강도죄의 미수범이 되는 것이다. 그러므로 택일관계의 구성요건 사이에는 법조경합으로서의 관계가 존재하지 않는 것이라고 봄이 타당하다.

법조경합의 유형은 특별관계와 보충관계, 흡수관계의 셋으로 구분함이 타당하다고 생각한다.[2]

(1) 특별관계

特別關係(Spezialität)라 함은 행위자의 하나의 행위에 의하여 실현된 특정 범죄구성요건이 다른 범죄구성요건의 모든 요소와 그 밖의 특별한 요소까지도 포함하고 있는 경우의 양 구성요건 사이의 관계를 의미한다.[3] 기본적 구성요건과 가중적·감경적 구성요건 사이의 관계가 이에 해당한다. 특별관계가 인정되기 위해서는 특별법인 범죄구성요건이 일반법인 범죄구성요건의 요소를 모두 포함하고 있어야 하며, 양 구성요건의 보호법익이 같아야 한다.[4]

특별관계에 있어서는 "特別法은 一般法에 우선한다"는 원칙에 따라 특별법인 범죄구성요건이 일반법인 범죄구성요건에 우선하여 적용된다. 예컨대, 행위자가 자기나 배우자의 직계존속을 살해한 경우 존속살해죄(제250조 제2항)가 살인죄(제250조 제1항)에 우선하여 적용되는 것이다. 영아살해죄(제251조)와 살인죄, 특수절도죄(제331조)와 절도죄(제329조) 등의 관계가 이에 해당한다.

결합범이나 결과적 가중범도 특별관계에 해당하는 것으로 보는 견해[5]도 있다. 그러나 결합범에 있어서는 각각 별개의 구성요건을 실현시키는 수개의

1) 김성돈, 819면; 이재상, §38, RN 3; Jescheck/Weigend, 734면; Schönke/Schröder, Vor §§ 52, RN 132.
2) 同旨: 김성돈, 815면 이하; Schönke/Schröder, Vor §§ 52, RN 104 이하(다만 여기서는 법조경합을 특별관계, 보충관계와 불가벌적 사후행위의 셋으로 구분하고 있다).
3) 대판 2003. 4. 8, 2002도6033; 대판 2005. 2. 17, 2004도6940; 대판 2006. 5. 26, 2006도1713.
4) 대판 1983. 9. 27, 82도671; 대판 1997. 6. 27, 97도1085.
5) 김성돈, 816면; 이재상, §38, RN 6.

범죄행위가 하나의 구성요건의 요소로 규정되어 있는 것이므로 특별관계에 해당하는 것은 아니고 포괄일죄의 한 경우로 파악함이 타당하다고 생각한다. 결과적 가중범에 있어서도 고의범인 기본범죄와 중한 결과에 관한 과실범이 포괄되어 하나의 구성요건이 성립되는 것이므로 법조경합이 아니라 포괄일죄가 인정되는 것으로 봄이 타당하다.

(2) 보충관계

補充關係(Subsidiarität)는 행위자의 행위에 의하여 실현된 특정 범죄구성요건이 다른 범죄구성요건과의 관계에 있어서 보충적으로만 적용되는 경우를 가리킨다. "基本法은 補充法에 우선한다"는 원칙에 의하여 기본법만이 적용되는 관계이다. 즉 기본법이 적용되지 못하는 경우에만 보충법이 적용되는 것이다.

기본법과 보충법은 동일한 법익에 대한 침해행위를 규율하는 점에서는 마찬가지이지만, 다만 그 침해행위의 실현단계나 양태(樣態)가 다를 뿐이다. 이 점에서 흡수관계와 구별된다.[1] 흡수관계는 구성요건의 내용과 보호법익을 달리하는 별개의 범죄들이 하나의 범죄를 실현하는 과정에서 결합된 데 불과하기 때문이다.

보충관계는 명시적 보충관계와 묵시적 보충관계로 구분할 수 있다.

(가) 명시적 보충관계

明示的 補充關係란 형법규정상 명시적으로 보충관계임이 인정된 경우를 가리킨다. 예컨대, 一般利敵罪(제99조)의 구성요건은 "전 7 조에 기재한 이외에"라고 규정하고 있으므로 外患의 罪 중 다른 죄들(제92조 내지 제98조)에 대한 보충법의 지위를 갖게 되어 '전 7 조'인 제92조 내지 제98조를 적용할 경우에는 제99조의 적용은 배제된다. 여기서 제92조 내지 제98조의 죄가 일반이적죄에 대하여 기본법의 지위를 갖는 것이다. 그 밖에도 一般建造物 등 放火罪(제166조)와 "전 2 조에 기재한"(제166조 제 1 항) 현주건조물 등 방화죄(제164조), 공용건조물 등 방화죄(제165조)의 관계나 一般物件放火罪(제167조)와 "전 3 조에 기재한"(제167조 제 1 항) 현주건조물 등 방화죄(제164조), 공용건조물 등 방화죄(제165조), 일반건조물 등 방화죄(제166조)의 관계 등이 이에 해당한다.

(나) 묵시적 보충관계

黙示的 補充關係란 형법규정상 명시적 문언은 없지만 구성요건간의 관

1) 同旨 : Jescheck/Weigend, 734면.

계에 기하여 보충관계로 인정되는 경우를 가리킨다. 묵시적 보충관계는 특정 구성요건의 실현과정에서 행해지는 前段階 構成要件實現行爲와 특정법익에 대하여 樣態·方法을 달리하는 수개의 侵害行爲가 행해진 경우에 인정된다. 前者의 예로는 예비·음모죄와 미수범·기수범, 미수범과 기수범, 위험범과 침해범의 관계를 들 수 있다. 여기서 전단계 구성요건실현행위를 不可罰的 事前行爲라고도 한다. 後者의 예로는 부작위범과 작위범, 과실범과 고의범, 종범과 교사범·정범, 교사범과 정범의 관계를 들 수 있다.[1)]

구체적인 문제로 不作爲에 의한 殺人罪와 遺棄致死罪(제275조 제 1 항 後文)의 관계에 있어서도 보충관계가 인정되는지가 문제될 수 있다. 예컨대, 자동차 운전자인 A가 운전 중 과실로 보행자 B를 치어 쓰러뜨려 놓고는 구조하지 않은 채 그대로 놓아두고 도주하였는데 B가 아무에게도 도움을 받지 못하여 결국 과다출혈로 인하여 사망한 경우를 갖고 생각해보면, 이 때 만일 A가 도주한 시점에 B가 크게 충격되지도 않은 것 같고 주위에 다른 사람들도 많이 있어서 누군가에 의하여 얼마든지 구조될 수 있을 것으로 생각하였다면 A에게는 유기의 고의가 인정되므로 유기치사죄만이 성립하게 된다. 그러나 도주한 시점에 만일 A가 B의 사망까지도 인용하였다면 A에게는 살인의 미필적 고의가 인정되어 부작위에 의한 살인죄가 성립할 수 있는데, 이 경우에 있어서 유기치사죄는 살인죄의 규정에 의하여 적용이 배제된다. 하지만 이는 행위자의 주관적 구성요건의 차이에 기하여 적용구성요건이 달라지는데 불과하고, 법조경합의 한 경우인 보충관계와는 다른 문제라고 생각한다. 그런데 만일 행위자가 상대방을 과실로 사망하게 하는 기회에 과실에 그치지 않고 더 나아가 고의를 갖고 살해행위를 하였다면 과실치사죄나 업무상 과실치사죄는 적용이 배제되고, 고의범인 살인죄만이 적용되게 된다. 이는 사망이라는 하나의 결과에 대한 과실범과 고의범이 경합된 보충관계에 해당하는 경우이기 때문이다. 또한 遺棄致死罪와 自殺關與罪(제252조 제 2 항)의 관계에 있어서 양죄가 경합하게 되면 유기의 고의와 자살관여의 고의는 기본법과 보충법의 관계에 있다고 볼 수 없으므로 보충관계로서의 법조경합이 아니라 양죄가 별도로 성립되어 상상적 경합이 인정된다고 생각한다. 부조를 요하는 사람을 유기하여 사망에 이르게 한 자와 자살하려고 하는 사람을 방조하여 죽게 만든 자의 죄는 보충관계가 아닌 별개의 죄로 파악함이 타당하다고 할 것이다.

---

1) 물론 부작위범·교사범은 각각 작위범·정범과 동일한 법정형으로 처벌되지만(제18조, 제31조 제 1 항 참조) 그 행위의 양태·방법의 성질상 보충법의 지위를 갖는 것으로 봄이 타당하다.

(3) 흡수관계

吸收關係(Konsumtion)라 함은 특정 범죄구성요건에 해당하는 행위의 실질적 내용이 다른 범죄구성요건을 실현하는 행위에 완전히 흡수되는 경우로서 특별관계나 보충관계가 인정되지 않는 경우를 의미한다.[1] 흡수관계에 있어서는 "全部法(흡수법)은 部分法(피흡수법)에 우선한다"는 원칙에 따라 전부법만이 적용된다. 여기서 전부법은 부분법의 구성요건을 모두 포함하는 것은 아닌 점에서 특별관계와 구별된다. 또한 부분법과 전부법은 보호법익과 구성요건의 내용을 달리하는 별개의 구성요건으로서 하나의 범죄를 실현하는 과정에서 결합된데 불과하다는 점에서 보충관계와도 구별된다.

전부법의 실현행위는 범죄로서 성립되는 것으로 충분하고, 처벌될 필요까지는 없다. 즉 전부법실현행위가 범죄로서 성립되었지만 처벌조건이나 소송조건을 결여하여 처벌되지 않는 경우에는 설사 부분법실현행위에 대해서는 처벌이 가능하다 하더라도 부분법실현행위는 처벌되지 못하는 것이다.[2]

흡수관계에는 불가벌적 수반행위와 불가벌적 사후행위의 두 경우가 있다.

㈎ 불가벌적 수반행위

不可罰的 隨伴行爲라 함은 특정한 구성요건을 실현하는데 있어서 통상 수반되는 다른 구성요건실현행위를 가리킨다. 이는 전부법실현행위에 수반하는 행위라는 점에서 불가벌적 사전행위와 구별된다. 불가벌적 사전행위는 기본법실현행위에 통상 수반되는 것은 아니기 때문이다.

이 경우에 있어서 수반된 구성요건실현행위의 불법이 주된 구성요건실현행위의 불법에 비하여 경미한 경우에는 수반된 구성요건실현행위는 주된 구성요건실현행위에 흡수되어 별개의 죄로 인정되지 아니한다. 예컨대, 사람을 칼로 찔러 살해한 경우 살인죄는 상해죄를 흡수하며, 불을 놓아 남의 물건을 소훼한 경우 재물손괴죄는 방화죄에 흡수된다. 상해죄와 상해를 가하면서 행한 협박죄,[3] 폭행·협박을 수단으로 하여 감금한 경우의 폭행·협박죄와 감금죄,[4] 낙태죄와 임부의 신체에 대한 상해죄 등의 관계나 도주죄와 수

1) Jescheck/Weigend, 734면.
2) Schönke/Schröder, Vor §§ 52, RN 116.
3) 대판 1976. 12. 14, 76도3375.
4) 일본 최고재판소 昭和 42. 4. 27. 판결.

의(囚衣)에 대한 절도죄, 문서위조죄와 인장위조죄의 관계[1] 또는 강간죄와 강간을 행하면서 사소한 상처를 입힌 상해죄의 관계[2] 등도 이에 해당한다.

(나) 불가벌적 사후행위

1) 의 의 不可罰的 事後行爲(straflose Nachtat)는 자체적으로 구성요건해당성, 위법성, 책임 등 범죄의 성립요건을 갖추고 있지만, 그에 앞서 행해진 전부법실현행위에 대한 처벌 외에 별도의 처벌을 요하지 않는 행위를 말한다. 범죄에 의하여 획득한 위법한 이익을 확보·사용·처분하는 구성요건해당적 사후행위가 이미 주된 범죄에 의하여 완전히 평가되었기 때문에 따로 별죄를 구성하지 않는 경우가 그 주된 예이다. 예를 들어, 횡령물이나 절취물을 행위자가 추후에 처분하여도 장물죄가 따로 별죄로 성립하지는 않는 것이다.

2) 요 건 불가벌적 사후행위가 성립하기 위해서는 범죄구성요건에 해당하는 사후행위가 주된 범죄와 보호법익이 같고 또 그 주된 범죄에 의한 법익침해의 양을 초과하지 않아야 한다.

a) 사후행위의 범죄구성요건해당성 사후행위 자체도 犯罪構成要件에 該當하는 것이어야 한다. 그러므로 예컨대 절도범이 절취한 음식물을 먹은 경우에 있어서 음식물을 먹은 행위는 불가벌적 사후행위에 해당되지 않고, 따라서 법조경합이 인정되지 않는다. 음식물을 먹는 행위에 있어서는 행위자에게 손괴의 고의가 인정되지 못하므로 손괴죄의 구성요건해당성을 갖지 못하기 때문이다.

b) 보호법익의 동일성 사후행위와 주된 구성요건의 保護法益이 같고 또 그 주된 범죄에 의한 법익침해의 양을 초과하지 않아야 한다. 예를 들어, 절취한 재물을 손괴하거나, 횡령물의 반환을 거부한 경우에 있어서 손괴나 반환거부의 행위는 불가벌적 사후행위에 해당하여 손괴죄나 횡령죄가 별죄로서 성립되지는 아니한다. 또한 횡령한 재물의 처분행위는 불가벌적 사후행위에 해당한다고 보므로,[3] 부동산의 명의수탁자가 명의신탁자의 승낙 없이 수탁부동산에 대하여 제3자 앞으로의 근저당설정등기를 하였다가 다시 그 토지를 다른 사람에게 매도하여 그 사람 앞으로 소유권이전등기를 경료한 경우에 있어서 소유권이전등기경료행위는 불가벌적 사후행위에 해당되어 별

1) 대판 1978. 9. 26, 78도1787.
2) 대판 1986. 7. 8, 85도2042.
3) 대판 1978. 11. 28, 78도2175.

죄를 구성하지 않는다고 할 것이다.[1)]

열차승차권을 절취한 자가 그 승차권을 자기의 것인 양 속여 환불을 받은 경우,[2)] 장물인 자기앞수표를 취득한 후 이를 현금 대신 교부한 경우[3)]나 장물보관을 의뢰받은 자가 그 정을 알면서 이를 인도받아 보관하고 있다가 임의로 처분한 경우[4)]에도 사후행위는 불가벌적 사후행위에 해당한다고 본다. 그리고 내란의 실행과정에서 폭동행위로 인해 발생한 살인은 내란죄에 흡수되는 것으로서 따로 내란목적살인죄가 성립하지는 않으며,[5)] 검사로부터 범인검거의 지시를 받은 사법경찰관이 지시에 따른 조치를 취하지는 않고 도리어 범인에게 전화로 도피를 권유하여 도피시킨 때에는 범인도피행위에 직무유기의 불법이 흡수되어 범인도피죄만 성립하게 되는데,[6)] 이 경우들에 있어서도 살인이나 직무유기는 불가벌적 사후행위에 포함시킬 수 있다고 본다. 간첩이 탐지·수집한 국가기밀을 적국에 누설한 경우에 있어서도 누설행위는 불가벌적 사후행위에 해당한다.[7)]

그러나 신용카드를 절취한 후 이를 사용한 경우[8)]나 절취한 예금통장과 인장을 이용하여 그 예금을 인출한 경우[9)]에는 별죄로서의 사기죄가 성립할 수 있게 된다. 이 때에는 사후행위인 사용행위나 예금인출행위는 별개의 보호법익을 침해하는 독립된 범죄로서, 불가벌적 사후행위에 해당되지 못하고 별죄를 구성하여 양죄의 경합범이 성립된다.

절취한 소를 도축장이나 수육(獸肉)가공장이 아닌 장소에서 도살하거나 해체한 경우,[10)] 절취한 재물을 자기 소유물인 것처럼 속여 판 경우,[11)] 절취한 대마를 흡입할 목적으로 소지한 경우,[12)] 훔친 전당표로 전당물을 편취한 경우[13)]나 사

1) 대판 1999. 11. 26, 99도2651; 대판 2000. 3. 24, 2000도310.
2) 대판 1975. 8. 29, 75도1996.
3) 대판 1993. 11. 23, 93도213.
4) 대판 2004. 4. 9, 2003도8219.
5) 대판 1997. 4. 17, 96도3376.
6) 대판 1996. 5. 10, 96도51.
7) 대판 1982. 4. 27, 82도285.
8) 대판 1996. 7. 12, 96도1181.
9) 대판 1974. 11. 26, 74도2817.
10) 대판 1964. 8. 27, 64도267.
11) 대판 1980. 11. 25, 80도2310.
12) 대판 1999. 4. 13, 98도3619.
13) 대판 1980. 10. 14, 80도2155.

람을 살해한 후 사체를 유기한 경우,[1] 명의수탁자가 신탁 받은 부동산의 일부에 대한 토지수용보상금 중 일부를 소비하고 이어 수용되지 않은 나머지 부동산 전체에 대한 반환을 거부한 경우[2]에도 마찬가지로 사후행위가 별죄를 구성하여 양죄의 경합범이 된다. 또한 자기소유 부동산에 상대방 명의의 근저당권을 설정하여줄 의사가 없음에도 상대방을 속여 근저당권설정을 약정하여 금원을 편취한 경우에 있어서도 행위자가 그 약정을 이행하지 않고 제 3 자 명의의 근저당권설정등기를 마쳤다면 상대방에 대한 배임행위는 금원을 편취한 사기죄와는 별개의 보호법익을 침해하는 행위이기 때문에 불가벌적 사후행위에 해당되지 않고 별죄를 구성한다.[3] 부정한 이익을 얻을 목적으로 타인의 영업비밀이 담긴 CD를 절취하여 그 영업비밀을 부정사용한 경우에 있어서도 영업비밀의 부정사용은 특별법에 의해 보호되는 새로운 법익에 대한 침해로 보아야 하므로 절도죄의 불가벌적 사후행위가 되는 것이 아니다.[4]

3) 공범의 책임 불가벌적 사후행위에 가공한 제 3 자에게 있어서는 그 사후행위가 정범의 주된 행위가 되는 것이므로 제 3 자는 사후행위에 대한 공범으로 처벌되는 것이다. 예를 들어, 절취한 재물을 절도범이 손괴하는 경우에 손괴행위만을 도와준 제 3 자는 손괴죄의 종범이 되는 것이다.

3. 처 리

법조경합에 있어서 배척된 구성요건은 적용되지 못한다. 재판에 있어서 판결주문뿐만 아니라 판결이유(형사소송법 제323조 제 1 항)에도 명시될 필요가 없다. 법조경합의 경우와는 달리 상상적 경합은 판결이유에 명시되어야 한다고 본다.

배척된 구성요건에 대해서만 제 3 자가 가공한 경우에는 제 3 자는 그 구성요건에 대한 공범으로 처벌된다.

---

1) 대판 1997. 7. 25, 97도1142.
2) 대판 2001. 11. 27, 2000도3463.
이 경우에 있어서는 명의수탁자가 부동산의 일부에 관하여 수령한 토지수용보상금 중 일부를 소비하였다고 하여 객관적으로 부동산 전체에 대한 불법영득의사를 인정하기는 어려운 것이므로, 수용되지 않은 나머지 부동산 전체에 대한 반환거부는 새로운 법익침해행위로서 별개의 횡령죄가 인정되는 것이다.
3) 대판 2008. 3. 27, 2007도9328.
4) 대판 2008. 9. 11, 2008도5364.

Ⅲ. 包括一罪

1. 의 의

포괄일죄라 함은 수개의 구성요건적 행위, 즉 범행이 포괄적으로 하나의 구성요건에 해당되어 일죄를 구성하는 경우를 가리킨다.[1] 포괄일죄로 취급되기 위해서는 각 범행에 의해 침해된 보호법익과 범행의 태양·방법이 동일하여야 하며, 범의의 단일성·계속성과 각 범행의 시간적·장소적 연관성·근접성이 갖추어져 있어야 한다고 본다.[2] 이러한 요건이 갖추어지지 않은 경우에는 각 범행은 실체적 경합에 해당하는 것이다.[3]

포괄일죄에 있어서는 수개의 행위가 포괄적으로 하나의 구성요건을 충족하여 본래적으로 일죄를 구성하고 별죄가 따로 성립하는 것은 아니라는 점에서 상상적 경합과 같은 과형상 일죄나 실체적 경합인 경합범과 구별된다. 또한 포괄일죄는 하나의 구성요건에 해당되는 경우라는 점에서 외관상 수개의 구성요건을 충족시키는 법조경합과도 구별된다.

2. 유 형

포괄일죄의 유형으로는 결합범과 접속범을 들 수 있다.

(1) 결 합 범

結合犯(zusammengesetzes Delikt)은 각기 독립하여 별개의 구성요건에 해당하는 수개의 행위가 1개의 제 3 의 구성요건 속에 결합된 경우를 가리킨다. 결합범은 그 전체로서 일죄로 취급된다.[4] 예컨대, 폭행·협박과 재물의 절취가 결합한 강도죄(제333조), 강도와 살인이 결합한 강도살인죄(제338조),[5] 강도와 강간이 결합한 강도강간죄(제339조) 등이 이에 해당한다.

간첩죄(제98조)나 통화위조죄(제207조), 음행매개죄(제242조) 등과 같이 하나의 구성요건이 동종 행위의 반복을 예상하고 있는 경우에 있어서는 이들 구

1) 대판 1982. 11. 23, 82도2201.
2) 대판 1993. 10. 12, 93도1512; 대판 2004. 6. 25, 2004도1751; 대판 2006. 6. 2, 2005도3431.
3) 대판 2005. 5. 13, 2005도278; 대판 2005. 9. 30, 2005도4051; 대판 2006. 9. 8, 2006도3172.
4) 박상기, 482면; 이재상, §38, RN 24; 정성근/박광민, 619면.
대판 1985. 9. 24, 85도1686.
5) 대판 1983. 6. 28, 83도1210.

성요건이 해당행위를 한 번만 실행했어도 실현되는 것이므로 본래적인 결합범으로 보기는 어렵고, 단지 현실적으로 수개의 동종 행위가 반복되어 그 구성요건이 실현된 경우에 있어서 결합범이나 접속범의 원리에 따라 해결하는 것으로 족하다고 하겠다.[1]

결합범은 포괄일죄이므로 그 행위의 일부분에 대한 실행의 착수나 방조가 있으면 결합범 전체에 대한 실행의 착수나 방조가 인정되게 된다. 예를 들어, 간첩미수를 방조한 일련의 행위는 1개의 행위마다 1개의 방조가 성립하는 것이 아니라 포괄하여 1개의 종범으로 처벌된다.[2] 그러나 일부분의 행위에 국한된 교사나 공동정범은 각각 教唆犯·共同正犯의 錯誤의 원리에 따라 해결될 것이다.

(2) 접 속 범

接續犯은 자체적으로도 범죄의 성립요건을 갖춘 수개의 행위가 한 행위자의 동일한 범의에 기하여 동일한 기회에 동일한 또는 근접된 시간과 장소에서 불가분적으로 접속하여 동일한 법익을 침해하는 경우를 가리킨다. 접속범은 수개의 행위가 하나의 구성요건의 불법을 증대시킨 데 불과한 것이므로 그 전체가 포괄하여 일죄로 취급된다. 예컨대, 동일한 창고에서 동일한 기회에 수회의 절취행위를 한 경우나 동일한 기회에 같은 부녀를 수회 간음한 경우가 이에 해당하며, 하나의 사건에 관하여 한 번 선서한 증인이 같은 기일에 여러 가지 사실에 관하여 기억에 반하는 허위진술을 한 경우도 포괄하여 1개의 위증죄로 된다.[3] 하지만 가령 10차에 걸친 계속적인 행위라도 그 중간 중간 법적 판단이 달라지는 때, 예컨대 5개월에 걸쳐 1·2·3차는 불법하고 4·5차는 적법하고 6·7차는 불법하고 8·9·10차는 적법한 경우에는 1·2·3차 행위와 6·7차 행위는 접속하여 행해진 것으로 볼 수 없으므로 포괄일죄에 해당되지 않는다 할 것이다.[4]

다른 법익을 침해하거나, 법익의 주체가 다른 일신전속적 법익을 침해한 경우는 접속범에 해당되지 아니한다. 따라서 수인을 살해 또는 상해하거나, 모욕·낙태·강간한 경우에는 수죄가 인정된다. 법익의 주체가 다르더라도 침해

1) 同旨 : 이재상, §38, RN 24.
2) 대판 1959. 7. 20, 4292형상140.
3) 대판 1998. 4. 14, 97도3340.
4) 대판 1971. 1. 26, 70도2373.

된 법익이 재산 등 비전속적 법익인 경우에는 법익의 동일성이 인정되어 접속범에 해당한다고 본다. 예를 들어, 음주상태로 자동차를 운전하던 중 제 1 차 사고를 내고 그대로 진행하다가 제 2 차 사고를 낸 경우에 있어서 제 1 차・제 2 차 사고도 도로교통법상 음주운전죄의 포괄일죄가 된다.[1] 하지만 사기죄나 공갈죄에 있어서는 행위자가 수인에 대하여 재물을 편취・갈취한 경우 재산 외에 상대방의 의사결정의 자유도 침해하는 것이므로 수죄가 성립한다고 본다.[2] 또한 판례에서는 절도죄의 죄수를 재물관리인의 수에 따라 구별하여 판단하고 있으며,[3] 배임수재죄에 있어서도 수인으로부터 각각 부정한 청탁을 받고 그들로부터 각각 금품을 수수한 경우에 비록 그 청탁이 동종의 것이라 하더라도 단일하고 계속된 범의 아래 이루어진 포괄일죄로 볼 수 없다고 판시하고 있다.[4] 구성요건을 달리하는 범죄 사이에도 접속범이 인정될 수 없다.[5]

적용법률의 개정 전후에 걸쳐 행해진 접속범에 대해서는 행위가 신법의 개정된 새로운 적용요건을 충족한 경우 외에는 소급효금지의 원칙상 구법이 적용된다고 할 것이다.[6]

(3) 관련문제

결합범과 접속범 외에 포괄일죄에 해당되는 것인지가 논의되는 경우로 연속범과 집합범, 계속범이 있다.

(가) 연 속 범

1) 의 의 連續犯이란 동일한 법익에 대하여 단일하고 계속된 범의에 기하여 동일하거나 유사한 방법에 의하여 동종의 범죄를 일정 기간 반복하여 범한 경우를 가리킨다. 의용형법에서는 연속범을 규정하면서 과형상 일죄로 취급하였다(동법 제55조 참조).[7] 예컨대, 절도범이 타인의 미곡창고에서 매일 밤마다 쌀 한 가마씩을 반출한 경우가 그 예이다.[8]

연속된 수개의 행위가 동일한 구성요건에 해당하는 행위일 것을 요하지

1) 대판 2007. 7. 26, 2007도4404.
2) 대판 2001. 12. 28, 2001도6130.
3) 대판 1970. 7. 21, 70도1133; 대판 1989. 8. 8, 89도664.
4) 대판 2008. 12. 11, 2008도6987.
5) 대판 1988. 2. 9, 87도58.
6) 대판 2004. 5. 28, 2004도1465.
7) 현행 일본 형법은 연속범에 관한 규정을 두지 않고 있다.
8) 하지만 한밤중에 계속하여 쌀을 몇 가마 절취한 경우는 접속범에 해당한다.

않고, 수개의 행위 사이에 시간적·장소적 접속을 요하지도 않는다는 점에서 접속범과 구별된다.

2) 요 건 연속된 수개의 행위가 모두 범죄의 성립요건인 구성요건해당성·위법성·책임을 갖추고 있어야 연속범에 해당될 수 있다.

수개의 행위는 객관적으로 침해법익이 같아야 하며, 범행의 방법이 동일하고, 수개의 행위 사이에 시간적·장소적 연관성이 인정되어야 한다. 하지만 구성요건상 동일하거나 시간적·장소적 접속을 요하지는 않는 것이다.

연속범의 주관적 요건으로 수개의 행위는 단일한 범의에 기해 행해졌어야 한다는 점이 요구된다. 犯意의 單一性에 관하여는 연속범의 전체과정에 관한 일관된 하나의 실현의사를 가리키는 全體故意를 요한다고 보는 견해[1]와 연속범을 구성하는 개개의 범행에 관한 고의가 심리적으로 계속하여 연관되어 있다는 의미의 繼續的 故意로 족하다고 보는 견해[2]가 대립하고 있다. 하지만 어느 것으로 보든 연속범의 처리에는 영향이 없으며, 연속범의 개념과 성격에 비추어 볼 때 계속적 고의로 족하다고 생각한다.[3]

예를 들어, 행위자가 부녀를 1회 간음한 후 200미터쯤 데리고 오다가 다시 간음한 경우는 접속범이 아닌 연속범의 한 예로 보아야 할 것이지만, 행위의 근접성이 접속범에 준하여 볼 수 있는 경우이기 때문에 포괄일죄로 처리된다.[4] 하지만 피해자를 1회 강간하여 상처를 입게 한 후 약 1시간 후에 장소를 옮겨 같은 피해자를 다시 1회 강간한 행위는 그 범행의 시간과 장소를 달리하고 있을 뿐만 아니라 각 별개의 범의에서 이루어진 행위로서 수죄에 해당한다고 본다.[5] 또한 행위자가 수퍼마켓의 사무실에서 식칼을 들고 직원을 협박한 후 다시 매장으로 나와 식칼로 손님을 내쫓아 영업을 방해한 행위도 별개의 행위로 수죄에 해당한다.[6]

---

1) Jescheck/Weigend, 649면.
2) 이재상, § 38, RN 35.
대판 1984. 5. 15, 84도233.
3) 대판 1978. 12. 31, 78도2545.
4) 대판 1970. 9. 29, 70도1516.
여기서 1회 간음한 후 200미터쯤 데리고 오다가 다시 간음한 것을 '동일한 또는 근접된' 시간과 장소에서 행해진 것으로 본다면 접속범에 해당하는 것으로 이해할 수도 있을 것이다. 이 사안은 접속범과 연속범의 경계선상에 위치하는 경우라고 생각한다.
5) 대판 1987. 5. 12, 87도694.
6) 대판 1991. 1. 29, 90도2445.

3) 처 리 연속범의 처리에 관하여는 포괄일죄설,[1] 경합범설,[2] 과형상 일죄설[3] 등이 대립하고 있으나, 현행법 하에서는 원칙적으로 실질상 수죄로서 경합범(제37조)의 원리에 의하여 해결함이 타당하다고 생각한다. 연속범의 개념을 인정하게 되면 자칫 상습범과의 관계가 애매해질 수도 있으므로, 접속범에 준하는 정도의 근접성이 인정되는 경우에나 포괄일죄로 처리하고 그 외의 경우에는 경합범의 원리에 의해 해결함이 타당할 것이다. 판례[4]도 대부분 이 견해에 입각하고 있다.

(나) 집 합 범

集合犯(Kollektivdelikt)이란 다수의 동종의 행위가 동일한 의사나 경향·습벽에 기하여 반복되는 것이 당연히 예상되어 있는 범죄를 말한다.

상습도박죄(제246조 제 2 항), 상습사기죄(제351조) 등의 常習犯(Gewohnheitsmäßigkeit)과 음화 등 판매죄(제243조)와 같은 營業犯(Gewerbmäßigkeit)이 그 예이다. 물론 상습범이나 영업범이 항상 다수의 범행을 요건으로 하는 것은 아니다. 상습범과 영업범에 있어서는 상습성과 영업성이라는 성격이 개개의 행위를 하나의 행위로 취급하게끔 만드는 것이므로 포괄일죄로 보는 것이 다수설[5]과 판례[6]의 입장이다. 상습강도죄를 범한 자가 다시 그 상습성이 발현되어 강도의 예비에 그치는 행위를 하였다면 강도예비죄가 별도로 성립하는 것이 아니고 상습강도죄의 포괄일죄만이 인정되게 된다.[7] 영업범에 있어서도 그 개개의 범죄행위 중 다른 종류의 죄에 대한 확정판결이 있더라도 범죄행위가 그 확정판결 전후의 두 죄로 분리되어 경합범으로 처리되는 것이 아니고 최종의 범죄행위시에 완성되는 일죄로 포괄되어 처리된

---

1) 손동권, §35, RN 27; 오영근, §39, RN 32; 이재상, §38, RN 29; 임웅, 562면 이하.
대판 2000. 1. 21, 99도4940; 대판 2000. 6. 27, 2000도1155.
BGHSt 19, 323.

2) 김성돈, 831-832면; 김용욱, "경합론의 체계적 구조", 동암이형국교수화갑기념논문집, 1998, 407면; 정영석, 282면.

3) 황산덕, 299면.

4) 대판 1955. 8. 19, 55도157; 대판 1984. 8. 14, 84도1139; 대판 1996. 7. 12, 96도1181; 대판 2000. 4. 25, 99도5479.

5) 김일수/서보학, 689면; 신동운, 686면; 유기천, 315면; 임웅, 565면; 정성근/박광민, 619면; 황산덕, 299면.

6) 대판 1978. 2. 14, 77도3564; 대판 1984. 2. 28, 83도3313; 대판 1999. 11. 26, 99도3929; 대판 2001. 8. 21, 2001도3312; 대판 2004. 9. 16, 2001도3206.

7) 대판 2003. 3. 28, 2003도665.

다.[1)]

집합범에 있어서 그 수개의 행위는 원칙적으로 포괄일죄로 파악된다. 그러나 상습범과 영업범에 있어서 반드시 수개의 범행이 반복될 것을 구성요건요소로 요구하는 것은 아니므로 상습범과 영업범이 각 범행에 의해 침해된 보호법익과 범행의 태양·방법 등의 동일성, 범의의 단일성, 각 범행의 시간적·장소적 근접성 등에 있어서 포괄일죄로서의 일반적 요건을 갖춘 경우에만 포괄일죄로 처리되는 것이고, 그렇지 못한 경우에는 사실관계에 따라 접속범이나 수죄의 경합범으로 취급해야 한다고 생각한다.[2)] 그러므로 상습성과 영업성을 인정함에 있어서 신중을 기할 필요가 있으며, 입법론적으로는 상습범과 영업범에 관해서도 포괄일죄로 인정되기 위한 요건을 구체적으로 명시하는 규정을 둠이 바람직하다고 본다.

㈐ 계 속 범

繼續犯(Dauerdelikt)이란 구성요건적 행위의 실현에 의하여 야기된 위법상태가 그 보호법익을 침해할 정도의 시간 동안 계속됨으로써 비로소 범죄의 기수가 인정되는 경우를 가리킨다. 감금죄나 주거침입죄 등이 그 예이다.

계속범에 있어서 범죄가 기수에 이른 후에도 그 위법상태가 계속되는 동안은 범죄가 종료되지 않는 것이므로 그 계속되는 동안에 같은 구성요건을 다시 충족하는 행위를 한 경우에는 포괄일죄가 된다고 본다.[3)]

3. 처 리

포괄일죄에 대해서는 實體法上 하나의 범죄구성요건만이 적용된다.

訴訟法上으로는 일죄로 인정된 행위 전체에 대하여 공소제기의 효력이 미치며, 그 행위 전체가 법원의 심판과 기판력의 범위가 된다. 그러므로 예를 들어 상습범으로서 포괄일죄의 관계에 있는 수개의 행위 중 일부에 대하여 다른 죄명이 아닌 '해당 상습범'으로서의 유죄판결이 확정된 경우에 그

1) 대판 2003. 8. 22, 2002도5341.
2) 김성돈, 834-835면; 박상기, 487면; 안동준, 형법총론, 1998, 317면; 이재상, § 38, RN 38; 이형국, 724면; Schönke/Schröder, Vor §§ 52, RN 100.
同旨 : 대판 2004. 9. 16, 2001도3206의 '별개의견' 참조.
3) 이재상, § 38, RN 25.
이 경우는 접속범에 해당한다고 생각한다.

확정판결의 사실심판결선고 전에 행해진 나머지 행위에 대하여 새로이 공소가 제기되었다면 그 새로운 공소는 확정판결이 있었던 사건과 동일한 사건에 대하여 다시 제기된 공소에 해당하므로 이에 대하여는 면소의 판결을 선고하여야 하는 것이다(형사소송법 제326조 제 1 호 참조).[1)]

제 3 절　想像的 競合

제40조 [상상적 경합]　1개의 행위가 수개의 죄에 해당하는 경우에는 가장 중한 죄에 정한 형으로 처벌한다.

Ⅰ. 意　　義

범죄의 상상적 경합이라 함은 1개의 행위에 의하여 수개의 죄가 성립된 경우를 말한다. 예컨대, 1개의 폭탄을 던져 여러 명을 살해하거나, 1개의 폭탄을 던져 한 사람을 살해하고 남의 가옥을 파괴한 경우, 무면허인데다 술에 취한 상태에서 자동차를 운전한 경우 등이 이에 해당한다. 觀念的 競合(Idealkonkurrenz)으로도 부른다.

상상적 경합에 있어서는 수개의 범죄구성요건이 충족되므로 본질적으로 수개의 죄, 즉 수죄가 인정되는 것이다.[2)] 그러므로 그 수죄에 대한 수개의 유죄판결이 내려지지만, 행위가 1개이기 때문에 하나의 형으로 처벌되게 된다.[3)]

상상적 경합은 1개의 행위가 수개의 죄에 해당되는 것이나, 競合犯 즉

---

1) 대판 2006. 9. 16, 2001도3206.
종전 판례(대판 1978. 2. 14, 77도3564; 대판 2002. 10. 25, 2002도1736; 대판 2004. 9. 16, 2001도3206; 대판 2006. 5. 11, 2006도1252)에서는 상습범 중 일부의 행위에 대해 유죄판결이 확정된 이상 '그 판결의 죄명이 해당 상습범이었는지의 여부를 고려하지 않고' 그 기판력이 새로 기소된 죄에 미친다고 판시하였었다.

2) 김성돈, 843면; 김일수/서보학, 692면; 박상기, 492면; 배종대, 665면; 손동권, § 36, RN 2; 오영근, § 40, RN 8; 이재상, § 39, RN 2; 이형국, 727면; 임웅, 568면; 정영석, 284면.
대판 1961. 9. 28, 4294형상415.
상상적 경합을 단순일죄의 경우로 보는 견해(황산덕, 300면)도 있다.

3) 상상적 경합도 결국은 하나의 형으로 처벌되는 것이므로, 상상적 경합을 수죄로 볼지 또는 일죄로 볼지의 문제는 별다른 실익을 갖지 못한다(Schönke/Schröder, § 52, RN 3).

實體的 競合은 수개의 행위가 수개의 죄에 해당하는 것이란 점에서 양자는 구별된다. 그런 점에서 상상적 경합은 科刑上 一罪에 해당한다. 상상적 경합과 法條競合은 모두가 1개의 행위인 점에서 공통된다. 그러나 법조경합은 1개의 행위에 대하여 적용될 법조 즉 구성요건이 외관상으로만 수개일 뿐 실질적으로는 일죄이므로 단순일죄로 취급됨에 반하여, 상상적 경합은 1개의 행위가 실질적으로 수개의 구성요건을 충족하는 실질적인 수죄인 점에서 양자는 구별된다. 상상적 경합과 법조경합은 경합된 범죄들의 侵害法益이나 故意의 면에서 차이가 있게 된다. 즉 법조경합에 있어서는 행위에 의해 침해된 법익이 하나이지만, 상상적 경합에 있어서는 충족된 각 구성요건별로 해당 법익의 침해가 인정되는 것이다. 또한 법조경합에 있어서는 행위자의 고의가 단일함에 반하여, 상상적 경합에 있어서는 충족된 각 구성요건별로 행위자의 고의가 따로 인정되는 것이다.

Ⅱ. 類 型

상상적 경합은 實現된 構成要件, 즉 罪名의 異同에 의하여 이종의 상상적 경합과 동종의 상상적 경합의 두 유형으로 분류된다.

異種의 想像的 競合은 실현된 수개의 죄가 그 죄명을 달리 하는 경우이다. 예컨대, 1개의 폭탄을 던져 재물을 손괴하고, 사람을 살해한 경우가 이에 해당한다. 상상적 경합의 전형적인 경우라고 할 수 있다.

同種의 想像的 競合은 수개의 죄가 동일한 죄명인 경우를 말한다. 예컨대, 1개의 폭탄을 던져 수인을 살해한 경우가 이에 해당한다.

이종·동종의 유형에 따라 상상적 경합의 처리에 있어서 차이가 생긴다.

Ⅲ. 成立要件

범죄의 상상적 경합이라 함은 1개의 행위가 수개의 죄에 해당하는 경우를 말하므로, 상상적 경합이 성립하기 위하여는 '1개의 행위'와 '수개의 죄에 해당함'의 두 요건이 갖추어져야 한다.

1. 1개의 행위

(1) 의　의

'一個의 行爲'라 함은 構成要件的 行爲가 1개임을 의미하는 법적 개념이다. '1개의 행위'를 자연적·경험적 사실로서의 행위가 1개임을 뜻하는 것으로 보아, 법적 평가를 떠나서 사회통념상 하나의 행위로 볼 수 있으면 1개의 행위라고 해석하는 견해[1]와 판례[2]도 있다. 하지만 그 판단의 기준이 모호하여 상상적 경합의 범위를 너무 확대하여 해석하게 될 위험성이 있으므로 부적절한 견해라고 생각한다. 그러므로 처벌규정이 다른 개별행위에 있어서 그 행위의 내용이나 태양 또는 처벌규정의 보호법익이 상이한 경우에는, 설사 자연적·경험적 사실로서의 행위가 1개이더라도, 상상적 경합이 아니라 실체적 경합에 해당한다고 봄이 타당하다.[3]

'1개의 행위'인지에 관한 판단기준은 客觀的 構成要件實現行爲이며, 행위자의 주관이 기준이 되는 것은 아니다. 그러므로 행위자가 하나의 고의 또는 목적을 갖고 있었더라도 실행한 행위가 수개인 경우는 '1개의 행위'에 해당되지 않는다. 예를 들어, 남의 자동차 안에 놓여 있는 카메라를 훔치기 위해 자동차 키를 먼저 훔친 경우에 있어서는 '1개의 행위'가 아닌 수개의 행위가 인정되는 것이므로 범죄의 상상적 경합이 아니라 실체적 경합이 성립하게 된다. 故意犯과 過失犯 사이에서도 실행행위가 1개이면 상상적 경합이 인정된다.[4] 재물을 손괴하기 위해 폭탄을 던졌는데 과실로 사람도 치사하게 한 경우나 낙태행위에 대해 방조를 하다가 그로 인해 과실로 임부를 치사하게 한 경우 등이 이에 해당한다. 수개의 不作爲犯 사이에도 기대되는 행위가 1개이면 상상적 경합이 인정될 수 있다.[5] 예컨대, 자동차운전자가 교통사고를 내고 도주한 경우에는 도로교통법상 구호의무위반죄와 신고의무위반죄의 상상적 경합이 인정되는 것이다. 하지만 作爲犯과 不作爲犯 사이에서는 양자의 실행행위가 다르므로 상상적 경합이 인정될 수 없

1) 정영석, 284면.
2) 대판 1987. 2. 24, 86도2731.
3) 대판 2008. 2. 29, 2007도10414.
4) 박상기, 497면; 이재상, § 39, RN 7; Jescheck/Weigend, 722면; Schönke/Schröder, § 52, RN 7.
5) 이재상, § 39, RN 8.

다.[1)]

(2) 실행행위의 부분적 동일성

상상적 경합에 있어서는 수개의 죄를 실현하는 행위가 하나의 동일한 행위인 경우가 일반적이지만, 수개의 죄의 실행행위가 부분적으로 동일한 경우에도 '1개의 행위'의 요건은 갖추어진다. 부분적 동일성은 실행의 착수시부터 범죄의 종료시까지 사이에서 인정되면 된다.

實行行爲의 部分的 同一性은 목적범, 결합범, 계속범과 이른바 연결효과에 의한 상상적 경합 등에서 문제될 수 있다.

(가) 목 적 범

目的犯에 있어서 목적을 달성하기까지의 일련의 행위들을 '1개의 행위'로 볼 수 있는지가 문제된다. 목적을 달성하기까지의 일련의 행위들은 원칙적으로 '1개의 행위'에 해당한다고 볼 수 있다. 하지만 목적범이 아닌 일반범죄에 있어서 행위자의 범행목적을 달성하기 위하여 행해진 수개의 행위는 '1개의 행위'로 취급하기 어렵다. 예컨대, 사문서위조죄와 위조사문서행사죄·사기죄 등의 사이에 있어서와 같이 사기의 목적을 달성하기까지 일련의 행위들을 '1개의 행위'로 보는 것이 현실적으로 어려운 경우도 있다. 행위자의 고의와 사실관계에 따라 달리 판단될 수 있겠지만, 이러한 경우에는 별개의 행위가 인정되어 경합범이 성립되는 것으로 봄이 타당하다고 생각한다.[2)]

(나) 결 합 범

結合犯에 있어서 실행행위가 부분적으로 동일하면 상상적 경합이 인정된다.

강간을 위한 폭행으로 피해자를 상해한 경우에는 강간치상죄와 상해죄의 상상적 경합이 인정되고, 강간을 위한 폭행으로 피해자를 살해한 경우에는 강간치사죄와 살인죄의 상상적 경합이 된다.[3)] 물론 이 경우에 있어서는 사실관계에 따라 강간상해죄나 강간살인죄의 일죄만 성립하는 경우도 있을 수 있다. 강도의 고의로 폭행을 가하여 재물을 강취한 자가 그 폭행에 의해 쓰러져 있는 부녀를 강간하였다면 강도치상죄와 강도강간죄의 상상적 경합

1) Jescheck/Weigend, 723면; Schönke/Schröder, § 52, RN 19.
2) 대판 1979. 7. 10, 79도840; 대판 1983. 7. 26, 83도1378.
3) 대판 1990. 5. 8, 90도670.

이 될 것이다.[1)] 현주건조물에 방화하여 사람을 살해한 경우, 특히 살해의 목적으로 현주건조물에 방화하여 사망에 이르게 한 때에는 현주건조물방화치사죄만 성립하겠지만,[2)] 방화의 고의로 방화죄의 실행에 착수한 후에 살인의 고의가 발생되었다면 현주건조물방화치사죄와 살인죄의 상상적 경합이 된다고 보아야 한다. 또한 재물을 강취한 후, 피해자를 살해할 목적으로 그 집에 방화를 하여 피해자가 사망하였다면 강도살인죄와 현주건조물방화치사죄의 상상적 경합이 된다.[3)]

(다) 계 속 범

감금죄나 주거침입죄와 같은 繼續犯에 있어서 그 죄의 위법상태가 계속되고 있는 동안에 그 행위자에 의해 범해진 다른 구성요건실현행위와 계속범인 범죄 사이에 실행행위의 동일성이 인정되어 양죄의 상상적 경합이 되는지가 문제될 수 있다. 이 경우에 있어서는 이종(異種)의 구성요건인 경우에는 경합범이나 상상적 경합이 인정되지만, 동종의 구성요건인 경우에는 접속범으로서 포괄일죄가 되는 것으로 봄이 타당하다. 판례상 절도·강도나 강간을 범하기 위해 주거침입죄를 범한 경우에는 절도·강도나 강간의 죄와 주거침입죄의 경합범이 인정되며,[4)] 다만 상습절도죄와 주거침입죄 사이에 있어서는 형의 균형을 위하여 주거침입죄가 상습절도죄에 흡수된다고 보고 있다.[5)] 또한 강간을 위해 타인의 주거에 침입하였다가 아무도 없어 도로 나오는 길에 금품을 들고 나왔다면 주거침입죄와 절도죄의 상상적 경합이 된다고 본다.[6)] 감금행위가 강도·강간의 수단인 폭행에 해당될 때에도 실행행위의 부분적 동일성이 인정되므로 감금죄와 강도·강간의 죄의 상상적 경합이 된다고 하겠다.[7)] 무면허운전행위 등 도로교통법위반행위가 업무상 과실치사상죄의 과실의 내용을 이루는 경우

1) 판례(대판 1988. 6. 28, 88도820)에서는 강도가 재물의 부재(不在)로 인해 재물강취의 뜻을 이루지 못한 채 미수에 그친 다음 그 자리에서 항거불능의 상태에 빠진 피해자를 간음할 것을 결의하고 실행에 착수하였으나 역시 미수에 그쳤고, 피해자의 반항을 억압하기 위해 사용한 폭행으로 인해 피해자가 상해를 입은 경우에 강도강간죄의 미수범과 강도치상죄의 상상적 경합을 인정하고 있는데, 이도 같은 취지의 판시라고 생각한다.

2) 대판 1996. 4. 26, 96도485.

3) 대판 1998. 12. 8, 98도3416.

4) 대판 1983. 4. 12, 83도422.

5) 대판 1983. 6. 28, 83도1068.

6) Schönke/Schröder, § 123, RN 37; Welzel, 232면.

7) 대판 1983. 4. 26, 83도323.

에도 도로교통법위반의 죄와 업무상 과실치사상죄의 상상적 경합이 인정된다고 본다.[1] 하지만 실제의 사실관계에 있어서 치상의 결과가 음주운전과는 별도의 독립된 과실로 인해 야기된 경우에 있어서는 도로교통법위반의 죄와 업무상 과실치사상죄의 경합범을 인정하여야 한다.[2]

㈃ 연결효과에 의한 상상적 경합

1) 의 의 連結效果(Klammerwirkung)에 의한 想像的 競合이라 함은 두 개의 독립된 죄가 제 3 의 죄에 의하여 연결되어 있는 경우에 그 독립된 두 개의 죄 사이에 성립되는 상상적 경합을 의미한다. 예를 들어, 두 사람을 함께 감금해 놓은 상태에서 서로 다른 시기에 그 두 사람에 대하여 차례대로 각각 강간죄(A죄)와 상해죄(B죄)를 범한 경우 강간죄와 상해죄는 그 대상과 행위시기가 다르지만 하나의 감금죄(C죄)에 의하여 연결되어 있다고 볼 수 있으므로 강간죄와 상해죄 양자가 상상적 경합에 해당된다고 보는 것이다. 이도 실행행위의 부분적 동일성과 관련된 문제라고 할 수 있다.

2) 학 설 연결효과에 의한 상상적 경합을 인정할 수 있는지에 관하여는 긍정설과 부정설이 대립하고 있다.

a) 긍정설 肯定說에서는 연결하는 제 3 의 죄의 불법이 독립된 두개의 죄의 불법에 비하여 경(輕)하지 않은 경우에 한하여, 독립된 두 개의 죄와 그것들을 연결하는 제 3 의 죄 사이에 상상적 경합을 인정하여 그 중 가장 중한 형으로 처벌하자고 주장한다.[3] 이 설은 제 3 의 죄에 대한 二重評價를 피하고자 하는 취지를 갖고 있다고 한다. 판례도 실제에 있어서 이와 유사한 입장을 취하고 있다.

대판 1983. 7. 26, 83도1378 허위공문서작성죄와 동 행사죄가 수뢰후부정처사죄와 각 상상적 경합관계에 있을 때에는 허위공문서작성죄와 동행사죄는 실체적 경합관계에 있다고 할지라도 상상적 경합관계에 있는 수뢰후부정처사죄와 대비하여 가장 중한 죄에 정한 형으로 처단하면 족하다.
— 이 판례에서는 허위공문서작성죄와 동 행사죄는 실체적 경합관계에 있는

---

1) 同旨 : 이재상, § 39, RN 13.
2) 김성돈, 845면.
대판 1972. 10. 31, 72도2001.
3) 김성돈, 850면; 김일수/서보학, 695면; 배종대, 667면; 손동권, § 36, RN 10; 임웅, 570-571면; Jescheck/Weigend, 571면; Schönke/Schröder, § 52, RN 16.

것으로 봄으로써 '연결효과에 의한 상상적 경합'을 인정하지는 않으면서, 그 처벌은 수뢰후부정처사죄와 대비하여 가장 중한 죄에 정한 형으로 하여 상상적 경합의 예에 의함으로써 연결효과에 의한 상상적 경합을 인정하는 것과 마찬가지의 결론을 내리고 있다.[1]

b) 부정설　否定說에서는 범죄의 상상적 경합의 개념에 비추어 연결효과에 의한 상상적 경합은 인정될 수 없고, 이런 경우 실체적 경합이 인정될 뿐이라고 보고 있다.[2]

c) 검　토　긍정설은 적절한 견해라고 볼 수 없다. 무엇보다도 독립된 두 개의 죄인 A죄와 B죄만 행했다면 양죄의 경합범으로 처벌될 텐데, 그 두 죄 외에 연결하는 제 3 의 죄인 C죄까지 더 행해짐으로써 불법은 더 크게 야기되었음에도 불구하고 두 죄가 제 3 의 죄에 의해 연결되어 있다는 이유로 오히려 상상적 경합의 예에 의해 처리된다면 이는 책임주의 원칙에 크게 반하는 것이 되며, 또한 죄수의 기본개념과도 어긋난다고 하지 않을 수 없다.

연결효과에 의한 상상적 경합은 인정될 수 없다고 보는 否定說의 입장이 타당하다고 생각한다. 즉 독립된 두 죄는 실체적 경합에 해당하는 것으로 봄이 타당하다. 이 경우의 구체적 해결에 관하여는 A죄와 B죄의 경합범의 형을 정한 후 C죄와의 상상적 경합을 인정하여 그 중 중한 형으로 처벌해야 한다고 보는 견해[3]와 A죄와 C죄의 상상적 경합과 B죄와 C죄의 상상적 경합을 인정한 후 양자의 경합범을 인정하는 견해[4]가 있다. 여기서는 기본적으로 각 죄가 행해진 時間的 順序에 따라 처리함이 實體關係에 부합하는 것이다. 그러므로 앞의 예에 있어서 우선 강간죄(A죄)와 감금죄(C죄)는 상상적 경합에 해당하므로 양죄 중 법정형이 더 중한 강간죄(A죄)의 형으로 처벌되고, 강간죄(A죄)와 상해죄(B죄)는 서로 떨어져 있으므로 다시 경합범의 처벌례에 의해 양죄 중 더 중한 강간죄(A죄)의 형에 그 장기의 2분의 1이 가중되는 형태로 행위자의 형이 결정된다고 봄이 타당하다. 다만 사실관계에 따라 C죄

1) 대판 2001. 2. 9, 2000도1216.
2) 박상기, 497면; 오영근, § 40, RN 23; 이재상, § 39, RN 14.
3) 이재상, § 39, RN 14.
4) 이승호, "실체적 경합과 상상적 경합이 혼합된 경우의 해결방법", 고시연구 2002. 10, 37면. 하지만 이 견해에 따르면 A · B · C죄 중 C죄의 법정형이 가장 중한 경우 C죄와 C죄의 경합범을 인정하여야 하는 문제점이 있다고 본다.

의 법정형이 A죄보다 중한 경우에는 우선 A죄와 C죄 사이의 상상적 경합에서는 C죄의 형으로 처벌되고, C죄와 B죄의 관계에 있어서도 상상적 경합이 인정되므로 그 중 중한 죄로 처벌하게 된다고 할 것이다.

2. 수개의 죄에 해당함

'數個의 罪에 該當함'이라 함은 1개의 행위에 의하여 수개의 죄의 구성요건이 실현됨을 말한다. 수개의 죄에 해당하는 경우에는 이종(異種)의 상상적 경합이 성립함이 일반적이겠으나, 동종의 상상적 경합의 성립도 인정할 수 있다.

同種의 想像的 競合의 처리에 관하여는 견해가 대립하고 있다. 즉 침해법익 또는 구성요건충족의 수를 표준으로 하여 죄수를 결정하는 객관주의적 입장에서는 이를 상상적 경합의 한 경우로 인정하고 있다. 판례도 이러한 입장에 서있다. 예컨대, 행위자가 공무원 수인의 공무집행을 방해하거나,[1] 수개의 위조문서를 동시에 행사한 때[2]에는 상상적 경합이 인정된다. 그러나 범죄의사를 표준으로 하여 죄수를 결정하는 주관주의적 입장에서는 침해법익이 복수인 경우에도 행위자의 의사가 단일인 한 상상적 경합이 아닌 단순일죄가 될 뿐이라고 본다.[3] 그러나 상상적 경합의 개념에 비추어 이종과 동종의 경우를 불문하고 침해된 법익이나 구성요건충족의 수효가 다수이면 원칙적으로 상상적 경합으로 취급함이 옳다고 생각한다.

專屬的 法益에 있어서는 다른 주체의 동종의 법익을 1개의 행위에 의해 침해한 경우는 동종의 상상적 경합에 해당하게 되고,[4] 전속적 법익이라 하더라도 이종의 법익인 경우에는 이종의 상상적 경합이 인정된다. 그러나 침해된 법익이 국가적·사회적 법익 중 人格的 特性을 가진 法益인 경우[5]나 개인적 법익 중 非專屬的 法益인 경우에는 행위의 불법이 증대된 데 불과하므로 상상적 경합이 아닌 단순일죄로 봄이 타당하다. 예를 들어, 1개의 행위

1) 대판 1961. 9. 28, 4294형상415.
2) 대판 1956. 9. 7, 4289형상188.
3) 황산덕, 300면.
주관주의적 입장에 따르면 동종의 상상적 경합뿐만 아니라 이종의 상상적 경합의 경우에 있어서도 행위자의 의사가 단일인 한 단순일죄로 처벌되는 경우가 있게 될 것이다.
4) 물론 이 경우에도 행위가 수개이면 수죄의 경합범이 인정된다고 본다(대판 1991. 8. 27, 91도1637).
5) 예를 들어, 위증의 죄와 무고의 죄, 뇌물에 관한 죄, 공무집행방해죄(대판 1961. 9. 28, 4294형상415)와 문서에 관한 죄(대판 1956. 9. 7, 4289형상188)가 이에 해당한다고 본다.

에 의해 수개의 국가기밀을 수집한 경우나 1개의 행위에 의해 수인의 재물을 절취한 경우[1]에 간첩죄나 절도죄의 단순일죄가 성립할 뿐이라고 할 것이다. 그러나 판례에서는 1개의 행위에 관하여 사기죄와 배임죄 또는 업무상 배임죄의 각 구성요건이 모두 구비된 때에는 상상적 경합이 인정된다고 하고 있으며,[2] 또한 행위자가 단일한 범의를 갖고 수인을 기망하여 각각 재물을 편취한 경우에 범의가 단일하고 범행방법이 동일하더라도 각 피해자의 법익을 독립한 것으로 보아 피해자별로 수개의 사기죄가 성립되어 그 상상적 경합이 인정된다고 한다.[3] 전속적 법익과 비전속적 법익이 결합된 범죄인 경우에도 동종의 상상적 경합이 인정되어야 한다. 강도죄나 공갈죄와 같이, 재산적 법익에 대한 죄라 하더라도 인격적 법익에 대한 침해도 수반되는 경우가 그 예이다.[4]

Ⅳ. 效　果

1. 처　벌

상상적 경합에 있어서는 가장 중한 죄에 정한 형으로 처벌된다(제40조).[5]

'가장 重한 罪에 定한 刑'이란 法定刑이 重한 것을 뜻한다. 형의 경중은 형법 제50조가 정한 바에 의한다.[6] 그러므로 예컨대, 한발의 탄환으로 사람을 살해하고 동시에 타인의 재물을 손괴하였을 경우에는 법정형에 있어서 손괴죄(제366조)보다 중한 살인죄(제250조)에 의하여 처벌된다.

중한 죄의 형의 상한과 하한이 경한 죄의 상한과 하한에 비하여 모두 중한 경우에는 당연히 중한 죄의 상한과 하한에 의해 처단형이 결정된다.

重한 罪의 下限이 경한 죄의 하한보다 더 輕한 경우의 해결에 관해서는 중점적(重點的) 대조주의와 전체적 대조주의의 견해가 갈린다. 중점적 대조주

---

1) Schönke/Schröder, § 52, RN 29.

2) 대판 2002. 7. 18, 2002도669.

3) 대판 2003. 4. 8, 2003도382.

4) 이재상, § 39, RN 17.

5) 참고로 스위스와 오스트리아의 형법에서는 상상적 경합의 처벌에 있어서도 가중주의를 취하고 있다.

6) 경합범에 있어서 징역과 금고를 동종의 형으로 간주하여 징역형으로 처단하게 한 형법 제38조 제 2 항은 상상적 경합에 있어서는 적용되지 않는다(대판 1976. 1. 27, 75도1543).

의에서는 상한만 비교하여 상한이 중한 죄의 법정형의 하한이 처단형의 하한으로 채택된다고 본다. 전체적 대조주의에서는 각 죄의 법정형의 상한과 하한을 따로 비교하여 각각을 모두 가장 중한 형으로 선택하여야 한다고 본다.[1] 상상적 경합은 실질상으로는 수죄이므로, 형의 상한과 하한을 따로 비교하여 정하는 全體的 對照主義가 타당하다고 생각한다. 판례[2]도 같은 입장이다. 그리고 경한 죄에 병과형이나 몰수·추징 등 부가형이 있을 때에는 이를 병과 또는 부가하여야 한다.[3] 이 경우에도 병과형이나 부가형의 과형상 의미를 고려해야 하기 때문이다.

2. 소송법상 효과

상상적 경합은 실질상으로는 수죄이더라도 1개의 행위에 의해 실현된 것이므로 과형상 일죄로 취급되는 것이다. 따라서 상상적 경합의 관계에 있는 수개의 죄 중 하나에 관하여 공소가 제기되면 나머지 범죄에 대해서도 公訴提起의 效力이 미친다. 그러므로 상상적 경합의 관계에 있는 수죄에 있어서 일부의 죄에 대하여는 무죄가, 다른 죄에 대하여는 유죄가 선고되어 검사만이 무죄의 부분에 대하여 상고한 경우에도 유죄의 부분도 함께 상고심의 심판대상이 된다.[4] 하지만 수죄 전부에 대하여 무죄가 선고된 경우에 수죄 전부에 대하여 검사가 상고하면서 일부의 죄는 상고이유로 삼지 않은 경우 상고심이나 그 파기환송을 받은 원심에서는 상고이유로 삼지 않은 일부의 죄에 대해서는 판단할 수 없다.[5] 또한 수죄 중 하나에 대하여 확정판결이 있는 경우에는 소송법상 그 죄 전체에 관하여 旣判力이 발생하여 一事不再理의 原則이 적용된다.[6]

상상적 경합은 실질상 수죄이므로 判決理由에서는 경합된 모든 범죄사실과 적용법조를 기재해야 한다. 이 점에서도 법조경합과 구별된다. 유·무죄와 공소시효의 완성 여부, 고소의 존부도 경합된 각 죄별로 따로 논해야

1) 김성돈, 851면; 박상기, 497면; 손동권, §36, RN 16; 이재상, §39, RN 19; 임웅, 572면.
2) 대판 1984. 2. 28, 83도3160; 대판 2006. 1. 27, 2005도8704.
3) 대판 2008. 12. 24, 2008도9169.
4) 대판 1995. 6. 13, 94도3250; 대판 2005. 1. 27, 2004도7488; 대판 2007. 6. 1, 2005도7523.
5) 대판 2004. 10. 28, 2004도5014; 대판 2008. 12. 11, 2008도8922.
6) 대판 1980. 12. 9, 80도384; 대판 1990. 1. 25, 89도252.

한다. 수죄 중 일부만이 친고죄일 때 친고죄 부분에 대하여 고소가 없거나 취소된 때에는 친고죄가 중한 죄이더라도 경한 비친고죄의 처벌에 영향을 미치지 않는다.[1] 물론 무죄나 공소기각 또는 면소의 재판이 내려진 죄에 대해서는 판결주문에서 언급할 필요가 없다.[2]

제 4 절 實體的 競合

제37조 [경합범] 판결이 확정되지 아니한 수개의 죄 또는 금고 이상의 형에 처한 판결이 확정된 죄와 그 판결확정 전에 범한 죄를 경합범으로 한다.

Ⅰ. 意 義

범죄의 실체적 경합(Realkonkurrenz) 또는 競合犯이라 함은 1인이 범한 '판결이 확정되지 아니한 수개의 죄'와 '금고 이상의 형에 처한 판결이 확정된 죄와 그 판결확정 전에 범한 죄'를 가리킨다(제37조).

경합범은 동일인에 의하여 현실로 수개의 범죄가 행하여진 경우로서 행위의 다수성이 인정되므로 '實體的' 경합이라고 칭한다. 수개의 범죄가 행하여진 점에 있어서는 상상적 경합과 마찬가지이지만, 행위가 수개인 점에서 행위가 하나인 상상적 경합과 구별된다. 예를 들어, 1회의 총격에 의해 사람을 살해하고 재물도 손괴한 경우는 상상적 경합에 해당되지만, 살해와 재물손괴를 별개의 행위에 의해 수행한 경우에는 범죄의 실체적 경합이 인정되는 것이다.

1인이 수개의 행위에 의해 저지른 수죄는 따로 처벌되어 형이 병과됨이 원칙이다. 하지만 병과형에 의한 과중한 처벌이 항상 적정한 형벌로 기능하기는 어려우므로 만일 수죄가 하나의 재판에 의해 판결 받을 수 있는 경우라면 처벌을 조정함이 바람직하다는 생각에 기초하여 경합범의 처벌에 관한

1) 대판 1968. 3. 5, 68도105; 대판 1983. 4. 26, 83도323.

2) 물론 이 경우 수죄 중 일부에 대하여 공소기각을 한다는 점을 판결주문에서 언급을 하였다 하더라도 그것이 판결효과에 영향을 미치지는 아니한다(대판 1983. 8. 23, 83도1288).

특례가 마련된 것이다.[1] 따라서 '금고 이상의 형에 처한 판결이 확정된 죄와 그 判決確定 後에 犯한 罪'는 하나의 재판에 의해 판결 받을 수 없기 때문에 경합범에 해당되지 아니하므로 별개의 죄로서 별개의 재판에 의하여 형이 병과될 것이다.

Ⅱ. 成立要件

범죄의 실체적 경합이 인정되기 위해서는 실체법적 요건과 소송법적 요건이 갖추어져야 한다.

1. 실체법적 요건

실체법상 1인의 수개의 행위에 의해 수개의 구성요건이 실현되었어야 한다. 권총으로 수인을 차례로 쏘아 살해한 경우[2]나 단일의 범의 하에 동일한 방법으로 사기가 행해졌더라도 피해자가 다르다거나 동일한 피해자에 대해 수회에 걸쳐 행해진 사기라도 범의와 범행방법이 단일하지 않은 경우,[3] 횡령을 교사하고 장물을 취득하거나[4] 또는 사람을 살해하고 사체를 유기한 경우[5] 등이 이에 해당한다. 자동차운전자의 주취운전과 음주측정거부는 도로교통법상 각죄의 실체적 경합에 해당한다.[6]

2. 소송법적 요건

소송법상 하나의 재판에 의한 판결이 가능하거나 가능하였어야 한다.

수개의 죄가 판결이 확정되지 않은 경우는 하나의 재판에 의한 판결이 가능한 경우이며, 동시경합범이라고 한다. 금고 이상의 형에 처한 판결이 확정된 죄와 그 판결확정 전에 범한 죄의 경우는 하나의 재판에 의한 판결이 가능하였던 경우이며, 사후경합범이라고 한다. 어느 경우든 수개의 죄에 대

1) Schönke/Schröder, § 53, RN 25.
2) 대판 1991. 8. 27, 91도1637.
3) 대판 2000. 7. 7, 2000도1899; 대판 2004. 6. 25, 2004도1751.
4) 대판 1969. 6. 24, 69도692.
5) 대판 1984. 11. 27, 84도2263.
6) 대판 2004. 11. 12, 2004도5257.

하여 각각 형의 선고가 있어야 하며, 집행유예의 선고가 있더라도 범죄의 실체적 경합이 인정되는 데는 지장이 없다.[1)]

(1) 동시경합범

同時競合犯은 '판결이 확정되지 않은 수개의 죄'(제37조 전단)의 경우를 가리킨다. 同時裁判競合犯이라고 할 수도 있다. 한 행위자가 X, Y, Z라는 수개의 죄를 따로 범한 후에 그 중 어느 죄에 대해서도 판결이 확정되지 않은 상태에서 그 죄들에 대하여 동시에 경합범의 재판을 하게 되는 경우이다. 한 행위자가 타인의 주거에 침입하여 부녀를 강간하였는데 주거침입죄와 강간죄에 대하여 모두 판결이 확정되지 않은 경우[2)]가 그 예이다.

(가) 판결이 확정되지 않았을 것

동시경합범에 있어서는 수개의 죄에 대하여 판결이 확정되지 않았을 것을 요한다. '判決의 確定'이란 상소 등 통상의 불복절차에 의해 판결에 대해 다툴 수 없는 상태를 말한다. 수개의 죄 중 일부에 대해서 기소가 되었더라도 아직 판결이 확정되지만 않았으면 동시경합범이 성립할 수 있다. 그러나 검사가 수죄 중 일죄만을 먼저 기소하여 판결이 확정된 경우[3)]나 경합범 중 일죄에 관한 부분만 파기환송 되었는데 다른 죄에 대한 판결이 확정된 경우[4)] 등에 있어서는 동시경합범이 성립하지 못한다.

(나) 하나의 재판에 의한 판결

수개의 죄는 모두 하나의 재판에 의한 판결의 대상이 되어야 한다. 따라서 수개의 죄는 모두 기소되어 있어야 한다. 일부의 죄가 아직 기소되지 않은 경우에는 그 후에 추가기소되어 먼저 기소된 죄와 併合審理되는 경우에만 동시경합범으로 처리될 수 있다.[5)] 그러나 별도로 기소되어 따로 심리되고 있는 죄를 법원이 반드시 병합심리해야 하는 것은 아니다.[6)] 제 1 심에서 별도로 심판된 수죄라도 항소심에서 병합심리되면 새로이 동시경합범으로 처리될 수 있다.[7)]

---

1) 대판 2001. 10. 12, 2001도3579.
2) 대판 1988. 12. 13, 88도1807.
3) 대판 1966. 6. 7, 66도526.
4) 대판 1974. 10. 8, 74도1301.
5) 물론 한 행위자에 의해 행해진 수죄 중 일부의 죄에 대해서만 기소된 경우에는 기소된 죄들만으로도 동시경합범이 될 수 있다.
6) 대판 1971. 1. 26, 70도2560.
7) 대판 1972. 5. 9, 72도597.

(2) 사후경합범

事後競合犯이란 '금고 이상의 형에 처한 판결이 확정된 죄와 그 판결확정 전에 범한 죄'(제37조 후단)의 경우를 가리킨다. 事後裁判競合犯이라고 할 수도 있다.

(개) 금고 이상의 형에 처한 판결이 확정된 죄

금고 이상의 형에 처한 판결이 확정된 죄가 있어야 한다.

금고 이상의 형에 처한 판결이 확정된 이상 선고유예나 집행유예가 확정된 경우도 이에 해당된다고 보아야 한다. 또한 確定判決이 있었다는 事實 자체만 인정되면 족한 것이므로 형의 선고유예나 집행유예의 판결이 확정된 후 유예기간이 경과하여 형의 선고가 실효되거나 면소된 것으로 간주된 때[1]나 판결이 확정된 죄에 대하여 일반사면이 있는 경우[2]에도 사후경합범은 성립할 수 있다.

형사소송법에 의거하여 判決이 確定되었어야 한다. 판결의 기판력이 최종의 사실심인 항소심의 판결선고시를 기준으로 하여 인정되는 것이므로 경합범의 요건인 '판결의 확정'도 '항소심판결의 선고'의 의미로 해석해야 한다는 견해[3]도 있으나 형법규정의 명문에 비추어 법적 의미의 '판결의 확정'을 의미하는 것으로 봄이 타당하다.[4] 명문규정에 반하면서까지 사후경합범의 성립범위를 제한할 필요는 없다고 생각한다.

종전의 형법은 사후경합범에 관하여 '판결이 확정된 죄와 그 판결확정 전에 범한 죄'로 규정하고 있었으나 2004년의 개정을 통하여 '금고 이상의 형에 처한 판결이 확정된 죄와 그 판결확정 전에 범한 죄'로 바뀌었다. 종전의 규정에 따르면 벌금[5]이나 구류·과료에 처한 판결 및 약식명령[6]도 그 판결확정 전에 범한 죄는 경합범에 해당해 벌금·구류·과료의 판결 및 약식명령의 확정 전후에 범한 2개의 죄에 대해 각각 2개의 형을 선고하는 문제가 발생하였었다. 그렇게 되면 2개의 형의 병과를 통하여 가혹한 결과가 발생할 수 있으며, 현실 재판에 있어서도 검사와 판사가 약식명령과 벌금의 확정일자의 확인을 위해 많은 시간

1) 대판 1992. 11. 24, 92도1417.
2) 대판 1995. 12. 22, 95도2446.
3) 김성돈, 858면; 이재상, § 39, RN 31; Jescheck/Weigend, 730면; Schönke/Schröder, § 55, RN 25.
4) 오영근, § 40, RN 38; 임웅, 576면.
5) 대판 1981. 5. 26, 81도736.
6) 대판 1982. 4. 12, 80도537.

을 소비하게 되는 폐단도 갖고 있다는 등의 이유로 개정된 것이다.

벌금·구류·과료에 처한 판결이나 약식명령이 확정되어 있고 그 전후의 범죄의 형이 확정되지 않은 상태라면 그 전후의 범죄는 동시경합범(제37조 전단)에 해당되어 함께 처리될 것이다. 또한 2004년의 개정법률은 특별한 경과규정을 두고 있지 않지만 동규정을 적용하는 것이 오히려 피고인에게 불리하게 되는 등의 특별한 사정이 없는 한 제 1 조 제 2 항을 유추적용하여 개정법률시행 전에 벌금형이나 구류·과료·몰수 등의 형에 처한 판결이 확정된 경우에도 적용되는 것으로 봄이 타당하다.[1] 즉 개정법률시행 전에 벌금형 등에 처한 판결이 확정된 경우에도 그 확정 후에 범한 죄는 별개의 형에 처해지는 것이 아니고 동시경합범으로 처리된다고 보아야 한다.

(나) 그 판결확정 전에 범한 죄

'그 判決確定 前'에 犯한 罪인지를 판단함에 있어서 죄를 범한 시기는 범죄의 기수시기가 아니라 終了時라고 해석함이 타당하다.[2] 판결확정 전에 범해진 죄이면 족하므로, 실제의 범죄시기에 있어서는 판결확정된 죄가 범해진 후에 범해졌더라도 무방하다. 포괄일죄에 있어서 범죄의 종료 전에 다른 죄에 대한 확정판결이 있더라도 그 포괄일죄는 다른 죄에 대한 판결확정 전에 범한 죄가 되지 못하므로 판결이 확정된 다른 죄와 경합범이 되지 못하는 것이다.[3] 포괄일죄는 단순일죄이므로 두 죄로 분리될 수 없기 때문이다.

한 행위자에 의하여 X, Y, Z의 죄가 행해진 경우를 갖고 보도록 하자. 여기서 Y죄에 대해서 금고 이상의 형에 처한 판결이 확정된 경우에 X죄가 Y죄의 판결확정 전에 범해졌다면 X죄는 Y죄와 사후경합범의 관계에 놓이게 된다. 그러나 Z죄는 Y죄에 대한 판결확정 후에 범해졌다면 Z죄는 X, Y죄와 경합범이 되지 않는다.[4] 즉 X, Y의 두 죄는 경합범의 원리에 따라 처리되지만, Z죄는 별개의 죄로서 그 형이 병과되게 된다. 그 형들이 동종의 것이든 이종의 것이든 묻지 않고 그대로 병과된다. 여기서 X죄는 Y죄에 대한 판결이 확정되기 전에

1) 대판 2004. 2. 13, 2003도7554; 대판 2004. 6. 25, 2003도7124.
2) 이재상, § 39, RN 32; Schönke/Schröder, § 55, RN 12.
대판 2007. 1. 25, 2004도45.
3) 대판 1997. 10. 10, 97도1834; 대판 2001. 3. 13, 2000도4880; 대판 2001. 8. 21, 2001도3312.
4) 대판 1970. 12. 22, 70도2271.

범해지기만 하면 되므로, 실제의 범죄시기에 있어선 Y죄가 범해진 후에 범해졌든 또는 Y죄보다 먼저 범해졌든 무방하다. Z죄도 설사 그것이 Y죄보다 나중에 범해졌더라도 만일 Y죄의 판결이 확정되기 전에 범해졌다면 Z죄도 역시 X, Y 두 죄와 함께 경합범의 관계에 놓이게 된다. 그러나 만일 X, Z죄가 포괄일죄에 해당되는 경우라면 그 중간에 행해진 다른 종류의 죄인 Y죄에 대한 판결이 확정되었다 하더라도 X, Z죄는 분리되지 아니하고 최종의 범죄인 Z죄가 완성되는 때 포괄일죄로서 범죄가 완성되는 것이므로 Z죄의 완성시점이 Y죄에 대한 판결이 확정된 후라면 사후경합범에 해당되지 아니한다.

Ⅲ. 處 罰

1. 원 칙

경합범의 처벌에 관해서는 흡수주의, 가중주의와 병과주의의 세가지 원칙이 있다. 吸收主義는 수개의 죄 중에서 가장 중한 죄에 정한 형으로 처벌하는 원칙이며, 加重主義는 수개의 죄 중에서 가장 중한 죄에 정한 형에 일정한 형을 가중하여 처벌하는 원칙이다. 併科主義는 수개의 죄에 정한 형을 모두 합산하여 처벌하는 원칙이다.

경합범에 대하여는, 어떤 원칙에 따른 경우든, 하나의 형이 선고되어야 한다. 경합범에 대해서는 하나의 형이 선고되어야 하기 때문에 소송상 특별한 처리가 요구될 수 있다. 예를 들어, 항소심이 경합범으로 공소제기된 수개의 죄 중 일부에 대하여 유죄를, 다른 부분에 대하여는 무죄를 선고하였고, 그 중 유죄의 부분에 대하여는 피고인이 상고하고 무죄의 부분에 대하여는 검사가 상고한 경우에 있어서는 항소심판결 전체의 확정이 차단되어 상고심으로 이심(移審)되는 것이므로 유죄의 부분에 대한 피고인의 상고가 이유 없더라도 무죄의 부분에 대한 검사의 상고가 이유 있는 때에는 피고인에게 하나의 형이 선고되어야 하는 관계로 무죄의 부분뿐만 아니라 유죄의 부분도 함께 파기되어야 한다.[1] 또한 경합범으로 처벌된 수죄는 소송상 일체로 취급되어야 하므로 그 수죄 중 일부의 판단에 위법이 있으면 다른 부분까지 함께 파기된다.[2]

---

1) 대판 2002. 6. 20, 2002도807; 대판 2007. 6. 28, 2005도7473.

2) 대판 2009. 4. 23, 2008도11921.

형법은 동시경합범과 사후경합범의 처벌에 관하여 별도의 규정(제38조, 제39조)을 두고 있다. 이 규정들은 제37조의 요건을 갖춘 '競合犯'에 대해서만 적용되는 것이다. 그러므로 1인이 범한 수죄가 '경합범'에 해당되지 아니하는 경우에는 별개의 형이 선고되어 병과되게 된다.[1] 또한 이 '併科'는 형의 '加重'의 경우에 해당되지 않으므로 형의 합계에 대하여 제한이 가해지지 않는다. 예를 들어, 그 형들이 모두 징역형인 경우에도 제42조 단서나 소년법 제60조 제 1 항 단서[2]의 적용을 받지 않는 것이다.

2. 동시경합범의 처벌

(1) 가중주의 원칙

동시경합범의 처벌에 관해서는 加重主義가 원칙으로 되어 있다.

경합범이 사형, 무기징역, 무기금고 이외의 동종의 형인 때에는 가장 중한 죄에 정한 장기 또는 다액의 2분의 1까지 가중하되, 각 죄에 정한 장기 또는 다액을 합산한 형기 또는 액수를 초과할 수 없다(제38조 제 1 항 제 2 호 본문). 경합범의 각죄에 선택형이 있는 때에는 그 중 처단할 형종을 선택한 후 가장 중한 죄에 정한 그 형종의 형의 장기 또는 다액의 2분의 1까지 가중하게 된다.[3] 다만 과료와 과료, 몰수와 몰수는 병과할 수 있다(제38조 제 1 항 제 2 호 단서). 이 경우에 징역과 금고는 동종의 형으로 간주하여 징역형으로 처벌한다(제38조 제 2 항). 또한 자유형은 형을 가중하더라도 25년을 초과할 수 없다(제42조 단서). 가장 경한 죄에 정한 형의 단기가 가장 중한 죄에 정한 단기보다 중한 경우에는 그 중 중한 단기를 하한으로 삼아야 한다.[4]

형법상 범죄와 특별법위반의 죄의 경합범도 가중주의 원칙에 따라 처벌됨은 물론이다.[5] 하지만 일단 동시경합범의 관계에 있는 것으로 인정된 수죄에 대해서는 제38조의 처벌례에 따라 처단형이 정해지게 되며, 다만 입법자의 판단에 따라서 특별법에 의하여 형법 제38조에 대한 예외규정을 둘 수

1) 대판 1966. 11. 29, 66도1416; 대판 1967. 6. 20, 67도701.
2) 대판 1983. 10. 25, 83도2323.
3) 대판 1971. 11. 23, 71도1834.
4) 대판 1985. 4. 23, 84도2890.
5) 대판 1959. 10. 24, 4292형상491.

있다고 본다.[1)]

(2) 예 외

동시경합범의 처벌에 관해서는 예외적으로 흡수주의와 병과주의도 채택되고 있다.

경합범의 가장 중한 죄에 정한 형이 사형, 무기징역, 무기금고인 때에는 吸收主義에 따라서 가장 중한 죄에 정한 형으로 처벌한다(제38조 제 1 항 제 1 호).

각 죄에 정한 형이 무기징역이나 무기금고 이외의 이종의 형인 때에는 併科主義에 따라서 병과한다(제38조 제 1 항 제 3 호). 여기서 '異種의 刑'이란 유기자유형과 벌금이나 과료, 벌금과 과료, 자격정지와 구류 등의 관계를 말한다. 그리고 경합된 수죄 중 1죄에 대하여 무기징역이나 무기금고 이외의 이종의 형을 병과할 것을 규정한 때에도 병과주의가 적용된다고 보아야 한다.[2)]

3. 사후경합범의 처벌

사후경합범에 있어서는 양죄가 동시에 판결 받는 동시경합범에 해당하였을 경우와의 형평을 고려하여 판결을 받지 아니한 죄에 대하여 형을 선고한다(제39조 제 1 항 前文). 이 경우에 있어서 그 형을 감경 또는 면제할 수 있다(제39조 제 1 항 後文). '판결을 받지 아니한 죄'가 다른 죄의 판결 전에 밝혀졌었더라면 동시에 판결하였을 것이므로 동시경합범의 경우에 비하여 무겁게 처벌되는 불공평을 피하기 위한 규정이라고 할 수 있다.

여기서 '判決을 받지 아니한 罪'라 함은 이미 판결이 확정된 죄의 판결 확정 전에 범한 다른 죄를 의미하며, 경합범에 대하여 공소제기가 따로 되어 동시에 판결할 수 없는 경우 따로 기소된 죄도 이에 포함된다.[3)] '판결을 받지 아니한 죄'에 대하여 형을 선고함에 있어서는 제38조의 규정을 고려해야 한다. '衡平을 考慮하여'라 함은 양죄를 동시에 재판하는 경우와 비교하여 형평을 유지하여야 한다는 의미이다. 반드시 동시에 재판하는 경우의 형의 범위 내에서만 형을 선고하도록 한다면, 이미 판결이 확정된 죄에 대하여는 일

1) 대판 2009. 1. 30, 2008도4986.
2) 대판 1955. 6. 10, 4287형상210.
3) 대판 1969. 3. 15, 69도169.

사부재리의 원칙에 반할 수 있고 또 '판결을 받지 아니한 죄'에 대하여 선고할 수 있는 형의 범위가 지나치게 제한되어 책임에 상응한 형의 선고가 어려워지기 때문이다. 하지만 이는 동시경합범의 형보다 무거워서는 안 된다는 의미는 아니라고 할 것이므로, 경우에 따라서는 동시경합범의 형보다 다소 무거운 형을 선고할 수도 있다고 본다. 법관이 형평에 어긋나는 정도라고 판단할 때에는 '판결을 받지 아니한 죄'에 대하여 형을 감경 또는 면제할 수 있다. 하지만 '형평을 고려하여' 형을 선고하여야 한다는 문언의 의미는 양죄에 대한 선고형의 총합이 제38조를 적용하여 산출한 처단형의 범위 내에 속하도록 '판결을 받지 아니한 죄'의 형을 정하여야 한다는 것은 아니므로 그 형을 감경 또는 면제할 것인지는 법원의 재량에 속하는 임의적 사항이다. 그러므로 이미 판결이 확정된 죄가 무기징역이 확정된 것인 경우에도 '판결을 받지 아니한 죄'에 대한 형을 필요적으로 면제해야 하는 것은 아니다.[1] 하지만 유지판결이 확정된 수죄 중 일부의 전과에 대한 판결이유기재와 심리를 하지 않고 사후경합범에 대한 형을 선고하는 것은 허용되지 아니한다.[2] 형을 감경하는 경우에는 법률상 감경의 한도(제55조) 안에서만 감경할 수 있다고 생각한다.

종전 형법의 규정에서는 사후경합범의 처벌에 관하여, 일본 형법의 태도를 따라, '판결을 받지 아니한 죄'에 대하여만 형을 선고하되 형의 집행은 동시경합범의 예에 의하도록 하였으나, 현행 형법은 2005년에 스위스 형법의 규정(동법 제68조)을 본받아 위와 같이 개정하였다. 독일 형법은 사후경합범에 관해서도 동시경합범의 경우(동법 제53조, 제54조)와 같이 새로이 하나의 형을 선고하도록 규정하고 있다(동법 제55조 제 1 항 참조).

4. 형집행상의 특례

경합범으로 판결의 선고를 받은 자가 경합범 중 1개 또는 수개의 죄에 대하여 사면을 받거나 또는 형의 집행이 면제된 때에는 다른 죄에 대하여 다시 형을 정한다(제39조 제 3 항). 즉 경합범에 대하여 1개의 형이 선고되었을

1) 대판 2008. 9. 11, 2006도8376.
2) 대판 2008. 10. 23, 2008도209.

때에는 그 형의 양과 집행에 관하여 다시 정하게 된다. 죄에 대한 심판을 다시 하는 것은 아니다. 이 경우와 사후경합범의 형집행에 있어서는 이미 집행한 형기가 있는 경우에는 그 刑期를 通算한다(제39조 제 4 항). 무기징역형이 확정된 경우에는 사후에 그 형이 징역 20년으로 감형되었다 하더라도 기왕에 복역한 형기가 징역 20년의 형기에 통산될 수 없다.[1)]

제 5 절 累 犯

제35조 [누범] ① 금고 이상의 형을 받아 그 집행을 종료하거나 면제를 받은 후 3년 내에 금고 이상에 해당하는 죄를 범한 자는 누범으로 처벌한다.
② 누범의 형은 그 죄에 정한 형의 장기의 2배까지 가중한다.

Ⅰ. 意 義

1. 개 념

누범(Rückfall)의 개념은 실질적 의미와 형식적 의미의 두 측면에서 정의된다.

實質的 意味의 累犯이라 함은 확정판결을 받은 범죄에 대하여 그 이후에 범한 범죄를 말한다. 즉 수개의 범죄가 時間的으로 順次의 關係에 있는 경우를 가리키는 것이므로 형사정책상 누범개념으로 볼 수 있다. 이에 대하여 形式的 意味의 累犯은 실질적 의미의 누범 중에서 법률상 일정한 조건하에 형이 가중되는 경우로 형법상 누범개념이라고 할 수 있다. 형법은 금고 이상의 형을 받아 그 집행을 종료하거나 면제를 받은 후 3년 내에 금고 이상에 해당하는 죄를 범한 자를 누범으로 규정하고 있다(제35조 제 1 항).[2)] 여기서

1) 대결 2006. 5. 29, 2006모135.

2) '폭력행위 등 처벌에 관한 법률'에서는 동법 위반으로 2회 이상 징역형을 받은 자로서 다시 동법 제 3 조 제 1 항의 죄(집단적 폭행 등)를 범한 자를 '누범'으로 처벌하고 있는데(동법 제 3 조 제 4 항 참조), 이는 형법상 누범과 구별되는 별개의 개념이라고 할 수 있다. 그러므로 동법상 '누범'에 대하여 형법상 누범가중규정을 적용하는 것이 이중처벌에 해당되는 것은 아니다(대판 2007. 8. 23, 2007도4913 참조). 하지만 이러한 특별법규정은 책임주의 원칙에

그 형의 집행이 종료되거나 면제를 받은 죄를 前犯이라 하고, 후에 범한 죄를 後犯이라 칭한다.

연혁상 누범개념은 동양의 당률(唐律)과 서양의 로마법, 카롤리나 형법전 이래로 주로 절도죄를 중심으로 하여 일찍이 인정되어 왔다. 입법례로는 일본과 스위스, 오스트리아 등 대부분의 형법이 누범에 대해 형의 일정한 가중을 규정하고 있으나, 독일에서는 1986년 형법개정을 통하여 누범가중규정을 폐지하였다.

累犯의 刑法體系上 位置에 관하여는 견해가 갈린다. 즉 이를 범죄론상 죄수론의 문제로 다루는 입장[1]과 형벌론상 양형의 문제로 다루는 입장[2]이 종래 대립되어 왔다. 누범은 이미 형을 받은 전범을 기초로 하여 후범의 처벌에 관한 특별한 처우를 논하는 문제이므로 현재 심판의 대상이 되는 수죄의 관계를 논하는 죄수론과는 성질을 달리 한다고 볼 수도 있다.[3] 그러나 우리 형법이 누범의 규정을 명문상 '罪'의 章(제 1 편 제 2 장)에 편제하고 있다는 점과 '사후적 경합범'도 수죄가 모두 현재 심판의 대상이 되는 것은 아님에도 죄수의 문제로 다루어지고 있는 점 등에 비추어 보면 누범은 형법의 규정에 따라 범죄론에서 논함이 적절하다고 생각한다. 즉 누범은 기본적 성격에 있어서 범죄론상의 문제이지만 양형상 형벌가중사유로 취급되고 있는 만큼 형벌론과도 밀접한 관계를 갖는다고 할 수 있다.

2. 본 질

누범의 본질은 기본적으로 상습범과의 비교를 통하여 이해될 수 있다. 형법은 누범에 관해서는 총칙에 규정을 두고 있음에 대하여, 상습범에 관해서는 각칙에서 개별적으로 규정하고 있다(제246조 제 2 항, 제332조 등 참조).

累犯은 범죄의 개수와 반복된 처벌을 바탕으로 한 行爲責任과 관련된 개념으로서 前刑의 體驗을 무시한 데 대하여 책임이 가중된 범죄이다. 그러

부합하는 방향으로 정비함이 바람직하다.

1) 오영근, § 39, RN 44; 정영석, 290면.

2) 김일수/서보학, 767면; 박상기, 530면; 손동권, § 38, RN 25; 유기천, 359면; 이재상, § 42, RN 4; 황산덕, 314면.
오스트리아와 스위스의 형법도 누범을 형벌론상 양형의 사유로 규정하고 있다.

3) 박상기, 532면; 이재상, § 42, RN 4.

므로 누범에 있어서는 반드시 동종의 범죄가 반복될 것을 요하지 않는다. 그에 대하여 常習犯은 행위자의 상습적 성벽(性癖)을 바탕으로 한 行爲者責任과 관련된 개념으로서 동종의 범죄를 반복 실행하는 행위자의 主觀的 危險性으로 인하여 책임이 가중된 범죄이다. 상습성의 유무는 행위자의 연령·성격·직업·환경·전과사실, 범행의 동기·수단·방법 및 장소, 전에 범한 범죄와의 시간적 간격, 범행의 내용과 유사성 등 제반 사정을 종합하여 판단하여야 한다.[1] 그러므로 전과가 없는 초범이더라도, 금원편취의 목적으로 사기행위의 영업을 개시한 경우에는 상습성이 인정되어 상습범으로 취급될 수 있다.[2] 이와 같이 누범과 상습범은 그 책임의 근거를 달리하는 것이므로 누범의 요건과 상습범의 요건이 병존할 경우에는 형을 중복하여 가중할 수 있는 것이다. 즉 상습범에 대한 누범가중이 가능하다.[3] 따라서 누범을 보통누범과 상습누범으로 구분할 필요는 없다고 할 수 있다.

3. 헌법상 문제점

누범에 대한 가중처벌은 헌법상 일사부재리의 원칙(동법 제13조 제1항 후단), 평등의 원칙(동법 제11조 제1항) 등에 반하는 것인지가 문제될 수 있다.

(1) 일사부재리의 원칙과의 관계

누범은 전범을 기초로 하여 후범의 형을 가중하는 것이므로 一事不再理의 原則과 상충되는 면을 갖고는 있다. 그러나 누범에 있어서는 이미 처벌받은 전범을 다시 처벌의 대상으로 삼는 것이 아니고 단지 그에 기해 행위자의 후범에 대한 책임을 가중하는 데 그치는 것이므로 일사부재리의 원칙에 반하는 것은 아니다.[4]

---

1) 대판 2006. 5. 11, 2004도6176.
'폭력행위 등 처벌에 관한 법률' 제2조 제1항의 '상습'의 의미를 동 조항 각호의 개별 범죄구성요건을 기준으로 판단할 것이 아니라 동 조항 각호에 열거된 모든 범죄구성요건을 포괄하여 판단할 것이라고 판시한 판례(대판 1990. 4. 24, 90도653; 대판 2008. 8. 21, 2008도3657)의 태도는 상습성의 의미를 형사정책적 견지에서 지나치게 확대하는 것으로 책임주의 원칙에 반하는 부당한 해석이라고 생각한다.

2) 대판 2006. 9. 8, 2006도2860.

3) 대판 1981. 11. 24, 81도2164; 대판 1986. 6. 10, 86도778; 대판 1995. 7. 11, 95도955; 대판 2001. 1. 19, 2000도4870; 대판 2005. 10. 28, 2005도5774.

4) 대판 1970. 9. 29, 70도1656.

(2) 평등의 원칙과의 관계

누범은 전과자라는 사회적 신분을 이유로 하여 차별대우를 하는 것으로서 平等의 原則과 관련하여서도 문제가 될 수 있다. 하지만 누범에 대한 가중처벌은 어디까지나 행위자의 가중된 책임에 따른 양형상의 문제라고 보아야 하므로 평등의 원칙에 반한다고 보기 어렵다.[1)]

Ⅱ. 加重處罰의 根據

累犯에 대한 일률적인 加重處罰은 형법상 責任의 本質과 관련하여 검토될 여지가 있다.

道義的 責任論에서는 행위자가 前刑의 警告를 굳이 무시한 악성에 대한 도의적 비난 때문에 누범의 형을 가중한다고 본다. 그에 대해 社會的 責任論에서는 전형을 받은 경험이 있음에도 불구하고 다시 범행을 하게 된 행위자의 사회적 위험성이 크기 때문에 누범의 형을 가중한다고 한다.

누범에 대한 가중처벌은 기본적으로 행위책임에 토대한 것이지만 行爲者에 대한 人格的 非難의 면을 부정할 수는 없다고 생각한다. 따라서 전형의 경고를 무시하고 굳이 재범으로 나아간 데 대한 비난이 누범에 대한 가중처벌의 본질적 근거라고 할 수 있다.[2)] 우리 형법은 누범의 형식적 요건을 규정하고 있는데 그치므로 구체적인 경우에 따라서는 책임주의 원칙에 반할 여지가 크다고 본다.[3)] 따라서 累犯의 實質的 要件으로 '전형의 경고를 따르지 않은 것을 비난할 수 있을 것'을 규정하는 것이 바람직하다고 생각한다.[4)] 그리고 누범의 현실에 있어서도 대부분의 경우 행위자에게 책임능력상 결함이 인정되고 있다는 점과 형사정책상 재사회화이념 등에 비추어 볼 때 형벌가중을 保安處分에 의한 제재로 대체해 나아감이 바람직하다고 생각한다.

---

1) 대판 1983. 4. 12, 83도420; 대판 1990. 1. 23, 89도2227; 헌결 1995. 2. 23, 93헌바43.
反旨 : 배종대, 694면.
2) Welzel, 261면.
3) 同旨 : 김성돈, 902면.
4) 1986년 개정 전 독일 형법 제48조 참조.
同旨 : 손동권, § 38, RN 35; 이재상, § 42, RN 31.

Ⅲ. 成立要件

형법상 금고 이상의 형을 받아 그 집행을 종료하거나 면제를 받은 후 3년 내에 금고 이상에 해당하는 죄를 범한 자가 누범으로 처벌된다.

1. 전범과 후범이 모두 금고 이상의 형에 해당할 것

(1) 전범의 형

前犯이 금고보다 가벼운 형인 자격상실, 자격정지, 벌금,[1] 구류, 과료, 몰수에 해당하는 죄일 때나 금고 이상의 형이더라도 一般赦免(사면법 제5조 제1항 제1호)이나 執行猶豫期間의 經過(제65조)로 그 형이 선고의 효력을 상실한 경우에는 누범은 성립하지 아니한다.[2] 그러나 復權의 경우에는 형의 선고로 인하여 상실되거나 정지된 자격을 회복시킴에 불과하므로 복권된 전범은 누범의 사유가 될 수 있다.[3] 또 特別赦免에 있어서는, 일반사면의 경우와는 달리 형의 선고의 효력이 소멸하는 것은 아니므로 전과사실은 누범사유가 될 수 있다.[4] 전범의 형이 사형이나 무기징역인 경우에는 유기의 징역이나 금고로 감형되거나 특별사면 또는 형의 시효의 완성으로 그 집행이 면제되어야 할 것이다.

'禁錮 以上의 刑'을 선고받은 이상 적용된 법률이 형법이든 특별법이든[5] 또는 범죄가 고의범이든 과실범이든, 전과의 수가 어떻게 되든 불문한다. 따라서 군사법원에 의해 처벌받은 전과도 누범의 사유가 될 수 있다.[6] 그러나 벌금형의 대체형인 勞役場留置는 어디까지나 그 본형인 벌금형으로 취급되어야 할 것이므로 '금고 이상의 형'에 해당되지 아니한다.

(2) 후범의 형

後犯에 관하여 요구되는 '禁錮 以上의 刑'은 處斷刑을 의미하는 것으로서, 과형의 대상인 사실에 관하여 금고 이상의 형으로써 처단할 경우를 가리

---

1) 대판 1983. 9. 14, 82도1702.
2) 대판 1965. 11. 30, 65도910; 대판 1970. 9. 22, 70도1627.
3) 대판 1981. 4. 14, 81도543.
4) 대판 1986. 11. 11, 86도2004.
5) 대판 1956. 12. 21, 4289형상296.
6) 대판 1957. 10. 11, 4290형상268.

킨다고 생각한다.[1] 그러므로 후범의 법정형으로서 금고 이상의 형종과 금고 이하의 형종이 선택적으로 규정되어 있는 경우에는 금고 이상의 형을 선택하여 처단하는 경우에 한하여 누범가중의 문제가 생길 수 있다. 다수설[2]에서는, 누범가중의 적용범위를 가능한 한 제한하여야 한다는 취지에서, 후범의 형의 의미를 宣告刑으로 해석하고 있다. 그러나 이를 선고형으로 보게 되면 누범판단이 자의적일 수 있으므로 누범규정의 입법취지에 반하는 결과가 야기될 수도 있다고 생각한다. 전범의 형이 선고형이라는 점과는 다른 각도에서 보아야 할 것이다.

후범의 죄는 전범의 죄와 죄명이나 죄질에 있어서 동일하거나 유사한 것일 필요는 없다. 후범의 죄와 전범의 죄가 일정한 상관관계에 있을 것을 요하지도 않는다.[3] 하지만, 전범의 경우와는 달리, 후범이 과실범인 경우는 누범사유에서 제외함이 입법론상 타당하다고 생각한다.[4]

2. 전범의 형집행의 종료 또는 면제 후 3년 내에 후범을 범하였을 것

'刑의 執行의 終了'라 함은 형기가 만료된 것을 가리킨다. '刑의 執行의 免除'는 형의 시효가 완성된 때(제77조), 외국에서 형의 집행을 받았을 때(제 7 조), 특별사면이 있을 때(사면법 제 5 조 제 1 항 제 2 호) 인정된다. 예컨대, 전범에 대한 형의 집행 전 또는 집행 중[5]에 범한 후범은 누범가중의 적용을 받지 아니한다. 따라서 금고 이상의 형에 대한 집행유예의 판결을 선고받아 그 유예기간 중에 있는 자는 그 기간 중에 죄를 범하였더라도 누범에 해당되지 아니한다.[6] 전범의 집행정지 중에 범한 죄나 가석방된 자가 가석방기간 중에 범한 죄[7]의 경우에도 누범이 성립할 수 없다.

집행의 종료 또는 면제 후 '3年 內'에 후범을 범하였어야 한다. 이 '3년'

---

1) 대판 1982. 7. 27, 82도1018; 대판 1982. 9. 14, 82도1702.
2) 김일수/서보학, 771면; 박상기, 535면; 배종대, 717면; 이재상, § 42, RN 22; 정성근/박광민, 670면; 정영석, 292면.
3) 대판 1990. 1. 23, 89도2227; 대판 2008. 12. 24, 2006도1427.
4) 박상기, 535면; 이재상, § 42, RN 23.
5) 대판 1958. 1. 28, 4290형상438.
6) 대판 1983. 8. 23, 83도1600.
7) 대판 1976. 9. 14, 76도2071; 대판 1976. 12. 31, 76도1857.

의 기간을 累犯時效라고도 한다. '3년'의 기간은 전범의 형의 집행이 종료한 날 또는 형의 집행이 면제된 날로부터 기산하며, 후범의 시기는 실행의 착수 시기를 기준으로 결정하여야 한다.[1] 후범에 있어서 예비·음모가 처벌되는 경우에는 '3년 내'에 그 예비·음모가 있었을 때에 누범이 될 수 있다. 그리고 후범이 상습범인 경우에는 그 일부만이 기간 내에 행해졌더라도 상습범 전체가 누범으로 인정되게 된다.[2] 그러나 후범이 경합범 등의 수죄인 때에는 그 기간 내에 행해진 범죄에 대하여만 누범이 인정된다고 할 것이다.

Ⅳ. 處 理

1. 가중처벌

累犯 즉 後犯의 刑은 그 罪에 정한 長期의 2배까지 가중한다(제35조 제2항). 따라서 누범의 처단형은 그 죄에 정한 장기의 2배 이하로 된다.

가중되는 것은 '長期'뿐이며, '단기'는 가중되지 아니한다.[3] 단, 가중되더라도 장기는 25년을 초과할 수 없다(제42조 단서). 예컨대, 강도죄(제333조)의 경우 법정형은 '3년 이상의 유기징역'이므로 그 장기는 15년이고(제42조 본문), 따라서 강도죄의 누범의 처단형은 '3년 이상 30년 이하'로 될 것이나, 제42조 단서의 제한을 받아 '3년 이상 25년 이하'로 된다. 다만 '특정강력범죄의 처벌에 관한 특례법'에서는 特定强力犯罪의 累犯에 대하여 그 형의 '장기'뿐만 아니라 '단기'도 2배까지 가중하도록 규정하고 있다(동법 제3조 참조).[4] 가중되는 대상은 '법정형'이며, 선고형은 가중된 처단형의 범위 안에서 법관에 의해 정해진다. 그러므로 경우에 따라서는 법률상·재판상 감경을 통하여 법정형의 장기보다 경한 형이 선고될 수도 있게 된다.[5]

누범에 대하여도 법률상·재판상 감경이 행해질 수 있다고 본다. 누범의 요건을 갖춘 후범이 수죄인 경우에 있어서는 우선 후범의 각죄에 대하여 누

---

1) 김일수/서보학, 772면; 배종대, 717면; 이재상, § 42, RN 25; 정영석, 293면.
2) 대판 1982. 5. 25, 82도600.
3) 대판 1969. 8. 19, 69도1129.
4) 이 규정에 관해서도 합헌성이 인정되고 있다(대판 2005. 4. 14, 2005도1258; 대판 2006. 5. 26, 2006도1640 참조).
5) 同旨: 이재상, § 42, RN 26.

범가중을 한 다음에 경합범 또는 상상적 경합의 예에 따라 처벌된다고 할 것이다.

2. 소송법상 문제점

누범에 있어서 전범의 사실은 누범의 당해 범죄사실이 아니므로 불고불리의 원칙이 적용되지 않는다.[1] 그러므로 전범의 사실에 관하여 검사가 주장하지 않았다 하더라도 법원의 직권조사에 의하여 밝혀진 이상 누범가중은 가능하게 된다.

전범의 사실은 피고인의 자백만으로도 인정할 수 있다고 봄이 판례[2]의 입장이다. 하지만 전범의 사실은 누범의 양형에 관한 중요사실이므로 형사소송상 엄격한 증명을 요한다고 할 것이다. 그리고 누범가중에 있어서는 누범의 시기를 판결이유에 명시할 것이 요구된다.[3]

3. 판결선고 후 누범발각

判決宣告 後 累犯인 것이 發覺된 때에는 그 선고한 형을 통산하여 다시 형을 정할 수 있다(제36조 본문). 재판 당시 피고인의 성명모용 등에 의한 은폐나 법원의 간과에 의하여 전범의 사실이 발각되지 않고 판결선고 후에 비로소 누범임이 밝혀진 경우에도 누범규정이 적용되어 형의 가중이 행해질 수 있다. 이 경우 통산에 의한 刑의 새로운 量定은 任意的이므로 법관의 판단에 따라서는 형을 다시 정하지 않을 수도 있다. 본래의 누범가중이 필요적 가중인 점과 구별된다. 단, 선고한 형의 집행을 종료하거나 그 집행이 면제된 후에는 누범인 것이 발각되더라도 형을 가중하지 아니한다. 이 경우는 必要的 事項이므로 형을 가중해서는 안 된다. 이미 형의 집행을 벗어나 사회에 복귀되어 있는 상태를 보호해주어야 할 필요가 있기 때문이다.

판결선고 후 누범발각의 경우에 있어 누범가중을 할 수 있도록 한 것은 판결선고 후 새로운 사정에 기하여 형을 추가적으로 부과하는 것으로서 헌법상 일사부재리의 원칙(동법 제13조 제 1 항 후단)과 진술거부권제도(동법 제12조

1) 대판 1971. 12. 21, 71도2004.
2) 대판 1981. 6. 9, 81도1353.
3) 대판 1946. 4. 26, 4279형상13.

제2항 후단), 무죄추정의 원칙(동법 제27조 제4항) 등에 반하는 것으로 볼 수 있다. 제36조 본문이 임의적 규정으로 되어 있는 만큼 실제의 법적용에 있어서 법관은 가능한 한 형의 가중을 하지 않도록 함이 바람직하다고 생각한다.

제 3 편

刑 罰 論

'제 2 편 犯罪論'에서 논의된 제반 유형의 범죄의 성립요건이 인정되면 해당 범죄에 대한 법적 효과로서의 형벌이 부과된다.

본편에서는 형벌의 의의와 종류, 형의 적용과 집행, 형의 시효·소멸·기간과 보안처분에 관하여 고찰한다.

형법의 역사에 있어서는 刑罰史가 大宗을 이루고 있다고 할 수 있다. 형벌의 본질에 관하여는 '제 1 편 序論'에서 논의되었다. 형벌은 책임을 근거로 하며, 또 책임의 범위 안에서 부과되는 것이 오늘날 형법의 요청이다. 본편의 내용을 고찰함에 있어서는 죄형법정주의의 기본정신과 함께 책임주의 원칙을 항상 염두에 둘 필요가 있다. 正當한 刑罰을 통해서만 刑法的 正義가 구현될 수 있기 때문이다.

제1장

基本理論

제1절 刑罰의 意義

刑罰(Strafe, penalty)이란 범죄행위에 대한 법률상의 효과로서 국가가 범죄인에 대하여 과하는 법익박탈의 처분을 가리킨다.

형벌은 기본적으로 악행인 범죄에 대한 應報로서의 의미를 가지며, 사회일반인을 위하(威嚇)·경고하여 범죄를 방지하는 一般豫防的 機能을 수행한다. 또한 범죄인의 반사회성을 교화·개선하여 건전한 국민의 일원으로서 다시 사회생활에 적응토록 하여 사회에 복귀시키고, 다른 한편으로 범죄인을 일시적 또는 영구적으로 사회로부터 격리시켜 사회에 대한 법익침해를 방지하는 特別豫防的 機能도 갖고 있다.

형벌은 기왕에 행해진 범죄행위에 대하여 법률상의 효과로서 부과되는 처분이라는 점에서, 행위자의 장래의 위험성을 고려하여 범죄를 미리 예방하기 위하여 부과되는 처분인 保安處分과는 그 성격상 구별된다. 본서에서는 서술의 편의상 보안처분의 편제를 본편의 한 부분으로 구성하였다.

오늘날 우리 형사법학에서는 형벌론을 형사정책학의 한 부분인 범죄대책론에서 주로 연구하고 있다.

제 2 절 刑罰의 種類

I. 分 類

우리 형법상 인정되고 있는 형벌에는 사형, 징역, 금고, 자격상실, 자격정지, 벌금, 구류, 과료 및 몰수 등 9종이 있다(제41조 참조).

형벌의 종류를 규정하고 있는 제41조는 헌법 제12조 제 1 항과 함께, 죄형법정주의 원칙을 천명한 것으로서 동조에 규정된 이외의 다른 종류의 형벌은 인정될 수 없다.

역사적으로 보면, 삼국시대 이래 조선시대까지 중국에서 유래한 笞·杖·徒·流·死의 五刑이 우리 전통 법제상 형벌의 기본적 내용이었다. 笞刑은 매로 볼기를 때리는 형으로서 열 번에서 백 번까지 행해지며, 杖刑은 곤장으로 볼기를 때리는 형으로서 60번에서 백 번까지 행해진다. 徒刑은 감옥에 1년에서 3년 수감하는 형이다. 流刑은 섬이나 변방에 유배하여 놓는 형이며, 死刑은 생명을 박탈하는 형으로서 그 집행의 방법은 죄에 따라 여러 가지가 있었다.

의용형법에서는 사형, 징역, 금고, 벌금, 구류, 과료, 몰수 등 7종의 형벌이 인정되었다.

형벌의 종류는 분류의 기준에 따라 다음과 같이 나뉜다.

1. 박탈하는 법익에 따른 분류

형벌이 剝奪하는 法益에 따르면 형벌은 생명형, 신체형, 자유형, 명예형(또는 자격형)과 재산형으로 분류된다.

사형은 생명을 박탈하는 형벌이므로 生命刑에 해당한다. 自由刑에는 징역, 금고, 구류가 있다. 名譽刑에는 자격상실과 자격정지가 해당되며, 資格刑이라고도 한다. 財産刑에는 벌금, 과료, 몰수 등이 해당한다. 身體刑은 직접 신체에 대하여 고통을 가하는 형으로서 우리 형법상 채택되고 있지 않다.

본서에서는 이 분류에 따라 설명하도록 한다.

2. 부가성 여부에 따른 분류

형벌의 附加性 여부에 따른 분류도 행하여진다. 독립하여 그 형만을 선고할 수 있는 것을 主刑이라고 하고, 주형에 부가하여서만 선고될 수 있는 것을 附加刑이라 한다.

부가형으로는 沒收를 들 수 있으며, 몰수 이외의 모든 형은 주형이 된다고 본다. 그런데 우리 형법상 資格喪失의 형은 특별히 재판에 의해 선고되는 것이 아니고, 다른 일정한 형이 확정되면 그 형의 효력으로서 당연히 소정의 자격이 상실되는 것이므로 자격상실도 주형으로서의 성격을 갖는다고 보기는 어렵다고 생각한다.

主刑·附加刑은 의용형법상 명문으로 채택되었던 분류이나, 현행형법은 '주형'의 개념은 채택하지 않고 몰수의 부가성만을 인정하고 있다(제49조 참조).

中國(중화인민공화국)의 '刑法'은 형벌을 '주형'과 '부가형'으로 대별하고 있다. 참고로 중국의 형벌제도를 개략해보면, 主刑에는 管制·拘役·有期徒刑·無期徒刑·死刑이 있고(同 형법 제33조) 附加刑에는 罰金·政治權利剝奪·財産沒收(同 형법 제34조)가 있다. '관제'는 범죄인을 구금함이 없이 공안기관에 의하여 일정한 자유를 제한하는 형벌이며, 그 기간은 원칙적으로 3월 이상 2년 이하이다. '구역'은 원칙적으로 1월 이상 6월 이하의 기간 동안 범죄인을 특정시설에 구금하여 교육·개조를 행하는 형벌이다. '유기도형'은 우리의 유기징역에 해당하고, '무기도형'은 우리의 무기징역에 해당한다. '사형'은 총살이나 주사살(注射殺)로 집행하며, 즉시 사형을 집행할 자 외에는 사형의 선고와 동시에 2년 간 그 집행의 유예를 선고하도록 하고 있다(동 형법 제48조). '몰수'는 우리 형법과는 달리, 범죄행위와 관계없이 징벌적 차원에서 범죄인 소유 재산의 일부 또는 전부를 박탈하는 형벌이다.

Ⅱ. 死 刑

1. 의 의

사형(Todesstrafe, death penalty)은 수형자의 생명을 박탈하는 형벌이다. 형벌로서의 성질상 가장 중한 것이므로 極刑(capital punishment)이라고도 한다.

형벌사의 내용은 사형의 역사라고 할 수 있을 정도로 사형의 역사는 오래되었으며, 19세기까지도 사형은 刑罰의 大宗을 이루어왔다고 할 수 있다.

2. 현행법의 규정

제66조 [사형] 사형은 형무소내에서 교수하여 집행한다.

우리 형법은 내란죄(제87조), 외환유치죄(제92조), 현주건조물 등 방화치사죄(제164조 제 2 항), 살인죄(제250조 제 1 항), 강간 등 살인죄(제301조의2), 강도살인죄(제338조) 등 중요한 구성요건에 법정형으로 사형을 규정하고 있으며, 특별형법에서도 국가보안법의 반국가단체구성 등 죄(동법 제 3 조 제 1 항), '폭력행위 등 처벌에 관한 법률'의 단체 등 구성·활동죄(동법 제 4 조 제 1 항), '특정범죄 가중처벌 등에 관한 법률'의 도주차량운전자의 가중처벌규정(동법 제5조의3) 등 여러 경우에 사형이 규정되어 있다. 현행법상 법정형이 사형뿐인 것은 형법상 여적죄(제93조)와 군형법상 몇 개 죄[1]이다.

우리 법원은 사형의 선고를 함에 있어서는 양형의 조건이 되는 모든 사항을 철저히 심리할 뿐만 아니라 범행을 전후한 범인의 정신이나 심리상태의 변화에 대해서도 관련분야의 전문적 의견을 들어보는 등 신중히 임할 것을 권고하고 있다.[2]

대판 2006. 3. 24, 2006도354 "사형은 인간의 생명 자체를 영원히 박탈하는 냉엄한 궁극의 형벌로서 문명국가의 이성적인 사법제도가 상정할 수 있는 극히 예외적인 형벌이라는 점을 감안할 때, 사형의 선고는 범행에 대한 책임의 정도와 형벌의 목적에 비추어 그것이 정당화될 수 있는 특별한 사정이 있다고 누구라도 인정할 만한 객관적인 사정이 분명히 있는 경우에만 허용되어야 하고, 따라서 사형을 선고함에 있어서는 형법 제51조가 규정한 사항을 중심으로 한 범인의 연령, 직업과 경력, 성행, 지능, 교육정도, 성장과정, 가족관계, 전과의 유무, 피해자와의 관계, 범행의 동기, 사전계획의 유무, 준비의 정도, 수단과 방법, 잔인하고 포악한 정도, 결과의 중대성, 피해자의 수와 피해감정, 범행 후의 심정과 태도, 반성과 가책의 유무, 피해회복의 정도, 재범의 우려

---

1) 군형법상 반란죄의 수괴(동법 제 5 조 제 1 호)와 반란목적 군용물탈취죄의 수괴(동법 제 6 조)의 경우, 군대 및 군용시설 등 제공죄(동법 제11조), 군용시설 등 파괴죄(동법 제12조), 불법전투개시죄(동법 제18조), 불법전투계속죄(동법 제19조), 항복죄(동법 제22조), 지휘관의 적전수소이탈죄(동법 제27조 제 1 호) 등이 이에 해당한다.

2) 대판 2003. 6. 13, 2003도924; 대판 2004. 9. 3, 2004도3538; 대판 2005. 8. 25, 2005도4178.

등 양형의 조건이 되는 모든 사항을 철저히 심리하여 위와 같은 특별한 사정이 있음을 명확하게 밝힌 후 비로소 사형의 선택 여부를 결정하여야 한다."

범행시 18세 미만인 자에게는 사형 또는 무기형을 과하지 아니하며(소년법 제59조), 사형을 감경할 때는 무기 또는 10년 이상의 징역 또는 금고로 한다(제55조 제 1 항 제 1 호).

사형은 형무소 내에서 교수(絞首)하여 집행한다(제66조).[1] 사형은 법무부장관의 명령에 의하여 집행한다(형사소송법 제463조). 사형집행의 명령은 판결이 확정된 날로부터 6월 이내에 하여야 한다(형사소송법 제465조 제 1 항). 법무부장관이 사형의 집행을 명한 때에는 5일 이내에 집행하여야 한다(형사소송법 제466조). 국경일, 일요일 기타 공휴일에는 사형을 집행하지 아니한다(행형법 제57조 제 2 항). 군형법의 적용대상인 대한민국 軍人에 대한 사형은 국방부장관의 명령에 의하여 집행하며(군사법원법 제506조), 소속 군참모총장 또는 군사법원의 관할관이 지정한 장소에서 銃殺로써 이를 집행한다(군형법 제 3 조).

3. 존폐의 논의

사형폐지론은 18세기 후반 일부 계몽사상가들에 의하여 인도주의적 견지에서 전개되기 시작하였으며, 오늘날까지도 폐지론자와 존치론자 사이에서 논란이 계속되고 있다. 특히 베카리아(C. Beccaria)는 자신의 저서 '범죄와 형벌'(1764)에서 최초로 사회계약론에 토대하여 사형폐지론을 전개하였다.

存置論의 논거로는 사형은 범죄행위에 대한 최대의 위하로서 범죄억지효과(deterrence effect)를 갖는다는 점, 중죄인을 사회로부터 영구히 격리시켜 사회를 방위할 수 있다는 점과 특히 살인범은 타인의 생명을 침해한 자이므로 그의 생명도 박탈함이 마땅하다는 응보론적 정의관념 등이 제시되고 있다.[2] 근세 계몽사상가들 중에서도 칸트, 로크, 루소 등 많은 학자들이 사형제도를 옹호하였다.

廢止論의 논거로는 사형은 야만적이고 잔혹하므로 인도주의적 견지에서 허용될 수 없다는 점, 오판에 의해 사형이 집행되었을 때에는 회복할 수 없는

---

1) 행형법에서는 '형무소' 대신 '교도소'라는 용어를 사용하고 있으며(동법 제 2 조 참조), 사형은 교도소와 구치소 안의 사형장에서 집행한다고 규정하고 있다(동법 제57조 제 1 항 참조).
2) 손동권, § 37, RN 12; 이재상, § 40, RN 14.

司法殺人(Justizmord)의 결과를 가져온다는 점, 사형은 일반인이 기대하는 것만큼 범죄억지효과 즉 위하적 효과가 크지는 않다는 점과 사형은 개선적·교육적 기능을 갖지 못하며 피해자에 대한 구제에도 도움이 안 된다는 점, 범죄의 사회환경적 원인을 간과하고 있다는 점 등이 제시되고 있다.[1] 특히 현실에 있어서 사형의 적용과 집행이 형평을 잃고 정치적·사회적·인종적 편견을 드러내 보일 때에는 사회적 통합에 심대한 악영향을 줄 수 있다는 점도 지적되고 있다. 베카리아 이래로 하워드(J. Howard), 리프만(M. Liepmann), 몽테스키외, 서덜랜드(E. H. Sutherland) 등이 폐지론의 대열에 참여했다.

특히 잔혹한 살인을 수반한 패륜범죄나 대량학살 등의 죄에 있어서 응보론적 관점에서 사형의 존치를 긍정할 수도 있으나, 오판의 가능성이나 형사정책적 효과의 의문성 등을 고려할 때 사형의 선고와 집행은 극히 신중하여야 할 것이고 그 대상범죄도 입법적으로 조정하여 크게 제한함이 타당하다고 생각한다.[2]

우리 판례에서는 사형제도의 존치가 헌법에 위반되지 않는다고 판시하고 있다.

> 헌결 1996. 11. 28, 95헌바1 "생명권 역시 헌법 제37조 제2항에 의한 일반적 법률유보의 대상이 될 수밖에 없는 것이나, 생명권에 대한 제한은 곧 생명권의 완전한 박탈을 의미한다 할 것이므로, 사형이 比例의 原則에 따라서 최소한 동등의 가치가 있는 다른 생명 또는 그에 못지아니한 공공의 이익을 보호하기 위한 불가피성이 충족되는 예외적인 경우에만 적용되는 한, 그것이 비록 생명을 빼앗는 형벌이라 하더라도 헌법 제37조 제2항 단서에 위반되는 것으로 볼 수는 없다.
>
> 모든 인간의 생명은 자연적 존재로서 동등한 가치를 갖는다고 할 것이나 그 동등한 가치가 서로 충돌하게 되거나 생명의 침해에 못지아니한 중대한 공익을 침해하는 등의 경우에는 국민의 생명, 재산 등을 보호할 책임이 있는 국가는 어떠한 생명 또는 법익이 보호되어야 할 것인지 그 규준을 제시할 수 있는 것이다. 인간의 생명을 부정하는 등의 범죄행위에 대한 불법적 효과로서 지극히 한정적인 경우에만 부과되는 사형은 죽음에 대한 인간의 본능적 공포심과 범죄에 대한 응보욕구가 서로 맞물려 고안된 필요악으로서 불가피하게

1) 김성돈, 870-871면; 오영근, §42, RN 14; 임웅, 588면.
2) 同旨: 박상기, 509-510면.

선택된 것이며 지금도 여전히 제 기능을 하고 있다는 점에서 정당화될 수 있다. 따라서 사형은 이러한 측면에서 헌법상의 비례의 원칙에 반하지 아니한다 할 것이고, 적어도 우리의 현행 헌법이 스스로 예상하고 있는 형벌의 한 종류이기도 하므로 아직은 우리의 헌법질서에 반하는 것으로 판단되지 아니한다.

형법 제250조 제 1 항이 규정하고 있는 살인의 죄는 인간생명을 부정하는 범죄행위의 전형이고, 이러한 범죄에는 그 행위의 태양이나 결과의 중대성으로 미루어 보아 반인륜적 범죄라고 규정지워질 수 있는 극악한 유형의 것들도 포함되어 있을 수 있는 것이다. 따라서 사형을 형벌의 한 종류로서 합헌이라고 보는 한 그와 같이 타인의 생명을 부정하는 범죄행위에 대하여 행위자의 생명을 부정하는 사형을 그 불법효과의 하나로서 규정한 것은 행위자의 생명과 그 가치가 동일한 하나의 혹은 다수의 생명을 보호하기 위한 불가피한 수단의 선택이라고 볼 수밖에 없으므로 이를 가리켜 비례의 원칙에 반한다고 할 수 없어 헌법에 위반되는 것이 아니다."[1]

— 본 결정은 헌법상 비례의 원칙과 관련하여 사형제도에 관한 司法的 觀點을 잘 보여주고 있다.

외국의 예를 보면 독일, 오스트리아, 영국, 프랑스, 미국의 여러 주에서는 사형을 폐지하였다. 하지만 아시아와 남아메리카, 아프리카 등에서는 아직도 여러 나라가 사형제도를 존치하고 있다.

Ⅲ. 懲役, 禁錮, 拘留

1. 의 의

형법상 자유형으로는 징역, 금고, 구류가 있다. 신체의 자유를 박탈하는 것을 내용으로 한다.

자유형에 있어서는 수형자가 定役에 복무하느냐의 여부에 따라 징역과 금고가 구별된다. 그리고 형의 기간의 長短, 즉 1월 이상이냐 또는 1월 미만이냐에 따라 징역·금고와 구류가 구별된다.

역사적으로는 1555년 영국의 브라이드웰(Bridewell) 감옥의 개설 이래로 근대적 의미의 자유형제도가 출발하였고, 1777년 영국의 하워드(J. Howard)가 저서 '英國監獄狀態論'(The State of Prisons in England and Wales)을 출간하면서 서구

1) 同旨 : 대판 1995. 1. 13, 94도2662.

의 감옥개선운동이 본격화되어 자유형제도가 발전하기 시작하였다.

2. 징 역

제42조 [징역 또는 금고의 기간] 징역 또는 금고는 무기 또는 유기로 하고 유기는 1월 이상 15년 이하로 한다. 단 유기징역 또는 유기금고에 대하여 형을 가중하는 때에는 25년까지로 한다.

懲役은 수형자를 형무소 내에 구치하여 정역에 복무하게 하는 형벌이다(제67조 참조).

징역은 무기 또는 유기로 하고, 유기는 1월 이상 15년 이하로 한다. 단, 가중하는 때에는 25년까지로 한다(제42조). 무기는 기간이 정해져 있지 않는 것을 말한다.[1)]

무기징역을 감경할 경우에는 7년 이상의 징역으로 한다(제55조 제 1 항 제 2 호). 유기징역을 감경할 때는 그 형기의 2분의 1로 한다(제55조 제 1 항 제 3 호).

3. 금 고

禁錮는 수형자를 형무소에 구치하는 형벌이다(제68조 참조). 정역에 복무하게 하지 않고 다만 형무소에 구치하여 둘 뿐이라는 점에서 징역과 구별된다. 금고형의 수형자에게도 신청에 의하여 작업을 과할 수 있다(행형법 제38조). 실제적으로 금고형 수형자의 70~80%가 작업을 신청하여 그에 종사하고 있는 점에서도 자유형의 단일화 필요성이 인정된다.

금고도 무기 또는 유기로 하고, 그 기간과 감경에 관한 점은 징역의 경우와 동일하다.

4. 구 류

제46조 [구류] 구류는 1일 이상 30일 미만으로 한다.

---

1) '무기형'은 외국의 입법에 종종 등장하는 '종신형'과 구별되어야 한다. '무기형'은 형의 기간이 정해져 있지 않은 점에서 終身 즉 死亡의 시점까지를 기간으로 하는 '終身刑'(life imprisonment)과 다르다고 할 수 있다. 또한 종신형에 대해서는 감형이나 가석방 등이 허용되지 않는 것이 일반적이다. 우리 형법은 종신형제도를 채택하고 있지 않다.

拘留는 수형자를 형무소에 구치하는 형벌이다(제68조 참조). 형의 내용은 금고와 마찬가지이나, 다만 그 기간이 1일 이상 30일 미만이라는 점에서 양자가 구별된다(제46조 참조).

구류의 형을 받은 자는 정역에 복무하게 하지 않으나 수형자의 신청이 있는 경우에는 작업을 과할 수 있다(행형법 제38조).

'구류'는 형벌의 일종인 점에서 형사소송법상의 강제처분인 '拘束'·'拘引'과 구별된다.

> '구속'·'구인'은 형사절차인 수사와 재판의 원활한 진행과 증거의 확보를 위해 부과되는 형사소송법상의 강제처분이다. 재판확정전의 처분이므로 '未決拘禁'이라고 칭할 수도 있다. 구속·구인의 내용인 사실상의 강제조치를 '拘禁'이라 할 수 있다.[1] 구류와 징역, 금고 등 자유형의 내용인 사실상의 강제조치는 '拘置'(제67조, 제68조)로 칭해야 한다.

'구류'는 독립된 자유형이라는 점에서 재산형인 벌금·과료의 환형처분인 '勞役場留置'(제69조 제 1 항, 제 2 항)와 구별된다. 또한 법원조직법상의 '監置'(동법 제61조)는 재판질서의 유지를 위한 법원 내부의 질서벌이므로 형벌인 '구류'와는 성격을 달리하는 것이다.

구류의 형을 감경할 때에는 그 장기의 2분의 1로 한다(제55조 제 1 항 제 7 호).

5. 개 선 책

(1) 징역, 금고

징역과 금고를 구분하는 형법의 태도에 대해서는 형사정책적 관점에 토대하여 금고형을 폐지하고 징역형으로 自由刑을 單一化하여야 한다는 주장[2]이 제기되고 있다. 연혁적으로는 사상범이나 정치범 또는 과실범 등 이른바 비파렴치범(非破廉恥犯)에 대해서는 정역을 부과하지 않는 명예구금형으로서의 금고형을 부과하여야 한다는 취지에서 징역과 금고가 구별되었으나, 근로의 신성함과 그 형사정책적 개선효과를 고려한다면 금고형의 폐지가 바람직

---

1) 형사소송법은 '구속'에 '구인'과 '구금'이 포함된다고 규정하고 있다(동법 제69조 참조).
2) 김성돈, 873면; 박상기, 511면; 오영근, § 42, RN 24; 이재상, § 40, RN 24; 임웅, 590면. 反旨 : 손동권, § 37, RN 26.

하다고 생각한다. 참고로 독일 형법은 징역과 금고를 구분함이 없이 단일형으로서의 '자유형'(Freiheitsstrafe)만을 규정하고 있으며(동법 제38조, 제39조 참조), 유엔의 '수형자처우를 위한 최저기준'에서도 모든 수형자는 의무관에 의해 신체적·정신적 특성에 따라 결정된 작업에 종사하여야 한다고 규정하고 있다(동 제71조 참조).

자유형 개선책의 하나로 특히 6월 이하의 短期自由刑에 대해서는 행형상의 문제점으로 인한 재범양산의 폐단이 지적되어 그 집행이나 선고의 유예 또는 벌금형으로의 대체입법, 배상명령제도(소송촉진 등에 관한 특례법 제25조 이하)의 확충·활용 등이 주장되고 있다.

'無期懲役·禁錮'의 형에 대해서는 수형자의 사회복귀를 포기한 잔혹한 비인도적 형벌이라는 비판이 가해지고 있으며, 형벌의 명확성을 요구하는 죄형법정주의 원칙에도 반한다는 점에서 위헌성이 지적되고도 있다. 형기를 명확히 규정하여 명칭을 '長期懲役·禁錮'로 바꾸는 것이 바람직하다고 생각한다.

(2) 구 류

자유형 중 가장 경한 형인 '구류'는 엄연히 형벌로서의 성격을 갖는 것으로서 형사정책적 측면에서 오히려 큰 폐단이 우려되므로 폐지하는 것이 바람직하다고 생각한다.[1] 현행법상 구류에 대해서는 집행유예나 선고유예도 인정되지 않고 있으며, 정식재판이 아닌 즉결심판을 통해서도 선고될 수 있기 때문에 인권보장과 행형이념에 배치되는 문제점을 안고 있다.

Ⅳ. 資格喪失, 資格停止

제43조 [형의 선고와 자격상실, 자격정지] ① 사형, 무기징역 또는 무기금고의 판결을 받은 자는 다음에 기재한 자격을 상실한다.
1. 공무원이 되는 자격
2. 공법상의 선거권과 피선거권
3. 법률로 요건을 정한 공법상의 업무에 관한 자격
4. 법인의 이사, 감사 또는 지배인 기타 법인의 업무에 관한 검사역(檢査役)이나 재산관리인이 되는 자격

② 유기징역 또는 유기금고의 판결을 받은 자는 그 형의 집행이 종료하거나 면

1) 同旨 : 김성돈, 873면.

제될 때까지 전항 제 1 호 내지 제 3 호에 기재된 자격이 정지된다.

제44조 [자격정지] ① 전조에 기재한 자격의 전부 또는 일부에 대한 정지는 1년 이상 15년 이하로 한다.

② 유기징역 또는 유기금고에 자격정지를 병과한 때에는 징역 또는 금고의 집행을 종료하거나 면제된 날로부터 정지기간을 기산한다.

1. 의 의

자격상실과 자격정지는 수형자의 일정한 자격을 상실 또는 정지시키는 것을 내용으로 하는 형벌이다. 수형자의 사회생활 상의 명예를 제한 내지는 박탈한다는 의미에서 名譽刑 또는 資格刑이라고 한다.

2. 자격상실

(1) 의 의

資格喪失은 수형자의 일정한 자격을 영구히 박탈하는 형벌이다.

자격상실에 관하여는 형법 이외의 다른 법률은 규정을 두고 있지 아니하다.

자격상실의 형은 책임과 형벌의 균형이라는 책임주의 원칙에 반하는 것으로 볼 수 있으므로 입법론상 폐지함이 바람직하다고 생각한다. 이는 전과자에 대한 사회적 차별을 제도화한 것으로서 사회복귀이념에 정면으로 배치되는 형벌이라고 할 수 있기 때문이다.

(2) 내 용

자격상실은 보통의 형과 같이 선고되는 것이 아니고, 사형이나 무기징역·무기금고가 선고되면 그 선고의 효력으로 일정한 자격이 당연히 상실되게 된다. 사형이나 무기징역·무기금고의 판결을 받은 자는 공무원이 되는 자격, 공법상의 선거권과 피선거권, 법률로 요건을 정한 공법상의 업무에 관한 자격, 법인의 이사나 감사 또는 지배인 기타 법인의 업무에 관한 검사역이나 재산관리인이 되는 자격을 상실한다(제43조 제 1 항).

자격상실을 감경할 때에는 7년 이상의 자격정지로 한다(제55조 제 1 항 제 4 호). 자격상실은 사형이나 무기징역·무기금고가 선고될 때 부수하여 부과되는 형벌이지만, 법원은 사형이나 무기징역·무기금고를 선고하면서 '자격상실'의 감경된 형인 '7년 이상의 자격정지'를 함께 선고할 수 있는 것이다.

3. 자격정지

(1) 의 의

資格停止는 수형자의 일정한 자격을 일시 정지시키는 형벌이다.

입법론상 자격정지기간의 만료 전이라도 자격의 회복을 인정하는 제도적 보완이 필요하다고 본다. 독일 형법에서와 같이 '운전면허'의 자격도 자동차관련범죄에 있어서 자격정지의 한 내용으로 도입하는 것이 바람직하다는 지적도 있다.

(2) 종 류

자격정지는 일정한 자격이 당연히 정지되는 경우와 선고에 의해 비로소 정지되는 경우가 있다.

(가) 당연히 발생하는 자격정지

유기징역 또는 유기금고의 판결을 받은 자는 그 형의 집행이 종료하거나 면제될 때까지 공무원이 되는 자격, 공법상의 선거권과 피선거권, 법률로 요건을 정한 공법상의 업무에 관한 자격(제43조 제 1 항 제 1 호 내지 제 3 호 참조)이 당연히 정지된다(제43조 제 2 항).[1] 資格의 當然停止라고도 한다.

자격의 당연정지는 자유형이 집행되는 경우에 있어서 자유형의 집행의 효율성을 높이고 그 행형상의 목적을 달성하기 위한 제도이기 때문에 자유형의 執行이 猶豫된 경우에는 본조의 규정에 의한 당연정지의 효력은 발생하지 않는다고 본다. 물론 이 경우에 있어서도 다른 법률에 의한 제한에 따른 자격정지는 가능하다.

(나) 판결의 선고에 의한 자격정지

판결의 선고로써 자격정지를 부과하는 경우에는 제43조 제 1 항에 기재된 자격의 전부 또는 일부를 1년 이상 15년 이하의 기간 동안 정지한다(제44조 제 1 항). 資格의 宣告停止라고도 한다.

---

1) 구 사회보호법은 보호감호의 선고를 받은 자는 그 감호의 집행이 종료되거나 면제될 때까지 同자격이 정지되는 것으로 규정하고 있었는데(동법 제38조), 이도 자격의 당연정지의 특수한 경우라고 할 수 있다.

자격정지가 자유형이나 벌금형과 함께 선택형으로 규정되어 있는 경우(제105조, 제106조, 제122조, 제123조, 제233조, 제307조 등)에는 법원의 판단에 의해 자격정지만이 선고될 수 있으며, 자격정지가 자유형이나 벌금형에 대한 병과형으로 규정되어 있는 경우(제125조, 제128조, 제204조, 제345조 등)에는 자유형이나 벌금형과 함께 자격정지가 선고된다.

형법상 복권(제82조)은 자격정지의 선고를 받은 자만을 대상으로 하고 있다.

(3) 기 간

유기징역 또는 유기금고에 자격정지를 병과한 때에는 징역 또는 금고의 집행이 종료되거나 면제된 날로부터 정지기간을 기산한다(제44조 제 2 항). 하지만 선택형으로 자격정지만 선고된 경우에는 유죄판결이 확정된 날로부터 정지기간을 기산해야 한다.

자격정지를 감경할 때에는 그 형기의 2분의 1로 한다(제55조 제 1 항 제 5 호).

Ⅴ. 罰金, 科料, 沒收

1. 의 의

벌금과 과료, 몰수는 수형자로부터 일정한 재산을 박탈하는 것을 내용으로 하는 형벌이다. 재산의 박탈을 형의 내용으로 한다는 점에서 財産刑이라고 한다. 이 중 벌금과 과료는 재산 중에서도 특히 금전을 대상으로 하는 제재이므로 金錢刑(Geldstrafe)으로 칭할 수 있다.

역사적으로 보면, 재산형제도는 고대의 손해배상이나 속죄금(贖罪金)의 제도에 기원을 두고 있으며 중세 이후로 공형벌로서 확립되었다. 오늘날에는 형벌로서의 재산형제도와 사법(私法)상의 손해배상제도가 병존하고 있다. 재산형제도는 拜金의 風潮가 날로 깊어가는 오늘날 자본주의사회의 형벌체계에 있어서 그 비중이 차츰 더 커가고 있다.

2. 벌 금

제45조 [벌금] 벌금은 5만원 이상으로 한다. 다만, 감경하는 경우에는 5만원 미만으로 할 수 있다.

(1) 의 의

罰金은 수형자에 대하여 일정한 금전상의 지급의무를 강제적으로 부과하는 형벌이다.

科料는 그 액수와 노역장유치기간에서 벌금과 차이가 날 뿐이다. 벌금과 과료는 성격상 주형이라는 점에서 부가형인 沒收와 구별된다. 또한 벌금과 과료는 금전상의 지급의무를 부과하는 채권적 효력을 갖는 데 그치지만, 몰수는 일정한 물건에 대한 소유권을 바로 국가에 귀속시키는 물권적 효력을 갖는다는 점에서도 구별된다.

벌금은 형벌로서 당연히 一身專屬性을 갖는다. 따라서 제 3 자에 의한 代納이나 수형자의 국가에 대한 채권과의 相計, 제 3 자와의 連帶責任, 相續 등은 허용되지 않는다. 다만 조세·전매(專賣) 또는 공과(公課)에 관한 법령에 의하여 벌금형의 재판을 받은 자가 재판확정 후 사망한 경우에는 그 상속재산에 대하여 형을 집행할 수 있으며(형사소송법 제478조), 법인에 대해 벌금이나 과료의 형이 선고된 경우에 법인이 재판확정 후 합병에 의해 소멸한 때에는 합병 후 존속한 법인 또는 합병에 의해 설립된 법인에 대하여 벌금이나 과료의 형을 집행할 수 있다(형사소송법 제479조).

(2) 내 용

벌금은 5만원 이상으로 한다(제45조 본문). 총칙상 벌금형의 상한에는 제한이 없으나, 개개의 범죄에 대한 각칙의 개별적 규정에서는 대부분의 경우 상한을 규정하고 있다. 특이한 경우로 부정수표단속법에서는 수표위조·변조죄에 대하여 벌금의 상한을 금액상 명시하지 않고, '수표금액의 10배 이하의 벌금'으로 규정하고 있다(동법 제 5 조 참조).[1] 벌금을 감경할 경우에는 5만원 미만으로 할 수 있다(제45조 단서). 그리고 법령상 규정되어 있거나 산출된 벌금의 다액이 10만원 미만인 때에는 그 다액을 10만원으로 한다(벌금 등 임시조치법 제 3 조 제 3 항).

벌금을 감경할 때에는 그 다액의 2분의 1로 한다(제55조 제 1 항 제 6 호). 벌금형의 양정에 관해서도 일반규정인 제51조가 적용된다.

벌금은 판결확정일로부터 30일 이내에 납입하여야 하며, 벌금을 선고할

1) 그러므로 수표금액이 백지인 수표를 위조한 경우에는 벌금형을 부과할 수 없는 결과가 된다(대판 2005. 9. 28, 2005도3947 참조).

때에는 동시에 그 금액을 완납할 때까지 노역장에 유치할 것을 명할 수 있다(제69조 제 1 항). 이 경우의 노역장유치는 벌금의 완납을 강제하기 위한 제재이며, 환형처분으로서의 노역장유치와는 구별된다. 이 노역장유치는 법관의 임의적 판단에 의해 부과된다.

(3) 환형처분

벌금형에 대한 換刑處分으로서 노역장유치제도가 마련되어 있다. 환형처분으로서의 노역장유치는 법관이 반드시 선고하여야 하는 필요적 처분이다.

벌금을 납입하지 아니한 자는 1일 이상 3년 이하의 기간 勞役場에 留置하여 작업에 복무하게 한다(제69조 제 2 항). 벌금을 선고할 때에는 납입하지 아니하는 경우의 유치기간을 정하여 동시에 선고하여야 한다(제70조). 벌금의 선고를 받은 자가 그 일부를 납입한 때에는 벌금과 유치기간의 일수에 비례하여 납입금액에 상당한 일수를 제(除)한다(제71조).

노역장유치제도는 벌금형의 집행을 확보하기 위한 취지에서 마련된 제도이나, 단기자유형에 있어서와 마찬가지의 폐단을 갖고 있다.

(4) 개 선 책

우리 형법상의 벌금형은 법관이 일정액의 벌금을 총액으로 선고하는 것이라는 점에서 總額罰金刑制度라고 칭한다. 이 제도는 피고인의 불법과 책임을 정확히 반영할 수 없다는 지적을 받고 있다. 또한 벌금형제도는 재력이 있는 수형자에 대하여는 별다른 위하력을 갖지 못하는 문제점도 안고 있다.

현행 벌금형제도에 대한 개선책으로 입법론상 日數와 日數定額으로 기준을 분리하여 일수는 피고인의 불법과 책임을 반영하여 정하고 일수정액은 그 경제적 형편에 따라 결정하여 양자를 곱하여 벌금형을 결정하자는 이른바 日數罰金刑制度(Tagesbusse, day-fine)의 도입이 주장되고 있다. 이 제도는 1921년 핀란드 형법에서 처음 채택되었으며, 오늘날 독일과 오스트리아의 형법에도 채택되고 있다.

피고인의 경제적 사정을 고려하여 벌금을 분할 납부할 수 있는 分納制度나 납부기간을 연장하는 延納制度,[1] 벌금형에 대한 執行猶豫制度[2]의 도입 필요성도 인정된다. 영국과 독일, 스위스 등의 형법이 분납제도를 채택하고

1) 현재 실무상 검찰징수사무규칙에는 벌금의 분납·연납제도가 마련되어 있다.
2) 벌금형에 대한 선고유예는 형법상 인정되고 있다(제59조 제 1 항 참조).

있으며, 일본과 오스트리아의 형법이 벌금형에 대한 집행유예제도를 채택하고 있다. 또한 벌금형의 환형처분인 노역장유치제도가 단기자유형에 있어서와 마찬가지의 폐단을 갖고 있으므로 이의 개선이 요구되며, 경한 죄에 있어서는 벌금형을 선택형으로 규정하는 입법적 조치가 바람직하다.

3. 과 료

제47조 [과료] 과료는 2천원 이상 5만원 미만으로 한다.

(1) 의 의

科料는 수형자에 대하여 일정한 금전상의 지급의무를 강제적으로 부과하는 형벌이다. 벌금형과 마찬가지로 재산형의 일종이지만, 벌금과는 그 액수와 노역장유치기간에서 차이가 있다.

과료는 刑罰의 일종이나, 過怠料나 犯則金·課徵金 등은 이른바 질서벌로서 형벌이 아니다.

재산형으로서의 과료는 비록 제재의 내용이 경하기는 하지만 엄연히 형벌로서의 성격을 갖는 것이기 때문에 형사정책적 측면에서 오히려 폐단을 야기할 수도 있고, 범죄예방의 효과도 기대하기 어려울 뿐만 아니라 형벌로서의 위상에 부합하지도 못하므로 벌금과 과료를 하나의 형으로 통합하여 규정함이 입법론적 측면에서 바람직하다고 생각한다.

(2) 내 용

과료는 2천원 이상 5만원 미만으로 한다(제47조).

과료를 감경할 때는 그 다액의 2분의 1로 한다(제55조 제1항 제8호).

과료는 판결확정 후 30일 이내에 납입하여야 한다(제69조 제1항 본문). 과료형에 대해서는 제69조 제1항 단서의 규정이 적용되지 아니하므로, 벌금형의 경우와는 달리, 과료를 선고할 때에는 동시에 그 금액을 완납할 때까지 노역장에 유치할 것을 명할 수 없다. 과료는 벌금에 비하여 가벼운 형이라는 점에 기인하는 차이라고 할 수 있다.

(3) 환형처분

과료형에 대해서도 換刑處分으로서 노역장유치제도가 마련되어 있다.

과료를 납입하지 아니한 자는 1일 이상 30일 미만의 기간 勞役場에 留置

하여 작업에 복무하게 한다(제69조 제 2 항). 과료를 선고할 때에는 납입하지 아니한 경우의 유치기간을 정하여 동시에 선고하여야 한다(제70조). 과료의 선고를 받은 자가 그 일부를 납입한 때에는 과료액과 유치기간의 일수에 비례하여 납입금액에 상당한 일수를 제한다(제71조).

4. 몰 수

제48조 [몰수의 대상과 추징] ① 범인 이외의 자의 소유에 속하지 아니하거나 범죄 후 범인 이외의 자가 정을 알면서 취득한 다음 기재의 물건은 전부 또는 일부를 몰수할 수 있다.

1. 범죄행위에 제공하였거나 제공하려고 한 물건
2. 범죄행위로 인하여 생하였거나 이로 인하여 취득한 물건
3. 전 2 호의 대가로 취득한 물건

② 전항에 기재한 물건을 몰수하기 불능한 때에는 그 가액을 추징한다.

③ 문서, 도화, 전자기록(電磁記錄) 등 특수매체기록 또는 유가증권의 일부가 몰수에 해당하는 때에는 그 부분을 폐기한다.

제49조 [몰수의 부가성] 몰수는 타형에 부가하여 과한다. 단 행위자에게 유죄의 재판을 아니 할 때에도 몰수의 요건이 있는 때에는 몰수만을 선고할 수 있다.

(1) 의 의

沒收(Einziehung)는 범죄행위와 관련된 일정한 재산권을 박탈하여 국가에 귀속시키는 것을 내용으로 하는 형벌이다.

몰수를 형벌이 아니라 보안처분의 일종으로 규정해놓고 있는 스위스 형법과 같은 입법례도 있다. 하지만 범인 이외의 자의 소유에 속하는 물건은 몰수의 대상에서 제외하고 있는 우리 형법상으로는 기본적으로 刑罰의 일종으로 파악함이 타당하다고 생각한다. 그러나 특히 범죄 후 범인 이외의 자가 정을 알면서 취득한 물건의 몰수는 對物的 保安處分으로서의 성격도 갖고 있음을 부인할 수 없다.[1]

---

1) 김성돈, 878면; 김일수/서보학, 737면; 박상기, 517면; 이재상, § 40, RN 37; 이형국, 761면; 정성근/박광민, 652면; Schönke/Schröder, Vor §§ 73, RN 13 이하.
대판 1999. 4. 9, 98도4374; 대판 2002. 6. 14, 2002도1283.

국가보안법의 정한 죄를 범한 자에 대한 몰수의 형에 있어서 그 몰수의 대상인 몰수금품의 내용과 처리에 관하여는 '몰수금품 등 처리에 관한 임시특례법'에서 특칙을 두고 있다. 또한 '범죄수익은닉의 규제 및 처벌 등에 관한 법률'에서는 특정범죄와 관련된 범죄수익의 취득 등에 관한 사실을 가장(假裝)하거나, 특정범죄를 조장할 목적 또는 적법하게 취득한 재산으로 가장할 목적으로 범죄수익을 은닉하는 행위를 규제하기 위하여 몰수·추징에 관한 특례를 마련하고 있다. 공무원범죄와 관련해서도 '공무원범죄에 관한 몰수특례법'이 특칙을 규정하고 있다.

(2) 요 건

범인 이외의 자의 소유에 속하지 아니하거나 범죄 후 범인 이외의 자가 정을 알면서 취득한 물건으로서 범죄행위에 제공하였거나 제공하려고 한 물건과 범죄행위로 인하여 생(生)하였거나 이로 인하여 취득한 물건, 그리고 이러한 물건의 대가로 취득한 물건이 몰수의 대상이며, 그 전부 또는 일부를 몰수할 수 있다(제48조 제 1 항).

(가) 범인 이외의 자의 소유에 속하지 아니하거나 범죄 후 범인 이외의 자가 정을 알면서 취득한 물건

이를 몰수의 對人的 要件이라고 할 수 있다.

'犯人 以外의 者의 所有에 속하지 아니하는 物件'에는 범인의 소유에 속하는 물건은 물론이고, 무주물 내지 소유자 불명의 물건[1]도 포함된다. 또 아편이나 위조통화 등의 금제품도 포함된다. '범인'에는 共犯도 포함되므로, 공범의 소유에 속하는 물건은 몰수할 수 있다.[2] 여기서 공범에는 공동정범과 교사범, 종범 외에 필요적 공범도 포함된다. 이 경우 공범이 반드시 유죄의 판결을 받은 자일 것을 요하지 않고, 공범에 해당하는 행위를 한 자이면 족하다.[3] 공범의 소추 여부를 불문한다. 누구의 소유에 속하는 것인가의 결정시기는 判決宣告時를 기준으로 정한다. 따라서 판결선고 전에 소유자가 변경된 경우에는 새로운 소유자를 기준으로 하여 몰수 여부를 판단하여야 한다. 즉 범행 후 판결선고 전에 범인이 사망하여 그 물건의 소유권이 상속인에게 이전된 경우에는 몰수할 수 없다. 또한 소유권의 귀속은 공부(公簿)상의 명의가 아니라 권리의

1) 대판 1952. 6. 26, 4285형상74.
2) 대판 1984. 5. 29, 83도2680; 대판 2000. 5. 12, 2000도745.
3) 대판 2006. 11. 23, 2006도5586.

실질적인 귀속관계에 따라 판단하여야 한다.[1]

범인 이외의 자의 소유에 속하는 물건은 원칙적으로 몰수할 수 없다. 예를 들어, 부실기재된 등기부[2]나 허위기재부분이 있는 공문서,[3] 장물,[4] 국고에 환부하여야 할 국고수표[5] 등은 몰수할 수 없다. 범인 이외의 자의 소유인 물건에 대한 몰수의 선고가 있는 경우에는 범인인 피고인에 대한 관계에서 그 물건을 소지하지 못하게 할 뿐이며, 그 사건에서 재판을 받지 아니한 제 3 자인 원(原)소유자의 소유권에는 영향이 없다.[6] 즉 몰수는 유죄판결을 선고받은 피고인에 대해서만 효력을 갖는 것이므로 원소유자는 민사소송에 의하여 국가를 상대로 반환청구를 할 수 있는 것이다.[7]

원래 범인 이외의 자의 소유에 속하는 물건은 몰수할 수 없으나, '犯罪後 犯人 以外의 者가 情을 알면서 取得한 物件'은 몰수할 수 있다. '정을 알면서'란 취득 당시에 그 물건이 제48조 제 1 항 각호에 해당되어 몰수의 대상이 된다는 사실을 안다는 것을 의미한다.

(나) 범죄행위에 제공하였거나 제공하려고 한 물건, 범죄행위로 인하여 생하였거나 이로 인하여 취득한 물건 또는 그 대가로 취득한 물건

몰수의 대상물은 범죄행위와 관련된 것이어야 한다. 그러므로 범죄행위와 무관한 물건은 몰수할 수 없다. 대상물이 범죄행위와 관련된 것이면 족하고, 그것이 적법한 절차에 따라 압수되었을 것을 요하지는 않는다.[8] 따라서 피고인에게 환부한 물건도 몰수할 수 있다.

이를 몰수의 對物的 要件이라고 할 수 있다.

1) 범죄행위에 제공하였거나 제공하려고 한 물건 '犯罪行爲'란 구성요건해당성과 위법성, 책임 등 범죄의 성립요건을 갖추어 유죄로 인정된 행위를 의미한다. '物件'은 민법상 '물건'(동법 제98조)과는 다른 개념으로서, 유체물에 한하지 않고 권리나 이익도 포함한다.[9]

---

1) 대판 1999. 12. 1, 99도3478.
2) 대판 1957. 8. 2, 4290형상190.
3) 대판 1983. 6. 14, 83도808.
4) 대판 1966. 9. 6, 66도853.
5) 대판 1961. 2. 24, 4293형상759.
6) 대판 1999. 5. 11, 99다12161.
7) 대판 1970. 3. 24, 70다245.
8) 대판 2003. 5. 30, 2003도705.
9) 대판 1976. 9. 28, 76도2607.

'범죄행위에 제공하였거나 제공하려고 한 물건'이라 함은 범죄행위의 도구・수단이 된 물건을 가리킨다.

'提供하였'다는 것은 현실적으로 범죄행위에 사용된 것을 가리킨다. 이는 범죄의 실행행위 자체에 사용한 물건에만 한정되는 것이 아니며, 실행행위 착수 전의 행위 또는 종료 후의 행위에 사용한 물건이더라도 그것이 범죄행위의 수행에 실질적으로 기여하였다고 인정되는 한 이에 포함된다. 예를 들어, 절도범이 대형할인매장에서 상품을 절취하여 자신의 승용차에 싣고 간 경우 그 승용차는 이에 해당되는 것으로 봄이 타당하다.[1] 살인행위의 수단이 된 총기나 흉기, 무면허 의료행위에 사용하기 위해 준비한 약품, 도박자금으로 사용된 금품,[2] 사행성(射倖性)게임기의 기판(器板)과 본체[3] 등도 이에 속한다. 그리고 피해자로 하여금 사기도박에 참여하도록 유인하기 위하여 제시해 보인 고액수표도 그것이 직접적으로 도박자금으로 사용되지 아니하였다 할지라도 그 수표는 사기도박의 수단으로 사용된 것으로서 '범죄행위에 제공한' 물건에 해당되어 몰수의 대상이 될 수 있다고 하겠다.[4] 하지만 피해자를 발로 걷어찰 때 행위자가 신고 있었던 구두와 같이 제공의 의사 없이 우연히 범행에 사용된 물건이나 관세법상 수입신고를 함에 있어서 주요사항을 허위로 신고하여 허위신고죄(동법 제276조)의 대상이 된 물건[5] 등은 이에 해당되지 않는다. '提供하려고 한' 것은 범죄행위에 사용하려고 준비했으나 실제로는 사용되지 못한 것을 의미한다. 즉 형사재판에서 유죄로 인정된 범죄행위에 제공하려고 한 물건이어야 한다.[6] 그러므로 피고인이 체포될 당시에 미처 송금하지 못한 채 소지하고 있던 수표나 현금은 장차 실행하려고 한 외국환거래법위반의 범행에 제공하려고 한 물건일 뿐, 이미 유죄로 인정된 범죄행위에 제공하려고 한 물건은 아니므로 몰수의 대상이 되지 않는다.[7]

2) 범죄행위로 인하여 생하였거나 이로 인하여 취득한 물건 '범죄행위로

---

1) 대판 2006. 9. 14, 2006도4075.
2) 대판 1982. 9. 28, 81도1669.
3) 대판 2006. 12. 8, 2006도6400.
4) 대판 2002. 9. 24, 2002도3589.
5) 대판 1974. 6. 11, 74도352.
6) 대판 1999. 5. 11, 99다12161; 대판 2006. 9. 14, 2006도4075.
7) 대판 2008. 2. 14, 2007도10034.

인하여 생하였거나 이로 인하여 취득한 물건'은 범죄행위의 산출물·결과물을 가리킨다.[1)]

'犯罪行爲로 因하여 生'한 것은 범죄행위로 인하여 비로소 생겨난 것을 가리킨다. 문서위조행위에 의해 작성된 위조문서가 그 예이다. '犯罪行爲로 因하여 取得한' 것이라 함은 범죄행위 당시에도 이미 존재하고 있기는 했으나 범죄행위로 인하여 범인이 취득하게 된 것을 의미한다. 절취한 재물이나 도박행위에 의해 벌어들인 금품이 이에 해당한다. 그러나 외국환거래법에 의한 등록(동법 제 8 조)을 필(畢)하지 아니한 미화(美貨)는 동법위반행위 자체에 의해 취득한 물건이 아니므로 몰수의 대상이 되지 않는다.[2)] 범죄행위로 인하여 취득한 물건 그 자체를 가리키므로 범행과정에서 그 물건을 취득하기 위하여 지출한 부수적 비용이 있다 하더라도 그 물건 자체를 몰수하여야 하고, 그 물건이 이미 처분되어 추징을 하여야 할 경우에도 추징가액을 산정함에 있어서 그 부수적 비용을 공제할 수는 없다고 본다.[3)]

3) 전 2 호의 대가로 취득한 물건 '前 2 號의 對價로 取得한 物件'은 앞의 두 경우에 해당하지는 않지만 범죄행위와의 연관성이 인정되는 것으로서 전 2 호의 물건의 대가로 취득된 것을 가리킨다. 부녀매매의 대금이나 장물의 매각대금 등이 이에 해당된다. 장물의 대가로 취득한 물건을 몰수함에는 그 대가를 취득한 행위가 범죄를 구성할 것을 요하지 아니한다.[4)] 다만 장물의 대가로 취득한 금전도 그 장물의 피해자가 있을 때에는 범인 이외의 자의 소유에 속하는 물건이 되기 때문에 몰수하여서는 안 되고, 피해자의 교부청구가 있을 때 환부해야 한다.[5)]

(3) 부 과

몰수는 타형에 부가하여 과하는 것을 원칙으로 하는 재산형이다(제49조 본문). 즉 몰수는 원칙적으로 附加刑이다. 따라서 주형의 선고를 유예하는 경우에는 몰수나 추징의 선고유예도 가능하지만, 주형의 선고를 유예하지 않으면서 몰수나 추징에 대해서만 선고유예를 할 수는 없다. 주형의 선고를 유예

1) 대판 1991. 6. 11, 91도907.
2) 대판 1982. 3. 9, 81도2930.
3) 대판 1999. 10. 8, 99도1638; 대판 2005. 7. 15, 2003도4293; 대판 2008. 10. 9, 2008도6944.
4) 일본 최고재판소 昭和 23. 11. 18. 판결.
5) 대판 1946. 11. 15, 4279형상84; 대판 1966. 9. 6, 66도853.

하면서 몰수나 추징을 선고할 수도 있는데,[1] 이 경우 주형의 선고유예는 '유죄의 재판'에 해당하는 것이므로 제49조 단서가 적용되는 것은 아니고, 몰수의 부가형으로서의 성격에 비추어 몰수나 추징의 선고는 당연히 가능하다고 본다. 몰수의 부가형으로서의 성격상 몰수만을 위한 公訴提起는 허용되지 않는다. 공소가 제기되지 않은 경우나 공소기각 또는 면소의 판결을 할 경우에는 몰수나 추징을 할 수 없다고 하겠다.[2] 또한 검사가 공소제기를 하면서 몰수를 청구하지 않은 경우에도 법원은 몰수의 요건이 갖추어진 한 얼마든지 주형에 부가하여 몰수를 선고할 수 있다.[3]

행위자에게 유죄의 재판을 하지 않을 경우에도 몰수의 요건이 있는 때에는 몰수만을 선고할 수 있다(제49조 단서). 유죄의 재판을 하지 않을 경우에도 행위자가 범죄행위로 인한 부당한 이익을 향유할 수 없게 하기 위한 제도라고 할 수 있다. 이와 같이 몰수만을 과할 때에는 몰수는 주형이 된다.

형법상 몰수의 부과 여부는 원칙적으로 任意的이다(제48조 제 1 항). 즉 법관의 재량적 판단의 대상이다. 다만 收賂罪에 있어서 범인 또는 정을 아는 제 3 자가 받은 뇌물 또는 뇌물에 공할 금품(제134조), 背任收財罪에 있어서 범인이 취득한 재물(제357조 제 3 항)은 必要的 沒收의 대상이 된다.[4] 몰수가 부과되면 대상물건의 소유권은 국가에 귀속되게 된다.

몰수와 추징에 대해서는 勞役場留置의 처분이 적용되지 아니한다. 몰수의 부가형으로서의 성격에 기인하는 결과라고 할 수 있다.[5]

(4) 추징과 폐기

(가) 추　　징

1) 의 의　몰수의 대상인 물건을 몰수하기 불능한 때에는 그 가액을 추징한다(제48조 제 2 항).

'追徵'은 몰수 대상물의 전부 또는 일부를 몰수하기 불능한 때에 몰수에

---

1) 대판 1973. 12. 11, 73도1133.
2) 대판 1992. 7. 28, 92도700.
3) 대판 1989. 2. 14, 88도2211.
4) 필요적 몰수는 임의적 몰수와 소송법상 취급을 달리한다. 즉 필요적 몰수에 있어서는 피고사건의 주위적(主位的) 주문과 몰수에 관한 주문은 상호불가분의 관계에 있어 상소불가분의 원칙(형사소송법 제342조 제 2 항)이 적용되게 된다(대판 2008. 11. 20, 2008도5596).
5) 물론 몰수만을 선고하여 몰수가 주형으로서의 성격을 갖는 경우(제49조 단서 참조)에도 노역장유치처분은 적용되지 아니한다.

대신하여 그 價額의 納付를 명함으로써 몰수의 취지를 관철하기 위하여 마련된 제도이다. 이러한 점에 비추어 볼 때 추징도 몰수와 마찬가지로 부가형으로서의 성격을 갖는다고 본다. 따라서 제 1 심에서 선고하지 않은 추징을 항소심에서 선고한 경우에는 형사소송법상 불이익변경금지의 원칙에 위배한다고 볼 것이다.[1] 다만 행위자에게 유죄의 재판을 하지 않을 경우에도 법원은 몰수만을 선고할 수 있으므로(제49조 단서), 이런 경우에는 추징도 선고할 수 있다고 보아야 한다.[2] 몰수가 일정한 물건에 대한 소유권을 바로 국가에 귀속시키는 물권적 효력을 갖는 데 대하여, 추징은 해당 가액에 대한 금전상의 지급의무를 부과하는 채권적 효력을 갖는 데 그친다고 보아야 한다.

2) 요 건 추징은 몰수의 대상인 물건을 몰수하기 불능한 때 행한다. 그러므로 몰수의 요건이 갖추어져 있어야 한다. 몰수의 요건이 결여된 경우에는 추징도 불가능하다. '沒收하기 不能한 때'라 함은 소비·분실·훼손 등의 사실상 원인이나 선의취득·혼동 등 법률상 원인으로 인하여 몰수할 수 없는 경우를 의미한다. 추징은 범인이 범죄행위로부터 이득을 취득했는지의 여부와 관계없이 행해질 수 있다. 예컨대, 뇌물인 수표를 예금해 놓거나 소비한 후 그 수표의 액면가액에 상당하는 금원을 증뢰자에게 반환한 경우는 몰수하기 불능한 경우에 해당하므로 이 때에는 그 가액을 추징한다.[3]

數人이 共同으로 뇌물을 수수하여 몰수하기 불능한 사정이 있어 추징을 하는 경우에는 개별적으로 그 받은 액수가 명백히 입증되면 그 가액을 개별적으로 추징하여야 한다.[4] 다만 개별적으로 그 가액을 알 수 없을 때에는 평등하게 분할하여 추징하여야 한다.[5] 추징의 대상이 되는지 여부는 형사소송상 엄격한 증명을 요하는 것은 아니나, 추징의 대상을 특정할 수 없는 경우에는 추징할 수 없다고 봄이 타당하다.[6]

추징가액의 산정기준시점에 관하여는 범행시를 기준으로 산정하여야 한다는 견해[7]도 있지만, 판결선고시를 기준으로 하여 정하는 것이 타당하다고

1) 대판 1961. 11. 9, 4294형상572.
2) 대판 1992. 7. 28, 92도700.
3) 대판 1970. 4. 14, 69도2461; 대판 1984. 2. 14, 83도2871; 대판 1986. 10. 14, 86도1189.
4) 대판 1993. 10. 12, 93도2056.
5) 대판 1975. 4. 22, 73도1963; 대판 1977. 3. 8, 76도1982.
6) 同旨 : 대판 2007. 6. 14, 2007도2451.
7) 정영석, 307면.

본다.[1] 추징은 범죄에 의한 이득을 박탈한다는 몰수의 취지를 관철하기 위한 제도인 만큼, 추징가액은 범인이 그 물건을 보유하고 있다가 몰수의 선고를 받았더라면 잃었을 이득의 상당액을 의미하기 때문이다.

우리 판례[2]에서는 관세법이나 향정신성의약품관리법, 외국환거래법, 밀항단속법 등 일부 특별법상의 추징은 형법상 추징과 달리 징벌적(懲罰的) 성격을 띠고 있다고 보아, 수인의 공범이 있는 경우 그 전원으로부터 각각 추징할 수 있고 또 일부 공범에 대하여 이미 추징이 선고되어 확정된 때에도 후에 다른 공범에게 전액추징의 선고를 할 수 있다고 판시하고 있다. 이른바 징벌적 추징 또는 공동연대추징의 문제인 바, 이는 법률상 근거를 갖고 있지 못한 것으로서 죄형법정주의와 책임주의 원칙에 반하는 판단이라고 생각한다.

㈏ 폐 기

문서, 도화, 전자기록 등 특수매체기록 또는 유가증권의 일부가 몰수에 해당하는 때에는 그 부분을 폐기한다(제48조 제 3 항). 예를 들어, 지적(地籍)등본의 기재를 변개한 경우에 同 등본 중 변개한 부분은 폐기의 대상이 된다.[3] '廢棄'는 물리적 방법에 의한 제거나 소거(消去)를 의미한다.

'문서', '도화', '전자기록 등 특수매체기록', '유가증권'의 의미는 사문서 등 위조·변조죄(제231조), 사전자기록위작·변작죄(제232조의2), 유가증권위조·변조죄(제214조 제 1 항)에서 논하는 바와 마찬가지이다.

---

1) 김성돈, 881면; 오영근, §42, RN 62; 이재상, §40, RN 46; 임웅, 598면; 정성근/박광민, 654면. 대판 1976. 2. 9, 75도1536; 대판 1991. 5. 28, 91도352; 대판 2001. 11. 27, 2001도4829; 대판 2007. 3. 15, 2006도9314.

2) 대판 1976. 11. 23, 76도3045; 대판 1984. 6. 12, 84도397; 대판 1998. 5. 21, 95도2002; 대판 1999. 7. 9, 99도1695; 대판 2008. 10. 9, 2008도7034 등.

3) 대판 1960. 3. 16, 4292형상858.

제 3 절 刑의 輕重

Ⅰ. 의 의

법관이 형법이나 형사소송법을 적용함에 있어서 刑의 輕重을 정하여야 할 필요가 있는 경우들이 있다. 예컨대, 신법적용에 관한 "범죄 후 법률의 변경에 의하여 형이 구법보다 '경한' 때에는 신법에 의한다"(제 1 조 제 2 항)라는 규정, 경합범의 처벌례에 있어서 '가장 중한 죄'(제38조 제 1 항 제 1 호, 제 2 호)나 범죄의 상상적 경합에 관한 "'가장 중한 죄'에 정한 형으로 처벌한다"(제40조)는 규정 또는 형사소송법상 "피고인이 항소한 사건과 피고인을 위하여 항소한 사건에 대하여는 원심판결의 형보다 '중한' 형을 선고하지 못한다"(동법 제368조)는 이른바 불이익변경금지의 원칙 등의 적용이 문제되는 경우에는 형의 경중을 논할 필요가 있다.

Ⅱ. 경중의 판단기준

1. 법정형의 경중

형법상 형의 경중은 法定刑의 輕重을 의미하며, 그 경중은 제41조의 기재 순서에 의한다(제50조 제 1 항 본문). 즉 사형, 징역, 금고, 자격상실, 자격정지, 벌금, 구류, 과료, 몰수의 순이다. 하지만 무기금고와 유기징역 간에는 무기금고가 중하며, 유기금고의 장기가 유기징역의 장기를 초과한 때에도 유기금고가 중하다(제50조 제 1 항 단서). 동종의 형은 장기의 긴 것과 다액의 많은 것이 중하며, 장기와 다액이 동일하면 단기의 긴 것과 소액의 많은 것이 중하다(제50조 제 2 항).

법정형이 형종이나 그 장기·단기나 다액·소액에 있어서도 동일한 경우에는 범죄의 죄질과 범정에 의하여 경중을 정한다(제50조 제 3 항). '罪質'은 불법판단의 대상인 범죄행위의 성질을 가리키며, '犯情'은 책임판단의 대상인 범죄행위자의 주관적 사정을 의미한다. 이에 관한 판단은 법관에 의해 행해지게 된다.

2. 처단형과 선고형의 경중

형법상 處斷刑과 宣告刑의 경중에 관해서는 판단기준이 규정되어 있지 않다. 하지만 이 경우에도 법정형의 경중의 판단기준인 제50조가 그대로 적용된다고 봄이 타당하다. 예를 들어, 형의 집행유예는 집행유예기간이 경과한 때 형선고의 효력이 상실되기 때문에 형의 집행을 면제하는 데 불과한 형집행의 면제보다 경한 형으로 보아야 하며,[1] 징역형의 선고유예와 벌금형에 있어서는 벌금형이 더 중한 형이라고 볼 수 있다.[2] 집행유예 있는 징역형과 집행유예 없는 징역형에 있어서는 집행유예 여부를 불문하고 징역형의 형기가 긴 것이 중한 형이라고 봄이 타당하다.[3]

---

1) 대판 1963. 2. 14, 62도248.
2) 대판 1966. 4. 6, 65도1261.
3) 대판 1976. 1. 27, 75도1543.
종전 판례(대판 1965. 12. 10, 65도826)에서는 징역형의 형기와 관계없이 집행유예 없는 징역형을 더 중한 형으로 취급했다.

제2장

刑의 適用

제1절 刑의 適用의 段階

Ⅰ. 意　義

형법은 일정한 범죄에 대해 형벌을 규정함에 있어서 형벌의 종류 및 그 범위를 선택적·상대적으로 규정하여 그 범위 내에서 법관에게 판단의 여지를 주고 있다. 따라서 일정한 범죄에 대하여 형벌을 과할 경우에는 그것을 구체화하는 작업이 필요하다. 이 작업을 刑의 適用이라고 한다.

형법 각칙편의 각 범죄구성요건에 대해 개별적으로 규정되어 있는 '법정형'이 가중·감경되어 '처단형'의 범위가 정해지고, 그 처단형의 범위 내에서 법관이 구체적인 '선고형'을 정하여 선고하는 단계를 거치면서 형은 구체적으로 적용된다. 형의 적용은 국가의 형벌권의 실현을 의미하므로 헌법과 법률에 토대하여 정당하게 행해져야 한다.

Ⅱ. 內　容

형의 적용은 법정형 → 처단형 → 선고형의 단계를 거치면서 구체화된다.

1. 법 정 형

法定刑이란 특정범죄에 대하여 형법 각칙편의 각 범죄구성요건에 개별적으로 규정되어 있는 형을 말한다. 예컨대, 살인죄의 법정형은 '사형, 무기 또는 5년 이상의 징역'(제250조 제1항)이다.

법정형은 입법자가 개별 범죄유형별로 그 전형적인 불법과 책임에 대하여 일반적 평가를 하여 정해 놓은 형으로서 형의 적용의 출발점이라고 할 수 있다.[1] 법정형의 형종과 형량은 해당 범죄의 죄질과 보호법익의 성격에 대한 고려뿐만 아니라 해당 국가의 역사와 문화, 입법 당시의 시대적 상황과 국민 일반의 가치관 내지 법감정 그리고 범죄예방을 위한 형사정책적 측면 등을 종합하여 입법자가 결정해야 할 국가의 입법정책에 속한다. 법정형의 내용은 형벌의 목적과 기능에 본질적으로 배치(背馳)되어서는 안 되고 또한 합리성과 평등의 원칙, 비례성의 원칙을 현저히 침해해서도 안 된다.[2]

法定刑의 입법방식에는 절대적 법정형주의와 상대적 법정형주의의 두 가지가 있다. 絕對的 法定刑主義는 범죄에 대한 刑種과 刑量을 엄격히 확정하여 법관의 재량을 인정하지 않는 입법방식을 가리킨다. 그에 대하여 相對的 法定刑主義는 범죄에 대한 형종과 형량의 범위만을 정하고 그에 대한 구체적인 결정은 법관에게 맡기는 입법방식을 가리킨다. 오늘날의 형법은 일반적으로 상대적 법정형주의를 취하고 있다. 우리 형법도 상대적 법정형주의를 원칙으로 하고 있다. 다만 與敵罪(제93조)와 군형법상의 특정 범죄(동법 제5조 제1호, 제11조 제1항 등)[3]에 있어서만 법정형이 '사형' 하나로 규정되어 절대적 법정형이 채택되고 있다.

2. 처 단 형

處斷刑은 법정형에 있어서 특정 형종을 선택하고 그 선택한 형종의 형의 범위 안에서 법률상·재판상 가중·감경을 한 범위의 형을 의미한다. 이는 선고형을 결정하기 위한 토대가 된다.

예컨대, 강도죄의 법정형은 '단기 3년, 장기 15년의 유기징역'(제333조, 제42조)이나, 법률상 감경사유가 있는 경우에는 그 형이 법정형의 2분의 1인 '단기 1년 6월, 장기 7년 6월의 유기징역'으로 감경된다(제55조 제1항 제3호). 이것이 강도죄의 처단형이다.

---

1) Jescheck/Weigend, 871면; Schönke/Schröder, Vor §§ 38, RN 42.
2) 대결 1992. 8. 14, 92모38.
3) 물론 이들 규정에 대해서도 법률상 감경과 작량감경은 가능하다.

3. 선 고 형

宣告刑은 법정형의 범위 안에서 또는 형의 가중·감경사유가 있는 경우에는 처단형의 범위 안에서 법관이 형량을 구체적으로 정하여 선고하는 형을 가리킨다.

宣告刑의 形式에는 정기형과 부정기형의 두 가지가 있다. 定期刑은 형량을 구체적으로 특정하여 정하는 형식을 가리킨다. 不定期刑은 형량을 구체적으로 특정하지 않는 형식으로서, 이에는 다시 절대적 부정기형과 상대적 부정기형의 두 가지 방식이 있다. 예컨대, "피고인에게 징역을 선고 한다"는 식의 형의 선고가 있다면 그것은 절대적 부정기형의 선고가 될 것이고, "피고인에게 1년 이상 3년 이하의 징역을 선고 한다"는 형의 선고가 있다면 그것은 상대적 부정기형의 선고가 될 것이다.

우리 형법상 선고형은 정기형을 원칙으로 하고, 다만 소년법에서 소년범에 대한 상대적 부정기형의 선고를 인정하고 있다(동법 제60조 제 1 항).

제 2 절　刑의 加重과 減輕·免除

법정형에 대해 형의 가중과 감경을 행함으로써 처단형이 정해진다. 형의 면제는 유죄로 인정된 범죄에 대하여 형벌을 부과하지 않는 것으로서, 법관이 형의 면제를 택하는 경우에는 그것이 바로 선고형이 되게 된다.

Ⅰ. 刑의 加重

우리 형법은 형의 가중에 있어서 법률에 규정된 '法律上 加重'만을 인정하고, 재판에 의한 가중 즉 酌量加重은 인정하지 아니한다.

총칙상의 일반적 가중사유로는 경합범의 가중(제38조), 누범의 가중(제35조), 특수교사·방조의 가중(제34조 제 2 항) 등이 있다. 이 가중사유는 해당 요건이 갖추어진 모든 범죄에 있어서 적용되는 일반적 사유이다. 각칙상의 특별가중사유로는 상습범에 대한 가중(제203조, 제264조 등), 특수범죄에 대한 가중(제144조 제 1 항, 제278조 등)과 공무원의 직무상 범죄에 대한 가중(제135조) 등이 있다.

형의 가중은 항상 필요적 가중이다.

Ⅱ. 刑의 減輕·免除

형의 감경·면제는 법률상 감경·면제와 재판상 감경인 작량감경으로 구분된다.

1. 법률상 감경·면제

형의 '法律上 減輕·免除'는 법률상 형의 감경·면제의 사유로 규정되어 있는 경우를 가리킨다. 이는 '형의 임의적 감경', '형의 필요적 감경', '형의 임의적 감면', '형의 필요적 감면', '형의 필요적 면제' 등으로 구분할 수 있다.

(1) 형의 임의적 감경

刑의 任意的 減輕이라 함은 법관이 재량에 의해 형을 감경할 수 있는 경우를 가리킨다. 즉 형의 감경 여부를 법관의 의사에 맡기는 경우이다. 미수범(제25조), 각칙상의 이른바 해방감경(제295조의2, 제324조의6)을 그 예로 들 수 있다.

(2) 형의 필요적 감경

刑의 必要的 減輕이라 함은 법관이 형을 반드시 감경해야 하는 경우를 가리킨다. 즉 형의 감경 여부에 관하여 법관의 재량판단이 허용되지 않는 경우이다. 심신미약자(제10조 제 2 항), 농아자(제11조), 종범(제32조 제 2 항) 등을 그 예로 들 수 있다.

(3) 형의 임의적 감면

㈎ 사 유

刑의 任意的 減免이라 함은 법관이 재량에 의해 형을 감경 또는 면제할 수 있는 경우를 가리킨다. 법관이 자신의 재량판단에 의해 형을 감경 또는 면제할 수도 있고, 안 할 수도 있는 경우이다. 외국에서 받은 형의 집행(제 7 조), 과잉방위(제21조 제 2 항), 과잉피난(제22조 제 3 항), 과잉자구행위(제23조 제 3

항), 불능미수(제23조), 총칙상의 자수 · 자복(제52조 제 1 항, 제 2 항) 등을 그 예로 들 수 있다.

'刑의 免除'(Absehen von Strafe)는 범죄는 성립하여 유죄가 인정되지만 형벌만을 부과하지 않는 것이다. 따라서 '형의 면제'의 판결은 유죄판결의 일종이다. '형의 면제'는 재판확정 전의 사유로 인하여 형의 부과 자체가 면제되는 것인데 대하여, '형의 집행의 면제'는 이미 부과된 형의 '집행'만이 재판확정 후의 사유로 인하여 면제되는 것인 점에서 양자는 구별된다. '형의 면제'는 법률상 규정된 사유에 대해서만 인정되며, 裁判上의 酌量免除는 인정되지 아니한다.

(나) 자수 · 자복

'自首'는 범인이 자발적으로 자신의 범죄사실을 수사기관에 신고하여 소추의 처분을 구하는 의사표시이다. 범인 자신이 경찰서 등에 출두하지 않더라도 즉시 수사기관의 처분에 응할 수 있는 상태 하에서 자기의 범죄사실을 신고하면 된다. 자수는 범인 스스로 수사기관에 출두함을 요하지 않고, 제 3 자를 통해서도 행해질 수 있다.[1] 지명수배를 받은 후라고 할지라도 체포되기 전에 자발적으로 자신의 범죄사실을 신고하면 자수에 해당된다.[2] 언론에 혐의사실이 보도되기 시작한 후에 수사기관에 조사를 요청한 경우도 자수가 될 수 있다.[3] 자수가 행해져 그 효력이 일단 발생하면 자수 후에 범인이 수사기관이나 법원에서 번복하여 자신의 범행을 부인한다 하더라도 자수의 효력이 부정되는 것은 아니다.[4] 범인이 자신의 죄를 뉘우칠 것을 요하지 않는다고 본다.[5] 다만 자수는 '자발적' 의사표시이어야 하므로, 피의자가 수사기관의 신문에 응하여 범죄사실을 인정하는 것은 '자백'에 해당될 뿐이다.[6]

'自服'은 피해자의 의사에 반하여 처벌할 수 없는 반의사불벌죄,[7] 즉 이

1) 대판 1964. 8. 31, 64도252.
다만, 수사기관에 신고함은 없이, 단순히 제 3 자에게 자수의사를 전달하여 달라고 부탁한 것만으로는 자수라고 할 수 없다(대판 1967. 1. 24, 66도1662).
2) 대판 1968. 7. 30, 68도754.
3) 대판 1994. 9. 9, 94도619.
4) 대판 1999. 7. 9, 99도1695; 대판 2002. 8. 23, 2002도46.
5) 다만 판례(대판 1994. 10. 14, 94도2130)에서는 죄의 뉘우침이 없는 자수는 진정한 자수라고 할 수 없다고 판시하고 있다.
6) 대판 1982. 9. 28, 82도1965; 대판 1992. 8. 14, 92도962.
7) 친고죄에 있어서도 '자복'을 인정하는 견해(임웅, 605면)도 있다.

른바 해제조건부 범죄인 폭행죄(제260조 제 1 항)나 협박죄(제283조 제 1 항) 등에 있어서 범인이 피해자에게 자신의 범죄사실을 고지하는 것을 말한다. 그러므로 반의사불벌죄가 아닌 범죄에 대하여 범인이 피해자를 찾아가 사죄한 것은 자복에 해당되지 않는다.[1] 자복은 의사표시의 상대방이 수사기관이 아니라는 점에서 자수와 구별된다. 하지만 자복과 자수의 법적 효과는 동일하며, 이런 점에서 자복을 準自首라고도 한다.

자수와 자복은 형의 '임의적' 감면사유이므로 형을 감경 또는 면제할 것인지, 감면을 하지 않을 것인지에 관한 판단은 법관의 재량에 속한다. 법관은 범인의 개전의 정에 기한 비난가능성의 약화와 수사협조에 따른 국가형벌권집행의 용이성 등 입법정책적 측면을 고려하여 처단형을 정해야 할 것이다.[2] 설사 자수나 자복이 있더라도 법관은 감면 없이 법정형대로 선고할 수도 있고, 법률상 감면 아닌 작량감경만을 할 수도 있는 것이다.[3]

'자수'와 '자복'의 시기는 범죄사실의 발각 전후를 불문한다.[4] 하지만 그 의사표시의 내용에 비추어 볼 때 소추되기 전에 행해져야 한다고 생각한다.[5] 자수와 자복은 그 의사표시를 행한 자에게만 효력이 있고, 다른 공범자에게는 영향이 없다.

(4) 형의 필요적 감면

刑의 必要的 減免이라 함은 법관이 형을 반드시 감경 또는 면제하여야 하는 경우를 가리킨다. 형의 감경과 면제 중의 선택은 법관의 재량판단에 따른다. 중지범(제26조)과 각칙상의 자백・자수(제153조)가 그 예이다.

(5) 형의 필요적 면제

刑의 必要的 免除라 함은 형을 반드시 면제하여야 하는 경우를 가리킨다. 이의 예로는 친족간 범행의 특례(제151조 제 2 항, 제155조 제 4 항 등)가 있다.

2. 작량감경

형의 '酌量減輕'이라 함은 법률상 감경의 사유가 없을지라도 피고인의

1) 대판 1968. 3. 5, 68도105.
2) 대판 1997. 3. 20, 96도1167.
3) 대판 1984. 11. 13, 84도1897.
4) 대판 1965. 10. 5, 65도597.
5) 권문택, "자수와 자복", 법정 1964. 7, 61면; 이형국, 779면.

정상에 참작할 만한 사유가 있을 때에 법원이 작량하여 그 형을 감경할 수 있는 제도(제53조)를 가리킨다. 裁判上 減輕이라고도 한다.

'參酌할 만한 事由'란 제51조의 '양형의 조건'을 말한다. 작량감경의 정도와 방법에 관하여는 형법상 직접적 규정이 없으므로 작량감경은 원칙적으로 법관의 재량사항이라고 볼 수도 있다. 하지만 법률상 감경과의 균형상 법률상 감경을 규정한 제55조의 범위 내에서만 허용된다고 보는 것이 타당하다.[1] 예를 들어, 무기징역의 법정형을 작량감경하는 경우에는 7년 이상 15년 이하의 징역이 된다(제55조 제 1 항 제 2 호, 제42조 참조).[2] 무기의 징역·금고를 유기형으로 작량감경할 때에 유기형의 상한인 15년을 초과할 수 없음은 당연하다.[3]

Ⅲ. 刑의 加減例

'형의 가감례'라 함은 형의 가중·감경의 순서와 정도 및 방법에 관한 준칙을 의미한다.

1. 가감의 순서

1개의 죄에 정한 형이 수종(數種)인 때에는 적용할 형을 먼저 선택하고 그 형을 가중 또는 감경한다.

형의 가감(가중·감경)의 사유가 경합하는 때에는 각칙 본조에 의한 가중, 제34조 제 2 항의 가중, 누범가중, 법률상 감경, 경합범가중, 작량감경의 순서에 의한다(제56조). 즉 작량감경은 그 앞 단계의 가감을 다 한 후에 그 가감한 처단형보다 낮은 형을 선고하고자 할 때 행하는 것이다.[4]

2. 가중의 정도

刑의 加重의 정도와 관련하여 總則에는 누범, 경합범, 특수교사에 관하여 특별규정이 마련되어 있다. 누범의 형은 그 죄에 정한 형의 장기의 2배까

1) 대판 1964. 10. 28, 64도454.
2) 대판 1992. 10. 13, 92도1428.
3) 대판 1977. 6. 28, 77도1094; 대판 1992. 10. 13, 92도1428; 대판 1992. 11. 24, 92도2432.
4) 대판 1994. 3. 8, 93도3608.

지 가중하며(제35조 제2항), 경합범의 경우에는 그 경합되는 각죄의 법정형에 따라 달리 처리한다(제38조 제1항, 제39조 제2항). 특수교사에 있어서는 정범에 정한 형의 장기 또는 다액에 그 2분의 1까지 가중한다(제34조 제2항). 各則에서는 상습범, 특수범죄, 공무원의 직무상 범죄에 대하여 개별적으로 가중규정을 두고 있다(제135조, 제144조 제1항, 제203조 등 참조).

유기징역 또는 유기금고의 형을 가중하는 경우에는 25년을 한도로 한다(제42조 단서).

3. 감경의 정도와 방법

刑의 減輕의 정도와 방법은 법률상 감경과 작량감경으로 나누어 살펴보아야 한다.

(1) 법률상 감경

法律上 減輕의 例(제55조 제1항)를 보면, 사형은 무기 또는 10년 이상의 징역 또는 금고로 감경하고, 무기징역 또는 무기금고는 7년 이상의 징역 또는 금고로 감경하며, 유기징역 또는 유기금고는 그 형기의 2분의 1로 감경한다. 자격상실은 7년 이상의 자격정지로 감경하며, 자격정지는 그 형기의 2분의 1로 감경한다. 벌금은 그 다액의 2분의 1로, 구류는 그 장기의 2분의 1로, 과료는 그 다액의 2분의 1로 감경한다. 형기의 2분의 1로 감경하는 경우에 있어서는 형기의 상한뿐만 아니라 하한도 2분의 1로 감경한다. 벌금에 관해서는 그 '다액'의 2분의 1로 감경한다고 규정되어 있으나, 벌금의 다액 즉 상한과 함께 하한도 2분의 1로 감경되는 것으로 봄이 타당하다.[1] 몰수에 관하여는 법률상 감경규정을 두고 있지 않다.

법률상 감경의 사유가 수개 있으면 거듭 감경할 수 있다(제55조 제2항).

(2) 작량감경

酌量減輕의 정도와 방법에 관하여는 명문의 규정이 없지만 법률상 감경의 예에 따르는 것으로 보아야 한다.

이종(異種)의 형이 병과된 경우에는 그 중 하나의 형에 대해서만 작량감경을 할 수 있다. 예를 들어, 징역형과 벌금형을 병과하는 경우에는 각 형에 대한 범죄의 정상에 차이가 있을 수 있으므로 징역형만 작량감경하고 벌금

1) 대판 1978. 4. 25, 78도246.

형에 대해서는 작량감경을 하지 않을 수 있는 것이다.[1] 또한 작량감경은 처단형의 범위를 완화하여 그보다 낮은 형을 선고하고자 하는 경우에 행해지는 것이므로 법률상 형을 가중 또는 감경한 경우에도 다시 작량감경을 할 수 있다고 봄이 타당하다(제56조 제 6 호 참조).[2] 그러나 작량감경에 있어서는 그 사유가 수개 있더라도 1회에 한하여 작량감경할 수 있을 뿐, 거듭 감경할 수는 없다고 본다.[3] 그리고 각칙의 구성요건상 일정한 참작사유가 명문으로 규정되어 있는 경우, 예컨대 영아살해죄(제251조)나 영아유기죄(제272조)에 있어서도 법정형에 대한 법률상 가중이나 감경 외에 작량감경이 추가로 행해질 수 있다고 생각한다.[4]

몰수의 경우에는 형의 부가성과 몰수대상의 성격에 비추어 볼 때 작량감경도 허용되지 않는다고 본다.

제 3 절 刑의 量定

제51조 [양형의 조건] 형을 정함에 있어서는 다음 사항을 참작하여야 한다.
1. 범인의 연령, 성행(性行), 지능과 환경
2. 피해자에 대한 관계
3. 범행의 동기, 수단과 결과
4. 범행 후의 정황

---

1) 대판 2006. 3. 23, 2006도1076.
종전 판례(대판 1977. 7. 26, 77도1827; 대판 1997. 8. 26, 96도3466)에서는 징역과 벌금 또는 자격정지가 병과형으로 규정되어 있는 경우에는 특별한 규정이 없는 한 그 중 특정 형종에 대해서만 작량감경을 할 수는 없다고 본 적이 있다.

2) 대판 1991. 6. 11, 91도985; 대판 1994. 3. 8, 93도608.

3) 대판 1964. 4. 7, 63도10.

4) 독일 형법은 양형의 조건 중 이미 각칙상 구성요건에 규정되어 있는 요소는 양형의 단계에서 다시 이를 참작하지 아니한다고 규정하여(동법 제46조 제 3 항 참조) 이른바 二重評價의 禁止를 선언하고 있다.

I. 意 義

'형의 양정'(Strafzumessung)이라 함은 법정형에 법률상 가중·감경 또는 작량감경을 하여 정해진 처단형의 범위 안에서 구체적으로 선고할 형을 정하는 것을 가리킨다. 약칭하여 '量刑'으로 부르는 것이 일반적이다.

양형에 있어서는 형벌이론상 형벌의 목적인 응보와 예방의 관점이 구체적인 행위자에 대하여 검토되게 된다. 즉 책임의 범위 안에서 특별예방과 일반예방을 고려하여 형을 정하여야 한다.[1] 양형에 관하여 법관은 일반적으로 광범위한 재량을 갖고 있다.[2] 그러나 양형에 있어서의 법관의 재량은 자유재량이 아니라 기속재량이라고 보아야 한다.[3]

II. 量刑의 條件

형의 양정을 함에 있어서는 다음의 몇 가지 사항(제51조 제 1 호 내지 제 4 호)을 참작하여야 한다. 이를 '量刑의 條件'이라고 한다. 법관은 이 사항들을 필요적으로 참작하여야 한다. 또한 이 사항들은 예시적인 것이므로, 예시된 외의 사항도 법관이 임의적으로 참작할 수 있다고 본다.

1. 범인의 연령, 성행, 지능과 환경

'犯人의 年齡, 性行, 知能과 環境'에 있어서는 범인의 노유(老幼)와 성격·소질·경력·습관, 지능의 발달정도 기타 범인의 개인적·가정적·사회적 환경 등을 참작한다. 이 사항들은 범인의 사회복귀와 관련한 특별예방적 관점에서 참작되는 것이다. '성행'은 성격과 행실을 의미한다. 이와 관련하여 전과나 범행 이전의 생활상이 검토되어야 한다.

2. 피해자에 대한 관계

'被害者에 대한 關係'에 있어서는 행위자가 피해자와의 친족·후견·사제

1) 김성돈, 893면; 이재상, §41, RN 27; 임웅, 610면.
2) 대판 2003. 2. 20, 2001도6138.
3) 대판 1964. 10. 28, 64도454.
同旨 : Jescheck/Weigend, 871면.

(師弟)·고용 기타 이와 유사한 관계를 남용하거나 무시하여 죄를 범하였는가 하는 점이 참작된다. 피해자와의 객관적 관계에만 국한되는 것은 아니고, 구체적인 사안에서 인정되는 신뢰관계도 양형에서 고려될 수 있다.

3. 범행의 동기, 수단과 결과

'犯行의 動機, 手段과 結果'는 행위자의 위험성과 행위책임을 판단하는 기준이다. '동기'에 있어서는 공포·흥분·경악·낭패감(狼狽感)·도발심리·군중심리·공분(公憤)·사감(私感) 등의 사유에 기인한 것인가를 심사한다. '수단'에 있어서는 범행의 잔혹성과 과격성·교활함 등을 고려하고, '결과'에 있어서는 범행의 피해의 경중 등을 참작한다. '결과'는 행위자에게 책임이 인정되는 범위의 결과만을 의미한다고 보아야 한다.[1)]

4. 범행 후의 정황

'犯行 後의 情況'에 관해서는 범행 후의 피해의 회복·감경을 위한 노력, 소송 중의 피고인의 태도, 피해의 심화(深化) 여부 등을 참작하게 된다. 이 사항은 주로 범죄예방적 관점에서 양형에 영향을 미칠 수 있다. 피고인이 법정에서 범행을 부인하거나 진술거부권을 행사하는 것을 가중적 양형조건으로 삼을 수는 없으나, 피고인의 태도가 방어권행사의 범위를 넘어 객관적이고 명백한 증거가 있음에도 진실의 발견을 적극적으로 숨기거나 법원을 오도(誤導)하려는 시도에 기인한 것으로 판단되는 경우에는 불리한 양형조건으로 참작될 수 있을 것이다.[2)]

제 4 절　刑의 宣告猶豫

제59조 [선고유예의 요건]　① 1년 이하의 징역이나 금고, 자격정지 또는 벌금의 형을 선고할 경우에 제51조의 사항을 참작하여 개전(改悛)의 정상이 현저

1) Jescheck/Weigend, 888면.
2) 대판 2001. 3. 9, 2001도192.

한 때에는 그 선고를 유예할 수 있다. 단 자격정지 이상의 형을 받은 전과가 있는 자에 대하여는 예외로 한다.

② 형을 병과할 경우에도 형의 전부 또는 일부에 대하여 그 선고를 유예할 수 있다.

제59조의2 [보호관찰] ① 형의 선고를 유예하는 경우에 재범방지를 위하여 지도 및 원호(援護)가 필요한 때에는 보호관찰을 받을 것을 명할 수 있다.

② 제 1 항의 규정에 의한 보호관찰의 기간은 1년으로 한다.

제60조 [선고유예의 효과] 형의 선고유예를 받은 날로부터 2년을 경과한 때에는 면소된 것으로 간주한다.

Ⅰ. 意 義

형의 선고유예(Verwarnung mit Strafvorbehalt)는 일정한 범죄인에 대하여 그 형 자체를 선고하지 아니하고 선고를 유예하여 일정한 기간을 경과함으로써 면소된 것으로 간주하는 제도이다. 형의 선고유예는 형벌을 선고하지는 않지만 어디까지나 유죄판결의 일종이고, 또한 선고가 유예된 형의 종류와 양을 판결이유에서 언급하여야 하므로 보안처분에 해당하지도 않는다. 그러므로 이는 형벌이나 보안처분과는 다른 독립된 성격의 형사제재제도라고 봄이 일반적인 견해이다. 의용형법에서는 이 제도를 두지 아니하였다.

犯情이 輕微한 犯罪人에 대해서는 형의 집행을 유예하는 것이 형사정책상 필요하다. 단기자유형은 그 집행으로 인하여 범인을 자포자기에 빠지게 하고, 석방후의 사회복귀를 어렵게 하기 때문에 결국은 이들을 재범의 궁지로 다시 몰아넣을 가능성이 많은 것이다. 이런 단기자유형의 폐해를 될 수 있는 한 피하고 特別豫防의 목적을 도모하기 위하여 마련된 것이 바로 형의 선고유예와 집행유예의 제도이다.[1]

형의 선고유예는 원래 집행유예, 가석방과 함께 보호관찰의 한 유형으로 발전된 것이다. 연혁상으로는 19세기 중반 영국에서 조건부 석방제도가 관습적으로 행해진 데서 유래하고 있으며, 미국에서는 1878년 매사추세츠주에서 처음 채택되었다. 오늘날에도 일본, 스위스, 오스트리아의 형법은 선고유예제도를 두고 있지 않다.

---

1) Jescheck/Weigend, 855면.

Ⅱ. 要 件

형법상 1년 이하의 징역이나 금고, 자격정지 또는 벌금의 형을 선고할 경우에 '양형의 조건'에 관한 제51조의 사항을 참작하여 개전의 정상이 현저한 때에는 그 선고를 유예할 수 있다(제59조 제 1 항).

프랑스 형법에서는 "피고인의 사회복귀절차가 진행 중이고 해당 범죄로 인한 피해가 회복되고 있으며 또 그로 인한 사회혼란이 종식되고 있다고 판단되는 경우"에 선고유예를 할 수 있도록 규정하고 있으며(동법 제132-60조 참조), 독일 형법은 "형의 선고가 없더라도 장래 범죄를 저지르지 않을 것으로 기대되고, 범죄행위와 행위자인격에 대한 종합적인 평가 결과 형을 유예할 필요성이 있으며, 법질서를 방위함에 있어서 형의 선고가 요구되지 않는 경우"를 선고유예의 요건으로 규정하고 있다(동법 제59조 참조).

1. 1년 이하의 징역이나 금고, 자격정지 또는 벌금의 형을 선고할 경우

1년 이하의 懲役이나 禁錮, 資格停止 또는 罰金의 刑을 선고할 경우이어야 한다.[1] 따라서 구류의 형에 대해서는 선고유예를 할 수 없다.[2] 범죄의 종류는 무엇이든 관계없으므로, 사회적·국가적 법익에 대한 죄라도 형의 선고유예를 할 수 있다.[3]

선고유예를 할 수 있는 형은 주형, 부가형을 모두 포함한다.[4] 주형의 선고를 유예하는 경우에는 부가형인 몰수나 추징의 선고도 유예할 수 있으며,[5] 주형의 선고를 유예하면서 몰수나 추징은 선고할 수도 있다.[6] 그러나 주형의 선고를 유예하지 않으면서 몰수나 추징의 선고만 유예할 수는 없다.[7] 형을 병과할 경우에도 그 형의 전부 또는 일부에 대하여 그 선고를 유예할 수 있다(제59조 제 2 항). 예를 들어, 징역형과 벌금형을 병과하는 경우에 징역형은 선

---

1) 독일 형법에서는 벌금의 형에 있어서만 선고유예를 인정하고 있다(동법 제59조 참조).
2) 대판 1993. 6. 22, 93오1.
3) 대판 1961. 1. 31, 4293형상962.
4) 대판 1970. 7. 24, 70도1289.
5) 대판 1980. 3. 11, 77도2027; 대판 1980. 12. 9, 80도594.
6) 대판 1981. 4. 14, 81도614.
7) 대판 1979. 4. 10, 78도3098.

고하고 벌금형의 선고를 유예할 수 있으며, 징역형은 집행유예를 하고 벌금형의 선고를 유예할 수도 있는 것이다.[1]

형의 선고유예의 판결에 있어서는 선고가 유예된 형에 대한 판단을 하여야 하므로 판결이유에서 선고할 형량을 정해야 한다. 벌금형의 선고를 유예하는 경우에는 그 벌금액과 환형처분인 노역장유치뿐만 아니라, 판결선고전 구금일수가 있는 때에는 그 전부 또는 일부로서 노역장유치기간에 산입하는 기간도 판결이유에서 정해야 한다.[2]

2. 개전의 정상이 현저할 것

'改悛의 情狀이 顯著'하다 함은 피고인에게 형을 선고하지 않아도 재범의 위험성이 없다고 인정되는 것을 의미한다.[3] 이 요건에 관한 판단은 법원의 재량사항이다.

判決宣告時를 기준으로 개전의 정상이 현저할 것을 요한다. 개전의 정상이 현저한지의 여부에 관한 판단의 근거는 '양형의 조건'(제51조)의 사항들이다. 즉 개전의 정상이 현저하다 함은 양형의 조건을 참작하여 볼 때 형을 선고하지 않더라도 피고인이 다시 범행을 저지르지 않으리라는 사정이 현저하게 기대되는 경우를 가리키며, 반드시 피고인이 죄를 뉘우치거나 자백하였을 것을 요하는 것은 아니라고 봄이 타당하다.[4] 즉 피고인이 범죄사실을 부인하더라도 다른 정상을 참작하여 볼 때 재범의 위험성이 없다고 인정되는 경우에는 선고유예를 할 수 있다고 보아야 한다.[5] 하지만 설사 피고인이 자신의 죄를 깊이 뉘우치는 경우라 하더라도 객관적으로 보아 장래의 재범의 위험성이 인정되는 경우에는 선고유예를 할 수 없다고 생각한다.[6] 현실적인

---

1) 대판 1976. 6. 8, 74도1266.

2) 대판 2003. 11. 28, 2003도3756.

3) 김성돈, 912면; 박미숙, "선고유예의 요건판단과 상고이유", 형사판례연구 12, 2004, 438면; 박상기, 538면; 이재상, §43, RN 19; 허일태, "자백거부와 선고유예 및 '개전의 정상'에 관한 상고심의 대상 여부", 형사판례연구 11, 2003, 452-455면.

4) 대판 2003. 2. 20, 2001도6138.
종전 판례(대판 1999. 7. 9, 99도1635; 대판 1999. 11. 12, 99도3140)에서는 '개전의 정이 현저한 때'란 '피고인이 죄를 깊이 뉘우치고 있는 때'를 의미하는 것으로 보아 피고인이 범죄사실을 부인하는 경우에는 형의 선고유예를 할 수 없다고 판시하였었다.

5) 同旨 : 이재상, §43, RN 19.

6) 反旨 : 오영근, "선고유예의 요건으로서 '개전의 정상이 현저한 때'", 형사판례연구 12, 2004, 208-210면.

측면에서 보면 피고인에게 '개전의 정상이 현저한 때'라고 하여 반드시 '재범의 위험성이 없는 때'에 해당한다고는 할 수 없을 것이다. 즉 이 요건은 해석상 애매하다고 할 수 있으므로 삭제하고 객관적 요건만을 규정함이 입법론상 타당하다고 생각한다.

3. 자격정지 이상의 형을 받은 전과가 없을 것

(1) 의 의

자격정지 이상의 형을 받은 전과가 없는 초범자일 것이 요구된다(제59조 제1항 단서). '資格停止 以上의 刑을 받은 前科'라 함은 자격정지 이상의 형을 선고받은 범죄경력 자체를 의미하는 것이고, 그 형의 효력이 상실되었는지의 여부는 묻지 않는다.

(2) 집행유예를 선고 받은 자

刑의 執行猶豫를 선고받은 자는 그 선고가 실효 또는 취소됨이 없이 유예기간을 경과하여 형의 선고가 효력을 잃게 되었다 하더라도 형의 선고의 법률적 효과가 없어지는 것일 뿐 형의 선고가 있었다는 기왕의 사실 자체까지 없어지는 것은 아니므로, 그는 여전히 '자격정지 이상의 형을 받은 전과가 있는 자'에 해당한다고 보아야 한다.[1] 따라서 그에 대해서는 형의 선고를 유예할 수 없다고 봄이 타당하다.[2] 현행 '형의 실효 등에 관한 법률'은 형의 집행유예기간이 경과한 때에는 수형인명표(受刑人名票)를 폐기하고 수형인명부의 해당란을 삭제하여 前科記錄을 整理하도록 하고 있는데(동법 제8조 제1항 제2호 참조), 전과기록을 '정리'한다고 하더라도 전과 자체가 없어지는 것은 아니므로 형의 선고를 유예할 수는 없는 것으로 봄이 타당하다.

(3) 형의 선고를 유예 받은 자

刑의 宣告를 猶豫받은 자는 '전과가 없는' 것이므로 당연히 다시 형의 선고를 유예할 수 있다고 보아야 한다.

(4) 입법론적 검토

과거의 범죄경력을 일률적으로 집행유예의 결격사유로 취급하는 것은 집행유예제도의 취지에 반하므로, 집행유예를 선고받은 자에 대해서는 형의

---

1) 대판 1995. 12. 22, 95도2446.
2) 대판 2003. 12. 26, 2003도3768.

선고를 유예할 수 있도록 입법적 보완을 할 필요가 있다.[1] 또한 無前科의 요건에 期間制限을 두는 것도 바람직하다고 생각한다.

Ⅲ. 效 果

1. 면소의 간주

선고유예의 판결 여부는 법원의 재량사항이다. 형의 선고유예의 판결을 받은 날로부터 2년을 자격정지 이상의 형을 선고 받음이 없이 경과하면 면소된 것으로 간주한다(제60조).

선고유예의 판결에 있어서는 범죄의 성립은 인정되어 유죄가 선고되면서 다만 그 형의 선고만을 유예하는 것이기 때문에 선고유예는 유죄판결에 속한다. 그러므로 선고유예의 판결에 있어서도 선고가 유예된 형의 종류와 양을 판결이유에서 명백히 언급하여야 한다. 예를 들어, 벌금형의 선고를 유예하는 경우에는 판결이유에서 벌금액과 환형처분인 노역장유치의 기간을 명시하여야 하는 것이다.[2]

선고유예의 기간인 2년이 경과하면 免訴된 것으로 看做한다. '면소'는 소추나 처벌의 필요성이 인정되지 않는 일정한 경우에 판결로써 선고되는 것인데(형사소송법 제326조), 선고유예의 판결이 선고되면 별도의 면소판결의 선고 없이 면소된 것으로 간주하는 것이다. 그러나 면소가 되더라도 선고유예의 판결을 받은 사실 자체가 없어지는 것은 아니므로 선고유예기간이 경과한 후에도 사후경합범(제37조 후단)의 요건으로는 여전히 인정되는 것이다.[3] 만일 선고유예의 기간인 2년이 경과하여 면소된 것으로 간주된 후에, 선고유예의 판결이 법령에 위반된 사실이 발견되었을 때에는 비상상고(형사소송법 제441조 이하)에 의한 파기가 가능하다고 본다.

---

1) 同旨 : 서보학, "집행유예제도 : 입법론적 비판과 대안", 형사정책 13・1, 2001, 67면 이하; 이진국, "사회내 제재의 가치와 개편", 형사정책연구 15・2, 2004, 24면.
선고유예의 결격사유로서의 '전과'는 법률적 의미로 해석되어야 하는 것이고, 따라서 현행 규정 하에서도 이런 경우에 형의 선고를 유예할 수 있다고 보는 견해(한영수, "집행유예기간이 경과한 자에 대한 선고유예", 형사판례연구 13, 2005, 235면)도 있다.

2) 대판 1988. 1. 19, 86도2654.

3) 대판 1992. 11. 24, 92도1417.

2. 보호관찰

선고유예는 원래 保護觀察과 결합하여 발달한 제도이며, 보호관찰에 의한 지도와 원호가 결합할 때 의미를 가질 수 있다. 즉 형의 선고를 유예하는 경우에 재범방지를 위하여 지도 및 원호가 필요한 때에는 보호관찰을 받을 것을 명할 수 있다(제59조의2 제 1 항). 이 경우 그 보호관찰의 기간은 1년으로 한다(제59조의2 제 2 항). 집행유예에 있어서는 보호관찰의 기간을 원칙적으로 집행유예의 기간으로 하고 있는 점과 구별된다.

현행법상 형의 선고유예의 조건으로는 사회봉사·수강명령이 규정되어 있지 않다. 입법적 불비라고 생각한다.

Ⅳ. 失 效

형의 선고유예의 실효라 함은 선고를 유예하였던 형을 일정한 사유가 존재할 때 선고하는 제도를 가리킨다. 선고유예의 실효에는 필요적 실효와 임의적 실효의 두 경우가 있다.

1. 필요적 실효

형의 선고유예를 받은 자가 유예기간 중 자격정지 이상의 형에 대한 판결이 확정되거나 자격정지 이상의 형에 처한 전과가 발견된 때에는 그 유예한 형을 선고한다(제61조 제 1 항). 이 실효제도의 취지는 재범방지에 있는 것은 아니고, 본래 경합범으로서 동시에 재판을 하였을 경우와의 균형에 기한 적정한 형벌권의 행사에 있다고 할 것이다.[1)]

하지만 필요적 실효의 두 사유 중 '자격정지 이상의 형에 처한 전과가 발견된 때'는 입법론상 폐지함이 바람직하다. 이는 일사부재리의 원칙과 헌법상 진술거부권제도의 취지에 어긋날 뿐만 아니라, 검사가 입증책임을 부담하는 형사소송상의 원리와도 모순된다고 볼 수 있기 때문이다. 이 사유를 선고유예의 실효사유로 규정한 입법례를 찾아볼 수도 없다.

현행법의 해석상, 유예기간 중 결격사유가 발생하였다 하더라도 그로 인

1) 대결 1997. 7. 18, 97모18.

하여 당연히 선고유예가 실효되는 것은 아니고, 검사의 청구에 의한 선고유예실효의 결정, 즉 선고유예된 형을 선고하는 결정이 확정됨으로써 비로소 선고유예가 실효되는 것이다. 그러므로 선고유예실효의 결정에 대해 즉시항고나 재항고가 제기되어 상소심이 진행되는 중에 선고유예기간인 2년이 경과한 경우에는 그 기간의 경과로 인해 면소된 것으로 간주되어 실효시킬 선고유예의 판결이 더 이상 존재하지 않게 되므로 선고유예실효의 결정은 할 수 없다고 할 것이다.[1)]

2. 임의적 실효

보호관찰을 명한 선고유예를 받은 자가 보호관찰기간 중에 준수사항을 위반하고 또 그 정도가 무거운 때에는 그 유예한 형을 선고할 수 있다(제61조 제2항). 유예된 형의 선고는 검사의 청구에 의하여 피고인의 현재지 또는 최후의 거주지를 관할하는 법원이 피고인 또는 그 대리인의 의견을 물은 후에 하며(형사소송법 제335조), 검사는 그 범죄사실에 대한 최종판결을 한 법원에 청구하여야 한다(형사소송법 제336조 제1항).

선고유예에 대해서는 '임의적 실효'가 규정되어 있으므로, 집행유예에 있어서와 같은 '취소'제도는 마련되어 있지 않다.

제5절 刑의 執行猶豫

제62조 [집행유예의 요건] ① 3년 이하의 징역 또는 금고의 형을 선고할 경우에 제51조의 사항을 참작하여 그 정상에 참작할 만한 사유가 있는 때에는 1년 이상 5년 이하의 기간 형의 집행을 유예할 수 있다. 다만 금고 이상의 형을 선고한 판결이 확정된 때부터 그 집행을 종료하거나 면제된 후 3년까지의 기간에 범한 죄에 대하여 형을 선고하는 경우에는 그러하지 아니하다.
② 형을 병과할 경우에는 그 형의 일부에 대하여 집행을 유예할 수 있다.
제62조의2 [보호관찰, 사회봉사·수강명령] ① 형의 집행을 유예하는 경우에는 보호관찰을 받을 것을 명하거나 사회봉사 또는 수강을 명할 수 있다.

---

1) 대결 2007. 6. 28, 2007모348.

② 제 1 항의 규정에 의한 보호관찰의 기간은 집행을 유예한 기간으로 한다. 다만, 법원은 유예기간의 범위 내에서 보호관찰기간을 정할 수 있다.
③ 사회봉사명령 또는 수강명령은 집행유예기간 내에 이를 집행한다.

제65조 [집행유예의 효과]　집행유예의 선고를 받은 후 그 선고의 실효 또는 취소됨이 없이 유예기간을 경과한 때에는 형의 선고는 효력을 잃는다.

I. 意　義

형의 집행유예(Strafaussetzung zur Bewährung)란 유죄판결을 하면서 그 형의 집행을 유예하고, 일정한 유예기간 동안 집행유예가 취소 또는 실효됨이 없이 그 기간을 무사히 경과함으로써 형의 선고가 효력을 잃어 형의 선고가 없었던 것과 같이 취급하는 제도를 말한다. 이는 자유형의 폐해를 피하여 특별예방의 목적을 도모하면서 한편으로는 형벌의 경고를 기하기 위하여 마련된 제도라는 점에서 선고유예와 취지를 같이 한다. 그러나 집행유예에 있어서는 형의 선고에 수반되는 불이익을 면할 수 없다는 점에서 선고유예와 구별된다.

형의 집행유예의 법적 성격에 관하여는 견해가 갈린다. 이를 형집행의 변형 내지는 수정형식으로 보는 견해[1)]와 형벌과 보안처분의 성격을 함께 갖고 있는 독립된 형사제재라고 보는 견해[2)]도 있다. 형의 집행유예에 있어서는 보호관찰을 명할 수 있도록 규정되어 있지만(제62조의2 제 1 항 참조) 보호관찰이 필요적으로 행해지는 것은 아니므로 형의 집행유예는 기본적으로 형집행에 관한 제도로 보아야 하나, 보안처분으로서의 성격도 부수적으로 갖는다고 봄이 타당하다.[3)]

형의 집행유예의 제도는 미국의 '保護觀察'(probation)제도에서 유래한 것이다. 원래 미국의 '보호관찰'은 형의 선고, 즉 판결(sentence) 없이 유죄평결(conviction)만으로 피고인에게 보호관찰을 부과하면서 그 처분이 일정한 사유로 취소될 때에는 형을 선고하는 제도이다. 이 제도가 19세기 말부터 유럽에 도입되면서 두 가지 방향으로 발전되었다. 그 하나는 판결로 형의 선고를 하

1) 김성돈, 905면; 박상기, 540-541면; 이재상, § 43, RN 2; Schönke/Schröder, § 56, RN 4.
2) Jescheck/Weigend, 834면.
3) 김일수/서보학, 774면; 손동권, § 39, RN 12.

면서 그 형의 집행을 유예하여 유예기간이 경과하면 형의 선고가 효력을 잃게 하는 것으로서, 프랑스와 벨기에에서 채택한 조건부 유죄판결제도가 그 예이다. 다른 하나는 독일이 채택한 것으로서, 판결로 형의 선고를 하면서 그 형의 집행을 유예하여 유예기간이 경과하면 형의 집행을 면제해 주는 조건부 형집행면제제도이다. 우리 제도는 프랑스식의 條件附 有罪判決制度에 해당한다고 볼 수 있다.

Ⅱ. 要 件

형법상 3년 이하의 징역 또는 금고의 형을 선고할 경우에 '양형의 조건'(제51조)의 사항을 참작하여 그 정상에 참작할 만한 사유가 있는 때에는 1년 이상 5년 이하의 기간 동안 형의 집행을 유예할 수 있다(제62조 제1항). 다만, 금고 이상의 형을 선고한 판결이 확정된 때부터 그 집행을 종료하거나 집행이 면제된 후 3년까지의 기간에 범한 죄에 대하여 형을 선고하는 경우에는 그러하지 아니하다.

1. 3년 이하의 징역 또는 금고의 형을 선고할 경우

3년 이하[1]의 징역 또는 금고의 형을 선고할 경우임을 요한다.

'刑'은 법정형이 아닌 宣告刑을 말한다.[2] '懲役 또는 禁錮'의 형을 선고할 경우이어야 하므로 자격정지나 벌금의 형을 선고할 경우에는 형의 집행유예가 인정되지 않는다. 따라서 벌금형에 있어서의 노역장유치에 대해서도 집행유예를 할 수 없게 되어 형의 불균형이 야기된다고 할 수 있다.[3] 벌금형에 대해서도 집행유예를 허용하는 입법적 개선이 요구된다.[4]

2. 제51조의 사항을 참작하여 그 정상에 참작할 만한 사유가 있는 때

'第51條의 事項'인 범인의 연령·성행·지능과 환경, 피해자에 대한 관계, 범행의 동기·수단과 결과, 범행 후의 정황 등을 참작하여 그 정상에 참작할

1) 독일 형법에서는 '2년 이하'일 것을 요하고 있다(동법 제56조 참조).
2) 대판 1989. 11. 28, 89도780.
3) Schönke/Schröder, § 56, RN 10.
4) 同旨: 이재상, § 43, RN 6; 임웅, 626면; 정성근/박광민, 680면.

만한 사유가 있을 것을 요한다. 이들 사항을 종합적으로 참작하여야 한다. 그러므로 단순히 피해를 변상하지 않았다는 점만 갖고 집행유예를 선고하지 않는 것은 부당하다고 할 수 있다.

'情狀에 參酌할 만한 事由가 있을 것'이란 형을 집행하지 않아도 유예기간 중이나 그 후의 장래에 재범의 위험성이 인정되지 않을 만한 사유를 가리킨다고 해석함이 일반적이다.[1] 이 사유에 관한 판단의 기준시기는 判決宣告時이다.

3. 금고 이상의 형을 선고한 판결이 확정된 때부터 그 집행을 종료하거나 집행이 면제된 후 3년까지의 기간에 범한 죄가 아닐 것

(1) 금고 이상의 형을 선고한 판결이 확정된 때

금고 이상의 형을 선고한 판결이 확정된 때부터 그 집행종료시나 집행면제시까지의 기간에 3년을 더한 기간 동안에 범한 죄에 대해서는 집행유예를 할 수 없다. '금고 이상의 형을 선고한 판결이 확정된 때'를 기준시점으로 규정한 것은 헌법상 무죄추정의 원칙(동법 제27조 제 4 항)에 토대한 입법이라고 할 수 있다. 확정된 형이 자격정지나 벌금인 경우에는 이 요건이 적용되지 않으므로 그 후에 범한 죄에 대하여 형의 집행유예를 할 수 있다. 이와 같이 금고 이상의 형을 선고한 판결이 확정된 전과가 있는 자에 대하여 집행유예를 일정기간 할 수 없도록 한 형법규정에 대해서는 입법론적 비판[2]이 가해지고 있다.

'禁錮 以上의 刑을 宣告한 判決이 確定된 때'에는 실형이 확정된 때뿐만 아니라 형의 집행유예의 판결이 확정된 때도 당연히 포함되는 것이다.[3] 집행유예기간 중에 범한 죄에 대하여 형을 선고함에 있어서 제62조 제 1 항 단서에서 규정한 요건에 해당하는 경우는 이미 집행유예가 실효 또는 취소된 경우와 그 선고 시점에 미처 유예기간이 경과하지 아니하여 형 선고의 효력이 실효되지 아니한 채로 남아 있는 경우로 국한된다. 집행유예가 실효 또는

1) Schönke/Schröder, § 56, RN 14.
물론 어의(語義)상으로는 '정상에 참작할 만한 사유가 있을 것'이란 요건은 재판 이전 시점의 과거상황에 관한 판단으로서의 성격을 갖고 있으므로 장래의 '재범의 위험성'이라는 요건과 부합하지 않는 면을 갖고 있음을 부인할 수는 없다.
2) 이재상, § 43, RN 9.
3) 대판 1971. 3. 9, 70누167.

취소됨이 없이 유예기간을 경과한 때에는, 형의 선고가 이미 그 효력을 잃게 되어 '금고 이상의 형을 선고한' 경우에 해당한다고 보기 어려울 뿐만 아니라, 집행의 가능성이 더 이상 존재하지 아니하여 집행종료나 집행면제의 개념도 상정하기 어려우므로 同단서에서 규정한 요건에 해당하지 않는다고 할 것이다. 그러므로 집행유예기간 중에 범한 죄라 할지라도 집행유예가 실효 또는 취소됨이 없이 그 유예기간이 경과한 경우에는 이에 대해 다시 집행유예의 선고가 가능하다.[1)]

종전 형법에서는 "금고 이상의 형의 선고를 받아 집행을 종료한 후 또는 집행이 면제된 후로부터 5년을 경과하지 아니한 자에 대하여는 예외로 한다"고 규정하고 있었는데(제62조 제 1 항 단서), 2005년에 위와 같이 개정하였다. 그래서 개정 전에는 '禁錮 以上의 刑의 宣告'에는 實刑의 宣告뿐만 아니라 執行猶豫의 宣告도 포함되는지가 문제되었었다. 집행유예에 있어서도 '형의 선고'는 있지만, 형법상으로는 형을 선고받아 執行이 終了되거나 免除되었을 것을 요하므로 '執行猶豫'는 명문상 이에 포함될 수 없다고 봄이 타당하고, 따라서 집행유예기간 중의 범죄에 대하여서는 다시 집행유예를 할 수 있다고 봄이 일반적 견해[2)]이었다. 판례[3)]는 이 문제에 관하여 이른바 制限的 肯定說(또는 餘罪說)의 입장을 취하여, 경합범(제37조)의 관계에 있는 수죄가 前後로 기소되어 각각 별개의 절차에서 재판을 받게 된 결과 어느 하나의 사건에서 먼저 집행유예가 선고되어 그 형이 확정되었을 경우 다른 사건의 판결에서는 다시 집행유예를 선고할 수 없다면 그 수죄가 같은 절차에서 동시에 재판을 받아 한꺼번에 집행유예를 선고받을 수 있었던 경우와 비교하여 현저히 균형을 잃게 되므로 이러한 불합리가 생기는 경우에 있어서는 위 단서규정의 '형의 선고'는 실형의 선고만을 가리키고 형의 집행유예의 선고는 포함하지 않는다고 해석하였었다.

(2) 그 집행을 종료하거나 집행이 면제된 후 3년까지의 기간에 범한 죄가 아닐 것

'그 執行을 終了한' 때라 함은 형을 실제로 복역하여 만기 출소한 경우와 가석방기간이 무사히 경과한 경우(제76조 제 1 항)를 가리킨다. '執行이 免除된' 때는 재판확정 후 법률의 변경에 의하여 그 행위가 범죄를 구성하지 아

---

1) 대판 2007. 2. 8, 2006도6196; 대판 2007. 7. 27, 2007도768.

2) 김일수/서보학, 778면; 박상기, 543면.

3) 대판 1989. 9. 12, 87도2365; 대판 2002. 2. 22, 2001도5891; 대판 2003. 12. 26, 2003도3768.
경합범관계에 있는 수개의 범죄에 대하여 하나의 판결로 실형과 집행유예를 각각 선고할 수 있음(대판 2002. 2. 26, 2000도4637)은 별개의 문제이다.

니하게 되어 형의 집행을 면제하는 경우(제 1 조 제 3 항), 형의 시효가 완성되어 형의 집행이 면제된 경우(제77조), 특별사면으로 형의 집행이 면제된 경우(사면법 제 5 조 제 1 항 본문) 등을 의미한다. 그러나 집행유예기간이 무사히 경과된 경우는 이에 해당되지 않는다.[1] 왜냐하면 이 때에는 형의 선고가 효력을 상실하게 되기 때문이다.

집행의 종료·면제 후 '3年까지의 期間 안에 犯한 罪가 아니어야' 한다. 그러므로 금고 이상의 형이 확정되기 전에 범한 죄에 대하여는 위의 기간 안에 형을 선고하는 경우에도 집행유예를 할 수 있다. 또한 집행유예기간이 경과하면 형의 선고는 효력을 잃으므로 그 후에 범한 죄에 대하여는 당연히 집행유예를 할 수 있다. 3년까지의 기간에 새로 범한 죄에 대해서만 집행유예를 할 수 없도록 하였기 때문에, 이미 집행유예의 선고를 받은 죄와 동시에 재판받을 수 있었던 경합범의 관계에 있는 다른 죄에 대해서는 당연히 집행유예를 선고할 수 있다고 본다.

Ⅲ. 效　果

1. 형의 집행의 유예

집행유예의 기간 중에는 형의 집행이 유예된다.

집행유예의 기간은 '1년 이상 5년 이하'이다. 판결에서 선고된 형의 기간보다 긴 기간으로 법원의 재량에 의하여 정해지는 것이 일반적이다. 執行猶豫期間의 始期는 집행유예를 선고한 판결의 확정일로 하여야 하고, 법원이 그 확정일 이후의 시점을 임의로 선택할 수는 없다. 따라서 제37조 후단의 경합범관계에 있는 죄에 대하여 제39조 제 1 항에 의해 따로 형을 선고할 경우에 있어서 하나의 징역형에 대해 실형을 선고하면서 다른 징역형에 대해서는 집행유예를 선고할 수도 있게 되는데, 이 때에도 그 집행유예의 시기는 실형인 징역형의 집행종료일이 아니고 집행유예를 선고한 판결의 확정일이 시기가 되는 것이다.[2]

하나의 형을 선고할 경우에는 그 형의 일부에 대한 집행유예는 허용되

1) 대결 1999. 1. 12, 98모151.
2) 대판 2002. 2. 26, 2000도4637.

지 아니한다. 하나의 형의 일부에 대한 집행유예를 인정하기 위해서는 그 요건과 효력, 형의 일부에 대한 실형집행의 시기와 절차·방법 등에 관한 입법적 보완이 요구된다.[1] 또한 형사정책적 측면에서 보더라도, 하나의 형의 일부를 집행하고 나머지 일부에 대해서는 집행유예를 선고하는 경우에는 단기자유형의 폐해가 그대로 나타나게 되므로 집행유예제도의 취지를 살릴 수가 없다. 다만 수개의 형을 병과할 경우에는 그 중 일부에 대해서 그 집행을 유예할 수 있다(제62조 제2항).

집행유예가 실효 또는 취소됨이 없이 그 유예기간을 경과하면 刑의 宣告는 效力을 잃게 되고, 따라서 처음부터 형의 선고가 없었던 것으로 된다(제65조). 여기서 형의 선고가 효력을 잃게 된다는 것은 '刑의 失效'와 마찬가지 의미이다. 즉 '형의 선고'라는 법률행위 그 자체가 소멸한다는 의미일 뿐이며, 형의 선고가 있었다는 기왕의 사실까지 없어지는 것은 아니므로[2] 형의 선고에 기하여 발생한 다른 법률효과에는 아무 영향이 없다. 즉 집행유예의 기간이 경과하더라도 '자격정지 이상의 형을 받은 전과가 있는 자'(제59조 제1항 단서)에 해당되어 선고유예의 결격사유가 인정되게 된다.[3]

2. 보호관찰, 사회봉사·수강명령

형의 집행을 유예하는 경우에는 保護觀察을 받을 것을 명하거나 社會奉仕 또는 受講을 명할 수 있다(제62조의2 제1항).

(1) 보호관찰

保護觀察은 범죄인의 재범방지와 사회복귀를 촉진하기 위하여 시설 밖에서 사회생활을 영위하는 상태에서 지도·감독하는 제도를 가리킨다. 보호관찰은 집행유예제도의 형사정책적 목표를 달성하기 위해서 필요한 처분이라고 할 수 있다. 보호관찰의 기간은 형의 집행을 유예한 기간으로 하는데, 다만 법원은 형의 유예기간의 범위 내에서 보호관찰기간을 다시 정할 수도 있다(제62조의2 제2항).

---

1) 대판 2007. 2. 22, 2006도8555.
2) 대결 1983. 4. 2, 83모8.
3) 대판 2003. 12. 26, 2003도3768.

(2) 사회봉사 · 수강명령

社會奉仕命令은 범죄인을 일정기간 무보수로 근로에 종사하도록 하는 제도이고, 受講命令은 일정기간 지정된 장소에 출석하여 강의, 훈련 또는 상담 등을 받도록 하는 제도이다. 사회봉사 · 수강명령은 자유의 박탈 없는 처분으로서, 자유형의 대체수단으로서의 형사정책적 의미를 갖고 있다. 사회봉사명령제도는 영국에서 최초로 1972년에 입법하였으며, 프랑스도 1983년에 채택하였다. 우리나라는 1988년에 소년법에서 사회봉사 · 수강명령의 제도를 처음 받아들였다.

사회봉사 · 수강명령의 절차와 내용에 관해서는 '보호관찰 등에 관한 법률'이 규정하고 있다(동법 제 3 조 제 2 항, 제59조 내지 제64조 참조). 사회봉사는 자유형의 대체수단으로서의 의미를 갖는 것이므로 근로활동을 내용으로 하여야 한다. 그러므로 금원의 출연이나 이와 동일시할 수 있는 행위를 명하는 것은 허용될 수 없다.

대판 2008. 4. 11, 2007도8373 "형법과 보호관찰 등에 관한 법률의 관계 규정을 종합하면, 사회봉사는 형의 집행을 유예하면서 부가적으로 명하는 것이고 집행유예되는 형은 자유형에 한정되고 있는 점 등에 비추어, 법원이 형의 집행을 유예하는 경우 명할 수 있는 사회봉사는 자유형의 집행을 대체하기 위한 것으로서 500시간 내에서 시간 단위로 부과될 수 있는 일 또는 근로활동을 의미하는 것으로 해석되므로, 법원이 형법 제62조의2의 규정에 의한 사회봉사명령으로 피고인에게 일정한 금원을 출연하거나 이와 동일시할 수 있는 행위를 명하는 것은 허용될 수 없다.

법원이 피고인에게 유죄로 인정된 범죄행위를 뉘우치거나 그 범죄행위를 공개하는 취지의 말이나 글을 발표하도록 하는 내용의 사회봉사를 명하고 이를 위반할 경우 형법 제64조 제 2 항에 의하여 집행유예의 선고를 취소할 수 있도록 함으로써 그 이행을 강제하는 것은, 헌법이 보호하는 피고인의 양심의 자유, 명예 및 인격에 대한 심각하고 중대한 침해에 해당하므로 허용될 수 없고[1] 또 법원이 명하는 사회봉사의 의미나 내용은 피고인이나 집행담당 기관이 쉽게 이해할 수 있어 집행과정에서 그 의미나 내용에 관한 다툼이 발생하지 않을 정도로 특정되어야 하므로, 피고인으로 하여금 자신의 범죄행위와 관련하여 어떤 말이나 글을 공개적으로 발표하라는 사회봉사를 명하는 것은 경우에 따라 피고인의 명예나 인격에 대한 심각하고 중대한 침해를 초래할 수

1) 헌결 1991. 4. 1, 89헌마160; 헌결 2002. 1. 31, 2001헌바43.

있고, 그 말이나 글이 어떤 의미나 내용이어야 하는 것인지 쉽게 이해할 수 없어 집행과정에서 그 의미나 내용에 관한 다툼이 발생할 가능성이 적지 않으며, 유죄로 인정된 범죄행위를 뉘우치거나 그 범죄행위를 공개하는 취지의 말이나 글을 발표하도록 하는 취지의 것으로도 해석될 가능성이 적지 않으므로 이러한 사회봉사명령은 위법하다."

사회봉사·수강명령은 집행유예기간 내에 이를 집행한다(제62조의2 제 3 항). 사회봉사·수강명령은 보호관찰과 병과될 수 없다. 소년법에서는 소년범에 대하여 보호관찰의 처분을 할 때 사회봉사·수강명령을 동시에 명할 수 있도록 하고 있고(동법 제32조 제 2 항 제 1, 2 호) 또 '성폭력범죄의 처벌 및 피해자보호 등에 관한 법률' 제16조 제 2 항과 '가정폭력범죄의 처벌 등에 관한 특례법' 제40조 제 2 항 등에서도 보호관찰과 사회봉사·수강명령을 동시에 명할 수 있다고 규정하고 있는데 대하여, 형법상으로는 사회봉사·수강명령은 보호관찰과 별도로 명해질 수 있다는 점에 특색이 있다. 그러나 판례[1]에서는 형법상의 제도만 다른 법의 경우와 달리 취급할 이유가 없고 또 양 제도의 취지에 비추어 형법상으로도 양자를 동시에 명할 수 있다고 봄이 상당하다고 판시하고 있는데, 이는 피고인에게 불리한 유추해석으로서 죄형법정주의 원칙에 반하는 해석으로 보아야 한다. '성매매알선 등 행위의 처벌에 관한 법률'도 성매매를 한 자에 대한 보호처분의 필요가 인정된 때에 사회봉사·수강명령을 할 수도 있게끔 규정하고 있다(동법 제14조 제 1 항 제 3 호 참조).

Ⅳ. 失效와 取消

1. 실 효

집행유예의 선고를 받은 자가 유예기간 중 고의로 범한 죄로 금고 이상의 실형을 선고받아 그 판결이 확정된 때에는 집행유예의 선고는 효력을 잃는다(제63조). 집행유예의 선고가 실효되면 선고된 실형이 집행되게 된다.

종전 형법에서는 "집행유예의 선고를 받은 자가 유예기간 중 금고 이상의

1) 대판 1998. 4. 24, 98도98.

형의 선고를 받아 그 판결이 확정된 때에는 집행유예의 선고는 효력을 잃는다" 고 규정하였으나, 2005년에 집행유예제도의 취지를 더 살리기 위하여 실효의 사유를 제한하는 개정을 하였다.

'故意로 犯한 罪'로 금고 이상의 실형을 선고받은 경우이어야 하므로 과실범을 범하여 금고 이상의 실형을 선고받은 경우에는 집행유예가 실효되지 않는다. 또한 '猶豫期間 中'에 범한 죄이어야 하므로 집행유예의 선고를 받기 전에 범한 죄로 금고 이상의 실형을 선고한 판결이 확정된 때에는 집행유예는 실효되지 않는다. 죄를 범한 시점만 유예기간 중이면 족하고, 형의 선고와 판결확정의 시점은 유예기간 중일 필요가 없다고 본다. '禁錮 以上의 實刑의 宣告'는 실형의 선고만 의미하므로, 금고 이상의 형이라도 집행유예가 선고된 경우는 이에 해당되지 않는다. 현행형법의 집행유예요건의 해석상으로는 집행유예기간 중에 다시 금고 이상의 형의 집행유예를 선고할 수도 없으므로 명문상 '실형'으로 규정한 것으로 볼 수도 있다.

2. 취　　소

집행유예의 취소는 제64조 제 1 항의 경우와 제64조 제 2 항의 경우로 구분할 수 있다.

독일 형법에서는 집행유예의 취소에 관하여 우리 형법 제64조 제 2 항의 경우에 해당하는 규정만을 두고 있고(동법 제56조 f 참조), 제64조 제 1 항에 해당하는 경우에 관하여는 규정하지 않고 있다. 제64조 제 1 항의 경우는 진술거부권과 일사부재리의 원칙을 보장하고 있는 헌법규정(동법 제12조 제 2 항 후문, 제13조 제 1 항)에 반하는 것으로 보아야 한다.[1)]

집행유예의 취소는 검사의 청구가 있는 때에 한하여 결정으로 한다(형사소송법 제335조 제 1 항).

(1) 제64조 제 1 항의 경우

집행유예의 선고를 받은 후, 금고 이상의 형이 확정된 때부터 그 집행을 종료하거나 집행이 면제된 후 3년까지의 기간에 범한 죄로 형을 선고받은 자라는 사유(제62조 제 1 항 단서)가 발각된 때에는 집행유예의 선고를 취소한다

1) 同旨 : 이재상, § 43, RN 13.

(제64조 제 1 항).

'執行猶豫의 宣告를 받은 後'란 집행유예의 판결의 확정 전후를 불문하고 그 선고 후이면 족하다는 의미로 해석해야 한다. 집행유예의 판결의 확정 후만을 의미하는 것으로 봄[1]은 규정의 명문에 반하는 해석이다. 즉 '선고 후 확정 전'에 해당사유가 발각된 때에도 집행유예의 선고를 취소하여야 한다. 하지만 확정 후라 하더라도 집행유예기간이 경과하여 그 형의 선고가 효력을 잃게 된 다음에는 집행유예의 취소를 인정하지 않는 것[2]이 법적 안정성의 관점에서 타당하다. 그러므로 '선고를 받은 후'의 의미는 '선고 후 집행유예기간경과 전'의 의미로 해석하여야 한다. 또한 두 사건의 범죄가 상호 경합관계에 있어 동시에 심판할 수 있었는데도 불구하고 별도로 기소되어 각각 집행유예가 선고되어 상고심에서 다른 시기에 확정된 경우에는 먼저 확정된 집행유예판결의 발각이 후에 확정된 집행유예의 취소사유가 될 수 없다.[3] '發覺'되었다 함은 검사가 명확하게 그 취소사유를 안 경우만을 의미하는 것은 아니고, 당연히 그 취소사유를 알 수 있는 객관적 상황이 존재함에도 불구하고 부주의로 알지 못한 경우도 포함한다.

제64조 제 1 항의 집행유예의 취소는 필요적이다.

(2) 제64조 제 2 항의 경우

보호관찰이나 사회봉사 또는 수강을 명한 집행유예를 받은 자가 그 준수사항이나 명령을 위반하고 또 그 위반의 정도가 무거운 때에는 집행유예의 선고를 취소할 수 있다(제64조 제 2 항). 여기서 위반의 정도에 대한 판단은 법관이 구체적 상황을 고려하여 행해야 한다.

보호관찰은 기본적으로 소극적인 부작위의 조건인 반면에 사회봉사·수강명령은 적극적인 작위의 조건이므로 양자는 그 법적 성격을 달리하는 것으로서 각각의 준수사항이나 명령도 그 내용을 달리하여야 한다. 그러므로 보호관찰대상자에 대한 준수사항을 그대로 사회봉사·수강명령대상자에게 적용하는 것은 적합하지 않고, 따라서 보호관찰대상자에게나 부과할 수 있는 '재범의 기회나 충동을 줄 수 있는 장소에 출입하지 아니할 것'이라는 준수

1) 대결 2001. 6. 27, 2001모135.
2) 대결 1999. 1. 12, 98모151.
3) 대결 1980. 2. 29, 79모42.

사항을 사회봉사 · 수강명령대상자에게 부과하고 그 사항을 위반하여 재범하였다는 이유로 집행유예의 선고를 취소하는 것은 적절치 않다고 본다.[1)]

제64조 제 2 항의 집행유예의 취소는 임의적이다.

1) 대결 2009. 3. 30, 2008모1116.

제3장

刑의 執行

제1절 刑의 執行의 方法

Ⅰ. 序 言

刑의 執行은 확정된 판결에서 선고된 형을 구체적으로 시행하는 작용을 말한다. 형의 집행을 통하여 국가형벌권이 궁극적으로 실현되는 것이다.

형법은 형의 집행에 관하여 그 기본적인 내용만을 규정하고 있고, 형의 구체적인 집행절차 등에 관해서는 형사소송법(동법 제459조 이하)과 행형법에서 상세히 규정하고 있다. 행형법에서는 자유형인 징역·금고·구류와 노역장유치의 명령을 받은 자에 대한 형의 집행에 관하여 규정하고 있다.

형을 선고한 재판의 집행은 형사소송법에 특별한 규정이 없으면 재판의 확정 후에 행한다(형사소송법 제459조). 그리고 재판의 집행은 그 재판을 한 법원에 대응한 검찰청의 검사가 지휘한다(형사소송법 제460조 제1항). 다만 사형은 법무부장관의 명령에 의하여 집행한다(형사소송법 제463조).

형법은 判決公示의 制度를 채택하고 있다. 즉 법원은 피해자의 이익을 위하여 필요하다고 인정할 때에는 피해자의 청구가 있는 때에 한하여 피고인의 부담으로 판결공시의 취지를 선고할 수 있으며(제58조 제1항), 피고사건에 대하여 무죄 또는 면소의 판결을 선고할 때에는 피고인의 청구나 부담없이 판결공시를 하도록 선고할 수 있다(제58조 제2항).

Ⅱ. 各刑의 執行方法

1. 사형의 집행

사형의 집행방법은 絞首이다(제66조). 사형의 집행장소는 교도소와 구치소 안의 사형장이다(행형법 제57조 제 1 항).

사형의 집행시기는 법무부장관의 집행명령일로부터 5일 이내이며(형사소송법 제466조), 사형집행명령은 판결확정 후 6일 이내에 행하여야 한다(동법 제465조). 사형의 선고를 받은 자는 그 집행시까지 교도소에 구치되며, 국가경축일이나 일요일 기타 공휴일에는 사형을 집행하지 아니한다(행형법 제57조 제 2 항). 또한 심신상실자 및 임부(姙婦)에 대해서는 법무부장관의 명령에 의하여 사형의 집행을 정지하고, 치료·분만 후 법무부장관의 명령을 기다려서 집행한다(형사소송법 제469조).

소년범에 있어서 죄를 범할 때에 18세 미만인 소년에 대하여는 사형 또는 무기형으로 처할 경우에는 15년의 유기징역으로 한다(소년법 제59조).

2. 자유형의 집행

자유형인 징역·금고 및 구류는 모두 형무소에 구치하여 형무소 내에서 집행한다. 다만 징역은 정역(定役)에 복무하게 하는데 대하여, 금고 및 구류는 정역에 복무하게 하지 아니한다(제67조, 제68조). 그러나 금고나 구류의 형을 받은 자에게도 신청에 의하여 작업을 과할 수 있다(행형법 제38조).

3. 명예형의 집행

명예형인 자격상실 또는 자격정지는 일정한 기간 범인의 일정한 자격을 상실시키거나 또는 정지하는 형벌이므로, 이의 선고를 받은 자에 대하여는 이를 수형자원부(受刑者原簿)에 기재하고 지체 없이 그 등본을 형의 선고를 받은 자의 본적지와 주소지의 시·구·읍·면장에게 송부하여야 한다(형사소송법 제476조).

4. 재산형의 집행

재산형인 벌금과 과료는 판결확정일로부터 30일 이내에 납입하여야 하며, 벌금선고시에는 동시에 벌금을 완납할 때까지 노역장에 유치할 것을 명할 수 있다(제69조 제1항).

벌금을 납입하지 아니한 자는 1일 이상 3년 이하, 과료를 납입하지 아니한 자는 1일 이상 30일 미만의 기간 노역장에 유치하여 작업에 복무하게 한다(제69조 제2항). 벌금 또는 과료를 선고할 때에는 납입하지 아니하는 경우의 유치기간을 정하여 동시에 선고하여야 한다(제70조).

벌금 또는 과료의 선고를 받은 자가 그 일부를 납입한 때에는 벌금 또는 과료의 액과 유치기간의 일수에 비례하여 납입금액에 상당한 일수를 제(除)한다(제71조).

제2절 假釋放

제72조 [가석방의 요건] ① 징역 또는 금고의 집행 중에 있는 자가 그 행장(行狀)이 양호하여 개전의 정이 현저한 때에는 무기에 있어서는 10년, 유기에 있어서는 형기의 3분의 1을 경과한 후 행정처분으로 가석방을 할 수 있다.
② 전항의 경우에 벌금 또는 과료의 병과가 있는 때에는 그 금액을 완납하여야 한다.
제76조 [가석방의 효과] ① 가석방의 처분을 받은 후 그 처분이 실효 또는 취소되지 아니하고 가석방기간을 경과한 때에는 형의 집행을 종료한 것으로 본다.

Ⅰ. 意 義

가석방(Aussetzung des Strafrestes)은 자유형의 집행 중에 있는 자가 수형생활을 통하여 그 행장이 양호하여 개전의 정이 현저한 때에, 형기의 만료 전이라도 일정한 시기에 이를 임시로 석방하고 그 후 실효 또는 취소됨이 없이 일정한 기간을 경과하면 형의 집행을 종료한 것으로 보는 행정처분이다(제72조, 제76조 제1항).

가석방은 개전의 정이 현저한 수형자의 불필요한 구금을 가능한 한 피하고, 석방 후의 사회복귀에 걸리는 기간을 단축시키려는 특별예방의 형사정책적 견지에서 마련된 제도이다. 법적 성격에 있어서는 형집행의 수정형식에 해당한다고 할 수 있다. 가석방제도에 의하여 정기형제도의 결함을 보완하여 형집행상의 구체적 타당성을 기함으로써 실질적으로 상대적 부정기형과 같은 효과를 기대할 수 있게 된다.[1]

가석방제도는 연혁 상 19세기 초에 식민지 호주에서 시작된 이래 차츰 구미 각국에 도입되었다. 의용형법에서는 '假出獄'으로 규정하였으나, 현행형법에서 명칭을 '가석방'으로 바꿨다.

Ⅱ. 要 件

징역 또는 금고의 집행 중에 있는 자가 그 행장이 양호하여 개전의 정이 현저한 때에는 무기에 있어서는 10년, 유기에 있어서는 형기의 3분의 1을 경과한 후 행정처분으로 가석방을 할 수 있다(제72조 제 1 항).

행형법상 가석방의 적격 여부는 형법상의 요건을 갖춘 자에 대하여 범죄내용, 죄명 및 수형 중의 행장, 재범의 위험성 여부 등을 종합적으로 고려하여 각 교도소와 소년교도소에 설치된 법무부장관소속 하의 가석방심사위원회가 심사하며(동법 제49조 내지 제51조), 동(同)위원회가 가석방적격결정을 한 때에는 법무부장관에게 가석방허가를 신청하여야 하며(동법 제51조 제 3 항) 그 신청이 정당하다고 인정되는 때에 법무부장관은 가석방을 허가할 수 있다(동법 제52조).

1. 징역 또는 금고의 집행에 있어서 일정한 기간의 경과

懲役 또는 禁錮의 執行 중에 있는 자가 無期刑에 있어서는 10년, 有期刑에 있어서는 형기의 3분의 1을 경과했어야 한다. 소년범의 경우에는 무기형에 있어서는 5년, 15년의 유기형에 있어서는 3년, 부정기형에 있어서는 단기의 3분의 1을 경과했어야 한다(소년법 제65조).

징역 또는 금고의 형에 대해서만 가석방이 인정된다. 그러므로 벌금형의

1) 유기천, 372면; 이재상, §43, RN 25; 정영석, 327면.

환형처분인 노역장유치나 구류에 있어서는 형법규정의 명문상 가석방이 인정되지 아니한다.[1] 노역장유치에 대해서는 가석방을 허용하는 입법적 개선이 요구된다고 생각한다.[2] '무기형'·'유기형'은 宣告刑을 의미한다. 사면 등에 의하여 감형된 경우에는 감형된 형을 기준으로 한다. 형기에 산입된 판결선고전 구금일수는 가석방시 집행을 경과한 기간에 산입한다(제73조 제1항). 수개의 독립된 자유형이 선고되어 있는 경우에는 각 형을 분리하여 기간을 계산할 것이 아니고, 수개의 형을 종합하여 계산함이 가석방제도의 특별예방적 목적에 부합한다고 생각한다.[3] 즉 수개의 형 중 가장 중한 형을 기준으로 하여 기간을 계산함이 타당하다.

범죄의 종류나 죄질은 문제되지 아니한다.

2. 행장이 양호하여 개전의 정이 현저할 것

行狀이 良好하여 改悛의 情이 顯著하여야 한다(제72조 제1항).

'개전의 정이 현저하다'는 것은 석방하더라도 재범의 위험성이 거의 없음을 의미한다. 이 요건을 심사함에 있어서 범죄의 경중에 따른 차별이 있어서는 안 되며, 어디까지나 수형자 개인의 사정을 고려해서 판단해야만 한다.[4]

3. 병과된 벌금 또는 과료의 완납

罰金 또는 科料의 倂科가 있을 경우에는 그 금액을 完納하여야 한다(제72조 제2항).

벌금 또는 과료에 관한 노역장유치기간에 산입된 판결선고전 구금일수는 그에 해당하는 금액이 납입된 것으로 간주한다(제73조 제2항).

---

1) Horn, Systematischer Kommentar zum StGB, 6. Aufl., 1995, § 57, RN 3. 反旨 : 이재상, § 43, RN 29.
2) Schönke/Schröder, § 57, RN 4.
3) Schönke/Schröder, § 57, RN 8.
4) 이재상, § 43, RN 31.

Ⅲ. 效 果

1. 형의 집행종료의 간주

가석방의 처분을 받은 후 그 처분이 실효 또는 취소되지 아니하고 가석방의 기간을 경과한 때에는 형의 집행을 종료한 것으로 본다(제76조 제 1 항). 따라서 집행유예에 있어서와 같이 형의 선고 자체가 효력을 잃는 것은 아니다.

가석방의 기간은 무기형에 있어서는 10년으로 하고, 유기형에 있어서는 남은 형기로 하되 그 기간은 10년을 초과할 수 없다(제73조의2 제 1 항). 무기형과 유기형의 경우를 달리 취급하고 있는 것은 유기형의 가석방기간이 무기형의 가석방기간보다 길어지는 것을 막기 위한 취지이다.

가석방기간 중에는 아직 형의 집행이 종료된 것으로 보지 않기 때문에 가석방기간 중에 다시 죄를 범하여도 누범에 해당되지는 않는다.[1] 가석방된 자는 가석방기간 중 선행(善行)을 하고, 정상적인 업무에 취업하여야 하며, 기타 다른 법령에서 정하는 가석방자가 지켜야 할 사항을 준수하여야 한다(행형법시행령 참조).

2. 보호관찰

가석방된 자는 가석방기간 중 보호관찰을 받는다(제73조의2 제 2 항 본문). 선고유예나 집행유예의 경우에 보호관찰이 임의적인 것과 달리, 가석방기간 동안에는 필요적으로 보호관찰이 개시된다. 가석방에 있어서의 보호관찰(parole supervision)은 선고유예나 집행유예에 있어서의 보호관찰(probation)과는 달리 가석방자에 대한 지도와 감독을 목적으로 하는 처분이기 때문이다. 다만 불필요한 가석방을 강요할 필요는 없기 때문에, 가석방을 허가한 행정관청이 보호관찰의 필요성이 없다고 인정한 때에는 동(同)행정관청의 재량으로 보호관찰을 부과하지 않을 수 있다(제73조의2 제 2 항 단서).

영미법계와 대륙법계를 막론하고 가석방에는 보호관찰이 함께 부과되고 있다. 수형자의 사회복귀를 돕기 위하여 보호관찰은 필수적이라고 할 수 있다.

---

1) 대판 1976. 9. 14, 76도2071.

Ⅳ. 失效와 取消

1. 실 효

가석방기간 중 금고 이상의 형을 선고받아 그 판결이 확정된 때에는 가석방의 처분은 효력을 잃는다(제74조 본문). 다만, 過失로 인한 罪로 형의 선고를 받았을 때에는 예외로 취급되어(제74조 단서), 그 죄로 금고 이상의 형의 판결이 확정되어도 가석방처분은 그대로 유효하게 된다.

2. 취 소

가석방의 처분을 받은 자가 감시에 관한 규칙을 위배하거나 또는 보호관찰의 준수사항을 위반하고, 그 위반의 정도가 무거운 때에는 가석방의 처분을 취소할 수 있다(제75조). 가석방취소의 처분도 행정처분이다. '監視에 관한 規則'이란 가석방자는 가석방기간 중 선행을 하고, 정상적인 업무에 취업하여야 하며 기타 다른 법령에서 정하는 가석방자가 지켜야 할 사항을 준수하여야 한다는 가석방자의 준수사항(행형법시행령 참조)을 가리킨다.

법무부장관이 가석방을 취소하기 위해서는 가석방된 자가 '감시에 관한 규칙'에 위배하거나 또는 '보호관찰의 준수사항'을 위반하고, 그 위배나 위반의 정도가 무거워야 한다. 이 경우 위배나 위반의 사실만으로는 부족하고, 그 정도가 무거워야 한다. 위배나 위반의 정도가 무거운지의 여부와 가석방의 취소 여부에 관한 판단은 법무부장관의 재량에 속한다.

3. 효 과

가석방이 실효하거나 취소되는 경우에는 가석방 중의 일수는 형기에 산입하지 아니한다(제76조 제2항). '假釋放 中의 日數'라 함은 가석방처분이 행해진 익일(翌日)부터 실효나 취소로 인하여 구금된 전일(前日)까지의 기간을 의미한다. 따라서 가석방이 실효하거나 취소된 경우에는 가석방 당시의 잔여형기의 형을 마저 집행 받아야 한다.

제 4 장

刑의 時效·消滅·期間

제 1 절　刑의 時效

Ⅰ. 意　　義

형의 시효(Vollstreckungsverjährung)란 형을 선고받은 자가 그 재판이 확정된 후 그 집행을 받음이 없이 일정한 기간을 경과한 때에 그 집행이 면제되는 것을 말한다. 형집행의 시효라고 할 수 있다.

현행법상 刑事時效에는 '刑의 時效'와 公訴時效(형사소송법 제249조)가 있다. 형의 시효는 일정한 기간이 경과함에 따라 이미 확정된 형벌권 즉 형벌의 집행권을 소멸하게 하는 것이고, 공소시효는 미확정의 형벌청구권 즉 공소권을 소멸하게 하는 것이다.

형의 시효의 제도를 인정하는 이유는 우선 시간의 흐름이 장기화됨에 따라 형의 집행의 필요성에 대한 사회적 인식이 감소되며, 일정한 기간 동안 계속된 개인적·사회적 평온상태를 유지·존중할 필요가 있기 때문이다.

Ⅱ. 時效期間

형의 시효는 형을 선고하는 재판이 확정된 후, 그 집행을 받음이 없이, 일정한 기간을 경과함으로써 완성된다. 이 기간을 刑의 時效期間이라고 한다.

형의 시효기간은 선고 받은 형의 경중에 따라 장단(長短)의 차이가 있다. 즉 사형은 30년, 무기의 징역 또는 금고는 20년, 10년 이상의 징역 또는 금고는 15년, 3년 이상의 징역이나 금고 또는 10년 이상의 자격정지는 10년, 3년 미만의 징역이나 금고 또는 5년 이상 10년 미만의 자격정지는 5년, 5년 미만의 자격정지와 벌금이나 몰수 또는 추징은 3년, 구류 또는 과료는 1년의 기간을 경과함으로써 형의 시효기간이 완성된다(제78조).

형의 시효기간은 판결이 확정된 날로부터 진행하고(제85조), 그 말일(末日)의 24시에 종료되어 시효가 완성된다.

Ⅲ. 時效完成의 效果

형의 선고를 받은 자는 형의 시효의 완성으로 인하여 그 집행이 면제된다(제77조). 따라서 시효기간의 경과, 즉 시효의 완성과 동시에 법률상 당연히 그 집행면제의 효과가 발생하며, 별도로 재판 등의 행위를 필요로 하지 아니한다. 형의 선고 그 자체가 실효되는 것은 아니다.

Ⅳ. 時效의 停止와 中斷

1. 시효의 정지

형의 시효는 형의 집행의 유예나 정지 또는 가석방 기타의 사유로 집행할 수 없는 기간 동안은 정지되어 진행되지 아니한다(제79조). 여기서 '기타 집행할 수 없는 기간'이란 천재·지변 등에 의하여 집행할 수 없는 기간을 의미한다. 형의 선고를 받은 자의 도주나 소재불명의 기간은 이에 해당되지 않는다.

시효의 정지에 있어서 정지된 시효는 그 정지사유가 없어지게 되면 다시 잔여기간이 진행된다. 즉 정지시점까지 이미 진행되었던 기간은 그 효력을 계속 갖는 것이다. 이 점에서 '시효의 중단'의 효과와 구별된다.

2. 시효의 중단

형의 시효는 사형·징역·금고·구류에 있어서는 수형자를 체포함으로써, 벌금·과료·몰수·추징에 있어서는 강제처분을 개시함에 의하여 중단된다(제80조).

'受刑者의 逮捕'는 형의 선고를 받은 당해 죄로 인한 체포만을 의미하는 것은 아니다. 예를 들어, 구류의 형의 선고를 받은 자가 다른 죄로 인하여 체포·구속된 경우에도 선고받은 구류의 형의 시효는 중단된다. 그렇지만 '强制處分의 開始'는 형의 선고를 받은 당해 죄에 관한 강제집행이 개시된 경우만을 의미한다고 봄이 타당하다. '체포'는 대인적(對人的) 강제처분이지만, 벌금·과료·몰수·추징에 관한 강제처분은 대물적(對物的) 강제처분이라는 성격상 차이를 갖기 때문이다. 검사의 명령에 의하여 집행관이 벌금형의 집행에 임하였으나 집행대상재산의 평가액이 집행비용에도 미달하거나 또는 집행비용 외에 잉여가 없다는 이유로 집행불능이 된 경우에도 벌금형의 시효기간은 중단된 것으로 취급된다.[1] 이 경우에도 일단 강제처분은 개시된 것이기 때문이다. 따라서 수형자가 벌금의 일부를 납부한 경우에도 집행행위가 개시된 것으로 보아 벌금형의 시효가 중단되지만, 수형자 본인의 의사와 무관하게 제 3 자가 벌금을 납부한 경우에는 시효중단의 효과가 발생하지 않는다.[2]

시효의 중단에 있어서는 이미 경과한 시효기간의 효과가 완전히 상실된다. 따라서 시효가 한번 중단되면 중단시점부터 새롭게 시효기간이 처음부터 진행하여 시효의 전(全)기간이 경과되어야만 그 시효가 완성되는 것이다. 즉 체포일 또는 강제처분개시일로부터 시효기간이 처음부터 새롭게 진행되게 된다.

제 2 절 刑의 消滅

I. 意　義

'형의 소멸'이란 유죄판결의 확정에 의하여 발생한 형의 집행권을 소멸시키는 제도를 말한다.

'형의 소멸'은 형의 집행권을 소멸시킨다는 점에서 검사의 형벌청구권을

1) 대판 1979. 3. 29, 78도8; 대결 1992. 12. 28, 92모39.
2) 대결 2001. 8. 23, 2001모91.

소멸시키는 '공소권의 소멸'과는 다르다.

Ⅱ. 原 因

형의 집행권을 소멸시키는 원인으로는 형의 집행의 종료, 형의 집행의 면제, 가석방기간의 만료, 형의 시효의 완성, 범인의 사망과 법인의 소멸, 사면 및 복권 등이 있다. '형의 실효'는 형의 집행권을 소멸시키는 것이 아니라 형선고의 법률상 효과를 소멸시켜 자격을 회복시켜주는 제도로서 광의의 '형의 소멸'에 포함시킬 수 있다. 형의 선고유예에 있어서는 선고유예를 받은 날로부터 2년이 경과함으로써 면소된 것으로 간주하며(제60조), 집행유예에 있어서는 그 유예기간의 경과에 의해 형의 집행이 면제될 뿐만 아니라 형의 선고까지 효력을 잃는다(제65조).

형의 소멸의 원인 중 범인의 사망, 법인의 소멸과 사면·복권, 형의 실효에 관하여 보도록 한다.

1. 범인의 사망, 법인의 소멸

형사책임은 범인에 일신전속적인 것이기 때문에 犯人이 死亡한 때에는 이를 소추할 수 없으며, 형이 확정되었더라도 범인 즉 수형자의 사망에 의하여 형의 집행권은 소멸한다. 다만 몰수 또는 조세·전매 기타 공과(公課)에 관한 법령에 의하여 재판한 벌금 또는 추징은 그 재판을 받은 자가 재판확정 후 사망한 경우에는 그 상속재산에 대하여 집행할 수 있다(형사소송법 제478조).

법인에 대하여 벌금형 등이 선고될 수 있는데, 法人이 법정절차에 의하여 消滅된 경우에는 당연히 그 형의 집행권도 소멸하게 된다. 다만 법인에 대하여 벌금·과료·몰수·추징을 선고하거나 소송비용 또는 비용배상을 명한 경우에 법인이 그 재판확정 후 합병에 의하여 소멸한 때에는 합병 후 존속한 법인 또는 합병에 의하여 설립된 법인에 대하여 집행할 수 있다(형사소송법 제479조).

2. 사면·복권

대통령은 법률이 정하는 바에 의하여 사면·감형 또는 복권을 명할 수 있다(헌법 제79조 제1항).

(1) 사 면

赦免(Amnestie, Begnadigung)이란 국가원수의 특권에 의해 형벌권을 소멸시키는 제도를 말한다. 사면에는 일반사면과 특별사면이 있다.

사면법상 일반사면에 의해서는 원칙적으로 형의 선고의 효력이 상실되며, 형의 선고를 받지 않은 자에 대하여는 공소권이 상실된다. 또한 특별사면에 의해서는 원칙적으로 형의 집행이 면제된다. 하지만 두 경우 모두에 있어서 형의 선고에 의한 기성(既成)의 효과에는 영향이 없다.[1)]

(2) 복 권

復權은 사면법상으로는 형의 선고의 효력으로 인하여 상실 또는 정지된 자격을 회복시켜주는 제도이다. 하지만 형법에서는 '복권'을 자격정지에 있어서 형의 소멸사유로 특별히 규정하고 있다. 즉 자격정지의 선고를 받은 자가 피해자의 손해를 보상하고 자격정지 이상의 형을 받음이 없이 정지기간의 2분의 1을 경과한 때에는 본인 또는 검사의 신청에 의하여 법원은 자격의 회복을 선고할 수 있다(제82조). 형법상 복권은 자격정지의 선고를 받은 자 즉 자격의 선고정지에 대해서만 적용될 수 있다.

복권 이후에도 형의 선고의 효력은 소멸하지 않는다. 즉 자격정지의 선고를 받은 자에게 자격정지의 기간이 만료되지 않았어도 복권에 의하여 일정한 조건 아래 그 자격을 회복시켜주는데 그치고, 기왕의 형의 선고의 효력은 소멸되지 않아 전과는 존속하게 되는 것이다.

3. 형의 실효

刑의 失效에 관하여는 형법과 '형의 실효 등에 관한 법률'이 규정하고 있다.

'형의 실효'는 국가의 형벌집행권이 이미 소멸한 후에 형의 선고의 효력을 상실하게 하는 것이다. 이 점에서 유죄판결의 확정에 의해 발생한 국가의 형벌집행권의 소멸을 의미하는 협의의 '형의 소멸'과는 구별되고, 광의의 '형의 소멸'에 포함시킬 수 있다.

형이 소멸되더라도 전과사실은 그대로 남아 사회생활 상 많은 제약을 수반하므로, 범죄인의 사회복귀를 돕기 위하여 형의 실효의 제도를 두고 있다.

1) 대결 1997. 10. 13, 96모33.

(1) 형법상 형의 실효

(가) 의　　의

형법상 징역 또는 금고의 집행을 종료하거나 집행이 면제된 자가 피해자의 손해를 보상하고 자격정지 이상의 형을 받음이 없이 7년을 경과한 때에는, 본인 또는 검사의 신청에 의하여 법원은 그 재판의 실효를 선고할 수 있다(제81조).

(나) 요　　건

형법상 형의 실효는 일정한 요건을 갖춘 경우에 법원의 재판에 의해서 선고되는 것이다. 일정한 기간의 경과에 의하여 형을 선고한 재판이 당연히 실효되도록 한 것이 아니다.

첫째, 형의 실효의 대상은 징역과 금고에 한한다.

둘째, 수형자가 피해자의 손해를 보상하고, 자격정지 이상의 형을 받음이 없이 7년을 경과하여야 한다.

셋째, 수형자가 자격정지 이상의 '형을 받음이 없이' 7년을 경과하여야 한다. 그러므로 형의 집행종료 후 7년 이내에 집행유예의 판결을 받고 그 유예기간이 경과되었어도 형의 실효를 선고할 수 없다고 보아야 한다.[1]

(다) 효　　과

형의 실효의 재판이 확정되면 형의 선고의 효력은 장래에 향하여 소멸되게 된다.[2] 따라서 이미 상실된 자격이 소급하여 회복되는 것은 아니지만, 전과는 소멸된다.

(2) '형의 실효 등에 관한 법률'상 형의 실효

'형의 실효 등에 관한 법률'에서는 수형인이 자격정지 이상의 형을 받음이 없이, 형의 집행을 종료하거나 그 집행이 면제된 날부터, 3년을 초과하는 징역·금고는 10년, 3년 이하의 징역·금고는 5년, 벌금은 2년의 기간이 경과한 때에 그 형이 실효되고, 구류·과료는 형의 집행이 종료하거나 그 집행이 면제된 때에 그 형이 실효된다고 규정하고 있다(동법 제7조 제1항 참조). 동법에서는 형의 실효의 범위를 징역과 금고에 국한하지 않고 벌금·구류·과료에 대해서까지 확대하고 있고, 피해자의 손해를 보상하지 않더라도 일정한

1) 대결 1983. 4. 2, 83모8.
2) 대판 1974. 5. 14, 74누2.

기간이 경과함으로써 당연히 형이 실효되도록 하고 있는 점에서 형법상 형의 실효와 차이를 보이고 있다.

또한 하나의 판결로 수개의 형이 선고된 경우에는 각 형의 집행을 종료하거나 그 집행이 면제된 날부터 가장 중한 형에 대한 위의 기간이 경과한 때에는 형의 선고가 효력을 잃으며, 이 경우에 있어서 징역과 금고는 동종의 형으로 보고 각 형기를 합산한다(동법 제 7 조 제 2 항).

제 3 절 刑法上 期間의 計算

Ⅰ. 計算의 基準

형기, 시효기간 기타 형법상 기간의 계산에 관하여 형법은 특별히 규정을 두고 있다(제83조 이하 참조).

年 또는 月로써 정한 기간은 曆數에 따라 계산한다(제83조). 日·時·分·秒는 고려하지 않는다. 이는 형법상 기간의 계산방법으로 曆法的 計算方法을 채용한 것을 의미한다. 이 방법에 따라 6월의 기간을 2월 1일부터 계산하면 7월 31일에 만료된다. 민법에서는 週·月·年으로 정한 기간을 曆에 의하여 계산하는 것(민법 제160조 제 1 항)과 차이를 보인다.

Ⅱ. 計算의 方法

1. 기 산

형기는 판결이 확정된 날로부터 起算한다(제84조 제 1 항). '刑期'라 함은 자유형의 기간을 말한다. '判決의 確定'이란 그 판결에 대해서 통상의 상소방법으로는 다툴 수 없는 상태를 의미한다.

형의 집행과 시효기간의 初日은 시간을 계산함이 없이 1일로 산정한다(제85조).

釋放은 형기종료일에 하여야 한다(제86조).

2. 통 산

판결이 확정된 날 이전의 구금도 실질적으로는 형의 집행에 준하는 처분이므로 그 구금의 기간도 본형에 산입함이 바람직하다. 이러한 산입을 刑期의 通算이라 한다.

(1) 판결선고전 구금일수의 산입

제57조 [판결선고전 구금일수의 통산] ① 판결선고전의 구금일수는 그 전부를 유기징역, 유기금고, 벌금이나 과료에 관한 유치 또는 구류에 산입한다.
② 전항의 경우에는 구금일수의 1일은 징역, 금고, 벌금이나 과료에 관한 유치 또는 구류의 기간의 1일로 계산한다.

判決宣告前 拘禁日數, 즉 未決拘禁日數는 재판의 확정 전 수사와 공판의 단계에서 구금된 일수로서 실질적으로 자유형과 다를 바가 없으므로 형법은 판결선고전 구금일수는 그 전부를 유기징역, 유기금고 또는 벌금이나 과료에 관한 노역장유치, 구류 등의 기간을 정함에 있어서 산입하도록 하고 있다(제57조 제1항). 이 경우에 있어서 구금일수의 1일은 그 산입에 있어서도 1일로 계산한다(제57조 제2항). 여기서 본형산입의 대상이 되는 미결구금일수는 '判決宣告 前日'까지의 구금일수라고 보아야 한다.[1] 그러므로 判決宣告 當日에 석방된 피고인이 바로 당일에 상소를 제기한 경우에는 그 선고 당일(석방된 당일)의 구금일수 1일은 상소심의 재정통산의 대상이 된다.[2] 또한 본형에 산입될 수 있는 미결구금일수는 공소의 목적을 달성하기 위하여 부득이 행해진 강제처분의 기간이어야 하므로,[3] 피고인이 범행 후 미국으로 도주하였다가 한·미간 범죄인인도조약에 따라 체포되어 인도절차를 밟기 위한 절차에 해당하는 기간은 본형에 산입될 수 있는 미결구금일수에 포함되지 않는다.[4] 약식절차에서 선고된 벌금형에 대한 환형처분으로 받은 노역장유치도 미결구금에 해당되지 않으므로 비록 나중에 정식재판청구권회복결정에 의하여

---

1) 대판 1966. 12. 23, 66도1500; 대판 1994. 2. 8, 93도2563.
2) 대판 2006. 2. 10, 2005도6246.
상소를 판결선고 당일에 제기하지 아니하였더라도 그 선고 당일의 구금일수 1일은 후에 상소심의 재정통산의 대상이 된다고 보아야 할 것이다.
3) 대판 2003. 2. 11, 2002도6606; 대판 2004. 4. 27, 2004도482.
4) 대판 2005. 10. 28, 2005도5822.

사건을 공판절차에 따라 심리하는 경우라 하더라도 그 노역장유치기간을 본형에 산입할 수는 없다.[1)]

미결구금일수는 그 전부가 본형에 산입된다. 종전 형법에는 미결구금일수의 '전부 또는 일부'를 본형에 산입하는 것으로 규정되어 있어서 판결선고법원의 자유재량에 의한 판단으로 통산기간이 결정되었다. 그러나 미결구금을 허용하는 것 자체가 불구속수사의 원칙에 대한 예외인데 그에 대한 재량통산을 규정한 것은 헌법상 신체의 자유와 재판청구권에 대한 침해라고 보아야 하므로 미결구금일수의 '일부'를 산입할 수 있도록 한 규정에 대해서 위헌무효의 결정[2)]이 내려졌고, 이에 따라 이제는 미결구금일수의 전부를 반드시 본형에 산입하여야 한다. 미결구금일수의 연장이 피고인의 귀책사유에 의한 것인지의 유무와 무관하게 그 전부를 본형에 산입하여야 한다. 형사소송법에서 법관기피신청으로 인하여 공판절차가 정지된 기간을 구속기간에 산입하지 아니하는 것(동법 제92조 제 3 항)은 본안의 심리기간을 확보하기 위한 취지일 뿐 형기의 통산과는 무관하므로 공판절차정지기간 중의 구금도 미결구금일수에 포함되는 것으로 봄이 타당하다. 미결구금일수의 산입은 필요적인 것이므로 이를 본형에 산입하지 않는 것은 위법이다.[3)] 다른 한편으로 미결구금일수보다 많은 일수를 본형에 산입하는 것도 위법이라고 보아야 한다.[4)] 실제 미결구금일수를 초과하여 산입한 판결이 확정되었다 하더라도 그 초과일수가 본형에 산입되는 효력이 생기는 것은 아니며, 미결구금일수가 전혀 없음에도 이를 산입한 오류를 범한 판결서는 경정(更正)을 통하여 시정할 수 있다.[5)] 본형이 무기형인 경우에는 산입이 행해질 수 없다.[6)] 그러나 1심의 무기징역형을 2심에서 유기징역으로 감형한 경우에는 1심 판결선고전 구금일수를 산입하여야 한다.[7)]

형의 집행과 구속영장의 집행이 경합하고 있는 경우의 미결구금은 본형

1) 대판 2007. 5. 10, 2007도2517.
이 경우 노역장유치기간은 후의 본형집행단계에서 그에 상응하는 벌금형이 집행된 것으로 간주될 수 있을 뿐이다.
2) 헌결 2009. 6. 25, 2007헌바25.
3) 대판 1977. 7. 27, 76도1736; 대판 1979. 11. 13, 79도443; 대판 2007. 2. 9, 2006도7837; 대판 2007. 4. 13, 2007도943.
4) 대판 1955. 3. 4, 4288형상17; 대판 1960. 3. 9, 4292형상782.
5) 대결 1999. 1. 13, 98모152; 대판 2007. 7. 13, 2007도3448; 대결 2008. 4. 14, 2007모726.
6) 대판 1966. 1. 25, 65도384.
7) 대판 1972. 9. 28, 71도1289.

에 통산하여서는 아니된다.[1] 또한 懲役, 禁錮, 拘留와 留置에 있어서는 拘束되지 아니한 日數는 형기에 산입하지 아니한다(제84조 제2항). 판결이 확정되더라도 곧 구속되지 않을 경우가 있고 또 형의 집행 중에 도주 등으로 인하여 당분간 구속이 해제되는 경우도 있으므로, 이러한 경우에 구속되지 아니한 일수는 형기에 산입하지 아니한다는 취지이다.

(2) 상소제기후 판결선고전 구금일수 등의 산입

형사소송법에서는 검사가 상소를 제기한 때(동법 제482조 제1항 제1호)와 검사가 아닌 자가 상소를 제기하여 원심판결이 파기된 때(동법 제482조 제1항 제2호)에는 상소제기후의 상소심 판결선고전 구금일수는 그 전부를 본형에 산입한다고 규정하고 있다. 이 경우 상소제기기간 중의 판결확정전 구금일수는 전부 본형에 산입하며(동법 제482조 제2항), 상소법원이 원심판결을 파기한 후의 판결선고전 구금일수는 상소 중의 판결선고전 구금일수에 준하여 통산한다(동법 제482조 제5항). 그러나 피고인 또는 피고인 아닌 자가 상소를 제기하였다가 취하한 경우에 있어서 상소제기기간 이후 상소를 취하할 때까지의 판결확정전 구금일수의 산입에 관하여는 형사소송법상 아무런 규정이 없는 만큼 이를 당연히 산입하여야 하는 것이 아니다.[2] 미결구금은 재판확정전의 강제처분에 불과하고 형의 집행은 아니므로 그 일수를 형기에 산입하기 위해서는 법률상 근거규정이 있어야 하는 것이기 때문이다.

'소송촉진 등에 관한 특례법'은 법원이 피고인 또는 피고인 아닌 자의 상소를 기각할 경우에 그들이 상당한 이유 없이 상소를 제기한 것으로 인정되는 때에는 상소제기후의 판결선고전 구금일수 중 상소제기기간만료일로부터 상소이유서제출기간만료일까지의 일수는 이를 본형에 산입하지 아니한다고 규정하고 있다(동법 제24조).

1) 대판 2001. 10. 26, 2001도4583.
2) 대결 2007. 8. 10, 2007모522.

제5장

保 安 處 分

제1절 基本理論

Ⅰ. 意 義

保安處分(Maßregeln der Besserung und Sicherung)이란 행위자의 장래의 범죄 위험성에 기하여 행위자의 사회복귀와 범죄의 예방을 목적으로 하여 부과되는 형사제재를 의미한다. 즉 형벌에 의해서 행위자의 사회복귀와 범죄의 예방을 달성할 수 없는 경우에 형벌을 대체 또는 보완하기 위하여 과해지는 처분을 가리킨다. '刑罰'이 기왕에 행해진 범죄행위에 대하여 책임주의 원칙에 토대하여 부과되는 제재임에 반하여, '보안처분'은 행위자의 장래의 범죄 위험성에 초점을 맞추어 특별예방과 일반예방의 관점에서 부과되는 처분이라는 점에서 양자는 그 기본적 성격을 달리한다.

현대 사회의 급격한 산업화로 인하여 범죄문제도 큰 변화를 겪게 되었다. 특히 누범과 상습범의 격증은 기존 형벌제도의 한계를 노정(露呈)시켰고, 늘어나는 알코올·마약 등 중독자들에게도 형벌은 별 의미를 갖지 못하였다. 아울러 책임능력을 결한 정신질환자들의 범행으로부터 사회를 방위하기 위해서도 새로운 합목적적 강제처분의 필요성이 제기되었는데, 이러한 제반 여건에 기해 행위자의 책임이 아닌 위험성에 초점을 맞춘 현대적 의미의 보안처분제도가 등장하였다.

Ⅱ. 沿 革

현대적 의미의 보안처분제도는 스위스의 쉬토오스(Carl Stoos)에 의하여 1893년에 처음으로 스위스 형법예비초안에 도입되었다.

연혁적으로 보면, 원래 클라인(E. F. Klein)이 18세기말에 형벌과 구별되는 제도로서의 보안처분의 필요성을 최초로 언급했다. 그 후 리스트(Franz v. Liszt)는 1822년 자신이 제창한 마르부르크강령(Marburger Programm)에서 형벌은 특별예방의 목적을 수행할 수 있어야 한다는 이른바 目的刑思想을 개진하였는데, 이것은 형벌과 구별되는 제도로서의 보안처분을 주장한 것은 아니고 형벌 그 자체가 장래의 범죄위험성을 감소·제거할 수 있어야 한다는 목적형·보안형 사상이었다. 하지만 리스트의 이러한 사상은 현대적 보안처분제도의 이념적 기초를 제공하였다고 볼 수 있다. 쉬토오스는 리스트의 이론에 토대하여 보안처분제도를 처음으로 스위스 형법예비초안에 도입하였으며, 그 영향을 받아 1933년에 독일 형법에서 보안처분제도를 채택한 이래 오늘날에 이르러서는 대부분의 대륙법계 국가에서 이를 입법·시행하고 있다.

Ⅲ. 本 質

보안처분의 본질은 보안처분과 형벌의 관계와 보안처분의 한계를 검토함으로써 규명될 수 있다.

1. 보안처분과 형벌의 관계

보안처분과 형벌의 관계에 관해서는 종래 이원주의, 일원주의와 대체주의의 세 입장이 대립되어 왔다. 이는 보안처분과 형벌이 한 행위자에 대하여 과해지는 경우에 양자의 관계를 어떻게 파악하여 처분을 내릴 것인지에 관한 문제이다.

(1) 이원주의

二元主義는 형벌과 보안처분이 함께 선고되어 병과적(倂科的)으로 중복집행될 수 있다는 입장이다. 형벌은 기왕에 행해진 범죄행위에 대한 행위자의 책임에 토대하여 부과되는 제재임에 반하여, 보안처분은 행위자의 장래의 위험성에 기하여 과해지는 처분인 점에서 양자는 근본적으로 성격을 달리하는 제도이므로 병과적으로 중복 집행될 수 있다고 보는 것이다.[1] 또한 보안처분은 형벌을 보완하는 제도이므로 형벌을 먼저 집행한 후에 보안처분을 집행하여야 한다고 한다.

독일 형법상 보안감호(Sicherungsverwahrung : 동법 제66조)가 이에 따르고 있으며, 이탈리아와 프랑스의 형법이 보안처분 일반에 대하여 채택하고 있는 입장이다. 우리 구(舊)사회보호법은 보호감호에 대해서 이원주의에 입각하고 있었다(동법 제23조 제 1 항 참조).

(2) 일원주의

一元主義는 형벌과 보안처분 중 현실의 행위자에게 구체적으로 적합한 처분 하나만을 택일적(擇一的)으로 선고·집행해야 한다고 보는 입장이다. 즉 보안처분에 의하여 행위자의 사회복귀와 범죄의 예방이라는 목적이 달성될 수 있는 경우에는 보안처분만을 적용하고 형벌은 배제해야 하며, 형벌은 보안처분이 그 목적을 달성할 수 없는 경우에만 보충적으로 적용되어야 한다고 보는 것이다. 형벌과 보안처분은 행위자의 사회복귀와 범죄의 예방을 목적으로 하고 있다는 점에서 공통된다는 점에 근거하고 있는 입장이다.

영국과 스웨덴, 벨기에 등에서 채택하고 있는 입장이다.

(3) 대체주의

代替主義는 형벌과 보안처분이 각각 행위자의 책임과 위험성에 토대하는 제도이기 때문에 병과적으로 함께 선고될 수 있다고 본다. 다만 이원주의에서와는 달리 특별예방이 일반예방에 우선한다고 봄으로써, 집행에 있어서는 보안처분이 형벌을 대체한다고 본다. 즉 보안처분이 형벌에 대해 우선적으로 집행되고, 보안처분기간이 형기에 산입되어 잔여형기만을 보안처분집행 후에 추가로 집행할 것이며, 보안처분의 집행만으로도 행위자의 사회복귀가 완성된 경우에는 형벌의 집행을 유예할 수 있다고 주장하고 있다.[2] 보안처분도 그 실질에 있어서는 형벌과 다름없는 제재이며, 형벌의 목적은 보안처분에 의해서도 달성될 수 있다고 보기 때문이다.

스위스 형법이 채택하고 있는 입장이며, 독일 형법도 보안감호 이외의

1) 同旨 : 대판 2009. 5. 14, 2009도1947, 2009전도5.
2) 김성돈, 931면; 이재상, § 45, RN 15; 임웅, 645면.

보안처분에 있어서 대체주의를 따르고 있다. 우리 치료감호법은 治療監護에 대해서 대체주의에 입각하고 있다(동법 제18조 참조).

(4) 결 어

우리 제도운영의 현실에 있어서 형벌과 보안처분의 구별은 사실상 어렵다고 할 수 있으므로, 이원주의에 따르면 결국 수형자에게 지나치게 가혹한 제재가 되어 비인도적 이중처벌이 야기된다는 점에서 이원주의는 문제점을 안고 있다. 다른 한편 수형자에게는 책임과 예방의 필요성이 모두 인정되는 것이 일반적인 만큼 목적과 본질을 달리하는 형벌과 보안처분은 병과되어야 함이 당연한 요청이라는 점에서 일원주의도 타당하다고 할 수 없다. 즉 일원주의에 따르면, 형벌과 보안처분을 본질적으로 동일한 것으로 파악하여 결과적으로 책임주의 원칙을 포기하게 되는 위험성이 나타난다.

형벌과 보안처분의 본질상 차이를 긍정하면서, 다만 집행단계에서 보안처분에 의한 우선적 대체집행을 인정하는 代替主義의 입장이 타당하다고 생각한다. 형벌에 비하여 행위자의 인격적 특성을 더 고려한 보안처분을 우선적으로 집행하는 것이 행위자의 사회복귀에 더 도움이 되며, 보안처분도 그 실질에 있어서는 행위자의 권리와 자유에 대한 제한·박탈을 내용으로 하므로 이에 의해서도 형벌의 목적은 달성될 수 있기 때문이다.

2. 보안처분의 한계

(1) 보안처분법정주의

헌법에서는 "누구든지 … 법률과 적법한 절차에 의하지 않고는 … 보안처분 … 을 받지 아니 한다"(제12조 제1항 後文)고 규정하여, 보안처분에 대한 헌법적 근거를 마련해놓고 있다. 이를 保安處分法定主義 原則이라고 할 수 있다. 국민의 자유와 기본권은 헌법과 법률의 테두리 안에서 향유되어야 하며 그 테두리를 벗어난 경우에 보안처분은 법적 제재로서의 정당성을 상실하는 것이다.[1)]

헌법상의 보안처분법정주의 원칙에는 보안처분의 司法處分으로서의 성격에 관한 천명도 내포되어 있다. 보안처분도 그 실질에 있어서는 형벌과 마찬가지로 국민의 권리와 자유에 대한 제한·박탈을 내용으로 하므로 독립된

1) 이재상, §45, RN 7; Schönke/Schröder, §66, RN 3.

법원에 의해 판단·부과됨이 법치주의에 부합한다고 할 것이다.

(2) 비례성의 원칙

보안처분은 국민의 권리와 자유를 제한·박탈하는 처분이므로 법치주의의 테두리 안에서 부과되어야 한다는 점은 오늘날의 자유주의 헌법의 정신에 비추어 볼 때 당연한 요청이다. 보안처분은 행위자의 위험성에 기하여 그의 권리와 자유를 제한·박탈하는 것이 행위자 본인의 사회복귀와 범죄의 예방을 통한 전체 사회의 보안이라는 더 큰 이익을 위하여 필요하다는 법익교량의 관점에서 정당화될 수 있다. 이것이 比例性(Verhältnismäßigkeit)의 原則이라고 할 수 있다. 형벌이 책임주의 원칙에 의해 한계지워지는 것과 마찬가지 이치라고 할 수 있다. 즉 보안처분은 행위자에 의해 행해졌거나 행해질 것으로 예상되는 범죄행위의 중요성 및 행위자에 의해 야기된 위험성과 비교하여 비례성이 인정되는 범위 안에서만 부과될 수 있는 것이다(독일 형법 제62조 참조).

비례성의 원칙은 適合性·必要性·均衡性을 내용으로 하는 원리이다. 구체적으로 보안처분은 행위자 본인의 사회복귀와 전체 사회의 보안이라는 목적의 달성을 위하여 적합한 처분이어야 하며(적합성), 또한 그 목적의 달성을 위하여 필요불가결한 수단이어야 한다(필요성). 또한 보안처분에 의해 얻을 수 있는 이익과 보안처분에 의해 침해되는 이익 사이에 균형이 유지되어야 한다(균형성).

우리 법상 보안처분에 관하여 비례성의 원칙이 명문으로 규정되어 있지는 않지만, 헌법상의 자유민주주의원리와 기본권규정에 비추어 우리 보안처분에 관해서도 비례성의 원칙은 당연히 적용되어야 한다고 본다.[1)]

Ⅳ. 種　類

1. 분　류

보안처분은 우선 그 처분의 대상에 따라 형식적으로 대인적 보안처분과

1) 비례성의 원칙은 비단 보안처분의 경우뿐만 아니라, 국민의 자유와 권리에 대한 제한·박탈을 가져오는 형벌, 형사소송법·행정법상의 강제처분 등 국가의 모든 공적(公的) 처분에 관하여 적용되는 원리라고 할 수 있다.

대물적 보안처분으로 분류된다. 對人的 保安處分은 범죄의 예방을 위하여 특정인을 대상으로 하여 부과되는 처분을 의미한다. 우리 구 사회보호법은 대인적 보안처분에 관해서만 규정하고 있었다. 對物的 保安處分은 범죄의 예방을 위하여 물건에 대하여 취해지는 처분을 의미한다. 몰수, 영업장폐쇄, 폐기 등을 그 예로 들 수가 있다.

대인적 보안처분은 다시 그 처분의 실질적 내용에 따라 자유박탈적 보안처분과 자유제한적 보안처분으로 분류된다. 自由剝奪的 保安處分은 대상자를 일정한 시설에 격리수용하는 것을 내용으로 하는 보안처분이다. 그 예로는 우리 치료감호법상의 치료감호와 구 사회보호법상의 보호감호를 들 수 있다. 自由制限的 保安處分은 대상자의 자유를 박탈하지는 않고 단지 그 자유를 제한하는 정도에 그치는 보안처분을 가리킨다. 이에는 운전면허박탈, 취업금지, 선행보증(善行保證), 거주제한, 국외추방, 주점(酒店)출입금지, 위치추적을 위한 전자장치부착,[1] 보호관찰 등이 포함된다.

2. 우리 법상의 보안처분

헌법상의 보안처분법정주의 원칙에 기하여 몇 개의 법률에서 보안처분에 관하여 규율하고 있다. 治療監護法이 치료감호에 관한 규정을 두고 있다. 少年法에서는 소년에 대한 보호처분을 규정하고 있고, 保安觀察法에서는 국가보안법위반사건 등의 범죄인에 대하여 보안관찰을 부과하고 있다. 이 밖에 '刑法'과 '保護觀察 등에 관한 法律'에서 보호관찰에 관한 규정을 마련해두고 있다.

1980년에 제정된 사회보호법이 보호감호·치료감호와 보호관찰 등에 관하여 규정하고 있었으나, 동법은 2005년에 '사회보호법폐지법률'에 의해 폐지되었다. 사법의 현실에 있어서 보호감호가 자유형과 마찬가지로 구금위주로 시행되고 있었기 때문에 피보호감호자를 이중처벌하는 결과를 낳게 되었고, 피보호감호자의 개선보다는 구금에 의한 사회방위에 치중하여 운영되었으며, 상습범에 대하여는 특별형법 등에 의하여 가중하여 처벌하고 있으므로 형벌 이외의 추가적인 형사제재를 할 필요가 없게 되어 폐지된 것이다.[2] 보호감

1) 대판 2009. 9. 10, 2009도6061, 2009전도13.
2) 국회 법사위원회의 사회보호법폐지법률안 심사보고서 참조.

호제도를 폐지하면서 보완입법으로 상습강도·절도죄의 일정한 再犯者를 가중처벌하기 위하여 '특정범죄가중처벌 등에 관한 법률' 제 5 조의4 제 6 항이 신설되었다.[1] 하지만 재범자의 대부분의 경우는 가중처벌보다는 개선과 예방의 차원에서 보안처분을 요하는 자라는 범죄현실에 비추어 볼 때 이러한 가중처벌은 책임주의 원칙에 반할 뿐만 아니라 형사정책적 요청에도 부합하지 않는 입법이라고 생각한다.[2]

제 2 절 治療監護

[치료감호법]

제 2 조 [치료감호대상자] ① 이 법에서 "치료감호대상자"라 함은 다음 각 호의 어느 하나에 해당하는 자로서 치료감호시설에서의 치료가 필요하고 재범의 위험성이 있는 자를 말한다.

1. 형법 제10조 제 1 항의 규정에 의하여 벌할 수 없거나 동조 제 2 항의 규정에 의하여 형이 감경되는 심신장애자로서 금고 이상의 형에 해당하는 죄를 범한 자
2. 마약·향정신성의약품·대마 그 밖에 남용되거나 해독작용을 일으킬 우려가 있는 물질이나 알코올을 식음·섭취·흡입·흡연 또는 주입받는 습벽이 있거나 그에 중독된 자로서 금고 이상의 형에 해당하는 죄를 범한 자

② 제 1 항 제 2 호의 "남용되거나 해독작용을 일으킬 우려가 있는 물질"에 관하여 자세한 사항은 대통령령으로 정한다.

제16조 [치료감호의 내용] ① 치료감호의 선고를 받은 자(이하 "피치료감호자"라 한다)에 대하여는 치료감호시설에 수용하여 치료를 위한 조치를 한다.

② 치료감호시설에의 수용은 15년을 초과할 수 없다. 다만, 제 2 조 제 1 항 제 2 호에 따라 피치료감호자를 치료감호시설에 수용하는 때에는 2년을 초과할 수 없다.

③ 제 1 항의 규정에 따른 치료감호시설과 치료 그 밖에 필요한 사항은 대통령령으로 정한다.

---

1) 이 조항을 '常習累犯'에 관한 규정으로 이해하는 견해(이재상, §45, RN 16)도 있다. 규정의 내용에 있어서 누범의 경우와 유사한 점이 있기는 하지만, 이는 누범가중의 특칙규정으로 볼 것이 아니라 일정한 再犯者에 대한 독립된 새로운 범죄구성요건으로 파악함이 타당하다고 생각한다. 그 적용요건과 효과에 있어서 다른 내용을 갖고 있기 때문이다(대판 2006. 4. 28, 2006도1296 참조). 따라서 이 조항을 적용한 후 다시 형법 제35조에 의한 누범가중을 한 형기의 범위 내에서 처단형을 정하는 것이 옳다고 본다(同旨 : 대판 2006. 12. 8, 2006도6886).

2) 同旨 : 이재상, §45, RN 20.

Ⅰ. 意　義

치료감호는 심신장애자와 약물중독자를 치료감호시설에 수용하여 치료를 위한 조치를 행하는 보안처분이다(치료감호법 제 2 조, 제16조). 이는 치료감호 대상자를 치료에 의하여 정상적인 사회구성원으로 복귀하도록 함으로써 사회의 안전을 도모하는 처분이다.

Ⅱ. 要　件

치료감호법상 치료감호에 있어서 심신장애자와 약물중독자는 통합적으로 취급되고 있다. 독일 형법은 양자에 대하여 각각 정신병원감호와 금단(禁斷)치료소감호를 구별하여 부과하고 있다(동법 제63조, 제64조 참조).

1. 심신장애자의 경우

형법상의 심신상실자(제10조 제 1 항)와 심신미약자(제10조 제 2 항)가 금고 이상의 형에 해당하는 죄를 범하고, 치료감호시설에서의 치료가 필요하고, 재범의 위험성이 있다고 인정되는 때에는 치료감호에 처할 수 있다(치료감호법 제 2 조 제 1 항 제 1 호).

心神喪失이나 心神微弱으로 인하여 죄를 범하였어야 한다고 봄이 판례[1]의 태도이다. 즉 심신장애와 관계없이 죄를 범하였을 때, 예를 들어 죄를 범한 자가 폐결핵환자인 경우[2]에는 치료감호에 처할 수 없다는 것이다. 하지만 설사 심신장애와 관계없이 죄를 범한 경우라 하더라도 판결시에 대상자에게 심신장애와 재범의 위험성이 인정된다면 치료감호에 처할 수 있다고 본다. 왜냐하면 심신장애자로서 형법규정에 의하여 벌할 수 없거나 형이 감경되는 데 있어서는 행위와 책임의 동시존재가 책임주의 원칙에 기해 요구되기 때문에 범행시에 심신장애가 존재해야 하는 것이지만, 보안처분인 치료감호는 장래의 위험성을 예방하기 위한 목적을 갖고 있는 것이므로 반드시 범행시에 심신장애가 존재할 필요가 없는 것이기 때문이다.

---

1) 대판 1986. 2. 25, 85감도419.
2) 대판 1983. 5. 10, 83도794, 83감도226.

심신상실자와 심신미약자에게 치료감호시설에서의 治療의 必要性이 인정되어야 한다. 치료의 필요성은 정신과 등 전문의의 진단 또는 감정을 참고하여 판단해야 한다(동법 제 4 조 제 2 항).

심신상실자와 심신미약자에게 再犯의 危險性이 인정되어야 한다.[1] '위험성'은 단순한 재범의 가능성만으론 인정되기 어렵고, 높은 정도의 개연성을 요한다고 보아야 한다. 재범의 위험성에 대한 판단은 판결시를 기준으로 한다.

2. 약물중독자의 경우

마약, 향정신성의약품, 대마 기타 濫用되거나 害毒作用을 일으킬 우려가 있는 물질이나 알코올을 식음·섭취·흡입·흡연 또는 주입받는 습벽이 있거나 그에 중독된 자가 금고 이상의 형에 해당하는 죄를 범하고, 치료감호시설에서의 치료가 필요하고, 재범의 위험성이 있다고 인정되는 때에도 치료감호에 처할 수 있다(동법 제 2 조 제 1 항 제 2 호).

'기타 남용되거나 해독작용을 일으킬 우려가 있는 물질'은 대통령령으로 정한다(동법 제 2 조 제 2 항).

약물중독자의 경우에도, 심신장애자에 있어서와 마찬가지로, 범행시에는 중독상태가 존재하지 않았다 하더라도 판결시에 중독상태와 재범의 위험성이 인정되면 치료감호에 처할 수 있다고 봄이 타당하다.

Ⅲ. 內 容

1. 수용기간

心神障碍者에 대한 치료감호시설에의 수용은 15년을 초과할 수 없다(동법 제16조 제 2 항 본문). 구 사회보호법상의 치료감호에는 수용기간의 제한이 없었지만, 치료감호법은 치료감호가 지나치게 장기간 계속되는 것을 막기 위하여 수용기간을 제한하고 있다. 藥物中毒者에 대한 치료감호시설에의 수용은 2년을 초과할 수 없다(동법 제16조 제 2 항 단서).

치료감호심의위원회는 치료감호만을 선고받은 피치료감호자가 그 집행개시 후 1년을 경과하거나, 치료감호와 형이 병과되어 형기 상당의 치료감호

1) 대판 1982. 6. 22, 82감도142.

를 집행 받은 자에 대하여는 상당한 기간을 정하여 그의 법정대리인, 배우자, 직계친족, 형제자매에게 치료감호시설 외에서의 치료를 위탁할 수 있다(동법 제23조 제 1 항, 제 2 항). 또한 피치료감호자에 대하여 그 집행개시 후 매 6월마다 종료 또는 가종료 여부를, 가종료 또는 치료위탁된 피치료감호자에 대하여는 가종료 또는 치료위탁한 후 매 6월마다 종료 여부를 심사·결정한다(동법 제22조).

2. 집행방법

피치료감호자에 대하여는 치료감호시설에 수용하여 치료를 위한 조치를 한다(동법 제16조 제 1 항). 심신장애자와 약물중독자는 특별한 사정이 없는 한 구분·수용하여야 한다(동법 제19조). 치료감호는 주로 醫學的 觀點에서 집행되어야 하며, 피치료감호자를 치료하고 개선하는 데 중점을 두면서 감독과 지도가 수반되어야 한다. 따라서 피치료감호자에 대한 의료적 처우는 정신병원에 준하여 의사의 조치에 따르도록 해야 하며(동법 제25조 제 2 항), 피치료감호자가 치료감호시설에서 치료하기 곤란한 질병에 걸린 때에는 외부 의료기관에서 치료를 받게 할 수 있고, 본인이나 보호자 등이 스스로의 부담으로 치료받기를 원할 때에는 이를 허가할 수 있다(동법 제28조).

刑罰과 治療監護가 병과된 때에는 代替主義가 적용된다. 즉 치료감호를 형보다 먼저 집행하며, 이 경우에 치료감호의 집행기간은 형기에 산입한다(동법 제18조).

3. 종료와 집행정지

치료감호는 수용기간의 경과 또는 치료감호심의위원회의 종료결정에 의하여 종료된다(동법 제22조). 피치료감호자에 대하여 형의 집행정지사유의 하나에 해당하는 사유가 있는 때에는 검사는 치료감호의 집행을 정지할 수 있다(동법 제24조).

제 3 절 保護觀察

[치료감호법]

제32조 [보호관찰] ① 피치료감호자가 다음 각 호의 어느 하나에 해당하는 때에는 보호관찰이 개시된다.

1. 피치료감호자에 대한 치료감호가 가종료된 때
2. 피치료감호자가 치료감호시설 외에서의 치료를 위하여 법정대리인 등에게 위탁된 때

② 보호관찰의 기간은 3년으로 한다.

③ 보호관찰이 개시된 자(이하 "피보호관찰자"라 한다)가 다음 각 호의 어느 하나에 해당하는 때에는 보호관찰이 종료된다.

1. 보호관찰기간이 만료된 때
2. 보호관찰기간 만료 전이라도 치료감호심의위원회의 치료감호의 종료결정이 있는 때
3. 보호관찰기간 만료 전이라도 피보호관찰자가 다시 치료감호의 집행을 받게 되어 재수용되거나 새로운 범죄로 금고 이상의 형의 집행을 받게 된 때

[보호관찰 등에 관한 법률]

제 1 조 [목적] 이 법은 죄를 범한 자로서 재범방지를 위하여 보호관찰, 사회봉사·수강 및 갱생보호 등 체계적인 사회내 처우가 필요하다고 인정되는 자에 대하여 지도·원호를 함으로써 건전한 사회복귀를 촉진하고, 효율적인 범죄예방활동을 전개함으로써 개인 및 공공의 복지를 증진함과 아울러 사회를 보호함을 목적으로 한다.

제 3 조 [대상자] ① 보호관찰을 받을 자는 다음 각호와 같다.

1. 형법 제59조의2의 규정에 의하여 보호관찰을 조건으로 형의 선고유예를 받은 자
2. 형법 제62조의2의 규정에 의하여 보호관찰을 조건으로 형의 집행유예의 선고를 받은 자
3. 형법 제73조의2 또는 이 법 제25조의 규정에 의하여 보호관찰을 조건으로 가석방 또는 가퇴원된 자
4. 소년법 제32조 제 1 항 제 2 호 및 제 3 호의 보호처분을 받은 자
5. 다른 법률에 의하여 이 법에 의한 보호관찰을 받도록 규정된 자

Ⅰ. 意　　義

보호관찰(Führungsaufsicht)이란 치료감호가 가종료되거나 치료위탁된 피치료감호자를 감호시설 외에서 지도·감독하는 것을 내용으로 하는 보안처분이다.

보호관찰은 치료감호에 대한 보충적 성격을 갖는 자유제한적 보안처분이라고 할 수 있다.

'보호관찰 등에 관한 법률'에서는 그밖에 형법상 선고유예·집행유예의 선고를 받은 자, 가석방·가퇴원된 자, 소년법상의 보호처분을 받은 자 등에 대해서도 보호관찰을 부과할 수 있도록 하고 있다(동법 제 3 조 제 1 항 참조). 피치료감호자에 대한 보호관찰에 있어서도 '보호관찰 등에 관한 법률'상의 보호관찰소와 보호관찰관이 지도와 감독을 담당하므로(동법 제 3 조, 제15조) 다른 경우의 보호관찰과 법적 성격을 같이 한다고 봄이 타당하다.

형법상 선고유예·집행유예나 가석방의 조건으로 부과되는 보호관찰의 법적 성격에 관하여는 보안처분으로 보는 견해,[1] 제 3 의 독자적 형사제재로 파악하는 견해,[2] 재판의 일종으로 보는 견해[3] 등이 대립하고 있다. 형법상의 보호관찰의 법적 성격을 다른 법률상의 보호관찰과 달리 파악할 이유는 없다고 본다. 즉 형법상의 보호관찰도 당연히 보안처분의 일종으로 보아야 한다고 생각한다. 판례[4]의 입장도 마찬가지이다.

Ⅱ. 開　　始

치료감호법에 의하여 보호관찰이 개시되는 것은 두 가지 경우이다. 첫째 피치료감호자에 대한 치료감호가 가종료된 때, 둘째 피치료감호자가 치료감호시설 외에서의 치료를 위하여 법정대리인에게 위탁된 때 보호관찰이 개시된다(동법 제32조 제 1 항).

1) 박상기, 556면; 임웅, 652면.
2) 김혜정, "법적 성질의 재고찰을 통한 보호관찰의 형사정책적 위상 정립", 형사정책연구 13·2, 2001, 123면; 손동권, § 41, RN 32.
3) 신동운, "보호관찰의 법적 성질과 소급효문제", 고시연구 1998. 6, 164면 이하.
4) 대판 1997. 6. 13, 97도703.

Ⅲ. 內　　容

보호관찰은 사회를 보호하고 범죄인의 사회복귀를 돕기 위한 것이므로 피보호관찰자는 '보호관찰 등에 관한 법률' 제32조 제 2 항의 규정에 의한 준수사항을 성실히 이행하여야 하며(동법 제11조 제 1 항), 피보호관찰자는 보호관찰관의 지도·감독을 받으며 준수사항(동법 제32조 제 2 항 참조)을 지키고 스스로 건전한 사회인이 되도록 노력하여야 한다(동법 제32조 제 1 항). 보호관찰의 내용에는 지도·감독(동법 제33조), 원호(동법 제34조), 응급구호(동법 제35조) 등이 있다.

치료감호심의위원회는 피보호관찰자의 특성을 고려하여 '보호관찰 등에 관한 법률'상의 일반적 준수사항 외에 치료나 그밖에 특별히 준수하여야 할 사항을 과할 수 있다(치료감호법 제33조).

Ⅳ. 期間 및 終了

1. 기　　간

치료감호법상 보호관찰의 기간은 3년이다(동법 제32조 제 2 항).

'보호관찰 등에 관한 법률'상 보호관찰의 기간은 다음과 같다(동법 제30조 참조). 보호관찰을 조건으로 형의 선고유예를 받은 자는 1년이다. 형의 집행유예의 선고를 받은 자는 그 유예기간이 보호관찰의 기간이 되지만, 다만 법원이 보호관찰기간을 따로 정한 경우에는 그 기간이 된다. 가석방된 자는 형법 제73조의2 또는 소년법 제66조에 규정된 기간, 가퇴원자는 퇴원일로부터 6월 이상 2년 이하의 범위 내에서 심사위원회가 정한 기간, 소년법에 의한 보호관찰의 보호처분을 받은 자는 그 법률에 정한 기간이 보호관찰의 기간이 된다.

2. 종　　료

치료감호법상 보호관찰은 첫째 보호관찰기간이 만료된 때, 둘째 보호관찰기간 만료 전이라도 치료감호심의위원회의 치료감호의 종료결정이 있는 때, 셋째 보호관찰기간 만료 전이라도 피보호관찰자가 다시 치료감호의 집행을 받게 되어 재수용되거나 새로운 범죄로 금고 이상의 형의 집행을 받게 된 때에 종료된다(동법 제32조 제 3 항).

'보호관찰 등에 관한 법률'상의 보호관찰은 피보호관찰자가 다음 중 한 경우에 해당하는 때에 종료된다(동법 제51조 참조). 첫째 보호관찰기간이 만료된 때, 둘째 형법 제61조의 규정에 의하여 보호관찰을 조건으로 한 형의 선고유예가 실효되거나 형법 제63조 또는 제64조의 규정에 의하여 보호관찰을 조건으로 한 집행유예가 실효 또는 취소된 때, 셋째 동법 제48조의 규정 또는 다른 법률의 규정에 의하여 가석방 또는 가퇴원이 실효 또는 취소된 때, 넷째 동법 제49조의 규정에 의하여 보호처분이 변경된 때, 다섯째 동법 제50조의 규정에 의한 부정기형의 종료결정이 있는 때, 여섯째 보호관찰기간 중 금고 이상의 형의 집행을 받게 된 때 등에 있어서 보호관찰은 종료된다.

제 4 절 保護處分

[소 년 법]

제32조 [보호처분의 결정] ① 소년부 판사는 심리 결과 보호처분을 할 필요가 있다고 인정하면 결정으로써 다음 각호의 어느 하나에 해당하는 처분을 하여야 한다.

1. 보호자 또는 보호자를 대신하여 소년을 보호할 수 있는 자에게 감호위탁
2. 수강명령
3. 사회봉사명령
4. 보호관찰관의 단기 보호관찰
5. 보호관찰관의 장기 보호관찰
6. 아동복지법상의 아동복지시설이나 그밖의 소년보호시설에 감호위탁
7. 병원, 요양소 또는 '보호소년 등의 처우에 관한 법률'상의 소년보호시설에 위탁
8. 1개월 이내의 소년원 송치
9. 단기 소년원 송치
10. 장기 소년원 송치

Ⅰ. 意 義

소년법은 반사회성이 있는 소년에 대하여 그 環境의 調整과 性行의 矯正에 관한 보호처분을 행하고 형사처분에 관한 특별조치를 행함으로써 소년의 건전한 육성을 기함을 목적으로 하는 법으로서(동법 제 1 조 참조), 동법은 소년범에 대한 보호처분을 규정하고 있다.

보호처분에 대한 결정은 가정법원이나 지방법원의 소년부판사가 내린다. 판사에 의해 결정이 행해진다는 점에서 행정처분의 성격을 갖는 다른 보안처분과 구별된다.

보호처분에 관해서는 소년법 외에 '성매매알선 등 행위의 처벌에 관한 법률'도 규정을 두고 있다(동법 제14조 참조).

Ⅱ. 內 容

1. 종 류

소년법에 규정되어 있는 保護處分의 種類에는 보호자 또는 보호자를 대신하여 소년을 보호할 수 있는 자에게 감호를 위탁하는 것(동법 제32조 제 1 항 제 1 호), 수강명령(동항 제 2 호), 사회봉사명령(동항 제 3 호), 보호관찰관의 단기 보호관찰을 받게 하는 것(동항 제 4 호), 보호관찰관의 장기 보호관찰을 받게 하는 것(동항 제 5 호), 아동복지법상의 아동복지시설 기타 소년보호시설에 감호를 위탁하는 것(동항 제 6 호), 병원이나 요양소 등에 위탁하는 것(동항 제 7 호), 단기로 소년원에 송치하는 것(동항 제 9 호), 장기로 소년원에 송치하는 것(동항 제10호) 등이 있다.

2. 기 간

소년법 제32조 제 1 항 제 1 호, 제 6 호, 제 7 호의 위탁의 기간은 6월로 하되, 소년부판사는 결정으로써 6월의 범위 안에서 1차에 한하여 그 기간을 연장할 수 있다(동법 제33조 제 1 항 본문). 동항 제 4 호의 단기 보호관찰의 기간은 1년으로 한다(동법 제33조 제 2 항). 동항 제 5 호의 장기 보호관찰의 기간은 2년으로 하되, 소년부판사는 보호관찰관의 신청에 따라 결정으로써 1년의 범위 안에서 1차에 한하여 그 기간을 연장할 수 있다(동법 제33조 제 3 항). 동항 제 9 호의 경우 소년의 보호기간은 6월을 초과하지 못하고(동법 제33조 제 5 항), 동항 제10호의 보호기간은 2년을 초과하지 못한다(동법 제33조 제 6 항).

3. 효 과

소년의 보호처분은 그 少年의 將來의 身上에 어떠한 영향도 미치지 아니한다(동법 제32조 제 6 항).

4. 취 소

保護處分의 繼續中 본인이 처분 당시 19세 이상이거나 행위 당시 10세 미만인 것이 판명된 경우에는 소년부판사는 결정으로써 그 보호처분을 취소하여야 한다(동법 제38조 제 1 항, 제 2 항).

보호처분의 계속중 본인에 대하여 유죄판결이 확정된 경우에 보호처분을 한 소년부판사는 그 처분을 존속할 필요가 없다고 인정한 때에는 결정으로써 보호처분을 취소할 수 있다(동법 제39조). 유죄판결확정시의 보호처분의 취소는 임의적인 점에 유의할 필요가 있다.

보호처분의 계속중 본인에 대하여 새로운 보호처분이 있었을 때에는 그 처분을 한 소년부판사는 전의 보호처분을 한 소년부에 조회하여 어느 한 보호처분을 취소하여야 한다(동법 제40조). 경합된 보호처분 중 어느 것을 취소할 것인지는 소년부판사의 재량에 속하지만, 이치상으로는 그 중 중한 보호처분을 유지하여야 할 것으로 생각된다. 이 경우 보호처분의 취소 자체는 필요적이다.

제 5 절 保安觀察

[보안관찰법]

제 2 조 [보안관찰해당범죄] 이 법에서 "보안관찰해당범죄"라 함은 다음 각호의 1에 해당하는 죄를 말한다.

1. 형법 제88조, 제89조(제87조의 미수범을 제외한다), 제90조(제87조에 해당하는 죄를 제외한다), 제92조 내지 제98조, 제100조(제99조의 미수범을 제외한다) 및 제101조(제99조에 해당하는 죄를 제외한다)
2. 군형법 제 5 조 내지 제 8 조, 제 9 조 제 2 항 및 제11조 내지 제16조
3. 국가보안법 제 4 조, 제 5 조(제 1 항 중 제 4 조 제 1 항 제 6 호에 해당하는 행위를 제외한다), 제 6 조, 제 9 조 제 1 항, 제 3 항(제 2 항의 미수범을 제외한다), 제 4 항

제 3 조 [보안관찰처분대상자] 이 법에서 "보안관찰처분대상자"라 함은 보안관찰해당범죄 또는 이와 경합된 범죄로 금고 이상의 형의 선고를 받고 그 형기 합계가 3년 이상인 자로서 형의 전부 또는 일부의 집행을 받은 사실이 있는 자를 말한다.

제 4 조 [보안관찰처분] ① 제 3 조에 해당하는 자 중 보안관찰해당범죄를 다시 범할 위험성이 있다고 인정할 충분한 이유가 있어 재범의 방지를 위한 관찰이 필요한 자에 대하여는 보안관찰처분을 한다.

② 보안관찰처분을 받은 자는 이 법이 정하는 바에 따라 소정의 사항을 주거지 관할경찰서장에게 신고하고, 재범방지에 필요한 범위 안에서 그 지시에 따라 보안관찰을 받아야 한다.

Ⅰ. 意 義

보안관찰법은 특정범죄를 범한 자에 대하여 재범의 위험성을 예방하고 건전한 사회복귀를 촉진하기 위하여 보안관찰의 처분을 함으로써 국가의 안전과 사회의 안녕을 유지함을 목적으로 하는 법으로서(동법 제 1 조 참조), 특정범죄 즉 보안관찰해당범죄를 범한 자에 대하여 그 목적을 위한 보안관찰의 처분을 규정하고 있다. 이 법률은 과거의 사회안전법을 대체한 법률이다.

보안관찰은 검사의 청구에 의하여(동법 제 7 조), 보안관찰처분심의위원회의 의결을 거쳐 법무부장관의 결정으로 행해지는 행정처분이다(동법 제14조).[1)]

Ⅱ. 內 容

보안관찰해당범죄는 刑法의 내란의 죄, 외환의 죄와 軍刑法의 반란의

1) 이런 점에 근거하여 보안관찰은 보안처분에 해당시키기 어렵다고 보는 견해(이재상, §45, RN 6)도 있다.

죄, 國家保安法의 목적수행, 자진지원·금품수수, 잠입·탈출, 편의제공 등의 죄 중 보안관찰법에 규정한 죄(동법 제2조 참조)이다.

보안관찰처분대상자는 보안관찰해당범죄 또는 이와 경합된 범죄로 금고 이상의 형을 받고 그 형기 합계가 3년 이상인 자로서 형의 전부 또는 일부의 집행을 받은 사실이 있는 자이다(동법 제3조). 이에 해당하는 자 중 보안관찰해당범죄를 다시 범할 위험성이 있다고 인정할 충분한 이유가 있어 재범의 방지를 위한 관찰이 필요한 자에 대하여는 보안관찰처분을 한다(동법 제4조).

보안관찰처분을 받은 자는 보안관찰처분결정고지를 받은 날로부터 7일 이내에 주거 등과 가족 및 동거인의 상황과 교우관계, 직업, 종교 및 가입한 단체 등의 사항을 管轄警察署長에게 申告하여야 하며(동법 제18조 제1항), 보안관찰처분결정고지를 받은 날이 속한 달부터 매 3월이 되는 달의 말일까지 그 3월간의 주요활동사항, 통신·회합한 다른 보안관찰처분대상자의 인적 사항과 그 일시, 장소 및 내용, 그 3월간에 행한 여행에 관한 사항 등을 관할경찰서장에게 신고하여야 한다(동법 제18조 제2항).

보안관찰처분의 기간은 2년이며(동법 제5조 제1항), 법무부장관은 검사의 청구가 있는 때에는 보안관찰처분심의위원회의 의결을 거쳐 그 期間을 更新할 수 있다(동법 제5조 제2항). 동법은 期間更新의 回數를 제한하고 있지 않은데, 이는 입법적 개선이 필요한 점이라고 할 수 있다.

判例索引

事項索引

❑ ㅅ ❑

□ ㅊ □

□ ㅋ □

□ ㅌ □

□ ㅍ □

❑ ㅎ ❑

著者略歷

서울대학교 법과대학 졸업

법학박사(서울대학교)

경찰대학 법학과 전임강사

아주대학교 법학과 부교수

사법시험 출제위원

한국형사정책학회 회장

현재 경희대학교 법학전문대학원 교수

한국형사법학회 회장

법무부 형사법개정특별위원회 위원

著書 · 論文

형법개론(제 3 판, 2009, 박영사)

형법각론(개정판, 2008, 박영사)

"과실범에 있어서 인적 불법론에 관한 연구 —D. Zielinski와 Eb. Struensee의 견해를 중심으로—"(1992, 서울대학교 박사학위논문), "사형제도에 대한 형사정책적 음미"(형사정책 창간호), "과실범의 귀속과 규범의 보호목적"(형사법연구 창간호), "형법상 불법의 본질에 관한 일고찰"(형사법연구 5), "절도죄에 있어서 실행의 착수시기"(형사판례연구 2), "유가증권에 관한 죄의 판례연구"(형사판례연구 4), "아노미이론의 내용과 그 형법학적 의미"(형사정책연구 8·2), "주관적 불법요소이론의 형성과 의의"(박양빈교수기념), "구성요건착오에 관한 판례연구"(이형국교수기념), "분업적 의료행위에 있어서 형법상 과실책임"(형사판례연구 6), "합동범에 관한 판례연구"(형사판례연구 7), "목적범에 관한 판례연구"(형사판례연구 9), "20세기를 대표하는 형법판례20선"(인권과정의 2000/8), "구성요건개념의 연원에 관한 일고찰"(오선주교수기념), "형법상 과실의 본질에 관한 일고찰"(박재윤교수기념), "형법 제21조 제 1 항의 해석상 문제점"(저스티스 2002/4), "형사판례의 변경과 형법 제 1 조 제 1 항"(이재상교수기념), "정당방위에 있어서 방위의사의 의미"(형사법연구 23), "현행 미수범규정체계에 관한 입법론적 검토"(형사법연구 32), "과실범의 불법구조에 관한 존재론적 분석"(형사정책연구 19/3), "불능미수의 불법구조에 관한 재검토"(형사정책연구 20/3)

第 3 版

刑法總論

2005年 5月 25日 初版發行

2007年 2月 20日 改訂版發行

2010年 1月 10日 第 3 版印刷

2010年 1月 20日 第 3 版發行

著 者 鄭 英 一

發行人 安 鍾 萬

發行處 (株) 博 英 社

서울 特別市 鍾路區 平洞 13-31番地

電話 (733)6771 FAX (736)4818

登錄 1959. 3. 11. 제300-1959-1호(倫)

www.pakyoungsa.co.kr e-mail: pys@pakyoungsa.co.kr

定 價 35,000원 ISBN 978-89-7189-312-8